中国社会科学院创新工程学术出版项目

考古学专刊甲种第四十号

夏鼐文集

A COLLECTION OF XIA NAI'S WORKS

第 二 册

中国社会科学院考古研究所　编辑

社 会 科 学 文 献 出 版 社　出 版

目　录

第二编　中国史前时期考古研究

第三编　中国历史时期考古研究

Contents

Part II　Archaeological Researches on Prehistoric China

Part III Archaeological Researches on Historic Times China

第二编
中国史前时期考古研究

齐家期墓葬的新发现及其年代的改订[*]

自从安特生于 1924 年发现齐家文化居住遗址以来，到现在已经 20 多年了，但这文化期的墓葬，始终没有找到。

那次的发掘，到最近安特生才有详细的报告印出来，距离发掘的时间已将近 20 年了。这报告没有深入阐明文化的性质，并且又没有墓葬方面的材料[①]。关于年代问题，安特生仍维持他的旧说法，以为齐家文化较早于甘肃仰韶文化[②]；但是友人刘燿同志（即尹达同志）和瑞典的比林－阿尔提对这说法，都加以怀疑。他们根据器物形制研究的结果，都拟加以修正[③]。1945 年我们居然找到了齐家文化期的墓葬。新发

---

* 本文原载《中国考古学报》第 3 册，1948 年。1946 年曾译成英文，先在英国《皇家人类学会会志》第 76 卷发表。1961 年作者《考古学论文集》出版时，曾加"补记"。1981 年《中国考古学研究》（日文本）出版时，又加"再补记"。"再补记"由白云翔译成中文。

① J. G. Andersson, *Researches into the Prehistory of the Chinese* (1943), pp. 78, 282; Margit Bylin－Althin, *The Sites of Ch'i Chia P'ing and Lo Han T'ang in Bul. of Mus. of Far Eastern Antiquities*, No. 18, (1946), p. 398.

② Andersson, *Researches into the Prehistory of the Chinese* (1943), pp. 281－282, p. 295。

③ 刘燿：《龙山文化与仰韶文化之分析》，见《中国考古学报》第 2 册（1947），第 276～280 页；Bylin-Althin, *The Sites of Ch'i Chia P'ing and Lo Han T'ang in Bul. of Mus. of Far Eastern Antiquities*, No. 18, (1946), pp. 462－468。

现的结果，不仅对于齐家文化时代的埋葬风俗及人种特征方面，供给新材料[1]；并且意外地又供给地层上的证据，使我们能确定这文化与甘肃仰韶文化二者年代先后的关系。这新发现的重要，使我们觉得有把这一部分材料先行整理发表的必要。

1944 年春，作者参加中央研究院及中央博物院所发起的西北科学考察团，从事于甘肃省的考古调查及发掘，历时二年。本文所叙述的墓葬发现于 1945 年 5 月。那时候，作者正住在从前曾发现过丰富的彩陶墓地的宁定县半山区域内的瓦罐嘴。便在那个地方的附近，我们寻找到齐家文化期的墓地。这墓地叫作阳洼湾，在魏家嘴村子的附近（图 1）。"阳洼"是当地俗语"向阳的山坡"的意思。墓地在瓦罐嘴东北约 0.8 公里，在半山西南约半公里。如果我们翻开安特生的《半山区域墓葬地图》[2]，便可以看出这是在他的图中写上"－9"记号的地方。就地形说起来，这是一个靠近山顶的，倾斜度不大的斜坡上。西边是一个陡坡，下临一个叫作西清的深沟。这平坦的斜坡被农民耕种成梯田（图版 1，1）。5 月 12 日，我们在这附近调查，在较低层的麦田中发现了几块齐家期式的陶器碎片；其中有些是薄壁的耳瓶及带篮纹的红陶罐的碎片。我们想这些陶片很可能便是由于上层梯田的侧壁上掉落下来的，所以便在这侧壁上搜寻，结果找到了露出来的人头骨。第二天加以试掘，在麦田的边缘荒地上掘到了两座用齐家期陶器作殉葬品的墓葬（图版 1，2）。就它们的排列情形看，在我们所掘的区域以东，一定还有更多墓葬。但是如果扩大我们的发掘范围，便要用到已种上农作物的麦田，必需先与田主接洽，征求同意，并酌给代价。因为经费及时间种种关系，只得在掘了两墓后中止工作；但是我希望将来环境一许可，便可以再来继续下去。

---

[1] 补注：这次发现的头骨，见颜訚《甘肃齐家文化墓葬中头骨的初步研究》，《考古学报》第 9 册（1955），第 193 ~ 197 页。

[2] Andersson, *Researches into the Prehistory of the Chinese* (1943), p.113. 图 1 即依原图，惟添入魏家嘴。

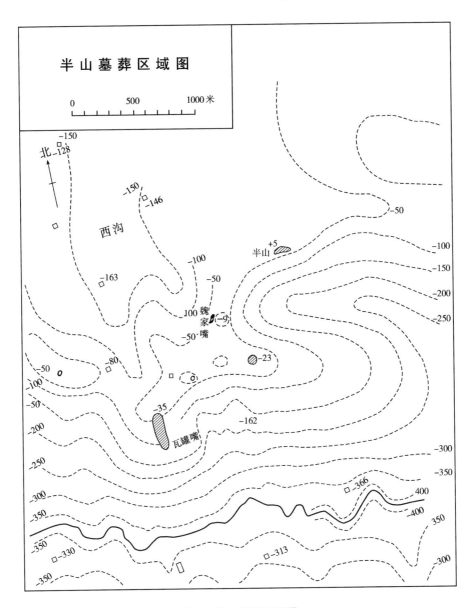

图 1　半山墓葬区域图

　　梯田侧壁上所暴露的人头骨，掘出来的虽是一个完整的头颅，但是包含这头骨的墓葬（第零号墓葬）的其余部分，不知道是由于农民的取

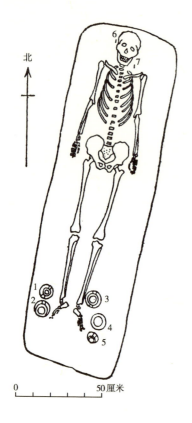

北

0   50厘米

图2　第一号墓平面图

土，或由于侧壁的崩坍，已经是完全被破坏无存了。第一号墓葬由一个长2米阔0.7米的墓穴构成，表面为一斜坡，所以这架人骨离地面的深度是1.2～1.4米不等。人架是仰卧着，头部向北偏东12度（图2；图版2,1），头骨的右侧，有一枚骨器，用途不明，或许是属于骨笄一类，或许是耳坠（YWW.1.6，见图3；图版3）。颈侧有一红色陶耳碎片，大概是齐家式的薄壁耳瓶的耳部。这碎片似乎是墓穴填土时混入的（YWW.1.7，见图版3）。人骨足部两侧放着5件陶器。右侧的是单耳陶杯一个，两耳陶瓶一个（YWW.1.1、YWW.1.2，见图6；图版3）；左侧的是单耳陶杯两个，绳纹粗陶罐一个（YWW.1.3、YWW.1.4、YWW.1.5，见图6；图版3）。

　　第二号墓葬的位置和第一号平行，相距仅0.8米；其墓穴大小，尸体放置的姿态及头顶的方向，都和第一号相似（图4；图版2,2）。人架足部的两侧，各安放一组陶器。每组是由一个两耳瓶和一个绳纹粗陶罐组成的（YWW.2.1、YWW.2.2、YWW.2.3、YWW.2.4，见图7；图版4）。在左臂和肋骨之间放着一个骨锥，是由鹿或羊类的蹠骨做成的（此承杨克强先生代为审定，书此志谢）（YWW.2.5，见图3；图版4）。

　　除了这些殉葬品外，在这墓中，又找到两片带黑色花纹的彩陶碎片（YWW.2.6、YWW.2.7，见图5；图版4）。其中一片（YWW.2.6）在地面下1.2米，距骨盘的上面仅0.1米。另外一片（YWW.2.7），在地面

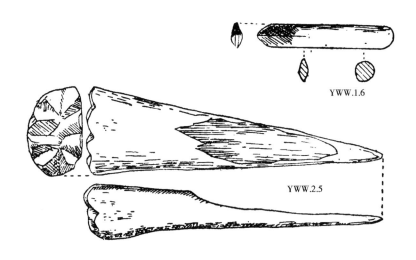

YWW.1.6

YWW.2.5

图 3　骨栓及骨椎

下 1.4 米，近头颅骨，深度也相等。填入这墓穴的土下半部是稍带棕色的黄土，厚约 0.8 米，甚坚实，但并未经过夯打。至于上半部的填土，及墓葬周围的表面土，都是颜色稍深的棕色土，厚 0.5 ~ 0.6 米，土质松软，似经后期翻动过。下层的填土，却丝毫看不出有什么扰乱过的痕迹。就这两片彩陶的位置而言，如果是埋葬后墓上的土经过扰乱翻动以致这些彩陶片混入，那么墓中的人骨和彩陶片既这样挨近，也必定会被动乱的；但是我们却绝对地没有找到这些尸骨被动乱过的任何痕迹（见图 4）。因此我们断定这两片彩陶是由墓穴中未被扰乱过的下半部填土中出来的。这两片彩陶的泥质，颇细且匀，似曾经过"冲淘"手续。外表磨光，绘黑色花纹。因为碎片过小，花纹图案不清楚。现存的部分仅剩黑色宽带的一部分，边缘平滑。就陶质及花纹而论，皆与标准型的仰韶文化彩陶无异。

　　至于墓中的殉葬陶罐，皆属于标准型的齐家文化陶器。我们掘得的 9 件陶器，根据陶质可以归为二类（图 6、图 7；图版 3、图版 4）。其中 6 件属于第一类，陶质是匀细的泥土，夹挟杂质很少。外表皮曾经过磨光，陶色是棕黄色或红色。厚度平均 3 ~ 4 毫米。至于陶器的形制，

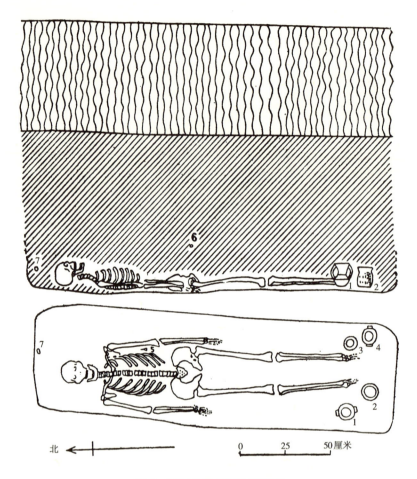

图 4　第二号墓平面及剖面图

其中 3 件是典型的齐家式 2 两耳瓶（比林 - 阿尔提的齐家陶器形制分类
中第六式）。瓶的腹部圆形，由两个圆锥体合成；颈部是漏斗式的向外
侈张。这 3 件又可归成两小类。甲类 2 件（1:1 及 2:1），腹壁曲线中
间折断，换言之，腹部两圆锥体接合处隆脊很显著。颈部很高（55~65
毫米），占全器高度的 41%~45%。乙类 1 件（2:4），腹壁为圆弧形；
颈部较低（36 毫米），仅占全器高度的 28%。其余 3 件陶器（1:2；
1:3；及 1:5），比林 - 阿尔提器形分类中未曾收；但与上文所述的第六

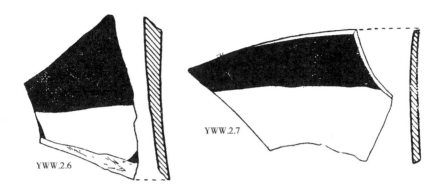

图 5　第二号墓填土中彩陶片

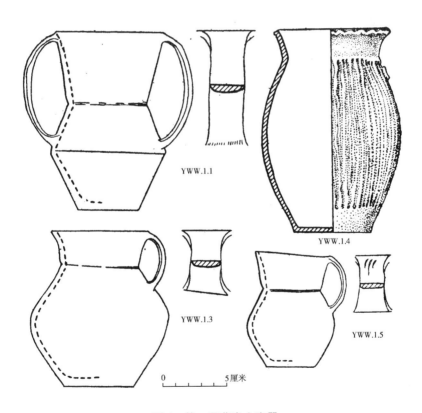

图 6　第一号墓出土陶器

式乙类相似；唯一的差别，是全器仅有一个耳部，并没有两个。不过，比林－阿尔提所发表的两耳瓶中，至少两个是由颈部残缺仅留一耳的残器复原的（比林－阿尔提论文附图二十三：2及3），也许原物只有一耳，复原时误作对称的两耳。又比林－阿尔提器形分类第五式，也是单耳，与我们这3件很相似，不过那件有遮盖器口的顶篷，形状特殊。这6件瓶罐的外表面，都曾刮磨得光滑，并留有一条一条的刮磨过的痕迹。腹部的下半，常有篮席印纹；但是这些篮纹大半曾以湿手抹平，不留痕迹。

这一类陶系的制作方法，像比林－阿尔提在他的论文中所说的，大概如下：先将陶泥搓成泥条，然后将这些泥条盘成圆环，累叠成陶器腹部的下半；如果陶器矮小，一条较阔的泥条便可够用。大概有一个圆锥形或半球形的模子；这模也许便是一个无底部的编织好的篮子，也许是用旁的质料做成，内壁铺上一层编席。泥条铺叠于模的内面，用手指或小拍将泥条压于模上，并且将各泥条结连的地方捏合，将结合的痕迹抹去。然后再往上制造腹部的上半，也是有泥条堆叠成的；各泥条的连接的地方也经过捏合的手续。颈部及底部是分别另行制造好后再接合到腹部上去。器壁的外表皮，尤其是颈部与腹部上半曾经刮磨过。刮磨的痕迹显明，仅腹部中央突出处的刮磨痕是水平的，其余的刮磨痕迹都是垂直的。耳部是用一片长方形的陶泥，先在编席上压制成形，然后黏合到器身上去。编席的印痕便遗留在耳部的外表面。器物的外面及颈部的内面，其表面都有极薄的一层较细匀的表衣，颜色与内肉相同，似乎是由于以湿手或湿器刮磨或抹摩的结果，并不是制成后另外加上质料不同的一层薄衣。依照比林－阿尔提的估计，这一类系的陶器烧制的火候在900摄氏度左右。陶窑的结构比较原始，窑内空气的供给不调匀，所以陶器各部分的氧化程度不同，常有一块地方颜色较红或较灰，成为颜色深浅不同的斑痕。

其余3件陶器是属于比林－阿尔提齐家陶器的第二类。这一类是夹砂颇多的粗陶。器壁厚度平均为7~8毫米，外表满布垂直绳纹，蒙着一层黑色的烟灰；内表也有几处沾上了黑烟，大概由于这些器物是作煮饮用的。至于形式方面，这3件都是罐子，腹壁剖面成圆弧形，颈部稍向外侈张（比林－阿尔提齐家陶器形式分类中第八式）。制造的方法，与上段所叙述的关于细红陶瓶的制法，大致相同。但是陶质较粗，陶泥中夹砂较多，砂粒比较粗大；制成后的陶器具有较多的小气孔。制造的时候，在模子的内面铺上一层绳衣，绳衣的印痕便遗留在陶器物的外表上。这绳衣似乎是用粗绳垂直着平行放置，或许用线穿过各绳缝成一袋。颈部另外做好，在器腹尚存在模子中时附加到器腹上去。后加的颈部与原来的腹部结合的地方，痕迹颇显明。模子的内面的粗绳印纹，也印压到颈部上去。颈部的下端虽仍保留这些绳纹，但是上端的近口处即已趁湿抹平，不留绳纹痕迹。这些粗陶器中有一个（YWW.2.3，见图版4），颈部的内表上端向外翻转黏贴在外表上成为一条阔带以巩固口部。另外一个（YWW.1.4，见图版3）颈部近口缘处向外弯曲，口缘加厚，按捺成起伏的波形纹饰。各器的底部是另外做成的，从外面黏贴在器腹的下面。底部和腹部接合痕迹，不论由底部的内表或腹壁近底的地方，都可以看得出来。腹部外表底部的绳纹都曾经抹平或刮平，不留绳纹痕迹。这3件中有两件，其腹部下端刮平时所多余出来的泥土，向底部折叠过来，继续成一圈环，骤看好像是底部做好后，由器物中间塞进去，同时将腹壁下端折过来黏住底部似的。这些陶器的表面似乎有层比较细匀的皮衣，以补救器壁小空隙过多的弊病。这些粗陶的烧制火候似乎较细陶为低，比林－阿尔提以为那些棕灰色的质料疏松的绳纹粗陶（如此次所掘得的绳纹罐 YWW.2.3）其火候恐不会超过 600 摄氏度的①。

关于陶器方面，我们拿比林－阿尔提齐家坪发掘报告中详细描写的

① Bylin-Althin, *The Sites of Ch'i Chia P'ing and Lo Han T'ang in Bul. of Mus. of Far Eastern Antiquities*, No. 18（1946），pp. 403 – 414.

陶器来做比较，知道这次出土的殉葬瓶罐两类陶系在齐家坪居住遗址中所出土的陶器，都有代表。至于骨器方面，那件锥也可以与居住遗址出土的那些骨锥相比较①。

由于上面的叙述，我们知道仰韶式的彩陶确曾发现于未被扰乱过的典型的齐家期墓葬的填土中。当齐家期的人民埋葬死人的时候，这些彩陶是已被使用过打破了，碎片被抛弃在地上；因之便混入填土中。彩陶制造的时期与齐家墓葬的时期二者之间必定有相当的间隔，虽然我们尚无法知道这间隔的久暂。这样便有两种可能：这些彩陶制造者或许是另外一个较早的民族，或许便是齐家文化的人民，不过在这墓葬以前较早的某一时期中制造这些彩陶。我们知道在齐家坪及辛店丙址二个遗址的齐家期文化层中，几乎可以说完全没有彩陶片；偶或出土的几片仰韶式的彩陶片，差不多可以断定说他们不会是齐家文化的人民所制造的。他们混入齐家期的遗物中，若不是较古的仰韶文化的遗物，便是邻近残存的仰韶文化区的输入品。总之从陶器方面来研究，齐家陶与仰韶陶是属于两个系统，我们不能说齐家陶是由仰韶陶演化而来的，也不能说仰韶陶是由齐家陶演化而来。当时的情形似乎是这样的：齐家文化抵达陇南的时候，甘肃仰韶文化的极盛时代已过去了。在有些地方，齐家文化便取而代之；在另外一些地方，齐家文化并没有侵入，当地的仰韶式的文化仍保守旧业，但各地逐渐各自演变，并且有时候与齐家文化相混合，相羼杂。这个假设对于目前所知道的事实，可以解释得较为满意。因为我们知道在齐家坪及朱家寨二处，齐家陶片与晚期的仰韶陶片混合在一处，但是齐家坪以齐家陶为主，而朱家寨以仰韶陶为主②。又这两种陶器，在旁的遗址也有混在一起的③。

---

① Bylin-Althin, *The Sites of Ch'i Chia P'ing and Lo Han T'ang in Bul. of Mus. of Far Eastern Antiquities*, No. 18 (1946), Pl. 16 nos. 13 – 15.

② Bylin-Althin, *The Sites of Ch'i Chia P'ing and Lo Han T'ang in Bul. of Mus. of Far Eastern Antiquities*, No. 18 (1946), pp. 463 – 464.

③ Bylin-Althin, *The Sites of Ch'i Chia P'ing and Lo Han T'ang in Bul. of Mus. of Far Eastern Antiquities*, No. 18 (1946), pp. 459 – 460, p. 467.

　　本篇开端时已经提到刘燿同志和比林－阿尔提由于研究陶器形制的
结果，都以为仰韶文化要比齐家文化为早。巴尔姆格伦也承认仰韶文化
中的无彩陶器，其制作的技术是比齐家陶器为幼稚拙劣，文饰也没有后
者中佳品的精致。但是他依照安特生所订定的年代，以为齐家文化较
早，所以只好承认这种技术的幼稚拙劣为"退化"现象①。白哈霍夫也
将齐家文化放在仰韶马厂文化的后面，以为是与辛店期的相关联的②。
甚至于安特生自己也说："关于齐家文化的时代问题，我也很愿意将它
加以可能的修改，因为这文化期的家畜事业颇为进步。"③ 比林－阿尔
提也以为齐家期中家畜的进步是很清楚的证据，证明齐家文化是比罗汉
堂和马家窑二处仰韶期遗址为晚④。安特生似乎为他自己的假设所误；
因为他假定在未被扰乱过的齐家文化层中从来没有发现过仰韶式彩陶
片。他自己便记载过齐家文化层中曾发现过好几片仰韶式彩陶；其中一
片是离地面深达 1 米半的文化层中找到了⑤。1945 年作者在齐家坪试掘
时，也曾在齐家文化层中深达 1 米处掘到一片仰韶彩陶，这文化层除表
面扰土外，是未被扰乱过的。对于这些发现，安特生的解决办法，便是
假定这些彩陶片是由曾经扰乱过的文化层中出来的，不管这些文化层是
确被扰乱没有⑥。这次我们发掘所得的地层上的证据，可以证明甘肃仰
韶文化是应该较齐家文化为早；这事实已有好几位学者猜度过的，提出
来过的。

---

① N. Palmgren, *Kansu Mortuary Urns of the Pan Shan and Ma Chang Groups*（1934），p. 165.

② L. Bachhofer, *A Short History of Chinese Art*（1946），p. 22.

③ Andersson, *Researches into the Prehistory of the Chinese*（1943），p. 281.

④ Bylin-Althin, *The Sites of Ch'i Chia P'ing and Lo Han T'ang in Bul. of Mus. of Far Eastern Antiquities*，No. 18（1946），pp. 466－467. 仰韶文化遗址，大都仅有犬豕二种家畜。齐家文化遗址，增添牛、山羊及绵羊。

⑤ Bylin-Althin, *The Sites of Ch'i Chia P'ing and Lo Han T'ang in Bul. of Mus. of Far Eastern Antiquities*，No. 18（1946），p. 385，p. 463.

⑥ Andersson, *Researches into the Prehistory of the Chinese*（1943），p. 82, p. 281. Bylin-Athin, *The Sites of Ch'i Chia P'ing and Lo Han T'ang in Bul. of Mus. of Far Eastern Antiquities*，No. 18（1946），pp. 385－386.

从前安特生初发现河南不召寨等处的无彩陶器的新石器文化遗址时，他以为这些是比仰韶文化为早，因为他们是代表陶器绘彩技术未达到河南以前的文化①。但是经过将近 20 年的研究，他现认为不召寨是比仰韶村稍晚②。根据我们的新证据，安特生也许可以同样的承受齐家文化相对年代的修改。

至于齐家文化的绝对年代，我们现仍无法加以确定。安特生最初估计它很早，以为是在公元前 3500 ~ 前 3200 年③。后来有人将齐家陶与欧亚北区晚期新石器陶器作比较，推论齐家坪及不召寨的文化，不会比公元前 2000 年早过许多④。安特生也重新估定它为公元前 2500 ~ 前 2200 年，换言之，比他从前所估计的移晚 1000 年。同样的，他也将仰韶文化移晚，以为是在公元前 2200 ~ 前 1700 年⑤。但是中央研究院在河南几个史前遗址发掘的结果，由地层上证明在仰韶文化层和殷商文化层之间有一层龙山文化的堆积⑥。这龙山文化是一种新石器文化，其特征是细薄光亮的黑色陶器⑦。安特生的最新所估计的仰韶文化年代，似乎没有替这龙山文化保留余地，因为据传说殷商开国是在公元前 1766 年。但是我们又不能将齐家文化移早。前面已说过，齐家文化不会比公元前 2000 年早过许多。如果我们根据新证据，将齐家和仰韶文化的相对年代加以修改，互相倒转，这些困难问题迎刃而解了。河南区域的仰韶文化一定比殷商期早过许多，至少是隔离一个黑陶文化

① Andersson, *Preliminary Report on Archaeological Research in Kansu*（1925），pp. 37 – 38. Andersson, *Children of the Yellow Earth*（1934），p. 334.

② Andersson, *Researches into the Prehistory of the Chinese*（1943），p. 66.

③ Andersson, *Preliminary Report on Archaeological Research in Kansu*（1925），p. 27.

④ O. Mengcin, *Weltgeschichte der Steinzeit*（1931），p. 81.

⑤ Andersson, *Preliminary Report on Archaeological Research in Kansu*（1925），p. 295.

⑥ 吴金鼎, *Prehistoric Pottery in China*（1938），第 21、26、43 页。

⑦ 梁思永, The Lungshan Culture, A Prehistoric Phase of Chinese Civilization. Article in the Quarterly Bulletin of Chinese Bibliography, new series, Vol. I, No. 3, 第 251 ~ 262 页（本文译成中文于 1954 年 9 月在《考古学报》第 7 册发表，并已收入《梁思永考古论文集》——编者）。

期（即龙山文化）。甘肃区域的仰韶文化的年代和在河南区域的大致相差不远。至于齐家文化，不会比公元前2000年早过许多，但是也许是比之晚过许多。

出土各物说明

第一号墓出土者：（YWW 即阳洼湾国音罗马字的缩写）。

（1）YWW.1.1. 双耳瓶。陶色棕灰。瓶腹似两圆锥体拼合。颈部高65，全器高145，腹部最宽处直径（即腹宽）90，口部外径88，底部直径51，器壁厚度3，柄部宽29mm。颈部有颇显明之刮磨痕。柄部外表面有席印纹（图6；图版3）。

（2）YWW.1.2. 单耳杯。陶色棕黄。器高118，腹宽93，口部外径81，底径52，器厚3，柄部宽25mm，腹部下半有席印纹，但曾经抹过。柄部有三刻划痕（图版3）。

（3）YWW.1.3. 单耳杯。陶色棕黄，有红斑及灰斑。器高120，腹宽190，口径78，底径55，器厚4，柄宽25mm，腹部下半及柄部外表面皆有席印纹。腹部上半及颈部皆有刮磨痕。柄部有一刻划（图6；图版3）。

（4）YWW.1.4. 粗陶罐。红棕色。器之外表熏黑，内部亦有黑烟数斑。器高150，腹宽112，口径97，底径61，厚度6mm。口缘部近边缘处加厚，外线捺成波浪形。腹部满布垂直绳纹，仅近口缘处及近底部处刮磨平滑。底部由外面加上（图6；图版3）。

（5）YWW.1.5. 小单耳杯。棕黄色。器高88，腹宽68，口径62，底径38，柄宽19，器厚3mm。颈部及腹部有刮磨痕。柄部有三道刻划纹（图6；图版3）。

（6）YWW.1.6. 骨栓。一端尖锐；其剖面系圆形，近尖端处则变为菱形。长32，直径7mm（图3；图版3）。

（7）YWW.1.7. 陶瓶柄部残片。棕红色，表面有砖红色外衣。柄宽32mm。两边近缘处各有刻线三道。柄部中央刻有一小圆点（图版3）。

第二号墓出土者：

（1）YWW.2.1. 双耳瓶。砖红色。腹部似两个锥体拼合。颈部高55，全器高135，腹宽92，口径91，底径49，厚3，柄宽27mm。颈部有显著的刮磨痕。柄部外表面有席印纹（图版4）。

（2）YWW.2.2. 粗陶罐。红棕色。外表面全部及内面底部沾染黑烟。器高119，腹宽103，口径89，底径87，厚8mm。外表面全部满布垂直绳纹，仅近口处抹磨平滑。底部由外面加上（图7；图版4）。

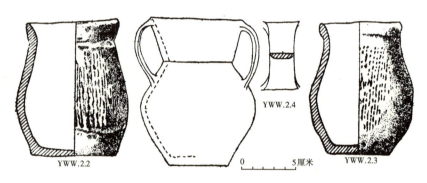

YWW.2.4
YWW.2.2
0　　　5厘米
YWW.2.3

图7　第二号墓出土陶器

（3）YWW.2.3. 粗陶罐。棕灰色。外表面沾染黑烟。器高118，腹宽96，口径80，底径60，厚8mm。器身外表满布垂直绳纹，仅近口部及底部处抹摩平滑。口缘部外加一泥条。底部系由外面加上（图7；图版4）。

（4）YWW.2.4. 双耳瓶。淡棕黄色。腹部作圆形。颈部不高，仅36，全器高128，腹宽105，口径88，底径56，厚5，柄宽24mm。颈部有显明的刮磨痕。柄部外表面有席印纹（图7；图版4）。

（5）YWW.2.5. 骨锥。系由鹿或羊类的蹠骨制成。较大的一端保存原来的状态。由他"骨化"的程度看来，这动物是幼稚未成熟的。长83，较大的一端宽26，厚1.6mm（图3；图版4）。

（6）YWW.2.6. 彩陶碎片。棕黄色。外表面磨光，并绘画紫黑色花纹。厚7，碎片大小为48×41mm（图5；图版4）。

（7）YWW.2.7. 彩陶碎片。灰棕色。外表面磨光，并绘画黑色花纹。厚5，碎片大小为63×40mm（图5；图版4）。

补记： 解放以后，在甘肃天水西山坪、陇西寺坪、临洮马家窑和青海民和山城等地都发现了明确的地层，证实了齐家文化晚于仰韶文化（见《考古学报》1960年第2期，第20页和第26页）。1957年、1959年在甘肃武威皇娘娘台的齐家文化居住址和墓葬中发现了好几件小件铜器，经过分析，含铜量达99%以上（《考古学报》1960年第2期，第59～60页）。1959年在甘肃临夏大何庄的居住址中和秦魏家的窖穴和墓葬中，也发现几件小铜器（《考古》1960年第3期，第10～11页）。这些新发现都证实了本篇所提出的齐家文化时代较晚的意见。

1960年9月17日

再补记： 解放以后，在甘肃省天水县西山坪、陇西县寺坪、临洮县马家窑、青海省民和县山城等地发现了明确的地层，证明齐家文化晚于仰韶文化（参见《考古学报》1960年第2期，第20、26页）。

1957年和1959年，在甘肃省武威县皇娘娘台的齐家文化居住址和墓葬中发现了数片小铜器。分析的结果表明，其铜的含量达到了99%以上（《考古学报》1960年第2期，第59～60页）。

1959年，在甘肃省临夏县大何庄的居住址、秦魏家的窖穴和墓葬中又发现了数件小铜器（《考古》1960年第3期，第10～11页）。

这里，根据文物编辑委员会编的《文物考古工作三十年（1949～

1979)》（1979 年发行），就有关齐家文化最近的研究成果作一归纳。

在甘肃省，黄河沿岸和黄河以东地区分布有大量齐家文化的遗址。根据 1956 年以来层位关系的调查，齐家文化层叠压在相当于甘肃彩陶文化早期的马家窑类型文化层之上的地层关系，除上述各遗址之外，在清水县永清堡、武山县观儿下等地点也得到了确认。进而，齐家文化层叠压在辛店文化层之下的地层关系，在甘肃省永靖县张家嘴、吴家、姬家川等遗址得到确认。

根据放射性碳素年代的测定（《考古》1977 年第 4 期，夏鼐论文），齐家文化的年代，从 1950 年起算为 3645 年 ±95 年前～4130 年 ±105 年前，由此可知，它与马厂类型 3680 年 ±90 年～4135 年 ±100 年前的年代几乎是同时代。

此外，由于齐家文化的陶器与陕西省渭水、泾水流域的陕西龙山文化的陶器为同一种类，因此，齐家文化又被称之为甘肃龙山文化。

进而言之，齐家文化的遗址中出土有相当数量的斧、刀、匕首、镰、锥、镜、指环等青铜器，因此也应认为，齐家文化已经进入青铜器时代。特别是铜镜的出现引人注目。

另外，齐家文化还分布于宁夏回族自治区的南部和青海省的东部。

这些新发现，均证明了本篇所提出的齐家文化时代较晚的观点。

1980 年 9 月 17 日

1. 阳洼湾的齐家期墓地（由北向南望）

2. 发掘后的第一号及第二号墓葬

图版 1 甘肃宁定县魏家嘴阳洼湾遗址

1. 第一号墓葬

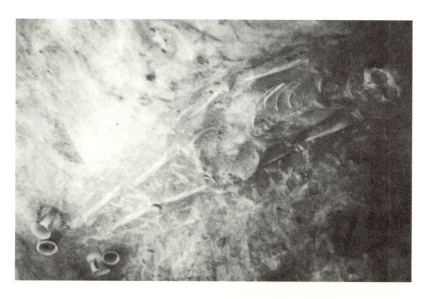

2. 第二号墓葬

图版 2　甘肃宁定县魏家嘴阳洼湾墓葬

YWW.1.3.

YWW.1.5.

YWW.1.2.

YWW.1.6.

YWW.1.7.

0 1 2 3厘米

YWW.1.1.

YWW.1.4.

图版 3 阳洼湾一号墓中出土的陶器

YWW.2.3.

YWW.2.4.

YWW.2.5.

YWW.2.7.

YWW.2.6.

YWW.2.1.

0 1 2 3厘米

YWW.2.2.

图版 4　阳洼湾二号墓中出土的陶器

临洮寺洼山发掘记*

一 引言

甘肃临洮寺洼山的史前遗址，瑞典人安特生于 1924 年曾加发掘，获得陶器等多件。他的正式报告于 1943 年才出版①。据他的报告，寺洼发掘工作是由他的助手主持，工作很粗疏，记载也很简略。1945 年春，我到临洮来做史前遗址调查的工作，觉得有再发掘这一遗址的必要。我们这次发掘的目的有二：①确定马家窑期②遗址和寺洼期墓葬的关系；②发掘少数寺洼期墓葬，仔细观察，以便作成较详细的记载。

1945 年 4 月 21 日由临洮县城赴寺洼山。22 日在寺洼山附近调查。23 日测绘寺洼山地图。24 日是预备发掘寺洼 A 区；因为地主的阻挠，只好暂时中止。经过了几度的交涉，才告解决。26 ~ 29 日发掘 A 区，

---

　　* 本文原载《中国考古学报》第 4 册，1949 年；又见《考古学论文集》，科学出版社，1961 年。

　① J. G. Andersson，1943，pp. 179 – 185，p. 251（主要参考书的简称，见篇末主要参考书目）。

　② 马家窑文化便是安特生所谓"甘肃仰韶文化"，但是它和河南的仰韶文化，颇多不同（见Andersson，1947，pp. 121 – 124），所以我以为不若将临洮的马家窑遗址，作为代表，另定一名称。

30 日发掘 B 区。5 月 1 日整理出土物。2 日再赴附近调查一次。3 日运输出土物返临洮县城。

二 遗址的地形和文化遗存的情形

寺洼山在临洮县城南约 20 公里，位于洮河的西岸。由河岸直达寺洼山脚，是冲积成的平原，现在开辟成农田和村庄。遗址所在的台地，高出于这平原约 20 米左右，为黄土所覆盖。农民利用肥沃的黄土，做成阶级式的梯田。一道叫作鸦沟的深沟，由南而北。这沟的西边是遗址 A 区，有马家窑彩陶文化的居住遗址和寺洼文化的墓葬。沟东面的 B 区遗存限于马家窑文化。A 区的西北有一道小溪，东北流入洮河。B 区的东北有一所小学校。校旁有一水泉，潴蓄成池，形如新月，叫作月牙泉。泉旁树木扶疏，泉水清澈如镜。史前居民所需要的饮料，也许和现代的附近住民一样，便是取汲于这道泉水。鸦沟的两旁和小学的南面，因为住民取土的关系，被挖成壁立的峻崖。侧壁上暴露出灰层和陶片，有几处还露出袋形的灰坑，坑内填满夹着陶片的灰烬（图 1；图版 1，1）。

未发掘以前，我们在地面上便采集了一些史前遗物如彩陶片及陶环残片等。因为人力及财力的限制，我们只能在 A 区及 B 区各挖掘一道探坑（图版 1，2）。A 区的探坑，长 19，宽 3 米（有两处因为墓葬遗物的发现，扩展宽度到 4 米）。地层的情形，以一号墓葬附近为例（见图 8 右角的剖面图），可以分层如下：①由地面达深 0.3 ~ 0.5 米的地方，是表面农耕土，包容物除史前两期的陶片外，还有现代的带釉瓷片和灰色布纹厚瓦碎片。②层下抵离地面 1 米的地方，土质较坚，色黄褐。包容物除了史前两期的陶片外，在离地面 0.8 ~ 1 米处，发现近代的黑釉瓷片一片。似乎这一层是近代为着筑梯田平土时所铺成的。当时将斜坡改成阶级式，所用的土，便是取自这遗址。但是经过一番翻动，便混入了近代的黑釉瓷片。③层离地面 1 ~ 2.1（或 2.5）米，是灰褐土。这

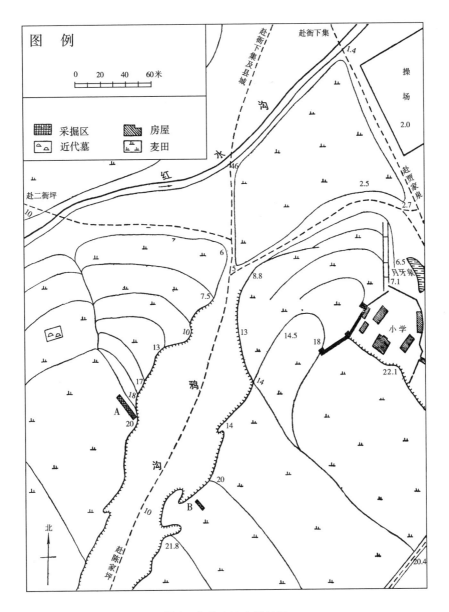

图例

采掘区　　房屋
近代墓　　麦田

图 1　临洮寺洼山遗址图

一层是马家窑文化的堆积，因为杂有多量的腐化有机物和灰烬，所以土色较灰（在第三号墓葬的西边，离地面约 1.7 米，发现一堆灰烬和红烧土块，似乎是一个烧火的地方，附近遗物特别多；灰色绳纹粗陶以外，还有骨钻、石刀、石钻和陶环）。寺洼期的墓葬，都在这一层中。墓葬离地面的深浅是 1.4~1.8 米。人骸和殉葬品的附近，都有马家窑式遗物残件。连殉葬陶罐内填土中也包含有彩陶片、绳纹粗陶片和陶环残片（见附录一采集遗物登记表 A66~A77；图版 7，14~16；图版 9，A68）。我很想找出墓葬内填土和早期居住遗址原来文化层的界线，以便确定墓形。观察的结果，只知道墓葬中的土色常为大块的灰褐和黄土。但是墓葬周围的早期文化层，也是灰褐土，并且也常间杂有小块黄土。土质的坚松也差不多。二者的界线很不清楚，竟无法加以区别。大概寺洼时期的地面仍是斜坡，不是梯田。埋葬的时候，将马家窑文化层挖掘一坑，放置尸骨及殉葬品后，仍旧将原来挖出的土再填进去，所以土色相同。当初土质也许稍松，但经过这样长久的岁月，填土的硬度也变成和周围文化层中的土一样了，所以难加辨别。下次如有机会再度发掘这遗址的时候，对于这问题仍须加以注意，以便找出它们的区别界线来。（四）层离地面 2.1（或 2.5）米以下是生黄土，不出遗物。在这一层和上一层之间，有些地方隔以黄褐土一层，出土物很少，大概便是马家窑文化时代的地面。

至于 B 区的地层，就我们所掘的长 4 阔 2 米的探坑而论，地下情形如下：①由地面至 0.45 米，是表面农耕土，曾经翻动。包容物除马家窑文化的遗物外，还有近代式带釉瓷片四片。②灰色土层，土质很松，自离地面 0.45~1 米，出土物为马家窑文化遗物，但有几片细绳纹硬灰陶（例如 B9），时代似较晚，大概是由上层混入。③灰褐土层，自离地面 1~1.5 米。土质较坚，常有小块黄土。这一层和上一层的分界不很清楚。这层的包容物都是属于马家窑式的。在探坑北壁的附近，深 1.4 米处，有红烧土一堆，出土骨钻一枚（B38）。又适在北壁的下面，有一个灰坑，直径约 1，深约 0.5 米，满填灰烬，遗物仅出灰色陶片一片。④自 1.5 米以下，都是生黄土，不出遗物。

就上面所说的看起来，两区不同的地方，是 B 区没有寺洼期的墓葬，也没有寺洼期陶器的碎片。至于马家窑文化期的遗物，这两区几乎完全相同（见下段"遗物"）。虽然有一些遗物此有彼无，这犹如同一遗址分段挖掘探坑，各段的出土物也不会绝对完全相同的。这两区的时代及它们所代表的文化，概括地说，可算是相同的。至于 A 区中的寺洼期墓葬，显然是较马家窑文化期为晚。这不但可由地层上来证明，并且就遗物而论，寺洼陶的陶土中羼杂着碾碎的旧陶片细末，有几粒较大的，可以很清楚看出是用马家窑式彩陶或红陶片来碾碎的。当时大概便是拣拾散在地面上的破陶片，碾碎了来做"羼和料"，和绳纹粗陶羼杂砂粒的用意相同。被利用的破陶片的时代，自然要比较寺洼期所制造的陶器为早。所以这也可用来证明二种文化的先后关系。

三　马家窑文化期（即"甘肃仰韶期"）的遗物

遗址的地下情形，前面已经详加叙述。这两区第三层灰褐土中所包含的遗物，除了 A 区一部分寺洼期墓葬以外，可以说都是属于马家窑文化的。现在以这一层的出土物为标准，它的上面一、二两层，显然有后世翻扰的痕迹；这两层的出土物，只能将那些可以由互相比较而确定为马家窑式者，并入一起讨论；至于后世混入的东西，如带釉瓷片、布纹厚瓦、轮制硬灰陶及寺洼陶碎片，都要一概除外，以免混淆。

（一）陶器

这次发掘所采集的陶片达 764 片，经检查登记后，仅选取一部分运回。陶器中的自当以彩陶为它的特征；但就数量而论，彩陶片仅占1/3。现将这两区第三层所出的陶片，列表如下（表1）。

表1　寺洼出土陶片分类表（墓葬中所出完整陶器除外）

种　类		彩陶片	细红陶	红绳纹陶	灰绳纹陶	细灰陶	寺洼式陶	总　数
A区	陶片数	92	99	13	23	20	8	255
	百分比	36%	39%	5.1%	9%	7.8%	3.1%	100%
B区陶片数		33	27	7	25	9	0	101

可见这两区的陶片，大致相同，彩陶片和细红陶片约占全体的2/3。B区没有寺洼式陶片，但是绳纹陶的数量较多。这是由于B区的探坑虽小，适有一个灰坑。绳纹陶是烹饪器，灰坑中及其附近，往往出土较多。至于A区的几片寺洼式陶，无疑是被破坏的寺洼期墓葬中殉葬器的碎片。

这一表中的几种陶片，除寺洼式的是后世羼入者外，其余可以说都属于马家窑文化的。依陶质等的不同可以分为两个陶质，现在分述如下：

（甲）细泥陶系　陶土质细，似曾经冲淘过。就破损的断面观察，并不曾混和砂粒或其他的"羼和料"。硬度约三度（摩斯硬度Mohs′ scale）。色泽大多数为橙黄色或红色，极少数为灰色或灰褐色。手制，外表面磨光，内表面仅盆钵类大口器有时磨光。厚度为3～5毫米。彩陶除一片属于（乙）系外，其余都属于这（甲）系。所谓"细红陶"碎片，有一些大概便是彩陶器的无彩部分。

器形方面，仅有少数可以大致复原（图2），现在分类如下：第一类，钵形器。这类碎片很多，常有黑色彩绘，例如A1、A2、A37、A39、A47～A48、B3～B4、B13、B23；其中保存有底部的，都是平底，如A29（图版5，1a），B17。无彩的红陶钵碎片也有几片，如A11、A14、B29～B30。灰色的也有几片，口缘部和红陶钵稍不同，如B31口缘较腹壁为稍厚。这一类的彩陶钵，马家窑遗址出土颇多[①]。罗汉堂和

① Andersson, 1943, Pl. 49, 2；Pl. 50, 4－5.

朱家寨也有出土①。第二类是卷唇盆，残片也很多，例如 A9、A42、A46、B1 ~ B2、B10（图版 7，1 ~ 3、6；图版 8，9）。器的全形应该像安特生所购买的几个完整卷唇盆②。马家窑出土也很多，安特生仅能复原一件③。这次所得的都是残片，只能依安特生所发表的完整器加以复原。罗汉堂也有出土，朱家寨出土的腰部有两横耳④。第三类侈口盆，仅有一片，即 B23（图版 8，2）。第四类小口大罐，可分二式：甲式颈部较高，常有锯齿纹，例如 A34 ~ A35（图版 6，1）。这一式的全形及整个纹饰实属于半山式的葬罐⑤。乙式颈部较低，横列一群平行黑线圈绕一周，如 A41（图版 6，3）、B22。因为仅存颈部，器形无法复原，就其花纹看起来，或许和安特生在半山所购的 K5015 葬罐相似⑥。半山式葬罐的残片，在马家窑遗扯也曾发现几片⑦。第五类小口瓶。这一类也都是残片，不能拼凑复原。但是就其碎片的形状及花纹来看，大概便是安特生在兰州所购的所谓马家窑式陶瓶⑧一类的东西。我们所采集的标本，有口部残片一，B21；颈部残片二，A72、B11（图版 7，16；图版 8，6）；腹部带耳和不带耳的残片各一，A36、B26（图版 7，7；图版 8，7）。另有腹部带耳残片 3 件，A3、A44、B5（图版 6，4、5；图版 8，14）；这 3 件周径较大，或许是大瓶的腹部，但也能属于低矮的罐类，殊难确定。这一类残片，马家窑遗址中也有出土，罗汉堂也颇多⑨。

---

① Andersson，1943，Pl. 43，14；Pl. 100，1；Bylin-Althin，1946，Pl. 50，3.

② Andersson，1943，Pl. 53；Pl. 54，2；Pl. 55，3.

③ Andersson，1943，Pl. 49，3 - 4；Pl. 50，1 - 2；Pl. 60，1 - 9；（以上残片）Pl. 55，2（复原）。

④ Andersson，1943，Pl. 43，5；Pl. 43，8；Pl. 104，1；Pl. 104，5；又见 Bylin-Althin，1946，Pl. 50（2，4，17 - 18，20 - 21）。

⑤ 例如 Andersson，1943，Pl. 76，2；Pl. 91，1；Palmgren，1943，Pl. XVI，3 - 4，p. 22，P. S. XXIII。

⑥ Palmgren，1934，Pl. Ⅱ，6.

⑦ Andersson，1943，p. 98.

⑧ Andersson，1943，Pl. 56，1；Pl. 57，5；Pl. 184，3（两耳瓶罐）；Pl. 56，2；Pl. 57，1（无耳瓶罐）。

⑨ Andersson，1943，Pl. 50，3；Pl. 51，5；Pl. 57，5；Bylin-Althin，p. 444，Pl. 42，1；Pl. 44，5；Pl. 44，8；Pl. 45，1 - 4；Pl. 50，23.

以上五类，除了仅发现过 1 片的第三类，似未见于马家窑遗址，其余四类，都可以在马家窑遗物中找出代表来。但是河南仰韶彩陶的器形中类似的，仅有第一类简单的陶钵。又我们在 B 区地面捡到一个满布筛孔的半圆球形的陶器 B7 是由细泥红陶制成的，似乎也属于这一文化遗存。虽仅剩小半个，原形大致可复原，口缘外径 80，高 32 毫米，口缘有孔约六个，器身有孔三排（图版 4，4）。齐家坪也出有相似的一片①。

　　不但器形如是，便是彩绘纹饰也是属于马家窑文化一系，和河南仰韶彩陶有些不同。彩绘的底子是原来的陶色（橙黄色或红色，极少数灰褐色），没有像河南彩陶加上一层白色或红色的色衣。所描绘的线条几乎都是黑色的，仅有几片间杂一条紫红色条纹（如 A10、B12、B14、B16，见图 3），河南仰韶彩陶有全部图案用红色的。大口器如钵类和盆类，多是里外两面绘彩，卷唇盆的唇上也描绘花纹；河南仰韶的彩绘都是限于外表面，便是大口钵也是内表面无彩。至于花纹的图案，如果加以分析，也可以看出马家窑彩陶的特征。这一方面可注意的是彩纹和器形常有一定联系，某几种彩纹常限于某一种的器形上面，罕见或绝不见于他类器形上。花纹可以归类为下列十种：①最普遍的一种是垂幛纹。常绘在钵类的外表面，偶或绘在内表面。一道粗横线，绕口缘一周；在这横线的下面，画了一列粗弧线，像垂幛一般，由口缘处下垂。在横缘和粗弧线的中间，又画了几道较细的弧线。相邻的粗弧线的中间，插置一道垂直线或卷钩，例如 A29、A48（外表面），B4、B13、B17（图版 5，1a、2a；图版 8，1、13）。有时口缘上那道横线改用粗弧线，在这线和口缘间的空隙处。加上一排树叶状花纹，如 A47、B3（图版 7，4）。或在口缘的横线下，加进一列卷钩，如 A48 的内表面（图版 5，2b）。前段所引的马家窑等处出土的第一类钵形器，它们的外

---

① Bylin-Althin, Pl. 7, 18.

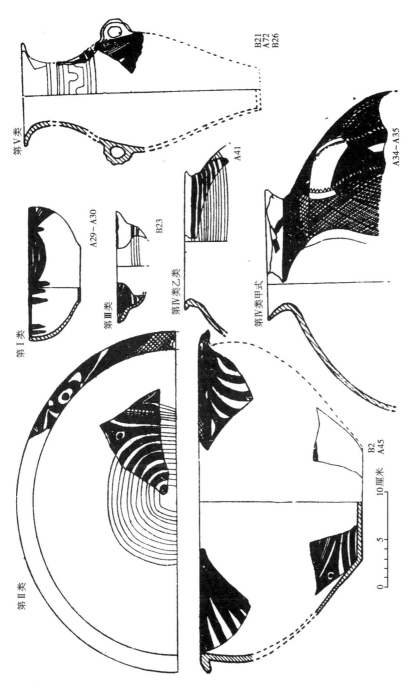

第 V 类

B21
A72
B26

第 I 类

A29~A30

第 III 类

B23

第 IV 类乙类

A41

第 IV 类甲式

A34~A35

第 II 类

B2
A45

10厘米

0   5

图 2 寺洼山出土马家窑期彩陶

31

表面的花纹也都是垂幛纹。②四条以上的横列的平行线。各线的粗细及相间距离，大致相同，各围绕器身一周。这一种花纹，常在罐类或瓶类的颈部，例如 A41、A72、B11（图版 6，3；图版 7，16；图版 8；6）；或在盆类底部或近底处，例如 A45（图版 6，2）。瓶类器的腹部，也时

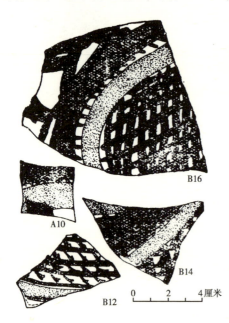

图 3　寺洼山出土
马家窑期两色彩陶

常用横列平行线来作装饰，但常用垂直的粗线将平行线截断分段，例如 B5（图版 8，14）。前面所引的马家窑等处出土的第五类瓶形器，也多是用这一种花纹。③锯齿纹。这一种花纹，是在粗线条的一边，伸出一排锯齿，例如，A34～A35、B14、B16（图版 6，1；图版 8，4、11）。这是安特生所谓"丧纹"的重要组成分子，常见于半山式的随葬罐子上面。也有以锯齿纹数条重叠组成花纹的，例如 B12、B14、B25（图版 8，4、5、8）；其中 B12 的锯齿，由三角形变成卷钩形（图版 8，5）。半山式随葬陶罐中也有这种重叠锯齿纹①。④葫芦形中填方格，例如 A34～A35、B16（图版 6，1；图版 8，11）。这也是半山葬罐上常见的花纹，巴尔姆格伦所谓半山花纹第 16 式（Decor Family 16P）②。⑤方格纹除了上面所说的填塞葫芦形的内部外，还有填在两道平行线中间的，例如 A36、A45、B2（图版 6，2；图版 7，7；图版 8，9）。至于 A5、A7

---

① Palmgren, 1934, Pl. XVII, 6；Pl. XVII, 4－5.

② Palmgren, 1934, pp. 75－76.

两残片，也有方格纹（图版 7，8、11）；但过于残碎，无法知道它整个的图案如何样式。这种夹在两道平行线间或弧线间的方格纹，也见于马家窑及罗汉堂出土的陶器上[1]。⑥螺旋纹。例如 A38、B6（图版 7，10；图版 8，10）。这二片是陶器的腹壁。马家窑出土的陶片也有这种螺旋纹[2]。⑦弧线三角形。三边用弧线组成中间常有一圆点，例如 A45、A40（图版 6，2；图版 7，9）。马家窑和罗汉堂也都有这种花纹[3]。⑧短段的平行直线或弧线数群，各群的中间相隔以其他的几何形如弧线三角形，例如 A9（图版 7，3）、B1；或螺旋纹，如 A46（图版 7，6）；或圆点，如 B10。这一种花纹多在卷唇盆的宽唇上。前段所举的马家窑等处出土的器形第二类卷唇盆的唇上，也多是这种花纹。⑨倒立三角形一排，多在钵类或盆类等大口器的内表面近口缘处。或由两个三角形成一单位，各单位互相远隔，例如 A29（图版 5，1b）；或各三角形相连贯成一长列，如 A39（图版 7，5），相邻的两三角形间空隙处或加入圆点，例如 B24 的内表面（图版 8，12a）。后者也见于罗汉堂出土的陶片上[4]。⑩圆点或椭圆点。除了在第七、第八及第九式花纹中是一构成分子外，也有自成一群，或三个圆点作一单位，例如 B24 的外表面（图版 8，12b）；或参差排列于两平行线间，例如 A72、B11（图版 7，16；图版 8，6）。后者也见于罗汉堂出土的陶片上[5]。除了以上十种花纹外，有些由弧线组成的图案，因碎片过小，看不出整形来，只好从略。如果我们将这十种花纹折散成横线、垂直线、曲线、宽条、圆点或三角，我们可以在河南仰韶彩陶中找出类似的例子来。但是这些简单的个形太普通，恐怕在世界上任何地方，如果采用几何图案，大概都会有这些简单

---

[1]　Andersson, 1943, Pl. 50, 1 - 2, 4; Pl. 57, 1; Bylin-Althin, Pl. 49, 3; Pl. 49, 5; Pl. 50, 17.

[2]　Andersson, 1943, Pl. 50, 4b.

[3]　Andersson, 1943, Pl. 50, 2; Bylin-Althin, 1946, Pl. 51, 2.

[4]　Andersson, 1943, Pl. 43, 5; Bylin-Althin, 1946, Pl. 50, 4, 19.

[5]　Bylin-Althin, 1946, Pl. 44, 5.

个形的代表。不过，我们如果就集合起来的图案来看，除了比较简单的几种和第五种（平行线间方格纹）第六种（螺旋纹）第十种（圆点）外，我们在河南仰韶的彩陶中，似乎还未发现过相同的图案（第七种弧线三角形虽亦有之，但是没有弧线三角形中心留一圆点的）。但在马家窑式的彩陶中，我们每个都可以找出几乎相同的例子来。所以寺洼的彩陶文化层，实属于马家窑一系的，和河南仰韶的彩陶不同。

除了彩绘以外，也有凸饰。例如 A44 和 B26 的耳部，都加有一道垂直的凸饰，并且压成起伏的波形（图版6，4；图版8，7）。马家窑和罗汉堂也都有这种波形凸饰的陶耳[1]。另有红陶及灰陶各一片，B28、B8，似为腹部，也各有凸饰一道，凸条上斜刻一列平行短线。马家窑的无彩陶片尚未加以研究发表，无法比较。罗汉堂无彩细陶也有腹部加凸饰的，但压成波形，并不刻画成绳索形[2]。河南仰韶出土的陶器，也有用压成波形的凸饰，但是都在器腹或鼎腿上，没有加在耳部上的[3]。

（乙）夹砂粗陶系 陶土中羼杂石英砂粒，云母片等杂质为"羼和料"，所以组织粗粝，断处显露粒状。硬度为四度，较细泥陶为高。厚度为 8~10 毫米，较细泥陶为厚。色泽大多为灰黑色，但也有砖红色或橙黄色的，或外表面灰色，内表面红色。手制。器形如图4。外表面满是绳纹，但颈部至口缘处，常加抹平。口缘部常压成起伏的波形，如 A17、B32（图版4，5①②）；或斜刻一列短划，如 A16（图版4，5⑤）。腹部的碎片，也常有凸饰一道或数道。凸饰上或再压上一列绳纹，如 B19（图版4，5④）；或压成起伏的波形，如 A15（图版4，5⑥）。器形因为碎片过于残缺，又没有底部，无法复原。大概是属于罐

---

① Andersson, 1943, Pl. 51, 5；Bylin-Althin, 1946, Pl. 45, 4.

② Bylin-Althin, 1946, Pl. 26, 6.

③ Andersson, 1947, Pl. 2 – 9.

类，像罗汉堂出土的粗陶罐相类
似①。这种夹砂粗陶在罗汉堂出土
也很多，占全部陶片十分之四以
上。陶质和纹饰（绳纹和凸饰）
也都相同②。朱家寨遗址出土的陶
片，也有这种夹砂粗陶，陶质带石
英砂粒及云母片，外表面绳纹加上

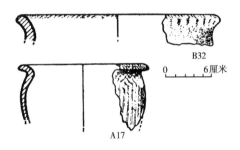

图 4　寺洼山出土马家窑期夹砂粗陶

压成波形的凸饰③。马家窑的粗陶，因为尚未发表，无从比较。想来也
是大体相同的。

　　夹砂粗陶中有一片，B20（图版 8，3），很是特别。陶色橙黄，颈
部画了三道黑线，可以说是"彩陶"，但是陶质夹杂很多的石英砂粒及
云母片，完全和无彩的夹砂粗陶相同，并且外表面也带着绳纹。腹部
附着一个波形耳（或称之为鸡冠耳）。器形似为大口的盆类，但底部已
缺失，不知道是平底或是圜底。这一种陶，罗汉堂也曾出土一片；陶
质杂石英粒和云母，外表面有绳纹，并绘有黑线条二道，腹部也横置
波形耳④。因为罗汉堂同时出土另有两片，都是由两节拼成的，上半是
细泥陶，绘有黑彩花纹，下半是夹砂粗陶，外表面有绳纹。所以比林
以为前一片或许也是由两节拼成，不过细泥彩陶的上半部，损坏后遭
遗失掉了⑤。这次我们发现这一片可以证明比林的猜想并不见得对。
我们这一片还保留口缘部一大截，知道上半部虽有彩绘，仍是夹砂粗
陶；至于下半部近底处及底部虽已残缺，但依常理推测，一定也是夹
砂粗陶。我们可以说有些彩陶是全部用夹砂粗陶制成的，并不一定是

①　Bylin-Althin, 1946, Pl. 31，4.
②　Bylin-Althin, 1946, pp. 438 – 443；Pl. 31 – 38.
③　Andersson, 1945, p. 43，Pl. 12，2.
④　Bylin-Althin, 1946, p. 488，Pl. 43，3.
⑤　Bylin-Althin, 1946, p. 443，p. 488，Pl. 43，4 – 5.

另用细泥陶制成绘彩的上半部。并且我怀疑罗汉堂的那一片，图版中误将它颠倒放置，实际上应该像我们这片一样，彩绘部分是在波形耳的上面，不是在下面。耳部附着于器腹作鸡冠形（即波形）的陶器，在罗汉堂的无彩细陶和粗陶中，都曾发现过[①]。河南的仰韶村和不召寨二遗址中也有波形耳[②]。不过河南的波形耳，凸条较狭，突出处离腹壁也较大。

（二）陶环、石环、石器及骨器

这次发掘的收获品，以陶片为最多，已详述于上节。其他遗物数量较少，就它们的形状而言，也是大多属于马家窑彩陶文化一系统。现在分述于下面：

（甲）陶环和石环 陶环出土很多，共16件，现列表于下（表2）。

表 2 寺洼山马家窑期陶环残片（未经注明＊者，单位为毫米）

编号	出土深度	陶色	剖面形	宽	厚	环外径	图版	备注
A4	地面拣拾	红褐	圆形	5	5	50		
A32	1.7 米	灰	圆形	5	5	50		
A33	2 米	灰	略呈三角形	6	6	45	图版 9	
A49	1.8～2 米	灰	略呈长方形	5	6	45		
A50	2 米	灰	略呈长方形	5	6	60		
A51	2 米	灰	马蹄铁形	6	7	65		
A52	1.8 米	灰	马蹄铁形	5	5	50	图版 9	
A53	1.8 米	灰	略呈长方形	4.5	5	55		
A54	1.8 米	灰	略呈三角形	7	7	70	图版 9	外缘成锯齿状
A55	1.9～2 米	灰	略呈三角形	5	5	55		

---

① Bylin–Althin, 1946, Pl. 29, 7；Pl. 34, 3；Pl. 35, 6.
② Andersson, 1947, Pl. 20, 1；Pl. 20, 3；Pl. 90, 1；Pl. 102, 2 – 3.

续表

编号	出土深度	陶色	剖面形	宽	厚	环外径	图版	备注
A68	殉葬罐中	深黑	扁平，内外皆凸	4	10	40	图版 9	外表面磨光
B33	地面	灰	半圆形	7	9	80	图版 9	
B34	地面	灰	扁平，外凸内平	6	11	60		
B35	地面	灰	圆形	7	7	70		
B36	0.9 米	灰	扁平，外凹内凸	5	10	45	图版 9	
B37	1 米	灰	扁平，外凸内平	4	9	65		

这 16 件陶环都是残碎的片段，没有完整的。石环仅得 1 件也是残碎的，系板岩制成的，剖面略作长方形（图版 9，A26）。陶环中仅有一件是红棕色，A4；其余都是灰色。各件直径的大小不同，外径从 40 ~ 80 毫米都有；其中半数是 45 ~ 55 毫米。剖面可分为二大类：甲类作圆形或近似圆形，系由一圆条卷成环圈，其中又可分为四类：①或保持圆形，如 A4、A32、B35；②或内侧略为压平作马蹄铁形或半圆形，如 A51、A52、B33（图版 9）；③或内侧略为压平，外侧由上下两面斜压成棱脊，换言之，剖面略成三角形，如 A33、A54（图版 9）、A55；④或内外两侧及上下两面都略加压平，剖面略成方形，如 A49、A50、A53（略同图版 9，A26）。乙类系由一扁条卷成环圈，剖面扁平，细加区别，又可分为两种：①内侧平坦，外侧稍凸，如 A68（图版 9）、B34、B37；②内侧稍凸，外侧凹入，如 B36（图版 9）。甲类第三种的 A54，剖面略成三角形，外侧棱脊刻成锯齿状（图版 9）。马家窑和河南仰韶村出土的残环，也有和这种相类的①。其他各种，除了乙类第二种外，仰韶村也都有发现②。这乙种第二种却见于马家窑；此外，马家窑

---

① Andersson，1943，Pl. 48，4；1947，Pl. 70，4.

② Andersson，1947，Pls. 67 – 69.

也有甲类第二种和第三种①。安特生并没有将马家窑出土的遗物全部发表，所以我们不能断定未见的几种是由于未加发表，抑或根本没有发现于这遗址。罗汉堂遗址发现了陶制残环达 80 件，但仅发表 5 件，外加石制残环 2 件，一共 7 件，剖面是或长方形或三角形或扁平②。

（乙）**石器**　除了上面所说的石环以外，石器尚有斧、凿、刀、纺轮及圆球五种。

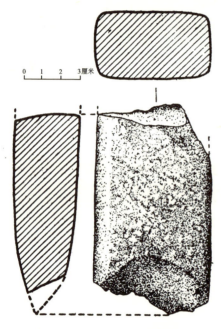

石斧残片共得 3 件，都是黑色岩石制成的。承地质研究所吴磊伯先生代为鉴定，知道其中 2 件是空晶石板岩，1 件是火石，形制都是安特生所谓半山式的，横剖面略作长方形，但四角是圆弧不是棱角。和河南仰韶式石斧不同的地方，是横剖面更圆，粗端（柄部）不像河南式那样平宽粗重（图 5）。这类半山式石斧，罗汉堂遗址及边家沟墓葬中都有出土③。我们这次所得的 3 件残器（图版 9，A56、A58、A59），其中 A58 较为完整，仅粗端已缺失，刃部稍残，至于 A56 和 A59，一

图 5　寺洼山出土马家窑期石斧 A58

仅存粗端，一仅存刃部。制作的方法，是先用"琢制法"琢成粗型，然后将刃部磨锐。至于粗端除了近末处偶或磨光，大都仍保留琢过的本来面目。此外另有 1 件（图版 9，A25），刃部已完全缺失，似乎也是斧

---

① Andersson, 1943, Pl. 47, 4 - 6.
② Bylin-Althin, 1946, pp. 456 - 457；Pls. 54, 1 - 6；55, 15.
③ Andersson, 1943, pp. 120 - 121；Pls. 63 - 65；Pl. 40, 1；Pl. 75, 1.

类。这件是用灰色石英闪长岩制成的（这件也承吴磊伯先生代为鉴定）。上下两面磨平，左右两侧及粗端一面仍留琢痕，未加磨平。横剖面是扁平长方形，阔 82，厚 35 毫米，较普通石斧为宽，但安特生在瓦罐嘴所购得的据说半山式墓葬中出土的石斧中，也有一件是扁平，阔 94，厚仅 34 厘米，和我们这一件很相类似[①]。

石凿共得 3 件，都是用板岩制成的，横剖面都作长方形（图 6；图版 9）。A27 刃部较阔；A60 则较狭，两端都有刃部；A57 刃部由两狭面磨成，和上面两种由宽面磨成刃部的，稍为不同。马家窑出土的也有这种狭而厚的石凿，刃部侧面对称。至于横剖略呈正方形，刃部侧面不对称的石凿，马家窑遗址也出有 1 件，不过粗端并不磨成刃状[②]。

石刀仅出 1 件 A61，是由板岩制成，作长方形，钻有两孔。刃部是在狭边，和普通石刀的刃部在阔边者稍为不同（图 6；图版 9）。安特生在半山区域所购的石刀，据说出自墓葬，也都是长方形，由板岩或砂岩制成。但是除了 1 件外都是单孔，刃部在阔边；那件特殊的石刀，共有四孔，并且上下两阔边及一狭边都磨成锋刃；似乎是兼有我们这件石刀和普通石刀的用途[③]。

石纺轮在居住遗址中共出 2 件，都是大理石制的（图版 9）。上下两面及周缘都磨得平滑，中心钻了一直径 10 毫米的整齐的圆孔。A62 是完整的 1 件，直径 53，厚 10 毫米（图 7）。A63 是残片，直径 63，厚 17 毫米。马家窑出土的标本，安特生尚未全部发表，不知道有石纺轮没有。河南仰韶村出土的石纺轮颇多[④]。

石球残件 1，也是大理石制成的，直径 26 毫米，仅残余半个 A64

① Andersson，1934，p. 122，Pl. 67，2.

② Andersson，1934，p. 89；Pls. 44，4；Pl. 45，10.

③ Andersson，1934，pp. 123 – 124；Pl. 70，1 – 6；特殊的一件，指 K1400，见 Pl. 70，2.

④ Andersson，1934，p. 67；Pl. 71，3，5，7 – 11.

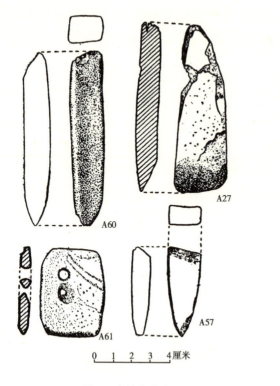

0　1　2　3　4厘米

图6　寺洼山出土
马家窑晚期石器

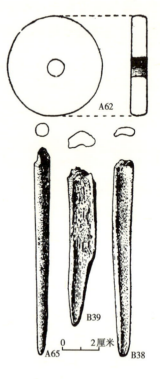

0　　2厘米

图7　寺洼山出土马
家窑期纺轮和骨钻

（图版9）。另有石球和陶球各1件，G1.16，G1.10，是在墓葬中发现
的，将于下节中叙述；但这两件也可能是早期居住遗址的东西，混入墓
葬填土中。马家窑出有大理石的圆球，直径44毫米，罗汉堂出有陶球；
仰韶村出土的遗物中，石球和陶球都有[1]。

（丙）骨角器　（图7；图版9）共得3件。1件是骨钻A65，横剖
面作圆形，最宽处直径7.5毫米，柄部已残缺，现存部分长109毫米。
另1件骨器（骨凿？）B38，扁平而狭，系由兽类腿骨削一长条制成，

---

① Andersson, 1934, p. 85, p. 90; Pl. 40, 4; Pl. 45, 12; Bylin-Althin, 1946, p. 457, Pl. 25,
5－6; Andersson, 1947, p. 69, Pl. 73, 1－3.

表面磨得光滑发亮。尖端宽阔，磨成钝刃，刃部侧面不对称。这二种骨器，马家窑都有相类的例子①。B39 角钻似系鹿角制成。将圆形剖面的角纵削取一半，又将下半节削成尖端，稍加磨锐，即可使用。柄部横剖面作半圆形，角类中心的海绵状组织都显露于外，马家窑也有形头相类似的骨钻，但是用骨制成，不是用角制成的②。

（三）小结

上面二节，已将寺洼居住遗址所出土的东西，细加分析。这分析的结果，证明这居住遗址的文化，是属于一个新石器的彩陶文化。和华北各史前文化相比较，这是属于马家窑文化一系（即安特生所谓"甘肃仰韶文化"）。至于这马家窑文化整个的综合研究，以及和河南仰韶文化（即狭义的"仰韶文化"）的比较，我想留待写作《洮河流域史前考古总报告》中再行详细讨论。现在先继续叙述寺洼山墓葬的发掘情形和出土遗物。

四　寺洼期的墓葬

前面第二节叙述 A 区的地下文化遗存时，已经将寺洼期的墓葬和马家窑期的居住遗址文化层二者间的关系，加以说明。本节拟将寺洼期墓葬的本身，加以详细的叙述。

1934 年安特生在寺洼曾发掘了 8 座墓葬。墓中陶器自 1 件至 7 件不等，其中二罐在发现时有石砾遮盖口部。其他殉葬品为有孔石斧，铜镯及骨器各一，又山羊角一对。至于墓中的人骨，其中一墓为乱骨一堆，一墓有下颚骨及其他乱骨，一墓无人骨，其余 5 墓记载不详③。步达生

---

① Andersson，1934，p. 85，p. 90；Pls. 45，2；Pl. 45，6；Pl. 46，1.
② Andersson，1934，p. 85，p. 90；Pls. 45，5.
③ Andersson，1943，pp. 179 – 185，p. 251.

的甘肃人骨报告所收录的寺洼期人骨共 8 架，想是包括西宁县的卡窑及下西河二处所得的材料①。裴文中氏于 1947 年 9 月，也曾在这里掘开一座寺洼期墓葬，据云："似曾经混乱者人骨之旁及下，均有排列之大砾石甚多，或与墓葬有关。由此墓葬内得陶器 7 件。"又说："此墓葬附近之土中，皆有马家窑式的彩陶陶片。"②

我们这次发掘，共挖开 6 个墓葬。各墓葬的互相关系，图 2 - 15 的寺洼开掘区域平面图中已表示得很清楚。其中第 1 号墓中的乱骨及殉葬品，似属于两堆，或许是两个墓葬。各墓的详细记载，见第（2）节墓葬记载表。现在先将葬俗一项，作一个综合的叙述：

（一）葬俗

葬俗方面，先说尸体埋葬的深度。这次所发掘的各墓人骨和殉葬物离地面的深度，普遍是 1.6～2.4 米；只有第 2 号墓离地面仅 1.4 米，当由于这墓所埋的是婴孩，挖土较浅。寺洼的墓地现今是梯田。我们所掘的地方，是在高出基点 20 米的一层梯田的边缘。地下深达约 1 米处还有近代黑釉瓷片出土，当是作梯田时曾经填过土。据当地村人说，在高出基点 18 米的那一层梯田中也曾掘到墓葬，离地面都很浅。可见得在埋葬的时候，这墓地尚是斜坡，不是梯田。

至于尸体处置的情形，就我们现在所看到的可以说有三种：一是火葬后将骨灰盛在陶罐中，如第 0 号墓（图版 12，1）；二是平放仰卧，如第 3、第 5（图版 3，2）、第 6 各墓（第三号墓头骨曾经移动）；三是乱骨一堆，如第 1（二尸）、第 2 和第 4 号墓（这第四号墓中的人骨，或许不属于这墓）。最后一种是否是原来埋葬的状态，抑或是曾经后世扰乱过后的情形，很值得讨论一下。如果是曾经扰过的，那便应该归并

---

① D. Black, 1928, p. 4.
② 裴文中等，1948a，报告之三，第 7 页。

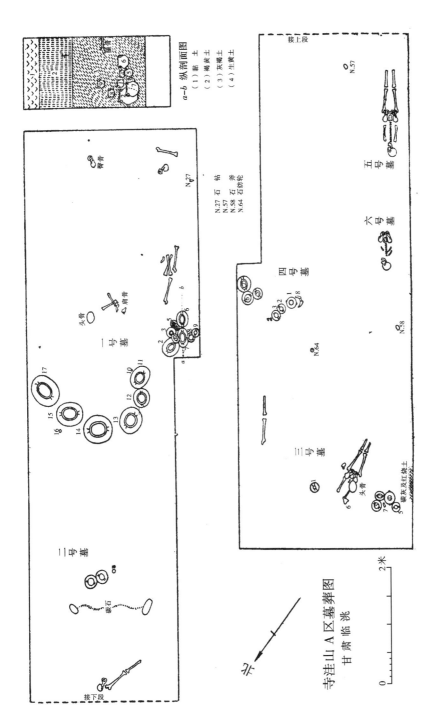

图 8　临洮寺洼山 A 区墓葬图

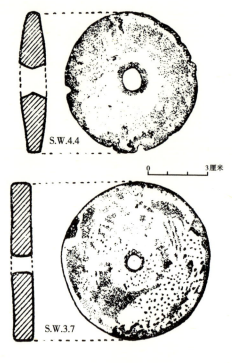

S.W.4.4

0   3厘米

S.W.3.7

图9　寺洼期墓葬中所出纺轮

入第二种中去，我们可以推论他在未经扰乱以前也是平放仰卧的。这次我们所掘的，有半数是尸骨凌乱放置。安特生所掘的8个墓葬，其中一墓无人骨，两墓乱骨一堆，其余五墓未有记载。裴文中氏曾掘一墓，也是尸骨凌乱的。就我们所掘的几座来说，尸体和殉葬罐的深度相同，位置也是相距不远。如果尸骨被扰乱过，殉葬罐似乎也该免不了。但是这些殉葬罐子被发现时，都很完整；并且排列的次序也未见曾被扰乱（遗址中也有被扰乱过的殉葬品，例如在离地面0.8及1.4米处，便曾发现过寺洼陶的残片A18～A20）。据当地人说，他们挖到寺洼葬罐时，尸骨都是凌乱的。假使这话是完全可靠，便引起两个问题：①是否没有殉葬品的平放仰卧的尸体是属于另一文化的墓葬？②有殉葬品的墓葬，是否原来都是乱骨一堆？或者原来都是整齐埋入，现在所见到的乱骨都是曾经后世扰乱的呢？或是原来便有两种不同的埋葬法；现在所见到的乱骨，有些是原来如此的，有些是原来整齐后世扰过的呢？

在未讨论这些问题以前，我们先要对于原始民族处置尸体的风俗说明一下。有些民族实行所谓"二次埋葬制"。先将尸体暂埋土中，或暴露地面；经过相当时间后肌肉腑脏朽腐或被猛禽所啄食，然后再将尸骨收拾起来，作第二次的埋葬。因为他们有一种信仰，以为血肉是属于人世间的，必等到血肉朽腐后，才能作正式的最后埋葬；这时候死者才能进入鬼魂世界[1]。施行这种葬制的坟墓中，尸骨当然是凌乱的，并且时常是破碎或残缺的，所以也称作"残骨葬"。《墨子》卷六《节葬下》说："楚之南有炎人国者，其亲戚死，朽其肉而弃之，然后埋其骨，乃成为孝子。"[2]（《列子·汤问篇》亦同）大概便是指这一种葬俗。埃及新石器时代墓葬，普通是全尸屈肢葬；但是有许多墓中也是乱骨一堆。维德曼（Ad. Wiedemann）以为便是由于这种"二次埋葬制"的结果。豪尔（H. R. Hall）以为这些乱骨的墓葬，大部分是由于后世扰乱的，但也不敢断定决无"二次埋葬制"[3]。我们这一次发掘的墓葬中，对于这问题的解决，最重要的关键是第3号墓葬（图版4，1）。这墓中的人骨，虽然头部稍有扰乱，但是肩部以下的骨骸，放置整齐，决非肌肉完全腐化后移埋的情形。这墓有殉葬陶罐，可以知道确属于寺洼期文化。至于第5号（图版3，2）、6号两墓，虽无殉葬物，但是离地面的深度，尸体的仰卧平放和头部的向西北偏北（325°～335°），都是和第3号相同。第5号所出土的头骨，和第3号所出的相比较，就初步粗略的观察，也看不出人种上的不同。所以我们把这两座没有殉葬物的墓，也归入寺洼期中去，似乎不会大错。现在再来讨论骨骸凌乱的三墓。因为发掘的范围过小，我们自然不敢十分肯定地说这些是由于"二次埋葬制"的缘故。这要等候今后更大规模的发掘，才能下最后的断语。但至少我们总可承认有这一种的可能。如果这些乱骨墓确有一部分是属于"二次埋葬制"，并不是全部由于埋后被扰乱，那么这种葬制和全尸仰卧平放葬及火葬，一共三种同时存在，为寺洼文化所采用。这自然并不是不可能的。有人调查过，认为西藏有五种不同的葬俗存在，一为婴孩（西藏东部）及疫病死者的土埋，二为高级喇嘛的火葬，三为婴孩（西

---

① Hasing's *Encyclopaedia of Religion and Ethics* (1925), Vol. IV, pp. 442 – 443.

② 四部丛刊影印明嘉靖本，卷六，页十五。

③ Hasting's *Encyclopaedia of Religion and Ethics* (1925), Vol. IV, p. 459.

藏中部）穷人及麻风病死者的水葬，四为普通老百姓的天葬，五为活佛的保存干尸入塔供养。美国民族学家克劳伯在讨论葬俗的一篇文章中，曾说过下面几句话：在一部落中某一种处置尸体的葬俗常限于某一社会阶级，但一个部落中可以有好几个同时存在的葬俗；同一种葬俗在不同的部落中可以具有不同的意义，不同的适用①。关于寺洼墓葬所表现的各种不同的葬俗，我们还没法知道每种的意义是什么，它们不同的动机是什么。

火葬制在寺洼出现，是一件很有意思的事。这墓中收藏骨灰的陶罐（图版 12，1）和殉葬罐（0.1～0.3），都是标准型的寺洼陶。这是属于寺洼期文化，毫无疑问。可见当时是火葬制和全尸土埋制，同时存在。我国在佛教未输入以前，汉族是视尸体被焚为一大不幸的事；洪迈《容斋续笔》曾历引先秦文籍为证（卷十三《民俗火葬》条）。不过，居住于汉族西边的羌戎，有些却是实行火葬制的。《墨子》卷六《节葬下》说："秦之西有仪渠之国者，其亲戚死，聚柴薪而焚之，烟上谓之登遐，然后成为孝子。"②《列子·汤问篇》所说也大略相同。义渠之国，据唐魏王泰《括地志》说："宁原庆三州，秦北地郡，战国及春秋时为义渠戎国之地。"（据张守节《史记正义》卷五转引）便是今日甘肃东部庆阳固原一带地方。《后汉书》卷一一七《西羌传》将义渠戎归入西羌种属。《荀子》卷十九《大略篇》说："氐羌之虏也，不忧其系累也，而忧其不焚也。"《吕氏春秋》卷十四《孝行览义赏篇》也说："氐羌之虏也，不忧其系累而忧其死不焚也。"这葬俗到唐代还被党项羌所保持着。《旧唐书》卷一九八《党项羌传》说："死则焚尸，名曰火葬。"至于当时这种火葬制是通行于全体的氐羌呢？或仅限于某数部落？我们还未能确知，但是后者的可能性比较大。采用火葬制的氐羌部

---

① A. L. Kroeber, Dispersal of the Dead, in American Anthropologist n. s. Vol. 29, No. 3 (1927), pp. 308 – 315.

② 四部丛刊本，卷六，页一五。仪渠原作仪秉，今依孙诒让《墨子间诂》校改。

落，是否专门行火葬，或仅是部落中一部分人实行火葬，我们也无法确定。因为纵使是两三种葬法同时存在，但是由视火葬为大谬的汉人的眼光看起来，自然特别注意这特异的火葬制。正像《明史·和兰传》称和兰人为红毛番。虽然和兰人中也有黑发的，和汉人相同，但是特异的红发的一种，自然易被侧重。又如果两种葬俗同时存在于一个部落中，火葬制自然是限于部落中某一种人。至于不同葬俗同时存在的原因，可以有二种不同的解释：一种是向来流行的说法，认定尸体处理方法是最保守的风俗，除非是在社会特别需要的重压下才会有改变；所以不同的葬制同时存在，几乎可以说一定是由不同民族（这里的"民族"是采取广义的解释，部族和部落也包括在内，本篇中以下各处亦同）的混合，或一土著民族受他一民族文化上的影响①。另一种是克劳伯的新说法，以为尸体处置方法也像衣饰或发髻之类，是有一时的风尚或时髦；一个社会中某一部分人也可以自动地改变他们的葬俗，逐渐被这一社会的全体或某一阶级的人所采纳，并不一定要受外来种族上或文化的影响②。这是一个民族学上尚未解决的问题。不过，我们知道有些民族对于葬俗相当的保守，历数千年而不变，古代埃及便是一佳例。洮河流域在古代适在氐羌的区域中，并且由文献方面我们知道由春秋直至唐代，氐羌中有些部落确曾行过火葬制的。这次火葬制遗迹的发现，增强了寺洼文化和氐羌民族的关系。

葬俗方面，除了尸体的处置方法（包括尸身位置及头部方向）以外，尚有（1）墓室的形状、方向、大小和（2）殉葬品的种类数量及陈列情形二问题。在前面第二节叙述文化遗存情形时，已经提到过因为未能辨别墓葬内填土的界线，所以对于墓形的大小，无法知道。第1号、第2号墓葬中，都曾发现大块的石砾。裴文中氏在

---

① 参阅 W. H. R. Rivers, *Psychology and Ethnology* (London, 1926), p. 163, p. 245, p. 305；李济：《俯身葬》，见《安阳发掘报告》的第三期（1931），第 453～454 页。

② Kroeber, pp. 313–315.

寺洼山所掘的一墓，在人骨的旁边及下面，也都有排列的大砾石很多；裴氏以为"或与墓葬有关"[①]；加上我们的两个例子，这些大砾石似乎确是与之有关。但是排列凌乱无次，我们不知道放置这些砾石的意义是什么。

殉葬的陶罐等物，都放置在尸骨的西边。第3号墓中尸骨完整，头部向西北，殉葬罐便在头部左右（图版4，1）。第1号（图版2，1）、第4号（图版4，2）两墓中都是排列成半圆形或弧形；小的陶罐有两三层重叠的。殉葬品以陶制容器占最多数。各墓除无殉葬物者外，普遍是6件或7件（第0号，第3号，第4号），少的仅有2件（第2号），多的有达15件（第1号），但后者似属于两墓，如分开计算，一堆6罐，一堆9罐（图版2，2）。裴氏所掘的一墓，得陶罐7件[②]。安特生所掘的8座墓葬；其中殉葬罐自1件至5件不等，最多的达7件[③]。这些陶制容器大概是盛放食物或饮料的，其中一罐盛放火葬的骨灰（图版12，1），并且用砂石片遮盖住口部。安特生所掘的6/3和8/2两罐也是用砂石盖住口部的[④]。据本地人说，它们有时掘到寺洼陶罐，口部有用陶制纺轮遮盖住的。我们这一次掘到纺轮2件（3.7，4.4），都是在陶罐的旁侧，并不在口部上面。陶制的1件，陶质夹杂陶末，确是寺洼期的。骨制的1件的形状、大小和发现地点，大致相同，可以推断他也属于寺洼期（图9；图版10）。第4号墓中又放置山羊角1对（4.8），斜靠在陶罐的侧壁上（图版4，2；又复原后，见图版10，1）。安特生也曾在他所掘的第8号墓中得到山羊角1对，据说可能是属于家畜的，不是野生的[⑤]。我们在第1号墓中获得小陶球及大理石球各一件，都是

---

① 裴文中等，1948a，报告之三，第7页。
② 裴文中等，1948a，报告之三，第7页。。
③ Andersson, 1943, pp. 180 – 181.
④ Andersson, 1943, pp. 180 – 181.
⑤ Andersson, 1943, p. 181, p. 185, p. 251.

放在陶罐的旁边（图版 2，2）。这件陶球（1.10），就其陶质观之，也是属于寺洼期的。石球（1.16），很有马家窑彩陶期遗物混入墓葬的可能（图版 10，2②、③）。我们曾在寺洼山的马家窑文化层中掘得残破的半个大理石球，即 A64（图版 9）。安和裴氏在马家窑遗址都曾经获得石制小球，直径为 5 厘米以下，比我们这一件略小①。安特生又曾在罗汉堂彩陶遗址中掘得陶制小球，直径 3 厘米余；他称之为弹丸，但是比林 – 阿尔提以为或许是作研磨用②。二者似以安说为胜。我们在第 2 号墓中所得红陶响铃（2.3），因为是婴孩尸骨附近所掘得的，所以当时认为一定是死婴的亲属用以殉葬的玩具。但取回来研究，这陶铃的陶质细匀，不夹杂陶末或砂粒，陶色橙黄，纯净不斑驳（图 13；图版 11，3、4）。我们所掘的 30 余件寺洼期陶器中，仅有 1 件无耳小罐（1.3）和它略近似；但是该件罐显然不是寺洼文化的土产而是外来品（这点将于下节论陶制容器时再详细诠解）。这响铃的陶质及色泽和马家窑期的红陶或彩陶，却是相同。并且安特生曾在马家窑遗址中发现过两个作玩具用的陶制响铃。其中一个和我们这件标本的形状，几乎完全相同，也是底部平坦，上部作穹隆形；边线有四周穿孔，由底部斜达上部，中空，

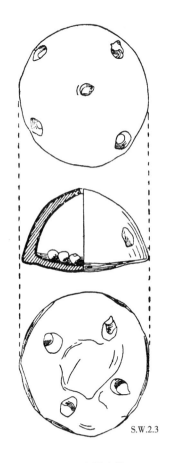

S.W.2.3

图 10　陶制响铃

---

① Andersson, 1943, p.90, Pl.45, 12；裴文中等，1948a，报告之三，第 8 页。

② Andersson, 1943, p.85, Pl.40, 4；Bylin-Althin, 1946, p.457, p.481；Pl.25, 5 – 6.

有陶丸在内，摇动作响。所不同者，仅全器横面轮廓是椭圆而非正圆，顶端无孔，及绘有黑彩而已①。我相信我们这一件也是在马家窑期制成的；像彩陶片和石器一样，是被混入墓葬填土中，不过很可能在寺洼期中被拣拾起来给儿童作玩具，后来又跟着这婴孩一起埋在土中，给他死后玩耍之用。

安特生所发现的殉葬品，还有管状骨器1件，有孔石斧1枚和铜镯1件。那一件骨器，他描述不详，又无图像，我们无法作进一步的检讨②。我们在寺洼山A、B二区马家窑期遗存中，都曾找到骨器；它这件很有混入的可能。至于有孔石斧，它的形状是作长方形，柄端平坦，斧身扁平，近柄端处钻有一圆孔，石为灰色，磨制（图11）。据云是发现于尸体头颅的旁边③。这一种石斧在陇南和青海一带，似很罕见，仅马厂沿曾出1件，出土情形不明，但是在河南、山东一带，颇为普遍，并且流行的时间也颇长久。河南渑池县的仰韶村、不召寨，广武县的池沟寨，山东历城县的城子崖，以及河南安阳殷墟都有这类有孔扁平石斧发现④，至于安特生所得的一件铜镯，据说是在尸体骨盘附近发现。这件镯子是由一长条铜片卷成圆形，两末端稍相重叠，在内边的那一末端厚度稍为增加⑤。这是在寺洼期遗存中正式发掘所得的唯一铜器，很是重要（图11）。

（二）寺洼期墓葬的记录

上节已将寺洼期墓葬的情形，加以综合叙述。现在再将各墓个别的

① Andersson，1943，p. 239，Pl. 181.
② Andersson，1943，p. 181，p. 251.
③ Andersson，1943，p. 52，p. 180，p. 185，p. 251，Pl. 17，3.
④ Andersson，1943，pp. 52－53，Pls. 17－18；Andersson，1947，pp. 61－62，p. 106，p. 111，Pl. 58，Pl. 121，Pl. 123，Pl. 127；李济等编著《城子崖》（史语所出版，1934），第75页，图版35，3~6；李济：《殷墟铜器五种及其相关之问题》，见《蔡元培先生六十五岁纪念论文集》上册（史语所集刊外编，1933），第95页，图13，3.
⑤ Andersson，1943，p. 180，p. 184，p. 251，fig. 62.

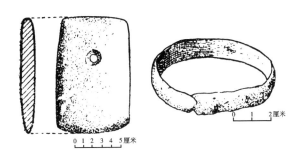

图 11　寺洼期有孔石斧及铜镯（据安特生原图重绘）

加以详细叙述，以便参考。殉葬品中陶制容器，将于下节另以表格登记（见表 3）并加详细分析；这里仅记载他们的田野号和器名，以免重复（各墓的互相关系及墓中人骨和殉葬物的位置，见图 8）。

第 0 号墓葬　这墓是乡人私自掘开，并强行取去 3 件陶器。挖开时便往调查，当时各件陶器尚未移动。墓在我们所掘的探坑东南角的正南约 6 米处，正在鸦沟的边线上灰土层中。一共 7 件陶器。其中 3 件是灰色大罐，平列一排，口部有砂石片遮盖住。放在这一排中间的一罐（0.4）内藏火葬的骨灰（图版 12，1）。在这一排大罐的上面，地位较高处有红色小罐一个（0.3）；和这大罐同排并列的有红陶单柄器盖一件（0.2），三足器两件（仅收取 1 件，0.1）。

殉葬器：（0.1）红陶三足器（图 14；图版 11，2）。（0.2）红陶单柄器盖（图 14；图版 11，1）。（0.3）红陶两耳罐（图 15，A）。（0.4）灰色两耳大罐，发现时尚完整，内藏骨灰，现已残缺（图版 12）。

第 1 号墓葬（图版 2）　人骨离地面 1.6～2.4 米，凌乱放置，系两架人骨，但不完全，计有下颚骨二，大腿骨三等。这或属于两个墓葬。殉葬品共 15 件，如分属两墓，1～9 可算是一起，叠成三四层，器口离地面自 1.6 至 2.1 米不等（见图 8）。其余的 8 件殉葬品，是另一起；六陶罐平排成弧形半圈，口部离地面 1.5～1.8 米。附近有大石砾数块，分散着放置，并不在一堆。砾石大的有达 15×20×35 厘米者。人骨附近和陶罐中都有马家窑式陶片。至于小陶球及石球，虽是紧靠着陶罐，但都有属于马家窑期的可能。

殉葬品：(1.1) 红陶两耳小罐。(1.2) 灰陶两耳大罐（图13；图版13，2），罐中有人指骨一，动物骨一对，陶环残片一，灰陶片一，绳纹陶片二，即A66~A71。(1.3) 橙黄细泥陶无耳小罐（图16；图版13，1）。(1.4) 灰陶两耳小罐（图13；图版12，3）(1.5) 灰陶两耳小罐（图13；图版12，4）。(1.6) 灰色两耳罐。罐中积土内有彩陶片一，残骨片一，即A72~A73。(1.7) 黄色灰斑两耳罐。(1.8) 灰色两耳小罐（图15）。(1.9) 灰色两耳小罐（图13；图版12，2）。(1.10) 小陶球（图版10，2②）。橙红色带灰斑，陶土中有砂粒及细云母片。直径7~10毫米。(1.11) 红陶两耳大罐。罐内积土中有红陶片三（已遗失），田鼠骨一具，即A74。(1.12) 灰色红斑两耳大罐。罐中有彩陶片一，即A75。(1.13) 灰色红斑两耳大罐。罐内有细红陶片一，即A76。(1.14) 红陶大罐。罐内积有羊类腿骨二（已遗失），彩陶片一，即A77。(1.15) 灰色两耳大罐（图15；图版13，4）。(1.16) 大理石制圆球，乳白色带灰色及棕色斑纹，表面光滑。直径5~5.2厘米（图版10，2③）。(1.17) 灰色两耳小口大罐。

第2号墓葬（图版3，1） 这是婴孩的墓。人骨和葬罐离地面较浅，仅1.4米。孩骨碎乱，未采取。附近稍西有大石砾二枚，或和墓葬有关。土中杂有马家窑式彩陶片颇多，至离地面1.7~2米处，尚发现彩陶片和灰色陶环残片。离地面1.7米处出土的有红陶响铃一枚(2.3)，似也属于这一墓葬。

殉葬品：(2.1) 红陶两耳小罐。(2.2) 灰色红斑两耳小罐。(2.3) 红陶响铃（图10；图版11，3、4）。陶土细匀，作橙红色，表面光滑。铃作半球形，底部平坦，上部隆起作穹窿状。铃中空，内藏有二圆丸，摇动即作响。边缘钻有四圆孔，由上部直透达底部；上部正中又有一圆孔。底径 77，高 44 毫米。

第 3 号墓葬（图版 4，1）　人骨离地面 2.1 米，仰身平放，头部向西北（335°）。头骨和肩骨已遭移动，放在肋骨和骨盘上面。随葬罐陈列头部附近，罐口离地面 1.6～2.1 米，陶制纺轮在两罐的中间，或许是由罐口掉下来的。

殉葬品：（3.1）灰色两耳小罐。（3.2）红陶两耳小罐。（3.3）灰色两耳小罐。（3.4）灰色腹耳小罐（图 14；图版 13，3）。（3.5）灰色两耳小罐。（3.6）灰色两耳小罐（图 15；图版 14）。（3.7）陶制纺轮（图 9；图版 10，2④）。砖红色带灰斑，手制，陶土中羼以陶末。厚 11，直径 76 毫米，中间一孔，孔径 9 毫米。

第 4 号墓葬（图版 4，2）　这墓未见人骨。殉葬陶罐的口部离地面 1.8～2.1 米。陶罐的西北，有大腿骨和胫骨各一件，或许和这墓葬有关。这墓葬挨近我们发掘坑的边缘，东侧还有一部分未掘开，也许这墓的尸骨仍压在东边的土中。

殉葬品：（4.1）灰色腹耳小罐。（4.2）红陶两耳小罐。（4.3）灰色两耳小罐。（4.4）骨制纺轮（图 9；图版 10，2①）。乳白色微黄，似为兽类头颅削刻而成。直径 67 毫米，中央一圆孔，孔径 16 毫米。厚度中央 13，周缘 5 毫米。（4.5）棕红色灰斑两耳小罐。（4.6）灰色两耳小罐。（4.7）灰色两耳大罐。（4.8）山羊角一对。取出后可以凑成头颅盖顶，角长 153 毫米。角基部的圆周 112，横径 27，纵径 36 毫米（图版 10，1）。

第 5 号墓葬（图版 3，2）　人骨离地面 1.7 米，仰卧平放，头部向西北（330°），脸部向东。身长 1.6 米。骨骼尚完整。无殉葬物（足部西侧另有臂骨和头骨碎片。又在东侧相距 1 米余的地方，有大腿骨、胫骨和臀骨，是尸体右半的下身。这些似属于其他扰乱过的墓葬）。

第 6 号墓葬　人骨离地面 1.8 米。仰卧平放，头部向西北（325°），脸部向东。自头颅至骨盆，各骨的排列尚在原来的位置，但四肢骨已不见影迹。无殉葬物。

（三）陶制容器

这次所掘的殉葬的陶制容器，一共33件。陶器是考古学上重要的材料，又是这次寺洼墓葬发掘所得最多的遗物，很有详加研究的必要。现在先将出土的各件陶器，作一个详细的登记表（表3）。然后根据这个表和原来的实物，作综合的叙述。

寺洼墓葬所出的陶器，依照它们的质料、制法、陶色和器形等的区别，可以分作两种陶系。第一种是典型的寺洼陶。它的特征是陶土中羼杂研碎的陶末，手制，底部由内面塞进。陶色砖红或灰黑。由于陶窑设备的幼稚，氧化不平均又不能控制烟炱，表面常是杂色斑驳，红色的带灰黑斑，灰色的带棕斑或黑斑。器形大多数是马鞍口，有两耳。第二种陶系是细泥橙黄陶。陶土中不羼杂陶末，土质细匀。手制，但颈部似慢转轮修整。底部由外面加上。陶色橙黄，通体匀净，不夹杂他色斑块。器形口部平坦，无附耳。这种陶仅发现一件，即1.3，恐怕是另一文化的输入品，不是寺洼文化的产物。

表3　寺洼墓葬出土陶器表

（测量长度以毫米为单位）（补注：原报告中这表较繁复，已稍加简化）

编号	器形	外表陶色（内表面）	外表面光滑度	高度	腹径	耳位置	其他特点	图版	插图
0.1	Ⅶ	砖红	磨光	60	112	无耳	三实足	11、13	14
0.2	Ⅵ	砖红	磨光	67	109	无耳	柄作圆锥体	11	14
0.3	Ⅱ	砖红	粗糙	144	114	口缘下	颈有横凸饰		15
0.4	Ⅱ	灰色红斑	粗糙	338	270	口缘下	耳部有直凸饰	12	
1.1	Ⅱb	砖红	磨光	145	135	平口缘			
1.2	Ⅰ	灰色黑斑（灰色红斑）	磨光	322	268	平口缘		13	13

编号	器形	外表陶色（内表面）	外表面光滑度	高度	腹径	耳位置	其他特点	图版	插图
1.3	F.Ⅰ.	橙黄	磨光	163	152	无耳	底由外面安上	10、13	16
1.4	Ⅳ	灰色黑斑	磨光	105	122	口缘下		12	12、13
1.5	Ⅱ	灰色棕斑	粗糙	141	127	口缘下	颈有横凸饰	10、12	15
1.6	Ⅱ	灰色红斑（红色烟斑）	粗糙	281	228	口缘下	同上		
1.7	Ⅱ	黄色灰斑	磨光	250	243	口缘下			
1.8	Ⅲ	棕灰斑驳（红色黑斑）	粗糙	142	148	平口缘			15
1.9	Ⅲ	灰色棕斑	磨光	141	137	平口缘		12	13
1.11	Ⅰ	红色灰斑（肉壁灰内黄）	磨光	321	285	口缘下			
1.12	Ⅱ	灰棕红斑驳	粗糙	383	278	口缘下	颈有横凸饰		
1.13	Ⅱ	灰色红斑（红色黑斑）	粗糙	348	267	口缘下	同上		
1.14	Ⅱ	红色灰斑	磨光	411	363	口缘下			
1.15	Ⅱ	红色斑驳（内红）	粗糙	445	347	口缘下	头有W形凸形	13	15
1.17	Ⅰ	棕灰斑驳	磨光	491	380	口缘下			
2.1	Ⅱb	红色灰斑	粗糙	145	133	平口缘	耳上端二疙瘩		
2.2	Ⅳ	灰色红斑	磨光	115	134	平口缘			
3.1	Ⅳ	棕色灰黑斑	粗糙	105	107	平口缘	耳上端二疙瘩		
3.2	Ⅲ	红色灰斑	粗糙	137	134	平口缘	耳上端二疙瘩		
3.3	Ⅲ	灰色黑斑	磨光	136	143	平口缘			
3.4	Ⅴ	棕灰斑驳（肉壁红内灰）	磨光	189	159	在腹部		13	14
3.5	Ⅳ	棕灰斑驳	磨光	109	135	平口缘			
3.6	Ⅱ	棕灰斑驳（内红）	粗糙	127	108	口缘下	颈有横凸饰	14	15
4.1	Ⅴ	灰色黑斑	磨光	196	169	在腹部			
4.2	Ⅲ	红色灰斑	粗糙	128	124	平口缘	耳上端二疙瘩		
4.3	Ⅳ	灰棕斑驳	平滑	117	133	平口缘			
4.5	Ⅳ	红灰斑驳	磨光	124	138	平口缘			
4.6	Ⅲ	灰色棕斑	磨光	159	158	平口缘			
4.7	Ⅰ	灰色棕斑	磨光	266	246	平口缘			
001	Ⅷ	红色灰黑斑	粗糙	175	182	口缘下	三空腿，颈有横凸饰	14	14

寺洼第一种陶系：即典型的寺洼陶，可以分做陶土、制法、颜色、器形和装饰五项来叙述：

1. 陶土质料

陶土不甚匀净，常夹杂有少量的细砂粒和小云母片。所用"羼和料"是研碎的陶末。"羼和料"或可称为"去黏剂"，英语中称为 tempering materials，法文称为 dégraissants。陶匠制作时，在陶土中故意羼入石英砂粒、石灰粒、碎贝壳末、稻草或麦草细末，研碎陶末等，他们的目的是：①使陶土组织疏松，烧陶时水分易于逸出，陶器不致绽裂；②减低陶土的黏性，制器不致胶附手指，不易措手；③增加陶土的煅度，不致以火候过高而部分熔化①。所以梁思永先生根据这第三种功用将它译作"加煅料"②，但是这意义只适用于近代利用高热度陶窑的陶业，在古代原始的陶业中，这还是译作"羼和料"为佳。今日仍有许多原始民族以研碎陶末作羼和料，例如上埃及土人和美洲马拉哥（Marago）岛印第安人③；但在中国古代陶器中，这似乎是第一次的发现。寺洼陶业中所利用的陶片多是地上所拣拾的马家窑期的红陶或彩陶，偶尔也有灰陶。将这些陶片研成碎末，大粒有达长 6 毫米者，普通的大小是 2 毫米以下的，其中有一粒还带有原来的黑彩（1.15 口部内表面）。这次遗址上层出土的陶片（A19～A20）及第 3 号墓出土的陶制纺轮（3.7，见图版 10，2④），我们断定它们属于寺洼期，便是根据这一特征。器面经过修整后，这些陶末很容易被隐遮不大显露，尤其是光面陶。但是细加观察，在陶器表面，特别是在破裂的断面上，可以很清楚地看出一粒粒的陶末。我们所掘的 30 多个陶器，除了一个属于第二类橙黄细泥陶系以外，其余都是这样的，并无例外。安特生掘到 29 件

---

① H. S. Harrison, Pots and Pans, the Story of Ceramics (London, 1928), p. 17.

② 梁思永：《昂昂溪史前遗址》，见《史语所集刊》四本一分，（1932），第 36～37 页（现已收入《梁思永考古论文集》——编者）。

③ H. Frankfort, Studies in the Early Pottery of the Nast, I (1925), p. 6, n. 2.

寺洼期陶器，但在他前后所发表的各报告和论文中，都未提及这点，大概是由于未曾加以注意。

2. 制法

寺洼陶的制法，都是用手制，并未见有用陶轮制者。器身是先由泥条卷成圆圈，一层一层重叠筑成，使之捏合一起，抹去接合缝。器身内表面常留捏合时指压的痕迹。泥条接合的痕迹，在内表面和外表面，有时尚隐约可以认辨。例如 2.2 号罐，器壁最下一层的泥条，高 2 厘米半。器身制成后，再将一圆盘作为底部，由内部塞进；将器壁近底部处向内捏合，围住底部；所以底部外表面的周围，时常很清楚地显示隆起的环状一圈，例如 0.3、1.5、1.6、1.15、2.2、3.1、3.2、3.5、4.3 各器（见图版 10，3②）。有些底部外表面最后抹平或压平，将捏合痕消灭掉；但细察之仍可以看出周围一圈稍为凸出，例如 1.8、3.6、4.2。当底部平放地面用指由内里向下压的时候，常将地面上谷物或砂粒印到底部外表面上。例如 1.5、4.3 二器都有谷物的印痕（图版 4，3），但是属于何种谷物，尚待专家审定。颈部和耳部安置上后，再将全部外表面加以修整。外表皮的修整方法，可分二种：甲种仅将表面凹凸不平者稍加修整使之平坦，仍保持粗糙面，如 1.5（图版 12，4）、3.6（图版 14）。有时留有平行的细条痕，大概是由于用手指涂抹时留下指纹痕迹。例如 1.6 罐的颈部和腹部有垂直抹纹，肩部有横行抹纹，都像是指纹的痕迹。乙种是表面光滑。但是光滑的程度也不一致，有些仅稍加抹平使触手时无粗糙感觉而已，例如 4.3。但是大部分的光面陶都磨光得发亮；如 1.2（图版 13，2）、1.4（图版 12，3）；其中有些肩部以上至口缘部磨光，腹部的光滑度稍差，例如 0.1、0.2（图版 11）、1.1 等；且有腹部保留有平行条线的括痕者，例如 1.7、1.11、3.4；有些由口缘直至腹部下端，都有垂直的括痕，例如 4.5。至于内表面都是粗糙不光滑的，有些还保存着手指捏压的痕迹。但口部外侈的陶器，口部的内表面也常是和外表面一样的磨光发亮。安特生说：寺洼陶有时尚保留有制造过程中的所遗的席纹痕迹①。齐家陶和马家窑式陶都有时留有制造过程中所遗的席纹，但是在我们这次所得的寺洼陶中，我看不出这种席纹痕迹来。有些陶罐外表面有平行凹条纹痕迹，例如3.2。但细察之，似为修整表面时所留的刮痕，而与齐家陶等外表面的席纹不同。

3. 颜色

寺洼陶的颜色，和它们外表皮光面与否，不发生必然的关系。由于陶窑的简陋，对于氧化不能完全控制，烟炱熏黑的弊病也不能防止，所以烧出来的陶器，大多数颜色斑驳不纯（图版12至图版14）。其中仅0.1、0.2、0.3、1.1等四器陶色较为纯净，通体砖红色。其余各器，或以红色（砖红或橙黄）为主，带有灰斑或黑斑，例如1.7、1.11、1.14、2.1、3.2、4.2；或红色（包括棕红色）和灰色约各一半，斑驳混杂，例如1.12、2.2、3.1、4.5；或以灰色为主，杂以红斑，例如0.4、1.6、1.13。另一种可以称为寺洼灰陶，外表面不夹杂红色。但是和殷周以来的纯匀灰陶，大不相同。虽是大体灰色，仍带有杂色；全器各部分的灰色深浅不同，时带有暗棕色斑块或黑色烟斑，例如1.2、1.4等。这些灰陶，连同上面所述的带有红斑的灰陶，约占这次所得的十分之七。陶器的内表面因为口小不易剔除土锈，原来色泽常为土锈所遮盖。现在就其中能看得清楚的来说，大都内表面是砖红色，间带炱黑斑。不仅外表面砖红色的（如0.1等）是这样的，便是像1.2、1.6、1.13、3.6等外表面灰色的，也是内表面砖红。但也有中间肉壁红色，内外表面都是灰色的，例如1.5、3.4；或内外表面和肉壁，通体都作灰色的，例如3.3、4.3、4.7。特殊的例子值得特别提起的是1.11罐。这件陶器内外表面都是橙黄色（外表面带有砖红色斑及灰黑斑），肉壁却是灰色；界限很是分明，似乎是内外表面都涂上一层含铁素较富的陶土。陶器完整的，不显露破损的断面，我们便无

---

① Andersson, 1943, p. 184.

法知道它们肉壁的颜色。

4. 器形

寺洼陶器形状的特征之一，便是安特生所谓马鞍口。这种口部，两端靠耳部处的口缘较高，中间低降下去成弧线，并且俯视口部的轮廓常为椭圆形，很像马鞍的样式。他因为辛店式彩陶罐中也有口部略作马鞍形的，所以他以为寺洼式马鞍口即由之演化而成①，我这次在洮河流域也曾购得一件口部略作马鞍形的辛店式彩陶罐。并且还可以进一步将这种马鞍口溯源到半山马厂期。我们在

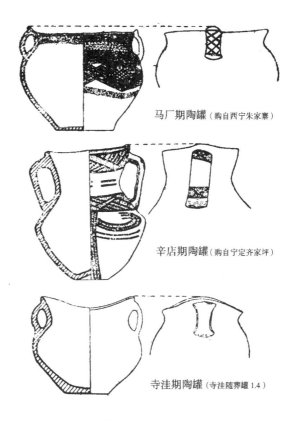

马厂期陶罐（购自西宁朱家寨）

辛店期陶罐（购自宁定齐家坪）

寺洼期陶罐（寺洼随葬罐1.4）

图 12　假定的马鞍口演变图

西宁朱家寨曾购到一件马厂期彩绘二耳罐；陶质粗糙，多细孔；器形是马厂期很流行的第十四式第二分式（M. C. XIV.2）；花纹是马厂期第六式第二种（6 M II）②。它的耳部上端附着处，高出于口缘部分的一般水平，侧看时口缘部分便有点近似乎寺洼式的马鞍口，可以说是后者的雏形。再上溯到半山陶器第三十三式（P. S：XXXIII）中便有数器耳部上

---

① Andersson，1943，p. 184.
② Palmgren，1934，p. 104，p. 135.

端的口缘稍突起，不过没有上面所说的马厂期的标本那样显著[①]。至于辛店期陶罐中作马鞍口的，它们的口部更近于寺洼式的了。我以为这种样式的口部是起源于制造时附加耳部的方法。半山马厂期的两耳罐，是将耳部上端附着于口缘上后，稍加按捺，使之附着得坚牢，这一部分的口缘便突出一块来。辛店期沿袭这种趋势。因为口部较小，修整口缘时便使之略成马鞍形了。寺洼期更将这种趋势推进一步，马鞍形更为显著。这一演进的过程，当如图12所表示的。（如果将来证明辛店和寺洼二文化为同时代的，我们可以将寺洼陶器中马鞍口较不显著的标本来替换插图的辛店期的标本，而将辛店期的马鞍口看作文化的交互影响，并不一定比寺洼为早。）我们再就马鞍口在寺洼陶器中的分布来看，凡是两耳上端附着在口缘上的口部总是作马鞍形的；但无耳的陶器如0.1、0.2（又安特生所得的无耳罐8/1）；或有耳而附在腹部的，如3.4、4.1，都是口部平坦，不作马鞍形（图版11，1、2；图版13，3）。可见这种马鞍口原是制造过程中所遗留的痕迹。不过到了寺洼期，或已带有美观的作用；他们喜欢这一种样式的口部，故意做成这样高度的马鞍形的器口。又各器马鞍形的程度深浅不同。我们曾将口缘最低凹的部分和在耳部上端的口缘最高的部分的高低差数，加以测定。最大的高低差数有达25~39毫米，例如1.12、1.14、1.15。口部显示马鞍形与否，不仅视高低差数而定，还要看口径的大小。陶器口部直径大的，纵使高低差数颇大，有时也不大显示马鞍形。不过一般说来，凡口部高低差数在3~6毫米之间的，都仅略呈马鞍形（辛店期彩罐偶有呈现马鞍口者，都是这种轻度的），但差数在8毫米以上者，马鞍口便较为显著。这次所采集的马鞍口陶器中，轻度的共有13件，约占半数。

这些马鞍口的寺洼陶器，它们的口部唇沿的轮廓，从正面去看，是两侧较高，中央逐渐下凹，成一弧线形。从侧面来看这些口唇的轮廓，

---

① Palmgren, 1934, p. 30, Pl. XVII, 5, 9, 10.

自然是两边较低，中央部分在耳边上面的比较稍高。但是如果专就耳部上面那一小段的唇沿而言，却有凹进、凸出和平坦三种不同的形式（参看图13各器的侧面图，1.2、1.3凹进；1.4凸出，1.5平坦）。这些凹进或凸出的现象，是耳部上端附着于口缘后初度修整过程中所留的痕迹。我曾就这次所得的28个马鞍口陶罐，加以统计。结果发现凡是耳部上端和口缘相平的（耳部上端即作为口缘），这部分都是凹进（10件）或平坦（5件）的。但是耳部上端不与口缘齐平，上距唇沿尚有数毫米的，这部分都是凸出（4件）或平坦（9件）的。这是由于前者在制造时为使耳部上端可以附着牢固，因之在唇沿上胶附耳部上端的那一部分向下按捺，结果便呈凹进的形式；后者于耳部上端附在口缘下以后，因为上距唇沿尚有相当距离自然不能采用向下按捺的办法，只能由口缘部外侧面从旁按捺，将多余的陶土向上挤，所以呈现凸出的现象。如果将这一部分的沿再加以修整，不论凸出的或凹进的，都可以使变成平坦。

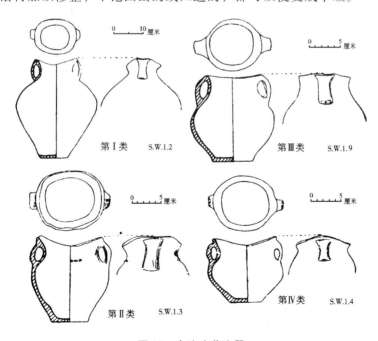

图13　寺洼殉葬陶器

寺洼陶器口部和腹部的横剖面，即由俯视所看到的器身轮廓，常是椭圆形而非正圆。我们所作的陶器登记表，腹径项下的测定数量，只是表示腹部最宽处。寺洼陶横剖面的椭圆形，都是左右两耳之间的直径较长，前后的直径短（参看图13，各器俯视图）。

器形可以分为九类，其中前四类（尤其是第Ⅱ～Ⅵ类），原可归并作为一个型式，但因为数量较多，占这次发掘所得陶制容器88%；所以根据器身的高矮和口部的大小，细分为四类。又第八和第九两类，我们这次都没有掘到标本，只好依据安特生所得者收入。

Ⅰ类　小口两耳高罐（图13）。口缘两旁有二耳，口径和腹径的指数是70%以下（实例是42%～55%），器身的高宽指数是103%以上（实例是108%～130%）。腹部上大下小，如倒立的鸭儿梨。底部平坦。外表面磨光，多为大罐，高度在266毫米以上，有达461毫米者。这一类共有标本四件，即1.2（图版13，2），1.11，1.17，4.7。安特生所掘得的2/7，8/2两件，也可归入这类。[1]

Ⅱ类　大口两耳高罐（图13）。口缘两旁有二耳，口径和腹径的指数是70%以上（实例是71%～92%），器身的高宽指数是103%以上（实例是103%～138%）。这一类最多，我们共得12件，可以分为二组：（a）腹部上大下小，似倒立的鸭儿梨。器的大小不一致，从高127至445毫米的都有。口径和腹径的指数及器身高宽指数二者所包括幅度也较大，前得自71%至92%，后者自103%至138%。例如0.3、0.4、1.15、3.6（图15；图版12至图版14）等。（b）这一组是近似于第Ⅲ类的小罐，器高在150毫米以下（实例是139～145毫米），口腹指数72%～73%，高宽指数104%～109%，差异的幅度都很小。腹部较Ⅱa类为圆，略近球形，底部平坦，但较之Ⅲ类又稍显得上大下小，例如1.1、2.1。安特生所得的寺洼罐，也是大部分属于Ⅱa类，如2/1、2/

---

[1]　Andersson, 1943, p. 181, p. 183, Pl. 141, Pl. 143.

6、3/2 等，至于它的 2/4、7/5 可归入Ⅱb 类[①]。

Ⅲ类　小口两耳矮罐（图 13）。口缘旁有对称的两耳。口腹指数是 70% 以下（实例是 53% ～ 70%），高宽指数是 103% 以下（实例是 95% ～ 103%）。腹部最宽处较第Ⅱ类稍低，腹部下半节的弧度较大，所以略呈球形，与第Ⅱ作倒立鸭儿梨形，腹部下半节的弧度平直者颇为不同。这一类和Ⅱa 相同，也都是小罐，高度在 160 毫米以下（实例为 128 ～ 159 毫米）。共有六件标本，即 1.8，1.9（图版 12，2），3.2，3.3，4.2，4.6。安特生所得的 2/5、3/1 也可以归入这一类[②]。

Ⅳ类　大口两耳矮罐（图 13）。口缘旁有对称的两耳。口腹指数是 70% 以上（实例 79% ～ 84%），高宽指数 103% 以下（实例 81% ～ 98%）。这一类矮罐，腹部最高处以上向颈部内缩较为厉害，颈部和肩部间常有清楚的界线。似乎这一类由第Ⅱb 类或第Ⅲ类转变而成。如将后二者的腹部上半节稍向下压扁，口部稍扩大，便成这一类型。虽与第Ⅲ类同称为矮罐，但一般较之为更矮，这由高宽指数便可以看出来。这一类也都是小罐，高度在 150 毫米以下（实例为 105 ～ 124 毫米），有时很难决定一个罐子是应归Ⅱb、Ⅲ、Ⅳ三类中的哪一类；但一般而论，都是可以依各类的特征而归类。这次所得的Ⅳ类标本有六件，即 1.4（图版 12，3），2.2，3.1，3.5，4.3，4.5。安特生所得的 4/2、4/4、5/1、5/2 也是属于这一类[③]。

Ⅴ类　腹耳罐（图 14）。这类较为特殊，它的对称的两耳，不在口缘部与颈部之间，却在腹部最广处的两旁。这颇和半山马厂期的高颈殉葬罐相似[④]。但寺洼这一类罐的耳部较高（耳部下端附着于腹部最广处，半山马厂期的耳部在最广处之下），颈部直达肩部的轮廓较圆滑，

---

① Andersson, 1943, pp. 181 – 183, Pls. 141 – 143.
② Andersson, 1943, pp. 181 – 183, Pls. 141 – 143.
③ Andersson, 1943, pp. 181 – 183, Pls. 141 – 143.
④ Palmgren, pp. 24 – 25（P. S. XXIV），pp. 99 – 100（M. C；IX）.

不显示清楚的分界，口部外侈较大，器身较小，对比之下显得耳部巨大。所以二者是否有关，殊属疑问。我们所得的标本共二件，即 3.4（图版 13，3）和 4.1，都是中号罐，高 189～196 毫米。外表面磨光，颜色灰色带有黑斑和棕斑。口缘平坦，不作马鞍形。口腹指数为 63%～67%，可算是小口罐。器身的高广指数是 115%～119%，但不能算是高罐，这是因为颈部较高，腹部作圆形，所以全器并不显得高。

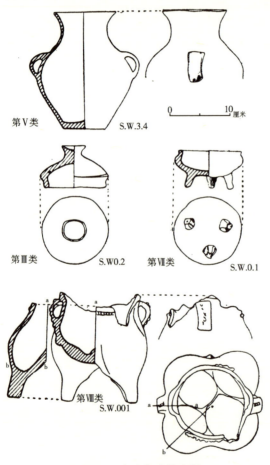

Ⅵ类　单柄盖（图 14）。仅得一器，即 0.2（图版 11，1）。发现时是仰置着，颇似热河赤峰出土的彩绘的短柄豆①。但是我们这一件柄部末端仅稍外侈，并且这末端的边缘不很整齐，起伏不平，如果像有柄豆一般倒立放置着，实在不能放置稳定。据本地人说，他们有时发现这一类东西作为器盖放在大罐的口上。山东历城县城子崖黑陶文化层中便曾发现和这相类似的杯顶式器盖②。我们这一件是砖红色的光面陶，口缘平坦，如果放在马鞍口的大灰罐口

图 14　寺洼期殉葬陶器

---

① 滨田耕作、水野清一合著《赤峰红山后》，东方考古学丛刊甲种第六册，1938，图 52，1。
② 李济等编著《城子崖》，图版，XI，5～7。

部上不但颜色不调和，并且器盖和器身也不契合。但是我们发现有时寺洼罐便用一片砂石或石砾遮盖口部，这种单柄盖当然也可以这样的使用。

Ⅶ类　鼎形三足器（图版11，2；图14）。这器发现时也是仰放着足部向下。但是据当地人说：他们曾发现过一些俯放在大罐的口部上做盖子用，三足向上。就器形而论，我们所得的一件，和上面第Ⅵ类单柄盖，除了是三足而非单柄，其余几完全相同；器身大小也相同（这类多是砖红色光面陶）。我们已说明所以认定Ⅵ类为杯顶式单柄盖而非短柄豆的理由。这类三足器安特生也有发现，他认为是鼎。但大多是小型的，并且器身过浅，和普通作容器用鼎类不同。这类作器盖用却颇适宜（图版13，2；试以0.2放置于1.2的罐口上）。春秋战国时的鼎盖上常有三环，或三矩形，或三伏兽；当时开始流行的敦也是盖上常具有三环或三兽纽的。这种盖倒置时便可作三足的容器①。城子崖黑陶文化层出的覆盘式的器盖，也是可以兼用的②。这第Ⅶ类的寺洼陶器，以及第Ⅵ类的陶器，或许也是两用的。

此外，安特生曾掘到一个三足器，他的报告中起初呼之为鬲，后忽改称为鼎；并没有说明系空足或实足，又无剖面图，使我们无法加以判断③。观其外形，足部细小，附着于器身的底下，似为鼎类。但系灰陶又与鬲类的陶质相近。安特生在寺洼山又购得三个鼎形器，其中一个和我们的标本相同，其余二个器体的高广比例较大，器身较深④。

Ⅷ类　鬲形器（图14；图版14）。空足的鬲形器我们这一次虽没有掘到，但安特生曾掘到一个。陶色棕灰，表面粗糙。器身外貌，好像由

---

① 容庚：《商周彝器通考》，第286~301页；图92~图93、图99~图100、图104、图112~图118、图375~图376、图379~图380、图383~图385。
② 《城子崖》，第46页；图版ⅩⅠ，1~4。
③ Andersson, 1943, pp. 180 – 181, Pl. 141, K5685.
④ Andersson, 1943, p. 184, fig. 61.

三个尖足罐并合而成。足部内空，形状肥大，和腹部没有清楚的分限。口缘下有对称的两耳，颈部有 W 形凸饰。他在寺洼山又购得二件，其中一件形状相同，另一件仅有一个耳部①。此外他又曾掘得一个三足器，似为鼎类，已在上面第Ⅶ类讨论过。

我们在当地人的家中也看到几个鬲，形状大致相同。又从他们手中买到一个四足的鬲形器，据云也是寺洼 A 区出土的。这四足的是寺洼鬲的变体，拟称为Ⅷ类 B 式。形状及文饰，都和普通的寺洼鬲相同，仅足部的数目是四个，不是三个。

Ⅸ类　无耳高罐。安特生曾在寺洼墓葬中掘得一个无耳高罐，形状和普通的第Ⅱ类 A 式大口两耳高罐相近似，仅没有加上耳部而已。口部平坦作正圆形。陶色砖红，外表面稍加磨光。他所掘得的又有一罐，口部及颈部残缺，在图片上看不出原来是否具有耳部②。他未说明原器上是否留有耳部痕迹。这器的形状，和第Ⅰ类小口两耳高罐相同。或许便是第Ⅰ类的陶器，耳部因为残破而缺失；否则便是原来无耳，可以归入这第Ⅸ类。因为器身轮廓的不同，或可称为 B 式，以便与大口的 A 式相区别。

5. 文饰

寺洼期陶器的文饰很简单，仅有凸饰一种。但是外表面的磨光，因为可以增加美观，似乎也被认为一种装饰看待。在我们所掘得的 32 件典型的寺洼陶器中，外表面粗糙的共 13 件，都加有凸饰，但是外表面光滑的 19 件，却没有凸饰；二者恰作显著的对照。安特生发掘所得的 29 件，除了 7 件因说明不够详细，不知道外表面糙滑如何（其中有些连有无凸饰也无从知道），其余光面的计 15 件，糙面的计 7 件；它们有否凸饰，也都是视外表面粗糙与否而定，没有一个例外（参看表 3）。

---

① Andersson, p. 183, p. 236, Pl. 143；Pl. 173, 2；Pl. 174, 1.
② Andersson, p. 183, Skel. 7. pot. 3；Skel. 8, pot. 1；Pl. 143, K5564 及 K5566。

寺洼陶凸饰的位置，普通是耳部和两耳间的颈部。耳部的凸饰，或是一细条陶泥，附着在器耳的中部上去（0.3，1.15，3.6；图 15，A、C、D）；或是两头乳状突起（即小疙瘩）加在耳部的上端（图 15，B）。前者泥条的放置方向，普通都是垂直方向的；但也有水平横放的。在颈部的凸饰，都是横放着的泥条，或作直线（图 15，A、D）或作 W 形的折线（图 15，C）。这些泥条安放在耳部或颈部的上面以后，用小签（大概是木签或骨签）横压泥条数次，使成为凹凸起伏的锯齿形或链索形。

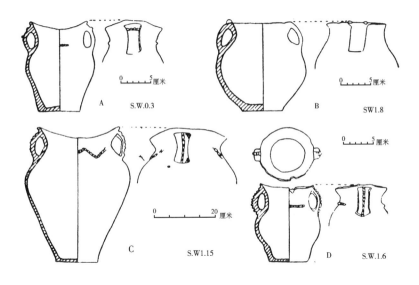

图 15 寺洼殉葬陶器

安特生说寺洼期陶器有用色衣者，如 2/6 有一层微黄色衣，5/3 灰陶罐内表面有一层砖红色衣，6/4 有白色的色衣残留[1]。我猜想他所谓白色或微黄的色衣，乃是土锈。陶器埋在富于石灰质的黄土中，历年久远，常带一薄层的石灰锈很易被误认为色衣的残留。至少在我们这次所

___

① Andersson，1943，pp. 181 – 183.

得的三十几个陶器中，没有见到白色或微黄的色衣。至于灰陶的内表面显示砖红色，却有数例如1.2、1.8、3.6等，且有肉壁灰色外内表面都橙红色的，如1.11。这些可能是色衣，制造时将一种含铁素较丰富，质地较细匀的陶土，在表面涂上一层，目的是在阻止所盛的液体渗透出来。这些大多仅限于内表面，可见并不是为装饰。有些陶器的内外表面不同色，或表面与肉壁异色，是由于氧化程度的差异，并不一定由于加一层色衣。

至于寺洼陶器是否有彩绘，殊值得讨论。我们所掘得的共33件，当地公私收藏的20余件，没有一件带有彩绘的。安特生所掘得的共29件，仅有1件灰红陶的罐，颈上有不规则的颜色较深的垂直条纹，他以为或许是彩绘①。但是一查他所发表的图片，这些斑条太不规则了，似乎是由于烧窑时火候的影响，致令杂色斑驳，并不是彩绘。他在寺洼山购得彩绘陶鬲2件，就其器形及花纹来断定，这2件是属于辛店文化，不属于寺洼文化②。这结论大概不错。他又发表了一件由古董商人卖到外国去的彩绘寺洼陶罐。这件器形是属于寺洼陶第Ⅲ类小口两耳矮罐，马鞍口高183毫米，器身上半绘画正立人体和侧面走兽各二③。这件陶器本身，显然是属于寺洼文化的，但是所绘的人物和走兽，我怀疑是现代掘挖出土后画上去的。我在临洮调查时，听说他当时在那儿大规模的收买古代陶罐，彩陶较素陶为价昂，至于有人物或鸟兽或蛇形的彩绘，他更肯出特别高价收买，以人物鸟兽等的个数多少论价。我们可以推想出来这样考古的结果，当然有人为伪造仿描，以求高价。因为马家窑式彩陶的外表皮和彩绘，都是于烧窑以前磨光发亮，不易羼进现代的仿描；至于辛店期的彩绘，暗淡无光泽，易于羼伪。所以就有人在辛店期

① Andersson, 1943, p.181, Skel. 2, pot. 5, Pl. 141, K5687.
② Andersson, 1943, p.236, Pl. 172, 1-2.
③ Andersson, 1943, pp. 242-243, Pl. 197, 2。器高系根据《伦敦中国艺展目录》英文本（London, 1935）。

几何式花纹间隙处添加上人物和鸟兽形。裴文中氏对于辛店期彩陶也曾说过："吾人所见之购品中，有动物及人形者，多为出售者所伪造，与陶器上其他花纹非同时之物。"[①] 我们虽不敢说所有的辛店彩陶上这种动物或人形的彩绘，都出于伪造，至少有一些是出于伪造无疑。至于这一个寺洼陶的彩陶，恐亦出于伪造者之手。总之，我们现在还没有可靠的物证，证明寺洼陶曾使用彩绘作文饰。

寺洼第二陶系：细泥橙黄陶。

这一系的陶器，仅发现一件标本，即 1.3 罐（图16；图版13，1）。陶土的质料，颇为细匀，不羼杂以研碎的陶末或粗砂。制法是手制。底部是由外加上，器壁近底处虽曾经刮过，以消灭腹部与底部的接合缝，但我们仍可看出捏合的痕迹来（图版10，3①）。除了这些近底部的垂直刮痕以外，颈部至口缘部有水平横行的细线条，似乎是曾经用慢转轮修整理的。器身的外表面磨光。口唇部的唇沿曾经截削，颇为

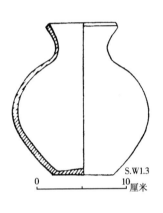

图16 寺洼殉葬陶罐

工整。陶色是浅淡的橙黄色，全体匀净，和一般寺洼陶色斑驳杂混者不同。我们仅得一本标本，不知道他的器形共有多少种类。暂称这一件的器形为 F. I 类和普通寺洼陶的第 V 类颇相似但无耳部，且颈部及口部也较细小。器高 163 毫米，口部平坦，腹部略作球形，底平。

前面已经提及，这一标本，和典型式的寺洼陶完全不同，应该归入另一陶系。现在的问题是寺洼文化的陶业，是否包括有两种不同的陶系？抑或这件标本是由另一文化的产物，是一种外来品？因为用途的不同，一个文化的陶业常包括两个不同的陶系，例如马家窑文化和齐家文化二

---

① 裴文中等，1948a，报告之三，第16页。

者的陶器，都有细泥陶系和夹砂粗陶系两种①。如果是寺洼文化的产物，似乎不应在这样多的寺洼陶器中仅只有这孤单的一件；所以我倾向于采取后一种解释。至于这另一文化是什么文化，现在还没法解决。就陶器的质料色泽及制法而论，有点近于上面所说的齐家文化的第一类细泥陶；但是器形却未见于齐家陶器中。是不是在寺洼文化的兴盛时期，齐家文化虽早已衰落，但仍有一些遗民，保存着旧有的制陶技术，但器形已经有了变化？这是一个有趣的问题，尚待将来发掘来解决。另一种可能是偶然掘到的古罐重新使用。这种例子在埃及也曾发现过。例如在巴达利（Badari）第九朝的墓中便曾发现一个史前陶罐②。裴文中氏说："吾人于寺洼山曾见有齐家之安佛拉式陶罐，且于长道镇见马鞍式之两大耳灰色罐陶器，即寺洼及齐家之混合产物。"③ 前者不足以为证，因为在寺洼山所购得的或见到的陶罐，纵使是寺洼山或其附近出土的，也不足以证明寺洼和齐家文化是同一时代并存的，或二者有什么接触或影响的关系。至于西汉水流域的西和县长道镇的一例，原器据云系灰陶，发现于甚低之地，裴氏疑为汉代以后的遗址④。我颇怀疑其和四川理番一带秦汉时代遗留的两大耳灰黑陶罐相似⑤。但和齐家文化并无关系。惜未见原器或其图片，无法作进一步的讨论。

　　陶制品除了容器以外，寺洼墓葬中尚出有弹丸（陶球）1枚，纺轮1件（图版10），响铃1个（图版11）。纺轮的质料是羼杂陶末，表面粗糙，陶色为灰色带红斑，和典型的寺洼陶中糙面陶相同。陶弹丸的色泽和典型寺洼陶中的光面陶（如1.7，1.11等）相似，表面磨光，陶色

---

① 前者见本篇第三章马家窑文化期的遗存，第一节，陶器；后者见拙作《齐家期墓葬的新发现及其年代的改订》，《中国考古学报》第2册（1948）。（现已收入本书本册——编者）。

② G. Brunton, Qau and Badari, Vol. I (London, 1927) p. 40, Grave 3222.

③ 裴文中等，1948a，报告之三，第18页。

④ 裴文中等，报告之二，第3页。

⑤ Cheng Te-k'un, The Slate Tomb Culture of Li-fan, in Harvard Journal of Asiatic Studies, Vol. 9. No. 2 (1946), p. 68, Pl. IV, 2–6.

橙黄带灰斑，陶质羼杂有粒点，因为没有破断面，不易决定是陶末或是砂粒。这两件东西，无疑都是属于寺洼的。至于响铃（2.3）在上节"葬俗"中已经讨论过，大概是马家窑期的产物。或是由这期居址的遗存混入寺洼期墓葬填土中，或为寺洼期的所捡拾使用然后重行埋入殉葬。就陶质及形式而论，都应属于马家窑期，不能算是寺洼文化的产物。

五　结论

这一次发掘的结果，对于寺洼期文化的轮廓，我们知道得更清楚了。现在试作寺洼文化的分析。由于山羊角及陶器底部谷物印痕的发现，我们知道当时已采用农业和畜牧。陶制或石制的弹丸，也许是作狩猎用的，自然也可能是作玩具的。衣服方面，由于纺轮的发现，可见已有纺织品；大概冬天还利用兽皮来御寒。陶业很发达。陶质颇粗，羼杂有研碎的陶末。手制，外表面或磨光或粗糙。陶色砖红或灰褐，常是斑驳不纯。器形以陶罐为最多，大都有两耳，口部常作马鞍形，纹饰有凸饰，但无彩绘。除了陶罐外，尚有陶鼎陶鬲。已知用铜（曾发现铜镯），但石器如有孔扁斧和石弹丸，仍加使用。埋葬方法，有火葬后盛于罐中的和全尸平放仰卧的两种。后者较为普通，且有时是乱骨一堆，或许有"第二次埋葬"的风俗，不必都由于后世的扰乱。墓中多有殉葬物品，以供死者灵魂的使用。

关于年代方面，我们只能大略地断定它是晚于马家窑期彩陶文化，早于历史上的汉朝。寺洼期的墓葬是埋在马家窑期居住遗址中，并且寺洼陶利用马家窑期陶碎片研末羼和陶土中，可见时代必定较晚。秦昭王二十八年（公元前 279 年）置狄道城（今临洮县）即汉陇西郡治①。洮河流域入秦版图。秦始皇八年（公元前 239 年）王弟长安君反，死屯

---

① 郦道元：《水经注》卷二，《河水注》（国学基本丛书本），第一册，第 31 页。

留，迁其民于临洮①。秦时的陇西郡临洮县在今岷县，即蒙恬筑长城的西端起点②。洮河流域，至少在今日的临洮和岷县一段，当时逐渐汉化了。至汉时当地的文化，和内地没有多大的分别。我曾看见临洮汉代砖墓，和墓中所得的汉代灰陶罐、汉式镜等，和内地的完全一样。至于汉以后虽有少数民族居住的时期，但都是使用铁器的民族，所以可以推定寺洼文化是汉以前这地的史前文化。

至于寺洼文化和洮河流域的齐家和辛店二期的先后关系。安特生因为齐家文化尚在石器时代，并无铜器；辛店虽有铜器，但尚不多；所以将二者都放在寺洼文化之前③。很清楚的，他这一假设的根据是很薄弱的，尤其是寺洼和辛店的前后关系，更难确定。吴金鼎因为寺洼陶技术的简陋（不用拍制技术），并且凸饰技术和马家窑期陶器凸饰相同，推断寺洼早于辛店④。根据我们这次调查的结果，辛店陶也有用凸饰的；而用拍制与否，不过表示制陶技术的不同，不足以定先后（辛店陶的浅绳纹是否由于拍制，尚成问题）。就文化的全貌而论，自然以辛店文化较为接近马家窑文化。但辛店和寺洼可能是同一时代的两种文化，前者是承袭马家窑文化一系统，后者是由外界侵入洮河流域的外来文化。这要待将来发掘工作较多后，才能够下断语。

至于绝对年代，因为证据不够，更难断定。安特生初以为寺洼文化约在公元前2300~前2000年，最近修改为公元前1000~前700年，移晚了1300年⑤。他先行假定寺洼文化是在沙井文化以前，又假定二者前后是适相衔接的。这二个假定都缺乏强有力的证据，尤其是后者显然是

---

① 司马迁：《史记》卷六，《秦始皇本纪》（光绪十年同文石印本《二十四史》，卷六，页三）。

② 司马迁：《史记》，卷八十八，《蒙恬列传》，页一及页五；又卷百十，《匈奴列传》页六，及《史记正义》引《括地志》。

③ Andersson, 1925, p. 21.

④ 吴金鼎, Prehistoric Pottery in China（London, 1938），p. 108。

⑤ 前者见 Andersson, 1925, p. 27. 后者见 Andersson, 1943, p. 295。

与事实大概不会相合的。他更进一步以为一个文化的寿命大约是300年，这假设更属过于大胆。这次修正寺洼的绝对年代是依照着沙井文化期的修改而移晚的；在寺洼文化本身，并无证据可以作它所定的年代的根据。这修改后的绝对年代，虽较为合理，但可能仍是错误。梁思永先生也曾就安特生所定的加以修改，提出公元前1400～前1100年作为寺洼文化的年代，留出300来年给寺洼和沙井间文化的变迁期[1]。但是我以为寺洼和沙井根本是两个文化，后者不会从前者变化而来的。在没有强有力的证据发现以前，我们似乎不必多费精力再作无根据的推测。

　　至于寺洼文化的来源，和它所受的各种影响，也要待今后的发掘工作，才能够确定。现在只能就我们所已知道的，稍加讨论。寺洼文化比较马家窑文化为晚，并且有些遗址和后者便在一处，似乎应该受了很大的影响。但是细加观察，便知道二者显然属于两个文化系统。看不出多大的影响。这点就陶器而论，很是显著。二者的陶质、制法，都不相同，文饰方面，寺洼陶无彩绘者。器形也多互异，仅大口两耳低罐（寺洼陶第IV类）和小口腹耳罐（第V类），有点相似。二者都有凸饰，尤其是耳部垂直波状凸饰颇为相同。这些或许是表示所受到的直接或间接的影响。至于和齐家文化的关系，裴文中氏说："寺洼文化可能为齐家文化受中国文化的影响而造成。"[2] 似乎裴氏对于齐家陶和典型的寺洼陶，都未加深切的研究。因为二者除"不加彩绘"这一点外，没有其他重要点完全相同。这消极方面的相同，自不足为文化因袭或影响的证据（补记：我们现在知道齐家陶确有加彩绘的）。陶质、制法、器形和文饰，都不相同，已在前章第三节寺洼陶制容器中讨论过。二者的陶色也大都不同，仅有少数砖红色光面陶，虽外表相似，细察之便知道不同。口缘附加两耳这点虽同，但耳部的做法、大小、厚薄及纹饰，

---

① 梁思永：《小屯龙山与仰韶》，见《蔡元培先生六十五岁纪念论文集》下册（史语所集刊外编，1935），第546页（现已收入《梁思永考古论文集》——编者）。
② 裴文中等，1948a，报告之三，第18页。

仍是互异。我们看不出有什么重要证据，可以作他这一理论的根据。就其差异点而论，我们相信典型的寺洼陶绝不是承袭齐家陶的。（寺洼墓葬中出土的一件橙黄细泥无耳陶罐，或许是和齐家文化有关，但这一件似非寺洼文化的产物，已详论于前章寺洼陶器一节中）。寺洼和辛店期的关系，除了辛店小罐口部有时也作马鞍形以外，看不出什么关系来。至于和青海西宁县的卡窑、下西河二处出土的遗物相比较。安特生自己曾屡次声明二者文化并不相同，仅陶器无彩，常带马鞍口，且皆有铜器，所以暂时归并一起，实则二者的铜器形制互异，陶器也多不同，卡窑文化中并无鼎鬲，即其双耳罐的形状也稍异。二者的年代是否同时，如有先后，哪一种较早，也成问题①。暂时我们都无法解决。

在前章葬俗一节中，我们已经指出寺洼文化或许和后来的氐羌民族有关。至于它和汉族文化的关系，只能在陶鼎陶鬲上推知它可能是受汉族文化的影响。但是寺洼文化中的鼎鬲，和中原不同，只能说是受影响，绝不会是移植其地的汉人的制品。因为在汉代洮河流域的陶器、铜镜等完全是汉式的，可以看出民族移殖的结果和仅受文化影响者的不同。

裴文中根据安特生的材料，不仅以卡窑的"寺洼文化"，受塞斯安文化的影响，并且以为寺洼山出土的铜器也是塞斯安（斯基泰）式的，证明也曾受塞斯安文化的影响②。卡窑文化，严格言之，不能算是寺洼文化，前段中已经讨论过。至于说寺洼山出土的铜器也是塞斯安式，不知何据。寺洼山铜器至今为止仅出一铜镯。塞斯安文化中标准型的镯子有几种样式③。但和寺洼山这一件，都不相同。在裴文中没有提出具体的证据以前，我们只好置之不论。在寺洼山所得的材料中，我们看不出塞斯安文化的影响来。

---

① Andersson, 1925, p. 18, p. 22；Andersson, 1943, p. 295.

② 裴文中，1948b，第24、40页。

③ E, H. Minns, Scythians and Greeks（Cambridge, 1913）figs, 12, 15, 90, 106, 119, 177, 187, 208, 217, 294, 314, 324.

重要参考书目

（注释中即以其出版年度为其简称）

J. G. Andersson,

1925，Preliminary Report on Archaeological Research in Kansu，Mem. Geol. Surv. China，Ser. A No. 51.

1934，Children of the Yellow Earth，London.

1943，Researches into the Prehistory of the Chinese，BMFEA. No. 15，Stockholm.

1945，The Site of Chu Chia，Chai，Hsi Ning，in BMFEA No. 17. pp. 1 ~ 63.

1947，Prehistoric Sites in Honan，in. BMFEA No 19，pp. 124.

D. Black,

1928，A Study of Kansu and Honan Aeneolithic Skulls etc. Pal. Sinica，D. VT，Fasc. 1.

M. Bylin-Althin,

1946，The Sites of Chi Chia P'ing and Lo Han T'ang in Kansu，in BMFEA No. 18，pp. 365 ~ 498.

M. Palmgren,

1934，Kansu Mortuary Urns of the Panshan and Machang Groups，Pal. Sin. D. Vol. III. Fasc. 1.

裴文中

1948a，《甘肃史前考古报告初稿》（油印本），地质调查所北平分所印（与米泰恒、王永焱合著）（现已收入《裴文中史前考古学论文集》——编者）。

1948b，《史前时代的西北》，（西北通讯社丛书之一），南京。

附录一　采集遗物登记表

（S. W. 代表寺洼。限于居住遗址；殉葬品记载另详四章二节）

遗址 A 出土者，A1 ~ A4，A22 ~ A23 系地面捡拾；A5 ~ A8，A11 ~ A13，A15 ~ A16，A18 ~ A19，A24，A31，A57 自地面以下至 1 米处掘得；A9 ~ A10，A14，A17，A20 ~ A21，A25 ~ A30，A32 ~ A56，A58 ~ A65 系 1 米以下掘得；A66 ~ A77 系寺洼期随葬陶罐内填土中所得。遗址 B 出土者B1 ~ B8，B33 ~ B35 系地面捡拾；B9 ~ B19 系自地面下至 1 米处掘得，B20 ~ B32，B36 ~ B39 系 1 米以下掘得。

S. W. A1～A2. 彩陶钵口缘残片，垂幛纹。大小（指现存部分）一为 22×23mm，一为 41×56mm。

S. W. A3. 彩陶腹部残片，大小 49×73mm；柄部留一残段，宽厚为 28×10mm（图版 6，5）。

S. W. A4. 陶环残片（见表 2）。

S. W. A5～A10. 彩陶残片。A5. 厚 5，大小 27×38mm（图版 7，8）。A6. 陶钵口缘，垂幛纹；大小为 30×43mm。A7. 厚 4，大小 40×43mm（图版 7，11）。A8. 厚 6，大小 46×59mm，内外面都有花纹（图版 7，12）。A9. 口唇宽 21，厚 5～8，残片长 39mm（图版 7，3）。A10. 厚 4，29×31mm（图 3；图版 7，13）

S. W. A11～A14. 细泥陶残片，橙黄色，无彩。A11. 为钵类口缘部，厚 7，大小 25×34mm。A12. 似为罐类口缘部颈部缩进，唇部向外弯曲。这残片的颈部和器身相近处的残断面磨得很平整，似乎这残余的口缘部被改造做一个陶圈或许是做稳定圆底陶器之用的。口缘外径 110，厚 7mm，现存部分高 34mm。A13. 为腹部残片，大小 39×47mm。A14. 似为钵类的底部，底径 70，厚 4mm，现存部分大小 45×49mm。

S. W. A15～A17. 夹砂粗陶罐残片，外表面有绳纹。A15. 内红外灰，外表面有凸饰一道，压成起伏波浪状。厚 8，大小 45×51mm（图版 4，5⑥）。A16 为口缘部，肉壁灰色，内外表面俱红。厚 9，大小 27×59mm（图版 4，5⑤）。A17 为口缘部，肉壁红色，内外表面俱灰；厚 5，大小 70×72mm（图 4；图版 4，5①）。

S. W. A18～A19. 寺洼式红陶片，陶土中羼和有陶末。A18. 外表有深红色衣。大小 38～43mm。A19. 肉壁灰色，内外俱红。大小为 38×51mm。

S. W. A20. 寺洼式陶罐残片，陶土中羼和有陶末，肉壁灰色，内外俱红。器形为马鞍口两耳罐，现仅存小半。器高 141，厚 5，口径 80，腹径 110，底径 65mm。

S. W. A21. 陶器足部残片。红泥陶。似乎寺洼期鼎式器残足。足的横剖面略成圆形，近尖端处略呈三角形；高 39，径 11～21mm。

S. W. A22～A23. 灰陶残片。手制，表面光滑。厚 6mm。

S. W. A24. 灰陶残片。手制，表面光滑，表面层已有一部分剥落。厚 9mm。

S. W. A25. 石器残件。似为斧类。石英闪长岩（Quartr Diorite）制；上下两面磨平，左右两侧及粗端一面仍留琢痕，刃部缺失。横剖面长方形，82～85mm。现部分长 130mm（图版 9）。

S. W. A26. 石环残片。板岩制成。环径 50mm，横剖面长方形 5×10mm（图版 9）。

S. W. A27. 石凿。板岩制成。刃部侧面不对称，柄端呈尖角。13×28×90mm（图 6；图版 9）。

S. W. A28. 动物骨骼残片。

S. W. A29～A30. 彩陶钵残件。外表面磨光，内面粗糙，都有花纹。器厚 3～5，高 60，口径 43mm（图 2；图版 5，1）。

S. W. A31. 灰陶口缘残片。口缘向外弯曲，内外都有轮制痕。扰土中后代物。

S. W. A32～A33. 灰色陶环残片，详见表2（图版9，A33）。

S. W. A34～A35. 彩陶罐残片。花纹用黑彩，但浓淡不同。厚6，口径141，腹径342mm（图2；图版6，1）。

S. W. A36～A40. 彩陶残片。A36 似为瓶类腹部，花纹为方格纹及平行线。大小43×61mm（图版7，7）。A37. 钵类口部，垂幛纹。大小46×54mm。A38. 有螺旋花纹，大小34×41mm（图版7，10）。A39. 陶钵口缘残片，大小35×42mm，内外面皆磨光，外面沿口缘黑线一道，内表面花纹较繁复（图版7，5）。A40. 厚6，大小60×67mm（图版7，9）。

S. W. A41～A43. 彩陶口缘部残片。A41. 为罐类，口径150，厚5，大小202×51mm（图2；图版6，3）。A42. 卷唇盆；唇的宽厚，为21×7mm，唇上及内表面有花纹（图版7，2）。A43. 卷唇盆，唇的宽厚18×6mm，唇上及外表面有花纹（图版7，1）。

S. W. A44～A48. 彩陶残片。A44. 陶色灰褐，大小56×88mm，附有耳部，宽28mm，耳上有波状凸装（图版6，4）。A45. 似为卷唇盆的底部及近底处。外表面仅残存一横线纹，内面花纹繁复（图2；图版6，2）。A46. 卷唇盆，唇宽18mm，花纹由两组弧线合成。外表面残留一横线纹。内面沿口缘一横线，其下为三角形及弧线（图版7，6）。A47. 陶钵口缘部。外表面磨光，垂幛纹，内面粗糙绘弧线及粗线条。大小64×96mm（图版7，4）。A48. 同上，内外面皆磨光绘彩（图版5，2）。

S. W. A49～A55. 陶环残片。详见表2（图版9，A52、A54）。

S. W. A56. 石斧刃部残片。燧石（flint）制成。现在部分厚24，长宽25×40mm（图版9）。

S. W. A57. 石凿残件。板岩制成，刃部侧面对称。宽厚10×18mm，现存长47mm（图6；图版9）。

S. W. A58～A59. 石斧残件。空晶石片岩（Chiastolite slate）制成，横剖面略作长方形。A58. 刃部侧面对称，斧身63×36mm，粗端缺失，现长110mm（图5；图版9）。A59. 斧身宽厚58×33mm，刃部缺失。现存部分长76mm（图版9）。

S. W. A60. 石凿。板岩制成。两端皆有刃部，一端较阔，侧面不对称；狭端侧面对称。凿身宽厚18×14mm，狭端宽度仅7mm，全器长92mm（图6；图版9）。

S. W. A61. 双眼石刀。板岩制成厚5mm，正面长方35×47mm，刃部在狭边（图6；图版9）。

S. W. A62～A63. 石纺轮。白色大理石制成。A62. 完整，厚10，直径53mm，中心孔径10mm（图7；图版9）。A63. 残存一半。厚17，直径63，中心孔径10mm（图版9）。

S. W. A64. 小石球残件。白色灰红斑大理石制成。直径26mm（图版9）。

S. W. A65. 骨钻残件。横剖面圆形，最广处径7.5mm，柄部残缺，现长109mm（图7；图版9）。

S. W. A66～A68. 在殉葬罐1.2中发现。A66. 人指骨一枚。A67. 小动物骨二小块。A68. 陶环残件，详见表2（图版9，A68）。

S. W. A69～A71. 陶片，也在殉葬罐1.2中发现。A69. 灰色细泥陶。表面磨光，但表面层已大部分剥落，厚6，大小32×45mm。A70～71. 为外灰内红夹砂粗陶；绳纹有凸饰；一厚11mm，一厚6mm（图版4，5③）。

S. W. A72～A73. 在殉葬罐1.6中发现。A72. 为彩陶瓶类颈部残片，厚4，大小26×52mm（图2；图版7，16）。A73. 为残骨一小片。

S. W. A74. 田鼠类骨骼一副，在殉葬罐1.11中发现。

S. W. A75. 彩陶残片，厚5，大小13×33mm，在殉葬罐1.12中发现（图版7，14）。

S. W. A76. 细泥陶残片，肉壁灰色，内外俱橙黄或砖红；大小57×82，厚4mm，殉葬罐1.13中发现。

S. W. A77. 彩陶残片。厚5，大小28×46mm，在殉葬罐1.14中发现（图版7，15）。

S. W. B1～B2. 彩陶卷唇盆残片。B1. 厚4，唇宽厚17×7mm，唇上花纹为平行弧线及三角形，内外表面有弧线或宽条横放。B2. 内外表面俱磨光，皆绘有花纹。唇宽厚20×7mm，亦有花纹（图2；图版8，9）。

S. W. B3～B4. 彩陶钵口缘残片。外表面磨光，垂幛纹；内表面粗糙，绘弧线数道。厚4，大小一为62×120mm，一为82×103mm（B4，见图版8，1）。

S. W. B5～B6. 彩陶残片。B5. 似为瓶罐类腹部，尚留存一垂直耳部。器身厚3～5，大小103×115，耳部宽厚22×8mm，高5mm（图版8，14）。B6. 大小91×120mm，近边处钻一孔，径5mm（图版8，10）。

S. W. B7～B8. 细陶残片。B7. 红色。作半圆球形，已残缺一半。口外径80，高32，厚7mm，器身满布筛孔（图版4，d）。B8. 灰色，手制，外表面磨光，有斜刻绳索状凸一道。器厚6～7mm。

S. W. B9. 灰色细绳纹陶片。厚7mm。离地面0.5～1米处出土，似为后代物。

S. W. B10～B17. 彩陶残片。B10. 卷唇盆。唇宽厚20×8mm，唇上绘短平行线二列，又菱形中一圆点或三横画。内表面下垂三角形及弧线数道。B11. 似为瓶类颈部，厚5，大小36×58mm（图版8，6）。B12. 绘紫红色和黑色二种色彩，大小32×59mm（图3；图版8，5）。B13. 钵类口缘，外表面磨光，绘垂幛纹，厚6，大小34×45mm（图版8，13）。B14. 花纹分深黑及紫红二色，厚5，大小56×67mm（图3；图版8，4）。B15. 内外面俱磨光，外绘横线一道，内绘平行线七道。器厚6，大小56×77mm。B16. 陶罐残片，花纹有黑彩及紫红二色；器厚6，大小98×115mm（图3；图版8，11）。B17. 陶钵残片，花纹外表面垂幛纹，内表面口缘下弧线一道，底部平行线三道，弧线一道。厚5，口外径170，底径85，高61mm。

S. W. B18. 灰色细泥陶。似为钵类或盆类器，口缘部稍厚。肉壁红色，内外俱灰，外表面磨光，器壁厚5，大小41×73mm。

S．W．B19. 夹砂粗陶残片。橙黄色，外表面绳纹，有凸饰数道。厚9mm（图版4，5④）。

S．W．B20. 彩绘夹砂粗陶残片。橙黄色。外表面有绳纹，近口缘处抹平，绘横线三道。腹部横置鸡冠耳一。厚7～9，口部外径260mm（图版8，3）。

S．W．B21～B24. 彩陶口缘残片。B21. 为瓶类，唇部外侈，颈部黑彩横线一道，厚5，口径110mm（图2）。B22. 罐类口缘。B23. 盆类，肉壁灰色，内外面俱褐，皆绘有黑彩。器厚3～5，口径120mm（图2；图版8，2）。B24. 卷唇盆，唇宽厚14×5mm，器壁厚5mm，唇上及内外表面皆绘彩（图版8，12a、12b）。

S．W．B25～B27. 彩陶残片。B25. 平行锯齿纹，厚4，大小28×50mm。（图版8，8）。B26. 瓶类腹部，厚5，大小55×171mm，耳部有波状凸饰，耳宽厚20×5mm，高34mm（图2；图版8，7）。B27 钵底，内面弧线二道。厚45，大小56×73mm。

S．W．B28～B30. 细泥红陶残片。B28. 砖红色，有凸饰一道，斜刻短线成绳索状。厚5，大小56×57mm，B29～30. 橙黄色钵类口缘，表面磨光，无彩绘。厚4，大小一为41×117，一为39×79mm。

S．W．B31. 细泥灰陶残片，钵类口缘，手制，内表面磨光，外面粗糙。厚7，大小55×70mm。

S．W．B32. 夹砂粗陶残片。灰色，口缘部外面压成波状，唇上有绳纹。厚9，大小37×82mm（图4；图版4，5②）。

S．W．B33～B37. 陶环残片，详见表2（图版9，B33、B36）。

S．W．B38. 骨器。器身扁平，表面光滑发亮，刃部磨薄。长120，宽厚10×4mm（图7；图版9）。

S．W．B39. 角钻。以鹿类（？）角部，纵剖为两半，再将剖下来的一半，削尖成钻。长83，最宽厚处为15×9mm（图7；图版9）。

1. 寺洼山全景（由北向南望）

2. A区发掘情形

图版1　临洮寺洼山遗址

1. 第一号墓西南角

2. 第一号墓西北角

图版 2　临洮寺洼山墓葬（一）

1. 第二号墓

2. 第五号墓

图版 3　临洮寺洼山墓葬（二）

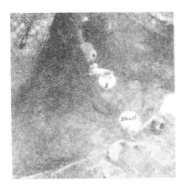

1. 第三号墓

2. 第四号墓

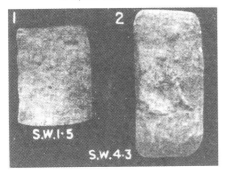

3. 陶器底部所留的谷物印痕
（以塑膏翻制成阳文印痕）（约 8/9）

4. 寺洼山地面所拣拾的
细泥红陶（马家窑期?）

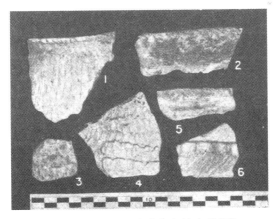

5. 寺洼山出土的马家窑期绳纹夹砂粗陶
①A17　②B32　③A70　④B19　⑤A16　⑥A15

图版 4　临洮寺洼山墓葬及出土陶器

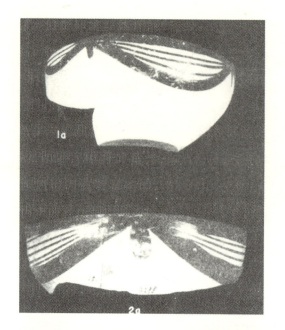

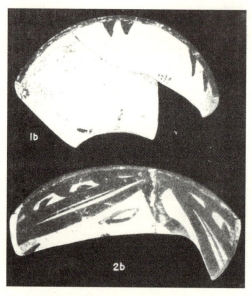

图版 5　临洮寺洼山 A 区出土的马家窑期彩陶（一）

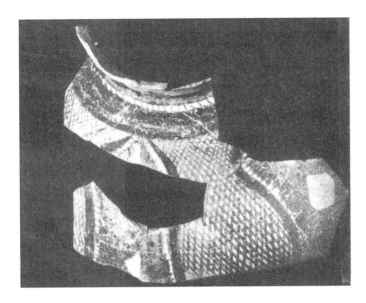

1. A34 ~ A35

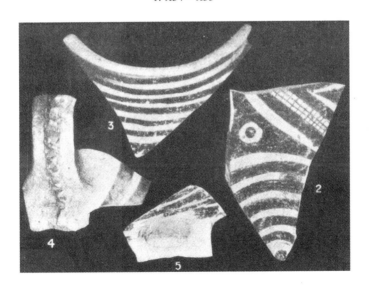

2. A45　3. A41　4. A44　5. A3

图版 6　临洮寺洼山 A 区出土的马家窑期彩陶（二）

1. A43　2. A42　3. A9　4. A47　5. A39　6. A46

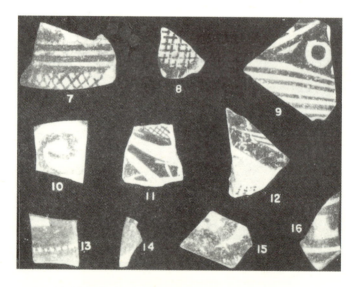

7. A36　8. A5　9. A40　10. A38　11. A7　12. A8
13. A10　14. A75　15. A77　16. A72

图版7　临洮寺洼山A区出土的马家窑期彩陶（二）

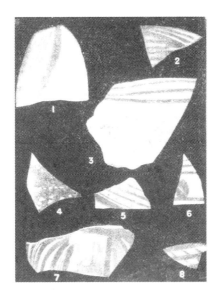

1. B4　2. B23　3. B20　4. B14　5. B12　6. B11　7. B26　8. B25

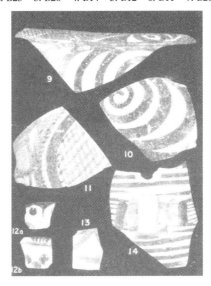

9. B2　10. B6　11. B16　12. B24　13. B13　14. B5

图版 8　临洮寺洼山 B 区出土的马家窑期彩陶

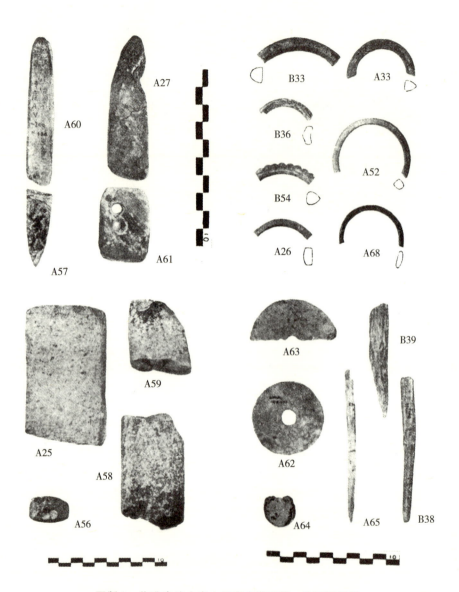

图版 9　临洮寺洼山出土马家窑期石器、陶环及骨器

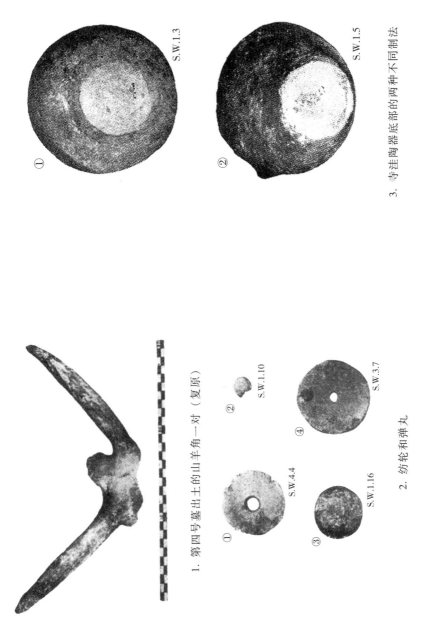

S.W.1.3

S.W.1.5

3. 寺洼陶器底部的两种不同制法

1. 第四号墓出土的山羊角一对（复原）

S.W.1.10

S.W.3.7

S.W.4.4

S.W.1.16

2. 纺轮和弹丸

图版 10　临洮寺洼山出土遗物

3

S.W.2.3（侧面）

4

S.W.2.3（底部）

1

S.W.0.2

2

S.W.0.1

图版 11　临洮寺洼山墓中出土的陶器（一）

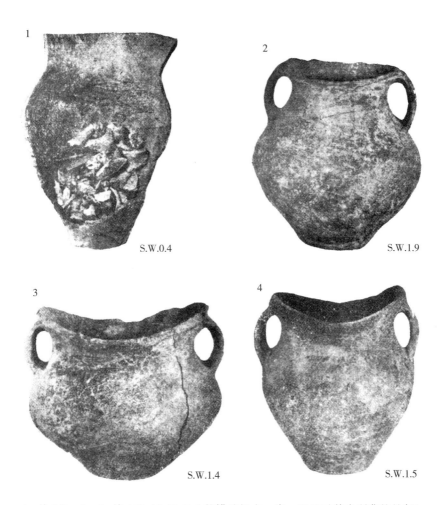

1. 约 2/9；2 ~ 4. 约 4/9（S. W. 0. 4 的罐壁切去一半，以显示其中所藏的骨灰）

图版 12　临洮寺洼山墓中出土的陶器（二）

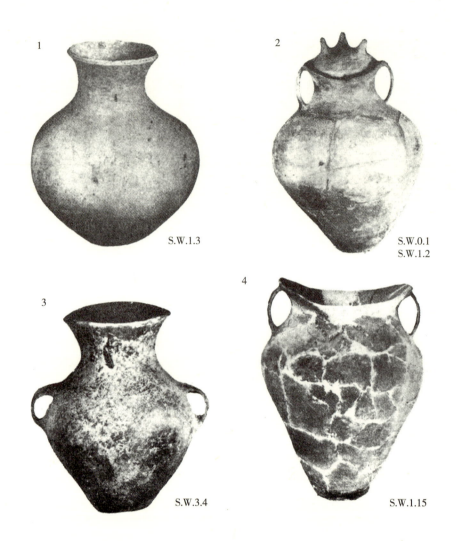

1、3 约 3/7，2、4 约 6/25

图版 13 临洮寺洼山墓中出土的陶器（三）

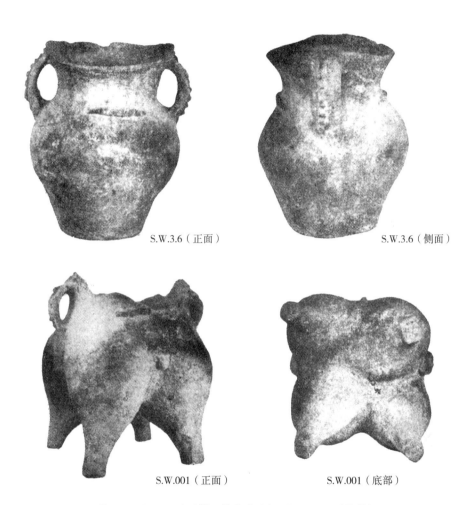

S.W.3.6（正面）　　　　　　　　　　　S.W.3.6（侧面）

S.W.001（正面）　　　　　　　　　　S.W.001（底部）

约 4/9，S. W. 3.6（第三号墓出土），S. W. 001（购得）

图版 14　临洮寺洼山陶器

兰州附近的史前遗存[*]

一　发现和调查的经过

1944～1945 年，吴良才服务于兰州中国银行，夏鼐亦以参加中央研究院西北科学考察团，曾于兰州少作勾留。二人曾于兰州附近，从事于史前遗存的调查。最初是不约而同地分别工作，后来相识后有几次是结伴共同工作的。现在先将调查的经过，略述于后（图 2 - 24，兰州附近的遗址分布图）。

（一）高坪

兰州黄河北岸一带荒山，当时正在进行用水平沟种树法推行荒山造林。主要区域为高坪。开沟工作的历程中，闻在该山曾有陶器出土。1944 年 3 月 29 日，良才往其地考察；登山后于山腰树坑中获单色陶 2 片，于山顶立碑处又得陶片数十片，彩陶及单色陶残罐数件。

---

[*] 本文原载《中国考古学报》第 5 册，1951 年，署名夏鼐、吴良才二人；又见夏鼐《考古学论文集》，科学出版社，1961 年。

1945 年 3 月 5 日，良才和蕭相偕再往该山调查，复于山顶得陶片数十片而归。

（二）中山林

1944 年 4 月，良才于龙尾山下中山林发现史前陶片。中山林中有碑亭，再上为一台地，陶片即出于台地之上。同年 9 月间，该处续有陶片发现。1945 年 3 月 10 日，良才和蕭一同再往探寻，又获陶片十余片。

（三）太平沟

1945 年 7 月 7 日，良才于兰州西稍门外的高台地上，发现太平沟遗址 A。同年 12 月 8 日，良才与蕭相偕前往考察，于 A 址的南边，发现遗址 B（图版 1）。12 日又相偕前往，复于 A 址北发现 C 址。这三处的灰层，都颇丰厚①。

（四）十里店

十里店在黄河北岸，即西北师范学院的所在地。遗址系何乐夫所发现。何氏曾率学生加以发掘，所获颇多。1944 年 4 月 13 日，蕭前往调查，承何氏引导，指示发现古物地点，计有两处：一为师院礼堂旁沟西的土岗（旧墩台）的旁边，一为中国石油公司存车厂的北边。后者因无人介绍，不能进去踏查；只在前一处捡拾得陶片十余片。1945 年 3 月 1 日，蕭又赴十里店，承何氏见示去冬新获的完整陶罐及人骨等，据云也是在礼堂旁边发现的。由十里店返兰州城，经过上徐家湾，据何氏说，其地也有史前遗址，蕭前往调查，无所获。

---

① 裴文中氏说：四墩坪上及附近的沟中，"卞美年、夏蕭及吴良才诸氏均采得陶片，夏吴二氏曾开掘灰层数处，采物甚多"（裴文中等，1948 年，报告之四，第 2 页）。按四墩坪在阿干河东，太平沟在河西，隔河相对。我们所采集的地方，是在太平沟，并不在四墩坪。

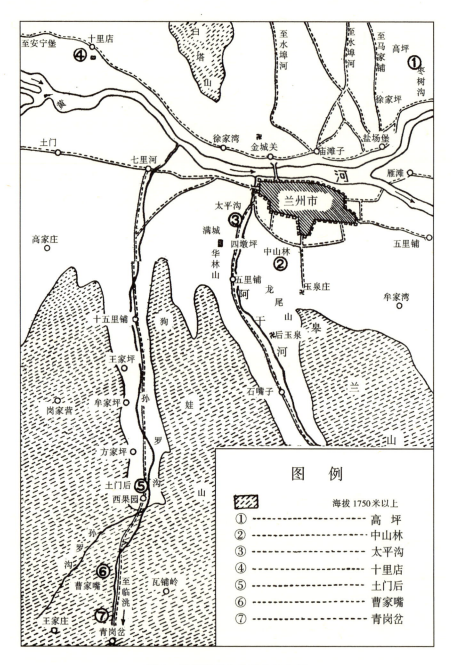

图 1　兰州附近史前遗址分布图

（五）土门后山

这遗址在西果园前国立西北技专的西北，也是何乐夫所发现，曾采得陶片及石器。1944 年 4 月 14 日萧曾前往调查，拾得彩陶 9 片；1945 年 3 月中旬，萧曾住西果园数天，再赴土门后山踏查，又捡拾得一些陶片。旋沿公路南行，在公路的西边为一台地，筑路后削成陡壁，露出灰层，中夹陶片。3 月 18 日，萧和西北技专教员凌会五，由西果园沿公路北行调查，直至萧家庄（即十五里铺），仅于庄南 1 公里半的路东侧壁上，获见一灰层，包含木炭兽骨，及轮制细绳纹灰陶等，似属于汉代。归途改取道于路西的坪上，于王家坪拾得彩陶及手制绳纹灰陶各 1 片。其南为牟家坪，仅捡拾得轮制灰陶 1 片。据当地人说，王家坪曾掘到彩陶。行近西果园时，于废堡的北边西边和下土主庙的背后，都捡拾到陶片和石器。

（六）曹家嘴

遗址在西果园的南面约 1 公里半，在公路西的高台地上，山脚的村庄叫作沙滩磨（图版 2，1）。凌洪龄说："公元 1941 年 9 月日蚀时，有人登山观日蚀，无意中发现这遗址。"是年 11 月 1 日，卫聚贤曾来调查，并加发掘。1943 年冬，何乐夫又试掘一次①。1945 年 3 月中旬，萧曾前往调查，灰层颇厚，遗物丰富。当时拟加发掘，后以天降雨雪，又以急于要赴临洮调查，只得放弃发掘计划，仅捡拾陶片等遗物。

（七）青岗岔

1945 年 3 月 19 日，萧和凌洪龄一同前往调查，发现这一遗址。也是在高台地上，和曹家嘴遗址，隔沟相对（图版 2，2）。侧壁上有灰

---

① 《说文月刊》渝版第四号转录 1941 年 11 月 2 日《甘肃民国日报》所登《西果园附近发现新石器人类遗迹》；又何乐夫：《兰州附近古物调查》一文（裴文中转录本）。

层，包含有彩陶片。农田中也有陶片和石器。闻当地人云，曾掘得完整彩陶罐，或许是葬地。

二　遗址的地理环境

黄河来自青海，经兰州城北，自西向东流，穿黄土台地而过。在兰州附近河谷稍阔；靠近黄河的冲积土地带利用水车，灌溉方便，成为良好的耕地。这河谷的高度约海拔 1500 米。两旁的黄土台地，高出河谷数十米；虽或开辟为梯田，以不能得河渠之利，收获较差；甚或以侵蚀过甚，成为凹凸起伏的黄土丘陵；较高的台地或山顶，虽也覆盖上一薄层黄土，但以水分缺乏，多为荒山，不长树木。关于兰州附近的台地，据闻地质调查所西北分所正开始加以研究，惜尚未完成。现在将我们观察的结果，并参考他人已发表的研究，略加叙述。

兰州城是建筑在近代的冲积土平原上，这平原离黄河水涨时河面约 3 ~ 4 米。黄河南岸的平原地带较河北岸为宽广。平原的两旁便是第一层台地，系皋兰沉积期堆积，高出现河南约 20 米。这是板桥侵蚀期后的堆积。早期（马兰期）的黄土被冲刷下来后，重复沉积，常夹杂壤土和砂粒。十里店师院和中山林的史前遗址，便是在这一台地上。再高一些的，是马兰台地，表面是马兰期所堆积的黄土，堆积颇厚，有达 30 ~ 40 米者。这马兰台地，又可分别为第二台地和第三台地，前者高出现河面约 40 ~ 60 米，十里店石油厂及太平沟遗址，便在这一层台地上；后者高出现河面约 70 ~ 90 米。至于普通山岭的顶部，多高出现河床 150 米以上，是马兰期的曾经侵蚀过的地面，仅覆盖一薄层的黄土，底下为上新统的红土及红色土，或更古的岩石。高坪的彩陶葬地，便是在这种山顶上[1]。这次

---

[1]　参阅杨钟健、卞美年，Cenozoic Geology of the Kaolan-Yungteng Area of Central Kansu, in Bull. of Geol. Soc. of China, Vol. XVI (1936－1937), pp. 234－237；裴文中：《史前时代之西北》，1948，第 26 ~ 27 页。

我们未能测量高度，仅作粗率的估定，容有小错误。

　　阿干河和孙罗沟水，都由南来，在兰州城的西郊，流入黄河。太平沟的史前遗址，便在阿干河和黄河相交处西岸的台地上。我们没有溯源南行，不知道阿干河上流的情形如何。至于孙罗沟水流域，南至青岗岔，黄土台地发达颇佳。西果园附近的几个史前遗址，便在西岸的黄土台地上。青岗岔以南，地势渐高，溪谷狭小，两侧坡峻壁。更南为高山，越过几道岭子后，便是洮河流域。现下的洮兰公路，便是沿这条路线修筑的。史前时代洮河流域和兰州区域的交通，或许便是取这一道路径。

三　各遗址的遗存

　　这次我们对于各遗址，都没有加以正式发掘。仅能就地面上及暴露于侧壁上的遗存，加以观察和采拾；现在分述于下。

（一）高坪

　　这坪当时是造林区，在黄河北岸盐场堡以北。山南有村曰徐家坪，山东为枣树沟。我们所得的标本，计有残陶片 9 片，大致完整的陶器 4 件（图 2；图版 3）。其中单耳无彩陶杯系枣树沟侧山腰所出；其余都是高坪的顶岭所发现的。单耳陶杯（K. S. 1. 1）系棕红色粗陶，带有烟熏痕迹。器身斜绕有波形泥条凸饰二道。其形制及装饰，都和半山边家沟同彩陶罐一起出土的粗陶杯相似；器形是半山粗陶第四式（P. S：r Ⅳ），凸饰是近于第一式，惟稍退化，两道横线并不水平[①]。山顶所出的彩陶，都是马厂式的。1 件可以大致复原的两耳彩陶罐（1. 2），形式是马厂器形第十四式（M. C. XIV）；文饰是马厂纹第十一式（11M），颈

---

① Palmgren, 1934, Pl. XXT；p. 11.

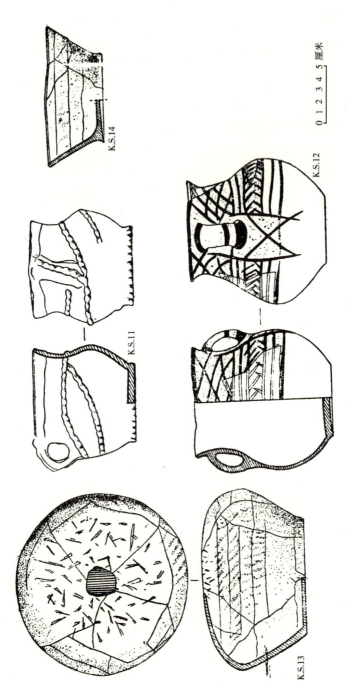

图 2　高坪出土的陶器

部鱼网纹，腹部右向侧卧的人字纹一排列，是马厂晚期的文饰。在施黑彩之前，先涂一层暗棕色衣，也是马厂期的特征①。至于彩陶残片，1.11 一片，也是暗棕色衣上绘黑彩鱼网纹，似属于器颈。1.10 和 1.9 两片（图版 3），在颈部和肩部之间绘有红线一道，上下衬以黑线；但是这些黑线边缘不作锯齿状，与半山期的"丧纹"稍异，巴尔姆格伦称之为"马厂三道线"②，并且表面平整而不磨光，也是马厂期的特征。1.12 系颈部残片，口缘部外侈。外表面是一层色衣，但已大部分剥落，未见黑彩痕迹；至于内表面则未施色衣，近口唇处有棕黑色横线一道。至于平素无彩的陶器，因为安特生未曾发表马厂期的素陶，无从作比较。1.3 是小口"扑满形"的罐子，形状特殊。1.4 为侈口陶碗；这种形状很是常见，和半山及马厂彩陶器形第一式（P. S：1；M. C：1），形状都很相近。这两件陶器都是红陶，表面粗糙；系用泥条叠捏而成，捏合痕迹很显明。1.6 为碗杯或瓶罐的底部残片，1.8 为口缘部，形态和质料都和1.1 及 1.4 相近似。1.7 残片虽无彩绘但可能是彩罐的腹部下半的无彩部分。1.5 为口缘部，陶质很粗，夹杂有多量的砂粒。口唇的外面附着一条粗阔的泥条，并压成起伏的波状（图版 3）。

总而言之，枣树沟出土的 1 件，或许时代稍早，属于半山文化的晚期；但也可能仍为马厂期的产品，保留半山期的作风。其余的各件，都很显然属于马厂期的，并且是马厂晚期的。高坪的地势很高，未见灰层，遗物有颇完整的陶器，可见是墓葬的所在。这些陶器都是做随葬品用的。

（二）中山林

地在兰州城南皋兰山麓，遗址是在残余的第一台地上。未见灰土层，所得陶片，都是地面上拣拾到的，共计 27 片。以齐家式的陶片为

---

① Palmgren, 1934, pp. 104 - 105, p. 109, pp. 113 - 114; Pl. XXVIII, 8; Pl. XLT, 3.
② Palmgren, 1934, p. 111.

最多，尤其是细泥红陶，即比林－阿尔提所谓齐家第一类陶系（CC.I），共 19 片，编号为 K.S.2.5～2.23。至于属于第二陶系（CC.Ⅱ）的绳纹粗陶，仅有四片，即 K.S.2.24～2.27。齐家式第一陶系的陶片（图版 3，2.6、2.7），常带有柳条篮纹，2.7～2.13；有时带有方格纹，2.6。至于器形，2.5 大概是比林－阿尔提所谓"齐家第六式"两耳罐的耳部。2.6～2.13 几片柳条篮纹的残片是"齐家第一式"陶罐。2.14～2.16 是外侈的口部，属于"齐家第三式"陶碗。其余过于残碎，无法复原。绳纹粗陶中 2.24～2.25；二片陶质夹砂颇多，陶色灰褐，是近于比林－阿尔提的齐家期第二陶系 b 类；2.26～2.27 陶色砖红，虽夹在少量细砂及石灰粒，质较细致，属于第二陶系 2 类[1]。像齐家坪一样，这遗址也出了少量的半山式彩陶。仅出两片，其中一片 2.2 作灰棕色，上绘黑彩宽条，另一片 2.1 陶色砖红，有黑彩平行线五道，第一道为宽线或许为锯齿纹的残迹，次四道为细线，再下为红线及黑褐线各一道，后者大概是由红黑两种颜料调和后涂上的。再下为一排黑彩三角形，并列成锯齿形（图版 3，2.1、2.2）。安特生所得的半山式陶罐，便有和这件 2.1 花纹相同的[2]。此外尚有白陶二片，其中一片 2.3 质颇细致，表面平滑，通体白色（图版 3，2.3）；另片是夹砂的粗陶，内表面平整，外表面粗糙，且被烟熏成灰黑，但肉壁和内表面仍保持白色。裴文中氏在兰州西果园及临洮皇后沟田家嘴二处，也曾获得白陶片，是和彩陶在同一处采得的；据云："色灰白，质粗，有光面者，但多为绳纹者。"[3] 中山林遗址，似属于齐家文化，混入马家窑期彩陶。

（三）太平沟

这遗址在黄河南岸的突出的第二台地上（图 3；图版 1，1）。其

---

① Bylin-Althin, 1946, pp. 388－400.

② 例如 Palmgren, 1934, Pl. XXXIV, 6；Pl. XXXV, 3 的肩部花纹。

③ 裴文中等，1948，报告之四，第 2 页。

中 A 和 B 两址相距不远，仅百余米。其暴露于外的侧壁，很清楚地显示出地下文化层包含的情形。自地面至下达半米处为表面扰土，夹杂有史前遗物；这层之下有灰土及红烧土，包含遗物颇多，是当时的居住遗址；再下便是原始的黄土层，并无遗物出土（图 4；图版 1，2）。这二址出土的古物，大致相同。所异者为 B 址有带红黑彩"丧纹"的碎片十余片，占出土陶片总数的十分之三，而 A 址并无一片。但细察之，B 址所出的这十几片似属于一个大罐的碎片；A 址的未曾发现，或出于偶然，并不足以表示二址应分属两个时代或同时代的两种不同文化。就全部遗物观之，两遗址实属于同一文化，所以合并在一起讨论。

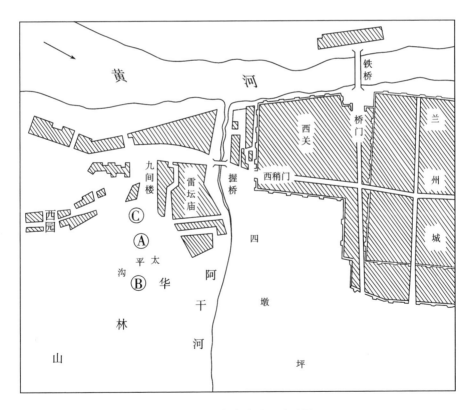

图 3 太平沟遗址附近地形图

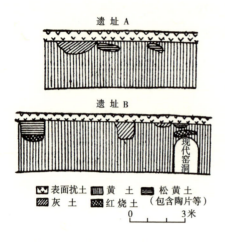

遗址 A

遗址 B

现代窑洞

◤◣表面扰土　▥黄　土　▤松黄土
▨灰　土　▦红烧土　（包含陶片等）

0　　　　　3米

图4　兰州太平沟遗址
暴露于外的侧壁剖面图

先就陶器而论，太平沟 A 址共采得陶片 58 片；其中 52 片，即 91% 以上，是马家窑式的陶片，重要的是下列二类：①第一类是细泥红陶，共 31 片（图版 4，b，1、2、5、6、13、20、22、23）。陶色为砖红或橙黄，外表面多磨光，陶质细匀；但也有几片夹杂有少量细砂，表面抹平而不磨光，如 A16～A31。器形可复原者为大口钵（A4～A6），卷唇盆（A1～A3），两耳瓶罐（A23）；所见到的底部都是平坦的（A27～A29）。耳部有附加波形凸饰的，如 A23。器身外表多绘黑彩，大口器连内表面也多绘彩，如 A1～A2。这种质料的陶片，无彩的仅 8 片，除 A24 为口缘部外，其余 7 片当为彩陶器无彩部分的残片，如底部或腹部近底处。花纹以宽线条的平行弧线为主，例如 A1、A13 等；也有相交的弧线如 A7，A12。此外尚有弧线三角形内含空白圆圈（如 A20、A22），两粗线条内夹方格纹（A1），粗圆点（A21）。大口陶钵的外表面多沿口缘作垂幛纹（A4～A6）；卷唇盆内表面沿口缘下垂一排三角形，状如锯齿（A1）。②第二类是夹砂绳纹粗陶，共 21 片（图版 4，b，32、42）。陶色砖红或橙黄，但亦有被烟炱熏成棕色或灰黑色者。陶土中夹杂有粗砂粒。器形多为大罐，供炊煮之用。口部外侈（A32～A34），底部平坦（A42～A45），外表面满布绳纹，惟颈部常加抹平。底部也多印上绳席纹，例如 A42～A45。器身和口缘部有时附加波形凸饰，例如 A32、A42。这两类陶系，都是马家窑期文化中所常见的。这遗址又有厚唇光面细泥灰陶一片（图版 4，b，A56）和寺洼山 B 址的马家窑期文化层中所出土的 B18、B31 两片，在陶质，制法及形状各方面都很相似，当为同一文化的产物①。此外尚有灰色细泥陶 4 片；其中 3 片 A53 ~ A55，外表面有绳纹，另一片 A57 为底部，表面平素无纹。这 4 片都是陶质坚致，作青灰色，和安阳小屯殷代灰陶，及周汉各代的灰陶性质相同，或许是混进去的后世遗物。又有彩陶一片 A58，陶质较上述的彩陶片为粗，夹杂砂粒；陶色砖红，但表面涂上一层淡红色衣，外表面及绘彩都是粗糙不光亮，花纹则外表面为平行横线，内表面沿口缘有三角形一排。这片彩陶，就它的陶质，色衣及花纹等而论，和上文所述的高坪所出土的马厂期彩陶相类似；大概是两耳罐的口部残片，原状或和安特生所得的马厂期陶罐 K5321 相近②。又陶制残环一件 A59，剖面扁平，内凸外凹，外径约 50 毫米，剖面大小为 7 × 16 毫米。马家窑出土的陶环，也有和这件相类似的③。

太平沟 B 址出土的陶片，共采取 65 片；其中 92% 以上是属于马家窑或半山式的，尤以第一类细泥红陶为最多，共 56 片，占全数的 86%。这一类陶片的土质颇细匀，陶色砖红或橙黄，有几片曾被烟熏成灰色。巴尔姆格伦说：半山期彩陶罐的腹部，常是上半磨光绘彩，下半虽抹平而不磨光，接近底部处平素无彩④。我们这次所采的细泥红陶片，不论是否有彩，曾否磨光，大概都是属于同一陶系的。就形制而论，有低颈大陶罐 B1 ~ B19，B42 ~ B53，卷唇盆口 B20 ~ B21，大口钵 B22 ~ B23，和长颈瓶 B24 ~ B26。又有耳部一残片 B27，大概是属于瓶罐类的。所得到的底部都是平坦的，B53 ~ B54。花纹方面，大陶罐上所绘的，似属于比林 - 阿尔提所谓半山第十一类的花纹（Dècor 11P），以黑红两彩相间的螺旋纹为主，四个螺旋纹水平排列于腹部上半，螺旋

---

① 夏鼐：《临洮寺洼山发掘记》，见《中国考古学报》第 4 册（1949），第 131 ~ 132 页。

② Andersson，1943，Pl. 115，K 5321.

③ Andersson，1943，Pl. 47，6.

④ Palmgren，1934，pp. 2 - 3.

中心的空白圆圈内绘方格纹，颈腹相交处为一道红色横线，腹部最广处下面有黑色横线一道，附以垂幛纹一列（见图5、图6；图版5，a，B1、B3~B4、B13）。全器的花纹大概和安特生在半山所得的 K5140 相似，仅颈部花纹不同；他那件是十字纹，我们这件是波浪纹[①]。这陶罐的花纹中主要的元素，是他所谓"丧纹"（Death Pattern），普通由三条线组成，外边两条系黑彩，两线的内缘作锯齿状突出彼此相对，中间画一道红色带。他以为这种花纹专限于殉葬陶器上，所以取名丧纹。但是马家窑居住遗址中也曾出土几片，他因其数量过少，认为是在居住遗址中制作随葬陶罐时偶尔失手打碎所留的残片，并不是日用陶器[②]。这解释颇觉有点牵强。现在我们在这居住遗址又发现这一类花纹，殊值得注意。此外其他花纹，多是马家窑式彩陶上所常见的（图版5，a，B2、B22~B24、B26~B29），例如平行粗线条，B20、B25、B37；垂幛纹，B22~B23；方格纹，B29、B34；波浪纹，B28。比较特殊的是 B24，外表面是平行着几行三角形，尖端向上；内表面口唇上一道红带，下垂一排黑彩小三角形，类端向下，成锯齿状；下面又是一道红色横线，再下为黑彩垂幛纹。除了细泥红陶以外，尚有夹砂粗陶4片，也是马家窑期遗址中所常见的。陶色棕红或橙黄，但亦有被烟炱熏成棕灰色或黑色的。外表面很粗糙，有2片的外表面印有绳纹，B59~B60（图版5，a，B60）。刻纹的陶片仅有1件，现留的部分刻画一直线，和三道弧线斜交（图版5，a，B61）。这片的时代尚成问题。B62 一片，陶色砖红，外表面的颜色稍浅淡，成橙黄色；外表面印有篮纹。这片的陶质和文饰，都和齐家文化的篮纹陶相似。青海罗汉堂彩陶遗址中也夹杂有少许这种齐家式的篮纹陶[③]。B63~B65 这3片是细泥灰陶残片，外表面或有细绳纹，或涂黑磨光，时代似乎颇晚，或许是混入的。

---

① Palmgren, 1934, Pl. XⅡ. 1, K 5140.

② Aandersson, 1943, p. 98, p. 139.

③ Bylin-Althin, 1946, p. 436, Pls. 25 – 1626.

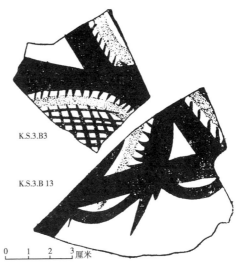

K.S.3.B3

K.S.3.B 13

0 1 2 3 4 5 6 厘米　　　　K.S.3.B1.

图5　太平沟 B 址出土的彩陶片

0　　1　　2　　3厘米

图6　太平沟 B 址出土的彩陶片

这 A 和 B 两遗址所出的打制石器，颇可注意。A 遗址所出的石器计有下列各件（图7；图版4，a）：磨制工致的小石锛 1 件，A60；长仅 3.9 厘米，刃部侧面不对称。这件和安特生在半山所得的小石锛相似；据安云：沿长城一带的宣化、张北和承德，也有这一类的小石锛出土[①]。但都比较我们所得的这一件为较大。A 址所出的其余石器都是打制的。其中 A61 和 A63 两件都是用石砾打制而成。A61 作圆盘形，直径78，厚25 毫米；两扁平面都是平滑的，一为石砾原来的表面，一为打制后磨平的。周缘都加打制，使成薄刃，但未加琢磨。罗汉堂彩陶遗址和齐家坪的齐家期遗址中，都曾出有相类的一件[②]。A63 作半圆形，两扁平面之一是仍旧保留石砾原来的光滑面，另一扁平面显示打制痕迹，未经磨平。边缘沿弧线的一边都曾打制成薄刃，但是弦线的一边，曾加磨平。这和上述的 A61，大致相同，似乎便是圆盘石残碎后将断处

①　Andersson，1943，p. 51，p. 122；Pl. 11，1－6；Pl. 68，2.
②　Andersson，1943，p. 85，Pl. 40，3；又 Bylin-Althin，1946，p. 451，p. 478，Pl. 19，7.

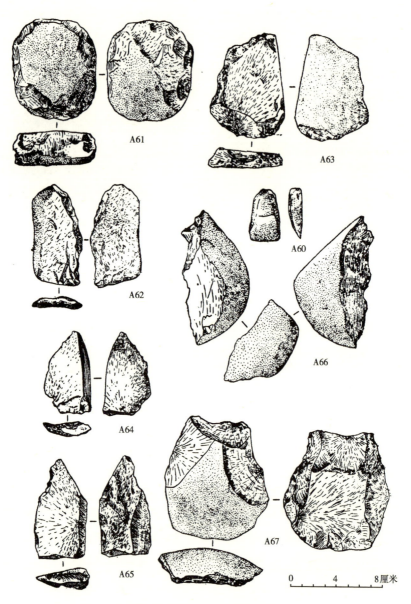

图7　太平沟A址出土的石器

稍加磨制而成。A62 为石片所制成的刀，略作长方形，大小为 45×80 毫米，刃部在宽边，一面是石砾原来的光滑面，另一面稍加磨光，便成薄刃。刀背曾经打制过成阶级状。这种长方形的石刀，也是甘肃史前时代遗址中所常见的，但一般较这件为工致[①]。A64～A67 都是由石砾或石片打制而成，器形及制法都很简陋，有类于旧石器。A64～65 是由石片制成的刀子，略作等边三角形；相对称的两边，一为刃部，稍经修整打制，一为刀背，仍保留石砾的原来滑面。A66～A67 为敲砟器，器形粗重，都是重量在 300 克左右。A66 由一块大石砾打制而成，未加磨琢。器形略作半月形，刃部较平直，长 105 毫米；侧面对称；和刃部相对的一边，仍保留石砾原来的状态，厚达 47 毫米，这件颇和新疆哈密三道岭子细石器文化遗址所出的一件相似[②]。A67 较为扁平，厚仅 25 毫米，是以一片由大石砾打击下来的大石片制成的。扁平的两面中，一面仍保留石砾的光滑面，仅打击石片三片，使边缘减薄且变平直，另一面显示从石核打下时的打击痕，未加琢磨，仅于边缘又打去小片多片。此外尚有斑岩石片一，A68 略作圆盘形，似为制器时打击去的废石片，不是实用的器具；扁平的两面中的一面仍留石砾光滑面，另一面显打击痕。

太平沟 B 址出土的石器，也和 A 址的相似（图 8；图版 4，a）。B66 是椭圆形石刀的残件，系由石砾打下的石片制成。这种石刀在罗汉堂和齐家坪都曾有出土[③]。B67 是一件敲刮器，和 A66 相似，惟形稍小，并且几乎全部曾经打制过。厚 40，刃部长 91 毫米。B68 是石核，曾经敲击去几片做石器。B69 似为石凿，略作梯形，刃部在最短的一边，刃阔 28 毫米；粗端仍保留石砾的光滑面，厚 15 毫米。B70 是一略作肾形的石砾，一边有敲琢过的细点痕，曾作石锤之用。这些石器在 A 和 B 两个遗址中，都是和陶片木炭屑等在同一文化层中出土，是属于同一文化，毫无疑问。其中有几件（A64～A67、B67～B69），形如旧

① Andersson, 1943, pp. 223－234, Pls. 163－164.
② 杨锺健、德日进，1932，Fig. 11。
③ Andersson, 1943, p.85, p.223, p.1, p.40, p.12；Bylin-Althin, 1946, p.416, p.452, p.478, Pl. 19, 1.

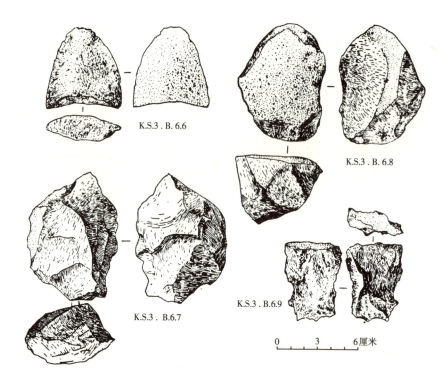

K.S.3 . B.6.6

K.S.3 . B.6.8

K.S.3 . B.6.7

K.S.3 . B.6.9

0   3   6厘米

图8　太平沟 B 址出土的打制石器

石器，颇可注意。杨锺健、裴文中二氏，在河南渑池仰韶村的彩陶文化层中，除了磨制石器之外，也曾发现过相类似的很原始的打制石器。他们以为当时仰韶期的人也许仍旧使用这种打制石器；另一可能为遗址附近有旧石器的遗物，偶尔混进仰韶文化层中①。热河林西的新石器文化遗址，以打制（琢制）为主，但也有磨制石斧②。裴文中氏于兰州十里店师院附近发现一甚薄之灰层，"内有红色陶片及巨大之打击石器。此种石器为最特殊之产物，约皆为黑红色石英岩砾石所制，多由一边或两

① 杨锺健、裴文中，1934，p. 300，Fig. 1。
② 梁思永：《热河查不干庙林西双井、赤峰等处所采集之新石器时代石器与陶片》，见《田野考古报告》（即《中国考古学报》）第 1 册（1936），第 56 页，（现已收入《梁思永考古论文集》——编者）。

边打击之，可为敲砸之用，与我国各旧石器时代所发现者，无何区别"①。我们虽未见原物或其图片照相，但根据他的描写，似和我们这里所得到的 A66 ~ A67、B67，大致相同。由于我们这次的发现，更可证明这些巨大的打击石器，在某一些文化中，确是和陶器及磨制石器，同时所制造和被使用的。

关于骨器方面，太平沟 A 址，曾出骨钻或骨尖共 5 件（图版 4，b，A69 ~ A73）。A69 一件，长 67，宽 13 毫米，一端尖锐，一端平钝，和罗汉堂及齐家坪所出的骨钻相似。② A70 ~ A71 两件较短而宽，长度仅 41 ~ 44 毫米，宽度却有 17 毫米。至于 A72 ~ A73 两件，是小动物的长骨制成的，厚仅 1 毫米，宽度为 8 ~ 9 毫米。遗址 B 所出土的骨制尖器，一共两件 B71 ~ B72，形状较巨大。B71 长阔为 80×38，厚 11 毫米。B72 系一扁平的骨片，长宽为 105×24，厚仅 3 毫米。这 7 件骨器都没有被使用磨光的痕迹；也许有些（例如 A72 ~ A73，B72），是兽类长骨被敲碎以取食骨髓所成的残片，偶尔产生尖端，类似骨器而已。此外尚有食余所弃置的兽骨，也是和陶片，炭烬，石器等一同出土。其中可认辨的有牛距骨、牛跟骨、猪肩骨等，即 A74 ~ A79，B73 ~ B74。

太平沟 C 址，是在 A 址的北面，相距约百余米。遗址是在这台地的东北末端，断崖侧壁露出文化层。在这文化层中，我们找出柳条篮纹细泥红陶 4 片（仅收取一片，即 C4），及夹砂粗陶钮状耳把 1 件，C3。又在地面拣得彩陶 2 片，C1 ~ C2，管状壶嘴 1 件，C5。壶嘴陶色粉红，管身细长微曲，当为近代的东西。其余几件（图版 5，a，C1 ~ C4），表示这遗址是马家窑式彩陶文化和篮纹陶的齐家式文化的混合，和 B 址的情形，颇有点相似。不过，B 址 65 片中仅有篮纹陶 1 片，这 C 址却是以篮纹陶为主。至于钮状耳把，作钮状突起，稍向下曲，末端稍尖，

---

① 裴文中等，1948，报告之四，第 1 页。
② Bylin-Althin，1946，Pl. 16，13 – 20；Pl. 53，23 – 24.

C3。这种耳把，也见于罗汉堂及朱家寨两遗址。在那两遗址中，也是彩陶和篮纹陶混合着①。

（四）十里店

十里店师院礼堂旁土岗上的遗址，是在第一台地上。这遗址曾由何乐夫氏加以开掘，所获甚多，但尚未有详细报告发表。承何氏以所采标本见示，并承引导调查，当于遗址地面上又拣拾得陶片 11 片（图版 5，b，4.1、4.6、4.10、4.11）。当时未曾见有灰层。因为已经开掘过，所以残留的遗物已很少。这 11 片都是小碎片，最大的也不过 35×55 毫米大小，所以器形无法复原。陶片可分为细泥红陶及夹砂粗陶二种，陶色都是砖红色。第一种是半山马厂式的彩陶，9 片中仅有 1 片平素无彩，大概也是彩陶的无彩部分。4.1 是罐类的颈部，在颈和肩部相交处有一道紫红色横线，上下夹以黑线。据巴尔姆格伦的研究，在半山期中，这种花纹的黑线旁缘大多作锯齿纹，尖端朝向红线。到了马厂时，这种黑线常是平滑无锯齿，初时黑红两线尚稍隔离，后期的花纹，红黑两线紧挨着，不留空隙②。我们这标本是属于马厂期的。4.2、4.6、4.7 三片的红黑彩花纹也是这样的。又各片外表面抹平而不磨光，也近于马厂期。因为碎片过小，加以有几片暴露于地面上日久，外表皮蚀剥，花纹已不清楚。除了红黑彩的粗带外，只有一片为细条平行线，较为清楚。至于夹砂的两片粗陶，其中一片有波浪状凸饰（4.10），一片外表面有细绳纹，并有烟台熏黑的痕迹（4.11）。这些夹砂粗陶，也是半山马厂期所常见的。

师院修盖礼堂时，曾于土中发现墓葬，得有完整彩陶罐数件及人骨等，现由何乐夫保管研究，尚未发表。陶面有红色陶衣，上绘黑彩，和

---

① Bylin-Althin, 1946, p. 440, Pl. 34, 7; Andersson, 1945, p. 47, Pl. 12, 18.
② Palmgren, 1934, p. 48, pp. 110–111.

我们在高坪上所得的相似（K.S.1.2，1.11）。这种带红陶衣的陶片，也是马厂期的特征。可见这遗址是属马厂期。

（五）西果园土门后山等处

兰州西南的西果园附近，一共有六个史前遗址；其中曹家嘴和青岗岔二址，因为所采集的遗物较多，所以留在下面另立专节加以叙述。其余四址是：①土门后山；②西果园南公路西侧；③废堡附近；④下土主庙背后。这四处虽不相连接，但相距都不很远，现在归并作一节在这里叙述。又由西果园向北经方家坪、牟家坪、王家坪，至十五里铺调查所得的，也附述于这一节中。

土门后山在西北技专校舍的西面。山脚有一座土门，进门后西上山坡，便到一个稍平坦的台地。这似乎是第二台地。现下开辟作梯田。地面上散布着一些碎陶片，但未见灰层。这处是何乐夫氏所发现；何氏曾采集到陶片和石器。我们这一次捡拾得13片彩陶，都是半山式的细泥红陶，外表面除5.10一片外都曾磨光。各片绘有黑彩，其中7片且间以红彩。所绘的花纹，5.2一片是典型的"丧纹"，相对的二道黑彩锯齿纹，中间夹一道红色线条。其他花纹，有平行粗带，常红黑彩相间（5.5～5.6、5.8、5.10），黑彩平行细线（5.12二片），斜方格纹（5.1、5.3～5.4、5.11），黑彩锯齿纹二道，齿尖交错相对，露出原色的波折纹（5.1、5.9）。至于器形，因为残片过小，无法复原，大概是属于罐类。这遗址或许是破坏过的墓地，时代是半山或马家窑期的（图版5，b，5.2、5.9、5.11、5.12）。

西果园南的遗址，是在公路的两侧。由西果园沿洮兰公路南行，越孙罗沟后，路西的侧壁露有灰层，厚约3厘米，高出路面约1米余。压在灰层的上面有厚约20～40厘米的黄土，似乎是斜坡高处的土被冲刷下来所堆积成的。这似乎是残余的第一台地。我们在这里仅采取了6片残陶。其中4片是半山式的绘彩细泥红陶片。所绘的花纹

为粗圆点（似在三角形的中心，见图版 5，b，5.13），粗弧线
（5.14），和方格纹（5.15 似填塞于大圆圈中），和平行黑线条上加一
粗红线条（5.16）。最后一片似属于大口器，外表面粗糙无彩，内表
面磨光绘彩。此外两片细泥灰陶，外表面有绳纹，陶色青灰，是所谓
"汉式"的。裴文中氏于 1947 年秋，也曾到这里来采集，据云，除了
绘有黑彩的细泥红陶及汉式的绳纹灰陶以外，尚采有白色陶片，"色
灰白，质粗，有光面者，但多为绳纹"。此外尚有"红色绳纹及光面
陶片，为各地习见之物"。又云，汉式绳纹灰陶"与含彩陶之地层，
似无何分界之处"[1]。我以为这文化层不是原来的堆积，是由高处移来
的重行堆积，所以不同时代的陶片混在一起；其中较早期的遗物是属于
马家窑期的。

西北技专校舍的东北，有一小庙，名下土主庙，正在西果园镇上市
街的西面。庙是在第一台地上，高出街市的路面数米。我们在庙的背
后，捡得陶片 5 件，石刀 1 件。这些遗物都是在地面上，我们未曾获见
灰层。陶片中 5.19 是绘彩细泥红陶，外表
面抹平而不磨光，绘黑彩宽带一条。细泥
无彩红陶 2 片，5.20~21，都有柳条篮纹；
其中一片适在肩折处，肩部以上抹光，不
留篮纹痕迹。5.22 为淡棕色夹砂陶片，系
口缘部，唇沿向外隆起有显著的棱脊；唇
下有一道低凸的直泥条，下缘压成链索状
凸饰。颈部以下有绳纹。5.23 为微夹砂粒
的绳纹陶片，内外表面呈灰色，肉壁棕褐
（图版 5，b，5.21~5.23）。石刀残片
（5.24，见图 9；图版 5，b）作长方形，

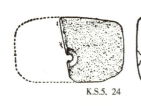

K.S.5. 24

0 1 2 3 4 厘米   K.S.6. 53

**图9 西果园和曹家嘴
所出石刀**

---

① 裴文中等，1948，报告之四，第 2~3 页。

当着中央钻孔处断折，仅剩一半；现存部分长 55 毫米，原长当在 100
毫米左右。刃部在长边，中央所钻的孔，作滴漏状，外大内小，孔眼最
小处直径 4 毫米。这遗址的性质，和上面所说的中山林（K. S. 2.）相
似，以齐家式柳条篮纹的细泥红陶为主。至于那片口缘下有链索凸饰的
棕色夹砂陶及长方形带孔石刀，齐家坪也有相似的标本出土[1]。此外尚
夹杂有棕灰色绳纹陶及少量彩陶片。

　　西果园的废堡，是在下土主庙的西边，仅相隔一道小沟。在堡的北
边及西边，地面上拣拾到彩陶、灰陶环和石器残片，但未见灰层。彩陶
是马家窑式的细泥红陶，外表面磨光，绘有黑彩。5.25 是碗类大口器，
外表面花纹是横平行线八道，内表面平素无纹。6.26 ~ 6.29 器形不明，
大约是罐类。花纹有下列各种：两道黑宽条，锯齿交错，露显原色曲折
纹，（5.26）；黑彩弧线，（5.27）；平行线一排下接锯齿纹（图版 5，b，
5.28）；方格纹（5.28、5.29）。5.39 是灰色绳纹陶片，或许时代较晚。
陶环残片二（图版 5，b，5.31、5.32），都是灰色的，横剖面略呈三角
形，内边平坦，外边由上下两面组成一棱脊。5.31 较 5.32 为大，外径
一为 85 毫米，一为 60 毫米。马家窑遗址中石制或陶制的环也很多，其
中也有横剖面作三角形的[2]。5.33 ~ 34 都是石斧，但现均残缺。一件仅
剩刃部，侧面对称，5.34。另一件（图版 5，b，5.33）则刃部已缺失，
粗端稍平，横剖面略作长方形，二宽面磨光，二狭面凸起，粗糙未磨，
器形近于安特生所谓半山式的石斧[3]。这遗址似乎是马家窑期的。

　　由西果园往北行，在方家坪和王家坪的地面上，都曾拾到马家窑式
陶片，但很稀少，都仅各找到一片（5.39、5.42）。王家坪又有夹砂绳
纹粗红陶一片（5.40）。这两处都是在公路西边的台地上。据当地农民
说，在王家坪耕地时，常遇到这类彩陶片。但是我们在地面拣寻，未能

① Bylin-Althin, 1946, p. 398, p. 478；Pl. 7, 10；Pl. 19, 4.

② Andersson, 1943, Pl. 47, 3.

③ Andersson, 1943, p. 48, Pls. 64 – 65.

多获。在更北的十五里铺（即萧家庄）公路东西侧壁上露有灰层，中有木炭烬和灰陶片，都是汉式的轮制带绳纹灰青陶（5.37、5.38）。在十五里铺和西果园之间的牟家坪，也发现过这类的绳纹轮制灰陶一片（5.41）。这些是史后的所谓"汉式"的灰陶，和史前的陶片不同。

（六）曹家嘴

由西果园沿公路南行 1 公里余，路西隔溪的河滩上有一村名沙滩磨。村后有台地高出河床约 50 米，成为平顶山形，便是曹家嘴。这是第二台地，即马兰台地（图版 2，1）。这台地现在做成梯田，古时似乎原为一斜坡，史前人民便住在坡上。后来改成梯田，山巅的文化层为表面土所遮盖；但是第二层梯田上方的侧壁，恰是第一层的剖面，显露出包含的遗物颇丰的灰层。这种暴露于外的灰层，因为灰土质松，易于崩落，所以第二层梯田的农耕土表面，遗物特多。我们在第二层农田上及侧壁上及侧壁灰层中，拣拾得陶片及石器颇多。卫聚贤及何乐夫二人都曾加挖掘，但未有详细报告发表。我们这一次仅拣拾已暴露于外的遗物，并未曾加以发掘。现在将已携回的遗物，描述于下：

遗物中以彩陶片为最多（6.1～6.40），有几片无彩细泥红陶，大概也是属于彩陶器的无彩部分（6.41～6.43）。此外有灰色细泥陶 2 片（6.44～6.45），夹砂绳纹粗陶 6 片（6.46～6.51），都是马家窑文化中所常见的陶片①。彩陶的质料，都是细泥红陶，外表面磨光。器形最普通的是卷唇盆（6.1～6.6）、大口钵（6.7～6.11）和瓶罐类（6.15～6.18）。器的平底部平坦（6.39）。瓶罐类的腹部常有垂直耳；耳上附有波状的凸饰一道（6.40～6.41）。花纹方面，都是单用黑彩，并未见有间以红彩者。大口钵的外表面常是垂幛纹，内表面或为粗弧线，或平

---

① 夏鼐：《临洮寺洼山发掘记》，见《中国考古学报》第 4 册，第 76～78 页，见本书第二册。

素无纹（6.7、6.8、6.10）；卷唇盆的唇上常为三角形，弧线及圆点，盆的外表面多为粗弧线（6.1～6.5）。其余的花纹，例如方格纹（6.20～6.23）；螺旋纹（6.24）；以弧线为边的三角形（6.16）；两排黑彩锯齿纹中间露出原色的曲折波纹（6.12）；圆圈中央填以粗圆点（6.25）；波浪纹空隙处填以圆点（6.24）；并立的小三角形排成锯齿纹（6.27）；平行线（6.34）；大多是马家窑期彩陶中所常见的（图版6，a，1、12、15、16、22、40）。细泥灰陶较少，仅得2片；其中1片（6.44），为厚唇大体钵，外表面磨光，陶质和器形，都是和我们在太平沟A址所得的一片（K. S. 3. A56）及寺洼山B址出土的S. W. B18和B31两片，很相类似；后二处也都是由马家窑期的文化层中出土。另一片则为卷唇盆（图版6，a，6.45）。此外有夹砂绳纹粗陶6片，6.46～6.51（图版6，a，46、48～50）和陶环残件一（图版6，a，6.52），也都是马家窑期遗存中所常见的。至于石器，一共拣得4件。其中两件为椭圆形石刀（6.53、6.54），二者大小相近似，一件两侧（即两窄边）带有缺口（6.53，见图9；图版6，a）；另一件为残片，仅余一半，窄边无缺口，或为未完成的石刀。寺洼山和灰嘴也有这种两侧具有缺口的椭圆形石刀；又罗汉堂遗址也有这一种石刀[①]。残石斧一件，系磨制，剖面作椭圆形（6.55）。石钻一件系打制而成，长63毫米，上宽下狭，宽度为39～18毫米，刃部在狭边，正面作凸出的圆弧形，（图版6，a，6.56）。这遗址显然是马家窑期的居住遗址。遗物颇丰富，殊值得再加发掘。

（七）青岗岔

这遗址在曹家嘴的南面，与后者隔一深沟；也是在第二台地上，离河面约50米。这台地现在做成梯田。我们在第二层梯田的地面上及侧壁的灰层中，拣拾得些陶片和石器（图版2，2）。据当地人说：其地曾

[①] Andersson，1943，Pl. 163，2；Pl. 163，5. 又 Bylin-Althin，1946，Pl. 52，11；Pl. 52，15.

掘出完整的彩陶罐。裴文中氏也曾于青岗岔附近发现一遗址，据云：
"西果园之南，青岗岔之西，沟之西面，有第一及第二台地。第一台地
有灰层，吾人曾由此灰层中，采得陶环及陶片等物。陶片多为红色绳纹
及篮纹之无彩陶。第二台地之上，则陶片颇多，内有红色绳纹篮纹及光
面陶，彩陶亦多，除无陶衣外，其纹饰颇似十里店者，或同为仰韶期之
葬地也。"[①] 我们这次所得的，未见有篮纹陶，其彩陶片又属于马厂期
而非仰韶期，不知道与裴氏所发现的，是否为同一地点。

我们所得的陶片，以细泥红陶为最多，计24片，几乎都是彩陶，
仅一片无彩，大概也是彩陶器的无彩部分（7.1～7.24）。这些彩陶是
属于马厂期，陶质较粗，外表面多粗糙不磨光（7.1～7.6，7.10～
7.14）；有些虽是外表面磨光，但是先涂上一层红棕色陶衣，然后绘上
黑彩（7.16～7.24），和上面所说的高坪上出土的陶器 K.S.1.2 相同。
彩陶的器形，就可大略复原的而论，多为罐类。这种罐子有垂直的耳把
二，由口唇部以达肩部（7.1），或在腹部的两侧（7.7）。前者的全形，
当和马厂器形第十四式（M.C. XIV）相近；后者则与第八式及第九式
（M.C. VIII～IX）相近似。器的颈部或向内缩进，口缘部向外撇，如
7.1～7.3；或周壁平直，口缘部和颈部界线不明，如7.4～7.5；后者或
许是长颈罐的口颈部残片。至于花纹方面，无色衣者多绘有黑红两纹
（图版6，b，1、4、6、14）。颈部缩进的罐子，颈肩相接处常有红色横
线一道，红线的下面接以黑彩锯齿纹一道（7.1～7.3，7.6），是安特
生所谓"丧纹"的半体。两片腹部残片（7.10、7.14），也有这种半体
的丧纹。颈部平直的罐子，唇沿上有一道红色横线，其下为黑彩斜交方
格纹（7.4、7.5）。这种方格纹也见于腹部或肩部的残片（7.6、
7.14）。此外尚有斜交十字纹（7.2）；两道宽横带中夹一排拖垂幛纹
（7.8）；大方格中填塞平行线（7.9）。口缘部内表面的花纹，较复杂为

---

① 裴文中等，1948，报告之四，第3页。

7.1一件，沿着口唇下垂一排黑彩平等地短线，接以红色横线一道，再下为黑色垂幛纹。这是马厂式口缘内面花纹第六式[1]。或省去口缘下的平行垂直短线（7.5）；或于口唇下横列一排小三角形，成锯齿状（7.6）。至于耳把部，也绘以红黑两彩，其花纹系中间绘一道垂直红彩，两旁斜置黑彩平行线各一排，相交拼成一排人字形（7.1）。涂有棕色陶衣的各片（7.16~7.24），似为一器的碎片（图版6，b，16~18、20）。复原后的器形，或与高坪上出土的双耳彩陶罐，K.S.1.2相近。颈部的花纹也作鱼网纹，是马厂期花纹中很普通的一种（7.18）。颈部和肩部相接处，是一条黑彩宽带，中间露出一排棕色陶衣的大圆点（7.16）；马厂期陶罐中，也有这种花纹[2]。肩部至腹部的主要花纹是两粗折曲波浪纹，角尖上下相对；中间有一垂直线，和两旁下垂的波纹两翼相合，颇似帐幕形（图版6，b，16~17）。

除彩陶外，尚有红粗陶三片，白陶灰陶各一片（图版6，b，26~29）。后者系细泥灰陶，外表面有绳纹，时代似稍晚（7.29）。白陶作灰白色，质颇细，残片系口缘部，唇沿下有一排链形凸饰（7.28）。这种白陶片，在中山林也曾发现过二片，即K.S.2.3~2.4。棕红色的夹砂粗陶，其中一片为底部，外表面粗糙（7.25）；另一片系口缘部残片（7.26）。后者唇沿和腹部都有莲状凸饰；腹部的凸饰，似排成同心圆的几个半圆形；其复原后的全形当为一小口

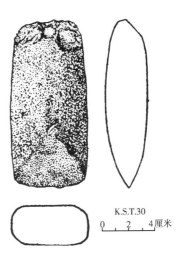

K.S.T.30

0 2 4厘米

图10　青岗岔所出的石斧

① Palmgren, 1934, p. 114, Fig. 124（type 6）.
② 例如 Palmgren, 1934, Pl. XXVII, 4 的花纹。

罐，与边家沟出土的凸饰粗罐相似①。另一片粗陶印有绳纹，周壁平直，似为桶状罐的残片（7.27）。石器仅有石斧一枚（7.30，见图10；图版6，b，30），横剖面略作长方形，刃部侧面对称，是安特生所谓半山式的石斧②。这遗址就其遗物而论，似乎是马厂期的葬地。

四 结论

兰州附近的史前遗址，自然不止于这7处。何乐夫、裴文中所报告的，便有数处是我们未曾去过的。就洮河流域调查时所得的经验而言，彼处史前遗址的分布，实较兰州附近稠密得许多。这7处遗址，仅太平沟和曹家嘴二处，灰层稍厚，颇值得发掘。高坪、青岗岔和十里店三处葬地，不知道地下尚有未被扰过的墓葬与否，也有待于发掘来决定。

因为各遗址都未加发掘，仅采拾一些暴露于外的标本，自然难作十二分决定性的结论。我们这次调查的小收获，可以说是有下列几点：①确定兰州区域有史前遗址的存在，使我们可以在史前遗址分布图的空白处，又填补几个点子。②这七个遗址，是属于齐家、马家窑（即甘肃仰韶）及马厂三种文化之一，或其混合文化。至于安特生所说的辛店、寺洼和沙井三种文化，似乎未曾传播到兰州区域。这证明甘肃的史前史，并不像安特生所说的那样单纯，有依直线演进的六个时期相接的文化。③这七遗址的性质，并不完全相同。高坪、青岗岔和十里店是马厂期的葬地；最后一处的附近也有居住遗址。中山林、太平沟C，西果园D（下土主庙后，是属于齐家文化而混入马家窑式的彩陶。太平沟A－B，西果园B－C，和曹家嘴是属于马家窑文化；太平沟A－B杂有

---

① Palmgren, 1934, Pl. XX, 11；又参看同书的 Pl. XX, 8－9。
② Andersson, 1943, p. 48.

极粗陋的打制石器，颇可注意。西果园 A（土门后山）是属于马家窑期，似为一葬地。

作者附识：这篇报告的写作经过，是先由吴良才写成关于高坪、中山林、太平沟三处的发现经过、遗址情形及所采遗物。然后由我将其余四处的，加入其中。并且将遗址地理环境和各遗址的遗存两节，全部加以整理和修改；又加上结论和附录。自 1948 年写成后，一直没有机会和吴君会面讨论过。现下虽已征得他的同意将这文联名发表，但是文中如有错误，仍由我一个人来负责。又这文写成后，始获读裴文中先生的《甘青考古调查记》（中央研究院地质研究所丛刊第 8 号，第 89 ~ 117 页，1948 年 11 月出版），其中述及 1948 年新发现的兰州市南郊龙首山史前遗址，似乎便是我们这里所说的中山林遗址的后面山上。当时因为山上是军事区，我们没有攀登上去调查。据裴先生说，龙首山遗址在海拔 1800 米的台地上，是墓地兼有灰层，出土陶器颇多，有齐家式的两耳罐，仰韶马厂式的彩陶罐（第 102 ~ 104 页）。这遗址的性质，似乎与我们中山林遗址相类似，便是都属于一种齐家文化和仰韶马厂文化的混合物。中山林未见灰层，所拣得的遗物，或许便是由山上移运过来的。

1951 年 9 月 16 日，校后附记

重要参考书目

（注释中即以著者及出版年度为其简称）

J. G. Andersson，

1943，Researches into the Prehistory of the Chinese, in BMFEA No. 15, Stockholm.

1945，The Site of Chu Chia, Chai, Hsi Ning, in BMFEA No. 17, Stockholm.

M. Bylin-Althin,

1946，The Site of Chi Chia P'ing and Lo Han T'ang in Kansu, in BMFEA No. 18, Stockholm.

N. Palmgren,

1934，Kansu Mortuary Urns of the Panshan and Machang Groups, Pal. Sin. Series D. Vol. Ⅲ, Fasc. 1. Peiping.

杨锺健、德日进,

1932，On Some Neolithic（and possibly Palaeolithic）Finds in Mongolia, Sinkiang and West China, in Bull. of Geol. Soc. of China, Vol. Ⅻ, No. 1.

杨锺健、裴文中,

1934，On a Collection of Yangshao Cultural Remains from Mienchihhsien, Honan, in B. of Geol-soc. of China, Vol. ⅩⅢ, No. 2.

何乐夫,

1947，《兰州附近古物调查》（裴文中传录本。原来发表年月及刊物未详）。

裴文中、米泰恒、王永焱,

1948，《甘肃史前考古报告初稿》（油印本），地质调查所北平分所印（现收入《裴文中史前考古学论文集》——编者）。

夏鼐,

1949，《临洮寺洼山发掘记》，见《中国考古学报》第四期，第71～137页（现收入本书本册——编者）。

采集遗物登记表

（K.S. 代表甘肃；长度皆以毫米计算）

（一）高坪出土陶器（K.S.1.）

K.S.1，1～4，陶器四件（图2；图版3）。1 为单耳陶杯。夹砂红陶，手制，外表粗糙。颈低，腹圆，底平。口部外加一泥条；耳部及体部饰以波状泥带。高90，口径85，腹径100。2 为双耳彩陶罐。橙黄色细泥陶。手制，薄唇，短颈，平底。表面平整，未经磨光。外表面涂有暗棕色衣，再绘上黑彩花纹；内表面近口唇处亦有陶衣，绘缨络纹。器高125，口径65，腹径125，底径62，厚3～5。3 为小口陶罐。夹砂红陶。以泥条圆圈叠捏而成，捏合痕显明。平底，无颈，小口。表面粗糙，口部周围有不规则画纹甚多。器高100，腹径160，底径110。4 为大口陶碗。橙黄色粗陶。圈制捏合痕甚显。平底，侧壁斜出平直，口部外侈。表面粗糙。器高 48，口径 125，腹径 98，底径 77，厚 5。

K. S. 1.5~8，无彩红陶残片。5 及 8 为口缘部，6 为底部，7 为腹部（图版 3，1.5）。

K. S. 1.9~12，彩陶残片。9 为双耳罐残片二。表面平整而不光亮。颈部为填有平行线的大方格；其下为紫红色及黑色横带各一道。耳部横绘二线。口内为含有空白锯齿纹的黑宽带。10 为颈和腹相接处，有"马厂三道纹"，其下为方格纹，表面不磨光。11~12 为口缘部残片，外表面皆有棕色陶衣；一绘黑彩鱼网纹，口内沿缘一横线，下垂平行短线；一则陶衣已大部剥落，未见黑彩，口内沿边缘黑线一道（图版 3，1.9~1.10）。

（二）中山林出土陶片（K. S. 2.）

K. S. 2.1~2，彩陶片，外表面磨光。2.1 砖红色，上绘平行线数道及锯齿纹一道。2.2 淡棕色，上绘黑彩宽带一道，其下残存黑线一道（图版 3，2.1~2.2）。

K. S. 2.3~4，白陶残片。2.3 通体白色，表面平滑。2.4 表面粗糙，质粗，含砂粒颇多。外表面被烟熏成灰黑色；但肉壁及内表面仍保持白色（图版 3，2.3）。

K. S. 2.5~23，细泥红陶残片。5 为宽耳部，无花纹，宽 34，厚 3。6~7 为肩部，肩折处以下印有花纹，其中 6 为柳条方格纹，7 为柳条篮纹。8~13 外表面皆满布柳条篮纹。14~23 则平素无纹，其中 14~16 为口部残片，唇沿较薄，稍向外侈（图版 3，2.6~2.7）。

K. S. 2.24~27，绳纹陶片。24~25 为夹砂粗陶，作灰褐色。26~27 质较细致，作砖红色。

（三）太平沟出土陶片（K. S. 3.）（A. B. C 三处均有出土）

K. S. 3.A.1~A.31，细泥红陶残片。A.1~A.3 为彩陶卷唇盆口部。A.4~A.6 为彩陶大口钵口部。A.7~A.22 皆绘有黑彩。A.23~A.31 平素无彩，但可能为彩陶器无彩部分。A.23 为耳部，A.24 为口缘部（图版 4，b，1、2、5、6、13、20、22、23）。

K. S. 3.A.32~A.52，绳纹夹砂粗陶残片（图版 4，b，32 及 42）。

K. S. 3.A.53~A.57，细泥灰陶残片。A.53~A.55 带有绳纹。56 为口缘部（图版 4，b），57 为底部。

K. S. 3.A.58，彩陶口缘部残片。陶质夹砂，表面粗糙，有色衣。绘有黑彩。

K. S. 3.A.59，灰陶环残片。剖面扁平，内凸外凹。剖面大小为 7×16。

K. S. 3.A.60~A.68，石器（图 7；图版 4，a）。A.60 为磨制小石锛，侧面不对称。长 39，宽厚 26×11。A.61~A.68 均为打制石器。A.61 为圆盘石，直径 78，厚 25。A.62 为略作长方形石刀，厚 8，大小 45×80。A.63 为半圆盘石，厚 14，大小 64×80。A.64~A.65 为略作三角形的石刀；一厚 12，大小 41×63；一厚 15，大小 42×76。A.66~A.67 为敲刮器，以石砾制成；一厚 47，大小 66×105，重 320 克；一厚 25，大小 92×94，重 280 克。A.68 为打制石器时所产生的石片，厚 14，大小 46×54。

K. S. 3. A. 69～A. 79，骨钻及兽骨。69～73为骨钻，一端尖锐（图版4，b）。74～79为家畜残骨。

K. S. 3. B. 1～B. 56，细泥红陶残片。B. 1～B. 19似为一个半山式彩陶罐的碎片，黑彩锯齿纹，间以红线条。B. 20～B. 21为彩陶卷唇盆口部；B. 22～B. 23为彩陶大口钵口部。B. 24～B. 41为彩陶残片，其中B. 24～B. 26似属瓶类，B. 24为口部，B. 25～B. 26为颈部，B. 27带有耳部半节。B. 42～B. 56平素无彩绘，但似为彩陶器的无彩部分；其中B. 42～B. 53或许与上列的B1～B. 19同属一器，为罐类的腹部下半节及底部；B. 54～B. 56较薄，似为碗钵类的残片（图版5，a，B1、B3～B. 4、B13，及B20；图5及图6，B1、B3、B13）。

K. S. 3. B. 57～B. 61，夹砂粗陶残片。B. 57～B. 60陶色棕红或橙黄，但有被烟熏黑者；其中B. 57～B. 58外表面平素粗糙，B. 59～B. 60印有绳纹。B. 61陶色淡棕，外表面划刻一直线及三弧线（图版5，a，B60～B61）。

K. S. 3. B. 62，细泥红陶，印有柳条篮纹。

K. S. 3. B. 63～B. 65，细泥灰陶残片。B. 63外表面有绳纹，B. 64外表面涂黑磨光，B. 65为底部。

K. S. 3. B. 66～B. 70，打制石器（图8；图版4，a）。B. 66为椭圆形残石刀，长58，厚阔17×56。67为敲刮器，厚40，大小68×91，重250克。68为石核，原为一砥石，打去石片数片。6为石凿，长56，粗端厚宽为15×42，刃部宽28。70为石砥，大小40×81×117，略作肾形，作石锤用，有敲琢痕。

K. S. 3. B. 71～B. 74，兽骨。B71似为尖钻。

K. S. 3. C. 1～C. 2，彩陶残片。C. 1外表面磨光，陶色外表面棕灰，内橙黄。内外面均绘黑彩。C. 2外表面绘黑彩，未磨光。肉壁灰色，表面橙横或砖红（图版5，a，C1～C2）。

K. S. 3. C. 3～C. 4，红陶残片。C. 3为夹砂粗陶，有耳把作钮状（Knot），向下斜垂。C. 4为细泥红陶，似为肩部，肩以上磨光，肩以下有垂直柳条篮纹（图版5，a，C3～C4）。

K. S. 3. C. 5，细泥淡红陶制管状嘴部；系地面拣拾得，似为近代物。

K. S. 3. 1～3. 3，细泥灰陶片。系太平沟地面上拣拾得，似为汉代物。3. 1～3. 2外表面有柳条篮纹，内表面有圆点突起的拍制痕。

（四）十里店出土陶片（K. S. 4）

K. S. 4. 1～9，细泥红陶残片。1为颈部，4为口缘部。1～8皆绘有黑彩，其中四片绘红黑二彩。9则无彩，外表面磨光，或为彩陶器的无彩部分（图版5，b，4. 1、4. 6）。

K. S. 4. 10～11，夹砂粗陶片。10有波浪纹凸饰。11外表面有绳纹（图版5，b，4. 10～4. 11）。

（五）西果园的土门后山等处出土遗物（K. S. 5）

K. S. 5. 1～12，土门后山出土的彩陶残片。细泥红陶，外表面磨光。5. 1绘红黑两彩；又黑彩宽带中露出原色曲折纹。5.2 由红黑两彩组成"丧纹"。5.3 黑彩粗弧线及方格纹。4 黑红两彩的粗带和黑彩方格纹。5～8 黑彩粗带，多间以棕红色线条。9 黑彩宽带中露原色曲折纹。10 两道黑彩平行弧线，这片外表面未磨光。11 二片，黑彩宽带及方格纹，隔以红色线条。12 二片，皆黑彩平行细线（图版 5，b，5.2、5.9、5.11～5.12）。

K. S. 5.13～18，西果园南公路侧所得陶片。13～15 黑彩光面红陶片；花纹为圆点，粗弧线和方格纹（图版 5，b，5.13）。16 为大口器碎片，外表面粗糙无彩；内表面磨光，绘黑彩平行线四道，红彩者一道。17～18 细泥轮制青灰陶，外表面有绳纹，似属汉代。

K. S. 5.19～5.24，下土主庙后所得的遗物。19 细泥红陶片，外表面抹平而不磨光，绘有黑彩宽带道。20～21 细泥红陶，外表面有柳条篮纹。22 淡棕色夹砂陶片，系口缘部，唇沿向外隆起，唇下另有一道链索状凸饰；颈以下满布绳纹。23 夹砂绳纹陶片。24 长方形石刀残片，宽厚 41×11，现长 55，刃部在长边上（图 9，5.24；图版 5，b，5.21～5.24）。

K. S. 5.25～34，西果园废堡附近所得的遗物。25～29 细泥红陶残片，外表面磨光，绘有黑彩。30 夹砂绳灰纹陶。31～32 灰陶环残片，剖面略作三角形，内侧平坦，外侧成棱脊。31 外径 60，宽厚 9×7；32 的外径 85，宽厚 12×12。33～34 石斧残件。前者已失去刃部，现长 95，宽厚 54×27。后者仅存刃部，现长 35，宽厚 48×15（图版 5，b，5.28、5.31～5.33）。

K. S. 5.35～36，西果园技专校舍后山墓葬中出土物。这墓葬的尸身卷状，似乎是原来装在木箱中。5.36 乃铁制物，锈坏不成形，似原为木箱上附着物。5.35 汉式灰陶片，外带篮纹。

K. S. 5.37～42，西果园以北各址所得的陶片。37～38 十五里铺出土，其中 37 外表面有绳纹，38 为底部，有轮制痕；二片皆青灰色，似属汉代物。39～40 王家坪出土。39 为马家窑式彩陶，外表面磨光，绘有黑彩平行线条。40 为夹砂粗陶，外表面有绳纹，陶色棕红。41 牟家坪出土。绳纹轮制青灰陶，属于汉代式。42 方家坪东出土，黑彩细泥红陶，外表面未磨光。

（六）曹家嘴出土遗物（K. S. 6.）

K. S. 6.1～43，彩陶残片。1～14 系口缘部残片，其中 1～6 为卷唇盆，7～11 为大口钵，12～14 为分类和罐类的口缘，向外侈开。15～18 似属颈部。39 系大口钵底部，内表面绘彩，外表面平素无纹。40～41 器身残片带垂直耳部，耳上有波纹凸饰。41～43 均平素无彩，但当系彩陶器的无彩部分（图版 6，a，1、12、15～16、22、40）。

K. S. 6.44～45，细泥灰陶口缘部。44 为大口钵，近唇缘处稍加厚。45 为卷唇盆（图版 6，a，45）。

K. S. 6.46～51，夹砂绳纹粗陶。陶色棕红或灰褐。46 为口缘部（图版 6，a，46）。

K. S. 6.52，灰色陶环残片。剖面略作长方形，外边稍凸，宽厚 4×7，外径 45

（图版6，a，52）。

K. S. 6. 53～56，石器。53为椭圆形石刀，系由石砾打下一片而成。刀厚12，大小53×88。刃部在长边，刀背稍加打制使钝。两狭边各有一缺口。54亦为椭圆形石刀的断片，仅剩一半，两狭边无缺口，似为未完成的制品。现长42，宽厚38×11。55为石斧残片，经磨制而成。现残存斧身一小段，长仅41。宽厚为34×17。56为石凿，系打制而成的刀片，刃端磨锐。厚8，宽长45×63（图9，6.53；图版6，a，53、56）。

（七）青岗岔出土遗物（K. S. 7.）

K. S. 7. 1～14，无陶衣的彩陶残片。1～6为口缘部，都绘有红黑两彩花纹，外表面不磨光。其中7.1带有耳部，耳上也绘有红黑花纹。2～3口缘外侈，唇部外表面有黑彩斜十字花纹，唇肩相接处有红横线，其下为锯齿纹。4～5口缘较平直，唇沿红线一道，其下为方格纹。6外表面稍磨光，沿唇部绘一红线，其下为宽边黑带突出一排锯齿纹，更下为方格纹。7～9三片外表面磨光，单绘黑彩。7带有耳部残节。8为两道宽条中夹一排垂幛纹。9为菱形中填平行线。10～14的外表面稍磨光，绘有红黑两彩花纹，似乎与7.1～6是同一类陶罐的不同部分。这五片都有所谓"丧纹"的半体，其中14还带有方格纹（图版6，b，1、4、6、14）。

K. S. 7. 15～24，带陶衣的彩陶残片。15为口缘部。外表面先涂红色陶衣，再绘上黑彩。16～24皆为残片，似为一器的碎片。外表面棕红色陶衣，再绘黑彩花纹。16～17为肩部，有帐幕状花纹，近颈处为一黑彩宽带，中露棕色陶衣的大圆点。18为口缘部，花纹似为鱼网纹。19是腹部残片，尚剩帐幕状花纹的一半。20肩部残片，花纹和7.16相同。21～23以碎片过小，不能认出花纹。24似为近底处的无彩部分（图版6，b，16～18、20）。

K. S. 7. 25～27，夹砂棕红色粗陶。25为底部，直径80。26为口缘部，唇沿及腹部有链索状凸饰，在腹部者似排成同心半圆。27印有绳纹，陶色外表面灰褐内红（图版6，b，26～27）。

K. S. 7. 28～29，其他种类陶片。28为灰白陶口缘部。唇沿下有一排链索状凸饰。29为绳纹细泥灰陶，有数处绳纹抹平，时代似稍晚（图版6，b，28～29）。

K. S. 7. 30，磨制石斧。剖面略成长方形，长135，宽厚56×29；刃部侧面对称（图10；图版6，b，30）。

1. 太平沟遗址远景

2. 太平沟 B 址近景

图版 1　甘肃兰州太平沟遗址

1. 曹家嘴遗址（村舍背后的台地上）

2. 青岗岔遗址

图版 2　甘肃兰州史前遗址

高坪出土陶器
（1.1~1.10）
中山林出土陶片
（2.1~2.7）

图版 3　甘肃兰州史前遗址出土陶器

a. 太平沟出土的石器

b. 太平沟 A 址出土的陶片及骨器

图版 4　甘肃兰州太平沟出土遗物

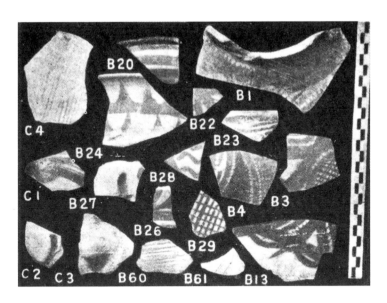

a. 太平沟 B 址及 C 址出土的陶片

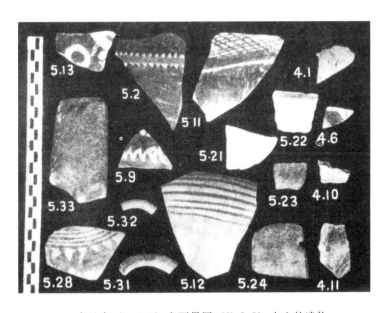

b. 十里店（K.S.4）和西果园（K.S.5）出土的遗物

图版 5　甘肃兰州史前遗址出土遗物（一）

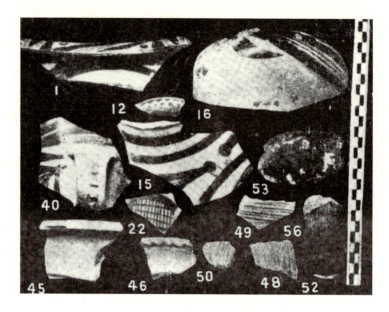

a. 曹家嘴出土的史前遗物

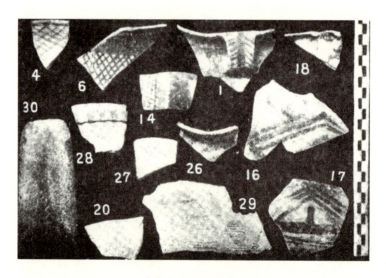

b. 青岗岔出土的史前遗物

图版6　甘肃兰州史前遗址出土遗物（二）

河南成皋广武区考古纪略[*]

　　河南省调查发掘团于 1951 年 4 月间奉命往河南省西部去考古。预定计划是偏重史前的遗址。工作以调查为主，必要时可以做小规模的发掘。工作人员是夏鼐、安志敏、王仲殊、马得志四人。4 月 15 日会齐于郑州后，便开始做调查工作。我们在郑州附近，调查了南关外废碉堡（殷商遗址），白庄（史前仰韶期遗址），凤凰台及紫荆山（周代遗址）等四处，捡拾了些陶片做标本。

　　4 月 19 日，我们转移了阵地，雇了马车赴成皋县广武镇去工作（图 1），广武镇即从前的河阴县，后与荥泽县合成广武，最近又并入汜水县，改称成皋。县治是在汜水。这区域是在黄土地带中，土壤肥沃，农产富饶。北有广武山，原是黄土台

图 1　赴广武的途中

　　* 本文原载《科学通报》第 2 卷第 7 期，1951 年，署名"考古研究所河南省调查发掘团"。

地，后来被侵蚀成高低起伏的岗陵。这丘陵地带挡住了黄河，所以没有黄河决口的灾害。史前的新石器时代，这里已是人们蕃庶的地方，遗址很多。我们抵镇后，最初做了几天的调查工作。我们调查了（1）青台、（2）平陶故城、（3）点军台、（4）秦王寨、（5）霸王城及汉王城、（6）荥阳故城、（7）敖顶（即陈沟）、（8）牛口峪、（9）池沟寨9处。其中几个故城是汉代的，其余6处都是史前遗址，地面上都有仰韶式的彩陶片，但有几处夹杂有比较晚迟文化的陶片。

30年前，瑞典人安特生发掘渑池县仰韶村遗址后，曾派人继续在河南搜集史前的古物。结果是发现了秦王寨、池沟寨和牛口峪三处遗址。安氏并未自己亲临其地，仅由他的助手去搜集些标本而已。1934年左右，河南古迹会郭宝钧先生等，曾在陈沟和青台做过发掘工作，他们所掘得的标本，未经整理，听说在日军占领开封的时期中散失了。抗战前，开封博物馆也曾派人来广武搜集标本。1948～1949年间，邑人荆三林先生曾在这一带做些调查工作，但未加发掘。这区域在中国史前文化的研究上占很重要的地位，考古研究所在1950年8月成立后开第一次所务会议时，便决定要在这里做些工作。我们受了这使命来，自然不肯轻易放过机会，所以便拣了两个地方来发掘。

一　点军台发掘

我们新发现的点军台遗址，离广武镇很近，地面上的遗物相当丰富，并且似乎是好几个时代的东西混淆在一起。问题越是错综复杂，越能引起兴趣，我们便决定先来发掘这地点。

点军台在广武镇东面约3华里许，乾隆时所修的《河阴县志》说，这是汉初"魏王豹所筑以检阅士卒者"。现在并不作高台形，只是稍为填起的小丘。最高处较周围高出4米余，向四周慢慢地降低，斜度不大。遗址的面积，如果就地面上所分布的陶片来做估计，大约南北阔

200 来米，东西长 300 多米。我们由
土岗的最高处向西掘了一道长达 30
米的深沟（图 2）。我们仔细辨认土
色，划分地层，又以各层的出土物
来勘对，绘成探沟四壁的地层图
（图 4）。遗址的发掘工作，要特别
注意划分地层。我们不能仅以古物
离地面的深度做评定时代早晚的标
准，重要的是古物所出土的地层。

图 2　点军台探沟

例如这次所遇到的汉代墓葬即第五号墓（M5）及第二号灰坑（H2），
内填土都是由耕土下直达文化层之下的生黄土。如果忽略了层次的关
系，专以离地深浅为准则，每若干公分作为一层，那一定要发生重大的
错误的。

　　点军台的地层，由地表至离地约 0.4 ~ 0.6 米处，是耕土层。这一
层中的遗物是经过翻土扰乱的。以下为第二层，厚度自 0.7 ~ 1.5 米不
等。土色灰褐，带陶片最多。陶片中绝大多数是晚期的东西，包括细把
灰陶豆，圆底绳纹灰陶罐，绳纹及宽弦纹红陶罐等（图 3）。又曾出铁
器及小铜刀。似乎属于东周时代。遗物中夹杂少量的早期陶片（包括
彩陶及黑陶），石器和蚌器，当由于下层混入。这一层又有灰坑，略作
圆形，深浅不一。浅的不过 0.5 米，
深的如 H2，达 4 米尚未到底，打破
早期墓葬和生黄土（图 5）。坑中填
土有的作深灰或灰黑色，有的仍是
黄褐土，和坑壁的土色相近似。各
坑所出遗物，也多寡不等，以陶片
为主，也有兽骨、蚌螺壳、陶纺轮
等。

图 3　点军台上层文化中的陶器

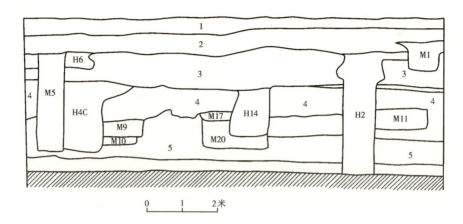

图 4　点军台探沟北壁地层图的一段

图 5　灰坑及墓葬

再下为第三层，与第二层相衔接，但界线尚清楚。在 A 段有炉灶痕迹，土色因包含很多的灰烬而变成黑色，大块的红烧土块很多，排列不成规则，似乎是扰乱过的堆积。这堆积的全部轮廓，略作圆形，东西横径约 4 米。出土的陶片以灰黑陶为主，包括龙山文化式的黑陶。又有蚌刀、蚌锯、石器、骨凿及三棱骨镞。B－C 段的第三层的土色黄褐、夹有细粒红烧土。又有时夹有一薄层的黄砂土或灰土。所出的遗物，和

A 段大致相同，没有晚期的东西，所出的陶片很多是龙山式陶，表面光亮，多为深黑色，也有灰色的。轮制痕很清楚。有些周绕器身刻上几道横纹。器形为三足斝、直筒杯、粗把短豆等。豆把上常凿有穿孔。陶片中也夹砂灰褐色绳纹粗陶，器形是平底罐及三足鬲等。此外也有方格纹陶片（图6），这层又夹有少量的仰韶文化式彩陶片（图7），又有少量的粗陶鼎足，红陶片及陶环残片，也是属于仰韶文化系统的。这一层也有灰坑，是由这里向下掘坑而后来又填塞的。坑中出土物是与平铺着的文化层中所出的相同。

图6 点军台遗址下层出土陶器

图7 广武出土的缸底白衣
黑彩陶片

第四层和第三层的分界大致清楚。第四层所出的遗物，和第三层的大致相同，仅红色陶片和比例较大。这层也有灰坑，多作袋形，上小下大，深者如 H7 达 2.6 米（坑底离地面 5.6 米）。这一层的近底部处，黄褐土色渐淡，所夹红烧土由少而无，陶片也极少。当为原来近地面的土壤。可以另称之为第五层，但是这和第四层的分界线有时不清楚，无法严格划分。再下便是生黄土了。离现在的地面约 4.6 米。

我们发现了早期墓葬达 19 座之多，都是在第四层底部及第五层。这些墓葬紧密地互相靠拢，有几座是相重叠的。头部多向西方，仰卧，

图 8　点军台第 20 号墓

两手放在腰侧。其中数墓为第四层或更晚的灰坑所打破（图 5 及图 8），知道它们的时代当较早，但是也早不了许多。墓葬填土中也出彩陶片。第 20 号墓内有殉葬品两件：头部旁边有一个刻有弦纹的陶罐，腰侧有一个页板岩所制的石环（图 8）。这两件都是在仰韶文化遗址中所常遇到的。尤其是石环及陶环，发现很多。开封博物馆在广武所搜集的，便达八百余件之多，但都是残缺不完的。这次我们竟在墓葬中获得完整的石环，并且发现在腰侧，知道大概是悬饰，不会是套在手腕或足踝上的镯环。可惜除这一墓外，其余的都没有殉葬品。

我们在点军台的工作范围虽不大，但可证明在豫西的仰韶和龙山二文化二者间关系，是和豫北不同的。在豫北的今日平原省的安阳、浚县一带，从前中央研究院在后冈、高井台子、大赍店等遗址做发掘工作，都证明在仰韶文化层之后，另有一层龙山文化，二者决不相混淆。安特生所发表的渑池仰韶村遗址的发掘品中，仰韶文化式的遗物和龙山文化式的遗物都有。当他发掘的时候，中国史前文化的研究刚开始，龙山文化还没有发现。并且安氏的划分地层，不注意土色，而以离地的深度为标准，例如 0.3 或 0.5 米为一层。虽然他坚决表示每层都有彩陶和黑陶。大家总是怀疑他把两层文化的遗物混在一起了。因为依照他的划分地层的方法，很有混淆二层文化的可能。这次我们点军台的发掘。利用正确的划分地层法，知道在豫西有一些地点在某一时期，确会产生过一种混合文化。仰韶村遗址也有属于这种混合文化的可能，但是也可能是发掘时将它们混淆了。这是一个待解决的问题，但已成为一个次要的问题。不过，如果仰韶村遗址所代表的不是纯粹的仰韶文化，这倒是一个有趣的问题。

二　青台发掘记

为了找寻可资比较研究的材料，我们在点军台工作结束后，便决定在广武镇西约 8 华里的青台村做点发掘工作。这遗址在村东的高岗上，本地人称为"庙坡"，因为从前曾有过一座大庙。遗址南临洈然河故道。最高处比河床高出 17 米，比青台村高出约 3 米。就陶片的分布来估计遗址的面积，南北 200 余米，东西约 400 米。南面临河的斜坡被做成梯田，侧壁上露出文化层，可以知道遗物的堆积颇厚，但似乎比较单纯，仅有仰韶文化，所以我们决定在这里做小规模的发掘工作。

我们先在最高处的西边，向斜坡上掘一道长达 30 米的深沟，称之为"探沟一"。这探沟的东段表面土层较厚，夹杂有近代的砖瓦碎片，大概便是村人所说的那座古庙的残余。西段在厚仅 0.2～0.3 米的耕土下便是文化层，土色黄褐，夹杂红烧土细粒和炭末，质颇坚硬。有数处有红烧土一大片，大概是炉灶或居室的遗迹。遗物有彩陶片（图 7）、完整的陶鼎和陶罐（图 9）、红陶片、灰黑或灰褐陶片以及陶环等。

第三层是草泥土，颜色青灰，夹有草茎（麦秸）的痕迹。再下几层，各段的层次土色不完全一致，有灰土、黄褐硬土、黄砂土和黄泥土。C 段第四层有一大灰坑（H1），里面所填的灰烬成了好几道厚约一公分的灰层。

图 9　青台出土的陶鼎

夹杂陶片不少，以灰黑陶为主。坑底离地面4.5米，打破了生黄土。西侧一坑，填满了大块的红烧土。最下一层文化堆积（即第六层），土色及质地和第二层相似，也是黄褐土夹着细粒红烧土，也有数处是整大片的红烧土，且有几个灰坑向下打破了生黄土（H2及H3）。这第六层所出的陶片，以红陶占最大多数，与上层以灰黑陶和灰褐陶占多数者，似稍不同。B段第六层出了几个完整的陶鼎和陶罐，并有一个完整的彩陶平底碗，口缘绘一道红彩横线，线下垂悬八字纹五处。各层都有少数彩陶片（图7），陶鼎足、残陶环、残陶片所打制成的陶刀等。但石器很少，大概由于遗址附近缺少这种原料。

由第二层起，连续出了许多墓葬，尤以第二层至第三层为最多。起初我们以为也许是遗址废弃后改成墓地。后来就地层及遗物来研究，知道除了B-C段第二层的一座为后代墓葬外，其余各墓实在是当时的墓。就地层而论，以晚期的居多。大概那时候居民便在屋旁隙地埋葬。其中瓦罐葬有16座，是用两三个陶罐及陶鼎套成的。所用的陶器，有些（如陶鼎、细泥陶罐等）和居址遗址中所出的相同，有些（如绳纹圆底粗陶罐），遗址中颇罕见。罐中所埋的都是婴孩或幼童，身旁并无殉葬品（图10、图11）。此外尚有四座成人的墓葬，头部向西，仰卧，仅一座有陶鼎做殉葬品。河南史前时代的墓葬，发现很少，这次可以补充些新材料。我们设法移取一座瓦罐葬，保存原来位置，连同坑土一起截割下来，预备运回北京做陈列之用。

这个探沟中，因为墓葬较多，破坏了遗址，所以房屋的结构不清楚。我们只在C段的第三层发现了一排六根柱子穴，每穴的直径约10厘米余。此外各文化层中也有白灰面的碎块，但未见有连接成一大整个的。后来我们在南边相距约50米处的梯田侧壁上发现了成层的白灰面，便决定在那边再开一探沟。

这"探沟二"所在的地方，地势较低，比"探沟一"相差二米。文化层较厚，相当于"探沟一"的第六层。遗物以红陶片为最多，并

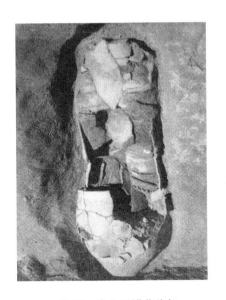

图10 青台瓦罐葬外部

图11 青台瓦罐葬内部

发现石刀、石纺轮及带孔兽牙悬饰。
白灰面有两三层相重叠者,每层白
灰面下有红烧土一薄层,并且发现
一凹穴,呈锅底形,直径约20厘米,
深约5厘米,烧成硬土,周缘突起,
比四周稍高(图12)。这凹穴用途
未详。或许是做捣臼之用,我们在
近侧发现过一个石杵。白灰面的面
积不大,阔仅一米左右,长度也仅
一米余。附近也有好几个柱子穴,
因为所掘开的范围不广,对于房屋
的结构仍未能弄清楚。小麦收割期
已到。不欲妨碍农民的生产工作,
所以告一段落后便行收工。

图12 青台史前遗址的建筑残余

青台遗址的上层的时代，是和点军台的早期墓葬相当，比点军台的居住遗址为稍早。点军台第 20 号墓所出土的殉葬陶罐，曾在青台上层文化层找到，并且有作为瓦罐的葬具的。青台遗址中没有发现过鬲腿，没有方格纹陶片，没有蚌刀和蚌锯，没有骨制的三棱箭镞，没有龙山式的黑陶器，如三足斝、直筒杯之类。但是在上层中，出土的灰黑陶颇不少，且有圈足器，或许是表示受有龙山文化的微度影响。青台下层（即第六层）的时代当更早，所出陶片以红陶为主；但是和上层是相连接的，似乎是同一文化的不同阶段。

三　结尾

广武的工作，已告一段落。我们已于 6 月 4 日收工。这几天忙着将标本装箱，一共装了 30 多箱。将这些标本箱暂安放在郑州后，预备再向西行，再做些调查和发掘的工作。这里的工作所引起的豫西仰韶文化的分期及仰韶与龙山二文化的关系的问题，还须要向西找寻线索，总能完满地解决。虽然天气已热，我们仍冒着炎暑挥汗工作。新石器时代的我们的祖先，已走上社会发展的新阶段，已知道驯养家畜和耕种田地。在对大自然的斗争过程中，已获得进一步的胜利。所以可以有很多的人口在一处作长期的聚居，成一村落。并已知道制造大量的陶器。因此，与旧石器时代比较起来，不仅遗物丰富得多，遗址的分布也稠密得多。在不同的环境和传统下，发展成不同的文化。这些文化互相影响，最后又汇流形成一个伟大的中国文化。我们希望由于我们的努力，可以对祖国文化的形成过程，能够有更明晰的了解，使大家对祖国的爱护心，更为增强。

河南渑池的史前遗址[*]

一　前言

　　河南省调查发掘团在成皋广武区的工作和收获，已于本刊第 2 卷第 7 期内报道过。我们把那区的工作结束后，便继续向西行。在洛阳停留一段时间，调查洛阳附近的古迹。1951 年 6 月 28 日，我们便乘火车到渑池县来。

　　渑池县在洛阳之西，相距约 160 华里。赵惠文王二十年蔺相如所参加的秦赵盟会，便是在这地。这地在考古学上出名的缘故，是由于城北 15 华里仰韶村的史前遗址。这是中国第一次发现的新石器时代的史前文化。依照史前考古学的惯例，我们便叫这种文化为仰韶文化。当时发现的经过是这样的：1920 年秋，中国地质调查所瑞典人安特生派遣他的助手刘长山到渑池新安一带采集化石标本。刘氏无意中发现了这个遗址，便采些石器带回去给安特生。安氏知道这遗址的重要性，便于次年（1921 年）春间亲往调查，秋间又和袁复礼先生一同前往做发掘工作。

---

　　[*] 本文原载《科学通报》第 2 卷第 9 期，1951 年署名"考古研究所河南省调查发掘团"。

发掘的初步报告于1923年即行发表，但是正式报告一直到1947年才在瑞典出版，相距他发掘的年份，快近30年了。这30年中，我国的史前研究，进步颇多。关于新石器文化方面，最重要的是"中央研究院"在山东所发现的龙山文化及在豫北（今平原省安阳一带）所发现的仰韶和龙山文化的前后关系。我在前一次报道中曾经提起过：豫北有几处遗址，在地层方面总是仰韶遗物在下层，而包容龙山遗物的一层，盖在上面，两者不相混淆。根据这些新发现来检查安氏报告中所发表的仰韶村出土的遗物，便可发现其中实包含有仰韶和龙山二种文化的遗物。这可以有两种解释：或是这地的文化原来是一种混合的文化，或是原有地层上的区别，被发掘者不小心混在一起。许多人根据豫北的经验采取后一种解释。安氏在1947年的正式报告中，详细叙述当时发掘情形。他在仰韶村所发掘的17个地点中，只有两处是做得比较仔细，将出土物的深度记下来。他仅以深度来分层。据说不论哪一层都是混合着仰韶和龙山的遗物。他希望中国做史前考古工作的人，能够在仰韶村再做一次工作，用很正确的区分地层的发掘方法来勘对他的工作。1933年左右，杨锺健、裴文中二先生曾来调查过。解放后，当地的文教机构也派人来调查采集过，但是都没有做过发掘。我们这次到仰韶村调查后，觉得确有发掘一下的需要，便以一星期的工夫做点小规模的发掘。此外又到附近调查过不召寨、杨河村、下城头等处史前遗址，并采集些标本回来。

二 仰韶村遗址发掘纪略

6月29日，我们雇车由渑池县城到仰韶村来，村在城北15华里，位于台地上面，村子的东西两侧是两道深达30～50米的深沟，叫作东沟和西沟，二者在村南约里余的地方，会合为一（图1）。沟沿显露出第三纪的红土和第四纪的黄土。村北约五六里是韶山、飞山等一系列的石灰岩的丘陵。遗址便在村子的南面（图2）。我们将近仰韶村时，

须越过山沟。上坡后便可看见路
侧所露出的文化层。灰土层中夹
杂着陶片，偶尔也有石器的残
片。地面上也散布着很多的陶
片。遗址的面积，由西南至东北
的长度达八九百米，宽度约三百
来米。文化层的厚度由 1 ~ 5 米
不等，普通都是一米半以上。并
且有许多袋形的灰坑，上小下
大。尤其是遗址的中央部分的大
路东侧，最为清楚（图3）。这
断面是在地图（即图1）上1和
2 之间；线连 160 余米。安氏曾
加摄影并且绘过断面图。现在虽

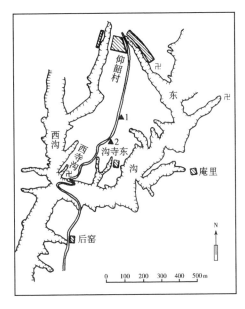

图 1　仰韶村附近地图

（依安特生图增订，有▲处即此次发掘地点）

已经过了 30 年的风雨剥蚀，但拿原图来对勘，损坏的情形并不严重。
这是一个典型的文化堆积层断面。我们决定不去动它，希望能保存下
来给后人参考。

图 2　仰韶村及其附近的溪谷

图 3　仰韶遗址所露出的灰层及灰坑

（由西向东）

　　到仰韶村后，头几天我们在仰韶遗址及其附近做调查工作。7月2日，我们雇了10名工人，在仰韶遗址的中心，打一道长20米阔2米的探沟（图1的探沟1）。这沟接近安氏所掘的第三及第五地点（Loc. Ⅲ和Ⅴ），是在大路东边的农田内。这处的文化层并不太厚，可能有墓葬和灰坑的发现。我们已接到所中来信，催促从速结束返京，所以拣选这地点以便可用很小的工夫来解决一些问题。

　　开工后不久，我们便发现了安氏所掘的旧坑，依地图应该是他的第五地点。这旧坑虽已填平了，并且填土也相当坚硬，但就土色坑形和夹杂遗物的稀少，可以断定是它的旧坑无疑。我们的探沟是正南北向，它的是依大路的，由西南斜向东北。我们的探沟正跨着旧沟的东北角（图4）。我们探沟中的北段，在一个长10米阔2米余的面积内，陆续发现了9座墓葬。另有一座在西壁上已露出腿部，未加清理。这些墓葬离地面的深度，最深的也不过1.1米。它们排列得很是稠密，几乎是挤在一起（图5）。

图4　仰韶探沟1.

（Loc. Ⅴ为安氏旧探沟）

图5　仰韶遗址中的两座墓葬

（M7及M8）

　　整个探方掘到生土层时，都露出第三纪的红土。我们停止发掘后，便着手测绘四壁的断面地层图。先设置一道水平的基线，然后依照比例测绘各层的分界线（图6）。至于各层的出土物，我们原来便已依照地层的不同而分别采集登记的。根据地层图和所采集的出土物，我们便可以做进一步的研究。

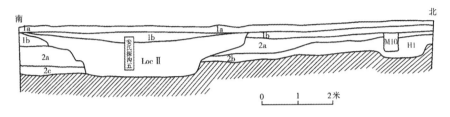

图 6　仰韶遗址探沟 1 的西壁断面图

　　现在摘取地层断面图的一段来说明这地点的地层情形（图 7）。这段的地面向南倾斜；原来的斜度当更大，所以现在的堆积层是向南逐渐增厚。由地面至深约 30～60 厘米处是第一层，即是曾经后世扰乱过的一层。这层的出土物，除了史前遗物之外，还混杂有近代的瓷片和铁片。这层的高处曾经犁耕过，土质松软；低处则久未翻动，表面层中的石灰质经雨水溶解多渗到这层里来，所以土质较硬，有很多的石灰质的结核，形如辣姜，俗称料礓石。第二层是古代的文化堆积层，所包含的炭末灰烬及腐烂的有机物颇多，成为灰褐土。这层也是高处较松，低处较硬，但分界线有时不清楚。底部有时混有翻过的生红土，便成为红褐色。我们在这探沟中没有发现过建筑物的痕迹。有几处的生红土表面，显露出不规则的很浅的凹槽。又发现一个浅灰坑，深度仅 20～40 厘米，作不很规则的方形，东边长约 1 米，西边压在探沟的边壁下，未曾掘开（这灰坑一

图 7　绘测断面地层图的情形

即断面图中 H1）。安氏所掘的旧探沟，最深处离地面 1.6 米，已打破了生红土层。当年填坑时利用坑中挖出来堆在坑沿的泥土，所以填土的大部分是所谓"五花土"，混合着细块的生红土，黄褐土及文化层中的灰土。有时候间隔以一薄层的灰土或红土，便显得层次很清楚。但这实是一个短时间内所填塞进去的土。这填土的上层，灰斑较少，或由雨水洗刷的缘故。当初填土稀松，日久后中央部分便逐渐沉陷下去，所以这灰斑较少的上层，在断面上显呈两边薄中央厚的现象。最上一层露出地面，经过现代农民犁耕过的，所以与覆盖在未经翻动的文化层上面的耕土，无法分别开来。

说到出土物，在第二层的原来文化堆积中，我们发现了仰韶式的陶片（例如红底黑彩或深红彩的罐或碗，小口尖底的红陶瓶，灰褐夹砂的陶鼎等），但也发现龙山式的陶片（例如薄片磨光黑陶，压印方格纹灰陶，压印篮纹灰陶，残豆柄，内褐外黑的陶片，绳纹鬲，带流的陶杯等）。此外又有磨光小石锛，有孔石刀，打制石器，泥制弹丸，残陶环等。食物残余的兽骨也有几块，似乎是猪骨。这些出土物证明这里的仰韶和龙山的遗物，确是混在一起；又证明打制石器也是当时的制品。我们在遗址中所捡拾到的，除了陶片和磨制石器之外，也发现了两件页岩制成的石镞，几片红底白衣黑彩陶片和许多打制石器。

这道探沟中的 9 座墓葬，都是埋在第二层中。其中 4 座是儿童的，5 个是成人的，但都是仰身葬。各墓的方向都是头部向南偏西。除了第一号墓葬的头侧的兽类肩胛骨似为殉葬品外，其余各墓都没有。虽墓中有些史前陶片和残石器随伴出土，但都是原来文化层遗物，被挖出来又填进去的，并非殉葬品。安氏的旧探沟中，据说也掘到过上下相叠的墓葬；也是头部向南偏西的仰身葬；也有些陶片，残陶环，残石器和骨器，但都不能确定是作殉葬用的。安氏将这地点的墓葬也归入仰韶期中去。我们除了依比例测绘墓葬平面图外（图 8），还特别注意它们地层的关系。我们细察地层，这几座墓葬似乎都是在居住遗址废弃以后埋进去的

（图6中 M10 及图8）。因为年代久
远了，墓中填土和四围未翻过的文
化层，硬度相同，土色也相似，所
以有时很难分别。仔细加以考察，
仍可看出大多是由上面埋到文化层
中去，打破灰层或灰坑的。因为没
有殉葬品，不能确定晚到什么时候。
各墓葬头部向南偏西，正对着熊耳
山的缺口，脚部向东北，正对着飞
山（即天坛山），可能是有风水迷

图8　绘测墓葬平面图

信以后的事。现今当地人民的墓葬，也是朝向这两座山岳的，仅头足的
位置互易而已。

　　因为这地点的堆积层较浅，又无建筑遗存，不能绝对保证它在古代
未经扰乱。有见于墓葬内填土和四围未曾在埋墓时翻动过的文化层二者
分别的困难，我们觉得有取谨慎态度的必要，有另找一处发掘来解决这
一问题的必要。因为时间的限制，我们不能发掘短时间不能完工的深厚
文化层，所以便选择一个灰坑来发掘。这灰坑在第一探沟的西南约200米，
我们称之为 H2。这灰坑并不紧靠大路，是在梯田的侧壁上。这里的文化
层，除了灰坑以外，已完全被侵蚀得无踪迹了。这灰坑也只剩留下一半，
断面作袋形，上口直径1.7米，底部2.6米。底部离地面1.8米。除了地表
约10厘米处曾经犁耕扰乱过。其余填土，确是原来的状态，作灰绿色，有
草类茎叶的痕迹（麦秸?），与青台遗址史前建筑遗存内的草泥土相同。近
底部处有一道厚的半厘米的薄层红土，其下另有一薄层的灰绿色草泥土。

　　发掘的结果，知道这灰坑的坑壁和底，都很平整，斧凿痕不显明，
也未另涂石灰或泥浆。出土物中陶片占最多数，以灰褐陶为主，有少量
的红陶及彩陶片。有两片磨光黑陶薄片；其中一片表面绘以朱色粗线及
小圆点，是在陶器烧后涂上去的，乃是前所未见的。仰韶文化的彩陶，

以前所知道的，都是在烧窑以前绘涂上去的。此外又有木炭细块，残陶环，小石刀，陶纺轮，打制粗石器等物。这灰坑的发掘，可以证实了第一探沟的结果，使我们能确定这里的文化是一种仰韶和龙山的混合文化。在灰坑底层又曾经发现一片颇为别致的彩陶，红底深红彩，是属于仰韶系统的；但是器壁曲折度很大，厚度又薄，有点近似龙山系的陶器形式（图9），这正可代表一种混合文化中所产生的陶器。

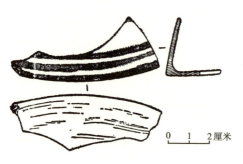

图 9　仰韶遗址所出的彩陶片

这灰坑的形状、大小和深度，可以证明它是贮藏用的窖穴，不是住人的土穴。有些人读惯了古书中"穴处巢居"一语，便以为这种窖穴一定是穴居用的，未免近于牵强附会，不合事实。

由于广武点军台遗址的发掘，我们便已知道河南的西部是有这一种糅杂仰韶和龙山的混合文化。仰韶村遗址也是这一类的混合文化。这里所出土的彩陶的花纹，有些是和广武区相同的，例如陶罐口缘下绘画一道方格的宽带；有些是和陕西中部及晋南的相同，例如弧线粗条纹及弧线三角形之类。这正是渑池在地理上位置的反映。这里没有蚌刀和蚌锯，也许是由于原料的缺乏；也许是由于地位偏西，所受的龙山文化的影响较微。要想对仰韶村史前文化作更进一步的了解，需要规模较大的发掘；尤其是关于建筑的结构等，需要极细心地工作，才能做得满意。

三　渑池县其他史前遗址的调查

在仰韶村发掘时期的前后，我们曾到附近调查过几个史前遗址，重要的有下列三处。

（一）不召寨

在县城西北约 15 华里，据县志云，即后汉时周党隐居之处，光武帝征召之不起，故称不召寨。这里的史前遗址是安特生助手陈德广于 1921 年所发现的，安氏曾往试掘。我们于 6 月 30 日由仰韶村前往调查。虽相距仅 2.5 公里，但须越过两三道深沟。不召寨村子是在两道溪谷交叉处的北边，史前遗址便在寨堡中和寨北。寨堡东北的沟沿也露出灰土的文化层。灰层不厚，约一米左右。有几处露出袋形的灰坑。在地面上，我们捡拾一些陶片。又承村民史克君，赠送十几件磨制石器。这里的石器，有石斧、石锛、石刀、孔石斧、三棱石镞。陶片有光面黑陶，压印方格纹陶、篮纹陶、绳纹陶、鬲腿、器把等，几乎都是灰黑色陶。红陶片极少，彩陶尚未发现过。显然，这遗址的文化是属于龙山系统的。

（二）下城头

在县城西北约 15 华里，在不召寨之西约 5 华里，须越过两道深沟。这遗址是 1950 年 12 月河南文管会赵全畋先生等所发现的。我们于 6 月 30 日调查不召寨后，顺便到下城头去调查。那天时间已晚，匆匆调查后即动身返工作站，夜晚 9 时许才回到仰韶村。遗址是在下城头村子的西南，有灰土层，但并不很厚。地面上陶片颇不少。遗址的东侧是一道深沟，沟沿上有冲刷出来的陶片和残石器。我们几个人采集的东西并不多，其中两件是石器残片，其余都是陶片，计彩陶片 3 件，红陶片 25 件（其中有尖底小口瓶），夹砂粗陶片 10 件（有绳纹陶，有鸡冠式的耳柄，赵先生曾采有鼎腿）。我们尚没有看到龙山式的黑陶，也未见鬲腿。这里可能是比较纯粹的仰韶文化。

（三）杨河村（羊耳河）

在县城西北 5 华里。羊耳河由不召寨而来，至县城小西关流入渑水。当羊耳河流经杨河村时，在台地中间侵蚀出一道河谷。杨河村跨着羊耳河的两岸，民房是在台地上，多是挖窑洞居住。史前遗址在河水东北岸的台地上。一部分的灰层和灰坑，便在窑洞门楣的上面。有些是在梯田的侧壁上露出。灰层不厚，不过半米左右；灰坑有深达一米多余的。地面及灰土中都有陶片。这遗址也是安特生助手陈德广于1921年所发现的。据说陈氏所采的标本和不召寨的相似，并无彩陶。1950年2月，赵全嘏先生等曾往调查，采有鬲腿和灰黑陶片等。陕州专署文教科的贾峨先生也曾前往采集。我们于7月10日由县城前往调查。快要到杨河村时，由羊耳河滩上了坡，便可遥见窑洞门口上面所显露的灰层和灰坑。越过民房走上台地后，在地面上捡拾些陶片。又承村民张姓者赠送考察团几件石器。这里的遗物，确是和不召寨相似。石器有石斧，石锛，有孔的半月形或长方形石刀等。陶片多是灰黑陶，例如光面黑陶，绳纹灰褐陶（包括鬲腿）和篮纹灰陶。红陶极少，彩陶则始终尚没有发现。这遗址大概是和不召寨相同，都是属于龙山系统的。

我们听说贾峨先生曾在与杨河村毗连着的郑窑和郭窑调查过，出土的陶器和石器，都与不召寨及杨河村的相类。又听说县城的西北20余华里的白庙和西寺沟，也都有灰层，包含古代陶片，但时间匆促，且已奉命赶早返京，所以都没有去调查。渑池区域是和成皋广武区一样，都是富于史前遗址，值得仔细调查的。

这次我们考察团在河南工作，承蒙省政府文教厅、文管会、省立博物馆及工作所在地的专署、市、县政府，文教科局和文化馆的热心协助；又承蒙成皋广武区委会和渑池仰韶村小学惠借房子做考察团工作站，使我们工作能顺利进行，是我们非常感谢的。

《浙江新石器时代文物图录》序言[*]

　　浙江博物馆和浙江省文物管理委员会联合编成了这本《浙江新石器时代文物图录》后，将稿本寄给我，希望我能提些意见并写一篇序言。我自己是浙江人，自1927年离乡后，这30年来萍迹漂泊，很少在故乡过日子。但是"代马依北风，越鸟巢南枝"；我对于故乡的思慕之情，反而常常因为离乡越长久、越辽远而越发强烈。现在看到这本图录中的精美的图版所表示的浙江远古时代的文物，我的心情非常愉快，似乎嗅到故乡的泥土的气息和花草的香味。所以我虽在病中，仍愿意执笔写几句话。

　　20年前我还是做学生的时候，我们浙江发现了吴兴钱山漾、杭县良渚和杭州老和山（当时称为古荡遗址）三处新石器遗址。证明在新石器时代我们辛勤的祖先已在这里劳动着，生活着。解放后一年，我在浙江大学担任考古学通论课程，想利用当地的资料做教材，将它们编到讲义中去。但当时我们所知道的浙江新石器时代遗址，仍只是这寥寥三处，未免使人有些丧气。不过，我深信浙江的新石器遗址绝不止这三处，我深信只要多跑一些地方进行田野调查，一定会有更多的新发现。

---

[*] 《浙江新石器时代文物图录》一书，系浙江人民出版社1958年出版。

我自己便愿意做这一项工作，可惜，第二年我便离开浙江北上了，没有机会亲自参加这项工作。几年来，我由报刊和私人通信中，知道在浙江果然陆续有很多的新发现。像全国各地的情形一样，在党和政府的领导和支持下，浙江的考古工作者也在配合基本建设的过程中，蓬勃地展开了工作。现在全省发现有新石器时代遗物的地方，已达70余处。

我们翻阅了这本图录中的图版和篇首的"介绍"后，对于新石器时代的面貌，增加了许多新的认识。我想特别提出下列几点谈一谈。

浙江新石器时代的遗物，显然与全国其他各地的有着一些共同性。篇首"介绍"所指的共同性："石器磨制的光滑精致，在形制和使用上有了分工，陶器除范制手塑外已发明了轮制陶器"，似太嫌空泛。这些几乎是全世界新石器晚期遗物的共同性，并不限于我国。我以为可以更具体地指出一些特点。例如半月形的石刀，只限于我国和受我国影响的北太平洋地区。鼎鬲类的三足器，也是我国陶器形制的特征，在别处是很罕见的。

另外有一些带特征的器物，例如扁平有孔石斧、石璧、陶豆、双耳陶壶、陶鬶等，也是我国黄河流域新石器时代至殷周时代所特有的，但分布较窄，只能算是某一时代某一地区的文化的特点，似不能算作新石器时代全国范围的共同性。

浙江新石器文化既有和他处共同点，也有自己的特点，并且北部和南部也有差异。就已发掘的几处遗址而言，吴兴钱山漾、杭县良渚、杭州老和山、淳安进贤的下层文化，似乎是属于同一种文化。石器有斧、锛、凿、刀、镞等，就中如扁平的有孔石斧，半月形有孔石刀，和扁棱式石箭头，都使我们联想到山东的龙山文化（《城子崖》图版叁伍、叁柒）。陶器方面有大量的泥质黑陶，器形多圈足，除鼎鬲之外，有壶、豆、簋、盆、皿、罐、杯、杯顶式器盖等，钱山漾还有陶鬶，纹饰有弦纹和镂孔。这些也表明它和龙山文化较为接近。所以梁思永曾将它归入龙山文化的系统中，称之为"杭州湾区的龙山文化"（《考古学报》第7

册，第 5~14 页），但是它仍有它的特点。浙江的黑陶容易干后褪色，没有山东龙山文化的那种标准的蛋壳黑陶。器形除圈足外，也有大量圜底的。山东龙山文化中盛行的平底器却较少。陶鬶发现不多，也不是标准的龙山文化的形式。有段的石锛和石凿，表示和东南沿海如福建、台湾等处的关系。特殊的三角形石刀，在这区好几处发现过，却为他处所未见，是值得特别注意的。此外如鳍形的鼎足，沿刀背一列凹孔的石刀，也是他处所未见的。至于石器中有些种类，如石戈、戈形刀、石矛，似乎是受到别处金属文化的影响。陶器中如带有竖孔双耳的壶以及觯形的尊，和殷末、周初的铜器颇相近似。这一种文化可能较山东龙山文化为晚（这里没有骨器发现，当由于带酸性的土壤不适于骨器的保存。至于良渚遗址这次发现大量陶片，连完整的陶器 200 余件，但石器仅一石锛，这当由于发掘的地区是堆积陶器或陶片的地方。根据 1936 年的发掘，良渚的石器也颇不少）。

浙江南部的新石器文化为另一种文化，可用瑞安山前山遗址为代表。这里石器以箭头为最多，陶器以篮纹为主。永嘉、瑞安、龙泉、衢县的似乎都属于这一系统。瑞安山前山出有彩陶片，但似乎与仰韶文化的彩陶不同，至多只是间接的关系。像篇首"介绍"中所指出的，这种文化可与福建闽侯县石山遗址相对比。因为资料不多，所以发表的更少，尚难作进一步的推断。

至于淳安的上层文化，出土有大量的印纹或平素的硬陶。如果所发现的铜器不是扰乱层中出土的，则显然已进入铜器时代了，至少是铜石并用时代了。解放后的考古工作中，南京市北阴阳营上层文化和南京市郊锁金村，都有印纹硬陶；前者还发现了铜渣和铜箭头，后者也发现了铜削和双翅铜箭头。淳安进贤上层文化和它们相似，时代大概也相差不多。这里所发现的铜刀的形式，和战国时代齐燕的刀币相类似，想来也是东周时代的制品。良渚遗址从前也曾发现一种以印纹硬陶为主的上层文化（施昕更：《良渚》，第 32~34 页）。浙江南部的永嘉、瑞安、乐清等处，解放后也曾发现过好几处有石器共存的印纹硬陶遗址（《考古通讯》1956 年 6 月，第 56~57 页）。解放后郑州二里岗的殷代文化层也曾发现少量的印纹硬陶（《考古学报》1957 年第 1 期，第 62 页），似乎是由南方输入的。这种印纹硬陶的分布地区，主要是在长江以南，时代可以晚到汉代。目前我们还不能区别不同地区不同时代的印纹硬陶的差点；这需要依据陶质、器形、纹饰各方面作分析研究，并和共同出土的器物联系起来做研究，才能得出可靠的结论。浙江北部是关键性的地区之一，将来对于这方面当有所贡献。

关于浙江这些古代遗存和文献上的部落的关系，这一问题我们现在所掌握的材料还不够多，还不易加以解决。但是已有些线索可供我们思考。根据文献，我们知道浙江南部的东瓯或东越是和福建北部的闽越相毗邻，在东汉初年还是半独立的部落，互争雄长。文物方面浙南和闽北相接近，似乎便是这种关系的反映。印纹硬陶和有段石斧的分布区域，也和文献上的百越所占的地区相近似。浙江北部和当时中国文化中心的黄河流域接触较多，因之开发也较早。晚期的浙江北部已是春秋时越国文化的中心。我们不要因为发现了石器便以为时代一定很早。黄河流域的河北省石家庄市庄村的战国遗址，虽出有铜器和铁器，但仍有石刀、石斧、石锛、石钻等发现（《考古学报》1957 年第 1 期，第 88 页）。至于浙江北部以泥质黑陶为特征的早期文化是否便是后来越族的祖先？为什么早期的和华北新石器时代的龙山文化相接近，而晚期的和华南的以印纹硬陶为特征的新石器文化相接近？这是否表示在这里有南北的文化势力的互为消长？早期发展到晚期的过程如何？当地文化本身的发展、文化的传播和种族的迁移等各因素在这过程中起了一些什么样的作用？这些都是很有意思的问题。将来浙江的考古工作有了更多的发现，一定可以逐渐加以完满的解决。

最后，我想提出一点希望。在图录出版以后，将正式发掘报告编写出来，跟着出版。这本图录所收的古器物是经过编者们一番审慎的选择，具有相当的代表性，足以窥见浙江新石器时代在物质文化方面的成就。我虽没有看到全部的发掘品和采集品，但是相信编者们的选择是大致恰当的。或许有人以为有些同样的器物未免嫌于重复，另一方面可能有些值得发表的器物遗漏未曾列入；但是我想为了重点突出，也许是需要这样做的。作为一个考古工作者，我自然希望能看到更全面和更详尽的正式考古报告。图录篇首的"介绍"，叙述各遗址的概况、调查和发掘的经过，很是简明扼要。但是我希望能插入一些地层图和器物剖面图。作为一个考古工作者，总觉得简单的介绍不能过瘾。譬如钱山漾的篾编器物，是很重要的发现，同时也证明田野工作的细致，但是我们希望有一些插图表示这些器物的结构，显示出它们编织的方法。又如瑞安岱石山的石棚，这是东南沿海第一次的发现，我们希望有些插图表示它的平面布置和侧面情况。也许这些希望要等待将来的正式考古报告出来，才能加以满足。我们希望这本图录是正式报告的先驱，而不是正式报告的代替品。敬祝浙江的考古工作者获得更多的成绩，在祖国的文化建设中做出更大的贡献！

1957 年 10 月 31 日

关于考古学上文化的定名问题[*]

    在这次编写"十年考古"座谈会上，好几位同志提起了我国考古学上文化的定名问题。在会议结束时，尹达同志也曾对这一问题作了简要的解说。我现在想对这问题提出一些不成熟的意见，以便引起大家的讨论；或许对于这问题的解决，有所帮助。

    我们先要弄清楚什么是考古学上的所谓"文化"。在考古学的文章中，常常出现"文化"这一名词。有时这是指一般用语中的"文化"，便是指人类社会在生产斗争和阶级斗争中，在科学、技术、艺术、教育方面和精神生活及其他方面所达到的总成就。例如我们说到"文化"或"物质文化"时，便是这种意义。但是在更多的场合中，尤其是涉及原始社会时，例如我们说到"仰韶文化"或"彩陶文化"时，这"文化"是考古学上的特别术语，是有它一种特定的含义。这是某一个社会（尤其是原始社会）的文化在物质方面遗留下来可供我们观察到的一群东西的总称。因为它常常以地名或特征的东西（如陶器）来定名，有人误会以为是指某一地方或一陶系。于是对于在某一地区所发现

---

    * 本文原载《考古》1959 年第 4 期。

的遗物或碰到某一类陶系的陶片，便匆遽地以为它便是属于某一种文化。有人问起京戏《乌盆计》中张别古所拿着的乌盆是否属于"黑陶文化"。这种看法当然是不正确的。考古学上的"文化"，是表示考古学遗迹中（尤其是原始社会的遗迹中），所观察到的共同体（关于"考古学文化"的释义，可参阅《苏联大百科全书》，第 2 版，第 24 卷，第 31 页；译文见《考古通讯》1956 年第 3 期，第 89～90 页）。这是一个复杂的共同体，上面那种错误的看法，显然是太过于片面性了。具体地举例来讲，我们在考古工作中，发现某几种特定类型的陶器和某类型的石斧和石刀，以及某类型的骨器和装饰品，经常地在某一类型的墓葬（或某一类型的住宅遗址）中共同出土。这样一群的特定类型的东西合在一起，我们叫它为一种"文化"。因为这一群东西是共同存在于同一文化层或墓葬中，这表示它们是属于同一时代遗留下来的。因为它们的一起出现是经常的现象，并不是个别的、孤立的事实，这表示它们是属于同一社会的产品。这个社会因为有共同的传统，所以留下来这些考古学遗迹的共同体。考古学所研究的破铜、烂铁、碎陶片，并不是因为它们古香古色，因之对它们本身发生兴趣，而是想通过它们来研究古代各个社会的社会经济情况和生活面貌。

既然弄清楚什么是"文化"，我们可以言归正传，讨论一下"文化"的命名问题。实际上，这里面包括两个问题：①在什么条件之下，我们可以认为一群遗物和遗迹是一个前所未知的特定的共同体而给予它们以一个新的"文化"名称？换言之，在什么条件下可以命名的问题。②给予这些新的"共同体"以怎么样的名称？换言之，即如何命名的问题。

因为后一问题比较简单，所以先加讨论。考古学上对于原始社会的"文化"，大多数是以第一次发现的典型的遗迹的小地名为名。这是有它的历史渊源的。19 世纪 60 年代法国考古学家莫尔蒂耶发表他研究法国旧石器文化的成果时，他依照地质学上地史分期的命名办法，用第一次发现的典型遗迹的地方来命名，例如"莫斯特"、"索留特累"、"马格德林"等名称。这些原是考古学上时期的名称，但实际上是兼指"时期"和"文化"的。后来对于中石器、新石器、铜器和铁器时代的原始社会的命名，也常常采用这种以典型遗迹的小地名为时期和文化名称的办法。到了20世纪第一次世界大战以后，因为考古发现的地理范围扩大了，才认识到这些名称以作为"文化"的名称为妥。如果用以作"时期"名称，那只能适用于欧洲某一地区范围以内而已，决不能作为全球性的时期名称。所以一般的趋势是用它们来指"文化"而不指时期。我们应该将"文化"和"时期"两个概念加以区别，否则会引起思想上的混乱。

这种用小地名来做"文化"名称的办法，被采用得最为普遍，例如我国考古学上的"周口店文化"、"丁村文化"、"仰韶文化"、"龙山文化"，苏联的"特里波列文化"，巴基斯坦的"哈拉巴文化"。另外也有以一地区或流域的名称来命名的，这多是事后已弄清楚这一文化的分布区域的大致范围而加以命名的。例如我国的"河套文化"，欧洲的"多瑙河文化"，苏联的"白海文化"，巴基斯坦的"印度河文化"（现在多称为哈拉巴文化）。也有以某一文化中特征的事物来命名的，例如我国的"细石器文化"、"彩陶文化"和"黑陶文化"，西欧的"钟形陶器文化"和"巨石文化"。至于时期较晚的原始社会，因为它们毗邻的各个社会中有些已有文字记录，所以这些文化有时便用文字记录上的族名来命名，例如我国的"巴蜀文化"，苏联的"斯基泰文化"，西欧的"克勒特文化"和"高卢文化"。至于历史时期中的"殷周文化"、"秦汉文化"，或"隋唐文化"，这里所用的"文化"一词，严格言之，是指一般用语中的"文化"，便是指汉族在特定的时期中各方面的总成就，包括物质文化以外的一切文字记录上所提及的各方面的总成就。这与考古学上含有特定意义的"文化"，严格说来，是要加以区别的。

　　"命名"的原来目标，是想用简单的名称来充分表示一种特定的含义。使用时大家互相了解，不致引起误解。命名的适合与否，似乎可以用这个标准来判断。像尹达同志在座谈会中所指出的，旧有的名称如果并不引起误解的，可以保留使用；否则可以考虑另起一个新的名称。这种新的名称以及新发现的各种文化的名称如何命名，似乎可以采用最通行的办法，便是以第一次发现的典型遗迹（不论是一个墓地或居住遗迹）的小地名为名。我很赞同这办法。旧的名称既已通行，如果并不引起误会，那么，"约定俗成"，似可不必多所更动，反而引起混乱。例如苏联考古学家也承认"舍利文化"用"舍利"这名称不大适合，但是仍不肯追随西欧考古学家们将它改名为"阿布维利"，便是由于这个缘故（见叶菲明柯《原始社会》，1953 年版，第 106 页）。至于新的名称的命名办法，虽然考古学上惯例并不一致，但我们应该采用最为通行的办法，因为它有简便而确切的优点。以族名来命名的办法，只能适用于较晚的一些文化，并且需要精确的考据；否则乱扣帽子，产生许多谬论，反而引起历史研究的混乱。除非考据得确实无疑，否则最好仍以小地名命名而另行指出这文化可能属于某一族。苏联吉谢列夫同志以为西伯利亚的塔加尔文化可能属于中国史上的丁零族，但并不直接称它为"丁零文化"，这是比较审慎的科学态度。以地区或流域来命名的办法，需要先知道这一文化的分布地区范围。这便在长期工作之后还会随着新发现而需要加以修改的。至于以某一特征来命名的办法，容易将片面性的特征作为整个文化，而忘记了"文化"是一个复杂的共同体。例如有人碰到彩陶片便称为"彩陶文化"。像苏联考古学家所说的，这些"文化"是"在不同的族的共同体在形成过程中所产生的"（《考古通讯》1956 年第 3 期，第 90 页）。"文化"应该是表示"一定地区内独特地存在着的族的共同体"。如果不论时间、地点和其他一切条件，只要有了彩陶片，便都属于同一文化，这样便失去了"文化"的原有意义。至于有些文化现今有两个不同的名称，却是指同一种文化，例如"仰韶文化"和"彩陶文化"。那么，为了名词的统一，我主张应该两者中选择其一，作为标准名词。在上面这个例子中，我个人的意见是主张采用"仰韶"一名，因为"彩陶文化"一名容易引起误解，并且已经引起过一些误解。关于选择"文化"名词这一问题，最好采用群众路线办法来解决。例如可以在全国性的考古会议上大家就某一文化的名称，展开争辩，然后得出基本一致的意见，决定采用某一名称，以求统一。

现在我们可以讨论在什么条件之下可以命名这一问题。像尹达同志所指出的，我们在过去太保守了。在具有适当的条件下，我们可以并且应该另起一些新的"文化"名称。什么是适当的条件呢？那天，因为时间关系，他没有来得及详加说明；在这里我想就以下三点详细地谈一谈。

第一点是：一种"文化"必须有一群的特征。像英国的进步的考古学家柴尔德所说的：一种文化必须是有一群具有明确的特征的类型品。这些类型品是经常地、独有地共同伴出（V. Gordon Childe, Piecing Together the Past: the Interpretation of Archaeological Data, 1956, pp. 123~128）。一种文化如果没有特征，便无法与另一种文化区分开来。我们要求这些特征最好是有一群，而不是孤独的一种东西。因为不仅是一种形式的陶器（例如瓦鬲），或一种陶器纹饰（例如绳纹），不足以构成一种文化；便是只有一种陶系（例如黑色蛋壳陶系），也仍不足以构成一种文化，而需要有和这作为特征的陶系之外共同伴出的其他可作为特征的东西。这样一群的特征的类型品，才构成独特的一种文化。我们并不要求这文化中所有作为特征的类型品在每一个墓地或每一个居住址中都全部出现。但至少在两处出现，并且出现不止一件。另有一点须加注意，所谓作为特征的东西，并不一定是最重要的东西。有些在经济生活上占非常重要地位的事物，例如种植谷物和养畜豕羊，如果它们是属于较为普遍性的东西，在很长的时间中为广大地区内的各个共同体所使用，那么，它们便不足作为某一文化的特征，虽然描写这一文化的主要内容时仍必须提到它们。而某一些较不重要的遗物，例如特定类型的石环，或特定类型的陶罐，因为它们的发现是限于某一文化的遗存中，反而可以作为这文化的特征之一。一种文化中所特有的一群特征，是别的文化所没有的。这并不是说，别的文化遗存中绝对不偶尔包含有这一群特征性的类型品中之一二，但是不会包含全部整群。这种偶然出现可能由于两种文化的接触关系。马克思说："不同的共同体，是在各自的自然环境内，发现不同的生产资料和不同的生活资料。所以，它们的生产方式、生活方式和生产物是不同的。也就因为有这种自然的差别，所以，在诸共同体接触的地方，引起了彼此间生产物的交换。"（《资本论》第 1 卷，人民出版社 1956 版，第 423～424 页）最后，这些作为特征的类型，应该是明确的类型。例如，谈到陶器，必须是用某种质料以某种制法所制成的某种（或某几种）形式的和某种（或某几种）纹饰的陶器，而不是像"灰陶"或"彩陶"那样空泛的不明确的类型。一种类型可以有不同的分型作为某一文化中不同分支的特征，而这些分型比起总类型来将会更为明确。这里另外还有一个问题，便是哪些可以算是两个不同的文化，哪些只是由于地区或时代关系而形成的一个文化的两个分支。这里各人可能有不同的看法，所以最好留待将来有机会时再加详细讨论。

第二点是：共同伴出的这一群类型，最好是发现不止一处。换言之，不仅在一个墓地中几个墓葬内，或一个居住址中几座住宅内发现，而是在不同的墓地和居住址中都发现过它们在一起的。如果一种文化确是代表一个族的共同体，它的分布决不会限于一个墓地或一处居住址的。族的共同体活动于一定限度的地域内，它的遗迹也将分布于这一地区内的几个地点。只有在较多的处所都发现有这一文化的遗存，我们才会知道它的分布的范围；我们才会认识到哪些是它的主要内容（包括作为特征的东西），哪些只是个别的遗迹中例外的东西，因之，可以确定这一文化的内容的变异的限度。当然最初发现时，可能只找到一处。但是我们必须继续发现几处，才有可以互相比较的资料，才可把它建立于巩固的基础上。

第三点是：我们必须对于这一文化的内容有相当充分的知识。换言之，在所发现的属于这一文化的居住址或墓地中，必须至少有一处做过比较全面而深入的研究，以便了解这一文化的主要内容。哪些虽不是特征，但在它的生活中是占重要地位的；另有一些既不重要，也不算特征，但仍是构成这一文化的一些元素。这样一来，我们才能对这文化有全面的了解。如果仅在地面上拾到几片陶片或石器，便匆促地给它加上一个新的"文化"名称，这是不妥当的。

总之，在考古学上一种新的文化类型的成立，应当具备着必不可少的一定条件。如果应有的条件都具备了，而我们还迟疑不决，不敢给它以应有的新的名称，那就未免太保守了；这就会使一定不同类型的文化遗存长时间地混淆在一起，因而延缓了对于古代社会研究工作进展的速度。如果还不具备一种文化类型所应有的条件，而我们看到某些片面的个别的现象，就匆匆忙忙地给它一个新的名称，那就未免有些冒失了；这就会造成一些不应有的混乱，因而使古代社会的研究工作发生不必要的纠纷。根本问题在于对古代文化遗存的实事求是的科学分析。在这里踟蹰不前是不好的，轻率浮夸更是要不得的。考古工作者对于文化的命名问题，应当具有严肃的科学态度。

如果对于上述的三点加以充分考虑后，觉得有必要提出一个新的"文化"名称，我们便可以提出。当然事先要掌握有比较充分的资料，作了比较深入的分析，有了比较全面的了解；只有这样，才能提出这文化的所以区别于别的文化的主要特征是些什么，同时也应该描写这文化中其他虽非特征的而是重要的内容，并且，如果可能的话，确定它的时代和分布区域以及它和别的文化的关系。这样提出来后，最后一道手续，是像尹达同志所说的，采取"群众路线"来加以审查，我以为最好是在全国性考古会议上展开充分的争辩。如果认为它条件具备了，可以成为一个新的"文化"，就可以采用。否则可暂且搁置一下，经过继续的探索，有了更充分的了解之后，再加采用。

在本文开端时，我已声明过，本文只是想提出一些未成熟的意见，以便引起大家的讨论。所以，最后是希望大家提出批评。

再论考古学上文化的定名问题[*]

在《考古》1959 年第 4 期，我曾写过一篇《关于考古学上文化的定名问题》，希望能引起大家的讨论。最近接触到一些同志，谈论到这个问题。我觉得这问题有再加讨论的必要。现在分几方面来谈一谈。

一　什么是考古学文化

"文化"这一名词有好几种不同的意义。普通用语中的"文化"，有广狭二义。广义的是指"社会在教育、艺术、科学方面和精神生活及其他方面所达到的总成就。文化的内容随着社会发展的每一个新时代而不断变化着"（《苏联百科辞典》中译本 1958 年版，第 25 页）。例如我们说"中国文化"或"新石器文化"。狭义是指上层建筑的观念形态中的一部分如文化、艺术等，但不包括教育、科学等。例如"文化部"和"文化事业工作者"等。

---

[*] 本文写作于 1961 年春，当时曾打印若干份，在考古研究所内部征求意见，没有公开发表。现依打印稿编入文集。

在考古学的文章中，我们也常遇到"文化"这一名词。它除了作为正面所说的普通用语中广义的意思之外，更多的是指"考古学文化"。这后者是考古学上的一个术语，是有它的特定的含义。我前次那篇文章中已略加说明。最近我看到蒙盖特在《苏联考古学》一书中，对它有详细而明白的解释。现在将有关的两段译出如下：

考古学文化是一个约定俗成的名词，考古学家使用它来指考古遗存的一个综合体。这些遗存是由属于同一时代分布于共同地区并且有共同的特征而结合在一起。一个文化的通常的命名法是用它的任何特征之一；所选的特征常常并不是最重要的，而是最引人注意的和最容易记忆的：陶器的形式和纹饰，埋葬礼制（例如"木椁墓文化"是由于埋葬在木椁墓而命名的），或者这一文化的最典型的遗存第一次被发现的地点，例如罗姆尼文化是由于这文化的遗址在罗姆尼城附近被发掘出来而命名的。

当我们研究远古时代的物质遗存时，我们发现在一个同一时期中的各地区（常常是邻近的地区）之间，在埋葬礼制、住屋形式、工具类型、技术、经济等方面，是有相当大的差异。虽然说，在生产力发展水平的同一阶段上为着同一用途的各器物似乎应该是同一样子的。但是，如果我们把考古发现物的地点都标记在一幅地图上，我们便将可以看出来某种一定形式的器物绝大多数是在一个特定界线明确的地区内出现，而另一类型的主要地集中在另外一地区内，第三类型在又另一个地区内等。当我们将一个特定地理区域中一个同一时期内的武器、陶器、纹饰等编制成一幅分布地图时，我们可以发现一群包括特殊类型的几种器物总是在一个同一的地区发现，并且以一定的结合关系和别的器物在一起。这一切便构成了一个古代文化的各元素，而这种种元素的一个综合体便叫作考古学文化。这样在同一地理环境内生产力发展水平也是相同的情形之下，器物的形成和埋葬礼制等仍是有差异的。对于这种差异我们怎样解释呢？显然的事实是：器物和住屋等的形式的差异，是和不同的部落有关的。这样一来，考古学文化使我们能够确定当时住民中不同的各部落群的领土疆界。一个文化不能仅由一个特征来划出。在不同的文化中我们可能找到个别的类似的文化元素，只有许多特征总和才能使我们把一个文化和另一个文化划分开来，并且有时候使我们可以把这文化视作一个族的共同体的反映（原书，1955年俄文版，第13～14页）。

《苏联大百科全书》中在"文化"一条的后面，另有一条"考古学文化"。后者的定义是基本上和蒙盖特所说的相同。这条曾由华平同志译出，发表于《考古通讯》1956年第3期中，读者可以取阅，以资比较。

有些同志说：是否可以不要什么"仰韶文化"或"彩陶文化"等名词，而专用"新石器早、中、晚期文化"等能代表社会发展阶段的名词呢？我以为关于新石器的早、中、晚，这是分期的问题，自然很重要，但是和"考古学文化"的研究，并不是一回事。研究一个"考古学文化"，除了要知道它是属于哪一个时期之外，还要研究它的内容和特点，它的分布范围、它的起源、发展过程以及和别的文化的关系等。考古学文化的定名，应该从考古学文化的研究这一角度来考虑，而不应该仅从分期问题来考虑。

二 "考古学文化"概念在学术研究中所起的作用

也许有人说：我们只要把新石器时代的分期问题弄清楚，将新石器时代各期的标志确定下来，这样便很好了。至于"考古学文化"，我们何必要这劳什子？我国因为解放前所做的考古工作很少，所以考古学文化的名称也还不多。蒙盖特《苏联考古学》一书所提到的苏联境内的"文化"竟有 50 余个之多（见书末《考古遗迹和考古学文化索引》），实际上当不止此数。我国今后考古发现日多，考古学文化的名称一定会陆续增加不少。对于这些文化名称，不仅一般群众看了莫名其妙，就是考古工作者看到这样一批的文化名称，也未免有点头痛。可否我们在考古学中取消了"考古学文化"这概念呢？这就要看它在学术研究中能否起一定的作用。我们现在可以就这问题谈一谈。

在考古学发展史中，我们以旧石器考古学为例。最初莫尔蒂耶将旧石器时代分为五期（后来增加成为六期），采用地史学上定名法用第一次发现的地点来命名。但是后来考古发现的地区扩大了，知道同一地质时期中不同地区的文化面貌并不相同。例如我国周口店猿人文化和河套文化，和西欧六期的文化，都不相同。而新石器和青铜时代的文化，它们的内容比较复杂，各地区的文化差异更容易看得出来。又研究工作深入后，知道有些原来以为前后相接的不同时期的文化，实际是同一时期的不同文化。例如奥林瑞文化的早、中、晚三期，后来研究结果，知道所谓"晚期"是由"早期"直接演化出来，而"中期"却是同时并存的另一种文化。这样，便产生了"考古学文化"这概念，用以指同一时期中不同类型的文化，也指同一地区前后不同时代出现的不同类型的文化。西欧旧石器六期的名称，除了有时仍保留作为时期名称之外（这种留用有时造成了"时期"和"文化"二概念的混淆），都移用作为文化名称了。在我国考古学的发展史上，也有这个情况。最初安特生将甘肃考古遗存分为六期，唯心地推断每个时期是 300 年前后相接。后来才知道它们代表不同的文化，所以移作文化名称。就考古学发展史来说，在分期这概念之外，增添了"考古学文化"这概念，是由于研究工作中的需要。这个新概念是可以作为推进考古学研究的工具。

作为历史科学的一部门，考古学不仅要研究全人类的社会发展史的共同规律，还要研究各地区各个族的共同体的发展的特殊性。在这里，只有"分期"这概念是不够的，还需要有"考古学文化"。一个文化包括有不同的文化元素，例如某几种特定类型的墓制、住宅形式、陶器、装饰品等。这些元素，有的是好几个文化中都具有的，有的却是某一个文化独有的特征。在地质学上，有所谓"标准化石"者，是指地史学上每一时期所特有的化石。不论在哪里的岩石中找到这种化石，便可推断这岩石地层的地质时期。考古学中这种具有文化特征的东西，也可以称为"标准化石"。我们根据综合研究，确定了甲文化除了一般的元素之外有那几种可作为"标准化石"的元素。如果一个文化层（或一个遗址或墓葬群）有好几种这些"标准化石"，便可以说这是属于甲文化。另外的一个文化层没有这些"标准化石"，而另有可代替它们的另一类型的东西，便称为乙文化。虽然这二种文化可能有许多元素是相同的，但必定有互相区别的一系列的各自独有的"标准化石"。每一文化的内容，绝不是杂凑在一起的一个拼盘，而是一个有机联系的整个，表示背后有一个共同的文化传统。所以，对于同一时期（例如新石器早期）的各个文化，我们要分别加以研究，确定它们的内容和特征。

同时并存的各文化，我们要根据调查和发掘的结果，搞清楚它们的分布范围。这些范围，不但和现今的行政区分不同，并且也不一定和自然地理区分完全一致。因为人是有主观能动性的，并不完全被动地为地理环境所限制。相邻二种文化，不但接界犬牙相制，并且有时还有"飞地"或"插花"的现象。一个文化在发展过程中，有早晚不同的阶段，各阶段的分布范围也有所不同。这些可以用"考古遗迹分布地图"来表示。

一个文化是在不断地发展着的。当它的元素尤其是作为"标准化石"的元素，由量变到质变，都成为另外一些显然大不相同的类型时，我们有时称之为另一文化，有时称之为同一文化的一个新阶段（或时期）。这一方面要看它们差异的程度（量）和性质（质），另一方面也有视于我们的知识的完备与否。最初视为两个完全不同的文化，可能后来由于新的发现，我们才知道它们只是同一文化的不同发展阶段或同一文化的地方性变体。在这方面，各个研究工作者可能有不同的见解，有时要经过长久的讨论才能决定。一个文化的形成主要是由于内部的发展，但有时也有因为相接触而受到另一文化的影响。有时几个小的族的共同体拼合成为一个较大的共同体，产生了混合文化。有时一个共同体人口和分布扩大之后，分散成不同的共同体，有些移住在另外一些新的自然环境中形成了生产方式、生活方式和生产物不同的各个文化。此外，不同的文化之间，有时有生产物的交换。所以我们在甲文化的遗存的少数例子中，有时偶或发现到乙文化的"标准化石"，这通常便以交换关系来解决。这可能是生产物成品被输入，也可能是生产品的形式或生产方法作为观念被传播而当地仿制。这些有关一个文化的起源、发展过程以及和别的文化的关系等问题，都需要考古学家加以研究。

上面几段所说的各种错综复杂的关系，都需要有"考古学文化"这观念作为工具来进行研究工作。仅有"分期"观念在这里是不够用的。苏联的考古学家们便是认为"考古学文化是在不同的族的共同体的形成过程中产生的，在不同的地域内独特地存在着的不同的族的共同体，促使了物质文化上的地方特征的出现"。并且他们根据这见解来进行他们的研究（《考古通讯》1956 年第 3 期，第 90 页）。

资产阶级考古学家中有的利用"考古学文化"来宣传他们的反动理论。这主要的是下面两派西欧资产阶级学说：一派是反进化论派。法国以步日耶神父为首的天主教神父们，以为旧石器时代并不是表现人类社会的发展过程，而只是表现各个不同的考古学文化的更替。这种更替的原因，是由于外面什么地方来了新人种带来了新的一个文化。他们企图（虽并不公开地）否认进化论的通则，而不知道他们所说的"文化"其中许多实际上是"时期"，其差异只是由于社会经济的变化，而不是由于族的不同。（对于他们的批评，可参阅阿尔茨霍夫斯基《考古学通论》中译本，第9~10页）另一派是德奥的"文化区"派。德国的科辛拿和他的随和者，以"文化区"或"文化圈"的概念来代替"考古学文化"。他以为一个"考古文化区"是和一个特定的部族或部落相符合的。古代的各民族可以由一些"考古学文化"中认出来。每一文化的特征和命运是由它的创造者的种族特性来决定的。他们从种族主义出发，以为日耳曼种族的优越性使之创造了优越的文化。他们不知道考古学文化是社会科学范畴的而不是生物学范围的概念（对于他们的批评，可参阅蒙盖特《苏联考古学》俄文版，第15页脚注）。我们要批评他们的反动理论，因为他们歪曲了"考古学文化"这概念，这是他们故意加以歪曲，以服务于他们的反动理论，而不是"考古学文化"这概念本身上原来带有的缺点。

三　怎样来为考古学文化命名

我们弄清了考古学文化是什么和肯定了它在研究工作能起一定的作用，然后我们可以讨论怎样来命名。我在前次那篇文章中，已曾详细谈过这问题，这里只是补充地说明几点，以供讨论。

我们不要将命名问题弄得奥妙化和神秘化，将它的重要性过分地加以夸大。实际上，命名法只是使令使用这些名称的人有共同的语言，约定俗成，大家使用这名的时候是指同样的事物。这样便算达到定名的目标了。我们知道全世界各种不同语言中由于集体创造，都解决了对于他们实际生活中所接触到的万事万物命名的问题。我们知道什么是"头"，什么是"足"。至于为什么头叫作"头"，足叫作"足"，为什么头不叫作"足"，这些问题也许偶有言语学家对之感兴趣，一般使用这些名词的人是并不管它的。便是解剖学家和生理学家，也只是把头和足的构造和机能搞得更清楚更明确，而并不想将头和足换个名称。我以为对于考古学文化也是如此：对于已经叫惯了的，只要它们含义明确或者有办法使之明确化，便可保留；没有十分必要的话，最好不要轻易变换名称。对于今后的新冒出来的考古学文化的定名，当然可以集体讨论，定出几条原则，以求统一、明白和切合。

其次，关于我国的考古学文化命名问题，我们知道从前主要的是采用文化特征或第一次发现地点。最近几年出现了几个文化名称，在发现地点上或"加帽子"或"穿靴子"。前者如"甘肃仰韶文化"，"陕西龙山文化"；后者如"客省庄第二期文化"，"庙底沟第二期文化"。前者是因为它们和典型文化有相同处，也有差异处。它们的差异的性质和程度，如果确是仅只一个地方性的小差异，当然可以用"加帽子"的办法。但是如果差异到可以认为独立的文化时，那便应该给它另起一名称。后者是因为发现地点中不止一个文化，所以加上"第二期"等这些"靴子"。同时也因为这些文化的性质还没有十分确定，还不知道它们和已确定的一些文化（如龙山文化）的关系如何。意思是说某地点第几层所代表的那一种考古学文化。这只是暂时的命名。我以为如果将来能确定它们都是自成一个文化时，那么，这些"靴子"是可以脱掉的。因为这种文化是第一次在这地点明确地发现的，依照命名原则是可以这样命名的。至于这地点中还包括有别的文化，如果这些别的文化是从前已知的，我们自然不能再为之另行命名。这文化名称可以用以专指这地点中包含新发现的文化那一层。例如法国莫斯特洞穴中，除了莫斯特文化层外还有奥林瑞文化层，而奥林瑞洞穴堆积中除了本文化层以外还有新石器文化层，但都可以作为典型遗址而定名。如果这些别的文化中也有前所未知的另一新的文化，那么，用以区分它们的"第几期"这些区别词，便是省不掉的了。

对于以特征命名和以地点命名二者之间，我是倾向于采用后者的。这点在我前次文章中已说明过了。不过我仔细再加考虑，觉得以特征命名法，也无可厚非，尤其是已用惯了而含义也还明确的。譬如《水浒传》中的黑旋风李逵，他的名字正像我们考古学中的仰韶文化，黑旋风这绰号表示他的个性特征，好像我们的彩陶文化。只要我们使用时都了解所指的是哪一个具体的人或具体的文化，不要望文生义，看见像旋风般跑来的黑大汉便都认为是李逵，看见彩陶片便都认为是仰韶文化。由于上面的引譬中，我们可以看见用地名命名的优点是比较明确而不易生误解。然而这也仅相对而言，人们也仍旧可以滥用的，《水浒传》中不是还跑出假李逵来吗？如果把彩陶文化一名加上专名的符号（拼音化后可将第一字大写），也是同样可用的。采用特征的命名法的优点是明白而且容易记忆，所以有些通俗书籍或中学历史教科书中仍采用"彩陶文化"和"黑陶文化"的名称，不愿意用仰韶文化和龙山文化，我们也是可以同意的。不过在比较专门性的考古学著作中，最好还是采用仰韶文化等以地点命名的名称，因为同样是已习用的（近年来用仰韶、龙山等比用彩陶、黑陶等作为文化名称似乎更多），何不采用其中更明确的不致误解的一种呢？反正在考古学专门著作要用上许多以地点命名的文化名称，再多两三个这类名称，似乎无妨。

有人反对以地点命名，以为第一次发现只是偶然性，这地点也许并不典型。我以为如以仰韶命名，并不是说仰韶村是具有这文化中一切典型的器物。我们对于仰韶文化是根据后来各处的发现来概括出来的。如果说仰韶村遗存不是典型的，或是混乱的，那都无关系。只要仰韶村确有这文化的遗存，而这种文化的遗存是第一次在那儿发现的，似乎便可采用这地点作为文化名称（在通俗读物和一般性博物馆中，如果只谈社会发展史的大概轮廓，那可以压根儿不提任何的考古学文化，只要谈社会发展的各阶段便够了。但是专门性的历史博物馆中，我仍希望能标出器物所属的文化名称，陈列方面也顾到每个文化的特征和它的整体性。甚至于用小卡片或标签来标明文化名称也是好的。像自然博物馆中动植物标本上的有拉丁文学名的标签，这对于普通观众并无妨碍，但对于想认真学习这门学科的观众，那便方便不少了）。

有人反对以特征命名，以为"只看表面不看内涵，只注意形式而忽视本质"。我以为命名和研究本质是两回事。我们对于考古学文化应该研究其全部的内涵和本质，但是作为文化命名的特征，像蒙盖特所说的，"常常并不是最重要的，而是最引人注意和最容易记忆的"。例如陶器纹饰和装饰品。因为这些特征最容易将一个文化和另一文化区别开来。而最重要的本质的文化元素，像生产工具的形式却是常常为同一生产水平的许多文化所共有，不能作为文化特征来看待。譬如说黑旋风是李逵的特征，黑和旋风是肤色和脾气，但却恰巧适当作为他的绰号。大家都这样叫他，也都知道这绰号是指哪一位好汉。这便算达到命名的目标。如果说他的本质是一位反封建压迫的义士，这虽是涉及了本质，但是忠义堂上 108 条好汉，哪一位不是反抗封建压迫的义士呢？可以看出来远不及黑旋风这绰号生动而恰当。这是因为前者是许多人共有的通名，而后者才是个人的专名。有人以为可能有两种文化都有彩陶，如果不加区分地都定为彩陶文化，是不符合实际情况的。实际上确是不止一种文化有彩陶，但是我们如果采用"彩陶文化"作为专门名称，那便指有具体包括许多"标准化石"的文化，并不是一看到有彩陶便叫"彩陶文化"。所以不会将两种不同的文化都定名为"彩陶文化"。我们将第一种叫作"彩陶文化"后，如遇到另外一种文化，虽也有彩陶，但我们会用它的别的特征命名。我们叫李逵为黑旋风后，见到张飞便不会也同样给他起名为黑旋风。我以为作为命名用的特征如果选取得不适当，可能发生误会。所以不及以地点命名较为妥当。

四 谈谈细石器文化和小屯文化的名称问题

另外一个问题，是细石器文化这名称。这里面实际上包括几个不同的考古学文化。现下因为我们做的工作太少，还不能加以区分，所以囫囵吞枣，笼统地放在一起叫作细石器文化。正像佛尔莫佐夫在苏联亚洲部分的细石器遗迹一文（中译文见《考古》1960 年第 4 期，第 47 ~ 53

页）中所说："与前燧石细石器共存的陶器，是随地区的不同而互不相同的。……这里的燧石器也不是完全一样的。" 他认为这些是属于不同的考古学文化，并不是属于一个族的共同体。"这些文化反映出在一定条件下存在着的同一类型的经济"。"我们面临的不是'历史—民族学地区'，而是'文化—经济地带'"。我国将来考古工作做得更多后，是可以把我国的细石器文化分成几种不同的考古学文化的。关于旧石器时代的舍利文化（现今有称为阿布维利文化），它的遗迹广泛地分布于西欧、非洲、南亚和苏联境内的阿美尼亚和乌克兰。这似乎也不是一个同一族的共同体的反映，而是表示生产技术达到同一的水平。可能它们是属于不同的族的共同体，既属于不同的考古学文化。只因为它们只有简陋的石器遗留下来，它们别的文化元素如何几乎完全不清楚，所以无法将它们分开来。许多人主张在这种情况下可以不用"文化"这名词。或以为可称为"某某式制石业"（如柴尔德），或以为可称为社会发展中的"某某时期"（如蒙盖特）。这样可以使"考古学文化"有比较一致的含义。

另一问题是"小屯文化"一名值得保留与否。我同意康捷同志的意见，"以小屯为代表的殷墟，已经进入历史时期，只要称为殷代文化就够了，无需另外建立小屯文化的名称"（《考古》1959年第5期，第270页）。考古学文化的命名所以不得已采用文化特征或发现地点，是因为我们虽知道这文化代表一个族的共同体（有时我们还说"仰韶文化的人们"等等），但因为那时没有文字记下它们的族名。到了历史时期，我们已知道是殷人的遗存，便称它为"殷商文化"好了。依照考古学文化的含义，殷商文化不能绝对限于殷代，所以我不用"殷代文化"。我们知道殷商文化有不同发展阶段的各时期，我们可以保留"小屯"作为殷商文化中一时期的名称。此外，我们还应该区别考古学文化和普通语中广义的文化。譬如说"隋唐文化"或"谭国文化"，这二名都是指后者，并非前者，它们是指隋唐时代或谭国的社会在各方面所

176

达到的总成就，并不是指在一定时代和地区内有一定特征的考古遗存的共同体。隋唐文化由文献保存下来的史料比考古遗存要完备得多，而谭国在当时并不是独立地自成为一个考古学文化，而是当时分布在广大地区内的一个文化的一小部分而已。但是像"殷商文化"这样一个名词，因为它的各方面的总成就的表现，几乎是限于考古遗存，我们遇到有同样"标准化石"的遗存都称它为属于"殷商文化"。这样一来，我们有时很难说：当我们说"殷商文化"时，我们所指的到底是哪一种意义的"文化"。但是如果细加思考，二者在概念上仍是有区别的。我们是仍可以维持考古学文化的原来含义的。

《中国原始社会史文集》序言[*]

解放以来，由于考古田野工作的开展和各有关学科的协作，我国古代原始社会史的研究取得了很大的进展。许多考古调查发掘报告或简报发表了；专题研究和综合性的论文，以及讨论的文章也发表了不少。虽然有些问题仍未能解决，但是我们现在已可描绘出我国古代原始社会的大致轮廓了。我在这里对此简单地作一个综合介绍，可能有些不恰当的地方，希望读者予以批评和指正。

人类历史的最初阶段

大约百万年以前，在地史上由第三纪进入第四纪（即更新世），世界上的气候普遍转冷。更新世初期，欧洲和北美出现了第一次的更新世的冰期和间冰期；但在我国境内还未发现这一次冰川作用的确凿无疑的证据；在非洲证明这时有雨期和间雨期的交替现象①。当时的古猿便在

---

* 本文原是为天津历史教学社出版的《中国原始社会史文集》一书（1964 年）所写序言，后经作者修订，改题为《解放后中国原始社会史的研究》在 1965 年 4 月 7 日《人民日报》第三版发表。现据《人民日报》编入文集。

① 关于中国第四纪气候演变，可参阅《科学通报》1963 年第 1 期，第 35～39 页，第 3 期，第 29～30 页，第 6 期，第 31～35 页。

178

这种气候环境中，在亚非大陆上演变成为能制造工具和进行劳动的人类。我国即在他们分布的地域以内，可能便是最初人类形成的摇篮之一，可惜到现在为止，我国还没有发现这时候的人类化石和石器。1956年在广西所发现的巨猿化石，它在灵长类分类中的地位虽有不同的意见，但似乎并不属于"人科"，而应该作为"猿科"的一个亚科①。

到了更新世中期，欧洲和北美出现了更为寒冷的第二次冰期，在我国高山地区发生了这第二冰期（民德冰期）和其后的第二间冰期；但在我国广大的平原、丘陵和低山地区，是否也有第二冰期的冰川现象，地质学界还有不同的看法，而第二间冰期是适宜于人类的生活，这是一致的意见。根据古动物学及孢子花粉分析研究的结果，这时候周口店地区是温暖而稍干，和今日的华北无多大差异②。中国猿人便在这时候出现了。他们已能制造石器，集体劳动，并且能使用火；但是他们的社会组织形式，仍是处于原始人群的阶段。最近几年，我国学术界展开了关于"中国猿人是否最古的最原始的人"这一问题的争论③。我以为北京猿人已知道使用火，可以说已进入恩格斯和摩尔根所说的人类进化史上的"蒙昧期中级阶段"，不会是最古的最原始的人。我们应该采取积极态度向前看，努力探寻比他更古的人类。

就我国的发现而论，1960年山西芮城匼河出土的石器，据发现人说，比北京猿人还要早一些④，这是可能的。但是现有的证据，在地层和动物化石方面都只能表明匼河石器的时代相当于周口店文化的早期。这两种文化在早期可能是同时存在的。因此，现下只能认为它有较早的可能；但在没有更多的证据以前，还不能作完全肯定的结论。

---

① 董悌忱：《巨猿在灵长类分类系统中的地位》，《古脊椎动物与古人类》1962年第6卷，第4期。
② 关于孢粉分析，见《中国第四纪研究》1965年第4卷第1期，第71～96页。
③ 参阅《历史教学》1962年第8期第56页有关这一争论的论文目录；其后还有几篇，但论据差不多。
④ 贾兰坡等：《匼河》，1962年。

在本文初稿写完后获得了与这问题有关的重要发现。1963年在陕西蓝田陈家窝发现了一个属于猿人的完整的下颌骨，地质时代相当于周口店猿人洞堆积时期，或许还要稍早。下颌骨和牙齿的形态，也类似北京猿人。经详细研究后，暂定为"北京猿人蓝田种"。同一地层中同时还出土一件尖状石器。1964年又在距陈家窝约20公里处的公王岭，发现一个猿人的头盖骨，一个上颌骨和三枚臼齿。据说地层比陈家窝的更早，头骨也更原始一些。我们等待详细报告的发表。

关于比较北京猿人为晚的旧石器文化遗址，解放后发现了不少，尤其是以山西发现为最多，其中以丁村的发现为最重要。这里不仅发掘到二千来件石器，还发现了大量的动物化石和三枚人牙化石。它们的时代比较明确，大概属于更新世中期的末尾。石器较北京猿人的为进步，但不属于同一文化类型。和丁村遗址同样类型的遗存，在山西南部其他地点也有发现。但它们多为地面采集的标本，遗物不多，未加发掘。这里是我国旧石器遗址比较多的地区，但是遗址分布的稀疏，以及遗址内遗物的贫乏、简陋和零散，都表明它们生产力的低下，表明它们的社会结构还是原始人群。

氏族公社制的发生和发展

在地史上的更新世晚期，我国北方堆积了深厚的马兰黄土，气候比前一时期寒冷，似属于温带半干旱、半湿润的森林草原气候。西北山地，还有过两次冰期。但华南和西南地区，气候虽可能也有变化，但有部分地区似仍相当地温暖润湿，仍属热带或亚热带湿润气候。这更新世晚期又可分为前段和后段。前段相当于旧石器中期。解放后，我们除了在河套地区继续发现有人类化石和石器以外，山西和河南境内所发现的旧石器遗存的一部分，南方地区所发现的广东马坝人和湖北长阳人化石，可能都是属于这时期。这些人类化石属于"古人"或"尼人"类型。这时生产工具有了进步，集体劳动更加发展，社会联系更为巩固，氏族制度可能也萌芽了。到后段，即旧石器时代晚期，解放后我们在南方的四川和广西，都发现了这时期的"新人"化石，证明现代人的体质类型最后形成了，氏族制度同时也产生了。这时期的文化遗存，在全国范围内也有比较广泛的分布。南方如云南、广西，北方如河南、山西、青海和内蒙古，都有发现；但是其中有些地点和时代，还难做出肯定的结论①。它们都是些比较零星的发现，大部分是地面采集物，每地点所出的遗物不多。我们还没有发现保存完整的墓葬，也没有发现有篝火痕迹的居住处所。这是原始人群进入母系氏族公社的重要时期，我们今后工作中要多加注意。

自更新世晚期的最后一次冰期以后，全世界的气候转暖。约一万年以前（即公元前 8000 年左右），地史上进入了全新世。在我国，全新世早期仍还寒冷，还有一次小冰期。我们的祖先便在这时期中，度过了中石器时代而进入新石器初期。关于这一时期中的文化遗迹的发现，仍很贫乏。解放后的工作，将从前所认为中石器文化之一的广西武鸣文化加以否定了，证明它的石器是与陶片共存，当属于新石器时代。在内蒙古扎赉诺尔附近继续发现有较早的细石器，但是它和解放后在陕西发现的沙苑文化，虽都被暂定为中石器，但年代的证据还是薄弱的。内蒙古其他地点的含有细石器的遗址中，有些也可能早到这时期。箭头状的细石器在扎赉文化和沙苑文化中都有发现，表明当时已经发明了弓箭。新石器初期在人类历史上占有非常重要的地位。我们的祖先在这时掌握了种植农作物和驯养家畜的技术，因之他们的生存条件起了根本的变化；此外还发明了石器磨制法、陶器和编织。关于我国这个关键性时期的知识，目前几乎是个空白，今后应努力加以探讨。根据近年来西亚的考古新发现，新石器初期最早的遗存是以农业为主兼有家畜的定居村落遗

---

① 参阅《考古》1962 年第 2 期，第 72 ~ 75 页；第 11 期，第 60 ~ 66 页。

址，但是没有陶器。所使用的石器虽已有磨制的，但仍以打制的为主。这对于我们今后的探索新石器初期的遗址的工作，或许有所启发。

黄河流域原始公社制的繁荣

解放以后我国境内所发现的大量的新石器时代的遗址，据估计至少在 3000 处以上；其中经过发掘的有一百多处，它们的绝大部分是属于新石器文化的发达时期。这时期似乎是和我国的气候较温暖的全新世中期差不多同时开始，后者约相当于公元前 4000 年前后。这些文化中，黄河流域中、上游的仰韶文化和马家窑文化，经过了解放以来各处采用全面揭露的发掘法，清晰地显示出繁荣的母系氏族公社的面貌。这二者经过分析研究后，都可以分成为不同的类型，但是都属于母系氏族公社。有人以为仰韶文化已是父系氏族社会，但所持的论据似难以成立。因为已有人加以反驳，这里不必多赘①。仰韶文化和马家窑文化，都是以农业为主。遗址中常发现石锄、石铲、石刀等农具及贮藏粮食的窑穴。农作物主要是粟（小米，Setaria italica），在西安半坡等处都发现过它的皮壳。西亚、北非和欧洲的新石器时代的农作物都是以小麦和大麦为主，粟很是罕见，并且出现的时代较晚。粟是比较耐旱的农作物，适宜于我国干燥、半干燥性气候的黄土地带。它的野生品种在我国境内分布很广，可能便是在我国首先种植培养成功的。我们的祖先当时也驯养了家畜，以猪、狗为主，但也有牛、羊。在青海的马家窑文化遗址，牛、羊较多，当由于地理环境宜于畜牧的关系。这时期的彩陶，在烧制的技术方面已相当成熟，而绘彩的艺术造诣更达到很高的水平。我国是以陶瓷闻名于世界的，在这时已显示出这方面的才能。由于遗址常发现纺轮，知道当时已能纺。由于陶器上的印痕，知道当时已有平纹组织的

---

① 参阅《新建设》1963 年第 1 期第 95～96 页所介绍的文献。

麻布，原料可能便是苎麻或大麻。从前有人说在山西夏县西阴村仰韶文化遗址中发现过"半割的"蚕茧，边缘整齐[①]，以为可以证明当时已知养蚕用丝。实则这是靠不住的，大概是后世混入的。因为像这类遗址中蚕丝这类质料的东西不可能保存得大体完好，而且新石器时代没有什么锋利的刃器可以剪割蚕茧。总之，我们已可看出仰韶文化的人们，在当时的困难条件下，经过辛勤努力，已经创造出相当高度发展的文化。这种丰富多彩的文化基本上是土生土长的，适应于我国的环境，带有民族特色。一切别有用意的"中国文化西来说"，在考古学的物证面前，都是站不住的。

黄河流域中下游的龙山文化，从前以为是和仰韶文化并行发展的两种文化。解放后的工作结果，确定它比仰韶文化稍晚，在黄河中游是由后者发展而来的。这文化在各地区也有不同的类型。解放后，我们对于山东的典型龙山文化和河南的后岗二期型的龙山文化，继续加以探索。它们有轮制的黑陶，包括典型的蛋壳陶。和仰韶彩陶相比较，除了没有彩绘花纹这一点以外，在制陶技术上已采用陶轮，是制陶术上非常重要的发明。这使制陶业由家庭手工业成为专业，使陶工和其他手工业跟农业分离开来。在器形方面，造型的优美也是前所罕见的。由于卜骨的发现，知道当时已有占卜术，相信有能够预示吉凶的神灵。此外，解放后我们在河南又发现了庙底沟二期型的龙山文化，年代可能稍早，当在仰韶文化和后岗二期型的龙山文化之间。这里的农具方面开始出现了双齿木耒，磨制的半月形石刀和石镰，都是仰韶文化中所未见的。彩陶已很少，黑薄的蛋壳陶开始少量出现。在陕西发现了客省庄二期型的遗存，陶器中有些与后岗二期型的相似，但也有齐家文化式的绳纹粗陶罐和红陶两耳瓶。在安徽亳县钓鱼台遗址的龙山文化遗物中发现炭化的小麦，

---

① 见李济《西阴村史前遗存》，1927 年。

是属于"古代小麦"（T. antiguornm，Heer）①。家畜除了猪、狗、牛、羊以外，还驯养了马和鸡 。农、牧和手工业生产的发达，使男子的地位增长，社会组织可能由母权社会转移到父系社会。黄河上游的齐家文化，新的发现证明它已有纯铜小件器物；它的父系氏族社会的性质，解放后也得到较多的、较明确的证据。

黄河流域是我国上古时代文明的中心。解放后，要将它作为重点研究的地区，是完全正确的。但是我们的工作既要有重点，又要全面兼顾。在别的地区也做了一些工作，虽然是仍嫌不够的。

黄河流域以外地区的原始氏族社会

长城以北的草原地带的细石器文化遗址，其所出的陶器在技术上较黄河流域的为原始，有些地点甚至于没有陶片，只有石器。居住址罕见灰烬堆积层，可能是过着游牧生活。细石器嵌入骨柄中可以作为割刈冬季饲料的镰刀，刮削器可以用来刮制兽皮，石片可以阉割公畜，使易驯养、肥壮。但也有些遗址出土有农具，并且有的还有与仰韶文化中所出的相近似的彩陶，可能是受黄河流域的影响。他们过着氏族公社的生活。由于遗物和遗迹的贫乏，很难确定哪些部落属于母权制，哪些属于父系制。游牧生活以畜牧业为主，男子劳动占主要地位。他们可能较早地进入父系氏族公社阶段，而这阶段延续的时间也可能比较长久。解放后在赤峰地区的夏家店发现两层文化，其中的下层受河北省龙山文化的影响很大，就陶器而言，几乎可说是晚期龙山文化的一个变种；而上层文化可能是在内蒙古草原自行发展的一种文化，陶器制作反较下层为原始，时代上较晚，相当于中原的战国时代。这两种文化都已有青铜器，当是属于父系氏族阶段或者甚至进入阶级社会。

---

① 金善宝：《淮北平原新石器时代小麦》，《作物学报》1962 年第 1 期，第 67 页。

长江流域内，解放后发现了汉水流域的屈家岭文化和淮河流域的青莲岗文化，都有彩陶片，可能是受黄河流域的影响。他们的经济生活也是和黄河流域新石器文化相同，以农业为主。但是主要粮食是水稻。在京山屈家岭、天门石家河等处都有发现。已经鉴定是一种粳稻。我国华南有野生稻，可能便是在我国培养成功的①。它们的陶器和石器的类型，也和黄河流域的各种文化不同。它们的年代是要早于晚期的龙山文化。它们的社会形态是氏族公社，但还不能确定仍处于母系阶段，抑或已过渡到父系制。太湖地区的良渚文化，陶器有点像山东龙山文化，可能是受它的影响，年代大约也稍迟，可能相当于中原的殷商时代。它已进入父系氏族公社阶段。解放后在吴兴钱山漾的良渚文化遗址做过二次发掘，在水面下的堆积层中发现过许多保存较好的有机物，包括竹编物，苎丝织物和家蚕丝织物，木桨和木杵等木器，粳稻、籼稻等植物种籽②。这些发现使我们对于当时的物质文化可以了解得比较全面。至于解放后发现的湖熟文化，比良渚文化似乎更晚一些。在湖熟文化遗址已发现过青铜器，这些铜器和一些陶器，都与黄河流域的殷末周初的相似。在殷周的阶级社会影响之下，它们可能已处于氏族公社解体的阶段，有的可能已进入阶级社会了。③

浙江南部的闽粤沿海一带，在原始社会时代这里的人们使用几何纹陶器；起先是软陶，后来是硬陶。最近在广东、江西又发现有以打制及磨制石器和夹砂粗陶为特征的文化，时代上比几何纹陶器为早。这一带的原始社会时代的人似乎以渔猎和采集经济为主。石器中有很多狩猎用的箭头和砍伐与制作木器用的有肩石锛。捕获鱼类也是他们谋取生活资料的手段之一。有些地点还有贝丘，是他们采集贝类供食的遗留。有些地点也有农业经营，到了后来农业稍为普及；但是大规模砍伐亚热带的

---

① 丁颖：《江汉平原新石器时代红烧土中的稻谷壳考查》，《考古学报》1959 年第 4 期。

② 《考古学报》1960 年第 2 期。

③ 参阅《考古学报》1959 年第 4 期；《考古》1962 年第 3 期。

森林使改为水田，恐是铁器时代的事。晚期的几何纹陶中有夔纹和雷纹等，当是受中原地区铜器的影响。他们的氏族公社解体的时代，当在东周晚年或者到汉初。

我国境内其他地区，如西南的四川、云南等，西北的新疆、青海，东北的辽宁、吉林等处，解放后都曾发现过一些原始社会的遗址。它们包括有几种不同的文化。每一地区，每一文化，都有它自己的特征，但又表现出与中原地区文化有一定的关系。我国是一个多民族的国家，各个民族都有它自己的文化创造，有它自己的贡献；但又互相影响，互相关联，紧密地结合在一起。这在原始社会时代已是如此。全国各地历史发展是不平衡的。上面所提到的各地许多不同类型的文化互相关系和时代先后等问题，都需要我们继续进一步研究。

原始社会的解体

我国原始社会是在什么时期解体的？这问题需要由各方面来探究。父系氏族瓦解的主要原因之一是由于社会生产力的进一步发展。这样便使财富在一个人数很少的阶级手中积累和集中起来，产生了阶级分化。氏族内部分裂为对抗的两个阶级。曾经经过若干万年的无阶级的原始公社的生活，便告结束。氏族制度不复适应于这有内部对抗的社会，遂被作为阶级压迫工具的国家所代替了。而青铜武器掌握于统治阶级的手中，使上层有产者的统治地位更为巩固。

至于要确定解体的绝对年代，便要考虑到上面所说的全国各地区生产力和生产关系发展的不平衡性。在黄河流域的中原地区，就我们现下所知道的，原始社会的时代差不多和石器时代相等。到了公元前第二千年前半的青铜兴起时代，这里像其他东方古国（埃及、两河流域、印度）一样，原始社会便已解体，进入阶级社会了。但在黄河流域以外的其他地区，原始社会并不随着石器时代的结束而解体。我们知道在欧洲的考古学上，西欧和北欧许多地区的社会，在青铜时代和早期铁器时代都还仍停留在原始社会阶段。我们不能像一些"生产工具决定论"的倡说者一样，抹杀生产方式中的生产关系，以为生产工具的材料可以决定一个社会的性质，以为石器时代只能有原始社会，到了青铜时代便不会再停留在原始社会阶段。这种谬论显而易见是不值得一驳的。

严格地说起来，我国黄河流域进入阶级社会的时代（即原始社会解体的时代），到底是在新石器时代末期，还是在青铜时代的早期呢？由于我国现下能确定为铜石并用期和早期青铜文化的遗存发现得不多，所以我们关于这阶段的知识很贫乏，我们对这问题还不能作十分确定的答复。1959年发掘山东大汶口的新石器时代墓葬群时，发现它们墓制规模大小和随葬品多寡很悬殊，似乎表示当时已有贫富差别。当时有人认为它是处于原始氏族公社解体的阶段，年代上较典型的龙山文化为晚。但是，生活用品的私有制在原始氏族公社中是早已存在的（某些同时用作防御猛兽的武器的生产工具归于个人所有也并不能算做私有财产）；只有生产资料的私有制的发生才表示原始公社的解体。1962至1963年山东曲阜西夏侯发现了大汶口文化的墓群，根据地层关系分为早晚二期，其中晚期的随葬陶器，接近于典型的龙山文化。同时在曲阜东位庄的居住遗址中，发现典型龙山文化的堆积是压在大汶口文化上面的。这样便可以推定它们是要比典型的龙山文化为早。甘肃临夏的齐家文化墓葬中发现有小件铜器，但是它们的墓葬规模和随葬品多寡的对比上，却没有大汶口墓群中所显示的那样突出。不过，齐家文化的分布地区是在当时中原文化的边缘，它的时代似较龙山文化为稍晚。冶铜技术虽已传到这里，但是社会形态仍保留父系氏族公社。至于其他各地区的原始社会解体的过程的详细情况，也都有待于更多的新发现和更深入的研究。就目前的材料而论，绝大部分地区至晚在汉代已进入阶级社会，虽然在极少数的兄弟民族中，在解放的前夕，还保留着许多原始公社制度的特征。对于它们的社会，亟须进行调查，加以研究。这将对于古代原始社会的了解，也会有很大的帮助。

　　这个简单的概括，当然是很不完备的。但是，由此我们已可以看出，解放以来我国原始社会史研究方面所取得的成就和现下仍存在的一些问题。今后我们继续努力，积累资料，深入研究，在这方面一定可以取得更大的成就。

碳－14 测定年代和中国史前考古学[*]

　　早在 1955 年，我们便在《考古通讯》上介绍过放射性碳素测定年代的方法，指出它的重要性，并建议在国内建立实验室进行测定工作[①]。这距离 1950 年 W. F. 利比（Libby）发明这方法的时间只有五年，距离介绍测定方法的著作的出版只有三年。后来中国科学院考古研究所（今属中国社会科学院）采取自力更生的办法，建立了碳－14 实验室。1972 年《考古》复刊后的第一期，公布了第一批测定年代，后来又陆续分批公布，迄今已发表了四批数据。[②] 第一批测定年代公布后，立即引起国内外考古研究工作者的重视。他们纷纷发表文章，介绍我们这项工作，或根据这些测定年代进行对我国考古学年代问题（尤其是新石器时代编年方面）的讨论[③]。后来，中国科学院地球化学研究所、地质

---

[*]　本文原载《考古》1977 年第 4 期。
[①]　《放射性同位素在考古上的应用》，《考古通讯》1955 年第 4 期，第 73 ~ 78 页，见本书第四册。
[②]　考古研究所实验室：《放射性碳素测定年代报告》，（一）、（二）、（三）、（四）分别发表于《考古》1972 年第 1 期、第 5 期，1974 年第 5 期，1977 年第 3 期。
[③]　我们所见到的有下列十几篇：1. 安志敏：《关于我国若干原始文化年代的讨论》，《考古》1972 年第 1 期，第 57 ~ 59 页；2. 安志敏：《略论我国新石器时代文化的年代问题》，《考古》1972 年第 6 期，第 35 ~ 44 页；3. N. 巴纳德：《中国公布的第一批放射性碳素年代》（英文专著，1975 年增订再版），堪培拉，1972 年，第 1 ~ 33 页；4. 町田（转下页注）

研究所、北京大学历史系考古专业等单位，也都建立了碳－14实验室，发表了一些测定数据，取得了可喜的成绩①。

由于利用了碳－14测定年代法，全世界的史前考古学可以说进入了一个新的时代。从前对于有文字记载以前各种文化的绝对年代是没有办法作正确的断定。史前的年代学几乎是完全建立在主观臆测和推论上面的。例如史前欧洲的编年，是先假定欧洲史前文化受到了近东影响而后发展的，因之以为可以依据近东历史文献的编年而相应推定的。现在有了这个新方法，便可以独立地得出绝对年代。所以世界各国竞相建立实验室，进行测定。在1976年6月召开的第九届碳－14断代国际会议的时候，全世界已建立了百多个碳－14实验室，发表过四万多个年代数据，其中所谓考古资料的将近半数②。世界上好些地区的史前年代学

（接上页注③）章译《放射性碳素测定年代报告（一）》，《考古学ジャーナル》（日文）第69号（1972年5月），第16～17页，即《考古》1972年第1期的报告（一）的日本译本，后附安志敏文1的日译；5. 冈村道雄译《放射性碳素测定年代报告（二）》，同上，第79期（1973年第3期），第6～9页，即《考古》1972年第5期的报告（二）的日文译文加上《译者后记》；6. R. C. 鲁德福：《中国第一批碳－14测定年代》，《埃西斯（Lsis）》（英文）第64卷（1973年3月），第101～102页；7. R. 皮尔孙：《从中国来的放射性碳素年代》，《古代》（Antiquity）（英文）第47卷，第186号（1973年6月）第141～143页；8. 张光直：《从中国来的放射性碳素年代：几点初步的诠释》，《现代人类学》（Current Anthrop.）第14卷第5期（1973年12月），第525～528页；9. 町田章：《C^{14}年代测定的中国新石器时代的编年》，《考古学研究》（日文）第20卷第3期（1974年第2期），第59～66页；10. D. 巴雅与张光直关于中国放射性碳素年代的讨论，见《现代人类学》（英文），1975年第16卷第1期，第167～170页；11. 张光直：《中国考古学上的放射性碳素年代及其意义》，《考古人类学刊》1975年第37/38期，第29～43页；12. W. 密阿查姆：《中国新发表的一批碳－14年代》，《亚洲展望》（英文）1976年第17期，第204～213页；13. 田和祯昭：《依据放射性碳素测定年代的中国先史文化的编年》，《史学研究》（日文）第133号（1976年9月），第72～88页；14. 持井康孝译：《甲骨学》（日文）1976年第十一号，第153～175页，即上面第1种的日文译本，加上译者附识。

① 地球化学所实验室：《几个考古样品的放射性碳素年代测定》，《地球化学》1973年第2期，第135～136页；地质研究所实验室：《天然放射性碳素年代测定》，《地质科学》1974年第4期，第383～384页；北京大学考古专业碳14实验室：《液体闪烁法碳14年代测定工作初步报告》，《文物》1976年第12期，第80～84页。

② 会议简讯，见《古代》（英文）1977年第51卷第201期，第46～48页。

由于有了碳 – 14 测定年代法而起了很大的变革。尤其是在欧洲史前考古学方面，其结果是推翻了旧的年代学，另行建立一个新的。所以有人称之为"放射性碳素的革命"①。早在 1959 年便有人认为放射性碳素断代法是 20 世纪史前考古学中的大革命②。

碳 – 14 测定年代的结果在我国虽然没有引起这样的大震动，但是在史前年代学及其相关的问题上，也使我们在许多方面不得不重行考虑，展开讨论。

在没有讨论以前，先要指明碳 – 14 断代法的局限性。关于这方法的原理和操作技术，1962 年的《考古》上曾有详细的介绍③。对于它的误差问题，《考古》上也有专文加以讨论④。我在这里只想特别指出下列三点：第一，发明者利比原先提出的"处于交换状态的碳中碳 – 14 含量自古以来是恒定的"这一假定，后来经过树木年轮的碳 – 14 测定，被证明是不确实的。不同年代的碳 – 14 浓度是有变化的。碳 – 14 年代的数据需要作"树轮校正"，才能得到"真实"的年代。这种"树轮校正"现下已可上溯到约距今 7350 年（即公元前 5400 年，达曼对照表中最早年份为距今 7355 年）。但各家的校正数值不同，现下还没有一个公认的校正值曲线或对照表。并且它们原来是根据美国高山上的树木年轮，是否全世界各地都能适用，还有疑问。不过，各家的校正值互相间相差一般不到一百年。本文中采用达曼等的对照表，与实际的年代应该是比较相近的。至于半衰期值，新值 5730 年虽然比较利比等人最初使用的旧值 5570 年要精确一些，但是由于碳 – 14 浓度依时代不同而有变

① C. 伦弗罗（Renfrew）：《文明时代以前：放射性碳素的革命和史前欧洲》（英文版，1973 年）；R. T. C. 阿特金森（Atkinson）：《英国史前考古学和放射性碳素的革命》，《古代》（英文）1975 年第 49 卷第 195 期。二者的标题中都使用了这个名称。
② G. 但尼尔（Daniel）发表于《古代》（英文）1959 年第 33 卷第 130 期的《编者的话》，第 79 页。
③ 仇士华、蔡莲珍：《放射性碳素断代介绍》，《考古》1962 年第 8 期，第 441～446 页。
④ 考古研究所实验室：《碳 – 14 年代的误差问题》，《考古》1974 年第 5 期，第 328～332 页。

化，二者都要加"树轮校正"，所以采用哪一种数值是无关紧要的，任采哪种都可以，但要说明是用哪一种（1962 年第五届碳 - 14 国际会议上规定仍继续使用旧值）。当然，不同标本的互相比较，要使用同一标准的数值。如果没有现成的，便要加以换算。第二，碳 - 14 年代后面的加减号和数字（例如 ±90），是统计学上的标准偏差（也称"标准误差"）。不要误以为数据的误差不会超过这数。误以为确实的年代一定便在这范围以内。标准偏差是说确实的年代有 68.27% 可能在这范围以内，仍有 31.73% 可能在这范围以外。便是两个标准偏差（例如将上例的 ±90 乘二，成为 ±180），也只表示有 95.45% 可能在这较大一倍的偏差的范围以内。第三，统计学偏差以外，测定的年代作为考古学年代之用还有其他误差的可能，例如实验过程中所产生的误差，文化层或古建筑物中年代较早的木质标本，特殊环境中生长的标本（在活火山地带，现代的树木曾得出碳 - 14 年代距今1000 ~ 2300 年的异常值。古代遗迹中两个火山灰层间的文化层，也产生碳 - 14 年代的异常值[1]），受到污染的标本，同位素分提效应所引起的误差等。还有要特别提出需要注意的，是考古工作者在采取标本时没有认真注意地层关系所引起的误差。总之，发生误差的机会是很多的。所以，只有一系列的基本一致的碳 - 14 年代才是有价值的，而一两个孤零的数据，就其本身而论，是没有多大意义的。后者很可能是受到某种误差的影响的产物，因之很可能是错误的，不可靠的。

本文中所引用的碳 - 14 测定年代，其中有些便是显然有误，应该剔除不用。这里我先将我所收集到的现已发表的中国考古资料碳 - 14 年代（台湾省方面的，暂不列入），编成一个一览表（表 2），附于本文的后面。现在依照这一个附表，提出几个问题，试作初步的讨论

---

① 中村嘉男：《半坡类型的影响》，《考古学杂志》（日文）1972 年第 57 卷第 4 期，第 20 页。

（本文中采用某些专业论文中的使用法，以 bp 和 bc 指未作年轮校正的，
BP 和 BC 指已校正的年数或年份）。

一　旧石器晚期文化问题

一览表中属于旧石器晚期的，共有 4 个地点，5 个数据，即朔县峙
峪（1）周口店山顶洞（2）安阳小南海（3）和资阳黄鳝溪（116、
117）（地名后括弧中没有冠以拉丁字母的数字，是表中顺序号；数字
上面有字母的，为各实验室标本号，下同）。这五个年代都是距今
7485bp 年（半衰期值：5730 年，下同）以上，因之，没有树轮校正数
值可供校正。其中山顶洞人是距今 18865bp ± 420（ZK136 – 0）即约距
今 18445 ~ 19285 年之间。从前对于山顶洞人的年代，只能大致定为旧
石器晚期，绝对年代估计为"距今约有十万年左右"[1]。对于这样古远
的时代，当然不能要求十分精确的数字，但是从十万年左右缩短到一万
九千年左右，差距不能不算是很大。峙峪是距今 28945bp ± 1370
（ZK109 – 0），小南海是距今 13075bp ± 220（ZK170 – 0）。在峙峪的发
掘报告中，发掘者认为小南海遗存晚于峙峪。这论断现在得到了碳 – 14
年代的支持。这三个标本都是兽骨化石。骨质标本从前是认为可靠性很
差的。近来经过操作技术的改进，所测得的年代一般认为可靠，虽然有
时也发生误差[2]。这三处虽然每处都只有一个数据，但估计与真实的年
代可能相差不会太远。欧洲的旧石器晚期的年代，从前也作过估计，以
为开始于十万年以前。现据碳 – 14 年代，可以确定为约距今 35000 ~
10000 年，其中马格德林文化，开始于距今不到二万年的时候[3]。这表

---

① 贾兰坡：《山顶洞人》，1951 年版，第 2 页。
② 考古所实验室：《骨质标本的碳 – 14 年代测定方法》，《考古》1976 年第 1 期，第 28 ~ 30
　页。
③ G. 克拉克（Glark）：《世界史前史》，1969 年增订版，第 66 ~ 69 页。

示全世界的（包括我国的）旧石器晚期文化的变化和进展的速度，是比从前所想的远为快速。我国这三处的旧石器晚期文化，其打制石器的技术，相当进步。当时已有类似细石器的石器。

至于资阳黄鳝溪小砾石层出土的两件乌木的碳－14年代是距今7485bp±130（ZK19）和6740bp±120（ZK256）。将来如果能得到树轮校正数值，估计相差不会超过数百年。这与原来估计的"数万年至十余万年之间"①，相差很大；便是和旧石器晚期的下限（距今万年左右）相比较，也相差二千余年。这两个碳－14年代的中值，相差不过750年。测定方法方面似无问题，标本也不像曾受过这样严重的污染。不过标本的时代，即乌木所属的"小砾石层"的时代，是仍有争论的。有人认为这地层是全新世早期的②，换言之，测定的距今6000~7000年是可能的。并且资阳人化石是否与乌木标本同一地层，也是不能确定的。如果资阳人化石不产于小砾石层而产于其上的深灰色腐泥层（其下的大砾石层无任何化石），则它的年代比较乌木标本还要稍晚了。

二　最早的新石器文化问题

下面这幅分布图（表1）是根据本文的附表制成的。这是将现已发表的中国考古资料碳－14年代中关于新石器时代及青铜时代早期凡属于公元前1000年以前的数据，一共89个，分别依地区、依时代，编制而成。年代顺序是由左侧开始，右行直至公元前1000年为止。因为在这年份以后，我国不仅早已进入历史时期，并且年代明确。关于历史时代的遗存，由考古学证据结合文献所推定的年代，较之其标准偏差相当大的碳－14断代，要精确得多了。

---

① 贾兰坡：《人类学的新发现》，《中国建设》（英文版）1954年第3卷第4期，第36页。

② 《考古》1972年第1期，第58页；《考古学报》1974年第2期，第111~124页。

表 1　中国 89 个碳－14 测定年代的地区和时间的分布图

公元前 5000 B.C.　　4000 B.C.　　3000 B.C.　　2000 B.C.　　公元前 1000 B.C.

左侧地区栏：
- 中原地区
- 黄河上游（甘青地区）
- 黄河下游和旅大地区
- 长江中游 下游
- 闽粤沿海
- 西南地区
- 东北地区

底部对照年代：
公元前 5000 B.C.（4173,4355 b.c.）　4000 B.C.（3207,3360 b.c.）　3000 B.C.（2363,2491 b.c.）　2000 B.C.（1580,1688 b.c.）　公元前 1000 B.C.（796,878 b.c.）

注："历年" B. C. 已依达曼对照表作过年轮校正。未行拓弧中 b. c. 是未作年轮校正的。

195

　　由于我国各地区现已占有的考古材料的丰富程度不同，而经过碳－14 断代的遗存更只占其中极少的一部分。许多新石器文化只有一个数据，有的连一个都没有。但是，由这个分布图中，我们已经可以在某些方面看出它们的意义来。

　　分布图中左侧用箭头表示距今年数超过 8450bp（即历年超过公元前 6500bc）的，共有两个地点、三个数据。这些都是现下还没有树轮校正数据可供校正的，估计将来校正后可能还要添加 700 或更多年数。两个地点中的江西万年仙人洞有两个数据（69、70）。这洞中文化堆积有上、下两层，但是"属于一种性质的原始文化的遗存"。上层的年代后来研究结果，以为较商代中期的吴越遗址为早，但已有少量的方格印纹陶，还有黑皮磨光陶；但上、下层都是以夹砂红陶为主，二者之间"有其一脉相承的联系"。1963 年的第一次发掘简报中，将上层文化定为新石器晚期。下层较早一些。1976 年第二次发掘简报毫无保留地接受了碳－14 年代，说这遗址是"我国已发掘的新石器早期遗址中最早的一处，它的下层距今至少在八千年以上"。我以为这个新石器遗址虽不能说它一定属于晚期，但似乎也不能说是距今至少八千年以前的新石器早期文化。从这里的上层文化层中出土的一个贝壳，其碳－14 年代（69）是距今 10870bp ± 240（ZK39）。这数据实嫌过早。仙人洞是石灰岩山洞，附近的流水中含有大量由石灰岩溶化而来的几乎不含放射性碳素的古老碳酸盐。贝壳中的碳酸盐主要来源当是这种古老的碳酸盐，所以碳－14 年代测定一般要偏高。这是上述的所谓"特殊环境中产生的标本可能发生的误差"。另一个数据 8825bp ± 240（ZK92－0）是使用下文化层出土的兽骨化石测定的。根据常理，下层的年代应较上层的为早。这里反而比上层的数据要晚二千多年（二者的半衰期值都用 5730）。便是这个数值，也嫌过早。上层文化虽较早于商代中期，但似不能太早，似和下面第（六）节所说的碳－14 年代为公元前 2810BC ± 145 的修水跑马岭遗址，相距不会太远。我们很难相信这一种原始文化能开始这样早，而且延续这样长久而变化不大。骨质标本从前是认为不可靠的，现在经过操作技术改进后虽一般认为可靠，但是可靠性仍不及木质或木炭标本，而且也仍不能避免一般碳 – 14 断代中可能发生的误差。总之，从考古学角度来看，仙人洞的两个标本数据，都嫌过早，似乎是难以接受的。至于桂林甑皮岩（115）的遗存，原报告认为是"新石器时代晚期中较早的类型"，基本上是正确的。这里的第三层（即主要的文化层）中出土的一件蚌壳，经测定是距今 11310bp ± 180（ZK279 – Ⅰ），这实嫌太早。我们考虑到这里也是石灰岩山洞，标本种类也是贝壳，像仙人洞的数据 ZK39 一样，都应剔除不用。原报告将这里的遗物与仙人洞的相比较，以为文化类型大致相同。我以为二者的年代都不会太早。

剔除了这两处的数据以外，分布图中在中原地区和长江中下游这两个地区各有一处，其年代经年轮校正后超过公元前 5000BC。并且在这两个地区内，可以看出从这个突出处开始，连续下去有一系列的碳 – 14 年代，一直延续到历史时期。这两处应该是现在能确定的我国最早的新石器时代的文化了。同时，这也使我们重新考虑我国新石器文化的起源是否一元的这个考古学上重要问题。从前一般的看法，多倾向于我国新石器文化起源于黄河中游的中原地区，然后向四周传播。但是我在1962 年的一篇文章中曾指出："在长江流域和东南沿海一带，也发现了经济生活和它（指黄河流域的新石器文化）相同的农业部落遗址，但是文化类型不同"[①]。这是说：经济生活的发展程度是相同的，都是以比较原始的农业为主，也兼从事于渔猎和采集工作，还饲养家畜。但是文化类型不同，表明它们有不同的来源和发展过程，是与当地的地理环境适应而产生和发展的一种或一些文化。当然这并不排除与黄河流域的新石器文化可能有互相影响，交光互影。这种看法似乎比那种将一切都归之于黄河流域新石器文化的影响的片面性的传播论，更切合于当时的

---

① 《考古》1962 年第 9 期，第 453 页。

真实情况，更能说明问题。这十几年的考古发现和碳－14测定年代的结果，似乎是支持我的这种看法。

中原地区的河南登封双庙的三件标本（4、5、9），都是木炭，测定年代是公元前5070BC±170（BK76019）、5040BC±210（BK75054）和4560BC±135（BK76020）前二者的平均值是5055BC±135。最后一个数据（9）与之相差约500年，可能是它的晚期的标本，与半坡遗址的年代大致同时。标本的说明都是"仰韶早期"。但是这里的文化能否归入"仰韶文化"这范畴，和它本身是否可区分早晚阶段，这只能等待考古材料发表后再说。另一个可能早到半坡遗址时代或稍晚一点的遗址，为河北阳原蒋家梁（7），标本说明上写的是"新石器时代"，据闻有细石器和烧后绘彩的彩陶。碳－14年代为公元前4670BC±140（ZK295－0）。这也只能等考古材料发表后再加讨论。至于原来一般认为比半坡的仰韶文化更早的李家村文化，只有一个数据，校正后为公元前2690BC±145（ZK169）。这比半坡标本最晚的数据（ZK127），还要晚约1400年。我们所知道的好几处李家村文化的遗存都压在半坡文化层的下面①。这里测定年代前后颠倒。由考古学角度来看，是难以接受的。数据测定后，我曾间接询问过这标本的出土情况。据闻标本的出土地层不明，并不是在发掘地层"第三层底部出土"。这个数据应摒弃不用。

长江中下游的早期新石器文化，直到最近还有人以为都是"青莲岗文化"②。过去对于"青莲岗文化"的年代，一般估计偏晚。1972年发表了崧泽下层出土的木头标本（77）的碳－14年代，知道它早到公元前4035BC±140（ZK55）。最近发现的余姚河姆渡遗址，其上层（即1~2层）与崧泽下层文化相当，测定年代为3710BC±125（BK75058）。

---

① 《我国最近五年来的考古新收获》，《考古》1964年第10期，第486页。
② 吴山菁：《略论青莲岗文化》，《文物》1977年第3期，第189~192页。

而河姆渡下层（即 3~4 层）更早，文化面貌也与上层的有所不同。它的两个年代数据（710、72）为公元前 5005BC ± 130（BK75057）和 4770BC ± 140（ZK263）。这两个数据，现下我们无法断定哪一个较接近于真实的年代。二者的平均值是 4887BC ± 96。这河姆渡下层文化是前所未见的，可依原简报称之为"河姆渡文化"。这个文化既是年代古老，其文化内容又是丰富多彩。它的农作物主要是水稻，农具是骨耜。家畜有猪、狗，可能还有水牛。有使用榫卯技术的木构建筑。陶器是夹炭末的黑陶，造型简单，主要是釜、钵、罐、盆、盘等五种，有类似鼎足的活动支座，但是没有鼎、豆等。这种文化面貌，是和黄河中游的仰韶文化，完全不同。后者的农作物主要是小米（小粟），农具是石铲，家畜虽亦有猪、狗，但未见水牛，住房是半穴居，后来为木骨泥墙的地面建筑，陶器以红陶为主，彩陶普遍，器形常见小口尖底瓶、长颈壶，后来有鼎。河姆渡的上层文化，留待下面讨论长江中下游新石器文化时再谈。

三　中原地区的新石器文化的排列顺序和绝对年代

中原地区的新石器文化，主要的是前后相承接的仰韶文化和龙山文化。仰韶文化可分为几个不同的类型。河南登封双庙的遗存，年代较早。但上节中已指出，它是否可归入"仰韶文化"，要等材料发表后再说。关于半坡和庙底沟这两种类型的仰韶文化的先后关系，从前有三种说法：或以为半坡较早，或以为庙底沟较早，或以为两者同时平行发展。邠县下孟村的发掘，用层位关系证明了半坡类型早于庙底沟类型[1]。现在经过碳－14 年代的测定，半坡四个标本（6、8、9、12）的

---

① 《考古》1962 年第 6 期，第 295 页（下孟村简报）。

年代是约自公元前 4770 年至前 4290 年，如果没有严重的误差，而最早或最晚的数据如果接近上、下限，则这类型的文化延续达五百来年，即约公元前 4800～前 4300 年。而庙底沟类型的仰韶文化的标本是公元前 3910±125（ZK110），比半坡类型的最晚一个数据，还要晚四百来年。这对于二者的前后关系的确定，又提供了一个坚实的证据。至于像山西永济西王村那样叠压在庙底沟类型文化层之上的近似半坡晚期的遗存，或许像安志敏所说的"应该另行命名以资区别"，而不归入半坡类型中。半坡类型可以半坡早期遗存为限①。

接近半坡类型的后冈类型仰韶文化，其测定年代为公元前 4390BC±200（ZK134）和 4185BC±140（ZK76）。假定它们代表这个类型的上、下限，则它延续的时间约二百来年，相当于半坡类型的后期，而早于庙底沟类型。郑州大河村的文化遗存，接近于庙底沟类型。它的四个标本（15～18）的测定年代为公元前 3685BC±125（ZK185）、3070BC±210（BK76004）等，包括早、中、晚各期，延续约六百来年。整个中原的仰韶文化，包括不同时代的各种类型，可能是约公元前 5000～前 3000 年。

至于河南的龙山文化，可分为早期的（或庙底沟二期的）和典型的（或后冈二期的）两种类型。前者的标准地点庙底沟二期所出土的标本，测定年代为公元前 2780BC±145（ZK111）；后者则有磁县下潘王、洛阳王湾三期和后冈二期的标本，其年代分别为公元前 2515BC±145（ZK200），2390BC±145（ZK126）和 2340BC±140（ZK133），换言之，约在公元前 2500～前 2300 之间。整个河南龙山文化，包括早、晚两种类型，其年代约为公元前 2800～前 2300 年。

继河南龙山文化之后的为铜石并用时代至青铜时代初期的二里头文化。这里已测定了四个标本（24、25、26、30），其中三个数据成一系

① 《考古》1972 年第 6 期，第 37 页；西王村原报告，见《考古学报》1973 年第 1 期，第 31～58、62 页；原简报见《考古》1962 年第 9 期，第 464 页。

列，包括二里头文化的一期至四期，年代约自公元前 1900 至前 1600
年。另一个标本（30）虽来自中层（三期），但测定年代反较上层（四
期）的为晚，为公元前 1450BC ± 155 年。这数据和本组其他数据不相
符合，可能是有误差。关于二里头文化与历史上夏、商文化的关系，留
待另文讨论。郑州的商代中期（二里岗期）文化层中出土两件标本
（27、28），测定年代约为公元前 1600 年 BC 左右（ZK177、ZK178）。
河北藁城的"商代中期"遗存的测定年代为公元前 1520BC ± 160
（BK75007），与二里岗标本所测定的年代差不多同时。安阳的二件标本
（32、33）属于殷代晚期，测定年代为公元前 1290BC ± 155（ZK86）和
1255BC ± 160（ZK5）。至于昌平白浮龙山鹿场的西周初年铜器墓的木椁
的木标本（31），测定年代为 1300BC ± 155（BK75052），较安阳殷墟的
商代晚期的标本为早；较之历史文献上的周初年代，也嫌过早。这里当
有误差。

四　黄河上游甘青地区新石器文化的排列顺序和绝对年代

这里的测定标本，来自甘肃、青海二省的东部。在这一地区内，主
要的新石器文化遗存是所谓"甘肃仰韶文化"。其中又可分为三个类
型：马家窑、半山和马厂。我以为后二者是一个文化的前后紧接相承的
两期遗存，可以称为"半山 – 马厂文化"。马家窑类型的陶器的形式和
纹饰方面另具一种面貌，或可称为马家窑文化，时代相当于半山期或更
早。

较马家窑文化为早的遗存，在这地区有"石岭下类型的仰韶文化"或
"石岭下类型的马家窑文化"。这类型的文化内容，既有中原地区的仰韶文
化成分，又含有马家窑文化的成分。它分布于甘肃东部的天水、武山一带。
东部的以中原仰韶文化为主，从这里向西的遗存，则马家窑文化的成分逐

渐增加，到洮河流域则多为单纯的马家窑文化。在临洮马家窑－瓦家坪遗址，发现有马家窑文化遗存压在中原仰韶文化遗存的上面的地层叠积情况①。测定过的一件"石岭下类型"文化遗址出土的标本（44），出自武山灰地儿，年代为公元前3813BC±175（ZK186），相当于中原仰韶文化的中期（例如庙底沟一期，大河村早期）。这遗址离甘谷车站只有3公里半，属武山县五甲庄②。出土遗物，以马家窑文化的成分为主，但陶器的器形和纹饰也具有中原仰韶文化的因素，如尖底瓶、白彩绘等。

马家窑文化的相对年代，已由地层证据确定为在中原仰韶文化之后；至于它与半山－马厂文化的先后关系，一般认为马家窑文化较早，也有人认为它与半山期相当，甚至于认为二者的差别只是半山为葬地，马家窑为住地。碳－14的年代是：马家窑文化的两个数据（45、46）是公元前3100BC±190（ZK108）和3070BC±190（BK75020），换言之，约在公元前3000年左右，相当于中原仰韶文化的晚期（例如大河村晚期）。半山期的两件标本、三个数据（48、49、50）是公元前2505BC±150（BK75033）、2475BC±150（ZK25）和2380BC±150（BK75029）。后二者是同一件标本的两个取样，应取其平均值2427BC±106。如果根据这三个数据，半山类型的年代可能跨着公元前2500至2300年的。马厂类型的标本中，可确定为早期的（51），其测定年代为公元前2280BC±140（BK75009），晚期的（56）为2055BC±110（BK75017）。仅知为马厂类型未注早、晚期的有三个数据，其中二个为公元前2180BC±110（BK75028）和2145BC±120（BK75012），都在前面所举的早、晚二者之间，可能为中期的；整个马厂期可能约为公元前

---

① 《考古学报》1960年第2期，第13、17、26、41～42页；《考古》1958年第7期，第8页。

② 灰地儿，也有作属于甘谷县，如《考古》1958年第7期第8页。这里依照《考古学报》1960年第2期第42页遗址登记表和《考古》1971年第7期的调查报告。这可能由于行政区划有变动。

2300 至前 2000 年。但是另一个数据为 2623BC ± 145（ZK21），不但比较上述马厂类型早期的年代早 300 多年，并且比上述半山类型的大约年代公元前 2500 ~ 前 2300 年也还要早。这里当有误差。从考古学角度来看，这个数据应摒弃不用。我们不可用它来证明马厂较早于半山，也不能说要对过去的认识重新研讨。甘肃仰韶文化（包括三个类型），总的年代约占 1000 年，即约自公元前 3000 ~ 前 2000 年，要比中原仰韶文化的大约年代公元前 5000 ~ 前 3000 年为晚，总年数也较短。石岭下类型的则在时代上或地域上，都占过渡的位置。再一次证明了安特生和他的追随者们所主张的中原仰韶文化西来说是站不住的谬论。就年代学而论，不能说有一种彩陶文化由西亚、中亚，经过甘青地区而表现为甘肃仰韶文化，更向东传播而表现为中原地区的仰韶文化。恰巧相反，中原的较早于甘肃的；如果是一种传播过程，应该解释为由中原西传到甘青地区。有人以为石岭下类型是中原仰韶文化和马家窑文化的混合。但是现有的材料却证明马家窑文化比石岭下的为晚。是否有这种可能：中原仰韶文化传到甘肃东部，发生了新的因素；这种新的因素后来发展为马家窑文化，最后发展到马厂文化；而甘肃东部则由于中原龙山文化的传来，彩陶方面没有发展变化，而整个文化面貌成为主要是中原龙山文化成分的齐家文化，而后者也向西传播。

至于齐家文化，现有三个数据。其中早期齐家文化的（52），测定年代为公元前 2255BC ± 140（BK75010），时代和马厂中、晚期相当。其他两个标本出土于典型齐家文化的永靖大何庄遗址（57、58），年代是公元前 2050BC ± 115（ZK15）和 2015BC ± 115（ZK23）。这两件标本都出于该遗址同一柱洞，数据可采用平均值 2034BC ± 81，是在马厂文化最晚的碳 – 14 年代之后，但相差不远。永靖另一个齐家文化遗址秦魏家，相对年代要比大何庄为晚[1]，绝对年代当稍后于公元前 2000 年。

---

[1] 《考古》1976 年第 6 期，第 353、354 页。

从前安特生误以为齐家早于仰韶。他还臆定齐家文化为公元前 3500 ~
前 3200 年，后又改为公元前 2500 ~ 前 2300 年，都嫌过早。我国考古工
作者从前根据地层证据，指出他的前后颠倒的错误，并且认为齐家文化
的年代不会比公元前 2000 年早过许多①。这次又得到碳 - 14 年代的支
持和证实了。秦魏家、大何庄等处的出土物和甘肃东部的齐家文化遗迹
或遗物的比较研究，证明"齐家文化在东边的要比西边的为早"。更东
的陕西境内的客省庄二期文化（"陕西龙山文化"）是与齐家文化相近
而时代却早于齐家文化。典型的河南龙山文化是与陕西的很接近，它的
碳 - 14 年代的约在公元前 2500 ~ 前 2300 年，我认为齐家文化不是从半
山 - 马厂文化独立发展而成的。它和东边的以客省庄为代表的陕西龙山
文化，非常相近。如果齐家文化的发现在客省庄的发现之后，可能便会
被称为"甘肃龙山文化"。它和半山 - 马厂文化的相同点，大都是一般
性的，是华北黄土地带新石器文化所共有的，例如陶器多红陶，常有绳
纹，农作物以小米为主。但是它和客省庄二期文化的共同点，例如双大
耳红陶罐（杯），绳纹侈口褐陶罐等，却是有显明的特殊性，表示一定
的文化关系。至于齐家文化早期的少量彩陶，其中一部分，其器形是齐
家文化式的，彩绘花纹也自具风格，只是施彩这一点可能受到同时存在
的半山 - 马厂文化的影响。另一部分是马厂型彩陶；它和同出的马厂
型和齐家型的素陶，只表明二种文化曾同时并存，互相影响。齐家文
化是受东边的陕西龙山文化的影响而形成的。可能在西传的传播过程
中，发生了一些变化，部分是受到当地原有文化的影响，因之形成了
齐家文化。

至于青海的诺木洪遗址，这里曾发掘到铜制的斧、刀、钺、镞，木
制的车毂等，都是比较进步的。原报告认为它的下限"可能到战国或
汉代以前"，这估计还是合理的。无论如何，它不会早到殷周以前。但

---

① 夏鼐：《齐家期墓葬的新发现及其年代的改订》，本书第二册。

是这里的一件标本（53）所测定的数据是公元前 2177BC ± 110
（ZK61），实嫌过早。由考古学的角度来看，这数据似有误差，是难以
接受的。

五　黄河下游地区的新石器文化

这地区以山东半岛为主，也包括江苏北部（徐州地区）和辽东半
岛（旅大地区）。以黑陶为特征的典型龙山文化，最初发现于山东，当
时有人以为仰韶和龙山是两个不同民族的文化，分别在东、西方平行发
展。1931 年后冈的发掘证明的河南北部，仰韶早于龙山。1956～1957
年的陕县庙底沟的发掘，证明这里的第二期文化是属于龙山早期，并且
可以看出由仰韶发展到龙山的过渡的过程。但是这是指河南龙山文化而
言。而山东的龙山文化，除了与典型河南龙山文化有互相影响之外，似
乎还应有一个本地的来源。最近几年的新发现，证明这个本地的来源便
是大汶口文化（本文中所说的大汶口文化是广义的，大汶口墓地只代
表它的晚期）。潍县鲁家口遗址中大汶口文化和龙山文化的标本各一件
（65、66），它们的碳－14 年代分别为公元前 2340BC ± 145（ZK317）
和 2035BC ± 115（ZK321）。前者相当于典型河南龙山文化的年代。而
后者（山东龙山文化）则比河南的为晚。旅大地区双砣子下层也是山
东龙山文化类型，碳－14 年代较早，为公元前 2465BC ± 145（ZK78）。
如果用两个数据为根据，则山东龙山文化跨着公元前 2400～2000 年，
即相当于典型的河南龙山文化，而延续到更晚的时期。

至于大汶口文化的年代，鲁家口的标本似乎接近它的下限，它比双
砣子的龙山文化数据还要晚 125 年。但是考虑到这两个数据的标准偏差
都达到 ± 145 年，因之，即使没有其他误差，专就统计偏差而言，并不
排除鲁家口的标本仍有早于双砣子的可能。大汶口文化早于山东龙山文
化，这是有层位学的证据，例如曲阜西夏侯的大汶口文化的墓葬（第

3、4 层），便压在包含有山东龙山文化遗物的第二层的下面①。江苏邳县大邳子遗存，也是属于大汶口文化（或归之于"青莲岗文化"。这名词问题，下面再加讨论）。它的一件标本（63），其碳 – 14 年代为公元前 4494BC ± 200（ZK90）。如果依据这两个已测出的数据，则大汶口文化至少跨着公元前 4500 ~ 前 2300 年，延续了两千多年，似嫌时间过长。但是这并非不可能。大汶口文化（或称之为"江北类型的青莲岗文化"）的年代的确定，还需要更多的碳 – 14 测定数据。

至于旅大地区双砣子上层的遗存（67），已发现有青铜器，其陶器的形制，虽还保留一些龙山文化的因素（例如黑陶），但已自具特征。这遗存当属于铜石并用时期或青铜文化早期。它的碳 – 14 年代是公元前 1360BC ± 155（ZK79），相当于中原的殷商晚期。

六 长江中、下游地区的新石器文化的排列顺序和绝对年代

关于江西仙人洞和浙江河姆渡二处的碳 – 14 年代，已在上面（二）"早期新石器文化"中讨论过。河姆渡上层文化遗存（79），其文化性质是和吴兴邱城（下层）、吴县草鞋山（下层）、青浦崧泽（下层）和常州圩墩等四处，都很相似。可以归属于同一文化。这五处的七个测定年代，由邱城（下层）的公元前 4746BC ± 125（ZK46）到河姆渡（上层）的公元前 3710BC ± 125（BK75058），延续约一千年。其中四个数据（75、76、77、78）集中于公元前 4000 年左右，互相间相差不到一百年。邱城的数据较早，在公元前 4800 ~ 前 4700 之间，相当于中原的半坡类型仰韶文化的时代。从前多将这种文化和大汶口文化合称为"青莲岗文化"，或分称为"江南类型"和"江北类型"的青莲岗文化。

①《考古学报》1964 年第 2 期，第 104 页。

实则二者虽也有相同点，但就整个文化面貌而论，是两种不同的文化。我以为还是以分别定名较为妥当。为了避免混淆，"青莲岗文化"这一名词，似可避免不用。我建议把二者分别叫作"大汶口文化"（包括刘林、花厅村、大汶口、青莲岗等）和"马家浜文化"（包括马家浜和崧泽，但南京北阴阳营下层墓葬，似乎代表另一种文化）。这个马家浜文化①，来源于较早的"河姆渡（下层）文化"。其年代约为公元前4750～前3700年，相当于中原的仰韶文化。它虽和大汶口文化在年代上同时，并且由于相毗邻而互相影响，但根据现有的碳 – 14 年代，似乎它开始较早，而结束也较早。并且它们之间的区别很大，比山东龙山文化与良渚文化之间的差别还要大得多。

长江下游承继马家浜文化的是良渚文化。关于良渚文化，我们已测了四个地点的七个标本，其中吴兴钱山漾的四个（80、81、84、88）、余杭安溪（82）、嘉兴雀幕桥（89）、金山亭林（90）的各一个。碳 – 14 年代由钱山漾的公元前 3310BC ± 135（ZK49）到金山亭林的公元前 2250BC ± 145（ZK254）。如果这些数据都可靠，并且上引两个数据接近于它的上、下限，则良渚文化的延续时间也达一千年左右，即公元前3300～前2250年，相当于黄河流域的河南龙山文化和山东龙山文化，而开始的时代则要较早。

另一个新石器文化是长江中游的屈家岭文化。它的三个碳 – 14 年代是公元前 2730BC ± 145（91）、公元前 2695BC ± 195（ZK125）和公元前 2635BC ± 150（ZK124），是约在公元前 2750～前2650年。相当于大汶口的晚期，河南龙山的早期，和良渚的中、晚期。这是它的晚期的年代，早期的当要更早一些。

至于良渚文化以后的湖熟文化，有南京北阴阳营上层出土的两个标本（91、92）。它们的碳 – 14 年代为公元前 1820BC ± 135（ZK142）和

---

① 马家浜的"浜"字从兵，读如邦；有误写作"濱"或它的简笔字"滨"，应改正。

公元前1387BC±165（ZK28），已是中原的殷商时代，其下限可能到西周初期。至于金山的遗存（93），属于印纹陶早期，碳-14年代为公元前1164BC±120（204），时代当是西周。至于武进淹城护城河中出土的独木舟，发现时根据同层出土遗物（包括软、硬印纹陶罐和铜编钟等）和文献记载，认为是春秋晚期至战国时代。这个推论的年代还是合理的。但是测定结果是公元前1055BC±120（ZK27），实嫌过早，不能采用。这又一次证明了有明确编年的历史时期，碳-14的测定年代的误差，是容易被发觉的。

江西修水跑马岭遗址（83），出土物以夹砂粗红陶为主，也有少量的印纹陶，也有石器。它的碳-14年代是公元前2810BC（ZK51）。时代是相当于良渚文化的中期，但是文化面貌不同。根据所发表的材料，它和同处于江西北部的万年仙人洞堆积中的上层遗物，有些相似。这里的测定年代，似较近于真实的年代，而仙人洞的测定年代距今八千到一万多年，实嫌过早。前文第（二）节已加讨论。这里跑马岭的测定年代，可为旁证。

七　其他地区的新石器和早期青铜文化

这里包括闽粤沿海地区、西南川滇桂地区和东北地区。它们已测定的公元前1000年以前的数据都不多，所以合并在一节讨论。

闽粤沿海地区，其中广东的两处早期遗址是增城金兰寺后山冈和曲江马坝石峡。前者是位于海边的贝丘遗址。这里的下层，打制和磨制石器共存，陶器以夹砂粗黑陶或粗红陶为主，并有少量几何纹软陶。原简报认为这类文化的年代"约早于殷商"。碳-14年代是公元前2495BC±145（ZK103）基本符合。马坝石峡墓地的发掘，只有新闻报道发表。据说这是新石器晚期的墓地。这类墓中出夹砂陶器和软陶，估计年代为属于距今约四千多年至五千多年。这第26号墓的碳-14年代也与增城金兰寺遗存的年代相近，即公元前 2480BC ± 150（BK75050）。这两处的数据都是约在公元前 2500 年左右，相当于江浙地区的良渚文化晚期，比江汉地区的屈家岭文化为稍晚。广东海丰地区的两处印纹陶遗址出土的标本（112、113），碳－14 年代是公元前 1480BC ± 195 和公元前 1260BC ± 420，和上述长江下游的金山查山的印纹陶早期遗址（93）的数据也相接近。至于福建闽侯昙石山（中层）标本（112）的测定年代虽然相近，是公元前 1323BC ± 155（ZK98）①，但是文化面貌不同。这里（中层）的陶片以夹砂陶及泥质陶为主，但也有少量的印纹硬陶，还有彩陶。昙石山中层文化和台湾省高雄凤鼻头的第三、四期贝丘文化，有相当的相似处，碳－14 年代也大致相当。这表示当时福建、台湾两省的居民，已有紧密的联系和往来②。

西南地区的资阳黄鳝溪和桂林甑皮岩的数据，已于上面（一）、（二）两节中讨论过。此外还测定过两个云南出土的标本。剑川海门口是一个铜石并用时代的遗址（119），小铜件占出土遗物百分之一。碳－14 测定是使用遗址中建筑物的木柱，结果是公元前 1335BC ± 155（ZK10），相当于中原的殷商晚期。这木柱是否与文化层同时呢？这里除了这文化层之外，没有发现其他文化层；而这里的文化层由螺壳、碎陶片及炭末所组成，显示是居住遗址的垃圾。但这居住地除了这些桩柱所代表的建筑之外，没有其他住房的遗迹。二者当属于同一时代，虽然木材砍伐的时代也许比居住时代稍早。云南元谋大墩子新石器遗址（118）的碳－14 年代为公元前 1470BC ± 155（ZK229）。它比铜石并用时代的海门口为早。生产工具以磨制石器为主，未见铜器。陶器以夹砂

---

① 昙石山标本已测定的只有一个，即 ZK98。《考古学报》1976 年第 1 期的发掘报告中，误认为是"两个贝壳标本"，其中"一个距今 3090 ± 90 年"（第 115 页）。这两个数字是一个标本经测定后使用两个半衰期值（旧值和新值）来表示，并不是两个标本的两个测定数据（作试验用的贝壳可能不只一个，但是作为一个标本测定的），应改正。

② 张光直等：《凤鼻头、大岔坑和台湾史前史》（英文），1966 年耶鲁大学版，第 230 ~ 231 页。

陶为主。

东北地区包括北方草原的东部。这里已测定的最早数据是昭盟富河沟门的标本（123）为公元前 3350BC ± 145（ZK188）。这是一种细石器文化，陶器有压印 Z 字形篦点纹，还有早期仅有灼痕的卜骨。赤峰蜘蛛山（124）和北票丰下（125）两处遗存，都是属于夏家店下层文化（或称丰下文化）。这种文化的分布，以旧热河省的南部（今辽宁西部的朝阳、赤峰地区，河北承德地区）为中心，南到唐山、京津地区，北边达到并越过西喇木伦河。他们已掌握冶炼和翻铸青铜器的技术，已知用快轮制陶。陶器的风格，接近于二里头类型的商文化，但仍保留有浓厚的龙山文化的因素。已测定的两个数据，蜘蛛山的为公元前 2410BC ± 140（ZK176）[①]，丰下的为公元前 1890BC ± 130（ZK153），二者相差约 520 年。前者似稍嫌过早，后者则和前面第（三）节所引用的二里头早期的两个数据（ZK285、ZK212）同一时期，可能较接近于真实的年代。黑龙江宁安莺歌岭的两个标本（126、127）所测定的年代为公元前 1240BC ± 155（ZK89）和公元前 1190BC ± 145（ZK88），二者相差只 175 年，而它们的标准误差达 145 ～ 155 年，可以说两个标本可能是同时的。这遗址在镜泊湖畔，出土有黑耀石打制的石镞和刮削器、素面或带彩的红陶和划纹的黄褐陶。原报告认为是"原始社会晚期文化"。现在根据碳 – 14 年代，可以说它们约相当于殷商之际。

上面对于已发表的碳 – 14 年代中公元前 1000 年以前的，共 94 个（包括旧石器的 5 个），作了初步的讨论。总之，这里可以看出，除了个别的例子出现了统计偏差以外的误差，绝大部分是可用的。尤其经过树轮校正后，可能更接近真实的年代。不过，每个测定数据都有统计偏

---

① 《考古》1976 年第 3 期发表的丰下发掘简报中说："蜘蛛山遗址 C^{14} 测定的绝对年代为 3965 ± 90 年代，也大体吻合"（第 210 页）。这里列举两个数据，实际上只是一个标本所测得的距今年数，不过采用两种不同的半衰期值来表示而已。这测定数据如用树轮校正，则蜘蛛山的年代将稍嫌过早，不若丰下遗址的标本的年代，较为吻合。

差，所以这些绝对年代都可能有一两百年的误差，有的误差还要大。这些绝对年代，可能随着碳 – 14 断代法的今后的改进而还要加以修改。但是根据每一地区的各数据所排列出来的各个重要文化和大多数遗址的相对年代，基本上是符合实际情况的，可能将来并不需要再加修改。

作为考古工作者，我们应该感谢各个碳 – 14 实验室工作的同志们，向我们提供了有价值的测定数据；并且还提醒我们注意误差问题，清楚地指出测定数据的局限性。实际上，有些误差是由于我们考古工作者采集标本时注意不够。我想再度向我们考古学界的同行们提出一点建议：标本出土的层位一定要搞清楚。如果地层确定，还要注意这标本与同层的其他出土物的关系，例如是否使用砍下已久的木材，或流传已久的木质器物，标本是否取样于树皮附近的年轮层等。否则可能会有数十年或数百年的误差混进去而没有被发觉。

本文中所提出的一些看法，只是我个人的看法。因为限于理论水平，可能有错误或未妥的地方，希望读者提出宝贵的意见，加以批评指正。

表 2　现已发表的中国考古资料碳－14年代一览表（台湾省的，暂不列入）

顺序号	实验室标本号	地点	地层或墓号	材料	文化或朝代	距今年数（bp.1950年起算）		历年（公元前）		备注
						（5570年）	（5730年）	（5730年）b,c	树轮校正（D.L.W）B.C	
1	ZK109－0	山西朔县峙峪	第2层	骨化石	旧石器晚期	28135±1330	28945±1370	26995±1370		（四）201；学，72，1
2	ZK136－0	北京周口店	山顶洞	骨化石	旧石器晚期	18340±410	18865±420	16390±420		（四）200；《山顶洞人》
3	ZK170－0	安阳小南海	层位不详	骨化石	旧石器晚期	12710±215	13075±220	10760±220		（四）201；学，65，1
4	BK76019	河南登封双庙	T1扩方上层	木炭	仰韶早期	6194±150	6380±150	4430±150	5070±170	
5	BK75054	同上	T1	木炭	同上	6165±200	6400±200	5040±210	5040±210	
6	ZK38	西安半坡	层位不详	木炭	仰韶	5894±105	6065±110	4115±110	4770±135	（二）56；《西安半坡》
7	ZK295－0	河北阳原蒋家梁	上层	骨化石	新石器时代	5800±115	5965±115	4015±115	4670±140	（四）200
8	ZK121	西安半坡	T1,第5层	木炭	仰韶	5738±105	5905±105	3955±105	4610±130	（二）56；《西安半坡》
9	BK76020	河南登封双庙	T4	果核	仰韶早期	5679±110	5850±110	3900±110	4560±135	
10	ZK122	西安半坡	沟西	木炭	仰韶	5673±105	5840±105	3890±105	4550±130	（二）56；《西安半坡》
11	ZK134	安阳后冈	H5	木炭	仰韶	5520±105	5680±105	3730±105	4390±200	（三）335；考，72，3，又5
12	ZK127	西安半坡	F36,T53③	木炭	仰韶	5427±105	5585±105	3635±105	4290±200	（二）56；《西安半坡》
13	ZK76	安阳后冈	T1③	木炭	仰韶	5330±105	5485±105	3535±105	4185±140	（二）57；考，72，3，又5
14	ZK110	陕县庙底沟	H333,第3层	木炭	仰韶	5080±100	5230±100	3280±100	3910±125	（二）57；《庙底沟与三里桥》
15	ZK185	郑州大河村	F2	木炭	仰韶	4885±100	5025±100	3075±100	3685±125	（三）335；考，73，6
16	BK76003	同上	T21－⑧	木炭	仰韶中期	4660±90	4800±90	2850±90	3425±130	考，73，6
17	BK76001	同上	T21－④	木炭	仰韶晚期	4417±100	4550±100	2600±100	3130±190	考，73，6
18	BK76004	同上	T15,F2	木炭	仰韶晚期	4369±140	4500±140	2550±140	3070±210	考，73，6

（左侧分区标注：中原地区）

续表

顺序号	实验室标本号	地点	地层或墓号	材料	文化或朝代	距今年数（bp.1950年起算）		历年（公元前）		备注
						（5570年）	（5730年）	（5730年）b,c	树轮校正（D.L.W）B.C	
19	ZK111	陕县庙底沟	H588，第5层	木炭	龙山早期	4140±95	4260±95	2310±95	2780±145	（二）57，《庙底沟与三里桥》
20	ZK169	陕西西乡李家村	第三层底部（?）	木炭	李家村文化	4072±95	4190±95	2240±95	2690±145	（三）335；考，61，7；62，6
21	ZK200	河北磁县上潘汪	第三层	蚌刀	龙山	3935±95	4050±95	2100±95	2515±145	（三）337；学，75，1，114
22	ZK126	洛阳王湾	H79（三期）	木炭	龙山	3838±95	3950±95	2000±95	2390±145	（二）57；考，61，4，175
23	ZK133	安阳后冈	H2	木炭	龙山	3800±90	3910±90	1960±90	2340±140	（三）335；考，72，3
24	ZK212	偃师二里头	T104，6～7层	蚌刀	二里头早期	3470±95	3570±95	1620±95	1920±115	（三）336；考，65，5
25	ZK285	同上	H3	木炭	二里头早期	3455±80	3555±80	1605±80	1900±130	（四）201；考，75，5
26	ZK286	同上	H87	木炭	二里头四期	3245±85	3335±85	1385±85	1625±130	（四）201；考，75，5
27	ZK178	郑州商代城墙	T7⑤（城墙夯土层）	木炭	二里岗文化	3235±90	3330±95	1380±95	1620±140	（四）201；文，77，1，24
28	ZK177	同上	T7③文化层	木炭	二里岗上层	3215±90	3310±95	1360±95	1595±140	（四）201；文，77，1，24
29	BK75007	河北藁城台西	第一大层水井	木井盘	商代中期	3155±100	3250±100	1300±100	1520±160	文，74，8
30	ZK257	偃师二里头	T22，第三期	木炭	二里头三期	3105±90	3195±90	1245±90	1450±155	（三）336；考，74，4
31	BK75052	北京昌平白浮龙山	墓葬	棺木	西周初	2980±90	3070±90	1120±90	1300±155	考，76，4
32	ZK86	安阳小屯	村西，T1:7	木炭	商代晚期	2978±90	3065±90	1115±90	1290±155	（二）57；考，72，2，2～3
33	ZK5	安阳武官村	武官大墓	木炭	商代晚期	2949±100	3035±100	1085±100	1255±160	（一）55；学，5（1915）
34	Y 1513	洛阳	（采购）	铁片	战国	2380±80	2450±80	500±80	538±90	注（30）

中原地区

213

续表

区域	顺序号	实验室标本号	地点	地层或墓号	材料	文化或朝代	距今年数(bp. 1950年起算)		历年（公元前）		备注
							(5570年)	(5730年)	(5730年)b,c	树轮校正(D.L.W)B.C	
中原地区	35	CG5	辉县固围村	M2	木椁	战国	2270±90	2338±95	388±95	404±100	《辉县发掘报告》
	36	ZK67-0-1	侯马乔村	M21	人骨	战国	2260±85	2325±85	375±85	390±95	（三）335;文,72,1
	37	ZK3	辉县固围村	M2	木椁	战国晚期	2177±80	2240±80	290±80	290±95	（一）55;《辉县发掘报告》
	38	GC-WI	河北满城	M2	棺木	西汉	2155±95	2219±95	269±95	265±105	考,72,1
	39	Y 1511	西安	（采购）	铁片	汉	2060±80	2120±80	170±80	150±95	注(30)
	40	BK75004	北京丰台大葆台	M1	木头	西汉	1961±80	2020±80	70±80	40±95	文,77,4,23~29
	41	BK75053	北京紫竹院	高梁河桥	桥木	北魏	1349±80	1390±80	公元560±80	公元630±85	文,72,3
	42	BK76006	洛阳含嘉仓	58号窖	小米	唐	1291±90	1330±90	公元620±90	公元690±95	文,72,3
	43	BK75005	洛阳含嘉仓	160号窖	木炭	唐	903±85	930±85	公元1020±85	公元1065±95	文,72,3
西北地区	44	ZK186	武山灰地儿		木炭	石岭下类型	5000±160	5140±160	3190±160	3813±175	（四）201;考,61,7,355~357
	45	ZK108	兰州曹家嘴	灰坑底部	木炭	马家窑	4397±100	4525±100	2575±100	3100±190	（二）58;考,73,3,150
	46	BK75020	甘肃永登蒋家坪	T12④	木炭	马家窑	4368±100	4500±100	2550±100	3070±190	（一）53;考,75,2
	47	ZK21	永靖马家湾	F3	木炭	马厂	4018±100	4135±100	2185±100	2623±145	（一）53;考,75,2
	48	BK75033	青海乐都柳湾	M284	棺木	半山	3922±100	4040±100	2090±100	2505±150	文,76,1;考,76,6
	49	ZK25	兰州青冈岔	F1	炭化木头	半山	3901±100	4015±100	2065±100	2475±150	（一）55;考,72,3
	50	BK75029	同上	Ft	同上	半山	3825±100	3940±100	1990±100	2380±150	考,72,3
	51	BK75009	青海乐都柳湾	M281	棺木	马厂早期	3747±100	3860±100	1910±100	2280±140	文,76,1;考,76,6
	52	BK75010	同上	M266	棺木	齐家早期	3728±90	3840±90	1890±90	2255±140	同上

续表

顺序号	实验室标本号	地 点	地层或墓号	材料	文化或朝代	距今年数(bp. 1950年起算)		历年(公元前)		备 注
						(5570年)	(5730年)	(5730年)b,c	树轮校正(D.L.W)B.C	
53	ZK61	青海诺木洪	第3层	木柱	诺木洪	3668±90	3775±90	1825±90	2177±110	(二)58;学,63,1
54	BK75028	甘肃永登蒋家坪	T42-③	木炭	马厂	3669±90	3780±90	1830±90	2180±110	文,76,1,考,76,6
55	BK75012	青海乐都柳湾	M236	棺木	马厂	3640±100	3750±100	1800±100	2145±120	
56	BK75017	甘肃永登蒋家坪	T45-③	木炭	马厂晚期	3572±90	3680±90	1730±90	2055±110	
57	ZK15	永靖大何庄	F7 木柱	木头	齐家	3571±95	3675±95	1725±95	2050±115	(一)55;学,74,2,59
58	ZK23	永靖大何庄	F7柱洞内	木炭	齐家	3542±95	3645±95	1695±95	2015±115	(一)55;学,74,2,59
59	ZK17	新疆昭苏夏塔	墓葬填土中	木炭		1958±90	2015±90	65±90	35±100	(一)55
60	ZK195	新疆疏附乌布拉提	T1,3号灶	木炭		1545±85	1590±85	公元360±85	公元424±95	(三)337
61	ZK197	新疆塔什库尔干克则勒城	坡墙中	树枝		小于300				(三)337
62	ZK198	新疆塔什库尔干派衣克	坡堡中	木板		小于300				(三)337
63	ZK90	江苏邳县大墩子	第三层下层	木炭过	青莲岗	5622±108	5785±105	3835±105	4494±200	(三)334;学,64,2
64	ZK78	旅大双砣子	F16	烧过木头	龙山	3897±90	4010±95	2060±95	2465±145	(二)58
65	ZK317	山东潍县鲁家口	T1⑤	木炭	大汶口	3800±95	3910±95	1960±95	2340±145	(四)201
66	ZK321	同上	T5④	木炭	龙山	3555±95	3655±95	1705±95	2035±115	(四)201
67	ZK79	旅大双砣子	F4	烧过木头	双砣子二期	3032±90	3120±90	1170±90	1360±145	(二)58
68	ZK162	山东邹县野店	一号窖	木炭	西周早期或更早	2726±90	2805±90	855±90	970±120	(三)335;文,72,2(墓葬)

地区：西北地区（行53～59）；黄河下游和旅大地区（行63～68）

215

续表

顺序号	实验室标本号	地 点	地层或墓号	材料	文化或期代	距今年数（b.p. 1950年起算）		历年（公元前）		备 注
						（5570年）	（5730年）	（5730年）b.c	树轮校正（D.L.W）B.C	
69	ZK39	江西万年仙人洞	上层文化层中	蚌壳	新石器晚期	10565±240	10870±240	8920±240		（三）337；学，63，1；文，76，12
70	ZK92-0	同上	下层文化层中	骨化石	新石器	8575±235	8825±240	6875±240		（四）203；学，63，1
71	BK75057	浙江余姚河姆渡	T16（四）13第4层	木头	河姆渡文化	6126±100	6310±100	4360±100	5005±130	文，76，8
72	ZK263	同上	T21（四）	橡子	同上	5895±115	6065±120	4115±120	4770±140	（四）202；文，76，8
73	ZK46	浙江吴兴邱城	下文化层	木板	马家浜期	5870±100	6040±100	4090±100	4746±125	（四）202；考，59，9，479
74	ZK201	江苏吴县草鞋山	下文化层 T202 Ⅱ	木板	马家浜期	5460±110	5620±115	3670±115	4325±205	（四）202；文，73，6
75	BK76022	同上	T703第5层	炭化木头	同上	5213±110	5370±110	3420±110	4065±145	文，73，6
76	ZK202	同上	T203⑧	木头	同上	5208±105	5365±105	3415±105	4058±140	（四）202；文，73，6
77	ZK55	江苏青浦崧泽	第3层	木头	同上	5194±105	5345±105	3395±105	4035±140	（二）57；学，62，2
78	BK76023	江苏常州圩墩	T1310第5层	炭化木头	同上	5145±110	5300±110	3350±110	3990±135	考，74，2
79	BK75058	浙江余姚河姆渡	F1；13，第2层	木头	同上	4903±100	5050±100	3100±100	3710±125	文，76，8
80	ZK49	浙江吴兴钱山漾	第4层	稻壳	良渚早期	4567±100	4700±100	2750±100	3310±135	（二）57；文，56，8，25
81	ZK97	同上	乙区第4层	木杵	良渚早期	4565±90	4695±90	2745±90	3305±130	（四）202；学，60，2
82	ZK44	浙江余杭安溪	T3④	木头	良渚	4215±85	4335±85	2385±85	2870±180	（四）202

长江中游

长江下游

续表

顺序号	实验室标本号	地点	地层或墓号	材料	文化或朝代	距今年数(bp, 1950年起算)(5570年)	历年(公元前)(5730年)b,c	树轮校正(D.L.W)B.C	备注
83	ZK51	江西修水跑马岭	F1底部	木炭	龙山型(?)	4164±95	4285±95	2335±95	2810±145	(二)57;考,62,7
84	ZK47	浙江吴兴钱山漾	T16第③层	竹干箭	良渚	4130±85	4245±85	2295±85	2760±140	(四)202;学,60,2
85	ZK91	河南淅川黄楝树	F11第2层	木炭	屈家岭	4101±95	4220±95	2270±95	2730±145	(二)57;文,72,10,2
86	ZK125	湖北京山屈家岭	晚期2层	朽木	屈家岭晚期	4075±160	4195±160	2245±160	2695±195	(三)334;《京山屈家岭》
87	ZK124	同上	晚期1层	木炭	屈家岭晚期	4028±100	4145±100	2195±100	2635±150	(三)334;《京山屈家岭》
88	ZK50	浙江吴兴钱山漾	T13④层	竹绳	良渚早期	4025±85	4140±85	2190±85	2630±140	(四)202;学,60,2
89	ZK242	浙江嘉兴雀幕桥	深2.2米	木板	良渚	3829±95	3940±95	1990±95	2378±145	(三)335;考,74,4,249
90	ZK254	上海金山亭林	T1-②	树干	良渚	3730±95	3840±95	1890±95	2250±145	(四)202
91	ZK142	南京北阴阳营	上层H38	木炭	湖熟早期	3391±90	3490±90	1540±90	1820±135	(三)334;学,58,1
92	ZK28	同上	上层12坑	木炭	湖熟	3056±105	3145±105	1195±105	1387±165	(三)334;学,58,1
93	ZK204	上海金山查山	第4层黑土中	木炭	印纹陶早期	2876±90	2960±90	1010±90	1164±120	(三)334
94	ZK27	江苏武进淹城	独木船片	木片	战国	2794±90	2875±90	925±90	1055±120	(三)334;文,58,11,80
95	ZK297	湖北大冶铜绿山	II矿体中铜斧	木柄	东周	2415±75	2485±75	535±75	580±85	(四)202;考,74,4;文,75,2
96	CG29	长沙马王堆	M1外椁	樟木	168B.C.后数年	2380±95	2451±95	501±95	540±105	《长沙马王堆1号汉墓》
97	ZK252	安徽亳县钓鱼台	陶甭中	炭化小麦	西周时代(龙山?)	2371±90	2440±90	490±90	525±100	(三)335;学,57,1;古,63,11

长江中游

下游

217

续表

顺序号	实验室标本号	地点	地层或墓号	材料	文化或朝代	距今年数（bp，1950年起算）(5570年)	(5730年)	历年（公元前）(5730年)b,c	树轮校正(D.L.W)B.C	备注
98	ZK1	长沙楚墓	M406	木俑	战国早期	2327±90	2395±90	445±90	470±100	(一)55;《长沙发掘报告》,25
99	GC-109	长沙马王堆	M1椁外	木炭	168B.C.后数年	2195±95	2260±100	310±100	315±105	《长沙马王堆1号汉墓》
100	ZK26	湖北江陵望山	M1	楛木	战国早期	2185±90	2245±90	295±90	300±100	(四)203;文,66,5
101	CG28	长沙马王堆	M1椁外	木炭	168B.C.后数年	2150±95	2214±95	264±95	260±110	《长沙马王堆1号汉墓》
102	GC-W8	长沙马王堆	M1盖板	木板	168B.C.后数年	2115±95	2178±100	228±100	220±105	《长沙马王堆1号汉墓》
103	BK75008	同上	M2椁外	木炭	186B.C.	2058±90	2120±90	170±90	150±100	文,74,7
104	ZK172	同上	M1	梅核壳	168B.C.后数年	2055±80	2115±80	165±80	145±95	(三)333;《长沙马王堆1号汉墓》
105	ZK165	同上	M1	木炭	同上	2035±80	2095±80	145±80	125±95	(三)333;《长沙马王堆1号汉墓》
106	ZK6	长沙汉墓	M203	木船	西汉晚期	1929±80	1985±80	35±80	公元1±85	(一)55;《长沙发掘报告》88~91
107	ZK243	湖北江陵纪南城	城垣下木构	木头	战国	1817±85	1870±85	公元80±85	公元125±90	(三)334;文,54,3,126
108	Y1512	湖南	（采购）	铸铁	明	400±60	412±60	公元1538±60	公元1520±80	注(30)

长江中游

下游

续表

顺序号	实验室标本号	地点	地层或墓葬号	材料	文化或朝代	距今年数（bp. 1950 年起算）(5570 年)	(5730 年)	历年（公元前）(5730 年)b,c	树轮校正(D.L.W)B.C	备注
109	ZK103	广东增城金兰寺后山冈	贝丘下层	贝壳	新石器	3921±95	4035±95	2085±95	2495±145	（三）337；考，61，12，666～667
110	BK75050	广东曲江马坝石峡	M26	木炭	新石器	3905±100	4020±100	2070±100	2480±150	《人民日报》77，6，15
111	（HF–1）	广东海丰	南沙坑（SOS）	木炭	印纹陶	3125±150	3219±150	1269±150	1480±195	注（31）
112	ZK98	福建闽侯昙石山	第 3 层（中层）	蚌片	新石器	3003±90	3090±90	1140±90	1323±155	（三）337；学，76，1，115
113	（HF–2）	广东海丰	南东坑（TAS）	木炭	印纹陶	2950±400	3039±400	1089±400	1260±420	注（31）
114	BK75006	广州古造船场	枕木	木头	秦汉间	2126±90	2190±90	240±90	230±100	文，77，4，1～17
115	ZK279–I	广西桂林甑皮岩	T5③	蚌壳	新石器晚期	10990±180	11310±180	9360±180		（四）203；考，76，3
116	ZK19	四川资阳黄鳝溪	资阳人化层	木头	旧石器晚期	7273±130	7485±130	5535±130	[5410±140B.C]	（一）55；《资阳人》
117	ZK256	同上	小喇石层中	乌木	同上	6550±120	6740±120	4790±120		（三）337；学，77，1，45
118	ZK229	云南元谋大墩子	T5	木炭	新石器	3119±90	3210±90	1260±90	1470±155	（三）337；学，77，1，45
119	ZK10	云南剑川海门口		木头	铜石并用时代	3012±90	3100±90	1150±90	1335±155	（二）57；考，58，6
120	ZK294	云南江川李家山	M21	木柄	石寨山早期	2500±105	2575±105	625±105	685±145	（四）203；学，75，2
121	ZK231	云南祥云大波那	铜棺墓	木椁	青铜时代早期	2350±175	2415±175	465±75	495±85	（四）203；考，64，12
122	Y1515	四川理番佳山寨	石板墓	铁片	西汉初	2130±100	2195±100	245±100	235±110	（注）30

闽粤沿海

西南地区

续表

顺序号	实验室标本号	地点	地层或墓号	材料	文化或朝代	距今年数（bp，1950年起算）		历年（公元前）		备注
						（5570年）	（5730年）	（5730年）b.c	树轮校正（D.L.W）B.C	
123	ZK188	辽宁昭盟富河沟门		树皮	细石器文化	4601±110	4935±110	2785±110	3350±145	（三）336；考,64,1
124	ZK176	辽宁赤峰蜘蛛山	H42	木炭	夏家店下层	3855±90	3965±90	2015±90	2410±140	（三）336
125	ZK153	辽宁北票丰下	T10③	木炭	同上	3450±80	3550±80	1600±80	1890±130	（四）200；考,76,3
126	ZK89	黑龙江宁安莺歌岭	F1	木炭	新石器	2940±90	3025±90	1075±90	1240±155	（三）336；考,60,4,24~25
127	ZK88	同上		树皮	同上	2901±120	2985±120	1035±120	1190±145	（三）336；考,60,4,24~25
128	ZK151	辽宁朝阳六家子	M2	木椁		2545±80	2620±80	670±80	741±130	（四）200
129	ZK96	吉林市长蛇山		木炭		2275±75	2340±75	390±75	405±85	（四）200；考,56,4,41；吉大学报,63,1,72
130	ZK93	吉林永吉杨屯东南	T③	木炭	战国	2105±75	2165±75	215±75	205±90	（四）200；文,73,8
131	ZK215	黑龙江东宁大城子	F2	木炭		2100±85	2160±85	210±85	200±105	（四）200
132	ZK85	黑龙江宁安东康		炭化粟稷	"原始社会"(?)	1647±85	1695±85	公元255±85	公元315±95	（三）336；考,75,3,168
133	ZK273	黑龙江绥滨祠仁	F3	木炭		1380±80	1420±80	公元530±80	公元595±85	（三）336
134	ZK271	同上	金代文化层F1	木炭	金代1114~1234	820±80	845±80	公元1105±80	公元1140±90	（三）336；77,4,40~47

东北地区

表 2 说明：

（1）本表依据中国社会科学院考古研究所（ZK）、北京大学历史系考古专业（BK）、中国科学院地质研究所（CG）、地球化学所（GC）、美国耶鲁大学（Y）等的碳 - 14 实验室所发表的资料编成。375 页②④、本页①②）。

（2）本表的排列，是先依地区（分为七区），然后每区再依年代的先后。

（3）碳 - 14 的测定值中"距今年数"（B. P. 或 b. p.）都从 1950 年起算。原来从 1965 年起算的，本表已加修改，以求一致。半衰期兼用 5570（5568）年和 5730 年；原来二者缺一的，本表经推算后已加入补入。历年（即公元）仅列半衰期为 5730 年的，以省篇幅（距今年数减去 1950 年即得"公元前"年份）。未经年轮较正的"距今年数"作 b. p.，"历年"作 b. c.（或 a. d.），以区别于经过校正的 B. P. 和 B. C.（或 A. D.）。

（4）树轮校正数值，本表依照 P. E. 达曼等的对照表（简称"达曼表"或 D. L. W. 表）③ 推算。为了节省篇幅，仅标明历年（B. C. 或 A. D. 即公元前或公元后）。又化零为整，奇零年数改为接近的 5 或 10。历年（公元前年份）加 1950 年得树轮校正的距今年数（B. P.）。

（5）"备注"栏中包括参考文献。多次引用的期刊使用简称：文 = 《文物》，考 = 《考古》，学 = 《考古学报》；简称后面的数字代表年度、期数和页数，如 75，1，38 = 1975 年第 1 期第 38 页。页数有时从略。考古所实验室的四批数据，在"备注"栏中分别注明是哪一批、哪一页。

（6）引用碳 - 14 数据，一般需要标举实验室编号（例如：ZK1）。引用距今年数（b. p.），需要标明所用的半衰期值是 5570 年还是 5730 年。前者乘以 1. 03 便可换算成后者。国际惯例，凡不标明半衰期值的"距今年数"，一般指以 5570 年为半衰期者。年轮校正的换算，目前尚未统一。引用时需要注明系依哪一种对照表换算（本表依达曼对照表）。

表 2 索引：

碳 - 14 实验室编号和本文附表顺序号对照表（括弧中为顺序号）

ZK：共 95 号

1（98）	3（37）	5（33）	6（106）	10（119）
15（57）	17（59）	19（116）	21（47）	23（58）
25（49）	26（100）	27（94）	28（92）	38（6）
39（69）	44（82）	46（73）	47（84）	49（80）
50（88）	51（83）	55（77）	61（53）	67 - 0（36）
76（13）	78（64）	79（67）	85（132）	86（32）

---

① 耶鲁大学实验室关于古代中国铸铁器物的测定数据，见《放射性碳素》（英文），第 11 卷（1969 年）第 2 期，第 548 页。

② 海丰出土标本测定数据，见哈佛大学出版《亚洲学报》，第 22 期（1959 年）第 134 页转此，H. O. 拜尔（Beyer）《在第四届远东史前学会议论文集》（1956 年）第 89 页中的话。实验室编号未详。现在暂编为 ［HF - 1］ 和 ［HF - 2］。

③ 达曼对照表，见 1972 年新西兰出版的《第八届放射性碳素断代国际会议论文集》，A29，P. E. 达曼（Damon），A. 隆格（Long），E. I. 发利克（Wallick）：《碳 - 14 年代的树轮校正》。

88(127)	89(126)	90(63)	91(85)	92 – 0(70)
93(130)	96(129)	97(81)	98(112)	103(109)
108(45)	109 – 0(1)	110(14)	111(19)	121(8)
122(10)	124(87)	125(86)	126(22)	127(12)
133(23)	134(11)	136 – 0(2)	142(91)	151(128)
153(125)	162(68)	165(105)	169(20)	170 – 0(3)
172(104)	176(124)	177(28)	178(27)	185(5)
186(44)	188(123)	195(60)	197(61)	198(62)
200(21)	201(74)	202(76)	204(93)	212(24)
215(131)	229(118)	231(121)	242(89)	243(107)
252(97)	254(90)	256(117)	257(30)	263(72)
271(134)	273(133)	279 – 1(155)	285(25)	286(26)
294(120)	295 – 0(7)	297(95)	317(65)	321(66)

BK：共 27 号

75004(40)	75005(43)	75006(114)	75007(29)	75008(103)
75009(51)	75010(52)	75012(55)	75017(56)	75020(46)
75028(54)	75029(50)	75033(48)	75050(110)	75052(31)
75053(41)	75054(5)	75057(71)	75058(79)	76001(17)
76003(16)	76004(18)	76006(42)	76019(4)	76020(9)
76022(75)	76023(78)			

其他：共 12 号

CG5(35)	CG28(101)	CG29(96)	GC – W1(38)	GC – W8(102)
GC – W9(99)	Y1511(39)	Y1512(108)	Y1513(34)	Y1515(122)
[HF – 1](111)	[HF – 2](113)			

附：碳 –14 测定年代与大汶口文化[①]

　　关于黄河下游的新石器时代文化，我曾收集过 1977 年上半年以前所发表的中国考古资料碳 –14 年代（台湾方面，暂不列入），并将所有数据，编成一表，就其中几个问题，提出加以讨论。现在将目前有的，加以增订，再次发表，以供讨论之用。这个地区以山东半岛为主，也包括江苏北部（徐州地区）和辽东半岛（旅大地区）。以黑陶为特征的典型龙山文化，最初在 1928 年发现于山东省历城县龙山镇的城子崖。当

　　[①] 本文原载《大汶口文化论文集》（齐鲁书社，1981 年）。内容与《碳 –14 测定年代和中国史前考古学》一文有相当程度的重复，现省去重复部分附录于此。

时有人以为仰韶和龙山是两个不同民族的文化，分别在东西方平行发展。1931 年后冈的发掘证明，在河南北部，仰韶早于龙山。但是仍有可能是：二者最初是平行发展，后来向不同方向伸展，仰韶文化自西而东，龙山文化由东向西，只是二者抵达后冈的时代早晚不同。1956 ~ 1957 年的陕县庙底沟的发掘，证明这里的第二期文化是属于龙山早期，并且可以看出由仰韶发展到龙山的过渡的过程。但是这是指河南龙山文化而言。而山东的龙山文化，除了与典型河南龙山文化有互相影响之外，似乎还应有一个本地的来源。最近几年的新发现，证明这个本地的来源便是大汶口文化（本文中所说的大汶口文化是广义的，大汶口墓地只代表它的晚期）。

大汶口文化早于山东龙山文化，这是已有层位学证据的。例如，曲阜西夏侯的大汶口文化的墓葬（第 3、4 层）便压在包含在龙山文化遗物的第二层的下面；日照东海峪遗址的地层是由大汶口文化晚期过渡到龙山文化的三叠层①。现在，我们更有了碳 – 14 测定年代数据，足以证明大汶口文化确是早于山东龙山文化，而这种文化的延续时间相当长久，它的各种遗存又有早晚的不同。

现将有关的 17 个数据，列表如下（见表 3）：

表 3　大汶口文化碳 14 年代一览表

| 实验室标本号 | 地点 | 地层或墓号 | 材料 | 文化 | 距今年数
(5730)
(1950) 年算起，b. p. | 历年（公元前） | | 备注 |
						(5730 年) b. c	树轮校正 (D. L. W.) B. C	
ZK90	江苏邳县大墩子	第 3 层下层	木炭渣	青莲岗	5785 ± 105	3835 ± 105	4494 ± 200	（三）334；学，64，2
ZK468	山东泰安大汶口	$T_{122}(B)H_3$	木炭	大汶口	5555 ± 95	3605 ± 95	4260 ± 135	（六）91

① 《考古学报》1978 年第 4 期。

夏鼐文集（第二册）

续表

实验室标本号	地点	地层或墓号	材料	文化	距今年数(5730)(1950)年算起,b.p.	历年(公元前)		备注
						(5730年)b.c	树轮校正(D.L.W.)B.C	
ZK469	同上	$T_{10}H_{24}$	木炭	同上	5505±105	3555±105	4205±140	同上
ZK461	山东兖州王因	$T_{2105}H_{37}$	木炭	大汶口早期	5310±100	3360±100	4000±125	(六)91;考,79,1
ZK461	同上	$T_{265}H_1$	木炭	同上	5270±90	3320±90	3955±115	同上
ZK460	山东诸城程子	M_7	木炭	大汶口	4905±105	2955±105	3550±165	(六)91
ZK463	山东兖州王因	$T_{249(2)}$	木炭	大汶口早期	4670±90	2720±90	3275±130	(六)91;考,79,1
ZK470	山东日照东海峪	$T_{443(5)}$	木炭	大汶口晚期	4330±110	2380±110	2865±195	(六)91;考,76,6
ZK479	同上	$T_{1412(3)}$	木炭	同上	4190±150	2240±150	2690±185	同上
ZK78	辽宁旅大双砣子	F_{16}	烧过木头	龙山	4010±95	2060±95	2465±145	(二)58
ZK390-0	山东胶县三里河	M_{214}	人骨	同上	3960±140	2010±140	2405±170	(六)91;考,77,4
ZK317	山东潍县鲁家口	$T_{1(5)}$	木炭	大汶口晚期	3910±95	1960±95	2340±145	(四)201
ZK391-0	山东胶县三里河	M_{267}	人骨	同上	3665±140	1715±140	2040±155	(五)283;考,77,4
ZK321	山东潍县鲁家口	$T_{5(4)}$	木炭	龙山	3655±95	1705±95	2035±115	(四)201
ZK361-0	山东胶县三里河	M_{2110}	人骨	大汶口	3560±105	1610±105	1905±120	(五)283;考,77,4
ZK361-0	同上	M_{134}	人骨	龙山	3480±100	1530±100	1810±145	同上
ZK79	辽宁旅大双砣子	F_4	烧过木头	双砣子二期	3120±90	1170±90	1360±145	(二)158

说明：备注栏中（一）至（六）指《考古》中刊登的《放射性碳素测定年代报告》的第一篇至第六篇，后面的数字指页码。"学"指《考古学报》，"考"指《考古》。

这个表中，年代最早的是江苏邳县大墩子遗存。原报告以为是属于"青莲岗文化系统"的，但是也承认它和大汶口遗址与墓葬中出土的遗

224

物，有很多相同或相似的地方①。换言之，两者实属于同一文化系统。这一种主要分布于苏北和鲁南的新石器时代文化，本来也可以叫作青莲岗文化。但是由于"青莲岗文化"这一名称有时可以兼称江南的马家浜文化，意义混淆不清；所以我在这篇文章中暂时都用"大汶口文化"一名称，不用"青莲岗文化"②。

根据碳 – 14 测定年代（ZK_{90}），大墩子第三层下层出土的一件标本是距今 6445 ± 200 年（公元前 4494 ± 200 年，经树轮校正，下同）。如果没有其他误差混进去，那么，这数据表示它的年代有 68% 的可能性在公元前 4700 ~ 前 4300 年之间。考虑到其他的大汶口文化遗存的碳 – 14 年代，这标本的确实年代当接近于公元前 4300 年。

山东泰安大汶口的居住址内出土的两件木炭标本（$ZK_{468,469}$），测定的碳 – 14 年代分别为公元前 4260 ± 135 和 4205 ± 140 年，两者相差仅五十多年，而二者的统计误差达到 135 ~ 140 年，所以可以说这两件标本是同时的。它们与大墩子标本的测定年代，相差不过 200 多年，如果把统计误差考虑进去，它们比大墩子标本可能晚不了许多，也有可能是同时的，即公元前 4300 年左右。大汶口居住址是较墓地中的早期墓还可能要早一些。

其次为兖州王因的三件木炭标本（$ZK_{461,464,463}$），其中较早的两件分别为公元前 4000 ± 125 和 3955 ± 115 年，所测定的年代比大汶口居址的，又晚了 200 多年。但是另一件标本（ZK_{463}）为公元前 3275 ± 130 年，比前两件更晚了 700 年左右。这件出土于第二层，比前两件出土于第三层的，自然年代要晚一些。但是这两层都被定为大汶口文化中较早的遗存③。现在根据碳 – 14 测定的结果，它们之间的年代相差竟达 700 年左右，这是预料不到的。

---

① 《考古学报》1964 年第 2 期。
② 参阅《考古》1977 年第 4 期。
③ 《考古》1979 年第 1 期。

山东诸城程子遗址的简报还未发表。根据碳－14测定的结果（ZK_{460}），它的年代是公元前3550±165年。这比上述王因大汶口文化早期标本（$ZK_{461,464}$），要晚四百多年，但较之下面所述的东海峪遗址的大汶口晚期文化的较早的一个标本（ZK_{470}）要早780多年。它可能是属于大汶口文化中期的。

山东日照东海峪的两件木炭标本（$ZK_{470,479}$）是属于大汶口文化晚期的[①]。它们测定的年代分别为公元前2865±195和2690±185年，换言之，有68%的可能性，它们是在公元前3000年至前2500年之间。山东潍县鲁家口的大汶口文化层出土的一件木炭标本（ZK_{317}）的测定年代是公元前2340±145年，就是说，有68%的可能性是公元前2485年和公元前2195年之间，比较东海峪的两件标本为晚，当是属于大汶口文化晚期中较晚的阶级，接近于它的尾声。

根据前面所述，如果没有很大的错误，那么，我们只能说：大汶口文化的延续时间较为长久，达2000年左右，即公元前4300～前2300年左右。整个文化可分为早、中、晚三期，估计每期约各占六七百年。高广仁认为"早期向中期的过渡大约在公元前3500年之际，而中期向晚期过渡当不晚于公元前2800年"[②]。这和我们前述的估计大致相符。

山东胶县三里河的两座大汶口文化晚期墓葬的人骨标本（$ZK_{391,361}$）的碳－14年代，分别为公元前2040±155和1905±120年。如果这两个数据可靠，那么，大汶口文化还要延续三四百年，一直到公元前2000～前1900年左右。但是用动物骨头（包括人骨）来测定的碳－14年代，常常有较大的误差。同一墓地的一座龙山文化期墓的人骨标本（ZK_{390}）的年代测定为公元前2405±170年。这较前面提到的两件大汶口文化期的人骨标本，反而早了365～500年。这里必定有错误。我以为在讨论

---

① 《考古》1976年第6期。
② 《考古学报》1978年第4期。

大汶口文化的年代时，这两个数据似乎可以存疑，暂时可以搁置起来，不算进去①。

至于典型龙山文化（即山东龙山文化）的年代，最早的标本是辽宁旅大双砣子出土的一件烧过木头的标本（ZK₇₈），测定年代为公元前 2465±145 年。其次为前面所说的胶县三里河龙山文化期墓葬中出土的人骨标本（ZK₃₉₀），测定年代为公元前 2405±170 年。后者由于标本材料的关系，其测定年代的可靠性不及前者。但是将二者一起来加以考虑，山东龙山文化可能开始于公元前 2400 年。鲁家口的大汶口文化晚期标本（ZK₃₁₇）的测定年代要比双砣子的龙山文化期的标本（ZK₇₈）还晚 125 年。不过，如果考虑到这两个数据的标准偏差达到 145 年，即使没有其他误差，专就统计误差而言，也并不排除鲁家口这一大汶口文化的标本仍有早于双砣子那件龙山文化的标本的可能。

另外两件山东龙山文化的标本是潍县鲁家口的木炭（ZK₃₂₁）和胶县三里河墓葬中的人骨（ZK₃₆₄）。它们的测定年代分别为公元前 2035±115 和 1810±145 年。如果以后者为山东龙山文化的结尾，那么，这文化延续时间共达 600 年左右，即公元前 2400～前 1800 年。

至于旅大双砣子上层的遗存，它已具有青铜器。它的陶器形制虽还保留一些龙山文化的因素（例如黑陶），但已自具特征。这些遗存当属于青铜文化（可能为早期青铜文化）。它的碳－14 测定年代是公元前 1360±145 年，相当于中原地区的殷商时代的中、晚期。它比较前面估计的山东龙山文化的结尾约晚 440 年；龙山文化的结束可能实际上要较公元前 1800 年还要稍晚。

现在再拿大汶口文化的碳－14 年代来和毗邻地区其他文化的年代相比较②。长江下游的马家浜文化的碳－14 年代约为公元前 4750～前

---

① 《考古学报》1978 年第 4 期。

② 这些碳－14 年代，见《考古》1977 年第 4 期。

3700 年。这文化来源于较早的河姆渡（下层）文化，它的后继者是良渚文化。它和大汶口文化的大部分时间是同时并存的。所以二者虽文化面貌不同，但由于地区毗连，时代相同，免不了有个别器物在两种文化中都有出现。大汶口文化开始较晚，延续时间又较长，所以它的中期后半和后期，是和良渚文化并存的。

至于大汶口文化和河南地区各种文化的年代关系，大体是这样：它的早期的碳-14 年代与仰韶文化庙底沟类型相近而晚于半坡类型；它的中期与郑州大河村仰韶文化遗址的年代相当；它的晚期大约是和庙底沟二期文化（河南龙山文化早期）同时并存。它们之间虽有某些相似的因素，但仍是属于不同的文化体系。

上面对于已发表的有关碳-14 年代中的 17 个测定数据作了初步讨论。总之，这里可以看出，除了个别的例子出现了统计偏差以外的误差，绝大部分数据基本上是可用的。尤其是经过树轮校正后，可能更接近真实的年代。不过，每个测定数据都有统计偏差，所以这些绝对年代都可能有一两百年的误差，有的误差还要大。这些绝对年代，可能随着碳-14 断代法的今后的改进而还要加以修改。但根据每一个地区的各数据所排列出来的各个重要文化和大多数遗址的相对年代，基本上是符合实际情况的，可能将来并不需要再加多大修改。

中国文明的起源*

提　要

全世界最古老的、独立发展的文明，是六大文明。即两河流域、埃及、印度、中国、墨西哥和秘鲁。前二者是有互相影响的关系，有考古学的资料为证。印度和两河流域二者之间的关系，也是如此。墨西哥和秘鲁在新大陆，和旧大陆远隔重洋，一般认为它们的文明起源与旧大陆无关。只有中国文明的起源这一问题，成为传播论派和独立演化论派的争论的交锋点。

以前，有的学者们以为小屯殷墟文化，即从安阳小屯殷墟所发掘出来的遗址、遗物，便是代表中国最早的文明。小屯殷墟文化，便是中国文明的诞生。

但是，小屯殷墟文化是一个高度发达的文明。如果认为这是中国文

---

* 本文是作者应日本广播协会（NHK）的邀请于 1983 年 3 月在日本所作三次公开讲演中的一篇讲演稿。讲演集的日文版，以《中国文明的起源》为书名，由"日本放送出版协会"于 1984 年出版，为便于日本读者阅读，文末由日本考古学家添加注释。中文版由文物出版社于 1985 年出版并译载日文版注释。现据该书中文版编入文集，但将日文版注释删去。

明的诞生，那就未免有点像传说中的老子，生下来便有了白胡子。

于是有些人主张中国文明的西来说，说中国文明是把近东的两河流域成熟了的文明，整个移植过来。这是主张中国文明西来说者，用最简单的办法来解决中国文明起源这样一个复杂问题。

但这个问题并不是那样简单的。中国考古工作者经过了 30 多年的考古工作，对于小屯殷墟文化有了更加深刻的认识。在这一章里，着重地介绍了安阳小屯的考古新发现，特别是关于青铜器的发现。更重要的是，对于中国文明的起源，可以从殷墟文化向上追溯到郑州二里岗文化，和比这更为古老的偃师二里头文化。从新发现的文化内容上，我们可以证明它们之间是有互相联系、一脉相承的关系。

关于中国文明的起源问题，最能代表商文明的高度水平的特点有：相当发达的冶铸青铜的技术与铜器上的纹饰，甲骨文字的结构与特点，陶器的型制与花纹，玉器的制法与纹饰，等等。这些都有它的个性、它的特殊风格和特征。它们可以证明，中国文明是独自发生、发展，而并非外来的。

从最新发现的中国新石器时代的各种文化的分布地区，及其相互关系与发展过程，也可以看出中国文明的产生，主要是由于本身的发展；但是这并不排斥在发展过程中有时可能加上一些外来的因素、外来的影响。根据考古学上的证据，中国虽然并不是完全同外界隔离，但是中国文明还是在中国土地上土生土长的。

中国的考古工作者，现正在努力探索中国文明的起源。探索的主要对象是新石器时代末期或铜石并用时代的各种文明要素的起源和发展，例如青铜冶铸技术、文字的发明和改进、城市和国家的起源，等等。这些都是我们中国考古学上今后的重要课题。

文明起源的早晚

"文明"一词，在中国文献中最初见于《易经·文言》中"天下文明"。孔颖达疏："有文章而光明也。" 现今汉语用它来翻译西文中 Civilization 一字，指人类社会进步的状态，与"野蛮"相对①。摩尔根—恩格斯的社会发展史学说（Morgan-Engels Theory）将"野蛮"分为"蒙昧"与"野蛮"两时期，和"文明"时期合为人类社会发展的三个时期。人类从野蛮时期的高级阶段经过发明文字和利用文字记载语言创作而进入文明时期。

现今史学界一般把"文明"一词用来指一个社会已由氏族制度解体而进入有了国家组织的阶级社会的阶段。这种社会中，除了政治组织上的国家以外，已有城市作为政治（宫殿和官署）、经济（手工业以外，又有商业）、文化（包括宗教）各方面活动的中心。它们一般都已经发明文字和能够利用文字作记载（秘鲁似为例外，仅有结绳记事），并且都已知道冶炼金属。文明的这些标志中以文字最为重要。欧洲的远古文化只有爱琴—米诺文化，因为它已有了文字，可以称为"文明"。此外，欧洲各地的各种史前文化，虽然有的已进入青铜时代，甚至进入铁器时代，但都不称为"文明"。

英国剑桥大学丹尼尔教授（G. Daniel）在 1968 年曾认为全世界最古老的独立发展的文明是六大文明：埃及、两河流域、印度、中国、墨西哥（包括奥尔密克文化和玛雅文化）和秘鲁。前二者是有互相影响的关系，这有考古学的资料为证。印度河流域和两河流域二者之间的关系，也是如此，荷兰著名考古学家法兰克福（H. Frankfort）在 20 世纪 50 年代初便指出全世界范围内独立发展的文明可能只有三个：近东

---

① 今本《尚书·舜典》中，有"睿哲文明"句，论者或以为较《易经·文言传》为早。但今本的《舜典篇》，为东晋孔传本从《尧典》中分出者。据近人考订，其成书当在战国时代。《舜典》中，开始的 28 字（其中包括"睿哲文明"四字），实为南齐建武四年（487 年）姚方兴奏献本所附加的（参见《十三经注疏》本《舜典》篇孔颖达疏及陈梦家《尚书通论》第 71～72 页及 112 页）。因此，《舜典》篇的"文明"二字，较之《易经·文言传》的时代为晚。关于《文言传》的年代，一般以为应是西汉初期的著作。马王堆三号墓（西汉初年）出土的《易经》未见《文言传》。汉字"文"与"明"二字连缀一起构成一个词组，恐不能上溯到先秦时代。

（埃及、两河流域），中国和中、南美（墨西哥、秘鲁）。后者远在新大陆，与旧大陆遥隔重洋，一般认为它们的起源与旧大陆无关。只有中国文明的起源这一问题，成为传播论派和独立演化论派的争论的交锋点。它不仅是中国史学和中国考古学中的一个重要课题，也是世界文化史上的一个重要课题。

我以为中国文明的起源问题，像别的古老文明的起源问题一样，也应该由考古学研究来解决。因为这一历史阶段正在文字萌芽和初创的时代。纵使有文字记载，也不一定能保存下来，所以这只好主要地依靠考古学的实物资料来作证。

60 年以前，一位五四新文化运动的主将之一，文史研究的权威胡适博士，在 1923 年 6 月写给顾颉刚的一封信中还说道："发见渑池〔仰韶村〕石器时代的安特生近疑商代犹是石器时代的晚期（新石器时代）。我想他的假定颇近是。"① 1925 年法国考古学家第·摩根（J. de Morgan）以为中国文明的开始大约在公元前 7 至 8 世纪，更早的便属于中国史前时代，情况完全不清楚。

自从 1928 年安阳小屯的考古发掘开始以后，经过了最初几年的田野工作，便取得了很大的收获。到了 30 年代，已可确定商代文化实在是一个灿烂的文明。但是当时一般学者仍以为小屯殷墟文化便是中国最早的文明。有人以为这便是中国文明的诞生。我们知道小屯殷墟文化是一个高度发达的文明。如果这是中国文明的诞生，这未免有点像传说中老子，生下来便有了白胡子。所以有些人以为中国文明是西来的，是把近东两河流域成熟了的文明整个拿过来。这是中国文明西来说者用最简单的办法以解决中国文明起源这一个复杂问题。

但是这个问题并不是这样简单。我们经过了 30 多年的考古工作，对于小屯殷墟文化有了更深刻的认识。我们先来谈一谈小屯殷墟文化的面貌。

---

① 胡适的这几句话，见顾颉刚主编的《古史辨》第一册，1926 年版，第 200 页。

小屯的殷墟文化

我是 1935 年春季在安阳殷墟初次参加考古发掘的，也是我第一次到考古圣地。那一季我们发掘西北冈墓群。发掘团在侯家庄租到几间民房住下去。因为当时盗墓贼猖狂，曾寄来匿名信，要我们不要染指他们视为宝藏的西北冈墓群，否则当心性命，所以住处的门前有威风凛凛的武装士兵站岗。我最近一次去安阳，是 1976 年妇好墓发现后去参观这墓的出土物的。经过这 40 年的时光，这里的农民生活变化很大，社会治安良好。我们考古研究所在小屯村西建立了工作站，盖了楼房，有办公室、工作室、陈列室和仓库，工作人员的条件改善了。日本朋友们去安阳参观的，我们都很欢迎。

这 40 多年来变化更大的是商代考古的研究方面。我们不仅累积了更多的考古资料，并且研究工作也更加深入了。去年（1982 年）9 月我在美国檀香山参加商文化的国际讨论会时，与中国台湾省来的代表和外国的同行们（包括日本的朋友）谈到这事时，大家也都有这种感觉。我们现在不是把甲骨文、铜器和玉器当作古董铺或收藏家的古董来看待，也不是把陶器、陶片、铜器、玉石器和骨器作为孤立的考古标本来做研究，而是把商文明作为一个文明的整体来做研究。

作为都市的殷墟

小屯殷墟是在今日河南安阳市西北约 3 公里余，在洹水南岸。它是商朝后期的首都。这是有文献记载的。秦汉之际（公元前 3 世纪末），大家还知道这里是"洹水南殷墟"（《史记·项羽本纪》）。关于都城的年代，虽有各种不同的说法，一般认为是盘庚迁殷一直到纣王被周所灭，共 273 年，都在这里建都。它的绝对年代，一般采用公元前1300 ~

前 1027 年的说法，但是也有提早数十年到一百来年的可能。①

　　根据考古发掘结果，我们知道远在公元前第二个千年后期小屯殷墟已是一个都市规模的城市。这里的中心区有几片夯土地基。其中较大的一座是 30 年代发掘的 A 区 4 号房子，宽 8 米，长近 30 米。根据遗迹，这房子大致可以复原。小屯及其附近，还有铸铜、制陶、制玉石器、制骨等手工业作坊。当时手工业不仅已经和农业分工，并且已经相当发达，集中于城市内。中心区也有祭殉坑，当为房屋奠基及祭祀鬼神时的牺牲品。占卜是一种宗教活动，甲骨片刻辞后贮藏在坑穴中，有点像后世的档案处。在小屯没有发现城墙。工作站曾经有意地作了调查和试掘，仍是没有找到。只是在小屯村西约 200 米的地方，发现南北向的一条殷代灰沟，已探出的部分已达 750 米。沟宽 7～21、深 5～10 米。发掘者推测它可能是王室周围的防御设施。这还有待于继续探测。如果这个推测将来被证明是正确的，如果这条灰沟向南伸延后转而东行直达洹水，那么，小屯就不需要筑城垣了。它的北边和东边已有天然的洹水河道作为防御之用。

　　最引人注意的是离小屯约 2.5 公里的西北冈帝王陵墓的墓地。西北冈在洹水北岸的武官村的西北。当时我们的发掘团住在侯家庄，所以叫它为"侯家庄西北冈"，实际上它是在侯家庄的东北。这墓地有亚字形大墓八座，其中最大的 1217 号墓，墓室面积 330 平方米，加上四个墓道，总面积达 1800 平方米。深度在 15 米以上。各墓的墓中和附近埋有殉葬的人，少则数十，多的可达一二百人。殷墟西区近年来发现了一千多座小墓，一般长度只 2～4、宽 0.8～1.2、深 2～3 米。它们的规模比起大墓来，相差很大。随葬物丰俭则相差更大。这些都可以看出当时社会中阶级和等级的分化程度和当时的埋葬的习俗。

----

　　①　关于安阳殷墟的年代问题，参阅陈梦家《殷墟卜辞综述》，科学出版社 1956 年版，第 211 页。

商殷时代的文字制度

一个文明的重要的标志之一，便是有了文字制度。商文明的遗物中，在陶器、玉石、甲骨的上面，都曾发现过文字。尤其是刻字甲骨出土最多，已发现的当达 16 万片以上。1971 年我们在小屯西地发现一堆完整的卜骨，其中有字的 16 片，无字的 5 片；1973 年在小屯南地又发现有字的大小碎片达 4800 余片。商代的文字制度，是用汉代所谓"六书"的方法，以记录语言。许慎《说文解字·叙》中说六书是指事、象形、形声、会意、转注、假借。这实际上是指象形、象意（包括象事）和象声，而以象形为基本。象形的字，如画一个圆圈以代表太阳，画一个半圆以代表月亮，比较容易明白。象意的字，或用两个或更多的象形字合为一字使人领会意思，像许慎所说的止戈为武，人言为信（会意），或用几个不成字的点划以表示意思，如许慎所举的上、下二字（指事）。象声的字是用同音的象形字以代表无法象形或象意的抽象概念或"虚字"（假借），或于同音的象形字之外，又加一表示含义的象形字（后世称为"部首"），合成一字（形声）。这样使用不同的部首，便可使同音而异义的字区别开来，不致混淆。至于"转注"到底指什么，两千年来各种说法纷纭，我们暂时可以不必去管它。我是学过埃及象形文字（hieragraph）的。古代埃及人的文字制度也不外乎象形、象意、象声而已。它也是以象形为基本，以形声字为最多，古埃及语是多音节语言，所以每字长短不一，不像单音节的汉语，所用以记音的文字是方块字。这和拼音文字完全依靠象声这一方法，很是不同。汉字到今天虽然字体有了变化，字形已改变得不再像原来的物形了。但是它基本上还是沿用商代文字制度。所以甲骨文字只要能改用楷书字体来写，其中大多数仍是可以认识的。不过，甲骨文仍保留一些原始性：例如同一个象形字，写法可以稍有不同。同一形声的字，可以用意义相近的不同的边旁。假借的字较多，只有一部分加上边旁成为形声字。这些不统一的现象是象形文字演化过程中不可避免的。但是商代文字已经成熟到足以记录语言，不能再当做只是一些符号而已。甲骨文已能记录史事，包括帝王及臣僚的名字，战争、祭祀和狩猎等的事迹，史事发生的月日和地点。这表示小屯殷墟文化已进入历史时期，不仅只是有了文字而已。为了创造文字制度，象声方法的采用是一个突破点，否则所写的仍是符号和图画，不是文字。试想如果我们只用象形和象意（包括象事）的方法，那么，不仅是"之、乎、者、也"等虚字，无法表示，便是那些在理论上有可能用象形或象意的方法表达的，实际上也是办不到的。例如甲骨文以一划表示一，一直到用四划表示四；但是十千为万的"万"字，我想谁也不肯写上一万道的笔画来表示它的。这便需要用同音的字来表达。

已经发达的青铜器铸造技术

有人以为青铜器是文明的各种重要因素中最重要的一项。这种说法似乎并不正确。古今中外许多已掌握冶炼青铜甚至于炼铁技术的民族，仍是"野蛮"民族，不算是"文明"民族。但是我们可以说，最能代表商文明的高度水平是它的发达了的冶铸青铜的技术。商代青铜器包括礼器（举行仪礼时用的酒器、食器等容器）、乐器（铎、铃）、武器和工具、车马器。其中形状奇伟、花纹瑰丽的礼器，一般认为是上古文明世界中技术方面最突出的成就之一。从前有人以为这一类的青铜器只能使用失蜡法才可铸成。失蜡法是用一种易于塑刻又易于熔化的蜂蜡一类的材料做成模子，刻上花纹，然后涂抹上几层细泥和粗泥，留出灌铜口和出气口，最后用火烧烤厚壁的泥范，使蜡熔化流出。使用时把青铜熔液灌进范内的空隙，凝固后打碎泥范，取出成品，再加修整。近30年来我们在安阳小屯及其附近不断地发现陶范碎片。最近几年我们又做了模拟试验，知道商代铸造青铜容器是用复合范，不用失蜡。这和西方各文明（包括印度河文明）很早便采用失蜡法，似乎代表不同的传统。中国最早使用失蜡法的实物是属于春秋时代，例如近年发现的河南淅川下寺楚墓的铜禁（放置酒器的小方桌）和随县曾侯乙墓的尊和盘。安阳妇好墓出土的四百多件铜容器，其中许多是器形整齐、花纹清晰的佳品，有的器形奇伟，如鸮尊，有的还是前所未有的，如三联甗和偶方彝。至于那二件通高达 80 余厘米、重达百余公斤的方鼎则以凝重庄严见胜。在湖北崇阳，还发现一件商代铜鼓。冶铸青铜技术的发明和广泛采用是有其重要的意义的。首先青铜的原料铜和锡不像石器时代那些制造石器的石料，并不是到处都有，可以就地取材。其次，铜和锡都是矿物，其中自然铜的产地很稀少，一般铜矿和锡矿都要经过提炼才能提出金属的铜和锡。这不像石料那样可以利用天然物如砾石、页岩、板岩等，不必经过化学方法来提炼。金属提炼出来后，还需要翻铸，才能铸造出可用的青铜器来。这些是意味着要有一批掌握冶金技术的熟练工匠，又要一定的贸易活动和保证交通路线的畅通，才能解决原料和产品的运输问题。这又需要社会组织和政治组织上一定的改革，以适应新的经济情况，包括生产力的发展。

关于金属冶炼方面，又有一个商代用铁的问题。最近十多年来，在河北省藁城和北京市平谷县刘家河都曾发现过铁刃铜柄钺一件。年代可能比安阳殷墟文化第一期早，或可早到郑州二里岗上层文化。但是经过分析，这两件都是由陨铁锻造而成，所以并不能作为殷代已能冶炼铁的证据。现已发现的中国最早用冶炼的铁制成的器物，是在春秋时期（公元前 5～前 6 世纪之交）。

殷墟文化独有的特点

除了上述三个文明的普遍性特点以外，殷墟文化还有它的一些自已独有特点。但是这些不能作为一般文明的必须具备的标志。殷代玉石的雕刻，尤其是玉器，便是这种特点之一。别的古代文明中，除了中美洲文明之外，都没有玉器，但是它们仍够得上称为文明。妇好墓中出土玉石器 750 余件，其中绝大多数是玉器。这是迄今发掘出来的数量最大的一批玉器，而且品种众多，雕刻也很精美，有许多实在超过了从前的传世品和发掘品。它们在制作技术上，已有熟练的操作水平，而造型和花纹方面，许多都是头等的美术。这些花纹和殷墟铜器的花纹，有很多的共同点，都是殷墟艺术的重要的表现。殷墟又出土了许多骨雕和象牙雕刻，它们的花纹也是和殷墟铜器上的相类似。妇好墓出土的一对镶嵌绿松石的象牙杯，便是这一类中特出的精品，是前所未见的。

使用马驾的车子，是殷墟文明的另一个特点。但是这也不能算是一切文明都必具的标志，中美洲文明和秘鲁文明中，在欧洲人于 15 世纪末侵入新大陆以前，始终没有马匹，也没有车子，当然没有驾马的车子。埃及的马车是希克索人于公元前 17 世纪左右由亚洲入侵时引进的。这时离开尼罗河文明的开始已是一千多年了，20 世纪 30 年代在安阳曾发现过几座殷墟文化时期的车马坑。1947 年安阳发掘的老将石璋如先生说："（车子的）木质均已腐朽，仅余不相连续的铜饰。各种装饰的部位，也非绝对正确。所以精确的结构如何仍难复原。"[①] 1935 年我在安阳工作时也曾亲手发掘过一座车马坑，颇有同感。但是 1950 年在辉县琉璃阁发掘到战国时代的一座大型车马坑。我亲自动手和熟练发掘工人一起探索，终于搞清楚了车子的木质结构，复原了车子的原状。后来在安阳又发掘过 8～9 座车马坑。发掘是采用辉县车马坑的发掘方法，大多数都可以大致复原。[②]

---

① 见《中国考古学报》第 2 册，1947 年，第 17 页。
② 杨宝成：《殷代车子的发现与复原》，《考古》1984 年第 6 期，第 546～555 页。

殷墟文明的另一特点是制陶业的发展。这主要表现在灰陶占绝对优势（占所采集陶片的90%）。它替代红、褐、黑陶而成为主要陶系。这发展的另一表现是刻纹白陶的出现和原始瓷（Proto-porcelain 即加釉硬陶）的烧造。最后一项当为南方长江下游地区的发明，然后传到安阳来而成为小屯陶器群的一个组成部分。浅灰色的细泥灰陶，颜色均匀，表示陶工控制陶窑中还原气氛的技术更加完善。原始瓷后来在长江下游地区逐渐改善，终于在汉末出现了瓷器，成为中国文明的特点之一。

总之，现下我们可以确定商代殷墟文化实在是一个灿烂的文明，具有都市、文字和青铜器三个要素。并且它又是一个灿烂的中国文明。中国文明有它的个性、它的特殊风格和特征。在上述三个要素方面，它都自具有中国色彩的特殊性。在其他方面，例如玉石雕刻、驾马的车子、刻纹白陶和原始瓷、甲骨占卜也自有特色。殷墟的艺术也自成一风格。中国文明各时代都有变化，每时代各具有一定的特点，但仍维持中国文明的共同的特点。

解放以前，有人认为殷墟文化便是中国文明的开始。也有人推测在这以前中国文明还有一个更古的、更原始的阶段；但是，由于没有证据，这只好作为一种推测而已。解放后30多年的考古发掘工作，使我们对于中国文明的起源问题的研究，可以从殷墟文化向上追溯。第一步是追溯到郑州二里岗文化。

郑州二里岗文化

郑州二里岗遗址是1951年发现的。当时我们考古所的河南省调查发掘团到了郑州。当地一位对历史和考古有兴趣的小学教师韩维周，在二里岗一带采集了一些陶片、石器和卜骨。他把它当作新石器时代遗址。他把采集到的标本给我们看，并且引我们去观察一些已露出的文化层。我们认为这不是新石器时代的。它的遗物近于安阳殷墟的，很可注意。1952 年第一届考古工作人员训练班便拿这个遗址作为实习地点，证实了二里岗文化的重要性。它是早于安阳小屯的商殷文化。后来河南省的考古队同志为了配合基建，在这里做了多年的考古工作，现已基本上搞清楚二里岗文化的大致面貌。

二里岗文化的时代，根据层位关系，可以确定为早于小屯殷墟文化。至于绝对年代，根据几个碳－14 测定年代，是约公元前 1500～前1600 年（年轮校正过），误差约为 150 年。这便是说，它的年代有 68% 的可能是在公元前 1350～前 1750 年的范围以内。相对年代要较小屯殷墟文化为早。它的分布地区，以郑州二里岗为中心，根据已知道的材料，北达河北藁城，南抵湖北黄陂，西到陕西华县，东至山东益都，近年来都发现过二里岗文化的遗迹。

我们就上述的文明的三个主要标志而言，二里岗文化都已具备了。它在郑州的商城，有夯土城垣。城的周长近 7 公里，城内总面积约 25 平方公里。城内东北部发现有大片夯土台基，当为宫殿遗迹。城外近郊有几处手工业作坊遗址，包括铸铜、制骨、烧陶等手工业。黄陂盘龙城也有夯土城墙，周长虽只 1.1 公里，但城内也有保存较好的宫殿遗址。其次，二里岗文化已有文字制度。这里曾发现过三件有字的骨。其中二件各只有一字。其余一件有 10 个字，似为练习刻字而刻的，是在翻动的地面上找到的。二里岗文化的陶器和陶片上也有划刻记号的，但是那不是文字，只是符号。古今有文字制度的各民族常有在器物（包括陶器）上面用符号为记。当然他们也可以在陶器上刻划文字。但是我们就《郑州二里岗》这本报告中所发表的资料而言，这批陶片上刻划的似乎都是符号，不是文字。再其次，关于铸造青铜器，二里岗文化已有单范或双合范的武器和工具，还有复合范的容器，其中有郑州杜岭街出土的二件大型方鼎。除了上述三点以外，器物方面，它的陶器自成一组，但是可以与小屯殷墟的，排入一个系列。青铜器也是这样。花纹方

面，铜器、陶器和玉器上的花纹，显然是商代艺术的风格，但较为简
单。占卜等宗教活动，也带有中国特点。所以二里岗文化够得上称为文
明，并且是属于中国文明中的商文明。

偃师二里头文化

我们还可以从二里岗文化向上追溯到偃师二里头文化。二里头这遗
址在河南偃师县西南 9 公里。这是 1957 年发现的。1959 年夏天我们考
古研究所徐旭生老先生，作河南省西部"夏代废墟"的调查时，到这
里进行考察，指出这里可能是商汤的都城西亳。这年秋季起，考古所派
遣发掘队前往工作。这 20 多年做了十几次的发掘，到现在仍未停，不
过现下正将一部分力量放在编写正式报告上。这项工作，在考古学方面
取得了很大的收获。

二里头文化现已可确定比郑州二里岗文化更早。根据层位关系，
我们已搞清楚：它是压在河南龙山文化层之上，而又被二里岗文化所
压住。它的绝对年代根据碳－14 测定年代，其范围约相当于公元前
1500～前 1900 年。它可分早（1～2 期）、晚（3～4 期）两期。它的
分布范围，据已知的材料，集中于河南省西部和山西省西南部。它西
达陕西华县，北达山西襄汾地区，但是南面和东面，似乎都没有超越
今日的河南省境。

二里头文化，至少它的晚期，是已达到了文明的阶段。第一，在二
里头遗址本身，便发现过二里头文化晚期的宫殿遗迹。已发掘出来的一
座，它的台基近正方形，每边各约百米，总面积达一万平方米左右。宫
殿的基座，略高出于台基，呈长方形，东西长 36、南北宽 25 米。建筑
物的规模是面阔八间，进深三间。四周有挑檐柱。屋顶可能是四坡出檐
式。宫殿区以外，还有制陶、铸铜等手工业作坊。第二，它似乎已有文
字制度。发掘物中有刻划记号的陶片，都属于晚期。记号已发现的共有

24种，有的类似殷墟甲骨文字，但是都是单个孤立，用意不清楚。这还有待于进一步的探讨。第三，冶铸青铜器，这里不仅有工具的武器，并且也有爵杯这种小件容器，此外，陶器具有一套有一定特色的陶器群。其中如觚、爵、盉等专用酒器也在墓中开始普遍出现。玉器中有的器形和花纹，已是殷墟玉器的祖型。总之，二里头文化同较晚的文化相比较，是直接与二里岗文化，间接与小屯殷代文化，都有前后承继的关系。所以，我们认为至少它的晚期是够得上称为文明，而又有中国文明的一些特征。它如果不是中国文明的开始，也是接近于开始点了。比二里头更早的各文化，似乎都是属于中国的史前时期。最近发现的甘肃马家窑文化、马厂文化和山东龙山文化的小件青铜器，如小刀和锥，如果被证实，也只能说它是青铜冶炼的开始，与二里头青铜容器的铸造水平是不能比较的。

至于二里头文化与中国历史上的夏朝和商朝的关系，我们可以说，二里头文化的晚期是相当于历史传说中的夏末商初。但是夏朝是属于传说中的一个比商朝为早的朝代。这是属于历史（狭义）的范畴。在考古学的范畴内，我们还没有发现有确切证据把这里的遗迹遗物和传说中的夏朝、夏民族或夏文化连接起来。我们知道，中国姓夏的人相传都是夏朝皇族的子孙。我虽然姓夏，也很关心夏文化问题，但是作为一个保守的考古工作者，我认为夏文化的探索，仍是一个尚未解决的问题。①

---

① 关于夏王朝探索问题，《文物》1983年第3期上发表了河南省登封县王城岗（或谓当作望城岗）遗址调查简报。曾引起中日两国报界与新闻杂志界的关注和热烈的讨论。

那是一处河南龙山文化晚期的居住遗址。遗址周围有纵横各不到100米的经夯过的填土的沟，将遗址围绕起来。沟深约2米多。发掘者认为：此沟当为城墙的基槽，此城当为夏都阳城。1983年5月间，中国考古学会第四次年会在郑州开会之际，我们参观了王城岗的发掘现场。通过参加大会者的讨论，多数人认为这个问题暂缓下结论为宜。关于夏王朝的时代及夏文化的确定这一重要课题，要有待于今后更多、更明确的新的证据的发现和深入的研究。

〔补记〕1983年发现和试掘的偃师商城，有夯土城墙和宫殿遗址，可能是汤都西亳。

文明的起源和新石器文化

有人以为"文明"这一名称，也可以用低标准来衡量，把文明的起源放在新石器时代中。不管怎样，文明是由"野蛮"的新石器时代的人创造出来的。现今考古学文献中，多使用"新石器革命"（Neolithic Revolution）一名词来指人类发明农业和畜牧业而控制了食物的生产这一过程。经过了这个"革命"，人类不再像旧石器或中石器时代的人那样，以渔猎采集经济为主，靠天吃饭。这是人类经济生活中一次大跃进，而为后来的文明的诞生创造了条件。

中国新石器时代遗址，这30多年新发现而已发表的，大约有七千余处，经正式发掘的也在百处以上。这些遗址，散布在全国。由于碳－14测定年代法的采用，使不同地区的各种新石器文化有了时间关系的框架，使中国新石器时代考古学有了确切年代序列而进入了一个新时代。

最引人注意的是20世纪70年代后半所发现的早期新石器文化，如中原地区的磁山·裴李岗文化，年代约在公元前6000～前5700年（校正过，以下同）。当时人民主要农作物是粟类，已知驯养猪、狗，住宅是半地穴式，屋旁还有储粮的窖穴。陶器较为原始，都是手制的，陶质粗糙，火候不高。石器有带齿石镰、磨盘和磨棒。这种文化还有它的渊源。如能找到更早的新石器文化，或可解决中国农业、畜牧业和制陶业的起源问题。

20世纪50年代发现和发掘的半坡遗址，现今成为仰韶文化早期的代表。现已建立现场博物馆。它以精美的彩陶闻名于世。但是我们现在把它作为一座当时村落遗址来研究，想搞清楚他们的住宅的结构和布局，手工业、墓葬制度和墓地的位置，生产工具和经济生活、社会组织等各方面。半坡文化年代是约公元前5000～前4500年。彩陶的美术图案，反映了当时的审美观念。彩陶在中原地区后来到了龙山文化时期便衰退了。但是在黄河上游的甘肃青海地区，反而更为发展了。那里的马家窑文化和半山马厂文化，都有图案华丽的彩陶。年代则前者为约公元前3000年，后者为公元前2500～前2000年。1974～1980年，我们在青海乐都柳湾墓地发掘1700余座以半山马厂文化为主的墓，随葬陶器达一万余件，其中彩陶壶、罐便有七八千件。现以564号墓为例，出土陶器便达91件之多，彩陶占81件，其中有73件为彩陶壶。

长江流域最近有许多重要发现，其中最重要的是浙江余姚河姆渡文化的发现。它的年代与北方黄河流域的仰韶文化早期（半坡）同时，或许开始稍早。当时这一带气候比较温暖潮湿，居住点的周围环境是分布有大小湖沼的草原灌木地带。河姆渡文化的房子是木结构。主要农作物是水稻。这是中日两国人民的主要粮食（水稻）的最早的实物标本，年代约在公元前5000年左右。家畜有狗、猪，可能还有水牛。石器有斧和锛。还发现有木质和角质的柄以及骨耜等。因为这里的文化层已在潜水面以下，所以像日本弥生时代的登吕遗址一样，有许多木器如船桨、耜、碗、筒等保存下来。陶器制作比较原始，都是手制的。胎壁粗厚，造型不整齐。表面多平素，但是也有刻划花纹的。从前我们认为良渚文化（约公元前3300～前2250年）是我们所知道的长江下游最早的新石器文化，并且认为良渚文化是龙山文化向南传播后的较晚的一个变种。实则这里是中国早期文化发展的另一个文化中心，有它自己独立发展的过程。此外，庙底沟二期文化的发现，证实了仰韶到河南龙山文化的过渡期的存在，纠正了前人以为二者曾同时存在、东西对立的看法。

山东地区的新石器文化，从前我们只知道有龙山文化，以光亮的黑陶著名，解放后于1959年发现了大汶口墓地，以另具一种风格的彩陶而著名。这种大汶口文化后来被证明较龙山文化为早，而分布范围大致相同。60年代至70年代，我们又发掘滕县北辛庄和平度县东岳石。前者比大汶口文化更早，碳-14年代约公元前5300～前4300年。后者却填补了山东龙山文化和商文化之间的空隙，现称为岳石文化，年代约为公元前1900~前1500年。岳石文化中已出现青铜小件器物，陶器上印压有云雷纹和变体夔纹。这样看起来，山东地区史前文化的发展自有演化的序列，与中原地区的和长江下游地区的，各不相同。黄河中下游是有东、西相对的两个文化圈，不过与仰韶文化相对的是大汶口文化，而不是山东龙山文化。

中国文明是否系独立地发展起来的

除上面所说的以外，在其他地区还有别的新石器文化，例如湖北省的屈家岭文化等，今天不谈了。关于各个文化中类型划分，早晚分期以及各个文化之间的互相影响等问题，今天也不谈了。我只谈那些与中国文明起源问题关系最密切的史前文化。这主要是上述三个地区中的晚期新石器文化，偃师二里头文化就其文化内容和所在地点而言，显然是从晚期河南龙山文化发展过来的。但可能又吸收了其他地区一些文化中某些元素，例如山东晚期龙山文化（陶器某些类型、铜器）、晚期大汶口文化（陶器上刻划符号，可能还有铜器）、江浙地区的良渚文化（玉璧、玉琮等玉器）。西北地区的"甘肃仰韶文化"（陶器上符号，铜器）等。我以为中国文明的产生，主要是由于本身的发展，但这并不排斥在发展过程中有时可能加上一些外来的影响。这些外来的影响不限于今天的中国境内各地区，还可能有来自国外的。但是根据上面所讲的，我们根据考古学上的证据，中国虽然并不是完全同外界隔离，但是中国文明还是在中国土地上土生土长的。中国文明有它的个性，它的特殊风格和特征。中国新石器时代主要文化中已具有一些带中国特色的文化因素。中国文明的形成过程是在这些因素的基础上发展的。但是文明的诞生是一种质变，一种飞跃。所以有人称它为在"新石器革命"之后的"都市革命"（Urban Revolution）。当然，中国文明的起源问题还有许多地方仍不清楚，有待于进一层的探讨。

第三编
中国历史时期考古研究

谈谈探讨夏文化的几个问题[*]

会议就要结束了。正确地说，会上提出的问题比解决的问题要多。我想谈四个问题。

一 夯土城墙问题

在参观过程中，曾听到两种议论。一种说，城堡在哪里？另一种说，这下可解决问题了！这两种想法是两个极端。夯土城墙是一个问题，但夯土与城墙则是两个问题，因为夯土未必是城墙。这次来参观，是一个学习机会。河南同志的工作做得很好。参观中已经看到，王城岗遗址有夯层，有夯窝，这是工作中已经解决了的。基槽是城墙的基槽，这个问题不大。底部有的地方有些淤土，不厚，这也可以理解，因为夯筑过程中遇到下雨，就可能出现淤土。从基槽的深度，可以推知墙体的相对高度，这两者是有一定的大致比例的。不过，基槽上边

---

[*] 本文是作者于 1977 年 11 月 22 日在国家文物局召开的登封王城岗遗址发掘现场会闭幕式上的讲话，原载《河南文博通讯》1978 年第 1 期。

的墙体一点没有保留，上面压盖的是一层相距不久的文化层，这是一个问题。

二　地层文化问题

关于地层，考古学上称为地层学，或叫层位学。这没有什么奥妙，不过说地层堆积的层位上下表示堆积时代的相对的迟早。

有城，城里一定有人活动。时间愈长，堆积愈厚，层位关系也愈复杂。地层是我们据以判定相对年代的依据，这在田野工作中是一种常用的方法。

王城岗城址下边是河南龙山文化中期偏晚的遗存，也有人认为是晚期的开始阶段。上边为河南龙山晚期遗存打破，它的时代约当王湾三期。不过，王湾三期还有早晚之分，所以那层被基槽打破或压住的文化层是中期末还是晚期初，意义似乎不大。基槽也即城墙的年代，可以定为龙山文化晚期。这在发掘工作中可以说是解决了。

三　夏文化问题

首先应假定：①我们探讨的夏王朝是历史上存在过的，不像有些疑古派认为可能没有夏王朝。②这个夏文化有它一定的特点。发言的同志虽然没有说明这二点，看来大家想的是差不多的。

"夏文化"应该是指夏王朝时期夏民族的文化。有人以为仰韶文化也是夏民族的文化。纵使能证明仰韶文化是夏王朝的祖先的文化，那只能算是"先夏文化"，不能算是"夏文化"。夏王朝时代的其他民族的文化，也不能称为"夏文化"。不仅内蒙古、新疆等边区的夏王朝时代的少数民族的文化不能称为"夏文化"，如果商、周民族在夏王朝时代与夏民族不是一个民族，那只能称为"先商文化"、"先周文化"，而不能称为夏文化。

会上发表的意见，大致有以下四种：①认为河南龙山文化晚期和二里头文化的四期都是夏文化遗存；②河南龙山晚期与二里头一、二期遗存为夏文化遗存；③二里头一、二期遗存是夏文化，三、四期是商文化。至于夏代前期的文化是哪些则没有说；④二里头一至四期是夏文化，河南龙山文化不是。

我认为现有的材料还不足以说明哪一个是夏文化，条件还不太够。四种意见都有说不通的地方。过一些时候，大家再进行讨论。

会上提到四个条件。地域与社会性质，看来问题不大。地域是同一地域；社会性质则夏、商都是奴隶社会。问题是文化与年代。要分析文化性质。另外是年代。这个问题很麻烦，因为商代的灭亡是在公元前1122年或公元前1027年，这两种说法便相差百来年，还有其他说法。至于商代的总共年数是四百九十余年还是六百多年，不得确知。夏的年代更没法说清。或以为四百余年，或以为比殷代更长。目前放射性碳素测定年代，也还有些问题需要解决。一则是它本身的误差；再则是树轮校正年代的准确性。殷商的文化面貌，早晚都较清楚；夏文化的面貌则不清楚。汉代学者所描写的夏文化的面貌，有许多是根据三统说加以引申而推上去的。夏商文化有共同之处，也有差异之处。有同志说郑州是汤都，二里岗下层便是商朝最早的文化，可郑州还有早于二里岗的商文化遗存。有共同点，又有差别，这里很复杂。可以继续研究。

四　夏都问题

一般的探索过程，是先确定一个遗址属于某一王朝，然后再确定它是该王朝的京都。如果夏到不了河南龙山文化晚期，那么告成镇王城岗的城墙为夏都城之说便难以成立了。所以，这里首先要解决的是夏文化问题。如果这遗址属于夏文化，也仍有这是否是都城的问题。如果某一遗址由各方面的强有力的证据可以确定是夏都，那也可以由此找到一个标准，根据它去搞清楚夏文化的面貌。

但是，关于禹都阳城说的时代还是比较晚。孟子上距夏禹将近两千年了。而且还有禹都安邑等说法。纵使禹都阳城，是否即战国时阳城，也可能是另一个地点，虽然很可能是指战国时代的阳城的附近地带。

这个王城岗遗址有城，但是不是京都？城有两种：一是城堡，一是城市。后者是王国的政治、经济、文化中心。城也不一定只有一个城圈。北京旧城，内外就有两个城。但是城堡本身并不便是城市。农村中的土围子不是城市。北京紫禁城也是城堡性质，本身并不是城市。古代的城市常有城墙，但是城市不一定非有城墙不可。

另外，这次发现的东周阳城则没有问题。它的发现为寻找禹都提供旁证和线索。这个城有城墙，城墙的年代可定为战国初。城内有宫殿遗迹、陶片，是战国和汉代的。陶片和瓦片上还有"阳城"字样。这个发现也很重要。

最后，提几点建议：

第一，希望同志们继续做这方面的工作。虽然这次会上没有能够作出结论，但可以肯定，离作结论的日期是一天比一天近了。

第二，建议大家都来注意这个问题，加强合作。到会的有邻近各省的同志，大家一起合作，更有助于这个问题的解决。

第三，希望以后能再开这样的会，贯彻党的百家争鸣的方针，在讨论、争鸣中，共同提高考古学的水平。

中国的有銎斧[*]

几年以前，C. G. 塞利格曼（Seligmn）教授发表《欧洲与中国的车和有銎斧》一文（《皇家人类研究所通报》第 50 卷 1920 年），指出欧洲青铜时代的有銎斧与古代中国有銎斧相似。稍晚，他提出了一条较为明确的断代意见，即在《东罗马与远东》一文（见《古物学》第 11 卷第 5 期 1937 年）中，认为"有銎斧可能是公元前五六百年传入中国的"（第 7 页）。在 1938 年出版的《古物学》第 12 卷的一条注释中，塞利格曼教授推测这个年代实际上可能是此前几百年，即公元前 12 ～前 11 世纪，"换句话说，现在有证据表明，有銎斧在中国存在于商殷末期"（第 86 页）。不过他这个新结论的主要依据是他自己收藏的一件三联三角纹中国有銎斧。似乎他当时还不知道结论性的证据已在 1929 年经科学发掘而得，并与 1930 年发表（可惜只有中文）。这条注释是为了引起人们对这项考古学证据的注意而写下的。

在《安阳发掘报告》第 2 期（1930 年）中，田野发掘主持人李济

---

[*] 本文原以英文发表，见英国《古物学》（*Antiquity*）第 49 期第 96 ～ 98 页，1939 年。这是作者生平发表的第一篇考古学论文，现由莫润先译成中文。

博士发表了一件这处商殷都城遗址出土的青铜有銎斧，该器据考证当系公元前 1122 年的遗物。李济注意到塞利格曼教授在 1920 年《皇家人类学研究所通报》中发表的文章。但欧洲的这种有銎斧只是在始于公元前 1300～1250 年青铜时代才出现（柴尔德《青铜时代》第 59 页）。他正确地对塞利格曼的假设提出了质疑。因为它意味着这种类型有銎斧在史前时期以罕见的速度从欧洲传到远东（第 246 页）。1933 年李济博士在其论文《殷墟铜器五种及其相关之问题》（载于《庆祝蔡元培先生六十五岁论文集》）中发表了该遗址出土的三件有銎斧。本文附图即采自该文插图十一（图 1）。他总结了安阳殷墟所出青铜有銎斧的共同特点，写道：它们"仄面看都是不对称的，都是空头的，刃作凸形，略外出……刃形不对称似锛，突出似戚……"（第 97 页）。

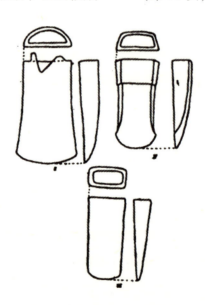

图 1　安阳殷墟出土的有銎斧

《安阳殷墟头骨研究》序言[*]

体质人类学（Physical Anthropology）^①，包括它的分支人类测量学（Anthropometry），是近代才产生的一门冷僻的学科，而专门从事于死人骨骼的研究，则更是冷门中的冷门。但是，这种研究却需要有踏实的基本训练。除了要掌握一些操纵测量仪器的技术之外，这些训练还要包括人体解剖学、病理学和统计学等。尤其是解剖学更是从事体质人类学者所不可缺少的专门知识。在研究工作的过程中，既需要有不厌其烦的耐性，又需要有力求精确的谨严学风。所以，这门学科是不会成为热门的。

体质人类学在我国现下还没有受到足够的重视。实际上，它不仅在科学研究中有相当的地位，并且也具有实用的价值。举一个简单的例子：有一个时期在我国的市场上，许多顾客买不到适合尺码的鞋子，而另几种尺码的鞋子却积压在货架上卖不出去，以致许多人以无术"削足适履"而兴叹。如果生产部门能利用体质人类学的研究成果，便会

---

* 《安阳殷墟头骨研究》一书，由中国社会科学院历史研究所、考古研究所共同编著，文物出版社 1985 年出版。

① 这一学科，在英语国家叫作"体质人类学"，在欧洲大陆各国叫作"人类学"。前者在我国比较通行，所以这里便采用了它。

避免或减轻这类的困难了。至于死人骨骼（包括人类化石）的研究工作，虽然它的实用价值不大，但是作为一种科学研究，仍是很重要的。这种研究可以阐明人类的起源和演化，确定不同时期的各地居民的种族，他们的营养情况和疾病。我们也可以由墓中死者的性别和年龄以推测当时氏族、家族等社会组织。这些不只是体质人类学的问题，也是考古学上的问题。

体质人类学这一门学科的创立，一般归功于德国的 J. F. 布卢门巴哈（Blumenbach，1752 ~ 1840）。他特别致力于头盖骨的形态的研究，曾经根据头骨测量的研究结果，将全世界人类分为五大种。另一位奠基人是法国的 P. P. 白洛加（Broca，1824 ~ 1880）。他曾创制人体测量仪器多种，并于1859年在巴黎创立〔体质〕人类学会。他们二人还都是著名的解剖学家。

这门学科引进我国是在本世纪的20年代。我们回忆抗战以前的情况：当时北京协和医院有 P. H. 史蒂芬逊（Stevenson，1890 ~ ?）和步达生（D. Black，1884 ~ 1934），成都华西大学有 W. R. 莫尔斯（Morse，1874 ~ ?），他们都是解剖学教授。中央研究院历史语言研究所有李济（1896 ~ 1980）和吴定良（1901 ~ 1969），清华大学有史禄国（S. M. Shirokogorov，1887 ~ 1939）。这些前辈学者将体质人类学引进中国，其中李、吴二位还是我们中国的学者。李济是美国哈佛大学 R. B. 狄克松（Dixon，1875 ~ 1934）和 E. A. 荷顿（Hooton，1887 ~ 1954）二教授训练出来的学生，但是回国后改行专搞中国考古学了，虽然他始终未能忘情于体质人类学。吴定良从教育统计学转攻人类测量学，曾在伦敦大学 K. 皮尔逊（Pearson，1857 ~ 1936）的实验室中做过几年研究工作。皮尔逊是生物测量学一派的大师，这一派强调利用数学方法来处理人类测量数据，是体质人类学的一个旁门。吴定良返国后便主持历史语言研究所的第四组（人类学组），后来筹备过体质人类学研究所，又分别主持过浙江大学和复旦大学的人类学系与人类学专业。解放以后以研究人类化石闻名的吴汝康和本书的主编兼作者杨希枚都曾在他的人类学组工作过。至于李济在南开大学时的学生陶云逵，曾赴德国深造，可惜返国后不久在抗战中期便去世了。颜訚（1908～1970）曾从莫尔斯和史蒂芬逊学习。1948年左右曾赴美国进修。费孝通曾从史禄国读过体质人类学，但后来专攻社会人类学了。这是抗战以前我国体质人类学的大概情况。抗日战争和解放战争时期内，体质人类学的研究工作虽然没有中断，但进入低潮。一直到解放以后，才又迈步向前发展。

有了我国体质人类学发展情况作为背景，现在再来谈谈殷墟头骨的研究。解放以前主持安阳殷墟发掘的考古学家如李济和梁思永，都曾在国外学过体质人类学。虽然梁思永是以考古学为主科，而李济返国后不久也改而专攻考古学，但是他们都很重视出土人骨的研究工作。我在1935年参加殷墟发掘时，还听说过一个关于董作宾1928年主持初次发掘时"挖到和尚坟"的故事。书斋中出来的董作宾，从来没有看见过出土的骷髅头，只从笔记小说中知道死人身上头发是最不易腐朽的。所以，他发掘到一座时代不明的古墓时，便认为头上无发的墓主人一定是一位和尚。骷髅头狰狞可怕，所以仍被埋起来。到了李济、梁思永主持发掘时才注意到人骨标本的采集，并且用科学的采集方法和保存方法。

1935年春，我到殷墟发掘团参加工作时，采集人骨标本已成为一种制度。所有出土的头骨（头盖骨和下颌骨）、盆骨、肢骨和肩带骨（锁骨和肩胛骨），如果保存良好，都要加以采集。每件在小心提取、洗刷干净和编写标本号以后，便用浸湿的麻纸糊上几层。我们住在侯家庄农民家中。每星期天返城内冠带巷工作站休息时，便运回一批到城里。洗刷和糊纸的工作，有时便在城内进行。整理后便放在走廊上以便阴干。记得有一次，梁思永发现一个带下颌骨的头骨的齿部外边所糊的麻纸被撕破，还脱落了门齿。他质问工人，据说是前几天留宿在工作站的一位洋鬼子干的。他听后只好叹口气不再追问下去。我们蒙古人种的一个特征是门齿多作铲形。现代中国人是这样，殷代人也是这样。这位洋人大概拿去几枚殷人门齿作为珍贵的科学标本。李济曾说过，考古学家一定要有体质人类学的常识。但是要想成为真正合格的体质人类学家，最好能先取得 M. D.（医学博士）学位。这或许是他后来放弃体质人类学工作而愿意将殷墟人骨材料让给别人研究的缘故。

抗战以前在历次殷墟发掘中所采集的人骨标本，仅就头骨而言，其数近千。后来都集中在南京的历史语言研究所中。吴定良由英国返国后，这些人骨标本在战争情况下几度搬迁，由南京而云南昆明，而四川南溪李庄，复员时搬回南京，最后运往台湾。这样多次的搬迁，使这些标本遭受到很大的损失。据说在台湾最后整理时，头骨完整可供测量者仅余 398 个。这是由于当年贪图省事，许多头骨脑腔内的填土没有挖取出来，以致干燥后成为坚硬的小泥球。搬运时受震动，这些泥球碰击头盖骨，有时便把它打成碎片。此外，在搬运的过程中，还发生过一次大误会。1941 年历史语言研究所避居四川南溪李庄时，由山下中央博物院筹备处所在地的月亮田搬运人骨标本箱子到山上板栗坳的历史语言研究所时，有一个箱子被碰裂开，露出了满箱人头骨。这里的乡下人本来对于外来的下江人很不信任，加以前几天有几位广东籍的同事捕捉一条蛇宰杀了做成佳肴打牙祭。所以，一下子谣言便传开了：这些下江人嘴馋得很，什么东西都要吃，蛇不用说，连人也要吃。满箱的人骨便是铁证。肯定人骨还不止这一箱呢！闹得满城风雨。最后还是由历史语言研究所负责人开了一次群众会，向大家解释一通，这事才平静下去。

吴定良在没有把这批标本交还历史语言研究所以前，曾把头骨逐个做了几种测量，作成记录。他自己始终没有把这批头骨测量数据整理出来。但是李济在台湾曾利用吴定良留在所中的记录副本，把这批数据全部发表了，并写了引言介绍这批材料，还指出商代人头骨的某些测量特征。后来他又请杨希枚对这批头骨作深入的研究。杨希枚花了几年的工夫，对这 398 个头骨作了大量的测量，并加以分析，又作了形态学的观察，写出了他的研究成果。尽管他的结论中某些方面可能还会有不同的看法，但是他的研究成果对于今后殷墟头骨的进一步研究提供了迄今为止数量最大的可靠的数据、谨严深湛的分析和富于启发性的推论。他由台湾回返北京以后，又和北京的同行们交换意见，互相讨论，加强我国从事这项工作者的团结，是另有其重大意义的。

解放以后，安阳殷墟继续发掘，收获丰富。人骨标本也累积了不少。颜𬱖进考古研究所工作后，所中便把这批材料连同各地新石器时代人骨标本交给他整理研究。他生前把精力主要放在新石器时代人骨研究方面。对于殷墟人骨，他曾和毛爕均合作写出一篇关于人牙的研究报告。他去世后，吴定良主持的复旦大学人类学专业毕业的韩康信和颜𬱖的多年助手、北京大学考古专业毕业的潘其风二位承继颜𬱖的工作，对于解放后出土的殷墟人骨做了大量的研究，已写出几篇论文。

在台湾省，继杨希枚之后，他的学生林纯玉、许泽民等，对于存放在台湾省的殷墟人骨的脑容量和颅顶间骨，臧振华对于殷人门齿，也都作了研究，发表了论文。台湾海峡两岸的学者都注意殷墟人骨的研究，是今后这一研究工作一定能够继续发展的征兆。

这一本《安阳殷墟头骨研究》论文集的编集，是杨希枚到中国社会科学院历史研究所报到后谈到工作计划时才决定的。历史研究所尹达所长和我一样，都是 30 年代初期参加殷墟发掘的旧人。他和我一样，都曾亲自在墓坑中剥人骨架，提取，洗刷，写标本号；甚至于糊麻纸的工作，也都曾做过。对于这批材料的整理和发表，他是非常关切的。于是，我们商得院领导和有关各方面的同意，决定请杨希枚主编这本论文集，由韩康信和潘其风二位协助。现在全书已经编就付排。我很高兴这书能够出版，所以不嫌外行，写几句话当作序言。因为是外行人，所以这里所说的完全是些外行话，也是题外语。但是，其中关于背景材料的介绍，可能对于读者们并不是完全没有用处吧！

1983 年 6 月 19 日

《殷周金文集成》前言[*]

  这部《殷周金文集成》（以下简称《集成》），经过我所的《集成》编辑组的同志们多年来辛勤的劳动，现在资料搜集行将完成，编纂工作大体就绪，第一册已经可以交付出版了。今后，其他各册也将陆续付印。这部书的出版，将为殷周青铜器的研究，尤其是青铜器铭文的研究，提供极大的方便，因之，我们相信，这将会促进这方面研究工作的进一步发展。

  30多年前，中国科学院考古研究所初成立时，在郭沫若院长的领导下，郑振铎所长和梁思永副所长亲自抓考古研究所的发展方针和远景规划的制订工作。当时的设想是：考古研究所的主要任务应该放在创新方面，便是说，要在马克思主义的指导之下，提高田野考古工作的质量，以便取得翔实可靠的实物资料，然后利用这些新取得的资料，结合过去累积的资料和研究成果，进行科学的分析和综合的研究。但是同时也认为：对于我国有悠久历史的金石学，尤其是其中的优良传统，也应

---

  * 《殷周金文集成》是中国社会科学院考古研究所集体编纂的大型铭刻资料集录。全书收录宋代以来各家著录、国内外主要博物馆收藏和各地出土的殷周铜器铭文近12000件，按器类和字数编次，共计18个分册，由中华书局用珂珝版原大精印，于1984～1994年陆续出版。

该加以吸取和发展，使之成为系统化的古器物学，而后者可以作为现代中国考古学的一个组成部分。

一般认为是中国考古学前身的金石学，在北宋时代便已经初步建立起来了。以图像和拓本（包括摹本）来表现古器物和古文字的金石图谱，在当时便出现了。但是，当时金石学的内容，如果依照现代的学科分类来说，实际上包括有铭刻学（Epigraphy）和考古学（Archaeology）两门学科。北宋金石学家吕大临在《考古图》的序文中说："观其器，诵其言，形容仿佛，以追三代之遗风，如见其人矣。"他把古器物的形制和铭刻的文辞二者区分得很清楚。

现代的考古学是利用古代人类遗留下来的实物（不限于古器物，还包括人类居住及其他活动的遗迹，以及反映人类活动的自然物，如农作物、家畜及狩猎品的遗骸），进行历史研究的一门科学。它和利用文字记载进行历史研究的狭义历史学，都是历史科学（广义的历史学）的主要组成部分，同是以恢复人类历史的本来面目为目标。二者对于历史科学的研究，犹如车子的两轮，不可偏废。不过，考古学的对象一般都是属于一定时间以前的古代，所以近代史和现代史不属于考古学的范围。历史越古老，文字记载越稀少，考古学研究也就越重要。到了没有文字记载的史前时代，史前史的研究便几乎完全依赖考古学了。因之，史前史也便等于史前考古学。

铭刻学是对古代刻在金、石、甲骨、泥版等坚固耐久的实物上的铭文进行各方面研究。这些研究包括认识文字、读通文句、抽绎文例、考证铭文内容（例如考证纪年、族名、邦国、人名、地名、官制、礼制和史事等），以及根据字形、文例、考证的研究结果，来断定各篇铭文的年代和它们的史料价值。它是以铭文作研究的主要对象，所以除了把其中的古文字经过考释改写为今日的楷书以外，它的考证方法，和利用传世的一般古代文献记载一样，完全是属于狭义的历史学范围。但是它又是以古代遗留下来的金、石等实物上的铭文为研究对象，而这些实物又经常是要通过考古发掘才重新被发现出来的，所以它从前常被隶属于考古学这门科学下作为一个分支。事实上，它现在已经蔚为大观，常被视为一门独立的学科了。埃及、希腊、罗马等地方古代纸草写本（papyrus）的研究，已独立成为一门"纸草写本学"（Papyrology）。就写本内容而言，可以算是铭刻学的一部分，但它所用的书写材料是纸草，并且是书写，不是镂刻，所以一般的铭刻图录中不收纸草写本。关于我国汉晋简牍的研究，日本学者称它为"木简学"。它也是同样的情况，既可以算铭刻学的一部分，又可以独立自成为一门分科。

至于古文字学，又是另一门学科，是语文学的一个分支。我们通常所称的"中国古文字学"，实际上是汉字的古文字学。它包括西文中所谓古字体学（Paleography，研究古字的形体以确定古写本的年代和地区）、语源学（Etymology，探讨每字的原始意义）等。汉字不是拼音文字，所以汉字古文字学的主要任务是研究汉族古代文字的形体、声音和字义（诂训）。它的内容既包括铭刻学的资料，也包括像许慎《说文解字》之类的并非铭刻的辗转抄下来的书本上的有关资料。铭刻学家一定要懂得他所研究的那一部分铭刻上的古文字。反过来说，古文字学家也一定要懂得怎样去利用铭刻学中与他的研究有关的资料。二者间的关系非常密切，有许多学者同时既是铭刻学家，又是古文字学家。但是这两门学科的着重点是有所不同的。清代朴学鼎盛时，古文字学家推崇《说文》，认为许（慎）学为小学（古文字学）的"不祧之祖"。有人讥笑当时的铭刻学中的金石文字研究为"善辨模糊字，娓攻穿凿文"。近代我国古文字学家如章太炎、黄侃师生二人，对于甲骨、钟鼎的铭刻，都是抱有偏见的。章太炎最初完全否认甲骨文，直到去世前，仍以为"甲骨之为物，真伪尚不可知"；至于金文，他晚年仍认为"钟鼎可信为古器者，什有六七，其释文则未有可信者"，以为是"穿凿之徒，皮傅彝器，随情定字"（汤志钧编《章太炎年谱长编》，1979年版，第934、954~956、957页）。黄侃晚年曾说过：

"〔钟鼎、甲骨〕虽其文字不容置疑，惜其解说犹有可疑处。故学者莫如先玩其拓文，而不必急读其解说可也"（《文字声韵训诂笔记》，1983年版，第19页）。我们平心而论，现今我国许多学者对于铭刻中古文字的解说，其中虽也有可疑的，但有更多的地方是不容置疑的。如果不读其解说，怎能知道这些解说可疑与否？如果我们参考前人的解说而不盲目轻信，岂不是更容易地使用自己的判断力来解决铭文的认识问题吗？黄侃的话，可能是对着像他自己那样精通古文字学的学者而说。一个铭刻学者是不会说这样的话。一个毫无偏见的古文字学者也不会这样说的。这里也许可以看出古文字学和铭刻学这两门学科的着重点的不同处。王国维说的话比较公允。他说："自来释古器者，欲求无一字之不识，无一义之不通，而穿凿附会之说以生。穿凿附会者，非也。谓其字之不可识，义之不可通，而遂置之者，亦非也。"（《毛公鼎考释·序》）现下仍有个别搞铭刻学的人，过分强调铭文的解读，有时完全不顾古文字学的原则或通例，将一些不易考释的铭文中每字都加考释，每句都加解说，实际上不过是"穿凿附会"而已。这在现下的铭刻学界当然只是个别的现象。古文字学家中有些人也不免有这种偏差。

我们将考古学（包括它的组成部分的古器物学）和铭刻学的涵义搞清楚后，便可以进一步来讨论像《集成》这一类书籍的性质和它的重要性。我国北宋以来编纂得比较完善的金石图录的内容，常是包括有古器物的图像和铭文的拓本（包括摹本），并附以文字的说明。但是，有的图录扩大了收录的范围，所收入的图像包括大量的没有铭文的古器物，后来甚至于有的全书都是没有铭文的古器物。这些没有铭文的古器物，常常不是金属或石制的，例如泥俑之类的明器。这样，它们便成为古器物学的图录。近代古器物学家罗振玉曾指出："古器物能包括金石学，金石学固不能包括古器物也。"（《与友人论古器物学书》，收入《永丰乡人甲稿》中）实则，古器物学也只能包括金、石等质料的古器物的形制和花纹的研究。至于古器物上铭刻的考释和研究，那是属于铭刻学，而不属于古器物学。另一方面，有些金石图录偏重为铭刻学提供资料，仅有铭文的拓本（包括摹本），不附图形。罗振玉曾经叹息说："（金石学）后世变为彝器款识之学，其器限于古吉金，其学则专力于古文字，其造诣精于前人而范围则转隘。"（同上）实则这种学科发展后引起的分化，乃是自然的趋势。有些学科只有把范围加以隘小后，研究才可更为深入。我们只能因势利导，使之向健康的方向发展。学科的发展是这样，图录编纂的发展也是这样。

在西方，文艺复兴时代开始后不久（16世纪），欧洲学者便特别注意古典时代（即希腊、罗马时代）的遗迹和遗物，因为他们是想把文学和艺术复兴到古典时代那样的高峰。18世纪时这风气更盛。他们把旅行到希腊、罗马的古代都市去凭吊古迹作为治学修养的一部分。"怅望千秋一洒泪，萧条异代不同情"。他们凭吊之余把这些古迹描绘下来，返国后便有人把这些描绘下来的图景，连同临摹下来的铭文，一起加以制版印行。18世纪末拿破仑远征埃及时，顺便带了一队学者到埃及去进行实地的史地考察。后来，意大利和德意志的学者于19世纪前半叶，也组织几次古物调查团到埃及去。他们都描绘古迹，临摹铭刻，返国后把古建图景和铭刻摹本印出来。这样便推进了埃及学这一门学科的发展。

被视为近代考古学的奠基人之一的德国学者 J. J. 文刻尔曼（Winckelmann, 1717~1768）研究罗马美术史，所利用的资料不限于古文献，而是大量利用传世的或新近发掘出来的美术品实物，以作系统的深入研究。考古发掘工作开始于18世纪对于赫叩雷尼和庞培的发掘，到了19世纪，逐渐成为考古学的主要方法之一，锄头打开了地下的历史资料的宝藏。同时，新发现的希腊、罗马的铭刻也层出不穷。德国学者 A. 鲍刻（Bøckh）编纂出版了《希腊铭刻集成》（*Corpus Inscriptionum Graecarum*）四大册（1828~1859年出版）。著名的罗马史大师 Th·蒙森

（Mommsen）也主编了 16 卷本的《拉丁铭刻集成》（*Corpus Inscriptionum Latinarum*）（1862）。此外，又有《伊朗铭刻集成》（1955 年开始刊行），《印度铭刻集成》（1970 年开始刊行），等等。由于考古发掘工作中几乎每年都有新发现的铭刻，所以这一类的集成都是未经编完，便已需要准备编纂补编。每隔一段时间以后，便要出版补编。有些考古发掘工地出土有新铭刻，这些铭刻资料整理后，或者作为正式发掘报告的一部分，或者独立成书，另册单行出版。至于希腊文和拉丁文铭刻学，每年都出有年鉴，发表每年新发现的铭刻。

和西方的铭刻学相比较，我国的铭刻学有自己的特点：①甲骨刻辞是我国所特有的。②先秦铭刻以金文为主，数量很多，而且有的具有很高的史料价值。石刻铭文，则先秦时的极为罕见。③我国汉文始终使用以象形为基础的文字，不用字母拼音，所以铭刻中的古文字数量众多，字体繁复而多变化。④汉代以来的铭刻，除印玺和碑额外，一般使用隶楷和正楷，和今日所通用的楷书并没有多大的差别，一般仍都可以认识，只是有些异体字而已。秦代的和先秦的铭文的解读，则需要有古文字学的知识。⑤甲骨和殷周铜器，由于近代古董商人的作假，其中有不少伪刻的铭文，甚至于器物本身也是赝品，这需要先作"去伪"的工作。解放以后出土的大量有铭文的铜器，它们的可靠性是不容置疑的，可以省掉"去伪"的工作。⑥我国至迟在唐代已有墨拓铭文的技术，这比临摹要正确得多。清末引进照相术和照片制版术，器物和拓本的印刷更为逼真了。根据上述的特点，我国金石图录便形成一套惯例，以适应这些特点。

考古研究所开始筹备编纂古代铭刻集成时，便想在前人的基础上加以改进，使令体例更为完善，资料更为齐备。最初曾聘请徐森玉老前辈兼任《历代石刻图录》的主编，并为他配备了两位专职的助手。后来又调来甲骨金文专家陈梦家，请他在研究工作之外，替所里筹划《甲骨文集成》和《殷周金文集成》的编纂计划，并曾开始进行拓本的搜集和整理工作。后来，《历代石刻图录》的工作，由于徐森玉感到自己精力不济，坚辞他所担任的主编职务，只好中途停顿下来。1959 年，本院历史研究所承担了甲骨文的资料集成工作。当时考古研究所把已搜集到和新拓的三四万张甲骨拓本全部借给他们利用。现下《甲骨文合集》的图版部分已经全部出齐。考古研究所保留的项目《殷周金文集成》，却由于种种原因，几经周折，1979 年初才正式成立编辑组。编辑组的同志们修订了编辑体例后，继续搜集和整理资料，加紧进行工作。

这几年本书编辑组工作的一条重要经验是：在这一类书籍的编纂工作中，首先需要目标明确。只有明确了目标以后，才能确定所收资料的选择标准，编纂工作的基本要求和具体凡例。本书的性质是学术性的资料书。编纂工作中会遇到许多问题需要进行研究，加以解决。但是资料性的书并不要求在研究方面有重大的突破，得出创造性的新成果。其次，本书应该是一部青铜器铭刻的集成，而不是一部青铜器图录。所以，它的内容要以铭文为主体。没有铭文的商周铜器一概不加收录。本来这一类铭刻集成性质的书，可以不收器物的图像，《三代吉金文存》、《商周金文录遗》等书便是这样，它们收入少量的戈、戟、矛、剑、钟等全形拓本，算是例外。不过，我们考虑到商周铜器的器形和花纹的研究，常常对铭文的断代和考释有决定性的意义，而铭文的研究对于器物的断代、命名和用途，也是这样。所以本书将器物的图像尽可能地一并收入，以便参考。尤其是图形中那些从前未曾发表过的，或者仅发表在现已不易找到的书刊上的，以及原先发表的图形模糊不清的，更是有这种必要。铭刻学家和古文字学家可能会认为只要有铭文拓片便够了。但是考古学家总是希望能看到器物的图像。又其次，我们打算在本书的铭文和图像部分完成之后，接着便编纂释文部分。因为从事中国先秦史的学者中许多人不懂金文，缺欠古文字的知识，所以如果书中不附释文，他们对这部书将无法加以利用。释文部分只附必要的小注，不作长篇的单字考释和铭文考证（这些最好另行发表），但是要注出必要的参考文献。最后，全书要附以索引，以便检查。

全书的编辑方针和大致内容一经确定后，《集成》编辑组又提出几点基本要求，作为奋斗的目标。首先是要求资料尽量齐备。但是有些资料一时无法获得，只好将来连同此后新出土的资料一起收入补编中。其次是资料尽可能做到正确。这里包括对于传世品的器物和铭文要去伪存真，对前人著录中的错误加以校正等。又其次是文字说明要简单扼要。既要删除不必要的重复，同时又要提供一切有用的有关参考资料。最后是要求检查方便。这包括归类和排列的恰当，和附以必要的索引。分类法要避免不必要的标新立异，以致使用时不易检查。至于器物图像和铭文拓本印出来后是否清晰，这虽是技术性的问题，也要特别加以注意，要求能达到一定的水平。如果花纹和铭文模糊不清，读者便无法加以利用了。这些要求说起来容易，但做起来并不一定都能办到，所以只能说是奋斗的目标。

其他方面的具体问题，在《出版说明》和《编辑凡例》中另有详细交代，这里不再重复了。

最后，我为本书第一册的出版，谨向《集成》编辑组的同志们致贺，希望他们再接再厉，在不久的将来，顺利地完成全书的编纂工作。另一方面，我代表考古研究所，对所外有关各方面的同志们的大力支持和协助，表示衷心的感谢。

1983 年 10 月 3 日于青岛

最近长沙出土吕不韦戈的铭文[*]

《考古》1959 年第 9 期发表的长沙秦墓简报提及墓中出土一件吕不韦戈，并释定铭文为"四年相邦吕工寺工龙承"（图 1）。按铭文相似的兵器，除了简报中引及的① "五年吕不韦戈"之外，还可再举出下列

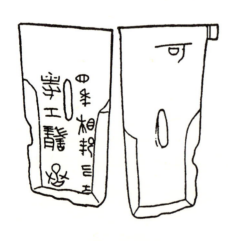

图 1　戈上铭文描本

2 件，以资比较；② "四年相邦戟"，铭文作"四年相邦樛斿之造，栎阳工上造□"（《贞松堂集古遗文》卷 12，页 9；《三代吉金文存》卷 20，页 26）；③ "上郡戈"，铭文作"廿五年上郡守□造，高奴工师窨，丞申，工鬼薪戢"（1954 年增订本《金文丛考》，第 418 页）。就这三件而言，职官名的后面都是或仅举人名，或兼举姓氏和名字，但没有

＊ 本文原载《考古》1959 年第 9 期，署名"作铭"。

仅举姓氏而不书名字的。当时其他的兵器如大良造鞅戟，也是如此。秦国的其他金石铭刻，如廿六年诏权、元年诏权、泰山刻石等，也都是如此。长沙这件，不应独异。又"寺"字应连下读作"寺工龙"。《陶斋吉金录》中著录一件残戟，铭文一面是"寺工"，另一面是"二年，寺工龙，金角"（卷5，页37），当是指同一个人。比照上面所引的例（1）的"诏吏图"，例（2）的"栎阳工"，例（3）的"高奴工师"，那么，这里的"寺"也应当是地名。最末一字，当释作"丞"，是职官名，其下当有一人名。例（1）和例（3），也都是"工"和"丞"并举的。我虽未见长沙这件原物，但看到照片，铭文第1行"工"（?）字下有磨平的痕迹，第2行"丞"字下有破损的瘢痕。细加审察，第1行的末一字，似为"不"字的上半，并不是"工"字（图1摹本也大约可以看出）。我以为这铭文的下面边缘是经过破损后重行磨平的，当损去一字或二字。原来铭文当作"四年，相邦吕不韦（造），寺工龙，丞□（□）"。括弧中的字，表示如果是损去二字时应该补进去的字。当然，丞的名字很可能是单名，不是双名；所以第2行末尾原来可能是空一格的。

有关安阳殷墟玉器的几个问题[*]

　　全世界有三个地方以玉器工艺闻名，即中国、中美洲（墨西哥）和新西兰，其中以中国的最为源远流长。印度蒙兀儿王朝（17、18世纪）的玉器工艺，只能算是中国的这种工艺的支流。它虽自具风格，但不仅原料来自中国，并且开始时可能曾引进中国匠师。今日在一般人的心目中玉器和中国的关系是这样的密切，以致曾有人在英国拿一件新西兰的玉佩给英国的一位人类学教授看。这位教授说：如果你不是从中国来的中国人，我一定以为这是新西兰的玉器。这是因为根据他的鉴别能力，他要认定这应是新西兰玉；但是由于持有者是中国来的中国人，他根据常识，不敢肯定这一定是新西兰玉而非中国玉。

　　在中国的新石器时代的遗存中，便曾发现过玉器。最初只是小玉块钻一孔作为垂饰，或像磨制石器一样，磨成玉制武器或工具。到了新石器晚期，玉器才有雕刻花纹或磨得光滑，器形也较大或较复杂，可以算作工艺美术品。后来，偃师二里头墓葬中出土的玉器，治玉的技术和艺

---

　　* 本文原载中国社会科学院考古研究所编著的《殷墟玉器》一书，文物出版社 1982 年出版。

270

术更为成熟了①。它们切割整齐，表面磨得更为光润，滑温，有的还刻有美丽的花纹。二里头文化已属青铜时代，碳－14 测定年代约为公元前第二个千年的前半。那时以后，中国的玉器工艺，经过了两三千年的演变，到了北宋时代，先秦的玉器便和其他的先秦古物一样，成为考古学（金石学）研究的对象了。

中国最早的一部金石学图录，即北宋吕大临的《考古图》（1092年），该书虽以铜器为主，但已包括少量的玉器（卷八有 13 件，卷一〇有 1 件，共 14 件）。相传为宋人龙大渊所著的《古玉图谱》一百卷，是一部伪书，《四库全书总目提要》认为"此必后人假托也"。这书可能便是乾隆时或稍早（18 世纪）所撰的。书中所绘的玉器，也出于杜撰，有的是翻摹前人图录，有的甚至翻摹前人图录的铜器图像，改称玉器。宋代以来的金石学图录所收入的古器物，常常包括玉器在内，其中有仅附带收入少量玉器的，如南宋约绍兴三十二年（1162 年）佚名的《续考古图》等。也有专收玉器的，如元朱德润《古玉图》（1341 年）。到了清末，吴大澂的《古玉图考》（1889 年）是一部学术性较强的古玉研究的著作。吴氏在这书中，承袭乾嘉学派戴震、程瑶田的传统，以实物和文献互证，取得了重要的成果，但是也有牵强附会的地方。美国人劳佛（B. Laufer）的《说玉：中国考古学和宗教的研究》（1912 年英文本）在西方是被视为第一部关于中国古玉的考古学研究划时代的专著，实际上这书的考证部分几乎完全抄袭吴大澂的研究成果，有些地方也沿袭了吴氏的错误论断。但是他这书在考古学研究方面，确是远胜于布什尔（S. W. Bushell）等的《H. R. 毕沙普（Bishop）收藏玉器的调查和研究》（1906 年）一书。此后，外国收藏中国古玉的风气大盛，他们收藏的中国古玉有的达一二千件之多。中外的学者利用实物

---

① 偃师文化馆：《二里头遗址出土的铜器与玉器》，见《考古》1978 年第 4 期，第 270 页。方闻主编《中国的伟大的青铜时代》，第 73 ~ 77 页，彩色图版 2 ~ 3，1980 年英文版。

继续研究古玉，工作有所进展。但是当时由于经过科学考古发掘所得的出土品太少，新提出的推论常苦于没有可靠的根据。解放以来三十多年，我国考古工作空前发达，获得了大量玉器，各个时代的都有，尤其是汉代及先秦的玉器更多，因之，为我们研究工作提供了宝贵的资料。尤其是1976年发现的殷墟妇好墓的七百余件玉器，是其中最重要的一批①。现在趁出版这本图录的机会，我想谈一谈有关中国古玉的几个问题，以供讨论。这可算是"抛砖引玉"吧！

现在先谈中国古玉的质料问题，"玉"在中国古代文献中是指一切温润而有光泽的美石。汉代许慎在《说文解字》（卷一）中给玉字下定义，便说是石之美者。但他所列举的玉的五德："润泽以温，仁之方也；鰓理自外，可以知中，义之方也；其声舒扬，專以远闻，智之方也；不挠而折，勇之方也；锐廉而不技，絜之方也。"这未免过于抽象，不能作为科学的标准。今日矿物学上，玉是专指软玉（nephrite）和硬玉（jadeite），是二者的总称。玉字在今日中国有广、狭二义：广义的仍是泛指许多美石，包括汉白玉（细粒大理石）、玉髓（石髓）、密县玉（石英岩）、岫岩玉（蛇纹石，包括鲍文石）等；狭义的或比较严格的用法，也是专指软玉和硬玉。考古学中使用名词，应该要求科学性，所以我以为应采用矿物学的定名。只有南阳玉，我以为研究中国古代玉器时可以把它归入"玉"的范畴内。这待下文讨论南阳玉时再详谈。为了叙述方便，可以在描述玉器的项目中附带叙述其他似玉的美石，但要尽量注明它们经科学鉴定是何种矿物。

谈到玉器质料的时候，另一个困难是考古学文献中常常未经科学鉴定便随意称呼一些似玉的器物为玉器。我们使用这些文献时，须要慎重。遇到关键性问题时，这些标本需要重新加以科学鉴定。玉质的鉴定，有时确实有点难办。矿物学家对于疑难标本一般都要切片才能有肯

---

① 安阳工作队：《安阳殷墟五号墓的发掘》，见《考古学报》1977年第2期。

定的结论，而我们当然不能让完好的玉器受到切片的损害。幸亏大多数的玉器是可以根据它们的色泽、外观组织、硬度、比重等来大致确定。软玉硬度为 6 ~ 6.5 度（莫氏计，下同），比重为 2.55 ~ 2.65。硬玉硬度为 6.75 ~ 7 度，比重为 3.2 ~ 3.3。

中国古玉原料产地问题，硬玉属辉石类（Pyroxene group），主要成分是硅酸钠铝，今日主要产地是缅甸。我国云南省西部和缅甸毗连的地方，听说也有出产，但产量很少。这地区的硬玉输入中国制造玉器的中心点如北京等处的时代，一般认为 18 世纪（即乾隆时期）才开始的。其他出产硬玉的地点，如委内瑞拉、北美、南美、印尼、欧洲等处，离中国过远，讨论中国古玉产地时，更不必要加以考虑了。

近代称硬玉为翡翠，当由它的颜色像翡翠鸟的羽毛。但是古代文献中，翡翠一名除作鸟名之外，也有指玉类的。但不一定指今天的硬玉，可能有的是指软玉中作翡翠色的。欧阳修《归田录》中提到家藏玉罂，太监邓保吉认为它是翡翠，并且说："禁中宝物，皆藏宜圣库。库中有翡翠盏一只，所以识也。"后来欧阳修偶以金环磨罂腹部，金屑纷纷而落，才知道翡翠能屑金。这是说曾用黄金来测定它的硬度，但软玉与硬玉的硬度相去不远，二者都硬于金，所以这也不能证明它一定是硬玉而非软玉。

软玉属角闪石类（Amphibole group），主要成分是硅酸钙锰。它的产地以中国境内的新疆和阗为最有名。此外，还有西伯利亚的贝加尔湖附近地区、新西兰、澳洲、中美和北美、津巴布韦、波兰和意大利都有出产。和阗玉是中国古代玉器原料的重要来源，尤其是汉武帝通西域以后的各时代。至于最早是什么时候开始运来使用的，这仍是一个未能解决的问题。1952 年李济发表关于殷墟出土有刃石器 444 件中，有玉 7 件，说这 7 件玉的质料，不像和阗的硬玉（萧按：应作软玉），也不像西南的软玉（按：应作硬玉），它们都是南阳玉[①]。但是文中没有说

---

① 李济：《殷墟有刃石器图说》，见《历史语言研究所集刊》第 23 本（1952），第 526 页。

明南阳玉在矿物学上是什么矿物，同时似乎也未经科学鉴定。商代后期政治和文化中心的河南安阳，距离和阗和贝加尔湖都相当远。汉代或战国晚期以前，我国中原与新疆和阗之间的贸易交通并没有确切的记载，和阗本地也没有发现过早期的玉器①。但是，贝加尔湖一带的新石器时代遗物（约公元前 3000～前 2000 年）中却有本地制造的玉斧等②，并且在青铜时代的卡拉苏克文化遗物中便有与我国商殷文化互相影响的痕迹。所以萨尔蒙尼（A. Salmony）以为殷代玉料可能来自这里③。但是据英国人韩斯福（S. H. Hansford）说，贝加尔湖所产的软玉常带有黑点，与中国殷周汉唐的玉器质料不同④。这说法不知确切与否。

至于中原的产玉地点，后世出名的是蓝田玉和南阳玉，较边远的地方有酒泉玉和岫岩玉。蓝田玉在《汉书·地理志》中便有蓝田县"出美玉"的记载。其后，历代的历史学家和地理学家的著述和文人学士诗赋中也都有提及。后来旧矿穷竭，不出佳材，似乎曾一度停采，以致《本草图经》说今蓝田未闻有玉，寇宗奭也以为《神农本草》的"玉泉生蓝田"之说是错的。明宋应星为古人辩护，说："所谓蓝田，即葱岭出玉别地名，而后世误以为西安之蓝田也。"⑤ 章鸿钊更进一步，以为西安的蓝田是西域的美玉输入中原时聚散市场的所在。他说："葱岭之蓝田，名以示玉之所出，西安之蓝田，又以示玉所聚耳。"章鸿钊又说，曾见蓝田玉石，"察之，即大理石也"。他又闻人说蓝田出菜玉，以为"当亦非真玉也"⑥。实则蓝田今日仍开采玉材，卖给西安玉器作。

---

① 伯希和说，斯坦因在罗布淖尔曾发现过玉斧 2 件、玉镞 3 件。伯氏本人也曾在库车发现玉斧 2 件。伯希和：《卢芹斋氏所藏中国古玉》，第 9 页。

② M. 罗越（Loehr）：《古代中国玉器》，第 5 页及所提到的参考文献，1975 年英文本。

③ 萨尔蒙尼：《古代中国玉器》，第 5 页，1935 年英文版。又《北魏以前的中国玉器》，第 4 页，1963 年英文版。

④ 韩斯福：《玉器——洪厄尔泽（von Oertjen）收藏品》，第 12 页，1969 年英文版。又《中国玉器的雕刻》，第 42～43 页，1950 年英文版。

⑤ 宋应星：《天工开物》，第 307 页，世界书局，1936 年版。

⑥ 章鸿钊：《石雅》，1927 年增订版，第 130～134 页。

玉坑的地点在著名的蓝田猿人化石出土地点公王岭后面的玉川（泉）山。1980 年 7 月有友人从北京前往蓝田参观访问，我当时曾托他顺便打听一下。他取回一块标本。我曾托人鉴定，肯定是一种变质岩，白色和灰色部分为大理石，含钙达 10% 以上。但绿色条带不是大理石，当是所谓"菜玉"，但也不是硬玉或软玉，似是蛇纹石（包括鲍文后）一类的矿石，性质和岫岩玉相似。据地质部矿床地质研究所的分析，它的成分以硅、镁为主，含钙仅 0.05%，是一种蛇纹石化透辉石（diopside）。

南阳玉或称独山玉，产于河南南阳市北 8 公里的独山。它的矿物组成以玉化的辉石（Pyroxene）的次闪石化的（阳起石和透闪石）和基性长石（basic felspar）的钠黝帘石化（钠长石、绿帘石、黝帘石）为主，伴有蛇纹石等。地质部地质矿产司曾对 4 种不同颜色的独山玉作过化学分析，现在列表如下［表 1，将 4 件标本成分的平均数列出，并且附列昆斯（G. F. Kunz）所作的关于软玉和硬玉的典型化学分析，以资比较］[①]。

表 1

类 别	SiO$_2$	Al$_2$O$_3$	Fe$_2$O$_3$	FeO	CaO	MgO	Na$_2$O	K$_2$O	H$_2$O	CO$_2$	其他	合计
1. 绿独山玉	42.52	33.82	0.32	0.25	14.83	0.63	0.52	2.64	2.26	1.16	0.75	99.70
2. 白独山玉	44.38	32.24	0.00	0.61	19.61	1.32	0.86	0.08	0.69	0.10	0.14	100.03
3. 紫独山玉	43.74	34.13	0.56	0.44	18.39	0.28	0.54	0.58	0.39	0.10	0.94	100.09
4. 黄独山玉	44.14	33.46	0.31	0.49	19.28	0.28	0.88	0.02	0.23	0.06	0.87	100.02
A. 独山玉（平均）	43.70	33.41	0.30	0.45	18.03	0.63	0.70	0.83	0.89	0.36	0.68	99.98
B. 软 玉	58.00	1.30	–	2.07	13.24	24.18	1.28	–	–	–	–	100.07
C. 硬 玉	58.24	24.47	1.01	–	0.69	0.45	14.70	1.55	–	–	–	101.11

就此可见，南阳玉（独山玉）是一种硅酸钙铝，与硅酸钙锰的软玉和硅酸钠铝的硬玉，主要成分并不相同。它的含硅量较低。严格言

---

① 昆斯的分析，见韩斯福著《中国玉器的雕刻》，第 23 页。

之，南阳玉是一种包括有数种矿物的岩石，而不像硬玉或软玉那样只有
一种矿物，是矿物名，也可以作为岩石名。最近地质部矿床地质研究所
鉴定，南阳玉是变辉长岩（Meta－gabbro），比重3.29，在硬玉的比重
3.2至3.3的范围以内。从前德国地质学家休劳（Arno Schuller）曾对
南阳玉作鉴定，它的主要矿物组成是斜长石57%，角闪石16.5%，黝
帘石5.6%，透辉石4.4%，硬玉2.8%；并且标本的各部分，成分并不
一致。其中一件标本的表面含有硬玉7.5%，透辉石4.8%。所以他曾
建议将南阳玉取一学名为"市场岩"（Shichangite），因为他是首次在人
民市场购得这种岩石的标本的①。韩斯福引用休劳的说法，并且以为北
京团城的玉瓮和安阳发掘的一件玉象，可能都是南阳玉②。南阳离安阳
不远，同在今河南省境内。今日安阳市的玉器作坊，大部分玉料便是使
用南阳玉。殷墟出土的有刃玉石器中的玉器，据说都像是南阳玉③。章
鸿钊引陶弘景的话："好玉出蓝田及南阳徐善亭部界中。"又引《本草
图经》的话"今蓝田、南阳、日南不闻有玉"④。可见南阳的玉坑是时
采时停的。我以为殷周玉器中有些应是南阳玉，当然今后还需作进一步
的鉴定工作。

　　酒泉玉，产于甘肃酒泉附近山中。我于1944年在酒泉考察时，曾
见到过当地用酒泉玉制成的小酒杯，当地人称之为"夜光杯"，绿色有
黑斑，薄处半透明。我疑为蛇纹石（包括鲍文石）。查乾隆《甘肃通
志》，说肃州（即今酒泉）出玉。又在《通报》中读到伯希和的文章，
知道他于1913年途经酒泉时，也曾获得酒泉玉的标本，拿回法国巴黎

---

① A.休劳：《市场石》（德文），瑞典乌布萨拉大学地质研究所所刊第40卷，第429~453页，
　　1961。
② 韩斯福：《什么是南阳玉》（英文），《大亚洲杂志》（*Asia Major*）第11卷第二部分，第
　　160~165页。参阅李学清《河南南阳独山之玉石》，见《地质评论》第1卷第1期
　　（1936），第55~60页。
③ 李济：《殷墟有刃石器图说》，见《历史语言研究所集刊》第23本（1952），第526页。
④ 章鸿钊：《石雅》，1927年增订版，第114页。

后经地质学家开约（L. Cayeux）鉴定是蛇纹石，即含水硅酸镁[1]。

至于岫岩玉，产于辽宁省岫岩县。这里的玉料，从前并不出名，但是目前用得很广。北京的玉器作坊现下便是大量使用岫岩玉。据说，就质料而言，和阗玉最佳，南阳玉次之，岫岩玉最差。但就现今使用的数量而言，恰巧颠倒过来，以岫岩玉最多。英国研究中国玉器的专家韩斯福60年代在香港时看到我国出口的玉器工艺品。他说这些不是硬玉，也不是软玉，根本不是真的玉。那位售货员对他说，你说的是"旧玉"，这是"新玉"啊[2]。实际上这便是指岫岩玉。宋应星说："朝鲜西北太尉山有千年璞，中藏羊脂玉，与葱岭美者无殊异。"[3] 岫岩的位置在朝鲜西北的我国境内，今日出岫岩玉的地点，如果不是太尉山，也应是太尉山的余脉，地质构成在同一挤压带上。岫岩玉曾经鉴定是蛇纹石（包括鲍文石）。蛇纹石一般硬度是2.5至4，但其中鲍文石一种，它的硬度可以高到6，接近于软玉的硬度。

此外，河南省还有密县玉，产于密县以西二十余里的助泉寺，是一种沉积变质石英岩，易于区分。还有淅川玉，质料较次，透明度低，色暗黑。据地质部矿床地质研究所的鉴定，淅川玉是一种绿泥石岩（chlorite），比重2.66，硬度5（比普通绿泥石硬度为1~2.5者为高），化学成分以硅、锰为主，铁、铬、铝也都在10%以上。

至于玉料的颜色，不论软玉、硬玉或南阳玉，都有各种不同的颜色。傅恒等纂《西域图志》说和阗玉河所出有"绀（紫红）、黄、青、碧、玄、白数色"[4]。椿园《西域闻见录》说：叶尔羌所产之玉，各色不同，有白、黄、赤、黑、碧（绿）诸色[5]。硬玉以绿色为多，但也有

---

① 伯希和（P. Pelliot）：《所谓肃州玉》（法文），见《通报》（*Toung Pao*）第14卷（1913），第258~260页。

② 韩斯福：《玉器》，第26~27页，1969年英文版。

③ 宋应星：《天工开物》，第308页。

④ 傅恒等：《西域图志》卷四三，第7页，1893年杭州便益书局石印本。

⑤ 椿园：《西域闻见录》卷二，《春照堂丛书三编》本，第29~30页。

赤色、紫红色、淡蓝色①。我们现在知道南阳玉是以绿（碧）、紫（绀）、白三色为基础，也有黄色的。古人有以依四方及中央分配五色玉的说法（如《吕氏春秋》、《淮南子·时则训》、《礼记·月令》等），这是受五行说的影响。这些颜色的不同，是由于它们的化学成分不同所致。好像各种颜色的玻璃一样，微量的某些化合物或元素的存在，便可使它们呈现某种颜色。例如微量的铬使呈翠绿色，而亚铬酸盐（铬和铁的氧化物）则使呈黑色或灰色；氧化亚铁使呈淡绿色至黑绿色，而氧化铁使呈黄色、黄褐至黑褐色，钛使呈淡黄色；硅酸锰使呈紫色或紫红色，而氧化锰则为黑色或灰色。软玉中以含铁而呈绿色或褐色者最多，硬玉的翠绿色多由于含铬。但是有时含铁多的玉反而呈白色，可见呈色不仅由于含某种元素多少，更重要的还是由于这些元素的化合物以及元素或化合物的结构和在玉中扩散情况等。不同的元素或化合物的同时存在，也会在呈色方面互相影响。这呈色的问题，比较复杂。由于这些颜色和光泽，有时可以判定它的矿物品种，例如鲜艳的翠绿者或表面呈红色者是硬玉，菜绿色和深色斑点者或蛋白色类似羊脂者（所谓羊脂玉）是软玉。但这只能鉴定属于哪种矿物，至于这种矿物的具体产地，仍是难以肯定。最近国外有从事于玉中稀有元素的分析研究，想从这些试验中得出古代玉器产地的确切结论，这是一项有希望得出成果的工作。殷墟妇好墓出土的玉器，以深浅不同的绿色为最多（但没有翡翠那种鲜艳的翠绿色），黄褐、棕绿次之，灰白色、黄色较少，黑色更少。这当然是由于微量的呈色元素的不同；至于各种玉器所含的稀有元素的种类和分量是否相同，这仍有待于分析。

　　如上所述，可见殷周时代中国玉器的产地问题还有待于进一步深入探讨。新的考古发现和地质矿产调查，玉料的显微结构和所含稀有

---

① 韩斯福：《中国玉器的雕刻》，第24页。

元素的分析，这些工作不断地进展，使我抱有希望，这问题终于会解决的。

至于玉料的采掘或采取，《博物要览》说："玉有山产、水产两种。中国（指中原）之玉多在于山，和阗之玉，多在于水。"① 中原的玉材，并非软玉，更不是硬玉，所以多是在山中开采，捶击取用。和阗附近的叶尔羌（今叶城县）的密尔台山的玉，也是山产，据云："遍山皆玉，五色不同"，并且是"石夹玉，玉夹石"②。和阗的玉，据宋应星《天工开物》说："玉璞不藏深土，源泉峻急激映而生。然取者不于所生处，以急湍无著手。俟其夏月水涨，璞随湍流徙，或百里，或二三百里，取之河中。"清人及近人调查，和阗采玉情况，确是如此；并且和阗黑玉河上游的深山中也有山玉，清代曾加开采③。但是宋氏又说："凡玉璞根系山石流水，未推出位时，璞中玉软如棉絮，推出位时则已硬，入尘见则愈硬。""其俗以女人赤身没水而取者，云阴气相召，则玉留不逝，易于捞取。"又说："玉初孕处，亦不可得。玉神推徙入河，然后恣取。"④ 这些都是传闻失实，故意神奇化，不足凭信。这些河流中采拾的玉料据《西域图志》说："和阗玉河中所出者，小者如拳，大者如枕。"⑤ 椿园《西域闻见录》说："（叶尔羌）其地有河产玉石子，大者如盘如斗，小者如拳如栗，有重三四百觔者。"⑥ 三四百斤者不易遇到，即使遇到也运输困难，所以大件的器物像北京团城中的玉瓮，故宫中的玉山（"大禹治水图"），都是元朝以来的近代物，在古玉中是见不到的。由于玉质坚硬，所以玉工常就砾石形的玉料的原来形状和大小，设计造型，以省切削磨琢的劳力。遇到较大的玉料，古代玉匠常把它们锯

---

① 谷泰：《博物要览》卷七，《函海》本，第 4 页。
② 椿园：《西域闻见录》卷二，第 30 页。
③ 章鸿钊：《石雅》，第 120 ~ 122 页；韩斯福：《中国玉器的雕刻》，第 38、40 ~ 41 页。
④ 宋应星：《天工开物》，第 307 ~ 308 页。
⑤ 《西域图志》卷四三，第 7 页。
⑥ 椿园：《西域闻见录》卷二，第 29 ~ 30 页。

成薄片，然后将薄片周缘磨琢出轮廓线，再在一面或两面磨琢出花纹。到了后代，治玉技术提高，才会雕刻出自由设计的各种形状的玉器。古代的立体玉雕，在一定程度上常受原料的大小和形状的限制，这在讨论古代玉器制造技术和形状时应加注意的。殷周的玉器似乎大部分都是利用砾石形的玉料加工而成的。

关于殷墟玉器的其他问题，我也曾搜集一些资料，今后当抽暇加以写出。

商代玉器的分类、定名和用途[*]

在某种意义来说，玉器是一种中国特有的艺术品。从新石器时代一直到今天，它经过了四千多年的发展。早在商代的安阳期，它已达到了成熟期，在技术和艺术方面都达到高度水平。安阳殷墟曾出土过大量的精美玉器，尤其是 1976 年发掘的妇好墓，出土了各种玉器达 755 件之多，引起了国内国外的中国古玉研究者的重视^①。

我在这篇论文中，主要是利用这批资料，并参考从前殷墟出土的玉器，试图从考古学的角度来研究商代玉器的分类、定名和用途。这种考古学的方法，基本上以考古发掘品为基础，然后再去结合文献，一反过去那种以不可靠的文献资料或博物馆和私人藏品作为出发点的旧做法。

根据商代玉器的类型和用途，我想把它们分作"礼玉"、武器和工具（包括日用品）、装饰品三大类来谈。

---

 * 本文是作者于 1982 年 9 月 7 日在美国檀香山商文化国际讨论会上宣读的论文《殷代玉器》的中文稿。《考古》1983 年第 5 期发表时由作者稍作修改，并将题目作了变动。

 ① 《殷墟妇好墓》（以下简称《妇好墓》），文物出版社，1980。

一　"礼玉"

图1　"六瑞玉"

1. 璧　2. 琮　3. 圭　4. 璋　5. 璜　6. 琥

**图2　汉碑上的
"六玉图"**

本文的"礼玉"，并非泛指在礼仪中所用的一切玉器，而是专指璧、琮、圭、璋、璜、琥这六种玉器，也可称为"六瑞"，便是六种"瑞玉"的意思（图1）。有人以为瑞玉中如瑞圭、瑞璧之类，在商朝便已产生，并且起了与后世瑞玉相类似的作用。到了"三礼"编写的时代，六瑞已成为实行已久的制度[①]。实际上，我们所见到的"瑞玉"的图形，最早的是东汉石碑上的"六玉图"[②]（图2）。这些图是汉人依据"三礼"经书和汉儒的注释而加以想象绘成的。商代也有相类或近似的实物，但是商代叫什么名称，已不可知。至于它们在商代的用途，根据考古发掘的证据，似乎并不是像"三礼"所说的那样；也没有发现它们成为一组出现。

我同意我国古史研究者的一般意见，认为《周礼》是战国晚年的一部托古著作。我以为这书中关于六瑞中各种玉器的定名和用途，是编撰

---

① 凌纯声：《中国古代瑞圭的研究》，见《民族研究所集刊》第 2 册，第 203 页，台北，1965。

② 洪适：《隶续》卷五，第 3 ~ 6 页，洪氏晦木斋丛书本，1872。

者将先秦古籍记载和口头流传的玉器名称及它们的用途收集在一起；再在有些器名前加上形容词使成为专名；然后把它们分配到礼仪中的各种用途去。这些用途，有的可能有根据，有的是依据字义和儒家理想，硬派用途。这样他们便把器名和用途，增减排比，使之系统化了。先秦古书中提到玉器时，一般是仅有名称，很少有形状的描述。《周礼》中常常说明瑞玉的尺寸大小，排列有序，显然是系统化和理想化的结果。汉代经学家在经注中对于每种玉器的形状几乎都加以说明，但是这些说明有许多是望文生义，有的完全出于臆测。后来的聂崇义《三礼图》等书中所描绘的周代礼器（包括瑞玉）的图形，大都是根据汉、唐诸儒的注释，加以自己的想象而复原出来的，并不是周代真有这种实物①。

吴大澂利用他那时新出土的古玉实物来对照《周礼》等古书，这样便有实物为证，不是全凭幻想。这种方法是一个大进步。但是他的研究古玉的目的，是"以资诂经之用"②。他要把一些"佚名"的古玉，尽量在经书中找出它们的古名和用途，因之，有时便未免牵强附会（图3）。他的方法可称为吴大澂式经学家方法。

作为一个考古工作者，我以为现在我们应改而采用考古学的方法，充分利用现已由考古发掘所累积的大量资料。我们的出发点是发掘工作中出土的玉器，然后再参考传世品和文献。可以定名的，即用古名，如果古名找不到，可以取一个简明易懂的新名。用途不能确定的，可以暂且存疑，不作决定。用这种方法研究古玉，虽然已做的工作还不多，但是方向是正确的，前途很有希望。

六瑞中第一种是玉璧，商代墓中常有出土。妇好墓出璧16件，如果连同环和瑗一起计算，共达57件。我以为环和瑗，实际上也便是璧。

① 夏鼐：《汉代的玉器》，《考古学报》1983年第2期，第128页（见本书第二册——编者）。

② 吴大澂：《古玉图考》序，1889。

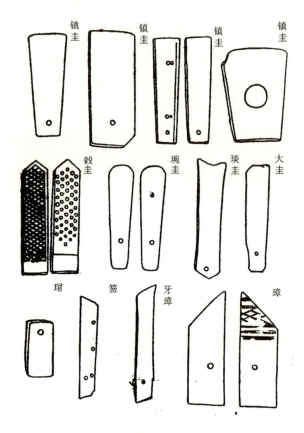

图3 吴大澂《古玉图考》中的各种瑞玉

《尔雅》中说"肉倍好谓之璧，好倍肉谓之瑗，肉好若一谓之环"。这是汉初经学家故弄玄虚，强加区分。"好"是指当中的孔，"肉"是指周围的边。这样便可有两种不同的量法。吴大澂和那志良的解释便不同（图4）。无论用哪一种来解释《尔雅》都和实物情况不符。发掘所得的实物，肉好的比例，很不规则。它们既不限于这三种比例，并且绝大部分不符合这三种比例。我建议把三者总称为璧环类，或简称为璧。其中器身作细条圆圈而孔径大于全器二分之一者，或可特称为环。瑗字原义指哪种玉器，我们不清楚；但肯定不会是像吴大澂、罗振玉等所说的人君援引大臣上阶用的玉器①。他们这种说法虽然可以上溯到东汉的许慎《说文》，但是古代根本没有这种援引上阶用的玉器。这是一种望文生义，故意把"瑗"和"援"联系起来作解释。"瑗"字在古玉名称中今后似可放弃不用。

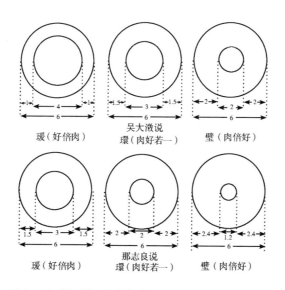

图4　对《尔雅》所说的璧、环、瑗的两种不同解释

　　大孔的璧环类玉石器在新石器时代墓中便已出现，有的套在死者的臂上，当是作为手镯之用②；有的放在胸部或腰侧，可能是悬挂在身上③。商代墓中的璧环类多出于死者的胸前或腰侧，其用途可能也是如此。但有一种璧的孔周突起一圈凸缘，便于穿带，有人以为可能作为手镯用的（图5，1）④。至于车马坑中出土的小型玉石璧环，可能作为联系各物的链环。

①　吴大澂：《古玉图考》，1889，第43页；罗振玉：《释瑗》，见《永丰乡人甲稿（雪窗漫稿）》，1920年贻安堂刊本，第2页。
②　江苏邱县大墩子，见《考古学报》1964年第2期，第21页。
③　山东安邱景芝镇2号墓（龙山文化），《考古学报》1959年第4期，第21页。
④　《妇好墓》，第119页，图版七八、图版八八。

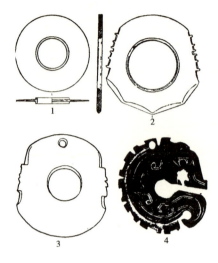

图5　玉器

1. 特形璧（456）2. 璧戚（二里头）3.
璧戚（591）4. 玦（988）

（标本出处只注器号的都出自《殷
墟妇好墓》，下同）

一种异形的璧，古器物家称为"戚璧"，或"璧戚"。它的两侧各有一段弧线切削平直，并有牙齿形突起各一排，刃部磨薄锋利。妇好墓报告中称为Ⅰ式戚，归入武器类（图5，3；图10，1）。这是对的。它不能算是瑞玉。二里头遗址中也有两件出土，刃部分四段，简报中称为"钺"①（图5，2）。这应改称为"璧戚"。

另一异形的璧，吴大澂称为"璇玑"，据说是浑天仪一类天文仪器的构件。这种璧的外周边缘有三组齿形突出，实为边缘有饰的璧，和天文仪器无关。这样以凹槽分离开作三组齿形突起，各齿高低阔狭又不一致，是不能作为仪器中齿轮以起转动之用，何况有些所谓"璇玑"，例如妇好墓出土的一件，只有三处凹槽（所谓"机牙"），没有细齿，更不能起齿轮作用。小屯一座小孩墓中也发现一件，放在死者胸部右侧，当和普通璧环一样作为装饰品之用②。它的渊源，我以为：一是商代玉匠喜于玉器边缘刻出有齿牙的扉棱，如戚、矛、戈、刀和佩饰的璜、玦等，不限于璧；二是璧的三分法或四分法（所谓"璇玑"也有四组齿牙的）。两个来源汇合一起，便成为边缘有几组齿、牙的璧（图6）。我建议今后"璇玑"这名称在古玉实物的命名中可以删除不用，更不应该认为它是天文仪器而在这方面大做文章。那志良也认为它当是璧的一种，是与天文仪器无关的③。

---

① 《考古》1976年第4期，第262页。
② 《妇好墓》，第119页，图版八六：4。
③ 那志良：《古玉鉴裁》，台北，1980，第225～226页。

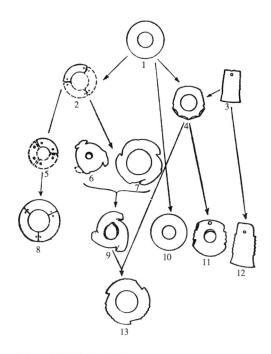

图6　所谓"璇玑"渊源（说明附于本文篇末）

有人把略作椭圆形的璧叫作羡璧，这是由于误解了《周礼》的原文。《周礼》中说"璧羡以起度"，又说"璧羡度尺，好三寸，以为度"。郑众注"羡，长也"。原文是说璧径长度一尺，作为长度制度的基数。这好像英国半便士的铜币径长一英寸一样。郑玄才曲解为"羡，不圜之貌"。我们应该放弃"羡璧"这个命名。《周礼》和其他先秦古籍中都没有"羡璧"这个璧名。

另一种玉器叫作玦，是有缺口的璧。妇好墓出土 18 件，或为素面抛光，或刻有龙纹或虺纹[①]。前者或为耳玦；后者都有一个细孔，当为佩饰（图5，4）。

第二种瑞玉是圭，作扁平长条形。下端平直，上端作等边三角形。

——————————

① 《妇好墓》，第 128～130 页，图版一〇四至图版一〇六。

《说文》说："剡上为圭，半圭为璋。"郑玄也说："圭锐象春物初生，半圭曰璋。"汉碑"六玉图"中也是这样（见图2）。《说文》又说："圭，上圜下方。"如果"圜"字不是误字，当指把尖端削去，形成弧形，并非正圆。妇好墓有玉"圭"8件，都不能算是圭（图7）[①]。其中一件过于残损，形式不详。另一件（950号）实际上是武器类的戈，仅柄部不显明区分。其他六件，是吴大澂所谓"琬圭"、"镇圭"和"琰圭"，都有锋刃，都没有"圭角"，不能称为圭，将在下面武器和工具类中讨论。但是殷墟西区墓群的小墓九百余座中出石制圭14件，石璋更多[②]，而妇好墓没有璋。可见商代的圭、璋不是贵族们所用的礼器。这些石圭有的将上端二斜边磨薄似刃，但不锋利，有的根本没有刃，似乎不是武器。它们大都没孔眼，也不像佩饰。用途不详。战国时玉石制的圭、璋才盛行，文献上"圭、璋"作为贵重玉器的代称。

1. I式玉圭(552、553)，II式玉圭(462)　　2. I式玉圭(583)，IV式玉圭(950)　　3. I式玉圭(15)　　4. m式玉圭(579)

图7　所谓"玉圭"

《周礼》中有许多不同的圭，是在圭字前加一形容词，例如依照大小、颜色、刻纹等而叫作"大圭"、"青圭"、"谷圭"和"琼圭"之

---

① 《妇好墓》，第116页，图版八四。
② 《考古学报》1979年第1期，第105页，图七九：1。

类。有的意义不清楚，不知是指玉质、形状或纹饰。有的可能连《周礼》编写者自己也没有明确的概念。汉儒注释，多是望文生义。吴大澂在他自己藏品中居然找出古圭可以定名的达六种之多（见图3，上二列），实则除"谷圭"为后世物之外，其余都是有锋刃的武器类，没有圭角，不能算是圭。

古书如《周礼》、《诗经》中往往"圭璧"连称，当为二物。郑玄误释为"圭，其邸（柢）为璧"，把它们视作一物，即外缘带有圭形突起的璧。《周礼》中有"四圭有邸"和"两圭有邸"（《典瑞》、《玉人》）。这二者的意思，我同意那志良的说法①。"四圭有邸"，当为四圭平放，底部相向。郑司农（众）误释为"于中央为璧，圭著其四面，一玉俱成"。"两圭有邸"一语，有人以为两圭有邸亦以璧，与"四圭有邸"相同。聂崇义《三礼图》中依照这说法绘成图形，后来玉匠便依这些图形仿制，或以应朝廷中举行古礼时的需要，或以满足收藏古玉者的要求。但是，先秦古玉中没有这种"圭璧"、"两圭有邸"和"四圭有邸"的玉器。至于林巳奈夫以为殷代柄形玉饰是"大圭"。这种柄形器都是小型的，上端也不尖锐如圭，古人不会称它为"大圭"的。这留待讨论玉制装饰品时再谈。

第三种瑞玉的璋，和圭相似，不过上端是一道斜边，所以说"半圭为璋"。妇好墓中虽然没有璋，但是殷墟西区九百余座小墓中有41座出土石璋183件，最多的两座分别出13件和12件②。小屯第10号房基底部，也发现残石璋很多③。它们有的较短的一侧磨薄似刃，不锋利。有的根本没有刃部，大概不是武器，但也不像是瑞玉。郑州二里岗出土一件璋形玉器和偃师二里头的两件，简报中称为"玉璋"，实是我们下面所说的大型的刀形端刃器。有的长达66厘米，当属于武器类，但不

---

① 《大陆杂志》第6卷第12期，第393页，1953；又那志良《古玉鉴裁》，第89~91页。
② 《考古学报》1979年第1期，第105页，图七九：1左。
③ 《考古》1976年第4期，第266、271页。

会是实用的武器①。《古玉图考》中的牙璋，长 27.7 厘米，也是刀形端刃器（图8，1、2）②。它们都不是"三礼"中的璋。《古玉图考》中还有一件所谓"边璋"，实际上是大型的多孔石刀的残片，和偃师二里头出土的一件完整的七孔玉刀相似（图8，3、4）③，都属于武器中的刀类边刃器。黄濬《古玉图录初编》收入的二件，郭宝钧以为即吴氏之璋④，也是这类玉刀的残片，但仍保留梯形刀一端的斜边和靠近斜边的平行直线纹和网纹。

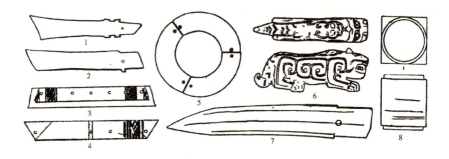

图8 玉器

1、2. 误称"牙璋"的刀形端刃器（二里岗、《古玉图考》）3、4. 误称"边璋"的刀类边刃器（二里头出土七孔刀、《古玉图考》）5. 璜（901、879、1070）6. "琥"（409）7. 戈（483）8. 琮（594）

第四种瑞玉为琮。《说文》："琮：瑞玉，大八寸，似车釭。"汉儒注释或以为钝角八方，或以为直角正四方。汉碑"六玉图"中有八角、五角或十角的（八角琮，见图2）。今天我们看到的有一种中央圆孔、外周四方的玉器，《古玉图谱》（伪托宋龙大渊撰）称为"古玉辂藕头"，吴大澂考定为"琮"。又将一种扁矮而刻有纹饰的称为"组琮"。

---

① 《文物》1966 年第 1 期，第 58 页及附图；《考古》1983 年第 3 期，第 219 页，图版一：4。
② 吴大澂：《古玉图考》，第 21 页。
③ 吴大澂：《古玉图考》，第 19～20 页；《考古》1978 年第 4 期，第 270 页，图一：3。
④ 黄濬：《古玉图录初编》卷一，第 11 页，1935；郭宝钧：《古玉新诠》，见《历史语言研究所集刊》第 20 本下册，上海，1949，第 9～10 页。

这种玉器可能是琮。妇好墓中出土这类型的玉器 14 件，一般都是比较扁矮的[①]。其中 5 件的高宽比大致相等，表面平素无刻纹。7 件更为扁矮，但都刻有花纹，有的是琮类中最常见的四个角的凸棱上刻平行阴纹和圆点纹，有的是蝉纹，或突起半圆形（图 8，8）。另三件"琮形器"是退化的琮。从前在殷墟和别处的商代墓中也发现过玉琮，也都是扁矮型的。至于较早的二里头遗址中曾发现过据云是"琮"的玉器。其一是残件，转角处两侧刻花纹，另一件为圆筒状，内外都圆，当是筒形的玉镯[②]。

传世的玉琮，有一种高大型的，《古玉图考》中称为"大琮"，刻纹是典型的"琮"纹，也有平素无纹的，或没有圆点和细线平行纹的简化"琮"纹。从前一般认为这种高大型的琮，其时代要晚于商朝，最近在江苏南部的良渚文化（约公元前 2000 年上下）的墓中发现好几件这种高大型的玉琮。广东曲江石峡墓地也出土 6 件，包括高大型的和扁矮型的，时代相当于良渚文化或龙山文化晚期。山西襄汾陶寺的龙山文化晚期的墓中，也出土过扁矮型的玉琮[③]。可见它起源较早。商代仍流行，到了周代便较少了。西汉初年的墓中虽有发现，但是已是旧物经过改造后加以利用的。汉以后则只有仿古制造的了。

琮的用途，据"三礼"和汉儒注释，它在祭祀时用以祭地，敛尸时放在腹部，朝聘时诸侯以献君夫人。这些可能都是儒家的设想，先秦没有实行过这制度。新石器时代和商朝的琮，就它们在墓中位置和件数而言，似乎并不像是帝王祭祀天地的礼器。

第五种瑞玉是璜，是一种弧形的玉器，汉儒都以为半璧曰璜。殷代

---

① 《妇好墓》，第 115 ~ 116 页，图版八一至八二。
② 《考古》1975 年第 5 期，第 306 页，图版九：3，图 4：8。
③ 江苏南部，见《文物资料丛刊》第 3 期，1980，第 10 ~ 12 页；曲江石峡，见《文物》1978 年第 7 期，第 7 ~ 8 页，图 31 ~ 图 34；襄汾陶寺，见《考古》1980 年第 1 期，第 29 页，图版六：7 ~ 8。

的璜，一般是璧的三分之一。汉儒的说法是一种理想化和系统化的解释。妇好墓出土73件玉璜。报告中说：这次发现的璜，绝大多数为璧环类的三分之一，只有少数接近二分之一，"'半璧曰璜'之说与殷代的璜制不符"①。实际上，汉儒想象的古代璜制，不但与殷制不符，与周制也不符。

佩璜始于新石器时代，一般是两端各有一小孔②。商代的璜，大多数由璧环类改制而成。妇好墓出土的素璜，有的是二件或三件可拼合成璧；有的是圆周的四分之一（图8，5）。这些素璜，可以作为复合的璧环的一节，也可单独作为佩饰。后者一般称为佩璜。它们成型后，大都再加雕琢，制成龙形或鱼形，然后有的在表面再刻鳞纹、三角纹等。一般都有细孔可佩（图9）。吴大澂以为中、小型的璜为佩璜，而较大型的是祭祀北方的礼玉，但这种大璜也有细孔，当仍是佩饰。

图9 龙形玉璜（917）

第六种瑞玉是琥，这是最后加入瑞玉类，使"五瑞"成为"六瑞"，以白虎的身份，用以礼西方，以虎符的身份，用以发兵。汉儒都以为琥是虎纹或伏虎形的玉器。但是这样便和其他五瑞玉作几何形的不

---

① 《妇好墓》，第122～128页，图版九五至图版一○三。
② 林巳奈夫：《中国古代の祭玉·瑞玉》，见《东方学报》第40册，第224、225页，京都，1969。

调和，所以汉碑的"六玉图"多以珥代替琥，单排六玉碑则以两璜以凑成六件。吴大澂以虎形或虎纹的玉器为琥，甚至将一件汉末至六朝的玉豚误认为伏虎，也称之为琥[1]。我以为表面刻虎纹的玉器应依器形命名，前加"虎纹"二字。至于虎形玉器，有孔的可称虎形玉佩，无孔的当为玩器或陈列品，可称玉虎。妇好墓出土圆雕和浮雕的玉虎各4件，都有细孔，应称为虎形玉佩（图8，6）。它们属于装饰品类，并不作为发兵或祷旱之用，也不是仪礼中使用的瑞玉。

《周礼》的"六器"中，璧、琮、圭、璋四者似乎是核心，是主干，或特称为"四器"。《周礼》中有时只提这四器，不提璜、琥[2]。这四者中，璧、琮出现较早，已出现于新石器时代。玉璧似源于石镯或环状石斧。琮的渊源和用途，还不清楚。圭、璋的出现稍晚，但商代已有，多为石刻的，一般没有锋刃，不能当武器用，但是它们可能和尖头直身的戈和边刃的刀或上端斜刃的刀有关。至于璜和琥，在商代都是装饰品，主要作佩饰之用。

二　武器和工具

锋刃锐利的工具在形状方面是和武器相同或相类的，有时同一物可兼作武器和工具之用。武器有许多是只作仪仗之用，不是实用物，但是仍要算做武器。

我们依照商代锋刃器的形状、位置和功能，可以把它们分做五类：①尖头端刃器，如矛、镞，用以刺杀。戈是兼用端刃和两侧边刃，也可附入这一类中；②平头（或凸弧状）端刃器，如斧、锛、凿、铲等，用以砍击；③斜直端刃小型器，如刻刀，用以雕刻；④长条边刃器，如刀

---

[1]　吴大澂：《古玉图考》，第73页"琥二"。
[2]　《周礼·典瑞》："璋圭璋璧琮，……以颒聘。"《周礼·玉人》："璋圭璋八寸，璧璋琮八寸，以颒聘。"

类；⑤刀形端刃器，常有大型的。

妇好墓出土玉戈共47件（原作39件，应加上实际是戈的所谓"Ⅳ式圭"1件，所谓"镰"5件，铜器类中玉援铜柄的戈2件）。戈形如早期的铜戈，援部上下侧的刃部大致平直对称，尖端作三角形。通长一般在21至40厘米之间，近内部处常有一穿。它们中宽短而内（柄）援不分者，颇类似圭。有的下侧刃部稍内凹，报告中称为"镰"，实际也是戈。商代后期的铜戈，也多是这样下侧内凹的。又有一件戈，全器狭长如刀，通长达44.2厘米（图8，7；图10，3）。殷墟的中、大型墓中常出玉戈，但小型墓中罕见①。二里头的墓中曾出土一件，援和穿之间有若干平行细刻线，这是较早的玉戈②。妇好墓又出玉矛头3件，其中2件作树叶形，一件为矛形器（器形两侧有对称的锯齿，后端有两对向外伸的阑）（图10，4）。树叶形矛头有一件下端留有铜锈痕，原来当是安装上铜柄的（图10，5）③。玉镞在妇好墓没有发现，但在别的大型墓中曾出过，是倒鬚式的④。

商代的平头端刃玉器有斧、锛、凿、铲等。斧是有广狭二义。广义的斧是指一切长方形的平直（或稍凸作弧形）端刃器。其中刃部单面磨成的为锛，窄而长的锛或斧为凿。狭义的斧是指较厚重的一种，厚宽比约1:2或更厚。扁平而宽的称为铲，铲作为武器的称为扁平斧或钺，近柄端处常有圆孔；商代的一般厚度只有3至5厘米，厚宽比一般为1:5至1:10。扁平斧两侧射出齿牙的或称为戚，由璧改成的戚，或称璧戚。

上述各类斧类的玉器，妇好墓都有出土。报告中所说的"斧"及

① 《妇好墓》，第130~139页，图版一〇七至图版一一四。
② 《考古》1976年第4期，第261~262页，图6；6、图版六。
③ 《妇好墓》，彩版一九：2、图版一一七：2（矛）、图版一一四：1（矛形器）。
④ 《考古学报》第5册（1951），第33页，图版十：1；高去寻：《侯家庄》第2本至第8本（台北，1962~1976），1001号墓出土的一件（R1578）见第2本第118页，图版一一五：1。

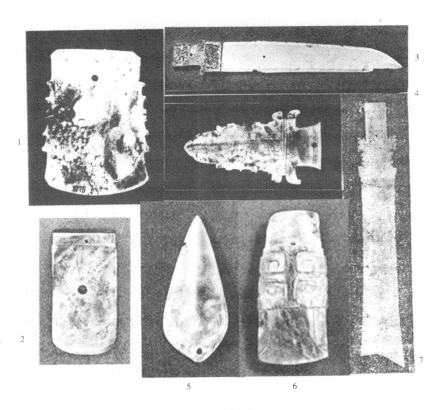

图 10　玉器

1. 戚（1070）　2. 钺（463）　3. 戈（23）　4. 矛形器（481）　5. 叶形矛头（829）
6. 斧（920）　7. 刀形端刃器（二里头）

"斧料"各一件①，是指狭义的斧（图 10, 6）。所谓I式和II式的"圭"，
共 5 件，也是斧类。它们一端有刃，另一端有孔可安柄②。其中 3 件表面
刻花纹，当非实用物。所谓"锛"的，仅一件单面刃的可称锛，其余 4
件是两面刃，其中 3 件应是扁平斧，一件为凿。凿 2 件，加上"锛"中
的一件（919 号），共 3 件，都较为窄长。"铲"和"铲形器"共 5 件，
也都是扁平斧。扁平斧又有称为"钺"的 2 件，"戚"9 件（包括璧戚一

---

① 《妇好墓》，第 141 页，图版——七：3 ~ 4。
② 《妇好墓》，第 116 ~ 118 页，图版六九：1 ~ 3；图版八四：1 ~ 2。

件）。所以妇好墓中共出各种扁平斧达 24 件之多。《尚书·顾命》有
"琬、琰"。《周礼》的编写者便编"琬圭"、"琰圭"。郑玄以为"琬，
犹圜也"，吴大澂便将扁平玉斧中有凸弧的刃部者称为"琬圭"，大型
的"琬圭"称为"大圭"或"镇圭"。实则它们都不是圭，这留待下
文讨论刀形端刃器时，和"琰圭"一起详论。先秦古书中又有钺
（戉）和戚，二者都是斧类，但不知二者的特点是什么。《说文》：
"戉，大斧也。"如果这是古义，钺应该像妇好墓出土的两件长宽约为
40 和 38 厘米的大铜斧①。小型的扁平玉斧（钺，图 10，2），是否也可
称钺，似仍是一个问题。两侧射出齿牙状扉棱的钺，吴大澂称它为
戚②，实际上这并没有根据。当然，我们也可改用通俗易懂的新名，如
扁平斧和两侧有齿的扁平斧，但也可保留钺、戚二名，因为二者根据
先秦古书肯定原来是属于斧类，不像"璇玑"这类古名完全与实物无
关。有孔扁平斧（钺），在我们新石器时代便已出现③；但是两侧有齿
的扁平斧（戚）始于商代，最早见于偃师二里头的墓中④，璧戚也始见
于二里头的墓中，两件同式，刃部分四段⑤。妇好墓有戚 7 件，璧戚 1
件（图 10，1）⑥。

第三类的玉刻刀，妇好墓中共出 23 件⑦。其中 2 件，柄部作锥形，
其余 21 件的柄部都雕成各种动物形象，以鱼形为最多（11 件），鸟类次
之（7 件），还有壁虎 2 件，夔 1 件。刀刃由动物的尾端突出一刀，磨成
斜刃。它们的柄端大都有小孔，可以佩悬（图 11，5～10）。雕刻的动物
形象富于艺术性，所以它们也可算是佩饰。

---

① 《妇好墓》，第 105 页，图版六六：1、彩版一三：1。
② 吴大澂：《古玉图考》，第 59 页。
③ 例如龙山文化，见《考古学报》第 2 册（1947），第 105 页，图八：6～7。
④ 《考古》1978 年第 4 期，第 270 页，图版一二：2。原报告称为"钺"。
⑤ 《考古》1976 年第 4 期，第 262 页，图六：3～4。原报告称为"钺"。
⑥ 《妇好墓》，第 140 页，图版一一五、图版一一六。
⑦ 《妇好墓》，第 143～146 页，图版一二〇、一二一。

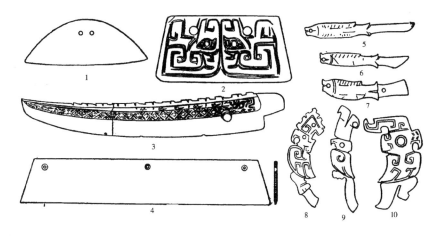

图 11　玉器

1. 半月形刀（559）　2. 梯形刀（918）　3. 弯刀（501）　4. 三孔刀（二里头）

5～7. 鱼形刻刀（421、954、420）　8～10. 鸟形刻刀（956、955、599）

　　第四类是刀类的边刃器，可分为二种：一种为尖端长条形，直背凸刃，另一端常有方形（或长方形）的柄部，可以安把。另一种作长方形（包括梯形）或半月形，近背部有一孔或多孔。前一种主要是模仿铜弯刀的玉弯刀。商代才开始出现。妇好墓共出 7 件（图 11，3）[①]。其中精致的标本，刀面雕刻有花纹，沿背部有锯齿形的扉棱。后一种在妇好墓中出土梯形的和半月形的刮刀各 1 件（图 11，1、2）[②]，近背部都有并列的两孔，与今日华北的爪镰相似。这种刀在中国新石器时代已盛行石制的，但商代玉制的不多。商代早期另有一种大型多孔梯形玉刀，妇好墓没有出土，但二里头出过两件，有 3 孔或 7 孔。通长 52 和 65 厘米，刃部在较长的一边（图 11，4；图 8，3）[③]。陕西

[①]　《妇好墓》，第 141 页，又第 142～143 页，图版七四：2、图版七六：6～7、彩版一九：3、彩版二〇：3。

[②]　《妇好墓》，第 143 页，图版一一八：3（梯形）、图版一二六：1（下，半月形）。

[③]　《考古》1975 年第 5 期，第 305 页，图四：10、图版八：9；又见 1978 年第 4 期，第 270 页，图一：3。

榆林地区神木县石峁曾出土过黑玉制的 2 件，有 3 孔或 5 孔。通长为 49 和 55 厘米①。吴大澂把这种玉器叫作"笏"②。但是这实是刀类，源于新石器时代的多孔石刀。它仍保留边刃，决不会是朝会时大臣们握在手里的笏。吴大澂所谓"边璋"，便是这种玉刀的残片，前面讨论璋时已说过。

　第五类为刀形端刃器。形似扁平长条形的刀，但锋刃不在长边而在较宽广的尾端，是斜刃或平刃而常稍内凹成弧形。柄部方形，常有一小孔。柄与器身之间有一段两侧边有突出的阑或齿形扉棱；扉棱之间常有平行直线刻纹。妇好墓出土一件"Ⅲ式圭"，墨绿色，残长 12.5 厘米，据云"形近'琰圭'"（图 12，5）③。实际上，它是这种刀形端刃器的断片，不过缺失柄部，仅留器身和刃部。陕西榆林地区"商代"墓中最近出土这种玉器 5 件以上，都是墨玉制的。其中已发表的 2 件，柄部都有一孔，一长 30 厘米，两边平滑；另一件长 35 厘米，近柄部处两边有齿形扉棱④。二里头的墓中也出过 1 件，通长 48 厘米（图 10，7）⑤。这类玉器从前曾出土过，现今公私收藏的也不少。吴大澂把端刃作凹弧状而两角上伸的叫作"琰圭"，末端斜刃而近柄部处有阑的叫作"牙璋"⑥。凌纯声把二者都叫作"琰圭"⑦。《周礼》中的"琬圭"和"琰圭"，渊源于《尚书·顾命》中的"弘璧琬琰"，后者二字连写，不一定是二物，也不能确定是否圭类。《周礼》对于二者区别何在，也没有明文交代。汉儒郑众以有无锋芒作为二者的区分标准，当由于琬有婉顺的意思，琰有剡上（削尖上端）的意思，这是汉儒望文生义作注释的又一例。这种玉器端部

---

① 《考古》1977 年第 3 期，第 155 页，图二：5～6、图三：1～2。简报中称为"芟刀"。

② 吴大澂：《古玉图考》，第 17～18 页。

③ 《妇好墓》，第 118 页，图版八四：1。

④ 《考古》1977 年第 3 期，第 155 页，图二：2，图版四：5。简报称为"铲"。

⑤ 《考古》1978 年第 4 期，第 270 页，图二：1。简报称为"玉立刀"。

⑥ 吴大澂：《古玉图考》，第 14 页，又第 21、22 页。

⑦ 凌纯声：《中国古代瑞圭的研究》，见《民族研究所集刊》第 20 册（台北，1965），第 200 页。

有刃而柄部可安柄，不会是在朝会时执在手中的圭。它在殷墟中便已罕见，当为战国时《周礼》的编者所未见。它们不会被收入作为礼玉或瑞玉的。我们还是暂称之为刀形端刃器为妥。它的古名和用途，我们最好承认我们还不清楚。

三　装饰品

商代玉制装饰品，可分两大类：第一大类是实用品，但是曾加文饰雕刻或磨研光亮，以增美观；第二大类是艺术品。商代还没有大型的玉制艺术品（有几件稍大的圆雕，都是大理石制的）。它们都是小型的，其中有孔的，当为佩饰；无孔的或为陈列品。后者有的有榫或者有圆形卯眼或凹槽，当是插到另一件东西上去。它们是装饰品，但是我们不排斥它们含有辟邪等巫术意义的可能性。

前面提到的柄部作动物形象的刻刀，便是属于前一类。这一类带有装饰的实用品，殷墟出土较多的是一种柄形器，妇好墓出土的便达33件之多。它们作扁平长条形或方柱形，长短厚薄不一，但都是小型的。器身常刻有几组花瓣纹，下端收缩为短榫，榫上常有小孔（图12，1～4）[1]。有人称之为"琴拨"，另有人称之为"大

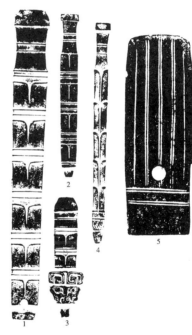

图 12　玉器

1～4. 柄形器（565、567、1089、555）

5. 斧（583）

---

[1]　《妇好墓》，第178～180页，图版一五六至一五九。

圭"，都是错误的。它的古名还未考出，可暂名为柄形器。二里头的墓中曾发现 2 件①。商代墓中它是和其他佩饰和随身武器放在一起的，位置在人的胸侧或腰部②，所以似乎是佩饰。由于榫小而短，下端可能有套上或绑上的东西。这东西没有发现过大型的。我们还不知道它的古名和用途。

妇好墓出土的这类雕有花纹的实用玉器，还有 1 件调色盘（图 13，1）、2 件梳子、2 件玉匕、1 件残断器柄。它们的柄部或背部，刻有花纹③。另外一些实用品，如挽弓用的扳指（韘）1 件，刻有兽纹（图

图 13 玉器

1. 调色盘（351）　　2、3. 簋（321、322）
4. 扳指用法示意图　5. 扳指（973）

13，4、5）；角形佩饰 2 件，可能是古代解结用的所谓"觿"。又有"纺轮"22 件，作圆饼形，中央有孔，大小厚薄不一。它们似乎是利用璧环类的钻心制成的。又有圆箍形饰 28 件，形似圆筒式镯，但器壁常有一个或两个钉孔，可能是套在木柄上的附饰，钉孔当为固定用④。

玉制的随身装饰品，除佩饰外，妇好墓出土的还有手镯（18 件）、发笄（28 件）、耳玦（4 件）、坠饰（38 件）和串珠（33

---

① 《考古》1976 年第 4 期，第 262 页，图六：1、图六：5、图版六：2（右二件）。
② 《考古学报》1981 年第 4 期，第 494～506 页；1979 年第 1 期，第 47 页。
③ 调色盘等器，见《妇好墓》第 149～150 页，图版一二七：1～2、图版一二八：1～2。
④ 《妇好墓》，194 页，图版一六四：3～4（韘），第 191 页，图版一六三：2（觿），第 146～147 页，图版一二二至一二四（纺轮），第 185～188 页，图版一五四（圆箍形饰）。

件）等①。玉镯是高壁的圆圈，类似后来的金、银制手镯。笄便是后世的簪子，用以插住挽起的头发。它的形式变化在顶部：或平顶，或有圆榫或卯眼，或雕有夔形笄头。耳玦在璧环类中讨论过。坠饰多作管形，一端较直，另一端作喇叭口，外壁常有简单雕刻花纹。串珠有管形珠和圆珠。

第二大类小型艺术品，有佩饰、插嵌饰物和陈列品。这一大类的玉器，妇好墓中出土的达188件之多②。它们造型写实而生动，是优美的艺术品，其中有的还是前所未见的精品。它们是这次发掘的最大收获之一，雕成各种动物形象。这些动物，有的是实有的生物，有的是幻想出来的神话动物，包括龙、凤。前面提到过的璜（43件）、玦（14件）和刻刀（21件），其中大多数有浮雕的各种动物形象。如果合并计算，共达266件，占这墓出土755件玉器的35.2%。

现在专就这188件小型艺术品而言：佩饰有可穿线以佩悬的小孔。插嵌饰物无小孔而有榫头或卯眼。这两种饰物的雕刻法，圆雕和浮雕二者都有。艺术陈列品都是小型的圆雕，数量很少，当是陈列在案头供玩赏之用。它们没有小孔，也没有榫头或卯眼。

就主题而论，动物品种达25种之多，还要外加人形、神话动物和蚕形。其中以鱼类最多（75件），鸟类次之（49件，以鹦鹉和鸮为多），而以人形（13件）最引起兴趣。玉人不仅富于艺术性，并且对于商代人的发式、衣冠、坐姿和人种特征，以及它们所反映的当时社会中各阶级人物的形象等，都提供了资料。但是玉人的面部表情有点呆板，身体姿态也嫌过于持重，因之反不若有些动物形象生动活泼，给人以兽奔、鸟飞、鱼跃的感觉。关于它们艺术风格的分析，以及各种花纹的形式分析和象征意义的探讨是另一课题，这里暂且不谈了。

---

① 《妇好墓》，第176~178页，图版一四九（镯），第174~176页，图版一四八（笄），第181~183页，图版一五一（坠饰），第204页，彩版三六：1（串珠）。
② 《妇好墓》，第150~174页，彩版二二至彩版三四。

最后，谈一谈玉制容器。妇好墓出土造型优美、花纹精致的青、白玉簋各一件（图13，2、3）①，此外，还有一件平素无纹的玉盘。先秦古籍中曾提到玉容器，传世品也有几件。但是我们考古发掘中很少遇到，所以有人以为先秦玉匠可能还不会琢治玉容器；我们所见到的玉敦等，可能是汉代玉匠"因战国人之著作而仿制之者"②。由于这次妇好墓的发现，我们知道除了后世仿制品之外，商代玉匠便已能琢治玉容器了。这两件可能是祭祀时用的礼器，但不是"瑞玉"。

在这篇论文中，我并不企图把商代玉器纤芥无遗地都收罗进去，做一个全面的叙述。我只是想从考古学的角度，对于商代玉器的分类、命名和功用的研究，指出一条新途径。如有错误或不妥当的地方，还请批评和指正。

附　　录

本文图6的说明：当年吴大澂将他所收藏的一件玉器，定名为"璇玑"（即"玉璇玑"）。这是因为先秦古书《尚书·舜典》中有"在璇玑玉衡，以齐七政"一语。汉儒有解释"玑、衡"为"天文仪器"。他们认为玑为璇玑，便是天文仪器中可运转者，它和衡（横箫状的窥管）相配合使用，便是汉代以来的所谓"浑天仪"。吴大澂说："是玉外郭有机牙三节，每节有小机括六，若可铃物使之运转者，疑是浑天仪中所用之机轮。今失其传，不知何所设施。"（《古玉图考》，第51页）本文这个示意图是作者根据近年考古发掘所得的资料来探讨这种玉器的渊源和用途。这样便可以对于"天文仪器的璇玑"这一命名，完全加以否定。现在将示意图中各件标本的出土地点和发表的出处，注明如下：

---

① 《妇好墓》，第130页，图版七一、图版七二，彩版一四：1~2。
② 郭宝钧：《古玉新诠》，见《历史语言研究所集刊》第20本下册，第38页。

①大汶口石璧环（《大汶口》，第98~99页）；②半坡石璜（《西安半坡》，第194页，图版一六四：2）；③偃师二里头"玉钺"（《考古》1978年第4期第270页，图一：2）；④二里头"玉钺"（《考古》1976年第4期第262页，图六：3~4）；⑤郑州二里岗玉璜（《考古》1957年第1期第72页，图版四：3）；⑥河北藁城台西村"玉璇玑"（《考古》1973年第5期第267页，图一：8）；⑦陕西神木石峁"玉璇玑"（龙山文化末或早商，《考古》1977年第3期第155页，图版四：9）；⑧妇好墓"玉璜"（901号，见图版九六：2）；⑨妇好墓"玉璇玑"（1029号，见图版八六：4）；⑩妇好墓"玉璧"（457号，见图版八五：1）；⑪妇好墓"玉戚"（591号，见图版一一五：2）；⑫妇好墓"玉戚"（459号，见图版一一五：1）；⑬《古玉图考》（第50页）中所谓"璇玑"（或作"璿玑"，《尚书大传》作"旋机"）。

参考文献

中文、日文部分：

1. 《十三经注疏》，中华书局重印本，1980。

2. 中国社会科学院考古研究所：《殷墟妇好墓》，北京，1980。

3. 中国社会科学院考古研究所：《殷墟玉器》，北京，1982。

4. 文物（期刊），北京。

5. 考古（期刊），北京。

6. 考古学报（期刊），北京。

7. 大陆杂志（期刊），台北。

8. 吴大澂：《古玉图考》，1889。

9. 林巳奈夫：《中国古代の祭玉・瑞玉》，《东方学报》第40册，京都，1969。

10. 林巳奈夫：《中国古代庖丁形玉器と骨铲形玉器》，《东方学报》第54册，京都，1982。

11. 洪适：《隶续》，洪氏晦木斋丛书本，1872。

12. 凌纯声：《中国古代瑞圭的研究》，《民族研究所集刊》第20册，台北，1965。

13. 聂崇义：《三礼图》，《四部丛刊三编》本，上海，1935。

14. 夏鼐：《汉代的玉器》，见《考古学报》1983 年第 2 期。

15. 高去寻：《侯家庄》第 2 本至第 8 本，台北，1962～1976。

16. 梅原末治：《支那古玉图录》，京都，1955。

17. 黄濬：《古玉图录初编》，北平，1935。

18. 郭宝钧：《古玉新诠》，《历史语言研究所集刊》第 20 本下册，上海，1949。

19. 杨建芳：《中国古玉书目》，香港，1982。

20. 滨田耕作：《有竹斋藏古玉谱》，京都，1925。

21. 那志良：《古玉鉴裁》，台北，1980。

英文部分：

1. Dohrenwend, D. , 1971, *Chinese Jades in the ROM*, Toronto.

2. Laufer, B. 1912, Jade, *A Study in Chinese Archaeology and Religion*, Chicago.

3. Loehr, Max, 1975, *Ancient Chinese Jades*, Cambridge, Ma.

4. Hansford, S. H. , 1950, *Chinese Jade Carving*, London.

5. ——, 1968, *Chinese Carved Jades*, London.

6. Na, Chih-liang , 1977, *Chinese Jades*, *Archaic and Modern*, London.

7. Salmony, A. , 1952, *Archaic Chinese Jades*, Chicago.

8. ——, 1963, *Chinese Jade Through the Wei Dynasty*, N. Y.

9. Rawson, J. and Ayers, J. , 1975, *Chinese Jades Throughout the Ages*, London.

10. Willetts, W. , 1958, Chinese Art, Vol. I, Harmondsworth.

所谓玉璿玑不会是天文仪器[*]

　　我这篇论文，牵涉到一种被误认作天文仪器的古物，实际上它是和天文仪器毫无关系的。既然这是讨论与天文仪器无关的古器，那便是一个纯粹的考古学上的问题。但是如果把它搞清楚，这倒也可以为中国天文仪器史解决了一个不成问题的问题。

　　"璿玑"也有写作"璇玑"（本文中除引用原文时需要保留原字之外，其余统一使用"璿"）。这一词出于今本《尚书·舜典》。原文作"在璿玑玉衡，以齐七政"。后人以为这句话和天文有关。现下一般认为今本《舜典》是战国时代（公元前4～5世纪）的作品。至于"璿玑玉衡"是什么意思，到了西汉初年（公元前2世纪）已不清楚了。这是训诂学上的问题，我在这里不想多谈。我只想指出，西汉学者以为这是指星象。东汉学者如马融、郑玄等，才认为是天文仪器。可能他们曾对照过东汉时的浑天仪，以为"璿玑玉衡"便是浑仪的前身。就字面上说，这四字既可以指星象，也可以指观测星象所用的天文仪器。所以

　　＊　本文是作者于1983年12月14～17日在香港召开的第二届国际中国科技史研讨会上宣读的论文，原题是《所谓"璿玑"是天文仪器吗?》。《考古学报》1984年第4期发表时曾由作者加以修改增订，并将题目稍作变动。

实难确定二说中哪个是对的。汉以后的学者相信天文仪器说的较多。有的还根据字面加以引申，但也没有说清楚作为天文仪器的"璿玑玉衡"的器形的具体细节。这些连二千年来经师们还未能圆满解决的问题，现代的谨严的中国天文仪器史的专家只好说："由于记载简略，含义难以理解"，所以不敢轻易下结论。①

这二千来年在文献上还没有解说清楚的问题，一百年前的吴大澂（1835～1902）自以为找到了实物的证据可以把这问题解决了。他所收藏的玉器中有一件周缘有三节带齿的牙形突起（即叶形突起）的玉璧，他认为这便是《舜典》中的"璿玑"。他说"是玉外郭有机牙三节，每节小机括六，若可钤物使之运转者，疑是浑天仪中所用之机轮。今失其传，不知何所设施"②。我们看它的图像（图1），便知道这玉器不能起齿轮的作用，不能扣住他物使它运转的。吴氏虽承认这只是一个"疑是"的假设，也承认他不知道这零件怎样配起来使用。后来美国汉学家劳佛（B. Laufer，1874～1934）在《玉器》（Jade）一书中大量引用吴大澂的说法，包括"璿玑"在内，并加以高度的赞许。关于"璿玑"，他几乎全部接受吴氏的说法，只增添一些关于器形特点的宗教意义的解释③。由于这两位学者在学术界的地位，所以后来中外学者几乎都相信他们的说法。有些人还扩大范围，把一切外缘带有三节或四节叶状突起（即牙形）的玉璧都叫作"璿玑"，不管它是真品或伪品，是传世品或发掘出土品。但是他们也都提不出它们的使用方法。1947 年比利时人密舍尔（H. Michel）提出一个说法，后来又发表了几篇文章加以引申。他先肯定这是天文仪器，然后拿吴氏那件来研究，认定它是"环极星的观测板"（circumpolar constellation template），还认为"玉琮"

---

① 《中国大百科全书·天文学》，第 492 页，"璇玑玉衡"条，1980。
② 吴大澂：《古玉图考》，1889，第 51 页。今按："牙"和"齿"的区别，见第 316 页注 2。
③ B. 劳佛：《玉器》，1929 年英文版，第 104～106 页。

是套在板的中心圆孔的窥筒。他的意思似乎以为二者一起便可作简易的浑天仪使用。他的说法一出来后，便被许多中外学者所接受，包括李约瑟教授（J. Needham）在内①。实则他的这种说法除了吴大澂藏品那一件（以及它的仿制品）之外，对于其余几十件所谓"璿玑"都不适用。各件的锯齿形突起的组数依照牙数而不同（三组最多，但也有四组或更多的），每组的齿数也不完全相同，齿形也是各异。就是对于吴氏那一件而言，他这说法也有许多地方说不通。他的说法最迷惑人的地方，是他以为《舜典》编写时代（战国初叶）的天象，正可用吴氏那件来观测，环极各星多恰巧在玉器周缘的齿和牙的凹入处而北极星恰在圆孔的近中央处。最近英国卡楞（C. Cullen）对此加以核对，证明密舍尔故意移动许多星的位置，以求符合自己的说法。实际上许多星离外缘凹入处颇远，北极星也离圆孔中心很远，根本不能起观测的作用（图2）。所以卡楞认为密舍尔的新说法只是一种"误用了的独创性的（智力）练习"（an exercise in misplaced ingenuity）②。

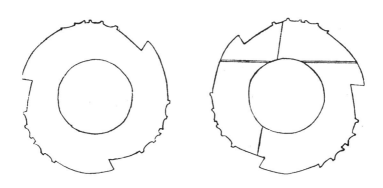

图1 吴大澂《古玉图考》中的所谓"璿玑"

---

① 李约瑟：《中国科技史》第三卷，第333～339页，1959年英文版，和他所引的密舍尔的有关著作。
② C. 卡楞和A. S. L. 法勒（Farrer）：《"璿玑"一名和牙璧》，见《东方非洲学院院刊》（英文）第46卷第1期（1983），第62页。

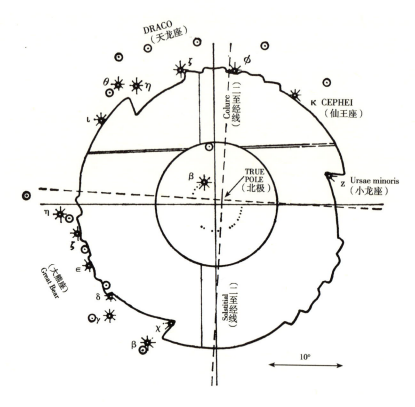

图2 密舍尔的星象图（星作✿形），附卡楞的校正图（星作⊙形）

我前两年曾根据考古发掘出土的新材料来研究中国古代玉器，我对于有关古玉的一些传统旧说法，包括所谓"璿玑"的命名和用途问题，重新加以审核。研究的初步结果，已写成两篇论文，分别发表于《考古》（1983年第5期）和《考古学报》（1983年第2期）中。现在只谈所谓"璿玑"这一问题。我的结论是：这种玉器自有其渊源，根据考古学证据，可以绘出一幅所谓"璿玑"渊源图，证明它和天文仪器完全无关。去年（1982年）9月，我在美国檀香山的商文化讨论会上宣读过一篇《商代玉器》的论文，便是上述的发表在《考古》上的那篇文章的初稿。我宣读论文时曾把这幅渊源图（图3）的初稿制成幻灯片提出来①。现在我在这里再把这图依照新材料加以修改后拿出来，改称"牙璧的谱系图"，并稍作解释。

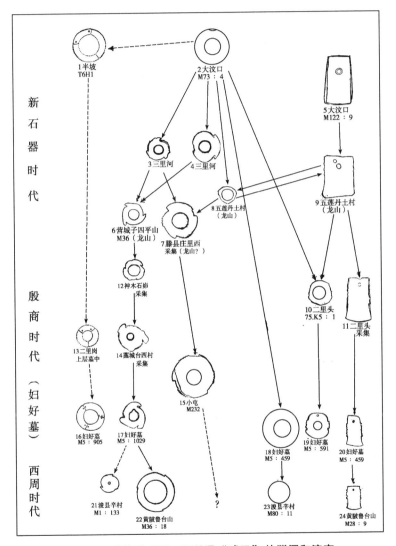

图3　牙璧的谱系图，即所谓"璿玑"的渊源和演变

(图中 3 器号为 M113：1，4 为 M273：1，7 为滕县庄里西)

① 夏鼐：《商代玉器的分类、定名和用途》，《考古》1983 年第 5 期，第 457 页，图六。

由这图可以看出来，这种玉器实际上是玉璧的一种。而玉璧在中国出现很早。浙江河姆渡遗址曾出土过小璧（碳－14 年代，距今 6960 ± 100 年）。新石器中期至晚期，如山东大汶口文化、龙山文化，江浙的良渚文化和甘肃半山文化等，都有发现。在墓葬中，玉璧放在尸身附近或头侧，有时和璜、玦等玉器放在一起。它的用途，当和璜、玦一类相似，作为装饰物，可能也带有宗教或辟邪的作用。它从来没有和玉制的窥管发现在一起，决不作天文仪器使用（我们也没有发现过玉制窥测管）。密舍尔起初曾认为玉璧是"璿玑"的退化的形状。这是为维持他自己的说法，把时间先后加以颠倒了。后来他承认玉璧出现较早，但他认为玉璧也是和天文有关的。这是完全没有根据的，以璧祭天，以琮祭地，乃周末汉初儒家的说法。这不仅是后起的说法，并且和天文学无关。

到了龙山文化晚期，出现了一种外缘有三处作牙状突起的玉璧。三牙的尖部都朝向一个方向，犹如儿童玩具中的风车。到西周早期墓中，仍有发现。这种玉器在发掘简报中常常也被称作"璿玑"或"形似璿玑的玉器"[1]，也有被称作风车形玉饰的，如浚县辛村西周早期墓简报[2]。辽宁省长海县广鹿岛吴家村出土过一件玉器，称为"璿玑"，时代相当于大汶口文化[3]。实际上这是一件猪头形的佩饰，三个牙形突起并不很规则，其中一牙狭端平齐不尖锐，类似口吻部，相当于眼部处有一小孔。另一牙形似耳朵（图 4）。我们知道三牙斜行

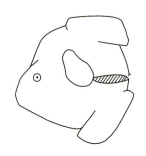

图 4　辽宁长海县

广鹿岛出土的玉饰

（最大直径 6.8 厘米）

---

① 例如：山东滕县出土的，见《考古》1980 年第 1 期，第 36 页；胶县三里河出土的，见《考古》1977 年第 4 期，第 265 页。

② 郭宝钧：《浚县辛村古残墓之清理》，见《田野考古报告》第一册（1936），第 192 页，图版九，左三。后来在《浚县辛村》（1964）中又改称"璿玑"，第 65 页，图版五○。本文图 3，21。

③ 见《考古学报》1981 年第 1 期，第 86 页，图八，17。

突起的风车形图案，在我国新石器时代并不是罕见的。例如河南庙底沟型仰韶文化彩陶和甘肃马家窑文化彩陶都绘有这种图案①。吴家村的这件玉器也许是受它的影响，同时它又给人以猪头的印象。至于一般的几何形的三牙突起的玉璧，也始见于大汶口文化的另一遗址，即山东胶县三里河第一期墓葬中（图5）。两件中有一件的三牙的尖头不在同一方向，另一件每牙外缘都有一齿。原简报中称它们为"玉环"，并且说"环外侧等距离的有着三个齿轮形，其形象有似后世的所谓璿玑。不过，这种玉环出土时，多在死者的胸部，可能是一种衣饰或装饰品"②。这里称为环而不称为璧，是误信《尔雅》所谓"肉倍好谓之璧，好倍肉谓之瑗，肉好若一谓之环"的说法。我曾怀疑这是《尔雅》的作者故弄玄虚，把璧形器依照孔径和边宽的比例强加区别。在先秦古籍中看不出有这种区别，因之，我曾建议今后把这类玉器总称为璧环类，或

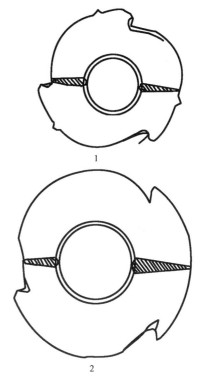

图5　山东胶县三里河出土的

三牙玉璧 （4/5）

1. M113：1　2. M273：1

都简称为璧③。这种简单三牙璧在龙山文化遗址中也有发现，例如1941年辽宁省旅大市营城子四平山的龙山文化晚期第36号石冢中便曾出土

---

① 例如：马家窑彩陶图案，见《文物》1968年第10期，第68页，图8，3；庙底沟彩陶图案，见《庙底沟与三里桥》（1959），图版七〇，8。

② 《山东胶县三里河遗址发掘简报》，《考古》1977年第4期，第265页。原简报没有发表这几件玉器的图。现在承原作者吴汝祚提供实测图。

③ 夏鼐：《商代玉器的分类、定名和用途》，《考古》1983年第5期，第456～457页。

过三件①。到了商代这种玉璧似乎更多起来了，如河北藁城台西、河南安阳殷墟，都有出土②。安阳商代墓出土的一件在人架脚侧，当和上节所说的普通玉璧一样，作为饰物，它与天文仪器完全无关。我以为这种玉璧外缘三分法可能和由三节玉璜拼成一圆环的"联璧"也有渊源关系。这种玉璜的出现也很早，可能与普通玉璧不相上下③。这种"联璧"的各节接合处如有上下参差，很容易引起有意识地把它加工为三牙风车形玉璧的设计。因为这只是装饰性的，所以三牙虽最常见，但也有四牙或更多的牙。这种简单的三牙玉璧，在西周早期仍有出现，例如湖北黄陂鲁台山 36 号墓出土的一件④，以及上面提及的河南浚县辛村 1 号墓出土的一件。后者形小孔细，可能是镶嵌用的饰物，而不是璧，当然更不会是天文仪器的"璇玑"。

这种三牙玉璧的每一牙的外缘有时加刻几个小缺口或一个齿形突起，例如陕西神木石峁墓中出土的（龙山晚期或早商）二件，其中一件的外缘，每叶都有二个小缺口⑤。上述胶县三里河出土的，其中有一件三牙玉璧，每牙的外缘都有一个齿形突起（图5，1）。到了后来，这种小缺口或单个齿形突起，似乎有点标准化，并且每组以六齿为最普遍，每组的齿形也多近似。吴大澂所藏的一件，便是典型的例子。这件每组的齿数为六枚，中央的一个缺口稍深，左右各三齿分别向外侧稍为斜出。这种在器物的边缘外侧附加齿形突起的做法，在玉器制作上是另

---

① 现藏日本京都大学，见《世界考古学大系》（日文）卷5（1966）图134；又《世界美术全集》（日文），卷1（1953），彩色版八。本文图3，6。
② 河北藁城出土的，见《考古》1973年第5期，第269页，图一，8；安阳妇好墓出土的，见《殷墟妇好墓》，图版八六：4；本文图3，14、17。
③ 一般称为"璜"的，可能便是"联璧"的组成部分，例如《西安半坡》，第194页，图版一六四，2；郑州二里岗出土的，见《考古》1957年第1期，第72页，图版四，3。妇好墓出土的，有三件璜形物拼成的联璧，见《殷墟妇好墓》，图版九六：2。
④ 黄陂县文化馆等：《湖北黄陂鲁台山西周遗址和墓葬》，《江汉考古》1982年第2期，第51页，图版五，23。本文图3，22。
⑤ 神木石峁出土的，见《考古》1977年第3期，第155页，图版四：9。本文图3，12。

有渊源的。这种装饰法并不限于玉璧，其他玉器也有这样的。这可以追溯到龙山文化晚期至商代早期。例如山东五莲丹土村出土的一件玉斧（身部两侧）①，偃师二里头出土的戚斧类和玉钺（身部两侧）②。它们的边缘的这种齿形突起，都是分别成组的。至于新石器时代的石刀，有些两侧有一个大缺口，或一排小缺口，那是为缚扎或握执的方便而设的，和上述玉器的装饰性质不同。传世品中边缘多齿的三牙璧（即三叶璧）很多，牙数以三枚为多，但也不限于三牙，锯齿形突起每牙以六齿为多，但也不限于六齿。因为这种做法是为了装饰美观的，当然牙数（即叶数）和齿数都可以多少不拘。晚商和西周的青铜器中如尊、彝、觚、爵之类，它们的扉棱上也常有这类成组的锯齿形的装饰。但是它们出现较晚，可能是受了玉器上这种装饰的影响。

我在这幅渊源图中，把典型的多齿三牙璧，放在商代中晚期。关于它的渊源问题，近年来发掘出土品似乎已经给我们以可靠的线索。至于这种典型的标本，传世品虽有好几件，其中有的肯定是仿制的假古董（例如吴氏图中用两条平行线表示一条宽凹槽的两侧边，仿制者竟刻上两条细线）。但是考古发掘工作中，这类典型的带齿三牙璧，目前知道的，只有一件，是在安阳小屯 232 号墓中出土，和玉制鸟形饰物等同出（图 6）。它的年代是商代后期，可能较妇好墓略早③。此外，山东滕县庄里西遗址（龙山文化）的调查工作中，曾采集到一件这种多齿三牙玉璧。原简报称它为"形似璇玑状的残玉环"，又说"全器有

---

① 山东五莲出土的，见《山东出土文物选集》，图版二：8；图 3，9，1959。

② 二里头出土的，见《考古》1976 年第 4 期，第 262 页，图六：3～4（戚斧）；1978 年第 4 期，第 270 页，图一，1（玉钺）；图 3，10、11。

③ 这承杨建芳见告，原件见石璋如《小屯一本丙编三：南组墓葬》（1973 年台北出版），第 55～57 页，图版三六：1、图版三七：1，及插图二十"齿环形器"。又参阅杨建芳《中国史前五种玉器及其相关问题》（《中国文化研究所学报》，1984 年香港中文大学出版）。关于小屯 232 号墓的年代，这里是根据安阳工作队的研究结果，似应稍早于妇好墓，见《考古》1979 年第 3 期，第 226 页。石璋如推测这件带齿三牙璧的用途，以为是箍住发髻用的。这说法是靠不住的。

三组凹齿形纹，每组长约 4.2 厘米"（图 7）[①]。另有一件在 1983 年曾陈列在陕西省博物馆的"珍贵文物室"中，标签上写的出土地点是陕西长武县，器物年代是西周。我曾查询过，知道这件是 1974 年在长武县征集到的，出土情况不详。定为西周时代是推测的，也有可能更早一些(图 8)[②]。这三件在法勒的论文中都不曾提到。这种典型的带齿的三牙璧（法勒的 CFT 型），年代可能早到龙山文化晚期，似乎不会更早，但也不会晚于西周。东周时代出土的玉璧，表面上常饰以谷纹等花纹，周缘常突出几组兽纹或龙纹的透雕，与这种素面的多齿三牙璧风格不同。我当时的结论以为它们的用途，不管是简单的三牙璧或多齿三牙璧，都是装饰品，可能同时带有礼仪上或宗教上的意义。但是并不是天文仪器，更不能叫作"璿玑"。这是我去年（1982 年）在檀香山会议上提出的论文中有关这种玉器的结论，在这里我不过加以发挥而已。这里增入的一些新资料，似乎更加强这个结论的说服力。

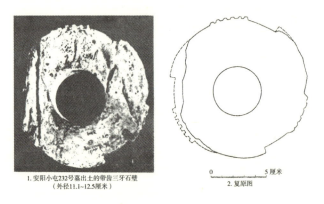

1. 安阳小屯232号墓出土的带齿三牙石璧
（外径11.1~12.5厘米）

0   5 厘米
2. 复原图

图 6　安阳小屯出土带齿三牙石璧

---

① 《山东滕县古遗址调查简报》，《考古》1980 年第 1 期，第 36 页。原简报未发表这件玉器的图，本文的实测图和照相是承原作者滕县博物馆提供的，特此致谢。

② 承陕西省博物馆惠寄照片和有关资料，并惠允发表，特此致谢。上引的 C. 卡楞等文中曾提到 1980 年在陕西省博物馆看到一件标明为璿玑的标本，璧形带齿，乃发掘所得，可能就是这一件，但误以为发掘出土品。

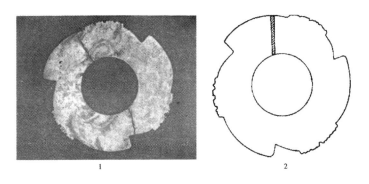

图 7　山东滕县庄里西遗址采集的带齿三牙玉器（最大直径约 8 厘米）

图 8　陕西长武县征集品（直径 12.9 ~ 13.1 厘米）

　　最近我读到一篇关于"璿玑"的论文，是发表在英国伦敦大学东方和非洲研究学院的学报上的（1983 年第 1 期）。这论文是 C. 卡楞（Cullen）和 A. S. L. 法勒（Farrer）二人合写的。根据大体相同的材料，他们也得出了和我的相近似的结论：这种玉器绝不是古书上的璿玑，和天文仪器完全无关。我读后很高兴，可以说是不约而同。法勒主张不要再称这类玉器为璿玑，最好改称之为"有扁棱的三叶饼形物"（flanged trilobate disc），或简称"三叶饼形物"[1]。我主张把那种简单的叫作"简单三牙璧"，把那种附加三组锯齿形突出的叫作"多齿三牙璧"，而总称为"三牙璧"或简称"牙璧"[2]。至于它的一些变种，如四牙璧和多齿四牙璧等，仍可归入牙璧这一总类中，而分别加上形容词以示区别。在考古学文章或发掘报告中提到这类玉器时，"璇玑"一名今后可以放弃不再使用。这不仅免得产生误会，为写天文学史制造困难，同时也免得有些学者枉抛心力来想方设法探寻这种玉器作为天文仪器的使用方法。

---

[1]　C. 卡楞和 A. S. L. 法勒（Farrer）：《"璇玑"一名和牙璧》，《东方非洲学院院刊》（英文）第 46 卷第 1 期（1983），第 76 页。

[2]　今日汉字中"牙"和"齿"通用，或合称"牙齿"，也便是英文中的 tooth。但是古代汉语以牙齿中当唇者为齿，两侧后部较壮大的为牙。《说文解字》（卷二下）中这二字的区别很清楚（见段玉裁注）。明李时珍《本草纲目》仍以为"两旁曰牙，当中曰齿"（卷五一，人部，牙齿条）。这里牙璧的"牙"，便是吴大澂所谓"外郭有机牙三节"的"牙"，英译可作 lobate。每牙的外缘一组齿状突起，有点像锯齿，可称为齿（teethed）。"牙璧"一名，梅原末治在《世界美术全集》卷 1（1953）便曾使用以指我国辽宁四平山出土的三件简单三牙璧（第 251 页）。

汉代的玉器[*]

——汉代玉器中传统的延续和变化

汉代是中国文化史上的一个黄金时代。自从秦始皇统一六国、建立起一个中央集权的国家以后，秦朝只有短暂的 15 年（公元前 221～前 206 年）。汉代继承秦朝统治中国达 426 年之久（公元前 206～公元 220 年），中间有王莽篡位的 15 年的插曲（9～23 年），但影响不大。经过这四百多年的汉朝统治，中国文化的面貌便基本上固定下来了。今天中国汉族的名称便是由汉朝得名的，以区别于中国境内的少数民族。许多中国历史学家把中国有文字记载的历史分作两大期，把汉代（包括秦朝）以来的历史同先汉（中国史中一般称为先秦）的历史分开来，这不是没有道理的。

作为一个中国考古学工作者，我这次的"墨菲讲演"的题目是"汉代考古学和美术史中的几个课题"。今天所谈的是汉代的玉器，即汉代玉器中传统的延续和变化。这可以反映汉代文化面貌的一个侧面。

中国的玉器制造是有它的长久的传统的。全世界有三个地方以玉器

---

* 本文是作者 1981 年在美国墨菲讲座的讲演稿，英文稿收入《汉代的玉器和丝绸》一书，美国堪萨斯大学 1983 年出版。中文稿在《考古学报》1983 年第 2 期发表时，作者做过小部分修改，增删了几幅附图。

工艺闻名，即中国、中美洲（主要是墨西哥）和新西兰，其中以中国的最为源远流长。今天在一般人的心目中，玉器和中国的关系是这样的密切，以致曾有人在英国拿一件新西兰的玉坠给英国人类学家 C. G. 塞利格曼（Seligman）看。塞教授说："如果你不是刚从中国来的中国人，我一定会以为这是新西兰玉器。"

在中国新石器的遗存中便曾发现过用玉制造的器物，主要是武器和简单的装饰品。但是新石器晚期的良渚文化墓葬中曾发现一些比较繁杂的玉器，如兽面纹的玉琮等①。到了殷商晚期，即公元前 13 世纪至前 11 世纪，中国的玉器制作已达到了成熟时期，1976 年安阳妇好墓出土的 755 件玉器可以为证，其中有多件是精美的艺术品②。从殷商晚期算起，到了汉代初年，已是经过了一千多年。汉代中国的玉器工艺，仍是继续有所发展，并未衰落。在下面将要提到汉代玉器中一些精品，毫无疑问地可以列入中国古代玉器杰作之中。

汉代玉器的材料，一方面继续从前的传统，许多是由绿色的或黄褐色的玉制成。但是另一方面，乳白色的羊脂玉，大量增加。

关于汉以前的玉料来源问题，虽然经过许多学者的研究和讨论，现下仍未能解决。就矿物学的定名而言，玉包括硬玉和软玉二种矿物。硬玉似乎是 18 世纪才由云南与缅甸的边界附近的产地输入，现在可以不必加以考虑。中国（软）玉器的原料，从前曾一度认为都是中国新疆和阗（包括附近的叶尔羌）所产。后来也有人以为贝加尔湖附近地区的软玉可能古代曾输入中国以作玉器③，但也有人反对这说法，以为西

---

① 南京博物院：《江苏吴县草鞋山遗址》，见《文物资料丛刊》1980 年第 3 辑，第 10～13 页，图 23、图 20；图版三，1。

② 见文末主要参考书目（以下不另注）［4］，第 114～195 页，图 69～97，图版 LXXXI～CLXVI。

③ 见［16］，第 5 页；［18］，第 4 页；W. Watson（沃森），*Cultural Frontiers in Ancient East Asia*，1971，爱丁堡，第 37、59、60 页，图 20，图版一七。

伯利亚软玉常带石墨细粒黑点，和中国玉器的玉不同[1]。但是 W. 魏礼泽以为中国新石器时代玉器中有的似乎也带有黑点，而且西伯利亚玉也不限于带有黑点的一种[2]。至于中国境内别的地方没有能确定有产软玉的。中国古书如《山海经》等所记载的产玉地点，可能是把"玉"字作为"美石"的意思，并不专指软玉。其中蓝田、酒泉、岫岩、南阳四处的"玉"，今日仍用以作玉器。检验实物，前三者都是矿石学中的蛇纹岩（包括鲍文石，乃一种硬度可达 6 度的蛇纹岩变种），只有南阳玉曾有一件标本，经鉴定含有 16.5% 的普通角闪石（软玉是一种结构紧密细致的透闪石，而透闪石和普通角闪石都是属于角闪岩组的矿石）和 2.8% 的硬玉，但标本的各部分的组成并不一致[3]。最近据说，在江苏的太湖附近的丘陵地，蕴藏有玉料矿物。江苏浙江一带新石器时代良渚文化的玉器曾被鉴定为透闪石、阳起石和纤维蛇纹石[4]。我们知道现下发掘报告和文物图录所说的中国玉器的材料，只有极少的一部分曾经科学鉴定。1952 年李济发表关于殷墟有刃石器 444 件，其中有玉器 7 件，据云：这 7 件玉器的质料，不像和阗的硬玉（按应作软玉），也不像西南的软玉（按应作硬玉），并且说：这 7 件是南阳玉[5]。1976 年安阳妇好墓的玉器中有 40 余件曾作初步鉴定，"其中多数与现在的辽宁岫岩玉接近，少数与河南南阳玉接近，极个别的与新疆和阗玉相似"[6]。将来对于玉矿的原料和古玉器的实物多加科学分析和比较，一定可以找

① 见 [8]，第 42、43 页。

② 见 [20]，第一册，第 61 页。

③ Schueller, A., "Shichangit, …", *Bulletin of the Geological Institute of the University of Uppsala* （瑞典乌普萨拉大学地质研究所学报），Vol. XI (1961)，第 429 ~ 453 页；李学清：《河南南阳独山石之玉石》，见《地质评论》Ⅰ卷 (1936)，第 55 ~ 60 页。

④ 见《文物资料丛刊》第 3 辑，第 13 页。

⑤ 李济：《殷墟有刃石器图说》，《历史语言研究所集刊》第 23 本 (1952，台北)，第 526 页。

⑥ 中国社会科学院考古所安阳工作队：《安阳殷墟五号墓的发掘》，《考古学报》1977 年第 2 期，第 74 页。

到中国古玉的确切的来源。现在我们可以肯定的是汉代已经大量输入和
阗软玉。这不仅有文献资料的证明，如《史记·大宛传》和《汉书·
西域传上》，都说于阗国"多玉石"。我们最近把满城汉墓出土的玉衣
碎片和其他一些玉器连同和阗玉、岫岩玉的标本，分别作了岩矿鉴定
（包括显微镜鉴定、化学分析、X－射线衍射分析），证明这几件玉器是
与和阗玉标本最相近，和阗可能就是它们的产地，而肯定这几件不是岫
岩玉①。许多汉代玉器是由所谓"羊脂玉"制成。这种羊脂玉显然是和
阗所产，先秦时代罕见。

　　关于治玉的技术，这是指将玉料切锯成片，锯出外轮廓，琢雕成粗
型，雕刻线纹，修整表面，抛光，钻孔等技术。现在研究中国玉器的学
者们一般都知道，所谓玉器的"雕刻"，并不像大理石像和木刻像的雕
刻那样，使用真正雕刻的方法。治玉是使用一种质坚的矿石的细砂以磋
磨玉料使之成形。起磋磨玉料作用的不是工具而是这种解玉砂。所使用
的主要工具不外乎锯、钻和磨器。锯是用拉锯或轮锯以解剖玉料使成各
种厚度不同的玉片。镂孔是钻孔以后使用弯弓锯扩大洞孔。可能自殷代
起即使用金属制的锯，但可能也使用木竹制的刀。钻孔使用木或金属制
的杆钻或管钻，管钻也可用竹管。新石器时代的玉器和石器的钻孔便已
使用管钻法。磋磨工具今天使用各种的铁制铊子，但是汉代是否使用，
尚无确证。抛光似用皮革或木质物。解玉砂今日使用石英砂、石榴石
（红砂）、刚玉砂（紫砂）和金刚砂（人工合成的碳化硅）。从前曾有时
统称解玉砂为金刚砂，但现下中国玉器工匠以金刚砂一名专指碳化硅。
它从前从日本、美国和瑞典进口，现今中国已能自制。当然汉代是不会
用碳化硅的②。

---

① 见［3］，第 390～403 页。张培善：《河北满城汉墓玉衣等的矿物研究》，《考古》1981 年
第 1 期，第 79～83 页。补记：最近鉴定的 8 件妇好墓出土玉器，其中 7 件为透闪石，即
软玉，1 件为硅质大理石，见《考古》1982 年第 2 期，第 204～206 页。

② 见［8］，第 69～72 页。

汉代的治玉技术，基本上是继承了战国时代的。战国时代广泛使用铁制工具，可能对于制玉也有影响。汉代的玉器，例如满城汉墓的一件玉璧，表面留有平直的锯痕。钻孔中也留有钻痕。尤其是两件"玉衣"的玉片背面，常留有锯痕，有的是用"圆片锯"（轮锯），有的是用"直条锯"。锯时似曾用水和砂。锯缝一般宽 1～1.5 毫米，也有宽仅 0.35 毫米的。钻孔用两种方法，杆钻和管钻。由于玉片的孔眼细小，所以是使用杆钻的较多，孔径为 1～2 毫米。抛光技术已很高，能把玉片表面磨得像玻璃一样光滑，闪闪照人。报告的编者推测当时可能使用了"砂轮"和"布轮"等先进的打磨工具[①]。其他方面的技术也已改进，因之镂孔花纹和表面细刻线纹都增多了。高浮雕和圆雕也增多。器物的轮廓线和刻纹都显得自由流利。

玉器制作另一可注意的地方，是常将旧玉器的残片改制成新的一件玉器。例如满城两座汉墓的死者两手所握的一对玉璜，都是由蒲纹璧改制而成的[②]。又如一号墓的一件小玉盒是由玉琮改制而成[③]。

当然，最能表示汉代玉器的特征的是它们的器形和花纹。现在先说器形。古代玉器的形状是和它们的定名和用途是有密切关系的。实际上，先秦时代玉器的名称和用途主要是依据它们形状来推定的。这是因为古代玉器质硬难以刻字，所以很少有铭文，除了刚卯以外，几乎没有自标器名和用途的。研究古代玉器的名称和用途，主要是两种不同的方法：一种是经生的方法，另一种是考古学的方法。前者由传世的经书中，尤其是"三礼"（即《周礼》、《仪礼》和《礼记》）中，找出可能是玉器的器物名，然后依照汉代儒生的注释，结合器物名的字义和字源，推想出古代玉器的形状，例如宋代著《三礼图》的聂崇义（10 世

---

① 见 [3]，第 242、350、354 页，图一六○。
② 见 [3]，第 138、295 页，图九五，1、2；图一九九，6、7；图版一○五，4；图版二一三，4。
③ 见 [3]，第 140 页，图版一○五，1。

纪中叶）将玉璧描绘上几丛蒲草或禾谷便算是蒲璧和谷璧。到了清代末年，古代玉器出土日多，吴大澂大大改进了这种方法。他是一位有古器物学者倾向的儒家学者，所以他能够根据传世的或新出土的古代玉器，利用实物以考证经书中著录的各种古玉的形状，也便是用"三礼"等经书和汉儒注释以考证玉器实物的名称和用途。他对于古玉研究的贡献是很大的。但是"三礼"中的玉器名，例如圭类便有十几种，分别给起了十几个圭名。有的是出于杜撰，未必都有实物为根据。它们的用途，也有许多是儒家为了系统化与理论化而硬派用途的。在系统化的过程中，很容易增添一些玉器名，并将器形也加以理想化。汉儒注释，有许多是望文生义的，它们的价值并不比《三礼图》的图形高明多少。例如《周礼·大宗伯》说："以玉作六器，以礼天地四方，以苍璧礼天，以黄琮礼地，以青圭礼东方，以赤璋礼南方，以白琥礼西方，以玄璜礼北方。"这显然是战国时代的儒家思想，以不同的器形和不同的玉色以配合天地四方。我们所见的玉器，并没有发现某种颜色和某种器形特别密切结合。先秦玉璜发现不少，但是迄今我还没有见过玄黑色的璜。古代祭祀天地四方，可能是有的。但不一定都用玉器，更不会是依照这系统化了的说法来制造祭玉。至于汉儒注释，以郑玄（公元 2 世纪）为例，他说：周代葬制埋玉，"圭在左，璋在首，琥在右，璜在足，璧在背，琮在腹"。这是把"三礼"中的六瑞使用到葬制中去，但是完全出于杜撰。郭宝钧以为依其放置六玉的位置则死者当为"南首伏身葬方合"。他认为周礼所载乃"半习俗而半理想未尽实行之文化"。韩斯福以为周汉葬式依周礼应是俯身葬。这要由发掘工作加以检验①。解放以来我们所发掘的西周和东周墓达数千座，其中完整未经盗掘的也达千座以上，从来没有看到过墓中有这六种玉器如此放置的。汉墓发掘

---

① Hansford, S. H., "The Disposition of Ritual Jades in Royal Burials of the Chou Dynasty"（韩斯福：周代陵墓中礼玉的位置），JRAS. 1949，第 3～4 期，第 138～142 页。关于琥的问题，见同书第 140 页。

达万数以上，包括王、侯的墓，也没碰到郑玄所说的埋六种玉器的情况。我怀疑当时礼学家所设想的墓中礼玉位置的"左"和"右"，不是指死者的左、右侧，而是指放置礼玉者在俯身放置时的左、右侧，所以恰好相反。汉墓中都是仰身葬。

考古学家所用的方法，在这一方面是比较保守的，也便是说，比较谨慎的。它的出发点是发掘工作中所遇到的玉器。他们根据这些玉器在墓中或地层中的位置，以及它们的形状，然后参考传世品的玉器；他们又搜集文献资料中有关的记载，先考定这些记载的史料价值，然后把它们同实物相结合，最后可以定名的加以定名，并推测它们的用途。现下不能确定的，暂且存疑，不作结论。这方面我们做的工作还不多，但是前途是很有希望的。

就汉代玉器而论，因为文献资料（包括石刻）比较丰富，我们发掘工作做得也比较多（解放以来发掘的汉墓当在万数以上），所以比较容易考定器名和它们的用途，不像先秦时代的玉器研究那样困难。

汉代的玉器可以根据器形和用途，分作下列几类来谈。需要指出的是，有些大小不同的同形器物可能用途不同，大小相同的同形器物也可能在不同场合有不同的用途。

第一类是仪礼上使用的玉器。《周礼》所说的用以礼天地四方的六种玉器，便是属于这一类。其中有几种据说还可用作贵族中不同爵位者的徽标。他们朝觐帝王或互相会见行礼时便手执这些不同的徽标。据说它们也可作为信物，以传递信息。我们现在知道这六种"瑞玉"（礼仪上使用的玉器），是战国和汉初的礼学家理想化了的礼器系统之一。这六种"瑞玉"在汉代只有璧和圭二者可能仍继续作为礼仪上使用的玉器。璜和琥都已只作为饰物（佩饰）之用。我这里把它归到佩玉类中去。琮和璋在汉代似乎已不制作。即使它们偶有出土，也是当时的古玉，并不作"瑞玉"使用。我推测当时礼学家做系统化工作时，把传世的璧、圭、琮三种几何形的玉器归入一组。再加上半璧的璜、半圭的璋，合称五瑞。"五瑞"一称，始见于《尚书·尧典》（为《尚书》中较晚的一篇文章，现下一般认为战国时代经儒家补订才定稿的）。列举"五瑞"的五种玉器名称，始见于《白虎通义》（一部公元1世纪的著作）的《文质篇》。他们把这些"瑞玉"分配到天地四方，缺少一件玉器，半个琮不成器，所以便取虎形或虎纹的玉饰（琥），凑成"六瑞"（图1）；又据四灵说，以白琥祭西方。因为这是后来拼凑上去的，东方已有圭占了位置，所以只有把青圭而不是青珑（龙纹或龙形的玉饰）用以祭东方。因为这是后来加进去的，所以动物纹或动物形的琥，和其他五者属于几何形的玉器不相调和，以致韩斯福教授在前面所引过的那篇《周代陵墓中礼玉的位置》一文中，怀疑这里的"琥"是否是指某一种几何纹玉器。清代学者孔广森早已怀疑琥不应作虎形，以为可能半琮为琥，以背上有龃龉刻者似伏虎。郭宝钧以为孔说似是[1]。但是我们没有发现过"半琮"形的玉器。汉碑中"六玉图"用"瑁"来代替"琥"。

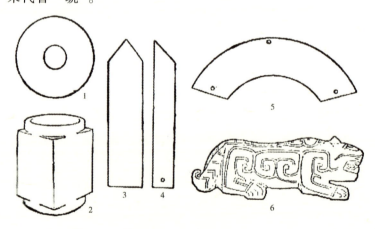

图1 "六瑞玉"

1. 璧 2. 琮 3. 圭 4. 璋 5. 璜 6. 琥

---

① 郭宝钧：《古玉新诠》，见《历史语言研究所集刊》第20本下册（1949），第25页。

璧是一种有圆孔的平圆形的玉器。汉代璧的主要类型有四种：①平素无花纹的璧。新石器时代便已开始出现。②表面满布简单的蒲纹或谷纹。蒲纹是浅浮雕的六角格子纹，有点像编织的蒲席。谷纹是一种旋涡纹，有时刻在稍为隆起的乳钉上。这种玉璧和三、四两种开始出现于战国时代。③简单的蒲纹或谷纹之外，另有一周图案化的鸟纹或兽纹互相交缠，布置匀称（图2，1）。④前述的第二型（或三型）的玉璧的周缘之外另加一组或几组的透雕动物纹。其中以最后一种，最为精美。例如满城一号墓所出土的，璧的外缘附有一组有透雕双龙卷云纹，近上端处有一小孔，可能是悬挂用的（图2，2）[①]。西汉初年的玉器有时与战国晚期的很难区别，正像西周初年的铜器的形状和花纹与殷代晚期的很难区别一样。铜器还有铭文可以来区别殷末和周初的，玉器则铭文罕见，

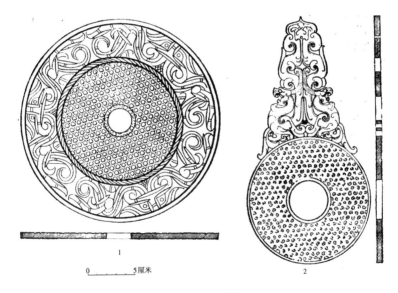

0　　　　　5厘米

图2　玉　璧

1. 夔龙纹外圈的蒲璧（满城 M1：5094）　　2. 透雕双龙卷云纹的谷璧（满城 M1：5048）

---

① 见 [3]，第133页，图九三，彩色图版一五，图版九五。

要确定战国与汉初的区别，还需要做很多的工作。纳尔逊美术馆的那件著名的有透雕动物纹的玉璧，便是属于这一类①。这件玉璧，在美术馆藏品目录中定为东周晚期，但是我们现在知道有许多汉初的玉器很难与东周晚期的相区别。

至于璧的用途，《周礼·典瑞》以为不同等级的贵族手执不同的圭、璧，例如子执谷璧，男执蒲璧。实则这两种璧始见于战国时代，一部作为西周初年的周公所定的《周礼》竟采用战国时才出现的二种玉璧，可以说犯了时代错误。同样用途的几种玉圭，如果像吴大澂所考订的那样，那都是西周以前古代玉器和工具，战国时代早已不见了。当时礼学家做系统化的工作时，将不同时代的玉器合在一起，在这里犯了另一种时代错误。璧在汉墓中发现很多，它的用处，已不限于礼仪上使用。有的玉璧放在死者胸部或背部，有的放在棺椁之间。有的还镶嵌在棺材表面作为装饰。根据汉代文献和画像石，玉璧还有穿连起来悬挂在房间内墙壁上作为装饰。此外，较小的玉璧可以作为杂佩中的组成部分，悬挂在腰带上作为随身装饰物。

玉璧中有被称为玉环和玉瑗的，一般是平素无花纹，实际上是圆孔较大的璧，可以不加区分。《尔雅·释器》说："肉倍好谓之璧，好倍肉谓之瑗，肉好若一谓之环。"这是儒家的系统化，将璧、瑗、环三个名词勉强加以区别。就常识而论，如果一件玉器，它的孔部（好）比体部（肉）较大，又大不到一倍，则非环又非瑗；如果孔部较体部小，又小不到一半，则非环又非璧。那么它们该称为什么呢？根据实物，这些玉器的孔部与体部的大小比例，并没有像《尔雅》所说的整齐划一，并不是只分为三种。它们是各种比例都有。所以我说可以将孔部和体部大致若一或孔较小的都称为玉璧。至于有些体部窄细而孔大的，我以为可以称之为玉环。这种玉环，汉代少见。其中大的作镯子之用的，可称为玉镯。

---

① 见［16］，第56页，图版 XXVIII。

例如江苏涟水三里墩西汉墓出土的玉镯，正面刻有谷纹，广西贵县的作扭丝形①。小的作为玉佩组成部分的"系玉"，可视为"玉佩"的一种。

圭在汉代一般是指上端尖锐的长方形玉片。例如武梁祠画像石中的"玄圭"的形状便是这样的。汉碑的"六玉图"中的圭也是这样②（图3）。古代（先秦）可能也是这种意义。古代天文学上测日影的"土圭"，大概也是这形状，尖锐的上端可以使日影的测定更为精确。玉圭有时在下端钻一小孔，大概是不使用时悬挂之用。汉墓中发现的玉圭，远不及玉璧之多。例如满城一号汉墓，有玉璧25件，玉圭只有3件，其中二件有孔，一件无孔（图4，1、2）。二号墓除了镶嵌在棺材外表面的26件玉璧之外，有玉璧18件，其中15件出土于玉衣内胸部或背部，3件出土于中室或后室。玉圭连一件也没有。镶嵌在棺材外表面上的圭形玉饰8件，底

图3 汉碑上的"六玉图"

部较宽，用途不同，似乎不是真正的圭。一号墓的平素无纹玉圭三件都出土于棺椁之间，用途不清楚，可能有仪礼或宗教的意义。《周礼·典瑞》中有十多种不同名称的圭，有的可能是根据形状和花纹的不同而定名，有的可能是故意杜撰出来的名称。清末吴大澂把他所收藏的玉器中若干种"圭"形物，与《周礼》中的名称加以对比，一一定名。美

① 分别见《考古》1973年第2期，第86页；《考古》1982年第4期，第362页，图四，5。
② 洪适：《隶续》（1872年洪氏晦木斋丛书本）卷五，第3~6页。

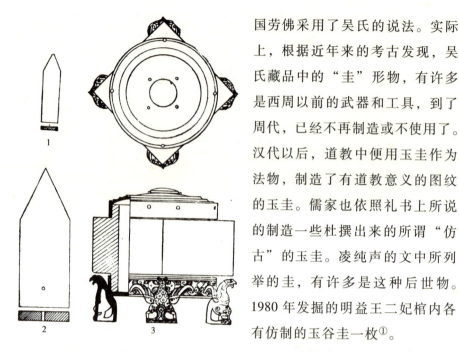

图 4

1、2. 玉圭（满城 M1:5095、M1:5226）
3. 鹰座玉琮（江苏涟水三里墩西汉墓）

国劳佛采用了吴氏的说法。实际上，根据近年来的考古发现，吴氏藏品中的"圭"形物，有许多是西周以前的武器和工具，到了周代，已经不再制造或不使用了。汉代以后，道教中便用玉圭作为法物，制造了有道教意义的图纹的玉圭。儒家也依照礼书上所说的制造一些杜撰出来的所谓"仿古"的玉圭。凌纯声的文中所列举的圭，有许多是这种后世物。1980 年发掘的明益王二妃棺内各有仿制的玉谷圭一枚①。

玉琮是指一种外方内圆的粗管。玉琮始见于江苏南部新石器时代良渚文化的（放射性碳素断代约公元前 3300～前 2250 年，校正过）墓葬中，例如吴县草鞋山第二层的墓葬②。到了殷代，玉琮也常有出现，器形较短矮，不像良渚文化的那么细长。到了汉代，玉琮似已不制造。我们迄今在汉墓中只发现两件。一件是江苏涟水三里墩的西汉墓中发现一件，上面扣有银盖，下面套有以银鹰为足的银底座。银的表面镀金（图 4，3）。另一件是满城一号汉墓，将玉琮改制为小盒③。这两件当时都是旧玉，改制后不再作为

---

① 凌纯声：《中国古代瑞圭的研究》，见《民族研究所集刊》第 20 册，第 163～205 页；《文物》1982 年第 8 期，图 31、图 32。
② 见《文物资料丛刊》第 3 辑（1980），第 10～13 页。
③ 南京博物院：《江苏涟水三里墩西汉墓》，《考古》1973 年第 2 期。第 86 页，图三，2；又《南京博物院展》图录，展品号 40，日本名古屋博物馆，1981。满城玉琮改制小盒见 [3]，第 140 页。

仪礼用的玉器了。

玉璋原指半圭形的玉版，咸阳马泉西汉墓中出过一件，据说是"玉璋"残件①。我没有看到图片和实物，颇疑为残圭。

除了素圭以外，吴大澂等人称为各种各色的圭和璋，实际上是先秦各时期的玉制武器和工具，汉墓中都没有发现过。这些玉器在先秦时名称叫什么，是否作为仪礼时使用，我将另文讨论（编者按：《商代玉器的分类、定名和用途》，见本书本册）。

第二类是葬玉。它在汉代玉器中占有很大的比例。我们这里所谓"葬玉"，是指那些专门为保存尸体而制造的随葬玉器，而不是泛称一切埋在墓中的玉器。后者是随葬物，但不算做葬玉。葬玉一名"保存（尸体）玉"，在汉墓中颇普遍，主要是四种：玉衣、玉塞、玉含（多作蝉形）和玉握（作璜形或豚形）。

满城两座汉墓，共发现玉衣二件。玉衣的外观与真人的体形相同。就其部位言之，可分头罩、上身、袖子、手套、裤筒和鞋子六部分。每部分又各由两部件组成。各部件都是由小玉片缀成，编缀用纤细的金属线缕。满城出土的是用黄金线缕，所以称为"金缕玉衣"（图5）。这原来只有皇帝死后可以使用。有时皇帝把它特赐给亲王或大臣。级别较低的使用银、铜线缕或镀金的铜缕编缀②。自从 1968 年满城发现两件并加以复原后，到 1978 年底为止，已陆续发现 22 件，其中五件保存较完整，可以复原。这种玉衣制度，可以溯源于东周时代的"缀玉面幕"和缀玉片的衣服。但是成为真正的金缕玉衣，可能始于景帝末年或武帝初年（公元前 2 世纪中叶）。与西汉前期半两钱同出的临沂刘疵墓中玉衣，只有头罩、手套和鞋子，没有上身、袖子和裤筒，可能是早期玉衣的形式。到了黄初三年（222 年），魏文帝下诏

---

① 咸阳市博物馆：《陕西咸阳马泉西汉墓》，《考古》1979 年第 2 期，第 134 页。
② 见［3］，第 36、37、244、245、344~357 页，及有关的插图和图版。

禁止使用玉衣，这制度可能便被废止了①。我们迄今还没有发现过东汉以后的玉衣。

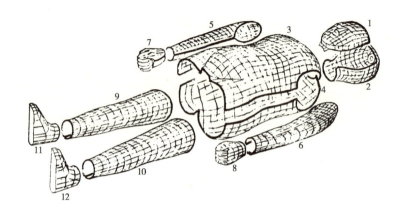

图 5　满城 1 号墓出土"玉衣"的结构

一件玉衣的玉片总数常达 2000 多片，例如满城 1 号汉墓的一件，共用 2498 片。解放前出土的这种玉片流入古董市场的很多，所以外国博物馆也常有收藏。这些玉片一般作长方形或方形，四角有细孔。特殊部位则用梯形、三角形或多边形的玉片。有人以为那种四角有细孔的梯形小玉片是《周礼·典瑞》的裸圭，因之认为后汉时代仍有裸圭②。他的关于"裸圭"意义的说明是否正确是另一问题，但是他所举例的后汉的裸圭肯定是玉衣组成部分的玉片，而并不是裸圭。

含玉和握玉都是葬玉。殷商时代的墓葬中我们发现死者口中常含贝，两手常握贝。关于含玉，到了春秋时代，据文献记载，死者口中含

---

① 史为：《关于"金缕玉衣"的资料简介》，《考古》1972 年第 2 期，第 48 ~ 50 页。卢兆荫：《试论两汉的玉衣》，《考古》1981 年第 1 期，第 51 ~ 57 页。

② 林巳奈夫：《中国古代の祭玉、瑞玉》，见《东方学报》第 40 册（1969，京都），第 191 页，插图十四（8）。

珠玉。考古发掘中，洛阳中州路816号墓中死者口内发现一件带孔的蝉形玉，属西周中期。又陕县上村岭1839号春秋时代墓中死者有碎玉石片含在口内①。到了汉代，玉蝉作为含玉的情况很多，如山西阳高的西汉墓，乐浪汉墓，以及近年发掘的南昌老福山西汉墓，广州动物园9号墓（西汉），定县北庄的东汉墓等②。它们所以取形于蝉，可能是因为蝉这昆虫的生活史的循环，象征变形和复活，而放在舌上的舌形玉器，易使人联想到蝉形。这些含在口中的玉蝉，据瞿中溶和罗振玉的意见，都应该是没有孔的。考古发现证明，确是这样情况。至于有孔可悬或器形较大而有孔的玉蝉，可能作为佩饰之用，如满城2号汉墓中的有孔玉蝉。它和其他玉佩一起发现于胸部，蝉身自口至尾竖穿一孔③。所以玉蝉不一定都是含玉，虽然作佩饰的玉蝉也可能改作玉琀之用。反之琀玉也不一定都是玉蝉（见下文）。有的是半月形的"口塞"，有的是龙形玉器或"有柄圆镜形"的玉器④。至于死者手中所握的东西，汉初贵族墓如满城两座汉墓，死者手中所握的是无孔的璜形玉器⑤。到了东汉初年，死者所握的便是玉豚。我所能找到的年代可确定的玉豚是公元1世纪的定县北庄东汉墓中出土的⑥（图6，3）。最近发掘的东汉墓和魏晋南北朝墓出土的玉豚不少。如果未被盗掘扰乱，都是成对在手部或其附

① 见[2]，第59页，图33，图版四一，1。《上村岭虢国墓地》，1839号墓，第22、78页，图版二八，6、7，科学出版社，1959。
② 江西省文物管理委员会：《江西南昌老福山西汉木椁墓》，《考古》1965年第6期，第272页，图版三，5。河北省文化局文物工作队：《河北定县北庄汉墓发掘报告》，《考古学报》1964年第2期，第147页，图二二，1、2；图版一〇，1～4。广州市文物管理委员会：《广州动物园古墓群发掘简报》，《文物》1961年第2期，第60页。
③ 见[3]，第295页，图版二一四，中。
④ 口含玉龙见徐州博物馆《江苏徐州奎山西汉墓》，《考古》1974年第2期，第122页，图二，3。口含有柄小玉镜见山东省博物馆、临沂文物组《临沂银雀山西汉墓葬》，《考古》1975年第6期，第370页，图版一〇，3。
⑤ 见[3]，第138、295页，图九五，1、2；图一九九，6、7；图一〇五，4，图版二一三，4。
⑥ 河北省文化局文物工作队：《河北定县北庄汉墓发掘报告》，《考古学报》1964年第2期，第147页，图22，4；图版一〇，5。亳县博物馆：《亳县凤凰台一号汉墓清理简报》，《考古》1974年第3期，第190页，图四，6；图五，3。

近发现，可能都是握在手中的。吴大澂《古玉图考》（第73页）中有一件玉豚，被误认为伏虎形，因而误称为六瑞玉之一的"琥"。

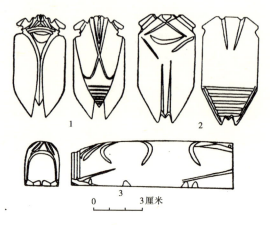

图6　定县北庄汉墓出土玉器

1、2. 玉蝉　3. 玉豚

　　汉代另一组葬玉是九窍塞，是填塞或遮盖死者身体上九窍孔的9件玉器，目的是防止精气由体内逸出。满城两座汉墓都有出土。耳塞、鼻塞、口塞和肛门塞共6件，眼盖和生殖器盖共三件。眼盖一对作椭圆形或杏子形，常有几个细孔，可能是缀缝在布制的眼罩上。耳塞和鼻塞各一对，作圆柱形，一端稍小，长约2厘米，都无孔。耳塞有作八棱形的。肛门塞的形状相同，也作圆柱形，但较大，长约4厘米。口塞似乎便是口琀，但满城的二例，都作新月形，内侧都有三角形或方形的凸起，其中有一件外侧也有一凸起。一号墓的一件较大，长达7.2厘米，可能只有内侧的一部分塞入口内，外侧和两端仍露在口外（图7）。所以严格言之，口塞并不能算是含玉，它不能整个含在口内[①]。这二墓都没有在死者口中发现玉蝉。另一方面，上段提到的几座汉墓中与玉耳塞

---

　　① 见［3］，第139、140、295页，图九七；图二〇〇，5；图版一〇五，1~3；图版二一三，1~3。

（及鼻塞）、眼盖一起发现的玉蝉，可能是含玉，但简报中都没有提到有新月形的口塞。从前一般人多认为蝉形的含玉便是九窍塞之一。这说法虽不正确，但是很可能作为含玉的玉蝉后来起了代替口塞的作用。我们发现蝉形的含玉较多，但是新月形的玉塞则很少出土。用"九窍塞"的风习当只限于高级的贵族，而用含玉的则较为普及。

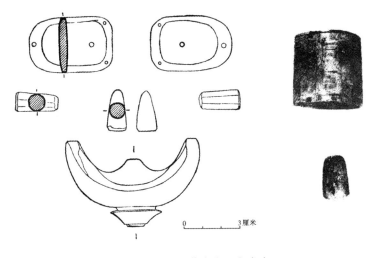

图 7　满城 1 号墓出土玉九窍塞

4 世纪的道家葛洪在《抱朴子》中说："金玉在九窍则死者为之不朽。"使用玉衣，据文献记载，也是想使尸体不朽。因为古代中国人认为玉是阴阳二气中阳气的精，所以把它放在死者的身旁，可以对尸体起了神秘的巫术作用。在明代万历帝的定陵的发掘中，我们发现他的棺材的四周，放着许多未曾加工的大块玉璞。这也是为着能起同样的作用。所有葬玉，都不是为引起美感的装饰品，所以器形简单，一般平素无纹饰。玉蝉和玉豚也都造型粗糙，刻纹简单，主要是为了巫术作用。

第三类汉代玉器是装饰品。又可分为二小类，一是随身装饰物，主要是为了悦目美观，另一种是玉制的实用品，但加有纹饰，或系附属于金属实用物的玉制装饰品。

　　前一种主要是佩玉。这种风俗，在殷商时代已开始。到了战国，出现由多件玉器组成的"组佩"，即由多件不同种类的佩玉如璧、璜、玉龙等和串珠组成。汉代的佩玉承继战国时的传统，也有"组佩"，但是除了皇帝举行国家仪礼时可能遵照古制之外，汉代的组佩已经简单化，佩玉的品种没有战国时那么多。玉璧已在上节讨论过。玉璜是一个半圆形或弧形的扁平玉器，上端有一小孔，两端常各有一孔，西汉初年常有发现，如长沙砂子塘墓、广州动物园9号墓、铜山小龟山墓等西汉墓（图8，1）。后来璜便少见了，但是定县43号东汉墓中仍有发现①。另有一种由玉璧改制的无孔玉璜，那是握在死者手中的葬玉，而不是佩玉。龙形玉佩，在满城1号西汉墓和定县43号东汉墓中都有发现（图8，5、6），但已远不及战国墓中发现之多②。

　　另一方面，西汉墓中出现一种玉佩，作心形，所以称为心形玉佩（图8，7、8）。它有些像玉韘（套于右拇指上，射时用以钩弦）③。殷商时代妇好墓和战国墓中都曾出过玉韘④。西汉时代的心形玉佩虽也有人称为韘，但是它是椭圆形扁平板，两侧有突出的透雕花纹。它只能作为佩饰而不能作为韘使用的，虽然它可能是韘演化而来。韘又名玦，或射决。吴大澂以为佩玉之玦与钩弦之玦不同，前者如环而缺，后者如指

① 广州市文物管理委员会：《广州动物园古墓群发掘简报》，《文物》1961年第2期，第60页。南京博物院：《铜山小龟山西汉崖洞墓》，《文物》1973年第4期，第26页，图九：4、5，图一三，图三九。定县博物馆：《河北定县43号汉墓发掘简报》，《文物》1973年第11期，第12页，图版四，1、2。

② 见 [3]，第141~143页，图一〇〇，3、4；图版一〇一，5、6。

③ 湖南省博物馆：《长沙五里牌古墓葬清理报告》，《文物》1960年第3期，第24页，图一一。广州市文物管理委员会：《广州动物园古墓群发掘简报》，《文物》1961年第2期，第4页，图三。南京博物院：《铜山小龟山西汉崖洞墓》，《文物》1973第4期，第26页，图八，10，图四三，图四四。麦英豪：《广州华侨新村的西汉墓》，《考古学报》1958年第2期，第72页，图二八，2；图版一五，3。又见 [3]，第139、294页，图九五，5；图二〇〇，1；图版一〇三，2；图版二一二，1。

④ 见 [4]，第194页，图九七，A、B；图版一六四，3、4。又见 [2]，第115页，图版七二，4。

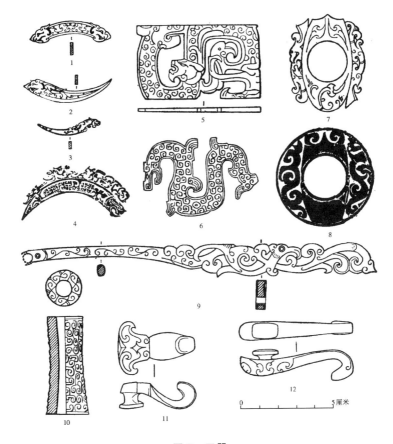

图 8　玉器

1. 璜（铜山小龟山崖洞墓）　　2～4. 觿（铜山小龟山崖洞墓）　　5、6. 龙形佩（满城
M1：4130、M1：4132）　　7、8. 心形佩（满城 M2：4154，大葆台 2 号墓）　　9. 笄（满
城 M1：5101）　　10. 管（满城 M1：5223）　　11、12. 带钩（满城 M1：5200、5049）

环。林巳奈夫以为这种心形玉佩即是玦①。郭宝钧把一件浚县卫墓的玉
器称为射决（韘）。这一件作环状，但较厚，外表有几道横沟（三
道？），有一缺口，两端有孔。他以为"面有横沟，适于控弦，两端有

---

① 　见［5］第 94、104 页。林巳奈夫：《汉代の玉器》，见《汉代の美术》，第 227 页，图
95，大阪市立美术馆编，1975。

孔而低削，所以嵌韦也"①。这器的横沟有数道而沟又浅，与一般射决横沟仅一道而深者不同，又一般射决无缺口，嵌韦之说不大合理。所以这件是否为射决，还成问题。至于古人是否称心形佩玉为玦，还不能确定。但它是佩玉，是可无疑。《诗经·卫风·芄兰》有"童子佩韘"一语，所佩的当是一种佩玉，可能便是心形的。由心形佩玉更进一步则为将心形并入玉璧中，成为玉璧形的佩饰（如大葆台2号墓的佩玉②）。

又有扁平玉人，作舞女形，头上有一孔，它曾出土于满城2号汉墓和铜山小龟山西汉墓中（图9，1～4）③。它是承继战国"组玉"的传统。洛阳金村战国墓曾出土一件，据云和其他佩玉同出④。

第二种玉饰是有装饰的实用物。一种常见的爪形佩玉，一般以为便是《诗经·芄兰》、《礼记·内则》等书中的佩韘⑤。它的末端作爪状，据云用以解结。铜山小龟山西汉墓有五件出土。其中一件脊部有透雕鸟兽纹一组，直达尖端附近，可能已是作为饰物，不再是实用物了（图8，2～4）⑥。

汉代男女都使用笄，男人不仅用以"卷发"，而且用以"连冠于发"。笄有用玉制者。殷代已有玉笄，例如安阳妇好墓。汉代仍有使用，且有柄部刻有透雕花纹的，如满城1号汉墓出土的（图8，9）⑦。

---

① 郭宝钧：《古玉新诠》，见《历史语言研究所集刊》第20本下册（1949），第41页。
② 北京市古墓发掘办公室：《大葆台西汉木椁墓发掘简报》，《文物》1977年第6期，第25页，图四，1；图版五，1。
③ 满城佩玉见［3］，第295页，图二〇〇，2；图版二一四。大葆台佩玉见上注，第28页，图一三。小龟山佩玉见《文物》1973年第4期，第26、27页，图8，7～9。
④ 梅原末治：《洛阳金村古墓聚英》（增订本），1944年京都版，第59～61页，图25，图版一〇六。
⑤ 见［5］，第106～107页。
⑥ 南京博物院：《铜山小龟山西汉崖洞墓》，《文物》1973年第4期，第26页，图九，1、2；图一二；图三八，1、2；图版五，2。北京市古墓发掘办公室：《大葆台西汉木椁墓发掘简报》，《文物》1977年第6期，第25页，图四，2。
⑦ 见［3］，第138页，图九六，1；图版一〇一，2。见［4］，第174～176，图九一；彩色图版三五；图版一四八，1～4。

耳饰有两种，一种称为珥，由"珰"和坠珠二者组成。"珰"又称为瑱，瑱是塞在耳垂上钻穿的孔中，不是像九窍塞中的耳塞那样塞在耳孔中。瑱有横贯全身的细孔，可以穿线，下系一珠或一耳坠子。《后汉书·舆服志》说："簪、珥。珥，耳珰垂珠也。"珰作滑车或绞盘形，也有的作蘑菇状。珰似乎开始出现于西汉末。《释名》说：这种穿耳风俗，本出于蛮夷而中国人效之。汉代耳珰多用蓝色玻璃制造，长沙西汉后期墓中曾出土过一对石制的，但可能有用玉制的珰。另一种耳饰是作为耳环的玉玦。玉玦在殷代即开始出现，在战国墓中，小玉玦常成对发现于死者两耳旁边，当是作耳饰之用。但在汉代不见这种当作耳饰的玉玦。汉代一般手镯都是金属制的。玉镯上文说过，曾见于涟水三里墩和贵县罗泊湾的西汉墓中①。有些汉墓中的串珠也可能串起来做手镯。玉指环汉代未见，最早见于隋代墓中。

带钩在中国始见于战国时代，多为铜制的，但有镶嵌小玉环或玉玦的。战国晚期可能开始出现玉带钩（见文末补记）。到了汉代，发现很多，尤其是王侯贵族的墓，如河北满城、江苏铜山小龟山等处的西汉墓，定县北庄的东汉墓中都有出土②。带钩中有一种短小型的，可能是将钮部扣入腰带，而钩部下垂以悬佩玉、佩剑等物③（图8，11、12）。

此外还有两种汉代玉器，也是悬挂于腰带上的，可以附在这里叙述：玉印和玉刚卯。印玺始于战国或稍早，以铜制的为多。汉代玉印增多，但仍不及铜印之多。汉代玉印一般是小型的，剖面作方形，背部作喎顶形，有横孔可系线，也有刻螭虎钮或蟠龙钮的。长宽一般 1.5～2

---

① 南京博物院：《江苏涟水三里墩西汉墓》，《考古》1973 年第 2 期。广西贵县汉墓见《考古》1982 年第 4 期。

② 见 [3]，第 138、295 页，图九六，3～5；图二〇〇，3、4；图版一〇一，1、图版二一二。南京博物院：《铜山小龟山西汉崖洞墓》，《文物》1973 年第 4 期，第 26 页，图八，4～6。河北省文化局文物工作队：《河北定县北庄汉墓发掘报告》，《考古学报》1964 年第 2 期，第 143 页，图二二，3。

③ 见 [3]，第 139、295 页，图九六，4；图二〇〇，3、4；图版二一二，5；彩版一六，2。

厘米，也有 2.7 厘米，如满城 1 号墓出土的二颗（图 13，2、3)[①]。由于玉质坚硬难刻，所以玉印大多数没有刻字。这些小印以绶带悬于腰间。刚卯是一个长形四方体，有孔可穿线。四面刻辟邪的文句（图 9，5）。它大约开始于西汉后期，王莽时曾一度废止，但东汉时恢复使用。安徽亳县凤凰台东汉墓曾发现过两件（图 14，2、3)[②]。汉以后似便废除不用。这也可算是悬于腰带的一种玉佩。它的作用是驱逐疫鬼，并不是装饰品。

玉剑饰由于剑是挂在腰带上的，所以也可以放在这里叙述。长剑在中国始于战国时代，玉剑饰也开始于战国时使用。但是具备四种主要玉剑饰于一剑而称为"玉具剑"的，似乎始于汉代。便是在汉代，也不是每一把剑都四者具备无缺的（图 10）。满城 1 号汉墓的一把铁剑（1∶5042）是四者俱备，并且都是高浮雕的玉饰（图 11）。但是两把剑（1∶5046

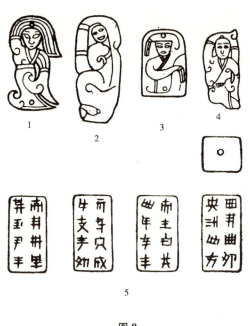

图 9

1. 舞人形佩玉（满城 M2：4018） 2~4. 舞人形佩玉（铜山小龟山崖洞墓） 5. 玉刚卯（采自《古玉图考》）

① 见 [3]，第 140、141、295 页，图九九，1、2；图版九九，1、2；图版二一二，6；彩色图版一六，1。广西壮族自治区文物工作队：《广西贵县罗泊湾一号墓发掘简报》，《文物》1978 年第 9 期，第 30 页（未刻字）。湖南省博物馆：《长沙马王堆二、三号汉墓发掘简报》，《文物》1974 年第 7 期，第 40 页，图版一五，6~8。秦波：《西汉皇后玉玺和甘露二年铜方炉的发现》，《文物》1973 年第 5 期，第 26、27 页，图 1、图 2。麦英豪：《广州华侨新村西汉墓》，《考古学报》1958 年第 2 期，第 73 页，图二九，2。

② 亳县博物馆：《亳县凤凰台一号汉墓清理简报》，《考古》1973 年第 3 期，第 190 页。

和 1：5051），剑首和剑格都是铜制，只有剑鞘上
的带扣（俗称昭文带，多数人以为便是嚭）和珌
是玉制的①。这四种玉器的名称，除了玉珌之外，
其余三者的定名，学者间有不同的意见。我不想
在这里详谈了②。此外，还有铜制的枕头和铺首，
也有镶嵌雕花的玉版和玉饰的。这些玉版的花纹很
精美，可以放在下面玉制美术品中叙述。

第四类汉代玉器是浮雕和圆雕的美术品。这
里有些是汉代美术的杰作。小件的美术品，有的
有孔，可能是作为佩玉之用，上面第三类中已谈
过。有的仅有一面有浮雕，可能是镶嵌在别的东
西上面的。满城两座汉墓中各有一件铜枕。它们
都镶嵌有浮雕的长方形玉版，2 号墓的几件玉版
中有由玉璧改制的（图 12）③。定县北庄的东汉
初年中山王玉枕则由整块绿玉雕成，枕面及两侧
浅刻云纹（图 13，4）④。满城 1 号汉墓还有好几
件无孔的浮雕玉饰，可能都是作镶嵌用的。有的
在发现时仍镶嵌在铜件上，如一件铜铺首嵌有兽
面纹玉饰，两件仪仗铜顶饰（1：4012 和1：4086），
都镶嵌高浮雕的圆形玉饰。一件铜饰镶嵌有心形

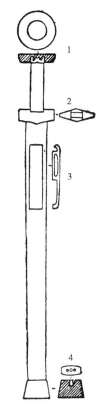

图 10　汉代玉剑饰

1. 剑首　2. 剑格

3. 剑鞘上带扣（璏?）

4. 鞘末玉饰（珌）

---

① 见 [3]，第 81~83、101~103 页，图五五、图五六、图六九、图七〇，图版四四、图版
四五、图版六四。
② 参阅那志良《玉剑饰命名之探讨》，见《故宫季刊》第 5 卷第 3 期（1971，台北），第 9~
20 页。
③ 见 [3]，第 78、262 页，图五三，图一七七，彩色图版一一，图版四二，图版一八〇，
1。
④ 河北省文化局文物工作队：《河北定县北庄汉墓发掘报告》，《考古学报》1964 年第 2 期，
第 143 页，图二〇，1；图版八，1。

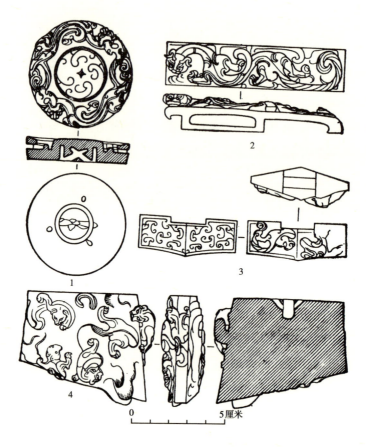

图 11 满城 1 号墓出土铁剑上的玉饰

1. 剑首 2. 璏 3. 格 4. 珌

和圆形玉饰各一件，另一件则镶兽面纹翠绿色玉饰①。定县北陵头 43 号东汉墓的精美的玉座屏，高 165 厘米，也是透雕刻细纹的几块玉版拼成的②。

圆雕的玉雕刻，最动人的是西汉玉奔马，是咸阳汉昭帝平陵附

---

① 见［3］，第 98 页，图六六，11；图版五七，1、3。

② 定县博物馆：《河北定县 43 号汉墓发掘简报》，《文物》1973 年第 11 期，第 11 页，彩色图版一。

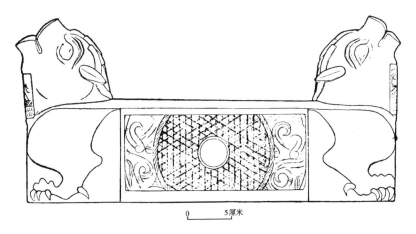

0   5厘米

图 12 满城 2 号墓出土铜枕

近发现的（图版 1，1），通高 7 厘米。马作奔驰状，胸部刻有飞翼。
骑者两手按着马颈。全器形象生动逼真①。满城 1 号汉墓的玉人，高
5.4 厘米，凭几而坐，底部刻有铭文（图 13，1），造型不及玉奔马
的生动②。徐州市东汉墓中出土一件小玉鸽，颇为活泼③。汉代的圆
雕多是小型的。咸阳出土的 4 件小玉器，包括一件辟邪，一件玉熊，
一件玉鹰，很是生动④（图版 1）。至于玉制容器，殷代已有玉簋、玉
盘，但是汉代玉制容器殊少见。广西贵县罗泊湾西汉初年墓中曾发现
一件以谷纹为主的高足玉杯，近口沿处有一周卷云纹。陕西咸阳马泉
西汉墓中也曾发现一件素面的高足玉杯⑤。传世品中也有定为汉代的

① 咸阳市博物馆：《咸阳市近年发现的一批秦汉遗物》，《考古》1973 年第 3 期，第 169 页，
图版一二。
② 见［3］，第 140 页，图九八，1；彩色图版一六；图版一〇四，1、2。
③ 《文物》1973 年第 3 期，第 76 页，图三。
④ 张子波：《咸阳市新庄出土的四件汉玉雕器》，《文物》1979 年第 2 期，第 60 页。《中华
人民共和国赴日汉唐文物展览简介》，《文物》1979 年第 1 期，图版一〇，3、4。《丝绸
之路文物展》1979 年展品图录，东京日文版，第 124 页，15～17 号。
⑤ 贵县罗泊湾一号墓玉杯见《文物》1978 年第 9 期，第 30 页，图版三，3。咸阳马泉汉墓
玉杯《考古》1979 年第 2 期，第 134 页。

1.玉人（满城
M1：5172）

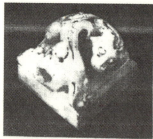

2、3.玉印（满城
M1：5171、5170）

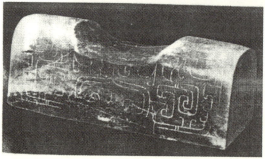

4.玉枕（定县北庄汉墓）

图 13

玉容器①，但未必都可靠。

汉代玉器的圆雕或浮雕的题材，继承先秦的传统，仍没有后世那种

———————————

① 例如福格博物馆藏品521号（玉盒），522号（一对耳杯），见［12］。菲列尔美术馆所藏
玉杯，见［16］，图版五五，2。

整件玉器以植物的花卉和果实为主题的，即作为辅助题材衬托主题的也罕见。宗教神像，除了定县的小座屏表面上线刻有东王公和西王母之外（图版2，2），还没有圆雕、浮雕或线刻的佛教佛像或其他道教神仙的神像。

汉代玉器的表面花纹，可分为二类，其中一类是几何纹，另一类是动物纹。后者又可分为二小类，即写实的和图案化的。玉器上的几何纹是以涡纹（几个旋涡相连则为卷云纹）、谷纹和蒲纹为最常见。谷纹和蒲纹主要是刻在玉璧上。涡纹和卷云纹有的可能由蟠虺纹发展而来。M. 罗越曾对东周和汉代卷涡纹的样式作分类的工作，分为十二式，我们这三者相当于他的Ⅸ、Ⅹ、Ⅺ三式①。晚到东汉时代，我们在定县北庄墓中还有这三式同时存在，并且还不止一件。至于他的Ⅻ式（圆圈纹）乃是由于使用质软的石料（如滑石等）而降低工艺质量而产生的，始见于长沙战国时代墓中，西汉更为盛行②。它和前三式同时存在，但未见有使用于玉器上，都只用于次等的石料（如滑石）上。由涡纹退化为圆圈纹，在美术史上有不少例子的。但在战国到汉代的中国，这二者是平行的，应用于不同的石料上。

图案化的动物纹，在殷代便已应用于铜器和玉器上面。动物的体部常满布各种卷云纹。到了战国时代，有的兽形全部图案化，几乎认不出

---

① 见［12］，第21～28页。罗越分东周玉器上的涡卷纹（curls of scrolls）为十二式（styles）：Ⅰ，阴文双线，公元前8～前7世纪；Ⅱ，龙首假浮雕涡卷纹，公元前8～前7世纪；Ⅲ，假浮雕涡卷纹加平行细条线纹，时代同上；Ⅳ，初期浮雕纹，主要为公元前6世纪；Ⅴ，丰满的涡卷纹，时代同上；Ⅵ，不规则的形状各异的涡纹单元，公元前6世纪；Ⅶ，各涡纹逐渐整齐划一化（涡纹中心突起，各涡纹分离或纠结），公元前6～前5世纪；Ⅷ，涡纹形状划一，但位置错乱不整齐，公元前5世纪；Ⅸ，典型风格：各涡纹形状划一，排列整齐，公元前5～前4世纪；Ⅹ，蒲纹，公元前4～前3世纪；Ⅺ，风格退化，阴刻松散的涡纹，公元前3～前1世纪；Ⅻ，晚期以阴刻棋格和圆圈纹替涡纹，公元前2～前1世纪。根据考古新发现，他的分式，并不完全符合实际情况。他所定的前后序列（相对年代）是"逻辑的"序列，而不是历史上客观的序列。绝对年代的公元世纪也有问题。

② 见［1］，第65页，图版三四，2、4、6、7（战国），第84、126页；图版四五，5；图版九〇、图版九一（西汉）。

原来动物的形象。汉代玉器花纹有继续战国这种传统的，作了不同程度的图案化。例如满城1号汉墓中的一件玉管的花纹，是浮雕卷涡状卷云纹（图8，10），属于罗越的Ⅳ式或Ⅴ式。两种龙形玉饰（图8，5、6），其体部的卷涡纹，一件较整齐，近于他的Ⅶ式；另一件较杂乱，近于Ⅺ式①。定县北庄东汉墓的一件玉枕，线刻双线的钩连涡纹，便近于罗越的Ⅰ式。这些带有卷涡纹的图案化的动物纹，和上述的三种几何纹的卷涡纹是分别属于两个不同的体系。两者有一长段时代同时存在，互相影响，并不是由甲种嬗变成乙种，到了乙种兴起后，甲种便绝迹了。至于动物纹的母题，可认别出来的母题有龙纹、兽纹、鸟纹（凤纹）和兽面纹。

汉代玉器表面的动物纹，虽有继承战国时代那种图案化的作风，但是一般而论，仍以写实为主。许多描刻神话动物的形象，也是采用写实的手法。便是图案化的动物，也常较战国时代的易于认别。人物除了舞女像外，东汉时代开始有了群像，如前述的一件小座屏上线刻的西王母和东王公的两侧，各有鸟兽和跪着的侍者。这在东汉石刻中比较常见。但是在玉器中还是很少见的。像殷周时代的玉器一样，植物花纹仍未有出现。定县北庄东汉墓中一件玉带钩上刻有类似花蕾形的花纹②，即使是这种疑似植物纹的花纹也极少见。

上面已把汉代玉器的各方面大致都讨论过了。总之，在中国，至少从殷商时代起一直到近代，玉器不仅只由于材质优美而供玩赏装饰之用，并且总是被视为带有神秘的性质，而被爱好和重视。汉代玉器在中国玉器史上是承前启后的一环。汉代初期的玉器继承了战国时代的传统，但是已经开始有了变化。到了后来，长期累积的变化，使汉代玉器

---

① 见 [3]，第141页，图九六，2；图版一〇二，2（小管），第141、143页，图一〇〇，3、4；图版一〇一，2（龙佩）。

② 河北省文化局文物工作队：《河北定县北庄汉墓发掘报告》，《考古学报》1964年第2期，第143页，图二二，3。

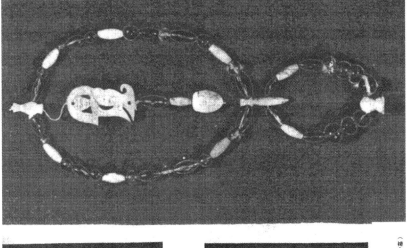

2.玉刚卯（亳县凤凰台1号汉墓出土，亳县博物馆提供）

3.玉刚卯（亳县凤凰台1号汉墓出土，亳县博物馆提供）

1.玉石项链（满城2号墓）

图 14

几乎完全改观了。许多先秦时代的玉器，即殷周玉器，遭到废弃，不再采用。新的器形不断出现。祭玉中除玉璧之外，在汉代都很少见。玉璧的用途也起了变化。组成"组玉"的各种玉佩的种类和数量也都减少。反之，葬玉和随身装饰品的种类增加了。有人以为战国末玉料逐渐昂贵，因之汉代用玉比先秦时代少了①。这是不符合事实的。近年发掘的汉墓中每件玉衣所用的玉片便达二千余片。用玉之多，绝不是先秦时代所能及的。汉代的变化，不在玉器数量，而在于玉器的品种。至于汉代玉器表面花纹从以抽象主义为主改变为以写实主义为主，也是一个大变化。这些各方面的变化，反映了汉代社会的变化以及风俗和思想（包括宗教思想）的变化。在中国玉器史上，汉代结束了殷周以来的传统。这是一个过渡的时代。在汉代以后的各朝代，在中国玉器史上便成为一个新时代了。

　　补记：第三类第二种实用物上的玉制装饰物还有玉拐杖头。传世品中有鸠形者，便是"鸠杖"上用的。吴大澂曾收藏过的一件，今在美国旧金山亚洲美术博物馆②。发掘品中未见鸠形玉拐杖头，但最近发现有龙形的玉拐杖头③。至于玉带钩，最近在河南固始的一座春秋末或战国初期（公元前 5 世纪前半）墓中发现一件，是现知的较早的玉带钩④。明朝后期朝廷重视恢复古礼，亲王墓中（如江西南城明益宣王）有玉豚一对，王妃棺中有谷圭，有些明墓中发现过刚卯，当是仿汉代古玉的⑤。

---

① 郭宝钧：《古玉新诠》，见《历史语言研究所集刊》第 20 本下册，第 15 页，1949。

② 见［5］，第 129 页，"汉鸠杖首一"，又 R. L. d'Argence, *Chinese Jades in the Brundage Collection*, 2nd. edition, 1977, Asian Art Museum of San Francisco. p. 62, Pl. XXIV, bottom。

③ 广西文物工作队：《广西贵县罗泊湾二号墓》，《考古》1982 年第 4 期，第 362 页，图版六，9。

④ 固始侯古堆 1 号墓发掘组：《河南固始侯古堆 1 号墓发掘简报》，《文物》1978 年第 1 期，第 7 页。

⑤ 江西文物工作队：《江西南城明益宣王夫妇合葬墓》。《文物》1982 年 8 期，第 19 页，图一〇。上海博物馆藏有新出土的明墓随葬物刚卯三件。

主要参考书目

［1］中国科学院考古研究所：《长沙发掘报告》，科学出版社，1957。

［2］中国科学院考古研究所：《洛阳中州路》，科学出版社，1959。

［3］中国社会科学院考古研究所：《满城汉墓发掘报告》，文物出版社，1980。

［4］中国社会科学院考古研究所：《殷墟妇好墓》，文物出版社，1980。

［5］吴大澂：《古玉图考》，1889。

［6］Dohrenwend，D.（唐楞文德），1971，*Chinese Jades in Royal Ontario Museum*，Toronto。

［7］Gure，D.（吉勒），1964，"Selected Examples from the Jade Exhibition at Stockholm，1963，A Comparative Study"，BMFEA，No. 36。

［8］Hansford，S. H.（韩斯福），1950，*Chinese Jades Carving*，London。

［9］Hansford，S. H.，1968，*Chinese Carved Jades*，London.

［10］Hansford，S. H.，1969，*Jade，Essence of Hills and Streams*，London.

［11］Laufer，B.（劳佛），1912，*Jade：A Study in Chinese Archaeology and Religion*，Chicago。

［12］Loehr，Max（罗越），1975，*Ancient Chinese Jades*，Cambridge，Massachusetts。

［13］Na Chih－liang（那志良），1977，*Chinese Jades：Archaeic and Modern*。

［14］Rawson，L.（劳孙）and Ayers，J.（阿耶斯），1975 a，*Chinese Jade Throughout the Ages*，London。

［15］Rawson，L.，1975 b，"The Surface Decoration on jades of the Chou and Han Dynasties"，*Orient Art*，Vol. XXI，No. I，36~55.

［16］Salmony，A.（萨尔莫尼），1938，*Carved Jades of Ancient China*，Berkeley。

［17］Salmony，A.，1952，*Archaeic Chinese Jades*，Chicago.

［18］Salmony，A.，1963，*Chinese Jades Throughout the Wei Dynasty*，New York.

［19］Watts，James C. Y.（屈志仁），1980，*Chinese Jades from Han to Ch'ing*，New York。

［20］Willetts，W.（魏礼泽），1958，*Chinese Art*，Vol. 2，Harmondsworth。

［21］林巳奈夫：《汉代の玉器》，见大阪市立美术馆编《汉代の美术》，1975。

1. 玉奔马（成阳汉昭帝平陵附近出土）

2. 玉熊

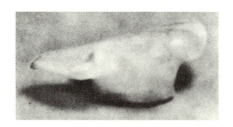

3. 玉鹰

4. 玉辟邪

5. 玉辟邪

图版 1　汉代的玉器——圆雕的玉雕刻

1. 玉琮（江苏涟水三里墩西汉墓出土）

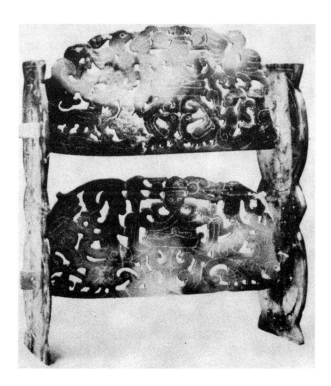

2. 玉座屏（河北定县北陵 43 号东汉墓出土）

图版 2 汉代的玉器——圆雕与浮雕

关于"金缕玉衣"的资料简介[*]

中国科学院考古研究所和河北省文物工作队的同志，于 1968 年夏天，在河北满城西汉中山靖王刘胜和其妻窦绾的墓中，发掘出两套保存完整的"金缕玉衣"，经过修整，已完全复原①。作为完整的汉代"玉衣"，这是第一次发现。

"玉衣"是汉代皇帝和高级贵族的葬服，全部用玉片制成，由于封建等级不同，玉片之间分别以金丝、银丝或铜丝进行编缀。它是封建统治阶级穷奢极欲的罪证，同时也是古代劳动人民智慧和血汗的结晶。

汉代的"玉衣"，过去在考古发掘中也曾发现过，但都不完整，未能了解其形制，为了便于读者的查阅、研究，兹就所知介绍如下：

（1）1946 年 9 月，在解放区的河北邯郸西北五里郎村的一座汉墓中，发现很多玉片，有长方形、方形等形状。玉片的大小不一。长方形玉片，大的长约 3.6 厘米、宽 2.2 厘米，最小的长约 2.8 厘米、宽 1.8 厘米；正方形的长、宽各为 3.6 厘米。玉片四角穿孔，有的孔中还残留

＊ 本文原载《考古》1972 年第 2 期，署名"史为"。

① 见《满城汉墓发掘纪要》，《考古》1972 年第 1 期，第 15 页。

铜绿①。这些"玉衣"的玉片，现藏北京历史博物馆，据说同时入藏的还有该墓出土的印文为"刘安意印"的铜印。据《汉书·王子侯表》载，刘安意是赵敬肃王刘彭祖的孙，汉景帝的曾孙，嗣封为焉氏侯（《史记·建元已来王子侯者年表》"焉氏"作"象氏"），死于汉昭帝始元六年（公元前81年）。《汉书·地理志》载，巨鹿郡有象氏县，为侯国，王先谦《汉书补注》认为即象氏侯国所在地。

（2）1954年江苏睢宁九女墩的东汉墓，出土玉片229片，大小不等，多长方形，长3.9～5厘米，宽1.5～3.5厘米，厚约0.5厘米，四角有小孔，间有以铜丝编缀的痕迹，时代可能为东汉末年②。

（3）1955年河北望都二号汉墓出土玉石片452片，形状有方形、长方形、三角形等，各角均有穿孔，孔中残存用以编缀的铜丝。根据墓中的买地券记载，此墓是东汉灵帝光和五年（182年）入葬的，死者姓刘，应为皇族③。

（4）1958年冬，山东东平王陵山汉墓出土玉片1647片（尚有破碎的未计在内），形状多样，以长方形（一般长5厘米、宽3.5厘米）和方形（一般边长3.5～4厘米）的居多，玉片的各角或边缘有小孔，孔内残存铜丝或铜锈。王陵山附近有九座土塚，当地群众称"九子墓"，县志和州志都载"东平宪王墓在焉"，此墓即九塚之一④。《后汉书·东平宪王苍传》载，东平宪王刘苍死于建初八年（83年）；而这个墓的年代属于东汉中晚期，所以可能是被封为列侯的刘苍的子孙的墓。

（5）1959年河北定县北庄汉墓出土"玉衣"的玉、石片共5169片，形状复杂，有方形、长方形、梯形、三角形等，每片的边缘或角上均有穿孔，部分孔内还残存鎏金铜丝，有些玉片的背面墨书"中山"

---

① 《文物参考资料》1958年第11期，第52页。
② 《考古通讯》1955年第2期，第1～33页；又1958年第2期，第57～59页。
③ 《望都二号汉墓》，文物出版社，1959，第12～14页。
④ 《考古》1966年第4期，第192页。

二字①。原《报告》认为该墓当系东汉中山简王刘焉的墓；刘焉是光武帝的儿子，死于和帝永元二年（90年）。这墓出土的"玉衣"片，其质料有玉、石两种，数量又多，可能为两套"玉衣"。

（6）1970年江苏徐州汉墓出土"银缕玉衣"，这墓和东汉彭城王刘恭有关②。刘恭是明帝的儿子，死于安帝元初四年（117年）十一月。

以上六次考古发掘，出土"玉衣"六套或七套，加上满城汉墓出土的两套，共为八套或九套。其中以金缕编缀的两套，以鎏金铜缕编缀的一套或两套，以银缕编缀的一套，以铜缕编缀的共四套。

《后汉书·礼仪志下》记载，皇帝死后，使用"金缕玉柙"；"诸侯王、列侯始封、贵人、公主薨，皆……玉柙银缕；大贵人、长公主铜缕"。"玉柙"即"玉衣"。列侯始封的一代，使用"银缕玉衣"，其子孙袭爵为侯者，仪服当稍卑，虽无明文记载，推测可能使用"铜缕玉衣"。发掘出土的"玉衣"，西汉中山靖王刘胜夫妇为金缕，东汉中山简王刘焉为鎏金铜缕，比《后汉书·礼仪志下》所载诸侯王一级为高，或系当时皇帝所特赐（鎏金铜缕或与银缕相当）。彭城王为银缕，嗣侯刘安意为铜缕，皆与规定相符。其余三套皆为铜缕，可能都是嗣爵的列侯。考古发现的"玉衣"，其制度与文献记载基本相符，可以互相印证。

"玉衣"，在汉代文献中一般称"玉匣"或"玉柙（椢）"，偶尔也称之为"玉衣"。现将汉代文献中有关"玉衣"的记载，列举于下：

（1）《汉书·霍光传》："光薨……（赐）璧珠玑玉衣。"颜师古注："《汉仪注》：以玉为襦，如铠状，连缀之，以黄金为缕。要已下玉为札，长尺，广二寸半，为甲，下至足，亦缀以黄金缕。"

（2）《汉书·董贤传》："及至东园秘器、珠襦玉柙，豫以赐贤。"

① 《考古学报》1964年第2期，第149~151页。
② 1971年8月14日《新华日报》第4版。

颜师古注："《汉旧仪》云：……珠襦，以珠为襦如铠状，连缝之，以黄金为缕。要以下，玉为柙，至足，亦缝以黄金为缕。"

（3）《汉书·外戚传下》："共王母及丁姬棺，皆名梓宫，珠玉之衣，非藩妾服，请更以木棺代，去珠玉衣。"

（4）《后汉书·孝崇匽皇后纪》："敛以东园画梓寿器、玉匣、饭含之具。"李贤注："《汉旧仪》曰：……玉匣者，腰已下为柙，至足，亦缝以黄金为缕。"（《后汉书》的作者范晔，虽为南北朝时人，但此书是删取各家后汉书之作而成的，所根据者为汉人原始资料，其价值与汉人著作相等。）

（5）《后汉书·刘盆子传》："有玉匣殓者，率皆如生。"李贤注："《汉仪注》曰：自腰以下，以玉为札，长尺，广一寸半为匣，下至足，缀以黄金缕，谓之为玉匣也。"王先谦《后汉书集解》："官本注，一寸作二寸。"

（6）《后汉书·邓骘传》："（邓弘）初疾病，遗言悉以常服，不得用锦衣玉匣。"

（7）《后汉书·耿秉传》："赐以朱棺玉衣。"

（8）《后汉书·梁竦传》："赐东园画棺、玉匣衣衾。"李贤注："《汉仪注》：王侯葬，腰已下玉为札，长尺，广二寸半，为匣，下至足，缀以黄金缕为之。匣字或作柙也。"

（9）《后汉书·梁商传》："衣衾、饭晗、玉匣、珠贝之属，何益朽骨。……赐以东园朱寿之器，银缕黄肠玉匣什物二十八种。"王先谦《集解》："刘攽曰：案文衍一'之'字。"

（10）《后汉书·朱穆传》："有宦者赵忠丧父，归葬安平，僭为璵璠玉匣偶人。（朱）穆闻之，下郡案验。"李贤注："玉匣，长尺，广二寸半，衣死者自腰以下至足，连以金缕，天子之制也。"

（11）《后汉书·王符传》引王符《潜夫论·浮侈篇》："今京师贵戚，郡县豪家，生不极养，死乃崇丧，或至金缕玉匣。"（四部丛刊本

《潜夫论·浮侈第十二》作"刻金镂玉"，当由于后人不明"玉匣"的意义，臆改致误。)

（12）《后汉书·礼仪志下》："（帝殁）黄緜缇缯金缕玉柙如故事。"（刘昭注："《汉旧仪》曰：帝崩，晗以珠，缠以缇缯十二重，以玉为襦，如铠状，连缝之，以黄金为缕；腰以下以玉为札，长一尺，[广] 二寸半为柙，下至足，亦缝以黄金缕。"）"诸侯王、列侯始封、贵人、公主薨，皆令赠印玺、玉柙银缕。大贵人、长公主铜缕。"

（13）荀悦《汉纪·哀帝纪》："乃至东园秘器珠襦玉柙，皆以赐[董] 贤。"

（14）《东观汉记·耿秉传》（武英殿聚珍版辑本，下同）："秉薨，赐朱棺玉衣。"

（15）《东观汉记·梁商传》："商薨，赐东园抾车、朱寿器、银缕黄玉匣。"

（16）谢承《后汉书》（据《初学记》卷十四引）："（汉）和帝追封扤皇太后父梁松为褒亲愍侯，改殡，赐东园画棺玉匣衣衾。"（谢承为东吴武陵太守，其书系根据汉代原始资料写的。)

（17）王充《论衡·死伪篇》（四部丛刊本）："亡新改葬元帝傅后，发其棺，取玉柙印玺，送定陶以民礼葬之。"

（18）《吕氏春秋·节丧篇》（卷十）："国弥大，家弥富，葬弥厚，含珠鳞施。"高诱注："鳞施，施玉匣于死者之体，如鱼鳞也。"（今本高诱注，"玉"字下脱"匣"字，今依《初学记》卷十四和《太平御览》卷五四九的引文加以校正。《北堂书钞》卷九十二引作："鳞施，玉匣也，死者之体如鱼鳞矣。"虽有误字，但亦可证"玉"字下原有一"匣"字。)

（19）《三国志·魏文帝纪》："作《终制》曰：……饭含无以珠玉，无施珠襦玉匣，诸愚俗所为也。……汉氏诸陵，无不发掘，至乃烧取玉匣金缕，骸骨并尽，是焚如之刑也。"（曹丕生于汉末，《终制》写作于东汉亡后第三年，故附录于此。）

（20）《西京杂记》："汉帝送死，皆珠襦玉匣，匣形如铠甲，连以金缕。武帝匣上皆缕为蛟龙鸾凤龟麟之象，世谓为蛟龙玉匣。"（《西京杂记》系后人伪托为汉人著作，但似亦有所本，姑附于此。）

以上引文20例，其中作"玉衣"者4例，作"玉匣"者12例，作"玉柙"者3例，作"玉椢"者1例。朱起凤《辞通》："柙、匣，古今字；椢字俗。""玉匣"、"玉柙"和"玉椢"，其义一也。"玉匣"一辞，汉以后便不为一般人所了解，后人传抄古书，有删去"匣"字的（如例18），有臆改"金缕玉匣"为"刻金缕玉"的（如例11）。为了通俗易解起见，可称之为"玉衣"。

"玉衣"这种葬服，可能在战国末期已有其雏形。《吕氏春秋》是战国末年的著作，已有"含珠鳞施"的记载，但当时还没有"玉衣"或"玉匣"的名称，它的形制，也没有汉代的完备。高诱以"玉匣"来注释"鳞施"，是以汉代的名称加在战国末年的器物上。又据李泰《括地志》载，晋永嘉末，有人挖掘齐桓公墓，墓中有"金蚕数十薄，珠襦、玉匣、绘彩、军器不可胜数"（张守节《史记正义·齐太公世家》引）。这条记载很像《西京杂记》所载的广川王去疾发掘魏晋古冢的情况，恐是根据南北朝时述异志怪的书而写的，不可凭信。就考古发现而言，1959年在洛阳中州路西段的战国末期的墓葬中，发现有些死者脸上复以缀玉的面幕，身上穿有缀玉的衣服[①]。这可能就是代汉"玉衣"的前身，也可能便是《吕氏春秋》的所谓"鳞施"。

汉代的皇帝、贵族使用"玉衣"埋葬的原因之一，可能是由于迷信"玉衣"能够保存尸骨不朽；上文所引"有玉匣殓者，率皆如生"的记载，虽然不是事实，但也说明当时确有这种想法。《汉书·杨王孙传》记载："口含玉石，欲化不得，郁为枯腊。"这虽然也完全不可信，

---

① 《洛阳中州路（西工段）》，科学出版社，1959，第116～124页。

而且是指玉晗而言，但说明对"玉匣"可能也有类似的想法。汉代封建贵族妄图以"玉衣"保存其尸骨不朽，而满城汉墓"金缕玉衣"中的尸骨已完全腐朽，仅剩几枚残齿和一些粉末状的骨渣，这充分暴露了封建统治阶级的腐朽和愚蠢。魏文帝曹丕于黄初三年（222年）禁止使用"珠襦玉匣"；同时，在考古工作中也未发现过魏晋以后的"玉衣"。葬以"玉衣"的制度，可能从汉以后就消失了。

长沙马王堆一号汉墓的棺椁制度[*]

最近在湖南长沙发现的马王堆一号汉墓，墓中棺椁、尸体和随葬品，保存得这样异常的完整，几乎近于一种奇迹。发现消息一传开来后，立刻引起了国内外的强烈反应。棺椁和随葬品的华丽、新鲜，更引起人们的赞叹。《发掘简报》已经迅速地出版，初步介绍了这墓的发掘经过、棺椁结构和丰富的随葬品。这更引起读者对这项重要发现的重视。当然这个《简报》只能作很简单的介绍，并且只是初步的整理研究的结果。许多问题还有待于进一步的研究。

我们这里只就《简报》中关于棺椁制度的提法，提出一点不同的意见，以供大家讨论。

关于"棺"字的意义，棺材在古代虽然有"单棺"和多重的"复棺"的不同，但是意义还是比较明确的。《说文》："棺，关也，所以掩尸。"（卷六上，四部备要本，下同）放尸体的盛具，都可称"棺"，不论它的质料是什么。至于"椁"字（也写作"槨"），至少有两种不同的意义：第一种是指"复棺"的外棺。例如《辞源》中便解释"椁"

---

* 本文原载《考古》1972 年第 6 期，署名"史为"。

为"外棺也"（1915 年版）。第二种是指椁室，不论是木室、砖室或是石室。两种意义都是指棺（内棺）以外的结构，合于古人"椁周于棺"（《礼记·檀弓上》）、"椁大于棺也"（同上，"殷人棺椁"句，郑玄注语）的意思，前人也有将"椁"字限指木制的，例如《说文》："椁、葬有木郭也。"段玉裁注："木郭者，以木为之，周于棺，如城之有郭也。"（卷六上）为了防止叙述混乱，我们在这里，避免使用第一种意义的"椁"，必不可避免时，便使用它的同义语"外棺"一词；并且文中将一贯使用"椁室"一词，以指第二种意义的"椁"。有时使用"棺椁"这一合称词，这里的"椁"是泛指两种意义的"椁"。古书中常见的"棺椁"连称，如不另有说明，也无法知道它所指的是哪一种意义的"椁"。

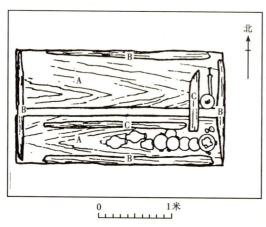

图 1　长沙 M260 墓底平面图

我们现在先从考古发现的实物来探讨战国、汉初的楚墓的棺椁制度。1951 ~ 1952 年我们在长沙发掘楚墓时，发现好几座有椁室的墓。其中规模较小的，例如 260 号墓（图 1），虽然防腐设备不完善，木材大部分腐朽，仅遗留有近底部的残片，但仍可看出棺椁结构。先于墓底挖两道沟槽，以放垫木（即枕木）。再放置椁室的地板，这里是由两块拼成的（图 1 中的 A）。然后用四块木板围成椁室的四壁（图 1 中的 B）；另用两块木板作为竖隔板（图 1 中的 C），将椁室隔成棺房（或称棺室）和边箱（本文中"边箱"指四边的椁箱，包括头箱、足箱和左右两侧箱）。边箱宽度 26 ~ 36 厘米。入葬时，将棺材放入棺房；有些随葬物已放入棺内，但大部分随葬物放入边箱。然后加上椁室的盖板。最后填土封墓①。260
号墓的棺木、尸体及椁盖板都已朽腐无存。一般小型的棺椁墓，常常只
遗留下两道放置垫木的沟槽，而棺椁都朽腐无存。

　　那次发掘的规模较大的406号墓，虽在近年被盗过，但棺椁的木
材保存得还很好，可以清楚地看出它的结构（图2）。墓底先安放两根
垫木（图2中的E），铺上椁室的单层地板（D）。用八块厚木板组成
椁室的四壁，每一壁都由两块立板组成的（B）。再用八块木板拼成四
条竖隔板（C，或可称"内壁"而称前面所述的为"外壁"）将椁室
隔成棺房和边箱。入葬时，将一个双重的木棺（F、G）放在棺室内，
随葬物大部分放在边箱内。然后用四块薄板（H1～H4）拼成棺房的
顶板，又用八块木板（H5～H6等）作为边箱的顶板；由前述的竖隔
板，将它们同棺房的顶板（H1～H4）分开。随后又用九块厚板
（A1～A9）拼合起来作为整个椁室的单层盖板。椁盖板上平铺四张竹
席。最后填土封墓②。

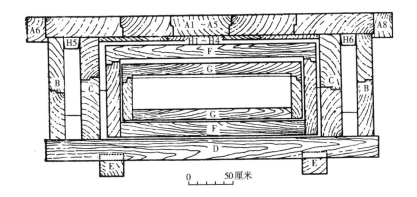

图2　长沙 M406 棺椁结构剖面图

①　中国科学院考古研究所：《长沙发掘报告》，科学出版社，1957，第27页，图二一，图版
　　五：4。
②　《长沙发掘报告》，第8～17页，图二至十二，图版二、三。

长沙另一较大型的并且保存较好的棺椁墓，是 1961 年清理的砂子塘西汉墓，它的棺椁制度，和前述的 406 号墓基本相同（图3）。差异的地方是：棺房和边箱的顶板连成一片（图中的 H），不为四块竖隔板（C）所分隔。椁室四面的壁板（B）和四块竖隔板（C）都是整个的，并且头部和足部的竖隔板稍长，抵达外壁板，将边箱隔成不相通的四个箱。①

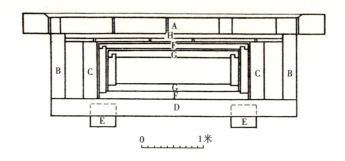

图 3 长沙砂子塘西汉墓的棺椁结构剖面图

现在再来研究这次马王堆一号汉墓的棺椁制度。根据《简报》，我们可以看出这次发现的棺椁制度，结构比上面所引的 406 号墓和砂子塘西汉墓，还要复杂一些（图4）。墓底的垫木（图 4 中的 E）是三根，比前二者多一根。椁室的底板是两层（D1 和 D2），比前二者多一层。四壁板（B）和四块竖隔板（C）都用整块的木板各一块，不是像 406 号墓的各由两块拼凑成。头部和足部的竖隔板稍长，将边箱隔成四个箱，这也和砂子塘西汉墓相同，而与 406 号墓稍异。头箱宽达 1 米。其三个边箱宽 45 厘米，而前述二墓的边箱最宽处只有 36 厘米（406 号墓）或 37 厘米（砂子塘西汉墓）。入葬时，将大部分随葬物分别放在四个边箱内。将四重棺套合成为一个整体运至墓地放入棺房内。这里的

① 《砂子塘西汉墓发掘简报》，《文物》1963 年第 2 期，第 13～24 页。它的棺椁制度见第 13～16 页，图一、二。

棺是四重的，而前者的棺只有两重。放置好后，用七块薄板（F）作为顶板（亦可称为"盖板"，但为了避免名称上的混乱，仿照近代或称天花板为"顶层"或"顶板"的例子，把棺房和边箱上的盖板叫作"顶板"，而把盖在整个椁室上的叫作"盖板"）盖上；其中三块盖在棺房上，四块盖在边箱上。然后用双层厚板（A1、A2）作为整个椁室的盖板。这里椁盖板比前二墓多一层，上层盖板的外框的四面边缘向上高起。盖板上面平铺竹席 26 幅，最后填土封墓。①

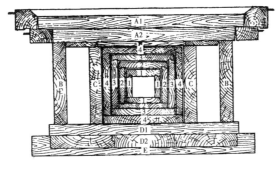

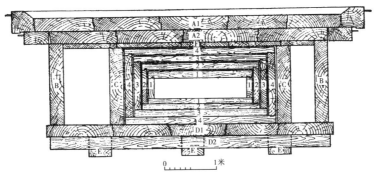

图 4　长沙马王堆一号汉墓棺椁结构剖面图

我们再查一下古代关于棺椁制度的文献。古代贵族所用的棺材是不止一重的，《礼记·檀弓上》说："天子之棺四重。"郑玄注说："诸公三重，诸侯再重，大夫一重，士不重。"郑玄这里是将内棺作为基数，

---

① 《长沙马王堆一号汉墓发掘简报》，文物出版社，1972，第 2~4 页，图三，图版一〇。

"大夫一重"便是二层。如果将内棺也算进去，那便是大夫二层（也便是我们普通所说的"二重"，以下同），诸侯三层，诸公四层，天子五层。《礼记·檀弓上》在叙述这种多重的"复棺"之后，又提到另有"柏椁"。而这种"复棺"，各重的质料不同。《礼记·檀弓上》叙述各层的棺，说："有水兕革棺被之"，又有"杝棺一"（郑玄注"所谓椑棺也"），"梓棺二，四者皆周"（郑注："所谓属和大棺也"）。这里所谓"被之"，是包被了什么呢？所谓"四者皆周"，又是周被于什么呢？我以为这四者好像都是在亲尸体的内棺之外，包被着内棺，逐层相套。又根据郑玄的注语，似乎每重棺都有专门名称。孔颖达疏："四重者：水牛兕牛皮二物为一重也，又杝为第二重也，又属为第三重也，又大棺为第四重也。四重凡五物也。"我以为"水兕革"即"水牛革"并非二物。"兕牛"可简称为"兕"，但"水牛"不能简称为"水"。"兕"即青兕，这里似乎即指青牛，亦即水牛，故可称水兕，而非指独角的雌犀。正文明言"水兕革棺被之"，其内当另有一内棺，并非水牛皮、兕牛皮为二物，算成二层。至于"士不重"，则仅有内棺。孔颖达疏："士不重……唯单用大棺也。"这说法似乎不确。"大棺"以"大"为形容词，表示体积庞大，是由内向外数的最外一重的棺材，士则只有内棺而已。

现在先要讨论"诸侯"级的棺到底是几重。金鹗《棺椁考》（见《求古录礼说》卷八，收入《皇清经解续编》）以为郑注孔疏皆误。他以为古代礼制一般在天子之下为五等诸侯，不分"诸公"和"诸侯"。诸侯之下为大夫和士二级。其说颇可取。若然，则郑注应改为"天子四重，诸侯三重，大夫一重，士不重"。换言之，便是五层、四层、二层、一层。诸侯是国君，和君临天下的天子，地位相近；大夫和士皆为人臣，二者地位也相近，故或合称为"士大夫"。而君臣之间，差别较大。这或者是不设置棺二重（即三层）的原因。金鹗以为应改为天子四重，诸侯三重，大夫再重（即一重），士不重。即四层、三层、二层和一层，依次递减。就文献而言，说亦可通。《礼记·丧服大记》："君大棺八寸，属六寸，椑四寸。上大夫大棺八寸，属六寸。下大夫大棺六寸，属四寸。士棺六寸。"君即诸侯，有三棺；上、下大夫皆二棺，士则一棺。惟"再"字古代作"二"解，比"一"多一倍（例如《左传》中成公十年条："一鼓作气，再而衰，三而竭。"僖公五年条："一之为甚，其可再乎?"）。"再重"即"二重"（即三棺），"一重"则为二棺。金鹗将"再重"作为"一重"解，似觉未妥。再就长沙的考古发现而言，马王堆一号墓有四棺，由封泥知为轪侯家属的墓。较小的砂子塘西汉墓和长沙406号墓，皆为二棺，可能为大夫级的墓，但没有三棺的。如果不是由于发掘的偶然性，则大夫的棺较士多一倍，诸侯的又较大夫多一倍。《礼记·丧服大记》所列举君（诸侯）的棺材，或许漏去其一。

至于棺和椁合并起来的重数，《庄子·天子篇》和《荀子·礼论篇》都说："天子棺椁七重，诸侯五重，大夫三重，士再重。"（按今本《荀子》"七重"作"十重"，这是由于汉人书写"十""七"二字，都是一横一竖，仅"十"字竖笔较长而已。这由近几十年发现的汉简可以为证。故经传中二字互误的例子很多）这里的几"重"便作几"层"解。"士再重"即"二层"的意思。我们如果将棺和椁分别计数，依照长沙楚墓的考古发现，则显然是：士一棺一椁，大夫二棺一椁，诸侯四棺一椁，可以说完全符合。至于天子的，可能是五棺二椁，这还有待于今后考古发现的证实。马王堆一号汉墓的棺椁数目，正是"诸侯"级的。又《汉旧仪》曰："东园秘器作梓宫，素木，长丈三尺，崇广四尺。"（《后汉书·礼仪志》惠栋补注引。按《汉书·董贤传》颜师古注和《后汉书·匽皇后纪》李贤注，引《汉旧仪》，都作"长二丈"，实嫌过于狭长，故所不取）这大小尺寸不知道是指内棺或指外棺，但是我们可以知道当时棺材是梓木的。《后汉书·蔡茂传》也说："赐东园梓棺。"（列传，卷十六）皇帝的棺材则称为"梓宫"，例如《汉书·

霍光传》：称光死时，宣帝赐以"玉衣梓宫"（卷六八）。颜师古注："以梓木为之，亲身之棺也，为天子制，故亦称梓宫。"至于椁室的材料一般使用柏木。《礼记·檀弓上》："柏椁以端长六尺"，《汉书·霍光传》："便房黄肠题凑。"颜师古注引苏林曰："以柏木黄心，致累棺外，故曰黄肠。"马王堆一号墓的棺椁木料，据湖南省博物馆同志说："经初步鉴定，椁与枕木最初以为是为杉木，后来定为柏木；第四层外棺用梓木。"这也可作为第四层外棺为棺而非椁的旁证。唐人成伯玙《礼记外传》说："凡棺之重数，从内数向外，如席之重也。"（《太平御览》卷五五一引）他认为这是古代礼书中通例，如《礼记·檀弓上》"天子之棺"节，便是如此。但是我们知道古代礼书中也有从外向内数的，例如《礼记·丧服大记》"君大棺八寸"节。

古代文献中的"椁"有两种意义，一指外棺，一指椁室。本文使用"椁室"一词，专指后者。《吕氏春秋·节丧篇》："题凑之室。"汉人高诱注："室、椁藏也。"（卷十，四部丛刊本）《礼记·檀弓上》："衣足以饰身，棺周于衣，椁周于棺，土周于椁。"这里是说狭小的椁室，仅足以容棺，没有放置大量随葬物的空隙处。这种小型的椁室，在长沙也有发现，例如1951～1952年发掘的124号、207号等墓，常在棺椁之外，在墓坑的侧壁上挖一小坎，以放置随葬物。这种小型的椁室，它和外棺几乎不易区别，但是椁室是用厚木材在墓坑中搭成的。《礼记·檀弓上》："柏椁以端长六尺。"郑玄注："以端，题凑也，其方盖一尺。"孔疏："端，犹头也。积柏材作椁，并茸材头也，故曰以端。"《汉书·外戚传》："太后诏曰：因故棺，为致椁作冢。"颜师古注："致，谓累也。"（卷九七，下）这是说迁葬时，棺材可以整个迁去，而椁室必须拆除和重新堆累起来。《仪礼·士丧礼》："既井椁。"胡培翚《仪礼正义》："椁周于棺，其形方，又空其中，以俟下棺。有似于井，故云井椁。……葬时必先施椁乃下棺。"（卷二八，《国学基本丛书》本，第十二册，第105页）就此可见：椁室是用木头累积成的；外棺则是预先做成一个或几个有盖的木盒子，套在内棺的外面，一起运到墓中埋葬。稍大的椁室，它的外壁和棺材之间，是有空隙，可以放置随葬物。《礼记·丧服大记》说"棺椁之间，君容祝，大夫容壶，士容瓾"。可见当时依封建等级不同，而棺椁之间广狭也不同。在考古发现中，像前段所说，棺椁之间的"边箱"，也确实是广狭各异。《后汉书·周磐传》说：他临终前令其二子曰："桐棺足以周身，外椁足以周棺"，又令"编二尺四寸简写《尧典》一篇，并刀笔各一，以置棺前"（列传，卷二九）。可见周磐墓的椁室虽小，而棺椁之间仍可放置一些随葬物。《东观汉记·明帝纪》说："帝自置石椁，广丈二尺，长二丈五尺"（卷二，武英殿聚珍版本），可能也是指椁室而非外棺，因为这石椁比上引《汉旧仪》的棺长丈三尺广四尺，则椁长多出一丈二尺，椁广多出八尺。如果这"棺"指亲身的内棺，则天子的棺其数层外棺总计厚度不能超出二尺四寸，两侧共四尺八寸（按各棺厚度依照《礼记·檀弓上》"天子之棺"节孔颖达疏）。今椁广多出的八尺，除去四尺八寸外，还有三尺二寸的空隙，椁的长度也有七尺二寸的空隙。这些空隙便成为放置随葬物的边箱。《越绝书》说："阖闾冢……铜椁三重"（卷二，四部备要本），这里"椁"字大概指外棺而言。至于郭缘生《述征记》所说的桓魋的石椁"椁有二重，门间隐起青石方净如镜，门扇数四"（《太平御览》卷五五一转引，1960年中华影印本）。这"二重"可能是指椁门的数目，二重门共有门扇四。这正如从前称帝王所居的宫为"九重"，《楚辞·九辩》所谓"君子门以九重"，并不一定指相套合的"二重"石椁。

《简报》说这墓的棺椁结构复杂，"由三椁（外椁、中椁、内椁），三棺（外棺、中棺、内棺）以及垫木所组成"，并且说"椁、棺层层套合"。这样划分棺和椁，表面看起来，分得平均整齐；但是实物和文献，像上文所说的都表明这墓的棺椁是由一座结构较复杂的椁室和一套四重的棺所组成。椁室并不是三椁层层套合。如果是套合，则《简报》

中的"中椁"的盖板和底板反而套在"外椁"四壁板的外边去了，这是说不通的。《简报》只好描写作"外椁的盖板和底均为双层，中椁只有四壁板和盖板，无底板"，这样似可勉强说得通，因为四片竖隔板所组成的棺房连同棺房的顶板，可以算是一个无底板的椁室。但是这便不是"层层套合"了。并且这里所谓"中椁"的盖板，实际上是棺房的顶板。它和边箱的顶板，连在一起，成为一整个的顶板。这整个的顶板不能算是"中椁"的椁盖板。更重要的是，这种提法和古代文献的"诸侯棺椁五重"不相符合；如果是四棺二椁，便成为六重了。我以为还是将整个结构称为椁室为妥。

至于四重的棺，如果我们采用简单化的"内棺外椁"的观念，则内棺以外的各重外棺都可称"椁"；或者像《简报》中所提的那样，只将最外一重的外棺称为"椁"，也无不可。但是，为了避免混淆起见，我以为马王堆汉墓的这一套四重的棺的各重，还是都称为"棺"为妥。

补记：《仪礼·士丧礼》"既井椁"条下，郑玄注："匠人为椁，刊治其材。"胡培翚疏："椁无饰，刊治之即成，故云：刊治其材。"（《仪礼正义》卷二八）马王堆一号墓的椁室所用的木材，都是斫削成形后不再加饰；而第四层"棺椁"，却是和其内的三棺一样，内外加漆。它虽不彩绘花纹，但是内红外黑，和椁室的木材不加饰者不同。这也可证它应该是棺而非椁。

太初二年以前的玉门关位置考[*]

自从斯坦因在敦煌西北小方盘发现玉门都尉诸版籍后，其地即为汉时玉门关，已成定论。但是太初二年以前的玉门关是否也在小方盘，尚成问题。《史记·大宛传》说：

> 拜李广利为贰师将军……以往伐宛……是岁太初元年也。……引兵而还，往返二岁。还至敦煌，士不过什一二。使使上书言："道远多乏食。且士卒不患战，患饥。人少，不足以伐宛。愿且罢兵，益发而复往。"天子闻之，大怒，而使使遮玉门，曰："军有敢入者辄斩之。"贰师恐，因留敦煌。

沙畹据此以为太初二年以前的玉门关，应该在敦煌以东。敦煌西北的玉门关，是后来迁移过来的。王国维赞成其说，并且确定它的地点，说太初以前的玉门关，当即自汉迄今的酒泉玉门县（《流沙坠简·序》）。友人劳贞一先生继承其说，不过加以修订，说汉代玉门县不是

---

* 本文原载 1947 年 12 月 1 日《中央日报》（南京）《文史周刊》第 70 期，署名"夏作铭"。

今日的玉门县城，是在今县东的赤金所（《两关遗址考》，见《史语所集刊》第十一本）。这新说几乎成了定论。当初我读了诸先生的文章后，仍有所疑，不敢苟同。太初二年以前，汉代的势力，已及敦煌；汉朝如欲设置边境极西的重要关隘，自然必在敦煌以西，不应在敦煌以东。所以疑心汉武帝使使所遮的玉门或许是指酒泉的玉门县，不是玉门关。曾以此意告诉友人向觉明先生。向先生颇加赞成，于其以方回笔名发表的《玉门阳关杂考》中，更申成其说，以为敦煌于元鼎六年开郡，玉门关创置于敦煌西北，或即在这一年（《真理杂志》一卷四期）。1944 年冬，与友人阎述祖先生参加中央研究院所发起的西北科学考察团，在敦煌西北小方盘发掘。所获得的汉简中，有一简有"酒泉玉门都尉护众"等字。这证明玉门关在元鼎六年敦煌建郡以前，便已设置在敦煌的西北；但也可能是同一年的事，仅略分先后而已。我深喜自己的见解，又多一个证据（关于这批汉简，已写成《新获之敦煌汉简》一文，将发表于史语所的刊物中）。

最近南京出版的《西北通讯》创刊号中，有方诗铭先生的《玉门位置辨》，对于向先生的前文，加以非难，但其立论殊未足以服人。我写这一篇，除了末尾提出一个新解释外，其余部分可以说是替向先生代答方诗铭先生的质难。自从与向先生敦煌一别，久未得其切磋之益。此文写成后，曾寄到北平给向先生看过，并承宠赐一跋。现在向先生南来讲学，敬以此文奉献给向先生，表示欢迎的微意。

方氏所引的敦煌汉简中"玉门关"、"玉门都尉"等官衔中"玉门"二字，虽可断定其为玉门关的省称；但不能说凡"玉门"二字，都必是"玉门关"的省称。侯和都尉都是关塞的官名，所以一望便可知道是玉门关的省称。否则，便要看上下文的意见或他方面的证据，才能决定。《史记·大宛传》中有"酒泉列亭障至玉门"一语，韦昭解释作"玉门关在龙勒界"（见《史记集解》）；又说"玉门，县名，在酒泉"（见《史记索隐》），便由于无法来定他是关名，或是县名。向先生根据《汉书·地理志》注语，才推断它是玉门关。今方先生认定《史记》、《汉书》及汉简中凡"玉门"二字均即玉门关的省称，不仅不合逻辑，并且似乎不知道《汉书·地理志》酒泉郡谷县下有"玉门，（原注）莽曰辅平亭"一条，偏和他所定的"玉门即玉门关"一定律相冲突。友人劳贞一先生曾在给我的信中说及："《大宛传》谓'使使遮玉门'，观其文意，似为关名，以关可言遮，县不宜言遮也。"这也不尽然。如果县城适当孔道，决无第二条路可通，则又何尝不可以遮断。《大宛传》说"大宛令其东边郁成遮杀汉使"。郁成便是城名。河西走廊地广人稀，酒泉以西至敦煌仅有一经过玉门县的孔道，自然可以于其地遮止军队东行。

方氏又以"渔泽尉"一官，直到东汉明帝时尚存在，因而指《汉书·地理志》注语"渔泽鄣"废为县之说不可信，更进一步说元封六年有渔泽障塞之说也是不可信。查《地理志》注语，仅说效谷"本渔泽鄣也"，似指县城便设在渔泽障的塞城，并未说渔泽障被废止。元封六年设县时，障尉仍可存在，或同城而治，或迁到城外更近边的地方。居延简氏池塞尉（居延简二九、五三），氏池是县名，属张掖郡。可是设县者仍旧可有障塞尉。《汉书·匈奴传》注：师古说："汉律：近塞郡皆置尉，百里一人，士史尉史各二人，巡行徼塞也。"可见郡县的守令和障塞尉可以同时存在的。纵使暂时废止，也可以由于事实的需要，重新设置，并且和县不是势不两立的。不能够因为后来尚有渔泽障尉，便硬认定效谷县城绝不会是渔泽障的塞城，更不能因此而推翻元封六年时有渔泽障之说，因为纵使效谷县治并非渔泽障，但是元封六年崔不意为渔泽尉这事实仍可靠得住，除非能找旁的证据来证明这一事实不可能。

又关于屯扎玉门关的军正任文的事，《史记·匈奴传》云：

是岁太初三年也……其秋，匈奴大入定襄、云中，……又使右贤王入酒泉、张掖，略数千人。

会任文击救，尽复失所得而去。是岁，贰师将军使大宛，斩其王而还；匈奴欲遮之，不能至。……是岁太初四年也。

这一节中原文有误字。《汉书·匈奴传》引用这段话，将"贰师将军"前面的"是岁"二字删去，或许认为误衍。否则这"是岁"的"是"字必是"翌"字的误书。《汉书·武帝纪》以匈奴入定襄、云中及酒泉、张掖一事是发生在太初三年秋间；贰师将军破大宛是太初四年的事。《史记·大宛传》原文的错误，不仅由对照《汉书》可以发现出来；便是原文本身也可以看出他的自相矛盾。前云"是岁太初三年也"，后云"是岁太初四年也"，中间的一个"是岁"，便无所适从了。方先生引用这节，不知是有意或是无意，将上文"是岁太初三年也""及其秋……"一段，将上半删去"其秋……"一段下半和下段连在一起，硬认定任文击救酒泉、张掖是太初四年的事，既不理会这"其秋"的"其"字是指上文"太初三年"，又不去参考《汉书·武帝纪》，便轻易立说，造成大错。至于匈奴欲遮击贰师，因而牵涉及楼兰，这事据《史记·大宛传》是在太初四年破大宛之后，据《汉书·西域传》是"贰师军击大宛"的时候，未明言是否在破宛之后。但是由《大宛传》叙事的次序，可知必在太初三年秋任文击救酒泉、张掖之后。向先生即据此立论。今方诗铭先生既误以任文击救在太初四年。又将《汉书·西域传》中"贰师军击大宛"改为"贰师将击大宛"，认为是太初三年贰师将要攻击大宛时的事实，反谓向先生叙事不免倒置。这叙事倒置的错误，不知道应该记在谁的账上？

《史记·大宛传》叙述贰师破大宛以后的事情云："汉发使十余辈至宛西诸外国，求奇物，因风览以伐宛之威德。而敦煌置酒泉都尉，西至盐水，往往有亭。"

方诗铭先生以为此当为天汉二三年间的事情。因那时敦煌尚未建

370

郡，隶属于酒泉，所以称酒泉都尉。玉门关的西迁，大概也便在这时候。这结论可以分数点来讨论。敦煌建郡是在玉门关设置之后，这由新获的汉简可以为证。方氏的臆测，可说是幸中，因为由他所引的证据中并不能得这结论。敦煌的设郡是太初伐宛以前的事情，除《汉书·武帝纪》之外，尚有他证，《史记·匈奴传》说儿单于元封六年即位后，"单于益西北，左方兵直云中，右方直酒泉敦煌郡"。《汉书·匈奴传》删去郡字，当由于班氏以云中酒泉都是郡名，读者可以推知敦煌也定是郡名。《史记》所根据的史料，以当时离敦煌设郡时间不久，或有误会酒泉郡下的敦煌地方（或敦煌县）的可能，所以加一郡字。这可见敦煌决不会在天汉二三年间还未设郡的。至于"敦煌置酒泉都尉"一语，也不能作方先生那样的诠释。因为酒泉都尉如果是指郡都尉，那么酒泉郡尉应在郡城，不能在敦煌并且也不是创置于这时候。如果是指属国都尉或关都尉，那么应该是它的专名，现在既然连可以省去的郡名都写明，专名更重要，不应省略，否则便和郡都尉混淆了。居延简中张掖居延都尉，多省称居延郡尉；但是另有张掖都尉（居延简 54.25，74.4，及 103.17）是指张掖郡都尉。如果是指所在地而言，应该说"敦煌置都尉"或"酒泉置都尉"；都尉的前面，或可加关都尉或属国都尉的专名，如"玉门都尉"或"居延都尉"之类。但是不能说"敦煌置酒泉都尉"。《史记集解》引徐广说："燉煌有渊泉县，或者酒字当为渊字也。"这便是由于原文的不可通，所以臆测他如此。梁玉绳《史记志疑》说："徐广引别本，置字在都尉上是也。至疑酒字为渊则非，汉志敦煌渊泉无都尉。"（卷二五）梁氏这一说，较为合理。"敦煌酒泉置都尉"是记载敦煌酒泉两郡设置关都尉及属国都尉。查《汉书·地理志》酒泉郡有北部、东部、西部三都尉；敦煌郡有中部、宜禾、玉门、阳关诸都尉。其中除玉门关已设置于敦煌建郡以前，其余各都尉大半当即设置于贰师伐大宛之后，便是天汉二三年间的事情。《史记》不言"增置"仅言"置"，大概是由于酒泉三都尉都是这时候所创置，所以泛言设置。

玉门关的设置于敦煌以西，并不在贰师破宛岁余以后，还有一事可做证明。《史记·大宛传》叙贰师初次伐大宛无功而返，"归至敦煌，士不过什一二"。接着叙述他二次伐宛，"出敦煌者六万人……马三万余匹"及克大宛后归来，"军入玉门者万余人，军马千余匹"。这明示玉门关是入塞后的第一站，位在国境极西。玉门关隶属于敦煌，所以入玉门关便可以说是至敦煌，义可互通。如果玉门关远在敦煌县城东六百多里的赤金峡便不能这样说了。无论敦煌那时已设郡与否，这离酒泉郡城仅二百来里的赤金峡，一定是酒泉郡下的玉门县或他县的辖境，和敦煌无涉。"入玉门"和"抵敦煌"，二者意义既不能互通，那么计算人马的损失，应该像初次失利及二次出发时的办法，施行于越过沙漠初抵敦煌的时候，何必要等候再东行六百余里才来稽核人数。并且二次出发时，明说是"出敦煌"，为什么归来时不说敦煌？如果说玉门关的西迁，便在太初三年二次伐宛时，向先生已经驳过，那年筑光禄诸亭障及居延塞，《史》、《汉》都曾叙述到。同类连书，不应将这更重要的玉门关迁移一事反遗漏掉。

用常识来推测，汉代既将敦煌收入版图（《史》、《汉》中太初二年以前屡次提及敦煌），纵使暂时附属于酒泉郡，不另设郡；但是所设的最重要关隘，一定在敦煌以西，否则无法来稽查出入。现在又发现新汉简，知道在敦煌未建郡以前（即太初二年以前），玉门关已在敦煌西的小方盘。

不过我现在以为《大宛传》中"使使遮玉门"一语，并不一定作玉门县解，便是作玉门关也可通，或许反较为惬意。《大宛传》这段的原文，已引于本篇的开端。原文并未确定说贰师还至敦煌以后，才奏请罢兵。如果汉武知道贰师已还抵敦煌，仍使使遮玉门，这"玉门"不论是关名或是县名，它的位置必定在敦煌以东。但是原文的意义似乎可解释作贰师由西域引兵东还，同时奏请罢兵"益发而复往"。至于"还至敦煌，士不过什一二"两句话插入这里，不过是叙述他损失的重大和归途的狼狈，以说明他不得不返师的缘故。奏疏虽在西域时便发出，但是因为和答诏关系密切，所以连着下文叙述。贰师原意想借此收场，奏请"益发而复往"，不过是陪衬的话。如果这假设是对的，我们可以进一步推测汉武帝闻奏后大怒而使使遮玉门者，实由于他以为军队或许还没有入玉门关（贰师请还师的奏文中，也许像班超的上书求代，有"入玉关门"一类的话，所以汉武的诏令中特别提到玉门）。等到汉武的使臣抵达敦煌时，贰师不待答诏，早已罢兵入玉门关。这时候自然不得不变通办法，承认已成的事实，不究既往；虽不允许就此罢兵，但不能不采用贰师所奏的"益发而复往"的政策了。这一新解释，和《大宛传》下文接着贰师旋师时"军入玉门者万余人，军马千余匹"的话，情形较为切合。所以我以为这新解释较旧说以此处的"玉门"为玉门县，或以为关而在敦煌以东，似乎都为稍胜。司马迁写这一段时，这二"玉门"在相似的场合中出现，显然是指一处；他的位置及性质，都没有变更过。总之，就现在的证据来说，太初以前的玉门关，便是太初以后的玉门关，即在敦煌以西的小方盘。勉强来假设于太初后有由东移西的事实，虽于解释《大宛传》中的一句可通，但是反和其他各证据相冲突了。就现有的证据，我们只能作这样的一个结论。

1947 年 9 月 20 日写此稿于北极阁下，11 月 17 日重写。

附：跋太初二年以前的玉门关位置

向　达

方诗铭先生论玉门关位置的文章，去年先发表在天津《民国日报》的《史与地周刊》上，有一位朋友拿给我看，要我也说几句话。一直到现在，自己因为忙，始终没有写。作铭先生此文已把我所要说的都说了，并承他托人从南京远远地将这篇文章带到北平。我看了以后，更为高兴。作铭先生的文章末了一段对于《史记·大宛传》"使使遮玉门"一语的新解释，更是心细如发，发前人所未发，贰师将军打了败仗，在归途时上书，将责任推在兵力不够，要求增兵再举，武帝得书大怒，派使者出发去堵住玉门关，不让贰师将军的队伍入关。贰师进玉门关到敦煌，才接到武帝的诏书，遮玉门固然已经不成了，但是贰师将军也骇得只好停在敦煌，不敢再行东进了。《史记》文字有一个时间的次序和实际上的情形在那里，待人理会。如作铭先生所说，这是最简单的解释，也是最合理的解释。二千年来蒙住了多少学人，今得作铭先生一语道破，真是高兴之至。至于河西四郡建立年代，本纪与志不同。这一问题的解决，应该先要弄清楚《汉书》所取材的史料来源。《汉书》本纪似多以注记为据，即是以像后世起居注一类的官书，作为根据，而各志，尤其是地理志，是不免杂录各地方各机关的报告，致有互相出入之处。地方建置年月，根据政府的正式公报，我想是应该比较可靠的。所以我于《论河西四郡建置年代》，从本纪而不取诸志之说，其故在此。因作铭先生文章稿子末尚有一段空白，遂补记数言。1947 年 9 月 30 日向达记于北平东城北京大学宿舍。

新获之敦煌汉简[*]

古代简策之出土，前代已数见于记载；然异世间出，渐灭随之。近数十年来，东西学者考古西陲，所获汉晋简牍不少；尤以敦煌简（1907年、1914年）及居延简（1930年）之发现，数量最多；于古代舆地史事制度名物各方面，皆有所阐明。惜敦煌简，为斯坦因盗劫而去，而居延简亦为美帝所窃占，尚未追回。1944年春，余参加前中央研究院、前中央博物院及北大文科研究所合组之西北科学考察团，赴敦煌考古。是年冬，余与阎文儒冒雪冲寒，入漠探险，访两关遗址及烽燧遗迹，掘得汉简数十片，关于考察经过情形及出土各物的详表，将另述于正式调查报告中。兹将汉简释文先行发表，间附考证，以求教于海内博闻君子。

敦十四新获第一简（木简，削衣，长46，广19，厚0.5毫米）。

（上缺）**如发和元**（下缺）

按敦十四系依照斯坦因之编号，其地即小方盘城，在敦煌县城西北约百六十里。简之出土地在小方盘城北郭小丘上。斯坦因标明"敦十

* 本文原载《中央研究院历史语言研究所集刊》第19本，1948；又见作者《考古学论文集》，1961。本文发表前，作者曾以《太初二年以前的玉门关位置考》和《汉武帝征和年号考》为题，发文专论该问题。现根据其与本文重复情况，前文仍然收入本书，后文则不再重复收录。

四出土"者，亦皆系在此小丘上所获（A. Stein, Serindia, pp. 683 ~ 688）。

此简其薄如纸，乃削牍后遗弃之木衣，类今之刨花，古谓之柿。《后汉书·杨由传》云："风吹削哺。"章怀注曰："哺当作柿。"《说文》："柿，削木札朴也。"《颜氏家训》谓削柿乃削札牍之柿，古者书误则削之（《书证篇》十七）。此类由简牍削下之刨花，烽燧遗址中发现颇多。边塞物资欠缺，已用过之木简，常削去一薄层以便再用，不仅"书误则削之"也。贺昌群云："汉简常削而再用，此殆汉世之常例，不仅书误则削之，亦不仅边塞物资欠缺也。《汉书》卷八十三《朱博传》：'功曹惶怖，具自疏奸臧大小不敢隐。博知其对以实，迺令就席受教自改而已，投刀使削所记，遣出就职。'又《三国志·魏志》一《武帝纪》：汉献帝建安十三年刘表大将文聘为江夏太守条，裴注引卫恒《四体书势序》曰：'上谷王次仲善隶书，始为楷法。至灵帝好书，世多能者，而师宜官为最，甚矜其能。每书，辄削焚其札。梁鹄乃益为版而饮之酒，候其醉而窃其札。'又《魏志》十三《王肃传》：'汉武帝闻其（司马迁）述《史记》，取孝景及己本纪览之，于是大怒，削而投之。'是汉世削简之事，乃常例也。"贺说是也。又其物皆为小片，观其削痕，似由刀削，并不用刨。贺昌群云："削札之刀。谓之书刀。《后汉书》一〇四《袁绍传》上：'韩馥如厕自杀'，章怀注引《九州春秋》曰：'至厕，因以书刀自杀'，故刀笔连文；《后汉书》六九《周磬传》：'编二尺四寸简，写《尧典》一篇，并刀笔各一，以置棺前，示不忘圣道。'司马迁《报任少卿书》：'使刀笔之吏，弄其文墨耶?'即其例也。"

"发"疑即芷（征）字。金文中"丁未伐商角中""征"字所从之正，即省笔作止（《说文古籀补》）。若然，则"元"下所缺者，当为"年"字。征和为汉武帝年号，其元年即公元前92年。征和之征，居延汉简中皆作发或延，无作征者。傅振伦谓马叔平释为延字，并申其说曰：武帝年号本为延和（与居延延寿之延字相同），后人传写，误以延作征，沿至今而不改（《汉武帝年号延和说》，见《考古社刊》第六期）。按其说非是。汉武帝年号原作征和，戈或延者，即征字之别体。居延简中征和年号凡十见（傅谓凡十有二。然第534简之2及15，乃一简而裂为二者，征和二字仅出现一次。第308·16并未见此年号）。其字皆从正从辵；惟辵字上半，或在"正"字之下（图1，甲式，凡六见），或在其右（乙式，凡四见）。至于居延、元延、延寿、延年之类，居延简中皆有之，尤以居延二字出现次数最多，凡三百余次。余曾穷数日之力，将劳榦《释文》中有"延"字之362条，一一对照原物之照片（此数目字或少有出入，但无关宏旨），其中百分之九十三以上，乃从延从丿（图1中延字常例）；辵字书于止字下者，偶亦有之，但甚罕见，不过20简，仅占百分之六，且其首笔为斜笔（图1，延字变例）。盖辵彳辵三字，古文中实为一字之不同写法（参阅罗振玉《释行》篇，见《贞松老人遗稿甲集》内《后丁戊稿》）。汉代虽已加分化，延字多从辵，征字多从彳或辵，然尚不十分严格。征延二字之重要区别，为丿字之笔画倾斜，与正字之首笔平正者不同。最可注意

图1 征延二字古代写法

者为居延简557.8："征和四年……付居延农亭之长延寿"（《释文》卷二页七十），原简虽稍漫患，然征延各字尚清晰：关于此点之区别，甚为显著（图2）。今按《说文》辵部云：延，正行也，从辵，正声；或从彳作征（卷二）。知二者实为一字。罗振玉曰：从彳之字，古文或彳

下增止为辵；从辵之字，亦或省从彳。罗振玉历引契文金文及《说文》为证，以明二者之为一字。许慎《说文》细别之，训彳为小步，象人胫三属相连，训辵为乍行乍止；然试观辵部诸字，固无合乍行乍止之义

图 2

居延简 557.8

者；咸因字形未明，义遂因之而舛也。（罗振玉《释行》，见《后丁戊稿》）又按《说文》廴部云：延，行也；从廴，正声（卷二）。字虽别出，然细察之，与征证实为一字。篆文字体，廴彳相似（图 1）。罗振玉曰：廴部之廴，篆文作 ，古文所无；惟古文彳字或书作 ，或书作 ，乃一字而写法稍异，并非两字。罗振玉又引金文《鄂侯驭方鼎》及《无叀敦》中诸"征"字为证，以明《说文》中廴部之延与辵部之证征，实为一字（罗振玉《释行》，见《后丁戊稿》）。按罗说甚是。汉碑"延"字常写作证，如《华山庙碑》，《史晨后碑》及《吴谷郎碑》，亦可为当时辵廴二者互通之证。居延之延，《说文》在延部，从延丿声，长行也（卷二）。与征字及其别体，音既不同，义亦有异。后人以征字之别体易与延字相混淆，故逐渐专用从彳之征，于是不仅从廴之延被废，即从辵之亦不用矣。《汉书》中征和年号，据王绍兰云："考《汉书·诸侯王表》作征和者五，《王子侯表》作征和者九，《高惠高后文功臣表》作征和者二，作延和者一，《景武昭宣元成功臣表》作证和者四（师古曰证亦征字也），作延和者八，作征和者一，《外戚恩泽侯表》作征和者一，《百官公卿表》作征和者二，志传亦皆作征和字。"（《说文解字订补》卷二）王国维所据之《汉书》不知系何刊本。今商务影印之北宋景祐本《汉书》（百衲本廿四史中），其中王国维所云作证者已悉作延字矣。清殿本仅《景武功臣表》中平曲侯条作从辵之证，以其下有"师古曰证亦征字也"一语也。其余皆作延或征。此当由于后人转录时证字已废不用，故皆改为征字以求一

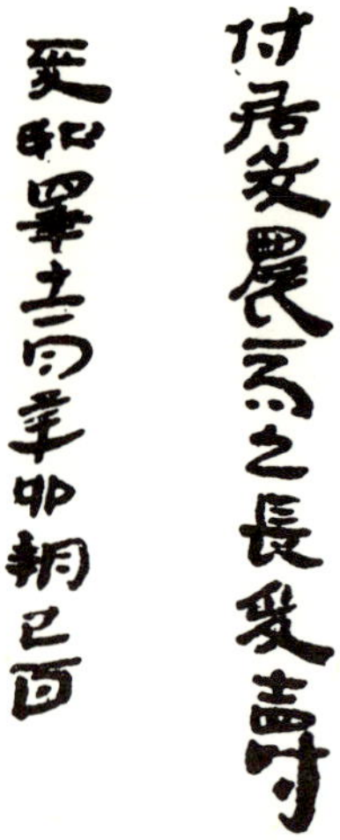

378

致。此条以有颜师古之注语，不能改为"征亦征字也"，故得保留原形。嘉业堂影印之南宋鹭洲书院本《汉书·年表》，几皆全数改成征字，仅平曲侯条及紧接其后之亚谷侯条，仍作彳字，当亦由于此故。《年表》易为人所忽视，且有此颜师古曰"证亦征字也"之注语，故尚残留此痕迹。就此可以考见古本《汉书》中征和之征，或从彳，或从辵，或从彳，并不一致，足以证三者古时互通。颜师古所见之本，平曲侯条征和之征从辵，故注语云亦征字也，以为二者互通，并非误字。及后来讹作延字，王先谦《补注》曰延乃证之误，仍以征证二字互通。今傅振伦乃欲改征和为延和，毋乃震于新发现而误入迷途欤？劳榦云："征和简文作㢟和，马叔平先生谓是延字。今但从一般习惯用法，仍书作征和。盖古人已往，原不必究其命名原意。书作征和，一望而知为汉武纪年，反较书作延和为便也。"（《史语所集刊》十本二分，《汉武后元不立年号》注一）然此不仅为方便问题，乃事实真相问题，故不惮辞费，详加剖析。

（此段写成后，曾求正于陈援庵。陈言：《汉书·武帝纪》征和年号下引应劭注曰言征伐四夷而天下和平。应劭熟于前汉掌故，且其时又距征和不过二百余年，不应将延字误读为征字。故初闻延和年号新说，即蓄疑而不敢信；今获见此文，涣然冰释矣。）[1]

海鸟爰居，见于《国语》、《尔雅》、《山海经》、《庄子》、《论衡》等书，其字皆作爰居。《玉篇》、《广韵》添加鸟旁作鹥绌；惟《广雅·释鸟》独作延居。朱起凤《辞通》谓延爰古读同声（页二九〇）。按爰延二字之古音，若严格言之，实有差别，韵母虽同属元部，而合口开口不同，声母亦舌根舌尖有异（见高本汉《汉语分析字典》页 95、379及董同龢《上古音韵表稿》页 160、162）。汉简隶体，延字或作彳，与

---

[1] 以上关于武汉帝年号"征和"一段，曾以《汉武帝征和年号考》为题，在 1948 年 2 月 21 日《申报·文史》第 11 期发表。

379

爰极相似。《居延汉简考释》中即有将"延年"误释作"爰辛"者（《释文》卷一页四十八第12·1简）。乃知实由形近致误。此为书讹，不能谓其古通也。劳榦云："此种字形相混，与修循相类，非由音也。"惟字音亦相近者，则更易致误耳。

敦十四新获第二简（木简，长67，宽14，厚2毫米）。

（上缺）**子奉谒不**（下缺）

此简字体工整，每字之下，空一格书写，与敦煌居延两处出土之字书简及信札简相似（例如《流沙坠简·小学类》中《苍颉简》第一、第三两简，及《急就篇》第一章、第十二章、第十八章诸简；又如《居延简》9·1，59·38，125·39，260·18，282·1，307·3，336·14，及336·34诸简；信札类如492·1，329·1诸简）。余颇疑此简亦为字书或信札之残片。贺昌群言："奉谒二字乃汉人晋见之常语，此简恐非即字书。其间隔疏远处，似为绳札之用，居延汉简，多见此例。"

敦十四新获第三简（木简，长135，宽26，厚3.5毫米）。

（上缺）**长　酒泉玉门都尉护众侯畸兼行丞事**

　　　　谓天（?）忌以次（?）马驾当舍传舍诣行在所

　　　　夜（?）口传（?）行（?）从事如律令

此简后半文字磨灭，不可尽识。就全文观之，乃玉门都尉告下之文。其出于都尉治所者，盖具书之草藁也。此简殊为重要，或为现存汉简中可确定年代者最早之一简。玉门（关）都尉见《汉书·地理志》，属敦煌郡。汉武帝设河西四郡之先后，《汉书·地理志》与《武帝纪》歧异。后人多从《武纪》，以其直采官家记注，对于纪年先后，误错自当较少。近日学者中如张维华、劳榦，皆以武威郡之设置，不当如《武纪》所载之早，应移后于昭宣之间。但于敦煌郡之设置，多以《武纪》为近是，大约在元鼎六年左右（公元前111年），酒泉郡之设置，更在其前，以敦煌系由酒泉分出者也（张文见三大学《中国文化研究彙刊》第二卷；劳说见《居延汉简考释·考证篇》卷一页二至七）。此简首称酒泉玉门都尉，则在敦煌建郡以前，自无疑问。斯坦因所发现之"敦煌简"，最早者为天汉三年（公元前 98 年）。"居延简"则以居延开辟在太初三年（公元前 102 年），亦不能过早。其中元朔元年（公元前 128 年）诏令简，则恐为已定著为令之诏（《居延汉简考证》卷一页十八）。似为辗转抄写之副本，并非当时所颁之原简。论其先后，或不及此简之早也。

此简之发现，又牵涉及玉门关初设置时之地点问题。自小方盘发现玉门都尉诸版籍后，其地即为汉之玉门关，已成定论。惟太初二年以前之玉门关，是否亦在小方盘，尚成问题。《史记·大宛传》云："（太初二年贰师还至敦煌）天子闻之，大怒，而使使遮玉门，曰：军有敢入者辄斩之。贰师恐，因留敦煌。"沙畹据此以为太初二年前之玉门关，应在敦煌以东。敦煌西北之玉门关，乃后来所改置者。王国维赞成其说，并确定其地点，谓太初以前之玉门关，当即自汉迄今之酒泉玉门县（《流沙坠简·序》）。劳榦继承其说而加以修订，谓当在今玉门县东二百里之赤金峡，并非今日之玉门县（劳榦，《两关遗址考》，见《史语所集刊》第十一本）。余曩读诸说，未以为然。太初二年以前，汉代势力已及敦煌，则边境极西要隘之设置，必在敦煌之西，不应在其东。当时颇疑《大宛传》汉武使使所遮之玉门，或指酒泉之玉门县。《汉书》于玉门下添一关字，当为班氏臆测增入。曾以此意质疑于向达。向达颇赞成鄙意，于其所撰之《玉门关阳关杂考》中，更申成其说（见《真理杂志》一卷四期）（补注：其后收入 1957 年出版之《唐代长安与西域文明》中，改题为《两关杂考》）。向达以《史记·大宛传》记载酒泉列亭障至玉门，其事约在元封三四年。《汉书·地理志》注云济南崔不意元封六年为鱼泽障尉（敦煌汉简中亦曾提及鱼泽尉，见《流沙坠简·簿书类》第六十一）。鱼泽障在敦煌之北，则列亭障所至之玉门更在敦煌之西，不应太初间尚在敦煌之东。故以为敦煌于元鼎六年开郡，其年即置玉门关。今得此简，乃知在敦煌尚未由酒泉分出时，即已设玉门关。敦煌建郡乃置关以后之事；惟其相隔，亦不必甚久，或为同一年之事，仅略有先后而已。

王国维《流沙坠简·序》中关于玉门位置一节，颇多错误。首段论太初以前之玉门关在酒泉玉门县，误以现在之玉门县即汉魏时之玉门县，已经劳榦指出。次论敦煌玉门关遗址云：

> 近日秀水陶氏《辛卯侍行记》记汉玉门阳关道路，谓自敦煌西北行百六十里之大方盘城为汉玉门关故地，又谓其西七十里有地名西湖，有边墙遗址及烽墩数十所。斯氏于此发现关城遗址二所，一在东经九十四度以西之小盐湖，一在东经九十三度三十分，相距二十余分，与大方盘城及西湖相去七十里之说相近。然则当九十四度稍西者，殆即陶记之大方盘城；当九十三度三十分者，殆即陶氏所谓西湖耶？沙畹疑九十四度稍西之废址为太初以前之玉门关，而在其西者，为后日之玉门关。余则谓太初以前之玉门关，当即酒泉之玉门县……当九十四度之废址，疑为汉太初后之玉门关，而当九十三度三十分者，当为玉门以西之他障塞。

按陶保廉《辛卯侍行记》原文云，自敦煌百六十里为大方盘城（原注：汉玉门关故地也），四十里小方盘城，三十里西湖（原注：一名后坑，有边墙遗址及烽墩数十）。今王国维不仅未能釐正陶保廉以大方盘城为汉玉门关之误，且似误将大小方盘两城混为一谈，其误一也。斯坦因所发现二城，一为小方盘城，在94度稍西（93度54分左右），即汉玉门关；一为大方盘城，适当东经94度。至于东经93度30分处，其地今仍名西湖，斯坦因发现敦十、敦十一、敦十二等烽墩，及边墙残迹，但并未发现故城，其误二也。沙畹以为太初以前之玉门关，当在今日敦煌之东，虽未确定其地点，但并不以敦煌西北之小方盘城（即94度稍西之废址）为太初以前之玉门关，其误三也。沙畹以94度稍西之小方盘城为太初二年以后之玉门关，与王氏之说正同，并未言 93 度 30 分处有故城，更未言太初二年以后西迁之玉门关即在 93 度 30 分处，其误四也（沙以 93 度 30 分之敦四，曾出永光五年简，简中有玉门都尉字样，故疑元帝时或曾一度由小方盘城移至此处，王国维当由此致误。据斯坦因原书，此永光五年简出土地为敦五，编号时误书作敦四丁。敦五在东经 93 度 19 分左右，为一废墩，并非故城，且不当孔道，不能设关。原简玉门二字下残缺漫漶，"都尉"二字系沙畹臆测，不足为据。王国维《考释》（《禀给类》第二十四简）缺疑不释，是也。盖由于王国维仅据斯坦因《行纪》（Ruins of Desert Cathay）及其所附略图，未见其后来所刊之正式调查报告及详图，且又不谙法文，致有此失（王国维丁卯致藤田书二，自谓未能通读法俄文字，见《集林》卷十六）。

《史记·大宛传》谓：贰师废大宛之后"汉发使十余辈至宛西诸外国，求奇物，因风览以伐宛之威德，而敦煌置酒泉都尉，西至盐水，往往有亭"。方诗铭《玉门位置辨》（见《西北通讯》创刊号）以为此当为天汉二三年间事；其时敦煌尚未建郡，隶属酒泉，故其地所建之都尉得称酒泉都尉；玉关西迁，当即在其时也。今按敦煌建郡，乃在设立玉门关之后，此由新获之简可证。但敦煌建郡确在太初伐大宛以前。《史记·匈奴传》谓儿单于于元封六年即位后，单于益西北，"左方兵直云中，右方直酒泉敦煌郡"可为证明。《汉书·匈奴传》省去郡字，此或由于班氏以云中酒泉皆为郡名，读者可由上下文推测敦煌亦必为郡名，故郡字可省。史迁所根据之史料，以离敦煌建郡之时尚近，或有误解为酒泉郡属之敦煌县或敦煌地方之可能，故于敦煌之下特加一郡字。或以为敦煌郡之郡字，即兼涉及云中酒泉二郡，说亦可通。《大宛传》"敦煌置酒泉都尉"一语，似不能如方诗铭之所诠释。酒泉都尉若指郡都尉，则酒泉郡尉应在郡治，不能在敦煌，且亦不始置于此时。若谓指属国都尉或关都尉，则属国都尉或关都尉皆有其专名。今既书明郡名，则专名更不应省略。张掖居延都尉，或用全名（如居延简 188·21，

163·19，506·17）或省称居延都尉（其例甚多）。但另有张掖都尉，乃指张掖郡都尉，并非张掖居延都尉之省称。以其中一简云"印曰张掖都尉印"（居延简54·25），官印不能用省称。一简云"北书，张掖都（尉）"（103·17），张掖居延都尉所发之书简皆为入南书，张掖太守所发者皆为入北书，知此必指张掖郡都尉也。若谓指所在地而言，应言敦煌置都尉或酒泉置都尉。都尉之前或可加其专名，如"玉门都尉"之类。但不能谓"敦煌置酒泉都尉"。徐广云"敦煌有渊泉县，或者酒字当为渊字也"，盖由于原文语意之不可通，故臆测其如此。梁玉绳《史记志疑》云："徐广引别本，置字在都尉上是也。至于酒字为渊则非。《汉志》敦煌渊泉无都尉。"（卷三十五）今按梁说是也。"敦煌酒泉置都尉"者，言敦煌酒泉两郡置都尉。据《汉书·地理志》，酒泉郡有北部、东部、西部三都尉；敦煌郡有中部、宜禾、玉门、阳关诸都尉。其中除玉门关已设于敦煌建郡以前，其余各都尉，大半当即设于伐大宛之后，即天汉二三年间也。《史记》不言"添置"，仅言"置"者，疑酒泉三都尉皆当时所创置，敦煌各都尉则仅一部分为当时所置，汎言置设，因彼以及此也。

　　玉门关之设置于敦煌之西，并不在贰师破宛岁余之后，尚有一事可证。《史记·大宛传》叙贰师初次伐宛，无功暂归，"还至敦煌，士不过什一二"。又述其二次伐宛，出敦煌者六万人，马三万余匹。及克大宛后旋师，"军入玉门者万余人，军马千余匹"。此明示玉门关为入塞后最西之第一站。玉门关属敦煌，故入玉门关，即可云至敦煌，义可互通。若玉门关远在敦煌县治东六百四十五里（据《辛卯侍行记》）之赤金峡，则其义不能互通。盖敦煌若已建郡，则赤金峡属酒泉郡，与敦煌无涉。若敦煌尚未建郡，则其地离酒泉郡治仅二百余里，当为酒泉郡下玉门县或他县辖境，亦与敦煌无涉。入玉门与抵敦煌，其义既不能互通，则计算人马之损失，似当依初次失利及二次出发时之法，于其涉大漠抵敦煌时即可稽其数，何必更须东行六百余里至今日赤金峡附近，乃始稽核人马损失。且二次出发时明言出敦煌,何以归来时不言敦煌,若谓玉门关之西迁,即在太初三年二次伐大宛之时,则向达已驳之云:"光禄诸亭障及居延塞之筑,班氏以及史公尚为之大书特书,而谓玉门关之迁徙,其重要倍蓰于张掖酒泉北部诸障塞者,反不著一字。马班虽疏,恐亦不至是之甚也。"(前文,页三九四)同时发生同一类之事,连类相及,似不应举其细而遗其大者也。

以常理推测,汉代既将敦煌地收入版图(《史》、《汉》太初二年以前之记事中亦屡提及敦煌),则纵使暂不建郡,隶属于酒泉,然其所立之最要关隘,当在敦煌之西,否则无以尽"隔离内外稽查出入"之责。今又发现此简,知其地于敦煌未建郡以前,即有酒泉玉门都尉,换言之,敦煌未建郡以前,玉门关即已在敦煌西之小方盘城。前文已论敦煌建郡当在太初二年以前,则玉门关在太初二年以前亦必已在敦煌之西。

惟余细读《大宛传》原文,以为"使使遮玉门"一语,并不必须作玉门县解,即作玉门关解亦可通,或反较为惬意。《大宛传》原文云:

> 是岁太初元年也……引兵而还,往返二岁,还至敦煌,士不过什一二。使使上书言"道远,多乏食。且士卒不患战,患饥,人少不足以拔宛。愿且罢兵,益发而复往",天子闻之大怒,而使使遮玉门曰:"军有敢入者辄斩之"。贰师恐,因留敦煌。

王、劳节引此段作"太初二年贰师将军李广利伐大宛。还至敦煌,请罢兵,益发而复往,天子闻之大怒,而使使遮玉门(劳榦初稿此处误衍一"关"字)曰,军有敢入者辄斩之。贰师恐,因留敦煌"。但原文似并未确言还至敦煌以后,始请罢兵。若天子闻知贰师已还至敦煌,而仍使使遮玉门,则此玉门不论为关名抑为县名,其位置必在敦煌之东。然观原文之意义,似亦可解释为贰师由西域引兵东还,同时奏请罢兵益发而复往。至于"还至敦煌士不过什一二"两语之所以插入此间，言其损失之重大及归途之狼狈，以明其不得不回师也。奏疏虽在西域时即发，但与答诏关系密切，故连下文叙述。贰师之意，原在借此收场，当时朝臣中即多主张罢大宛之役。奏请益发而复往，不过陪衬之笔。若然则汉武闻奏后大怒而使使遮玉门者，以为军队或尚未还入玉门（贰师请还师之奏文中，或如班超之上书求代，有"入玉门关"之语）。及汉武使者抵敦煌时，则贰师不待答诏，已罢兵入玉门关，遂不得不变通办法，不究既往，虽不允罢兵，但不能不采取贰师所奏"益发而复往"之政策。此新解释若属可取，则《汉书·李广利传》于"遮玉门"下增一关字，亦事出有因，可谓"臆测而幸中"。此一新解释与《大宛传》下文接述贰师旋师时，"军入玉门者万余人，军马千余匹"之语，较为切合。故余以为较之旧说以"玉门"为玉门县，或以为关而在敦煌之东者，似为较胜。史迁写此段时，此二"玉门"在相似之场合出现，显指一处，其位置及性质，似皆未有变更也（参考拙作《太初二年以前的玉门关位置考》，见 1947 年 12 月 1 日南京《中央日报·文史周刊》七十期。又向达跋语，见七十一期）。

玉门都尉护众之名，亦见《流沙坠简·簿书类》第十二简。彼简亦十四敦出土，有汉武太始三年之年号，其职衔为敦煌玉门都尉。论者或谓汉法边吏三岁一易（见《汉书·段会宗传》"三岁更尽"下如淳注），若护众于元鼎六年敦煌建郡以前即为玉门都尉，下距太始三年，其间盖十七年，已尽五更，毋乃太久。按汉例虽有此规定，然边疆守御，有资熟手，恐亦未能严格实施三岁一易之制。孟舒守云中十余年（《史记·田叔传》），又祭肜在辽东几三十年（《后汉书》本传），皆可为明证。

候畸当即玉门都尉下之玉门候。沙畹《斯氏所获流沙遗简考释》第三百十五简之"玉门候畸"（此简未曾照相制版，故王国维未加考释），疑即一人。都尉之重要公文，多须其丞副署，汉简中其例颇多，兹略举如下：

> 玉门都尉子光，丞万年，谓大煎都候……（《敦煌简·簿书类》第六简，"万"字原书未释，细察原简，疑是万字）。
>
> 玉门都尉阳，丞□，敢言之（同上，第十三简）。
>
> 居延延（原文衍）都尉万岁，丞熹（《居延简》276·6）。
>
> 〔肩〕水都尉政千人宗兼行丞事（同上503·7，劳榦《释文》初刊本，1943年李庄石印，卷一页十三脱"政"字。本篇中引居延简间有与劳榦《释文》不同者，皆系根据原物照片，不复一一声明。劳榦现正从事校订，不久将有修正本释文出版〔补注〕修订本释文已于1949年11月由商务出版）。
>
> 居延都尉德丞延寿敢言之（同上68·48）。

侯即侯官，王国维云：其秩当校尉下之军侯，比六百石（《流沙坠简》卷二页十四），至于都尉之丞，据《汉书·百官表》其秩为六百石，较侯官稍高，遇缺时有以侯官或他官暂摄。兼行者谓以本官兼领他官。唐代贞观令规定以散位兼职事官者，有各种不同之专称。以职事高者为守，职事卑者为行（即称"行某官事"），其欠一阶者为兼。汉时似尚无此种分别。惟品秩相差过远者，则特称之曰"以近次兼行某官事"。例如居延简19·8、102·6及303·12，皆言"酒泉库令安国以近次行太守事"，以库令之秩，与县令相当，仅千石至六百石而已，与二千石之太守，品秩相差过远，惟以近次，故得兼摄。居延简505.3有库令行丞事，则以丞亦为六百石，故不必加入"近次"一词（关于"近次"一词之诠释参考劳榦《居延汉简考释考证》卷一页三及页三十八）。

"当舍传舍"一语，亦见居延简170·3，其辞曰："遣亭长王丰以诏书买马酒泉敦煌张掖郡中，当舍传舍，从者如律令"（《释文》卷一页八十二，当舍误释作当言）。汉代当大道诸亭，率有余屋，以供行旅，凡有符传，则亭长延入，故谓传舍（见劳榦《考证》卷一页三五。又《论汉代之陆运与水运》，《史语所集刊》十六本）。

"诣行在所"一语，数见于前后《汉书》。《武帝本纪》云：元狩六年，诏举独行之君子，征诣行在所。如淳注曰："蔡雍云，天子以天下为家，自谓所居为行在所。今虽在京师，行所在至耳。"师古曰："此说非也。天子或在京师，或出巡狩，不可豫定，故书行在所耳，不得亦谓京师为行在也。"按蔡雍即蔡邕。《后汉书·光武本纪》注引蔡邕《独断》曰"天子以四海为家，故谓所居为行在所"。今本《独断》（《四部丛刊》影明弘治刊本）作"天子自谓曰行在所，犹言今虽在京师，行所至耳"。与此稍不同，或由于援引者加以更改，或由于今本传写有脱误。

"如律令"为汉代公文通用语。王国维曰："汉时行下诏书，或曰如诏书，或曰如律令。……苟为律令所已定，而但以诏书督促之者，则曰如律令。……如律令一语，不独诏书，凡上告下之文，皆得用之。……其后民间契约，道家符咒，亦习用之。唐李匡乂《资暇录》遂以律令为雷边捷鬼，不经甚矣。"（《流沙坠简》卷二页三）贺昌群言：如律令一语，汉晋间葬礼亦尝取为压胜之意。其后道家符咒相袭用。《资暇录》以为雷边捷鬼，盖有所本，未可斥为虚构也。因引晚近洛阳长安出土汉晋朱书陶瓮数事以为证（《流沙坠简补正》，见《图书季刊》二卷一期），此次余等在敦煌所掘得魏晋（？）墓中镇墓朱书陶罐，亦有"如律令"一语（补注：此罐之朱书压胜语全文，见拙文《甘肃考古漫记》，《考古通讯》1955 年 1 期第 6 页）。

敦十四新获第四简（木简，其木系松柏科植物，简长 75，宽 14，厚 2.5 毫米）。

（上缺）**上郡（？）**

此简过于残缺，不知言何事。此外同地出土尚有数简，无字可辨，不知系原来空白未曾书写，抑系原来有字，摩灭无痕（以上 T. XIV. N.1 ~ 4，皆见图版 3 - 1）。

敦十七新获第一简（木简，长 155，宽 11，厚 4 毫米）。

（上缺）侯官谨以□书众侯长等

此简被发现时，上端半露于地面，遭风沙之磨刮，上半节之文字已完全消灭。侯官为都尉之属，王国维云，其秩略当校尉下之军侯，比六百石。侯长则为侯官之下属，乃百石以下之官（《流沙坠简》卷二页十四）。"书"上之字，劳榦疑为"讽"字。

敦十七新获第二简（木简，削衣，其木系松柏科植物，简长 29，宽 10，厚 1 毫米）。

脾一所（下缺）

敦十七新获第三简（木简，削衣，其木系松柏科植物，简长 43，宽 10，厚 1 毫米）。

（上缺）爵某所隧逎（下缺）

此二简宽度相同，木理亦相似，或为同一简牍之断片。惟文义不相属，中间有否残缺，不能断言。

敦十七新获第四简（竹简，长 210，宽 5，厚 1.5 毫米）。

戍卒〔上〕党泫氏市东里贾名

此简系戍卒之名籍。卒字下原脱一"上"字。《汉书·地理志》上党郡有涅氏及泫氏两县，简文中"泫"字虽稍残缺，仍可认辨。案汉制天下人皆直戍边三日，谓之繇戍。又行者当自戍三日，不可往便还，因便往，一岁一更。诸不行者出钱三百入官，官以给戍者，是为过更。《流沙坠简》所著录之敦煌戍卒，有河东、上党、颍川、广汉诸郡人（卷二页二十三）。居延简中之居延戍卒，有河东、颍川、淮阳、汝南、钜鹿、南阳等郡（劳榦《释文》卷三，名籍类），知汉时内郡人士戍边者颇多。

此简竹制。西北苦寒无竹，故简牍以木制者为多，此次所得有字竹简，仅此简与同地出土之第十五及第十八简，共三简而已。《流沙坠简》所收之简牍三百余片，其中竹制者仅十二片，即《苍颉篇》一简及《医方类》十一简（原书误以《医方类》各简为木简，此据斯坦因及沙畹之记载，加以更正）。

敦十七新获第五简（木简，长232，宽9，厚2毫米）。

西书一封　　□月辛丑黄昏时受东亭卒尊付西亭卒万时√日入

此简为登记邮书之簿籍。西书者，即入西书。《流沙附简·簿书类》第五九至六二简，所谓"入西簿书"或"入西书"，即其类也。入字有时可省，例如居延简506.17之"南书一封"，下注"居延都尉诣张掖太守府"，按居延在张掖之北，知其为入南书。又如居延简505.22有"北书七封"为张掖太守及河东太守等诣居延都尉府者，知其即入北书。此简由东亭卒付与西亭卒，其为入西书而非西来书，更属无疑。

汉时一日分为十二时，劳榦曾详加考证（见《居延汉简考证》卷二页九至十五）。一日中最后之三时，曰日入，曰黄昏，曰人定。此简所记者为受付邮书之时日，盖其时邮书皆由亭卒或燧卒以次传递至他燧。王国维云："汉时邮递之制，即寓于亭燧中，而书到日时与吏卒姓名，均有记录，可见当时邮书制度之精密矣。"（《流沙坠简》卷二页十三）日字之上一字漫漶不清楚，劳榦以为即施句读之符号，《流沙坠简·烽燧类》第四十五简，隧长四人，前三人名下皆书√以乙之，即此类也。

此简之长度为232毫米。此次所获之完整者尚有二简：一长231毫米（第六简），一长233毫米（第十二简）。其长度与王莽铜斛尺，货布尺及建武铜尺（见罗福颐《传世古尺录》之为231毫米者，实甚相近。敦煌汉简之完整者，其长度平均为9至9.5英寸，即约230至240毫米（斯坦因，*Serindia*，第660页）。汉代普通简牍，皆长约一尺。是以书札（《汉书·陈遵传》"与人尺牍"）军令（《冯唐传》"尺籍伍符"）及简册（王充《论衡》"诸子尺书，文篇具在"），皆以尺名。

"尺牍"一词，今尚通行。至于诏书，则较之稍长，所谓"尺一之诏"是也（见《后汉书·陈蕃传》，又见《史》、《汉》《匈奴传》）。劳榦谓居延汉简中诏文有长 243 毫米者，有长 240 毫米者，但亦有稍短者，非必全合度也（《考证》卷一页二十）。王国维云："汉时诏牍，仅有一尺、尺一两种，此外别无所闻（《简牍检署考》页八，《王忠悫公遗书》本）。

敦十七新获第六简（木简，长 231，宽 8，厚 2 毫米）。

叩二

此简系记器物之簿籍。《流沙坠简》卷二《器物类》，及《居延汉简考释》卷三《器物簿籍类》，其例甚多，皆首列器物之名，次记其数量。简之器物名，未能认辨。

敦十七新获第七简（木简，长 125，宽 11，厚 4 毫米）。

字为范子系、名为毕众、年廿七

此简为名籍，敦煌及居延汉简中其例颇多。《汉书·百官公卿表》，成帝建始元年，河南太守毕众为左冯翊。然此简之毕众当另为一人，其姓为范氏。居延简458·1中亦有一人"姓孙氏字子孙"（见《释文》卷一页七十七）。

"七"字此简作十，按殷墟卜辞及周代吉金皆如此作，故汉隶仍之。其字与十字相似，惟以笔画之长短别之，贺昌群先生云：汉简中七字作十，横画长，直画短，十则横直相若（《流沙坠简校补》页七）。按贺说是也。铜器中如汉《汾阴鼎》有"十十枚"之文，《大官铜壶铭》之纪年为"建武十十年"，《薛氏钟鼎款识》及《啸堂集古录》皆误释为二十，且摹写时不注意笔画之长短，故不复能辨认孰为十字，孰为七字。沈括《梦溪笔谈》谓《史记·律书》所言律之长短，凡七字皆当作十字，误屈中画耳（卷八）。实则西汉时之七字多不屈其中画，仅恃直画之长短以为别，故甚易与十字互淆。《金文续编》卷十四，收入汉代"七"共三十条（页十六）仅十条屈其中画，此十条中标明年号显属东汉者凡七，其余三条，亦似为东汉时物也。汉人为避免七字之被误读为十，常以桼字代七，居延简61.24"建武桼年"，154·33"少二百桼十"，146·34"桼斗八升"（劳榦《释文》卷二页二十二，页五十三及七十三），《金文续编》卷六亦有以桼代七凡五条（页七）皆其例也（参考劳榦《考证》卷一，页五十四及《说文解字诂林》卷六下页二七〇七至二七〇八）。

敦十七新获第八简（木简，长115，宽10，厚3.5毫米）。

十七斤

此简之十七两字，亦仅以笔画长短为别；七字并不屈其中画，惟其直画较短而已。然两字之分别，仍甚显明。余见前条考证。

敦十七新获第九简（木简，长67，宽9，厚2毫米）。

十一千八百四（下缺）

敦十七新获第十简（木简，长49，宽9，厚1.5毫米）。

甘露元年某（下缺）

按甘露为汉宣帝年号，其元年为公元前53年。

敦十七新获第十一简（木简，长235，宽9毫米）。

十二石

此简系将沙漠中常见之柽柳残枝一段，上半节削一平面，以便书写文字，下端仍保留原来树皮，未加人工，与普通木简之削成薄片者不同。疑此同于后世唱筹量粮所用之筹，故下半段仍留原形，以便插置于粮堆上也。

敦十七新获第十二简（木简，长333，宽8，厚2.5毫米）。

独（?）得以迹事者吏卒也有都尉府椵（?）丞及以行事施刑吏土死知（?）故（?）者持药（?）人有遗

简中"迹"字，其义普通为"邀巡"。《敦煌简·簿书类》第四十二简，《烽燧类》第四十二及四十三两简，《杂事类》第二十简皆有此字。王国维释之曰："徼迹之迹，他简或作起字解。此处之义，似当为

走，不敢擅断，然其意则谓徼巡也。"（《流沙坠简》卷二页二十一）居
延简中此字亦甚常见，例如《居延汉简考释释文》卷三《资绩类》及
《簿检类》中数简，其义亦皆为徼巡。但亦有作"起"字解者，如《敦
煌简·戍役类》第二十四简"六人，迣八月丁亥，尽□□，廿九日"，
第二十五简"八人，迣八月丁未，尽乙卯，廿九日"。在此简中，与事
字连文，似亦可作"起"解。

"吏卒"二字连文，汉简中数见之。例如《敦煌简·烽燧类》第一
简"以掌领吏卒为职"，第三十三简"逐召亡吏卒"，居延简有"吏卒
赋名簿"（见劳榦《释文》卷三《簿检类》）。乃泛指佐吏及士卒，并
非专职之名。"椵"疑为假字之讹。《史记·项羽本纪》"为假上将军"，
注曰"假、摄也"。《汉书·苏武传》有假吏常惠，其义亦同。

"施刑"即弛刑，汉简中多从方，亦有作"施"者，例如居延简
337·8"施刑士"，308·19"施刑□士"。施弛二字古通用。就字义言
之，原应作弛。《汉书·赵充国传》："发三辅太常徒弛刑"，颜注："弛刑
谓不加钳钛者也，弛之言解也"（又见《宣帝纪》神爵元年条颜注引李奇
释义）。《后汉书·光武本纪》建武十二年："将众部施刑屯北边"，注曰：
"施读曰弛。弛解也。《前汉音义》谓有赦令去其钳钛赭衣，谓之弛刑"，
盖其字又作弪，除《后汉书》此注之外，如《和帝纪》及《马援传》，
并写作弪，乃弛之变体也。经典中驰施二字通用之例甚多，见邵瑛《说
文解字群经正字》及朱起凤《辞通》。贺昌群云："刑，汉简有作荆者。
汉高彪碑：荆不妄滥。《隶释》云：以荆为刑。案《一切经音义》引《春
秋元命苞》云：荆字从刀从井，井以饮人，人入井争水陷于泉，以刀守
之。割其情欲，人有畏慎以全身命也。故字从刀从井。弛刑之义，指当
缓刑者而言，《后汉书》光武建武二十二年《纪》云：徒皆弛解钳衣丝
絮，注引《仓颉篇》曰：钳钛也。《前书音义》云："钛，足钳也，旧法
在徒役者，不得衣丝絮，今赦许之。故亦称弛刑徒，《后汉书·陈蕃传》
称'弛刑徒李膺'，又《朱穆传》称'施刑徒朱穆'，时膺遭党锢，而穆

则以事触帝怒，征诣延尉输作左校也。"管绕豁云："弛刑之义，当从颜注。亦即免刑，《汉书·昭帝纪》元凤元年武都氐反，发三辅太常徒，皆免刑，击之。是其证也。"

"吏土"之"土"即"士"之或作。汉简中多如此写法，见王国维《流沙坠简考释》（卷二页三）。管绕豁云："吏士吏卒，随文而异。《后汉书·赵充国传》谓北边自敦煌至辽东，乘塞列隧，有吏卒数千人，即指此也。"惟汉简中另有一通用语"士卒"，王国维举《王莽传》为证，以为乃主兵之官。然与此简之吏士似无涉。

敦十七新获第十三简（木简，长46，宽11，厚2毫米）。

（上缺）**太守君长**（下缺）

按君长或为人名。居延简286·10有钟君长（见《释文》卷二页五十二）。

敦十七新获第十四简（木简，长201，宽11，厚4毫米）。

□□□□□　　□□**直五十**

粱米五升直百　　　**杯六直百卅**　　**凡来所用直二千以入二百卅□多**
　　　　　　　　　　　　　　　　　　　　　　　一千□百□

荵（?）一石直百　**暓（?）一直五十**（正面）

幸　　　**幸**　　　**幸**　　　　　**幸**（背面）

此简为器物计值之簿录。粱米五升直百，则石米二千文。按西汉自文景以后，据《汉书》及居延简，米价每石仅百余，贱时石米仅数钱，惟王莽时天下大乱，米石二千（参阅劳著《居延汉简考释考证篇》卷一页二十至二十三）。今此简所记较通常米价远昂，颇疑升字为斗字之伪。五斗直百，则石米二百，与西汉通常米价相差不远矣。汉隶斗字作什，形与升似，故二者常混伪。朱起凤曾引数例：如《战国策》王斗，《汉书人表》作王升……《三国志·华佗传》漆叶屑一升，《后汉书》作一斗；《左传》昭公元年四升为豆，《后汉书·朗顗传》注作四斗

（《辞通》卷十页十七，卷十五页十三至十四）。向达言："升斗二字，唐人书犹同汉代。寅恪先生《读秦妇吟》曾及此"（鼐按：《读秦妇吟》见《清华学报》十一卷四期，文中云"承贺昌群告以古人所书升斗二字差别甚微，故易于误认，并举其近日读汉简之经验为例"。见页九六六）。

杯六直百廿，则杯一直二十文。居延简 326·6 有"□柸一直卅？（劳榦《释文》卷三页二十六），细察原简照片，似为"大杯"二字。大杯直卅，以其体积既大，其价自当稍昂也。

汉时葱以石计，如居延简 229·52 即有"得葱四石"一语（劳榦《释文》卷三页三十七）。督即兜鍪，王国维曾加详释，见《流沙坠简》卷二页四十至四十一。惟此简中"襀"及"督"二字，残缺漫漶，未能确定，姑释之如此。

简背诸字，乃随意涂写者也。初疑为关字，然细察之，似当释为幸字，其字形与《流沙坠简》卷三《简牍遗文》第二简及第八简中之幸字相似。王国维释"幸"字曰："诸简中幸字多从夭，上夭下羊，……汉印中有大利长幸等语，其幸字皆从夭，与篆书从夭作不合，前人不敢确定为幸字。然汉石刻中幸字皆从夭无从夭者。今证以诸简，知汉人隶书幸字无一与篆文合者，是可异也。"（《流沙坠简》卷三页四）

此简曾经火灼，盖戍卒利用废简以作引火之用。《晋书·束晳传》记汲冢古简云："发冢者烧策照取宝物，及官收之，多烬简断札。"证之此简，在汉代当时即有烧策以引火之事。

敦十七新获第十五简（竹简，长86，广13，厚3毫米）。

（上缺）**再拜**（正面）

（上缺）□**再拜**□□（下缺）　　（背面）

此为书札残简。《流沙坠简考释》云："伏地再拜，当是汉时书式如此"（卷三页一）。此札当由东方来，故用竹子。西塞不产竹，故利用此旧简削治之，狭首歧尾（首部尖端有折断痕，已非完器），不知作

395

何用途。

敦十七新获第十六简（木简，长 58，广 10，厚 4 毫米）。

（上缺）**临寿**（？）（下缺）

敦十七新获第十七简（木简，长 119，广 19，厚 3 毫米）。

（上缺）**从事敢言之**

此简为下禀上之文书。王国维云：敢言之者，下白上之辞。引《汉书·王莽传》、《论衡·谢短篇》及《孔庙置百石卒史碑》为证（《流沙坠简》卷二页五）。"从事"此处似用作官名。《后汉书·百官志》，诸州皆有从事史（卷三十八）。从事或曰"行事"，居延简 97.10 "书牒署从事，如律令，敢言之"。271·20 则云"书牒署行事，敢言之"（劳榦《释文》卷三页三及页三十四）。但此二处亦可作"做事"解，不必即为官名也。

敦十七新获第十八简（竹简，长 172，广 8，厚 1 毫米）。

□人月（？）阳（？）冬日扃（？）者其名及既（？）知其名故□卬以来□□□之

此系竹简，惜文字漫漶，多不可识。冬字上若确为阳字，则"阳冬"一词或出于《尔雅·释天》所谓"十月为阳"欤？及字下一字，劳榦疑为号字，故字下疑为平明二字，之字上疑为后门二字。

敦十七新获第十九简（木简，长 52，广 11，厚 1.5 毫米）。

（上缺）**□二百直□**（下缺）

敦十七新获第二十简（木简，其木系松柏科植物，简长 40，广 12，厚 1 毫米）。

（上缺）**某年某月**（下缺）

敦十七新获第二十一简（木简，削衣，其木系松柏科植物，简长 43，广 11，厚 0.4 毫米）。

（上缺）**某郡某县**（下缺）

以上二片似为一简之断片。二片皆字体工整；年月郡县之上，皆用不定称之"某"字，疑为供初学者练习写字及草撰文稿之范本。

敦十七新获第二十二简（木简，长79，广11，厚3毫米）。

（上缺）□**生育不得（?）谒（?）**□（下缺）

敦十七新获第二十三简（木简，其木系松柏科植物，长92，广13，厚1毫米）。

（上缺）□**斗以剑刃刺伤乙在**（下缺）

敦十七新获第二十四简（木简，其木系松柏科植物，长36，广13，厚1毫米）。

（上缺）**某所狱**（下缺）

以上二残片，似为一简裂为二者，乃《汉律》之残简。按《汉律》久佚。程树德曾搜集各书所称引之《汉律》，作《汉代律令杂考》二卷，收入于其所著之《九朝律考》中，但其中亦无"斗以剑刃刺伤人"一项。查《唐律疏议》卷二十一之斗讼律，有"兵刃斫伤人"一条，其律云："诸斗以兵刃斫射人不着者杖一百，若刃伤及折人肋眇其两目堕人胎，徒二年。"《疏议》曰："相争为斗，相击为殴。"又曰："刃谓金铁，无大小之限，堪以杀人者。"《汉律》九章，斗讼不列专章，或包括于杂律章中。《急就篇》第二十七有"斗变杀伤捕伍邻"一语；《唐律》此条疑即由《汉律》而来。《唐律疏议》常设言甲乙丙。按《太平御览》引董仲舒《决狱》云："甲父乙与丙争言相斗，丙以佩刀刺乙，甲即以杖击丙，误伤乙。"此简亦谓"以剑刃刺伤乙"，知此点《唐律》亦系沿袭《汉律》。"在某所"者，指其被刺伤之身体上部位。居延简13·6及118·18记载二人互殴，一坐斗以剑击伤右指二所，一坐击伤右眼一所，致遭械系（劳榦《释文》卷一页八十三至八十四）。盖即依此简所书之律令以行法也。

敦十七新获第二十五简（木简，其木系松柏科植物，长38，广15，厚1毫米）。

（上缺）**东郡闻喜**（下缺）

此简东字上所缺者当为河字。《汉书·地理志》河东郡有闻喜县，注曰："武帝于此闻南越破，改曰闻喜。"

敦十七新获第二十六简（木简，削衣，其木系松柏科植物，长32，广11，厚0.2毫米）。

（上缺）**□五五斗斗**（下缺）

此简为学书者随意传写者也。

敦十七新获第二十七简（木简，长56，广11，厚0.5毫米）。

（上缺）**官谒言当受者**（下缺）

敦十七新获第二十八简（木简，长21，广11，厚0.5毫米）。

（上缺）**敢言〔之〕**（下缺）

此二残片，其木皆为松柏科植物，字体亦相类，似亦为一简之断片，惟其间尚有所缺，二者并不相连属。由"敢言之"一语，知为下白上之书。"谒言"二字连文，汉简中常见之。例如居延简430·4"会日谒言解"，139·36"会月十五日谒言府，如律令"（劳幹《释文》卷一页十七及页二十五）。其义为"谒见"。但"谒"字亦有作"谒刺"解者。《史记·高祖本纪》"高祖乃绐为谒曰贺钱万"，司马贞《索隐》曰："谒谓以札书姓名，若今之通刺而兼载钱谷也。"《郦生传》："使者惧而失谒。"《说文》"谒，白也"，段玉裁注曰："按谒者若后人书刺，自言爵里姓名，并列所白事。"今按居延简28·15"如牒谒以令赐奉"，285·2"如牒谒以令赐偃劳十五日"（劳幹《释文》卷一页二十六及页三十三）。疑此处牒谒二字或连文，谒字似可作刺帖解。又居延简313·44"当以令取传谒移过所县道□□"，15·19"当得取传移官□"。劳之《考证》以"谒移"连读属下句。但同类之简中，15·18"禄福仓丞敞，移肩水金关"。218·2"居延丞奉光，移过所津关"。170·3"居延令尚丞忠，移过所县道河津关"（以上均见劳幹《考证》卷一页三十至三十一），则"移"字似连下句，而"传谒"犹"牒谒"，二字或属连文，以指书牒或书传之简札钦？

　　敦十七新获第二十九简（木简，长16，广10，厚1毫米）。

大黄（下缺）

　　按大黄虽亦可作药名，如《流沙坠简》卷一《医方类》第四简即有大黄。然此简大黄二字在简端，当系器物簿，指大黄弩而言。《流沙坠简·器物类》第十七简，有"大黄承弦一"。王国维曰："大黄弩名。《史记·李广传》：广身自以大黄射其裨将。孟康曰：太公《六韬》，陷坚败强敌用大黄连弩是也"（卷二页三十七）。居延简433·2"入大黄弩十四"。82·15"大黄力十石弩"，亦皆为弩名也（参阅劳榦《考证》卷二页四十一）。

　　敦十七新获第三十简（木简，长31，广9，厚1毫米）。

（上缺）**囚律令纵圍**（下缺）

　　按"以律令从事"亦汉简中常用语。居延简231·107及275·13皆有此语（劳榦《释文》卷一页三十一及页五十）。

　　敦十七新获第三十一简（木简，削衣，其木为松柏科植物，长39，广19，厚0.2毫米）。

（上缺）**□受降**（下缺）

（上缺）**界一里**（下缺）

（上缺）**贵燧四**（下缺）

　　按敦煌有受降燧及富贵燧，见《流沙坠简·稟给类》第十一、第十四及第十五简。此简贵字上所缺者，当即富字。此简之受降及富贵，当亦皆为燧名。该三简系敦十五及敦十六出土，与本简之出土地敦十七相邻。王国维考证各敦古名，此三敦皆从缺。余疑其中二者即名受降及富贵也。

　　敦十七新获第三十二简（木简，削衣，其木系松柏科植物，简长40，广11，厚0.2毫米）。

（上缺）**五月二日**（下缺）

（上缺）**壹骑**（下缺）

按汉简记马言几匹，记人言几人，其例甚多（参阅劳榦《释文》卷三车马类诸简）。至于言几骑者，多指瞭望时获见骑马之敌虏或盗匪而言。例如居延简271·9"本始二年闰月乙亥虏可卒六骑入卅井"，又一简"□候□盗□九骑至"（劳榦《释文》卷二页六及页七）。疑此简亦系侦候燧卒发现形迹可疑之骑者时所书之报告也。

敦十七新获第三十三简（木简，削衣，其木系松柏科植物，长45，广10，厚0.2毫米）。

（上缺）**遣每**（下缺）

（上缺）**遇（？）毋已前**（下缺）

此简察其木理，似与前简或同属一简之残片。

敦十七新获第三十四简（木简，削衣，其木系松柏科植物，长24，广14，厚0.3毫米）。

（上缺）**□弩一完**

（上缺）**服（？）一完**

（上缺）**百完**

此简乃记兵器完坚折伤者。服字漫漶，仅隐约可辨。百字之上当为镞或矢，但亦可能间以数字。兼记弓矢二者完坚折伤之汉简，其例颇多。居延简418·2"三石具弩一完；稾矢铜镞五十完"，283·12"六石具弩二系弦纬完，稾矢铜镞三百，其八十六稾呼，二百一十四完"（《释文》卷三页二十及页二十七）。《流沙坠简·器物类》第21、23及24诸简，亦此类也。服兰之制，王、劳皆有考证。王国维又根据《汉书·李陵传》及荀子，谓古人赋矢，每增以五十；又云："汉简中凡言兰者矢皆五十，言服者矢至六百，则兰与服或有大小之别欤？"（《流沙坠简》卷二页三十九至四十）劳榦以六百矢是否俱纳于服中尚无坚证，故以为服未必能容六百矢也（《考证》卷二页四十一）。此简记矢以百计，亦为五十之倍数，知汉人赋矢确以五十为一单位。惟每一服能容多少矢则仍未能确定也。

敦十七新获第三十五简（木简，削衣，长 32，广 18，厚 0.2 毫米）。

（上缺）□**书**□

敦十七新获第三十六简（木简，削衣，长 35，广 20，厚 0.2 毫米）。

（上缺）**移**

（上缺）**拜**

以上二残简，其木皆为松柏科植物，木理相同，字迹亦相似，疑亦为一简之碎片。后简之末描画一动物形，不知何义。

敦十七新获第三十七简（木简，削衣，长 50，广 17，厚 0.1 毫米）。

（上缺）**伏地地**□（下缺）

敦十七新获第三十八简（木简，削衣，长 22，广 8，厚 0.1 毫米）。

（上缺）**再再**（下缺）

以上二残简，其木皆为松柏科植物，似亦为同一简之碎片。"伏地再拜"乃汉代书札格式，惟此简似为随意传写者，并非原来之主札也。

除上列三十八简外，此墩出土之无字简牍尚颇多，其中三简尚有字画迹痕，惟以过于漫漶，无法认识。又有细小之碎片二十余片，仅存一字，或半字，甚或仅存点画，无法缀合，兹暂从略（以上各简 T. XVII. N. 1 ~ 38，见图版 1 至图版 3）。

敦二十三戊第一简（木杙，长 144，广厚各 11 毫米）。

第一（？）（正面因剥落一片，已无字残存，疑为此二字。左侧面有四横画）

敦二十三戊第二简（木杙，长 125，广 11，厚 10 毫米）。

第二

敦二十三戊第三简（木杙，长 179，广 14，厚 12 毫米）。

第三（正面）（右侧面有四横画）

敦二十三戊第四简（木杙，长 179，广 15，厚 11 毫米）。

第四（正面）（右侧面有四横画）

敦二十三戊第五简（木杙，长 141，广 15，厚 9 毫米）。

第五

敦二十三戊第六简（木杙，长 144，广 10，厚 8 毫米）。

第六

以上六简，皆上端粗坚，剖面略成方形，下端削尖，以便椓杙，乃小木桩也（图版 3，2）。古人或称之为楬。《周礼·秋官·蜡氏》："若有死于道路者，则令埋而置楬焉"，郑众注云："楬欲令其识取之，今时楬櫫是也"。《汉书·尹赏传》："瘗寺门桓东，楬著其姓名"，颜师古注云："楬，杙也。椓杙于瘗处而书死者名也。"亦谓之杙。《尔雅·释宫》："橛谓之杙"，敦璞注："橜也。"《周礼·地官·牛人》郑注："橛谓之杙，可以系牛"。凡此皆指小木橛而言。《封氏闻见录》谓楬碣相通，其字本从木，后人以石为墓碣，因变为碣（卷六，碑碣条）。然楬字亦可泛指一切作标榜用之小木物。《周礼·秋官·职金》云："辨其物之媺恶，与其数量，楬而玺之"。郑玄注："楬而玺之者，楬书其数量以著其物也。玺者印也。既楬书揃其数量，又以印封之。今时之书，有所表识，谓之楬櫫"，贾公彦疏："楬即今之板书，楲即今录记文书。谓以版记录量数多少并善恶，为后易分别故也"。《地官·泉府》："物楬而书之"，郑众注："楬著其物也"。皆似指籤牌形之木楬而言。汉简中有一种小木牌，短而广，又圜杀其上，常有一穿，所书多为器物之名及数量（图 3，甲），王国维以为即古之楬，即系于器物之上者（《流沙坠简·器物类》第 6、13、15～19、22、23、33、43，共十一件）。兹为避免混淆起见，暂名此次所发现小木椿式之木楬曰木杙，以别于狭义之木楬，后者或可改称籤牌。二者皆楬著其物以作表识之用，惟前者椓杙于墙上或地上，后者则系于器物之上；使用之方法不同，因之形制亦大异。另有一种封检式之木楬，例如《流沙坠简·杂事类》第四十五简（图 3，乙）。简作长方形，长 106，广 39，上端厚15，下端厚仅 9 毫米（厚度据沙畹原书）。上端有绳道三，乃用以封缄者。上书"降归义乌孙女子复絫献驴一匹骓（？）牡两拔齿四岁封颈以敦煌王都尉章"。王国维以为"乃著于驴颈上之木楬"。然其形制与施于囊橐之封检相似，虽亦作楬著之用，实与狭义之木楬不同也。

又《流沙坠简·器物类》第五简亦为一籤牌式之木楬，其上一面写"兵完折伤簿"。简广而短，又圜杀其上，且有一穿（图 3，丙），王国维疑为簿之本制也（卷二页三十六）。傅振伦更推演其说，谓木楬似簿而小，其上有穿，即以系于器物之上（《简策说》页十五，见《考古社刊》第六期）。似以簿与楬同形，惟有大不之殊。傅又谓近世发见简牍，有圜杀其上，或有穿以便穿连者，皆名物簿也（同上，页二十六），则又将籤牌式之木楬亦包括于名物簿中。今证之实物，则王傅之说，尚可商榷。《流沙坠简》中标明器物簿者凡五简，其中三简皆狭而长，与其他简牍无异。王国维以为"兵器簿录之第一简而标其目者"，其说是也。居延所出之永元兵器簿，编绳犹存，共七十七简编成一册，其简与常简相同（劳榦《释文》卷三页二七至三十及所附插图）。盖"簿录"一称，乃指其作用而言，犹今日之清册或目录，并非另具一种形式也。其他标明器物簿之二简，则短而广，其一又圜杀其上（图 3，丙），王国维疑为簿之本制。然余颇疑此乃楬著名物簿之籤牌，犹今日清册之书签。簿录之本身仍书于常简之上，编成册后，以此木楬表识之。仅标明一物之籤牌，并不列举数物者，似不能称为簿录。王国维名之曰"木楬"比之傅泛称之为簿者，较为恰当。其作标识簿录用者，或可如劳名之为"簿检"（《释文》卷三簿检类）。惟簿检包括常简式及籤牌式两种形制，后者或可名之曰簿楬。居延所出之簿楬，亦有无穿而两侧有齿以便施绳者，如 5·1、36·4 等是也（图 3，丁）。

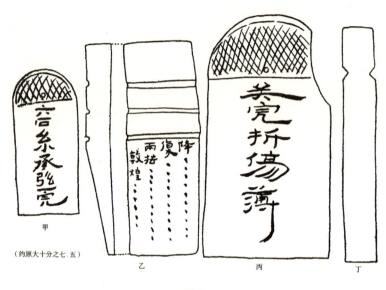

（约原大十分之七·五）

图 3

甲，籤牌式之木楬；乙，封检式之木楬；丙，籤牌式之木楬，簿楬；

丁，两侧有齿之木楬

敦二十三戊所出之木杙六件，仅标明次第，不知作何用。出土时凌乱横卧于土中，似由墙上堕下者。按居延简 240·2 "第二十七"，260·9 "第三"（《释文》卷一页四十五）其措辞与此相似。然二简之形制，皆为普通简牍，其反面皆另有文书，与此木杙不同也。

附录一

敦十四出土刻字木栉（木梳，长 54，广 44，厚 6~11 毫米）（拓本见图版 1，2）。

百病如

灭常乐

404

毋复

此木梳两面皆以尖物刻字三行，惜背面之字已不可识。《说文》："栉，梳枇总名也。"《释名》："梳言其齿疏也，枇言其细相比也。"此梳之齿甚疏，而敦十八亦出一栉，其齿甚细。或一为梳而一为枇欤？"常乐"为汉人常用之吉祥语，焦氏《易林》云："常乐允康"（卷五）。汉镜铭文有"常乐未央"及"常乐，富而大贵"之语（罗振玉《汉两京以来镜铭集录》，页二至四）。又按《太平御览》卷七百十四引曹魏时周宣《梦书》云："梦梳枇，为尤解也。蠹尽去，百病愈。"此梳上刻"百病如灭，常乐毋复"，其用意当亦相同也。

1947 年 11 月 19 日写毕

附录二

汉简所用之木材，曾以无字者数片请前中央研究院植物研究所何天相以切片显微镜方法代为鉴定，并经王伏雄校订，兹转录其鉴定书如下，并申谢意。

除竹片外，汉简木片计有下列数种：

（一）第三号标本：中名青杆（山西），别名杆儿松（河南），学名为 Picea Neoveitchii Mast。云杉一属，国产约十二种。本种自鄂省东北部至陕晋甘等地之高山有之。木材淡白，质轻而疏，可供建筑器具棺椁等用。

（二）B 字第一号标本：中名毛白杨，学名为 Populus tomentosa Carr。本种在甘肃及华北等地均有分布。

（三）第四号标本：中名水柳，［别名垂柳或垂枝柳（江浙）］，学名为 Salix babylonica Linn。附注：柳属在我国约有五十余种。本种乃长江以南各地习见之树；然亦可栽植于北方。水柳为一优雅之庭园树。

（四）第五号标本：中名柽柳，别名红柳。学名为 Tamarix chinensis Lour。附注：柽柳为沙漠中植物。本种乃青海甘肃新疆沙漠中习见之植物。

鼐按：斯坦因云：敦煌汉简所用木材，以白杨木（Populus alba）所制者为最多。此外为松柏科植物，其生长地离敦煌最近者为祁连山西部及中部。竹简之取材来源更远。红柳木枝制成者亦有之（Serindia，p. 598）。此次新获汉简中，竹制者三件（T. XⅦ.N.4 等），红柳制者一件（N.11.）。杆儿松为松柏科之一种，各简木料纹理清晰，显示树脂道者，皆可断定为松柏科，本篇中已于各简后一一注明，惟不知是否亦为杆儿松。削衣之简，多为此类木材，盖以其不产于本地，取材困难，故遂将废牍削去一薄层，以便再作书写之用。至于斯坦因所举之白杨，属于杨柳科（Salicaceae），性宜寒冷地，分布甚广，自北欧经西伯利亚直至朝鲜北部（陈嵘：《中国树木分类学》）。白杨与水柳为同科之植物，其木材亦相近似。本篇中未注明木材种属之各简，恐大都属于杨柳科。然未经切片个别检视，殊不易审定也。

1948 年 7 月补记

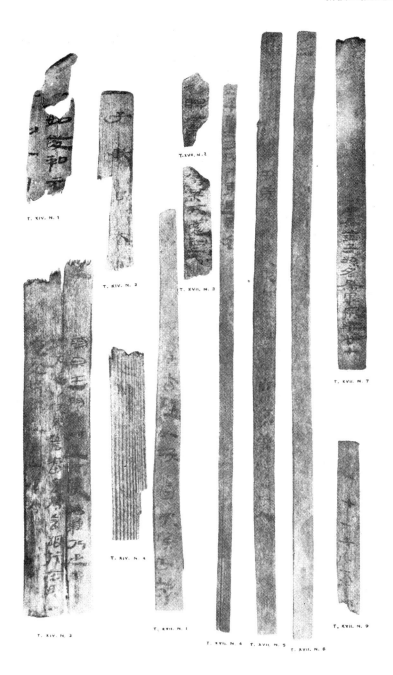

图版 1　新获之敦煌汉代简牍（约 4/5）

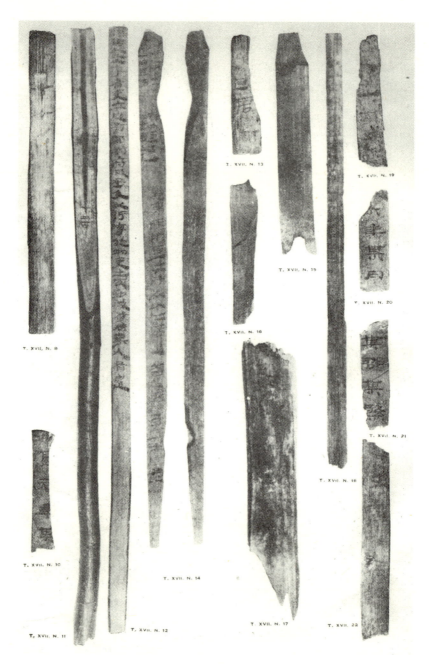

T. XVII. N. 8

T. XVII. N. 10

T. XVII. N. 11

T. XVII. N. 12

T. XVII. N. 14

T. XVII. N. 13

T. XVII. N. 16

T. XVII. N. 15

T. XVII. N. 17

T. XVII. N. 18

T. XVII. N. 22

T. XVII. N. 19

T. XVII. N. 20

T. XVII. N. 21

图版 2　新获之敦煌汉代简牍（约 4/5）

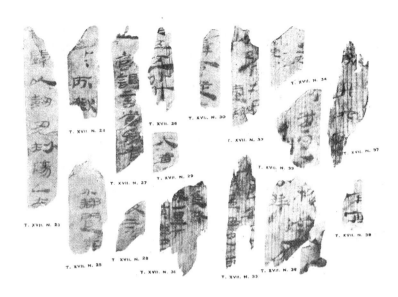

1. 新获之敦煌汉代简牍（约3/5）

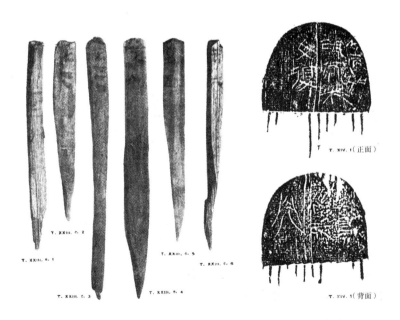

2. 敦煌出土之汉代标识木（约1/2）及刻字木梳（拓片影本约3/5）

图版 3

汉简中关于食粮计量的
"大""少"二字释义[*]

汉简中关于食粮计量的各简，在石、斗、升的量名的后面，有时加一"大"字或"少"字。对于这二字，一般的解释是依照《汉书·高祖纪》的韦昭注文。韦昭说："凡数三分有二为大半，有一分为少半。"（王先谦《补注》曰：官本注"大"亦作"太"）一般以为"大"即"大半"，也便是三分之二，"少"即"少半"，也便是三分之一（《考古》，1960年第1期第50页；《国学季刊》（1950年）第7卷第1期第100页）。最近陈直同志提出异议，以为"少"即"小"字，是指"小石"，"大"指"大石"。他说："居延吏卒发廪给以粟为原则，用大石小石不同的升斗来计算。发二石者为大石，发三石三斗三升少者则为小石。……少即小字，非如本文理解少指少半而言。"（《考古》1960年第8期，第38页）

我们细查汉简有关各简，汉代虽有大石和小石之分，我们也知道当时"小"、"少"二字可以互易通用。但是在这里，"大"和"少"二字，确是如一般的解释，应作为"三分之二"和"三分之一"的意义

* 本文原载《考古》1960年第10期，署名"作铭"。

来解释。这可以由有关的各简文义中看出来。例如：27.4 简"妻大女止氏年廿六用谷二石一斗六升大，子使女捐之年八用谷一石六斗六升大，子使男并年十用谷二石一斗六升大：——凡用谷六石"（《居延汉简甲编》，图版贰柒，203 号）；254.11 简："母大女存年六十七用谷二石一斗六升大，弟大女恶女年十八用谷二石一斗六升大，弟使女肩年十三用谷一石六斗六升大：——凡用谷六石"（同上，图版玖陆，1301号）。如果依照一般的解释，这二批食粮账目都是 $216\frac{2}{3} + 166\frac{2}{3} + 216\frac{2}{3}$，加起来都是 600 升，也便是 6 石，和简文结账"凡用谷六石"相符合。如果依照陈直同志的说法，那么 2.16 大石 + 1.66 大石 + 2.16 大石，加起来是 5.98 大石，和简文结账"凡用谷六石"不相符合，相差大石二升之多，并且在结账"六石"的后面为什么不加一"大"字，也无法解释。

另有几简中"大""少"二字兼用，含义更是清楚。例如 27.3 简，简文为"妻大女止年廿一用谷二石一斗六升大，弟使男陵年十二用谷二石一斗六升大：——凡用谷四石三斗三升少"（同上，图版贰柒，202 号）。如果依照一般解释，这批账是 $216\frac{2}{3} + 216\frac{2}{3} = 433\frac{1}{3}$，恰相符合。如果依照陈直同志的说法，那么 2.16 大石 + 2.16 大石，加起来应该是 4.32 大石。依小石一石折合大石六斗计算，4.32 大石便等于7.2 小石。简文中结账明白写的是"四石三斗三升少"，不是"七石二斗少"。又 55.25 简："妻大女弟年卅四用谷二石一斗六升大，子末使女解年六用谷一石一斗六升大：——凡用谷三石三斗三升少"（同上，图版肆肆，395 号），这用算式来表示是 $216\frac{2}{3} + 116\frac{2}{3} = 333\frac{1}{3}$，加起来的总数和简文完全符合。如果依照陈直同志的解释，2.16 大石 +1.16 大石，加起来应该是 3.32 大石，也便是 5.53 多小石，这样便和简

411

文"三石三斗三升少"不符合了。此外，在《居延汉简考释》（1949年版），释文卷2，页280，有203.13和203.19简，也是如此，现在从略。

这问题牵涉到汉代食粮问题，所以值得花点工夫将这两个字在简文中的含义弄个清楚。

敦煌藏经洞封启的年代[*]

敦煌千佛洞的闻名天下，除了由于保存六朝唐宋的塑像和壁画外，便是由于藏经洞所发现的大批古代写本，但是藏经洞的封闭和重新开启的年代，有各种不同的说法，似乎值得考究一下。

藏经洞封闭的时代，斯坦因与伯希和二人都以为是宋初西夏攻取沙州时寺僧逃避兵乱所封存的（按赵元昊取瓜沙肃三州是宋仁宗景祐二年，即 1035 年）。从来中外学者讨论这问题，大都依从二氏的说法，但是最近有人提出新的说法。

一位是张鸿汀先生，在去年出版的《陇右金石录》中说："元末兵乱，瓜沙沦没，石室闷扃，其时盖即在元明之间，或即守朗奢兰合南及其徒众所为。"（卷五页七三）但是这说法虽新颖，却与我们所知道的事实相冲突：①石室所藏写本中题记有年号的，自西凉建初六年至宋太宗至道元年，凡五六百年，越后的越多。但是至道以后至元末，三四百年间，竟无片纸。②藏经洞中所出文字，汉文以外，有梵文，于阗文，龟兹文，西藏文，粟特文，突厥古文，但是统治敦煌达二百年的西夏人

* 本文原载西北图书馆主编《西北文化》第 32 期，1945 年 6 月 26 日。

所用的文字，却是没有发现（未经封闭的佛洞内积沙中，时发现西夏文残片，此反足证藏经洞封闭得较早）。③石室封闭后，门洞用砖封砌，外绘壁画，这壁画是宋代作风，和元代壁画的作风，完全不同，所以若以封闭时代为元末，这三点便不能解释了。

另有一说法，是董作宾先生提出的。在前年《说文月刊》西北文化专号中。董先生说："当时因回鹘之乱，仓卒封存。"（页八七）又以为罗振玉《敦煌石室碎金》中所收的淳化元年残历的年代，应该改定为宋仁宗嘉祐二年（1057年）的残历（页九八）。如果这样说法，那么石室的封闭，要较西夏的攻取沙州至少晚二十多年。这说法的根据是以北宋历来推定这残历的年代，但是这方法却靠不住，据王惠民先生的研究，我们知道敦煌历日与五代北宋历日不同，所以据五代北宋历日以推敦煌历的说法，都不足置信（《东方杂志》第34卷第9期）。对于敦煌历法我们知道的过少，尚无法来推定这残历的年代，所以我们还是依照旧说，以为最晚的有年号的写本，是至道元年，藏经洞的封闭，大约是西夏陷沙州的时候，董先生所云"回鹘之乱"，也缺乏根据，张氏曹氏统治敦煌达二百年，后来便陷于西夏，曹氏与甘州回鹘累世通婚和好，有时附回鹘入贡于宋，当时敦煌并没有"回鹘之乱"。

关于藏经洞重新开启的年代，离现在不远，似乎应该有一致的说法，但是据我所知道的，至少有四种不同的说法：①光绪二十五年，见民国20年王道士墓志。②光绪二十六年庚子，见光绪三十二年重修千佛洞三层楼功德碑。③光绪二十七年，见民国2年敦煌县政府档案（以上三种史料，皆曾收入《说文月刊》西北文化专号内《敦煌石室》一文附录中）。④光绪二十九年，见宣统《甘肃通志》卷九二。

以上四种说法，后两种似乎得之传闻，不甚可据，即第一种亦是王道士死后徒弟转述的话，离发现的时间已隔三十多年了，错误皆可能性颇大，所以我以为第二种的说法较为可靠，发现的年代是光绪二十六年庚子，1900年，郭璘撰碑时，必咨询王道士，那时离发现时仅相隔六年，王道士记忆得比较正确，光绪三十四年伯希和到敦煌时，王道士也告诉他是 1900 年发现的（见伯氏《中国西域探险报告书》，《说文月刊》第二卷有译文）。至于他告诉斯坦因的话，因为手头无书，将来再行查考。又去年千佛洞艺术研究所在王道士使用的木柜中，找出一件王道士托人书写的索取经价红帖子（见本刊特辑第 3 号），也说是光绪二十六年发现的，亦可为一证。

《敦煌石室画像题识》后记[*]

　　劳贞一先生将《〈敦煌石室画像题识〉校补》写成后，因为我也曾在敦煌千佛洞住过，所以将稿子送来给我看。民国卅三年夏间我在千佛洞的时候，因为知道自卅一年起，劳先生、向觉明先生和史岩先生曾经先后从事于石室题识的抄录，都曾费了很多的时间和精力来做这工作，所以我自己便偷懒，只摘录少数比较重要的题记，不再从事于全部的抄录。向先生以敦煌学专家的资格来做这工作，本来是最适宜不过的。史岩先生另起炉灶，重做一遍，初以为必另有过人的地方。现在读到他印出来的题识，虽然具见抄录的勤苦，但结果未免令人有点失望。劳先生这篇校补，便可以补正他许多错误和遗漏的地方。我相信如果向先生把他抄录的笔记整理出来，一定可以有更多的重要的补正。

　　石室题识因为历时久远，经过天然及人工的损害，有许多地方已模

---

　　* 本文原载《文物周刊》第 93 期［1948 年 7 月 21 日《中央日报》（上海）第 7 版］。

糊不清。抄录的错误或遗漏，自然是免不掉的事。不过像劳先生所指出的将"丹州长松府"误抄成"舟州长松府"之类，如果抄录者稍熟悉掌故，谨慎从事，便可避免。（史氏自序云"今斯笔录，曾经再三覆校，缮定时，复亲手自勘订"，知此为原来抄错非由手民之误。）劳先生的校补，开端便声明只是校出和自己所抄录的相异的地方，并不一定都是史先生的错误。例如张氏编号第三百洞的莫高窟记的首句，我记得似乎确是像史录的"右在州东南廿五里"，并不是劳录的"古瓜州东南廿五里"。这些地方最后的决定，当然要靠再行仔细审查原来的题记。不过，不幸得很，这些题记因为抄录者常用水浸湿使之显明易认，有几处因为所喷的水不干净，污渍斑驳，使原来不清楚的更不清楚了；有些经喷水数次后字划的痕迹竟完全消灭了。这些都使将来从事校正题识的人发生困难，殊为憾事。

原书中遗漏或错误的地方，劳先生没有校出的自然还很多，现在就我所已发现较重要的几条，多是有关史事的，列举在下面：（依照劳先生的前例，将新校出的字加▲作记，洞号依张大千氏的编号，而将史氏新编号附在括弧中。所引的向觉明先生的《西征小记》，见民国卅六年4月2日《大公报·图书周刊》第13期）。

（1）第10洞（10）本殿前壁右方第一身："夫人蕃任瓜州都督……仓曹参军金银间告身……"此依向先生的抄录，向先生前云："金银间告身，亦见于德化碑，则南诏之制，实袭吐蕃之旧。"（《西征小记》）其说甚是。

（2）第14洞（14）本殿涅槃像坛前侧右列第一身题名："银青光禄大夫检校国子祭酒……左司马兼御史大夫上柱国李明振。"按李明振便是乾宁元年李氏再修功德记中的施主。这功德记的石碑，现下仍竖立在本洞外廊。碑中说李明振曾经"敕授凉州司马，检校国子祭酒，兼御史中丞，赐紫金鱼袋"，和这题记的结衔，大致相符合。明振是张义潮的女婿，是当时敦煌张氏政权下的豪门贵族。

（3）第20洞（23）门道北壁第一人："晋昌郡太守兼墨离军使。"
又第245洞（192），本殿前壁右方第一身"皇祖墨离军"，按劳氏补校
初稿都作"墨雕军"查《新唐书·地理志》瓜州条说："西北千里，有
墨离军。"陶保廉《辛卯侍行记》说："偶阅新唐书王中嗣传，伐吐谷
浑于墨离，虏其全国而归。又张守珪传，以守珪为瓜州刺史墨离军使，
使筑州城，始悟墨离在吐谷浑，而墨离军假以为号，实与瓜州同城。地
志好侈言，复讹南为北也。"（《辛卯侍行记》卷五）这题记中的军名是
墨离军无疑。晋昌郡即瓜州。《旧唐书·地理志》说：天宝元年为晋昌
郡，乾元元年复为瓜州。李氏再修功德记中李弘定结衔是"瓜州刺史
墨离军押蕃落等使"，都可以证明墨离军使是瓜州最高长官的兼职。

（4）第20洞（23）"咸通七年三月廿八日魏博弟子石弘载及浙江
东道弟子□□□"。这一题记，史劳两先生都未列入，据向先生说：
"此题记一方，为张大千所剥离，临行以赠敦煌艺术研究所，不知原在
窟内何处。唯此乃开，天时乐庭环所开窟。咸通题记当是重修时书
耳。"（《西征小记》）我在敦煌艺术研究所中也曾看到这一块剥离下来
的题记，这是张氏在千佛洞妄施斧斤剥离壁画的成绩之一。

（5）第26洞（30）向先生说："窟内佛龛下发愿文已漫熄，文末
万岁三年字尚可识。"（《西征小记》）我在千佛洞时也曾仔细看过，过
于模糊，殊难确定。

（6）第42洞（71）参道左壁第一身："故外王父前河西一十一州
节度管内观察处置押蕃落支度营田等使金紫光禄大夫检校尚书（中缺）
授（中缺）万户侯赐紫金鱼袋上柱国……"本殿右壁第三身："故外王
母太夫人武威阴氏。"此系据《西征小记》增补。这洞是曹议金的子女
所修的。前一题名所用的是张氏节度河西时所带的官勋，所以向先生疑
张曹二氏有婚姻的关系。又根据第五洞的题名，知道阴氏即张淮深的夫
人，因而推定所谓"故外王父"当即张淮深，由此我们可以猜想曹氏

承袭张氏割据汝州，一部分是凭藉这婚姻的关系。

（7）第83洞（248）本殿左壁迦叶三尊图下端发愿文："夫至极闻旷，正为尘罗所约，圣道归趣，非积累何能济拔。是以佛弟子比丘恐化，仰为七世父母……迦叶佛一区……不入三途……"这题记的原迹，起首处大部分现已隐约难辨。上面是根据陈万里的《西行日记》，那时候的保存状态较现在为佳。

（8）第86洞（252）向觉明先生说：此窟北壁壁画发愿文已漫漶，而时正光囗年诸字犹隐约可见。莫高诸窟题识年代无早于此者（《西征小记》原文误刊为第83洞）。我在敦煌的时候，曾承向先生特别指出这题记的年号给我看，但是仔细察视，终嫌过于模糊，不能确定是否"正光"二字。这洞的壁画与第94及第96号隋开皇年间开凿的洞子相似，和第83等魏洞不同。我怀疑这年号并不是"正光"二字。姑志之以待将来再加审定。

（9）第94洞（265）向先生说："窟内中心座北面座下有隋开皇四年六月十一日发愿文。"（《西征小记》）这题记也曾承向先生原来的洞子中特别指出来给我看，大致犹可认辨。隋洞题年号者，除第96洞（268）外，仅有这洞，劳、史二先生都遗漏掉未列入。

（10）第137耳洞（335）向先生说：此窟张思艺造维摩变发愿文内，思艺姓名尚隐约可见圣历二字（《西征小记》）。这洞中又有垂拱二年发愿文，也是武后的年号，史氏原书已经抄入。现在增入这圣历题记及上文所提及的第26洞的万岁三年题记，武后时代的题记，共达三件了。

（11）第155洞（405）参道右壁第一身："归义军节度管内观察处置押蕃落等使银青光禄大夫检校右散骑常侍兼御史大夫索勋。"又同列第二身："检校右散骑常侍兼御史……陇西郡李弘谏一心供养。"参道左壁第一身："光禄大夫检校司徒……张承奉一心供养"。又同列第二身："光禄大夫检校左散骑常侍兼御史大夫上柱国陇西郡李弘愿……"。

这四个题记中供养人姓名都尚隐约可辨。张承奉是张义潮的后人，《旧唐书》卷二十昭宗本纪光化三年（公元 900 年）七月"前归义军节度副使权知兵马留后，银青光禄大夫，检校国子祭酒，监察御史，上柱国。张承奉为左散骑常侍兼沙州刺史御史大夫，充归义军节度，瓜州伊西等州观察处置押蕃落等使"，便是此人。后来曾自立为白衣天子，号西汉金山国（见《北平图书馆馆刊》9 卷 6 号王重民《金山国坠事零拾》）。这题记的年代稍早，其时张承奉年龄尚幼，归义军节度使是张氏部下权臣索勋。敦煌城内现存的索公纪德碑，便是景福元年（公元 892 年）所立歌颂索勋功德的。徐松曾用这碑文来证明嗣张淮深为归义军节度的是索勋，光化三年张承奉又代勋，至于曹义金更在其后。《新唐书·吐蕃传》说："咸通十三年淮深卒，曹义金为留后。"这段话是错误的（《徐星伯先生小集·索勋纪功碑跋》。徐氏原文以此语在《新唐书·方镇表》。当由记忆的错误）索勋是张义潮的女婿，义潮的另一个女婿便是李明振，题记中的弘谏和弘愿便是明振的儿子。乾宁元年（公元 894 年）所立的李氏再修功德记碑文中也有他兄弟二人的姓名。碑中李弘愿的结衔是"使持节沙州诸军事口，沙州刺史，兼节度副使，检校右散骑常侍，御史大夫，上柱国"，弘谏的结衔是"使持节甘州刺史，兼御史中丞，上柱国"。他们的母亲张氏，即张义潮的第十四女。碑文中说张氏"兄亡弟丧，社稷倾沦，假手托孤，几辛勤于苟免。所赖太保神灵辜恩剿毙，重光嗣子，再整遗孙"。这便是指索勋辜恩擅位的事，听说向觉明先生撰有《瓜州谈往》一文，对于这事另有详考，惜尚未发表。

（12）第 187 洞（380）本殿龛前中央功德记："于时大唐清泰元年。"这是向先生卅一年第一次赴敦煌时所抄的（《西征小记》）。卅三年第二次在敦煌时，这年号已是模糊不清。史氏自序中提及这洞有清泰元年创窟功德记（第 20 页），大约也是听向先生说的。因为不知道原来在功德记何处，所以原书正文中没有抄录进去。

（13）第270洞（87）净土变题记："贞观十六年岁次壬寅奉为大云寺律师道弘……"史氏所录脱漏壬字及弘字，奉误作春，律师误作僧师；又这洞入口上方发愿文的造像人"玄迈"，史氏误作"文遇"。

（14）第287洞（62）窟内佛龛北菩萨像上有"天宝八载四月廿五日书人宋承嗣作之也"一题记，史、劳二氏都漏去未列入。这题记是在壁上不受人注意的地方。向先生第一次在敦煌抄录时，也未曾见到。卅三年向先生准备第二次赴敦煌时，携有王重民先生在巴黎所复制的伯希和在千佛洞笔记手稿的小型影片（Microfilm）。我在重庆时曾承向先生借给我一阅。我便利用北平图书馆驻渝办事处的放大机，加以摘录，伯氏记录这洞有天宝八年的题记，所以到敦煌后，曾在这洞子中专寻觅这题记，结果在窟内佛龛北的菩萨像旁寻到了。向先生修订《西征小记》时，已把这题记加进去，千佛洞中标明书人姓名的题记很罕见。这题记可增加我们研究盛唐作品的材料。

就上面所举的十几个例子，可以证明史先生的抄录工作，连一些很重要的地方，都有遗漏。至于比较无关紧要的错误或遗漏，自然是更多。同时这些例子中屡次提到向先生的抄录，毕竟是出于敦煌专家之手，与众不同，希望向先生能够早日整理出来，作一个近于定本的敦煌石室题识。

我在上面举例时所用的洞号，不采用史氏的新编号数而仍用张氏编号，是经过考虑后才决定的，向、劳二先生对此也有同感，现在将我们的理由略加申述。千佛洞的洞子有壁画的当达四百左右，为叙述及引证的方便起见，自然有加以编号的必要。伯希和氏最初做这全部编号的工作，他的《敦煌图录》便是用他自己的编号的。张大千氏在千佛洞时，因为不知道伯氏已经编过，所以重新编号，并且在各洞的洞口，写上洞号。他的做法是在洞口显著的地方（有时便在漫漶的功德记或壁画的角上），涂上石灰，作长方的框幅，再用浓墨写上洞号。那些壁画不多的洞子，他便没有加以编号。后来听人家说起伯氏每洞都有号数，他便把这些漏列的洞子，依照那些靠近它们的已被编号的洞名，称为第几号耳洞，如有二耳洞，便分为南耳洞和北耳洞。但是有许多"耳洞"和"主洞"，前无主从的关系，不能算是"耳"洞。并且有些洞子有三个耳洞（例如第272洞），真有点像先秦名家所说的"臧三耳"了，幸得这种情形并不多。我的意思以为张氏的编号既已写在洞口，核对较为方便，并且如果将他已写上去的又加涂去另写，对于古迹又多一番摧残。加以近来各家来敦煌调查或摄影的，多依洞号所写的张氏编号来登记洞号，最好不要多加更改。否则像史先生原书用他新创的编号，又不附一对照表，使我费了大半天的工夫，才将他和张氏的洞号对照弄清楚。劳贞一先生在写他的校补的时候，也曾费了些时间来做排比对照的工作。劳先生所提及的三十几个洞子的对照号数，竟有好几个和我所查出来的不相同，（后来劳先生已照我的证明改过来了）。可见得史先生这一举，真是犹治丝而棼之。希望敦煌艺术研究所将来订定各洞编号，最好大体依照张氏已写在洞口的号数，愈少数改动愈佳。如果认定张氏的编号已达到"约定俗成"的程度，那么连"耳洞"的称呼都可以保留。如果以为"耳洞"一名必须加以修改，或可依照现下各国通行的都市门牌编号法，将张氏所称的"耳洞"，由南而北，改为第几号甲洞、乙洞等。例如104南洞耳改为104甲洞，104北洞耳改为104乙洞。西文书写为104A、104B。这样便可以连对照表也不必造，人家便可知道是张氏原编号的那一洞。新发现的洞子也可以很容易地编入，不必每次一发现被沙淹没的新洞子，便要全部改编洞号。我以为初次编号时，自当竭力设法使之合理和方便，但是既然已经编过，并且经许多人使用过，除非另有万不得已的重大理由，最好不要以"合理"或"方便"的口头禅，轻加全部更改。最近敦煌艺术研究所常书鸿所长来信，对于史先生的新编号，也表示不满意，似不曾予以采用，这不失为一个贤明的决定。

　　史先生的自序中有云："五代之曹全，亦产斯土，是知五代宋初为此族之盛期。"（第 18 页）。我前在敦煌或见当地人吕钟先生新编的《敦煌县志》稿本，其中人物志误以曹全碑的曹全为曹议金同时代的人物，列入五代期中。吕氏书明出处，使人可以订正他的错误。今史先生此语，似乎是抄袭吕氏之书，沿其误而不改，且并未书明出处，是否发现五代时另有一"曹全"？

　　篇末郑德坤先生的《敦煌学发凡》（英文稿），似乎是匆忙中写就的，颇多错误，如页一谓十二世纪以后千佛洞寺庙及荒废。这大概是由于藏经洞是十二世纪西夏攻取瓜、沙、肃三州时所封闭的一段事实推断出来的。但西夏取得沙州以后，一直到明代放弃嘉峪关外地，敦煌似未经重大兵燹，千佛洞寺庙仍能维持，且曾有复兴的工程。这有西夏及元代的壁画及元代的碑文，可以为证。又述石室写经发现后影印或录副的出版品（第 2 页），不仅有罗振玉、王国维的《流沙坠简》（这大概是根据史岩先生《东洋美术史》上卷第 83 页所述的"光绪二六年敦煌县南鸣沙山麓三界寺道士发现破壁中大藏书室，获得无数汉代漆书之木简"一段记载吧！）并且常钧的《敦煌杂抄》，郑先生大概未见原书，以为它一定是和许国霖先生的《敦煌杂录》及向觉明先生的《敦煌丛抄》一类的书，不知道常钧的书是乾隆年间成书，如何能抄光绪年间出土的石室写经？又谓在抗战期内向觉明先生发表了两篇由大英博物院所抄得的敦煌写本（第 4 页），第一篇《董永变文跋》，是王重民先生所撰的，不知怎样记在向先生的头上？第二篇《寿昌地境跋》所记的写本，向先生已声明今藏敦煌某氏，三十一年在敦煌据传抄本录副，实与大英博物院无涉。郑氏所附书目，将劳贞一先生的《伯希和敦煌图录解说》一文，误英译为"伯氏图录的中译"，劳先生那篇是根据伯氏图录的图版作说明书，并非翻译。

　　本书刊行时校对欠佳，时有错字。例如开端常序中"夫人佘氏"误作"夫人奈氏"，郑氏书目 No. 4"寿昌县"误作"寻昌县"，No. 52

"劳贞一"误作"劳真一"；史氏自序中第 239 窟误作第 392 窟，第 252 窟误作 522 窟（皆见第 3 页），至于自序第 393 窟及 565 窟（第 4 页及第 5 页），正文中作第 392 窟（第 89 页）及 587 窟（第 94 页）。不知孰误，未能核对原窟，无法决定。自序 24 后半叶，竟有错简三行。

敦煌千佛洞史略[*]

　　自从汉武帝开辟四郡，敦煌便成为西北国防的最前线，同时也是中西文化交流的要冲。佛教艺术由印度经中亚传入中国历程中，敦煌自然占很重要的地位。这由千佛洞便可以来做证明。千佛洞替我们保存了中古时代佛教艺术的杰作。游临石窟的时候，触目都是琳琅珠玉，美不胜收，活像置身于欧美大都市的美术院中。

　　千佛洞古名莫高窟，在敦煌县城东南约四十里。由县城东南行约十五里入戈壁滩，再由戈壁滩转入山口，至三危山中，便是千佛洞。这里的土层是第四纪的砾岩，一条发源于南山的小河，蜿蜒北行，在这砾岩层中侵蚀了一条深达十来丈的河谷，千佛洞便是在这河谷的西侧峭壁上。窟数当在四百左右，累累若蜂巢，确是宏伟无匹。

　　佛教的石窟寺制度，起源于印度，如著名的阿真特石窟寺（Ajanta）有两洞还是西历纪元前（西汉时）开凿的。由印度传到西域，在库车及吐鲁番等处，都有规模伟大的石窟寺，然后又由西域传到中国来，河西一带，除了敦煌千佛洞外，还有敦煌党河口的西千佛洞，安西的万佛

　　* 本文原载《国际文化》第 1 卷第 4 期（1948 年 9 月 30 日南京出版）。

峡，玉门昌马的东千佛洞和赤金的红山寺，酒泉文殊山，张掖马蹄寺，但以敦煌千佛洞为最重要。

千佛洞开凿的年代，根据现存的圣历二年（699 年）李怀让重修莫高窟碑，是苻秦建元二年（366 年）沙门乐僔开始造龛的。自此以后，代有增辅，现存修窟题记，最早是西魏大统四年（538 年），其后隋唐盛世，佛教信仰发达，在千佛洞也留下了许多宏丽的壁画和塑像。到了晚唐五代，张义潮、曹义金两家相继称雄于沙、瓜二州。以敦煌（即沙州）作为割据的政治中心，富力集中，所以张、曹二氏在莫高窟所修的洞子，都是规模伟大，超越前人，这可以说是千佛洞的极盛时代。

好景不长，极盛必衰，宋初西夏崛起，雄主赵元昊于景祐二年（1035 年），攻取瓜、沙、肃三州，战争的灾祸，影响到这世外桃源的千佛洞。当时寺僧星散，盛景消歇，藏经洞的宝藏便是这时集中一处隐匿起来的，正像许多其他因兵乱而隐匿起来的藏窖一样，原来的主人遭受逃难客死的命运。这藏经洞竟经过了九百来年，湮没无闻，一直到光绪二十六年（1900 年），才偶然的重被发现。英人斯坦因、法人伯希和拣选精华，捆载而去。这批无价之宝的古经本及画轴，遂流入海外。当时清朝学部听到这消息后，便将剩余的八千余卷送往北京，现藏国立北平图书馆，民国三十三年又发现了六十余件六朝写本，现藏敦煌艺术研究所。由于藏经的发现，千佛洞的名声，便喧腾中外，全球闻名了，这是西夏兵祸的意外后果。

敦煌被西夏占据以后，便失去了它在张、曹割据时代的重要性，千佛洞也便衰落下来，但并没有像某些人所说的完全废弃。西夏至元代，千佛洞都有增补的痕迹，著名的"六字真言碑"及至正十一年"重修皇庆寺记碑"，都是元代的东西。（现在都藏于敦煌艺术研究所的陈列室中。）明初，放弃了嘉峪关以西的地方，敦煌成了边疆部落的耕牧地。千佛洞开始完全荒芜，阒无居人，凋零衰落到极点。

　　清初于敦煌设治，移植关内人民于敦煌，千佛洞又成为愚夫愚妇的朝拜圣地，尤其是四月初八日的浴佛节，人山人海，香火兴盛。但是这些人对于洞中所保存的古代佛教艺术，已经不能了解。可怜这些优美的艺术作品，不但不能被欣赏，被爱护，反而被氤氲如云的烟火熏黑了许多。清末湖北道士王元箓复兴千佛洞，修盖九层楼，他的宗教热诚和毅力，确是过人，但是愚昧无知，藏经洞的写本和画轴，便是由他手中卖给外人的，并且凿壁洞贯穿各窟，改塑神像，重绘壁画，对于古代作品颇有破坏。

　　光绪五年（1879年），匈牙利地质学家洛克齐考察地质经过敦煌，看到了千佛洞，他返回欧洲后，很加称赞，说洞中的壁画和塑像的丰富，冠绝东方。后来斯坦因、伯希和二氏先后考古到敦煌，除了取去写本和画轴外，对于洞中的壁画和塑像，也照了许多的照片。斯氏择要发表于他所著的考古报告中。伯氏将千佛洞全部编号，并且摄影数百幅，印出了六大册敦煌图录。使令不能亲履其地的人，也可以欣赏到敦煌石室中所保存的艺术。可惜照相有些模糊不清楚的地方，并且是单色的，显不出敦煌壁画的五彩缤纷，配色妙绝。

　　千佛洞出了名，它的厄运也便降临了。除了写本和画轴这些宝藏完全丧失外，连壁画和塑像也遇到劫运。民国十三年美国人华尔纳曾用树胶粘去壁画二十多幅，又运去佛像多尊，今存哈佛大学博物馆。次年又想来大规模粘取壁画，幸得我国政府知道了，派人监视，这企图才没有实现。抗战期中因为开发大后方，西北的交通便利不少。到千佛洞游览或工作的人增多了，于是有意的，或是无意的，又做了许多破坏工作，使令爱护这些无价珍品的人，见了很是痛心，有识的人士觉得有抢修的必要，便向政府建议设立机关保管。

　　民国三十二年，教育部收归千佛洞为国有，就地设立敦煌艺术研究所，千佛洞的历史可以说是进了一新阶段了。研究所的初步重要工作是在保存方面。现已周绕洞窟全部修筑围墙，又在各个洞口设置木门，以便管理。又修理破洞，扫除积沙，以保存古迹。承中央社罗寄梅先生等的合作，已将全部洞子做了摄影记录。研究所更重要的工作是临摹壁画，预备将来原色印刷出版，以宣扬敦煌艺术，并可永久流传。且可作进一步研究佛教艺术及图像学等的主要资料。

漫谈敦煌千佛洞和考古学[*]

敦煌千佛洞是我国中古时代艺术的宝藏，是我国先代人民的辉煌的文化成就。1944 年春间，我到敦煌去做考古工作，夏季停工时，承常书鸿所长的招待，我曾在千佛洞住了一个多月。每天跟着向觉明、阎文儒二先生钻洞子。洞中的壁画和塑像，在我的脑中留下了不能磨灭的印象。这次敦煌文物研究所在北京筹备展览，我看过一遍，如晤故人，如温旧梦。一切都仿佛犹昨，谁知韶光已轻易地流过七年多了。郑西谛先生要我写一篇文章。我想从考古学的观点，拉杂地谈一谈敦煌千佛洞。

新的考古学不是玩古董，新的考古发掘不是刨墓挖宝。例如苏联考古家的发掘乌克兰的黎波里文化遗址，并不是为了挖取几片彩陶或几把石刀；他们是将整个废墟开掘开来，研究当时的物质文化的全貌。这次展览会利用描摹及仿塑的方法，将我国先民的这一伟大的艺术遗产，搬到会场里来。我们欣赏时，不要限于片段的认识，将每一幅画面孤立起来。千佛洞的各洞子，常是直接地反映设计造洞的艺术家的创作的匠心，间接地反映当时的社会意识。我们除了欣赏这些艺术品的细节或单

＊ 本文原载《文物参考资料》第 2 卷第 5 期，1951。

一的画面以外，还要进一步认识整个洞子中各幅画面的配合，以及塑像与壁画间的配合。这次展览会中的洞窟模型，对于这方面的缺陷，多少已加以补救。

我们研究这些艺术品时，不要将它们和环境完全分离开来；不要将他们看成富家客厅或书斋中的字画作为有闲阶级的消遣品而摆设着的，这些艺术品是当时广大人民的宗教意识状态的反映。他们的宗教生活便是以这些艺术的环境作背景。我记得初次赴千佛洞时，几个人骑马出敦煌城，经过附郭村庄后，跑过了将近15公里的荒凉的戈壁滩，到这佛教圣迹所在地来。悬崖陡壁上一排蜂窝似的佛洞，从绿荫中透露出来，荒漠中的绿洲，已令人生"别有天地非人间"之感。门墙完整的大洞，多是光线黑暗的。我们进了洞后，细心观察。微弱的光线，从洞口进来，映射在释迦佛及胁侍菩萨的塑像上。四壁多是大幅的经变图。褪了色的画面，富于一种神秘性，我们可以想象当年香火盛时，这些塑像和壁画，必定都是笼罩在氤氲如云的烟雾中。这些洞中必定更富于宗教的气氛，使人一进去便产生了虔诚的崇敬。这种心情，只有身履其境的人才能体会得到。仅只看到一幅幅孤立的画面，或者玩具似的小模型，很容易忘记了这一点。将这些艺术与现实世界分开，便不能深刻了解它们的伟大。

除了要掌握客观的现实，注意现实中的联系性以外，我们自然还要用分析的方法去研究。好几个洞子有修洞年代的题记。我们可以根据这些年代确定的洞子作为标准，将每一时代的特点提出来。千佛洞一共有400多洞窟，从西魏到元朝一千多年，代有兴筑。我们要用比较法，将没有纪年题记的洞子，也都归入一定的时代中去，然后分析每一时代的特征。譬如洞窟的构造，神龛的形制（即龛外傍柱及拱额的形式），藻井的装饰，塑像的题材、姿态、服饰及作风，宝座及背光，壁画的题材、布置、作风及所用的颜料等，都可以作分析的研究。然后再综合起来，由历史的观点，看它们嬗变的痕迹。例如：他们礼拜的对象，是否依时代而变迁？这些变迁和我国佛教的发展史有什么关系？如何反映当时的社会？又如根据供养人画像和题记，知道除了统治阶级的封建主张义潮、曹议金等以外，还可以代表什么阶级？他们的阶级成分如何反映当时的社会组织？

除了宗教史和艺术史以外，千佛洞壁上还保存着大批的政治史和社会史的材料。向觉明先生曾利用题记的材料，写过一篇《瓜沙谈往》，叙述张、曹二氏统治下的政治史。壁画中佛本生故事等中，又有许多社会史的材料。例如当时农耕的情形，舟车的形制，僧尼的剃度等；当时建筑物构造及男女服饰等的材料，也是到处皆是。这些材料，自然要与藏经洞发现的写本卷子，合并起来做研究，因为写本卷子中关于唐及五代的政治经济及社会各方面的史料，很是丰富。壁画中的建筑，又可和千佛洞现存的唐末至宋初的木构廊檐，互相比较研究。

做这些分析研究工作时，我们要对于研究对象，有深切的理解，才不至于误入歧途，发生错误。对于一般性的文献及实物的材料，既要熟悉；对于佛教经典，尤其是要熟悉。否则，仅就主观的见解，妄行推测，便不能获得客观的认识。譬如斯坦因，他不知道牢度义斗法的故事，看见壁画上这幅故事图中的狂风撼，便以为或许与敦煌春季多风有关。又如某君，谈到已刊行的敦煌写本的书，竟将乾隆时常钧的《敦煌杂钞》也收进去。这些便是由于客观认识不充分的缘故。

为了要达到深刻的客观这一目标，我们要尽量设法利用自然科学的方法，例如千佛洞壁画所用的颜料，据哈佛大学福格博物馆盖特斯（R. J. Gettens）的研究，共有下列 11 种原料：烟炱、高岭土、赭石、石青、石绿、朱砂、铅粉、铅丹、靛青、栀黄、红花（胭脂）。前六种的制法较简单，只要碾成粉末便可利用。后五种要经过比较复杂的制造过程。这表示当是我国人民已能利用优良的技术制造颜料。并且这 11 种原料，大多不是敦煌的土产。即在今日的敦煌，也不容易全部弄到。现在敦煌的文物研究所临摹壁画所用的颜料，有几种便是以价廉货次的化学颜料来替代。我们不能不钦服当时的能力，能够将远处所出产的原料或制造品，运到敦煌来应用。盖特斯氏又作试验证明壁画中人物颜面手足等处的茶褐色，是由铅丹长期受热和光的影响而变成的。在天然的环境中要经过千来年之久，但在试验室中可设法促进其变化过程，于两个月内达到同样的状态。在显微镜下可以看出来在表面一层茶褐色的底下仍是未变色的粉红的铅丹。这样使我们对于壁画的原来色调，可有更深的理解。现代考古学多利用化学方法来做分析工作，以求明了古物的实质。敦煌壁画的研究也可以利用这方法。

我们研究敦煌千佛洞，自然不能将材料限于千佛洞一处。客观的感性认识越丰富，我们的理解也越正确。关于我国的佛教艺术遗迹，不但敦煌附近的西千佛洞和安西的万佛峡要加研究，便是新疆的库车、吐鲁番等处佛教的壁画和雕刻，及东方的龙门、云冈等处的石刻，也可以拿来做比较。它们所代表的时代是相同的或相近的，所受的影响也相似。为了探本穷源，我们也可以去研究中亚及印度的佛教艺术。我们做这些比较研究时，要顾到它们地理环境及文化背景的不同，因为千佛洞的壁画有许多地方是采取民族形式的，我们要研究我国本土汉唐的艺术。这些也是敦煌艺术的来源，又要注意到立体的雕刻和平面的壁画，所利用的技术是不同的，它们的表现法也有若干差异的。

我们拿来做比较的资料，也不能仅只限于佛教艺术。地下发掘出来的古墓中物，也可以做比较之用；尤其是敦煌本土的出土品，有些也许出于同一艺术家之手。我那年在敦煌所发掘的墓葬，时代是由汉末至唐。殉葬的美术品有好些可以和千佛洞中的东西作比较。其中唐代墓门内两侧的天王像，两足踏住鬼怪，墓中所陈列的又有些人俑和马俑。这些都是塑造手法优美，色泽也很鲜明。这些陶俑现归南京博物院。曾参观过南京博物院或在北京举行的"中国艺展"的人，如果拿这些陶俑和千佛洞中唐塑做比较，便可以看出它们的相同点，有些或许出于同一人之手。唐墓中的正方形花砖，和千佛洞中唐洞地上所铺的砖，有些花纹及大小都相同，似出于同一个模子。敦煌的考古发掘工作是值得继续再做的，但这需要一个有训练的人来干。

敦煌千佛洞是曾受过帝国主义的侵略的。藏经洞宝藏中的精品，都已被斯坦因、伯希和拿到英法两国去。壁画和塑像也受他们的注意，略有损失，尤其是美帝的华尔纳曾用胶布粘去几幅壁画，壁上犹存劫痕。但是这些艺术品大部分却能保存下来。对于这份极可宝贵的文化遗产，我们应该设法来保护，将它介绍给广大的人民，并且将它加以发扬光大。

武威唐代吐谷浑慕容氏墓志[*]

一　绪言

　　吐谷浑发迹东北，徙居西陲。永嘉之乱，乘机兴起。当其盛时，东抵洮水，西兼鄯善、且末，辖境广袤数千里。及贞观中，唐太宗遣李靖、侯君集等大举兵戎，战败之，其势始衰。割据凡350年。龙朔三年，吐蕃遂取其地。然其后徙居凉州、灵州，犹袭可汗号，为唐蕃屏，百有余年。至贞元后，其封嗣始绝。历时虽久，惜史传记述，殊嫌疏略。1944年考古西北，于武威文庙获观近年出土之吐谷浑慕容氏志石四方，颇有足以补订两《唐书·吐谷浑传》之缺失者。翌年秋，与友人阎文儒赴武威南山，从事发掘，得金城县主及慕容曦光二志，如获璨宝；并得殉葬珍品多种，洵为考古发掘之奇遇。归来后，乃将二志写影精拓，以飨当世；并参稽史传，略加考证。又综合前后六志，作为年表，俾言吐谷浑失国前后之史事者考焉。异日志石更有续出者，当再理而董之。

---

　　* 本文原载《中央研究院历史语言研究所集刊》第20本上册，1948。1961年作者《考古学论文集》出版时，对内容稍作修改，并加"补记"。1981年《中国考古学研究》（日文版）出版时，又加"再补记"。"再补记"由白云翔译成中文。

二　新获二志考释

金城县主墓志（唐玄宗开元六年）（图1）。

此石出武威县南 60 华里喇嘛湾第二号墓中。石高 37、广 35 厘米。志文 16 行，行 16 字，正书。石面于写刻前，先以朱画方罫，有如棋枰，朱痕尚宛然可辨。志盖篆文。中央为"大唐金城县主墓志铭"九字，分三行书；周围篆书十二地支，惟"午"字作"马"；四隅有花卉图案各一。石质系灰黑色细质砂岩。

> 大唐金城县主墓志铭
> 县主讳季英陇西人也七代祖瀛州刺史
> 宣简公六代祖唐宣皇帝高祖唐先皇帝
> 曾祖定州刺史乞豆祖开化郡王文父交
> 州大都督会稽郡王道恩县主即王之第
> 三女也幼闻令淑早敦诗礼永徽中有
> 敕简宗女用适吐谷浑天子见县主体德
> 敦谨仁孝有闻　　诏曰会稽郡王道恩
> 第三女可封金城县主食邑四千户出降
> 吐谷浑国王慕容诺曷钵男成王忠为妻
> 永徽三年四月出降春秋廿有二抚临浑
> 国五十余年上副所寄下安戎落年七十
> 有六开元六年岁次壬午正月十七日薨
> 于部落至七年八月十七日合葬于凉州
> 南阳晖谷北岗礼也恐山移海变故勒芳
> 铭

图 1　武威出土大唐金城县主墓志铭

二石拓片影本（一盖一铭）

　　按金城县主"和番"事，见《新唐书》卷二二一《吐谷浑传》。《志》称"县主陇西人也"，按唐代汝南兰陵诸公主碑（见王昶《金石萃编》卷四四及卷五二），皆书陇西狄道人也。王芑孙《碑版文广例》云："唐代重门阀，碑版所书某地人，或其族望所出，不必皆实隶郡贯。相沿习惯，遂有施之亲懿者耳。"（卷九）其说是也。史传仅谓金城县主为唐宗室女，据《志》知其裔出懿祖光皇帝，为唐太宗之再从堂妹，可以备史之阙。

　　《志》中详叙世系，可补《新唐书·宗室世系表》，但《志》亦有误。考史须参稽各种史料，加以抉择，不能专以碑志为正也。懿祖光皇帝《志》作先皇帝，当由于书写或传刻之伪。瀛州刺史宣简公即宣皇帝，今乃误分为二人，殊不可解。《新唐书·高宗本纪》："上元元年……八月壬辰……追尊六代祖宣简公为宣皇帝。五代祖懿王为光皇帝。"（《旧唐书》卷五及《唐会要》卷一亦同）《新唐书·宗室世系表》云：李重耳为后魏恒农太守，安南将军豫州刺史；生献祖宣皇帝熙，后魏金门镇将；生懿祖光皇帝讳天赐，字德真；三子，长曰起头，次曰太祖，次乞豆，定州刺史房（卷七〇）。宣皇帝之父为弘农太守李重耳，即《新唐书·礼乐志》所谓弘农府君者也。《宗室世系表》称恒农者，以后魏时避显祖献文帝讳，曾改弘农为恒农（见《魏书·地形志》）。弘农府君以世远未得追封爵位。《册府元龟》云："武德元年六月追尊皇高祖瀛州府君曰宣简公，皇曾祖司空曰懿王。"（卷三〇）又云："重耳归魏，拜弘农太守，赠豫州刺史；天锡仕魏为幢主，大统时追赠司空。"（卷一）颇疑李熙之瀛州刺史，亦为追赠之官号，故两《唐书》皆不载（后读陈寅恪《李唐氏族之推测后记》，文中亦疑《光业寺碑》所载李熙瀛州刺史之号为后来所追赠者也。见《史语所集刊》三本四分页五十五）。叙世系者或以弘农府君未有爵位，不足以夸耀外族，故遂分宣简公与宣皇帝为二人欤？唐人通例称高祖之父为五代祖（参阅岑仲勉《贞石证史》，见《史语所集刊》八本四分页五四二）。此

《志》高祖之上称六代祖七代祖，如非笔误，则当由于误依唐高宗自述之世系，以高宗较金城县主为低一辈也。《志》称祖开化郡王文为定州刺史乞豆之子。按《宗室世系表》定州刺史乞豆长子贞封开化郡公，当即其人。《志》与《表》封爵相同而人名互异；查唐人常有改名之事，宗室尤数见不鲜，岂一为初名一为改名耶？《新唐书》卷二《太宗本纪》云："武德九年十一月降宗室郡王非有功者爵为县公。"（《旧唐书》卷二亦同）吴缜谓县公乃郡公之误，引《旧唐书·道彦传》"于是宗室率以属疏降爵为郡公"一语为证（《新唐书纠谬》卷三）。其说是也。《宗室表》称乞豆之子为开化郡公，乃降爵后之封号。《志》从旧爵称郡王，其用意当亦为夸耀于外族。《志》中之交州大都督会稽郡王道恩，《宗室世系表》失载，此可补其脱漏。按唐宗室中广宁郡王道兴，贞观九年（公元 635 年）为交州都督，卒于官（见《新唐书》卷七八），又贞观十二年"明州山獠反，交州大都督李道彦败之"（《新唐书》卷二）。李道彦亦为唐宗室，曾封胶东郡王，后降封郡公（《新唐书》卷七八）。唐太宗数以宗室任交州大都督，道恩之受任交州都督，当亦在太宗时，但不知较之道兴、道彦，先后如何？金城县主为道恩第三女，取名季英，或为其最幼之女欤？兹将上述之世系，综合之，作表如下：

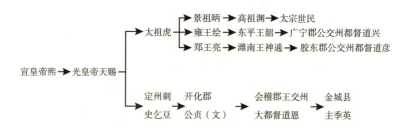

《志》中所引永徽中"金城县主出降"之诏，似即节录原文。宋敏求《唐大诏令集》卷四三收录唐代郡县主"册封"及"出降"之制诏颇多，可以知当时此类诏册之格式。《唐会要》卷六，引显庆三年九月十九日诏曰："古称釐降，惟属王姬，此闻县主适人，皆云出降。……

深乖礼轻。其县主出嫁宜称适。”（《唐大诏令集》卷四三亦录此诏，惟年月作显庆二年九月）《志》称出降，盖永徽中出嫁尚在显庆诏之前也。杜佑《通典》云：“皇姑为大长公主（原注：后亦谓之长公主），姊为长公主，女为公主，皆封国，视正一品；太子女为郡主，封郡，视从一品；亲王女为县主，视正二品。”（卷三一）按公主之封，不仅限于“国”名（如郧国、代国、霍国），亦有以郡名者，平阳、宣阳、东阳是也，亦有以美名者，太平、安乐、长宁是也（见《唐会要》卷六）。惟县主之封，似限于当时之县名，如《唐大诏令集》所提及之华亭、安吉、东光、寿昌、仙源、永年诸县主皆是（卷四三）。虽其中有郡县同名。然“县主”所封者，当指县名而言。唐中宗时出嫁吐蕃者为金城公主，其取此郡名之故，似由于吐蕃所夺取吐谷浑故地之东部（即今青海省境内西宁以东之地），在汉时原隶属于金城郡也。刘宋泰始五年，吐谷浑拾寅奉表献方物，以弟拾皮为平西将军金城公（《宋书》卷九六《吐谷浑传》），亦取义于此。故余初以为金城县主之封邑，当即金城郡属之金城县。后查《新唐书·地理志》（卷四〇），兰州金城郡领县二：五泉县（原注：咸亨二年更名金城，天宝元年，复故名）、金城县（原注：本广武县，乾元二年更名）。（按《旧唐书·地理志》亦同，但未言及广武改名金城事，《元和郡县志》则于二县更名金城，皆未提及）。唐代县主之封邑，如上文所述，似限于当时县名。永徽中兰州金城郡所属之二县既皆未更名金城县，则其取名之来源，或另有所在。考《新唐书·地理志》（卷三七）延州延安郡有敷政县，本名因城，武德二年更名金城，天宝元年改曰敷政（《旧唐书》卷三八及《元和郡县志》卷三皆同）。《新唐书·吐谷浑传》云：高宗以金城县主妻诺曷钵之长子，后又以金明县主妻其次子（卷二二一）。金明县亦属延州延安郡，见两《唐书·地理志》。公主及郡县主所封之地，并不一定与其和亲之国有关。如出嫁诺曷钵者为弘化公主，弘化郡治在今甘肃东北之庆阳县，与吐谷浑并无关系。故疑金城县主之封邑，实指延州之金城县，以当时兰州金城郡属下并无金城县也。惟唐室封县主以此邑名，或受金城郡一名之影响，亦未可知。唐代皇女封邑户数，初制公主三百户，长公主加三百户有至六百户，高宗及武后时，食封逾常制，有至千余户者。开元以后，皇女为公主者五百户，又诸皇女（鼐按：疑当作皇妹）为公主者例加一千户（见《唐会要》卷五）。金城县主为宗室女，爵仅县主，较诸皇女为公主者为远逊，乃食邑达四千户；当由于远适异域，并非实封；仅假借虚名以夸耀耳。

《志》称县主出嫁与诺曷钵男成王忠为妻。《新唐书·吐谷浑传》则谓以县主妻诺曷钵长子苏度摸末，拜左领军卫大将军；久之，摸末死（卷二二一）。二者当即一人，苏度摸末为吐谷浑名，忠为汉名。此汉名当由于赐名，以嘉其忠顺；犹之突厥右贤王阿史那泥孰之赐名为忠也（《新唐书》卷二一五《突厥传》），杜光简《慕容忠墓志考释》以为弘化公主有子三人，长苏度摸末，次闼卢摸末，次即忠也（见《责善》半月刊第 2 卷第 13 期），今得《县主志》，知杜说实误也。慕容忠之墓，即在金城县主墓之侧，其墓志于 1927 年出土，现存武威文庙（见本篇附录二）。忠《志》谓"年十八授左威卫将军，戚承银牓，弱岁求郎；宠溢金貂，童年入侍，后加镇军大将军，行左豹韬卫大将军，袭青海国王乌地也拔勤豆可汗"（张维《陇右金石录》卷二页七）。可与史传互相补阙。忠初封为成王，乃本蕃嫡子之封号。吐谷浑王子多童年封王（见本篇第三节年表）。据《新唐书·百官志》，诸卫将军为从三品，诸卫大将军为正三品，镇国大将军为武散阶，从二品。慕容忠初入侍时，其官职当依忠《志》为左威卫将军。《旧唐书·职官志》及杜佑《通典》皆云：左右屯卫，唐初仍隋之旧名，龙朔二年（662 年）始改为左右威卫（《新唐书·百官志》谓武德五年改左右屯卫为左右威卫，龙朔二年又改为左右武威卫。其说实误，观其后改左右威卫为左右豹韬卫一语，可证其中间并未有改为左右武威卫一事也），慕容忠授左威卫将军，依志文"年十八"推算，当在麟德二年（665 年），适在龙朔二年更改官名之后。其晋级为左领军卫大将军，则更在其后。两《唐书》及《通典》皆谓龙朔二年改左右领军卫曰左右戎卫，咸亨元年（670年）改左右戎卫曰左右领军卫，光宅元年（684年）改左右领军卫曰左右玉钤卫。然则忠之拜左领军卫大将军当在咸亨、光宅之间（670～684年）。至于行左豹韬卫大将军，则当在光宅元年之后，以是年始改左右威卫为左右豹韬卫也。凡此皆可用官名以考定其所历各职之先后者也。突厥右贤王阿史那忠，亦以十八岁入侍，以功擢左屯卫将军，娶宗室女定襄公主，后擢右骁卫大将军，宿卫四十八年，卒赠镇国大将军（见《金石萃编·阿史那忠碑跋》及《新唐书》卷百十本传）。其事迹殊与慕容忠相类似。唐室常令各蕃国遣子弟童年入侍，此与和亲政策，同为对待蕃国之重要策略。开元十年五月有"诸番充质宿卫子弟并放还国"之敕令，见《旧唐书》本纪及《唐大诏令集》卷一二八。

《志》称永徽三年（652年）四月县主出嫁吐谷浑，按《册府元龟》云："永徽三年八月，吐谷浑弘化长公主表请入朝，遣左骁卫将军鲜于济往迎之。十一月，弘化长公主来朝。"（卷九七九）《新唐书·吐谷浑传》云："［弘化］长公主表请入朝，遣右骁卫将军鲜于匡济迎之。十一月，及诸曷钵至京都。帝又以宗室女金城县主妻其长子苏度摸末，拜左领军卫大将军。"（卷二二一）《旧唐书》亦谓弘化长公主来朝在永徽三年十一月（卷四）。《志》作永徽三年四月，如字句无误，则四月乃下诏许婚之年月，成婚应在其后。十一月弘化长公主来朝，或带有迎婚或定婚之使命。苏度摸末即慕容忠，上文已加考定。据忠《墓志》，永徽三年忠仅五岁，金城县主亦仅十岁。如非童婚，则是年订婚之后，或更经十余载后始行成婚。《志》称金城县主之出嫁时年二十有二，"抚临浑国五十余年"，开元六年卒，年七十六。若然，则出嫁应在麟德元年（664年）。又据忠《志》，年十八授左威卫将军，由其卒年推算，乃麟德二年（665年）之事，与金城县主二十二龄出嫁之岁前后相差仅一年。颇疑慕容忠以麟德元年入京成婚，即封卫官，宿卫京师。忠

441

《志》所谓"戚承银牓，弱岁求郎；宠溢金貂，童年入侍"是也。吴曾《能改斋漫录》"阙门银牓"条云："杜诗：曲江翠幕排银牓。按《神异经》，东方有宫，青石为墙，高三仞左右，阙高百丈，画以五色，门有银榜。"（卷六）然此处之"戚承银牓"一语，乃指娶皇女而言。《唐大诏令集》内《乐安郡主适杨守文制》云："乐安郡主承规银牓，毓彩铜楼。"（卷四三）《弘化公主志铭》云："帝女爱降，王姬下姻，燕筐含玉，门榜题银。"（张维《陇右金石录》卷二页六）皆其证也。唐室以皇女和亲，许嫁后并不立即遣嫁，故屡有悔婚之事，如中宗、玄宗之于默啜（《新唐书·突厥传》），即其例也。又如《旧唐书·中宗本纪》云："神龙三年夏四月辛巳，出嗣雍王守礼女为金城公主，出降吐蕃赞普。"粗心读之，似为是年出嫁。实则事后二年（景龙三年）吐蕃始遣人来逆女；又次年（景龙四年）正月中宗"幸始平送金城公主归吐蕃"（《新唐书》本纪亦同）。此吐蕃赞普为弃隶蹜赞，即位时仅七岁；其父卒年，据《册府元龟》为神龙元年（卷九六六），据《旧唐书·吐蕃传》为长安三年（卷一九六）。神龙三年许婚之时，吐蕃赞普仅九岁或十一岁。故知此《志》所云永徽三年四月，乃许嫁制诏之颁发年月，其时金城县主仅十岁，慕容忠仅五岁。及出嫁时金城县主年已二十有二，当在麟德元年。《志》误合为一事，谓永徽三年出嫁，年二十有二，以致前后自相抵牾。

《志》称开元六年岁次壬午正月十七日卒于部落，至七年八月十七日合葬于凉州南阳晖谷。按开元六年岁次戊午，此作壬午，误也。其时吐谷浑已北徙，《志》称卒于部落，当指灵州之本衙。《志》称合葬，据实地踏查，慕容忠墓在金城县主墓东数武，并非同穴。二墓平行排列，墓门皆南向。其地今名喇嘛湾，一小河发源山中，经此村向东流。南北两岸数百武外即岗峦起伏。墓在山岗上，高出水面约百余米，《志》中所谓"阳晖谷北岗"是也。弘化公主之墓在其东数里以外之另一山岗上，《公主志》称为"阳晖谷冶城之山岗"。僻乡荒丘，乃得考定其千余年前之古地名，亦一快事也。

《志》末称"恐山移海变，故勒芳铭"。然《志》至此即戛然而止，并无有韵铭文，但《汉闻熹长韩仁铭》，乃令牒无韵语，而谓之铭。唐宋诸家所撰墓志铭，别无铭辞而称铭者亦甚多（见梁玉绳《志铭广例》卷一《志铭解》）。知古时志文即可称铭也。

慕容曦光墓志（唐玄宗开元二十六年）。（图2）

此石出武威城南 60 华里喇嘛湾第一号墓中。石高广各 61 厘米。志文共 23 行，行 25 字。志石四侧各刻石像三人，乃十二辰像，兽首人身，披长袍，首向右，执笏端坐。志盖中央为方围，篆书"大唐慕容府君墓志铭"九字，分三行书。方围之外，花纹密布，四神之像（青龙、白虎、朱雀、玄武）各占一方，杂厕于花纹图案中。盖石四侧，为云气纹。此志雕镂花纹，颇为精致，有如组绣。至于石质，亦系灰黑色之细质砂岩，与《金城县主志》石相同。

大唐故朔方军节度副使兼知部落使金紫光禄大夫行光禄卿员外置同正员五原郡开国公燕王上柱国慕容曦光墓志铭王讳曦光字晟昌黎鲜卑人也粤以周载初元年岁次戊寅七月八日生于灵州之南衙年甫三岁以本蕃嫡孙号观乐王年十岁以本蕃嫡子号燕王年十四去长安四年十月廿九日授游击将军守左豹韬卫翊府左郎将至唐神龙二年七月廿六日转明威将军行左屯卫翊府左郎将至景云元年九月廿五日转忠武将军行右卫翊二府左郎将开元二年三月十六日封五原郡开国公其年八月十一日加云麾将军去开九年六州叛复领所部兵马摧破凶胡至其年二月十四日加授左威卫翊府中郎将至开十年胡贼再叛立功授左威卫将军以功高赏轻寻加冠军大将军行左金吾卫将军至开元十一年五月廿八日加金紫光禄大

图 2　武威出土大唐慕容曦光墓志铭

二石拓片影本（一盖一铭）

夫行光禄卿至开元十八年　　　　敕差充朔方军节度副使以
大唐开元廿六年七月廿三日薨于本衙其年闰八月五日赠持
节凉州都督归葬于凉州　　　先茔春秋卌有九性惟谨慎触事
平均部落叹惜如丧考妣呜呼哀哉以为铭记
　　　　大唐开元廿六年十二月九日记
　　叔银青光禄大夫将作大匠上柱国承福伤犹子之盛时述悲
　　词于志后词曰　　　我之犹子降德自天气含星宿量包山
川列位于卿分茅于燕为人之杰为国之贤纯和禀性孝道自然
何工不习何艺不专射御称善博弈推先其生始贵其没何遄名
山玉折大海珠捐呜呼昊穹悲哉近水辅仁不祐丧吾千里抚膺
下泣骨惊心死铭石记之传乎万祀

　　《志》盖称慕容府君。按王芑孙《碑版文广例》云："汉惟守相称
府君，降及六朝魏晋，犹沿其例，故称府君者至少。此例自唐而变……
唐一代碑版在今传世者至多，不论其人文武大小贤愚贵贱，通谓之府
君。今世俗所称，皆唐人之遗风也。"（卷七）慕容氏为鲜卑族。《晋
书》载记，谓其始祖莫护跋好冠步摇冠，诸部因呼之为步摇，后音讹
为慕容，或云慕二仪之德，继三光之容，遂以慕容为氏（卷一〇八）。
胡三省《通鉴注》驳之云："余谓步摇之说诞，或云之说，慕容氏既得
中国，其臣子从而为之辞。"（卷八一晋太康二年条）白鸟库吉赞成胡
氏之说，以为慕容二字原系鲜卑语，欲以汉语解释之，势不得不陷于附
会也。因推测慕容二字原读当为 ba－yu，其义为富，以今日蒙古语及
通古斯语为证。盖本为一酋长所用之美称，后乃变为部落名也（《慕容
氏考》，见方壮猷译《东胡民族考》页60～64）。吐谷浑为莫护跋之曾
孙，其弟若洛廆别以慕容为氏，吐谷浑后嗣叶延以王父字为氏，南北朝
史传记载浑主，姓名连举时，其姓皆为吐谷浑。《梁书》云"天监元年

河南王吐谷浑休留代进号征西将军"（卷二），即其一例也。《梁书》又云："河南王者，其先出自鲜卑慕容氏。……吐谷浑孙叶延……以王父字为国氏，因姓吐谷浑，亦为国号。"（卷五四）隋唐时又复以慕容为姓。《新唐书·吐谷浑传》云："隋时其王慕容伏允号步萨钵。"《旧唐书》本纪："贞观九年李靖平吐谷浑于西海之上，获其王慕容伏允，以其子慕容顺光降封为西平郡王。"（卷三）唐时史传及墓志所载浑部王族，皆以慕容为姓，不复姓吐谷浑矣。

曦光之名，不见于史传。两《唐书·吐谷浑传》仅有慕容曦皓，《册府元龟》卷九六七作希皓，乃慕容忠及金城县主之嫡长孙，宣超（一作宣赵）之嫡长子，继袭"青海国王"位者也。或疑曦光即曦皓，然《志》不应漏载袭封"青海国王"事，当为二人。《志》称曦光以本蕃孙号观乐王，年十岁以本蕃嫡子号燕王，以其生卒年岁推算，曦光十岁时乃武后圣历二年，适当慕容忠卒后一年（忠之卒年见忠《志》）。知《志》主曦光当即袭封"青海国王"慕容曦皓之昆仲也。《志》云：曦光字晟。同地出土之曦光族人代乐王慕容明《墓志》，谓明字坦，似为其同辈。唐人多有复名单字者，如柳公绰字宽（《新唐书》卷一六三），杨元琰字温，子仲昌字蔓（卷一二〇），李叔明字晋，兄仲通字向（卷一四七），房玄龄字乔（卷九六）（《旧唐书》作名乔字玄龄，但褚遂良书房玄龄碑与《新唐书》相同，今从之），皆其例也。《志》称昌黎鲜卑人也。昌黎指其族望，鲜卑言其种族。吐谷浑之先居昌黎郡棘城之北，其父徒河涉归，晋时封昌黎公（《册府元龟》卷九六七）。其弟为慕容廆，《晋书·载记》亦谓廆"昌黎棘城鲜卑人也"（卷一〇八）。晋及后魏之昌黎，在榆关以东，即今辽宁省锦、义二县地；至于今河北省之昌黎，乃金世宗时所设置，金毓黻氏曾详考之（见《东北史纲》上篇，页170~178）。

《志》称曦光生于载初元年。按是年九月改元天授，岁次庚寅，《志》作戊寅，误也。是时吐谷浑部落已移徙于灵州，唐室为之设安乐州以处之。浑部子弟，所封王号，多有"乐"字，如慕容明号代乐王，慕容宣彻号安乐王，曦义号观乐王，或即由安乐州之名而来。《志》称年十岁以本蕃嫡子号燕王。按是年为圣历二年，前一年慕容忠死，子宣超嗣，曦光由本蕃嫡孙一跃而为嫡子，其爵位亦由观乐王升为燕王。观乐王及燕王，当为本蕃之封号；二者似与唐室之郡王及亲王相埒。杜佑《通典》云：唐初定制，皇兄弟皇子，皆封国之亲王，太子男封郡王，其庶姓卿士功业特盛者亦封郡王（卷三一）。观乐王似为郡王之流，爵位较国之亲王为低。辽及元代有所谓一字王者，袁枚《随园随笔》云："《辽史》有一字王之称，盖如赵王、魏王类，皆国王也；若郡王则必二字，如混同郡王、兰陵郡王之类，较一字王为卑。"（卷八）乾隆敕撰《续文献通考》云：元制，封一字者最贵，皆金印兽纽；其次二字封号，皆金印螭纽（卷二〇七）。唐时虽无"一字王"之名，然其实际则相同，较两字王者为高贵也。慕容氏初居昌黎，古属燕国，故五胡十六国时，慕容氏所建之四国，皆号称为燕。诺曷钵未继袭为吐谷浑王以前，亦号燕王（见《新唐书·吐谷浑传》）。《志》又云："年十四，去长安四年十月二十九日授游击将军。"按武后长安四年时，依据曦光之生卒年岁推算，其年龄应为十五岁，《志》作年十四，疑为字讹，但长安四年或为三年之误，亦属可能，否则或为年十四赴京，次年授官，"去"字用于年号之前者，唐及五代墓志中常有之。例如《范彦志》云"去显庆年任集州符阳县主簿"（《芒洛冢墓遗文》三编）；《李实及夫人王氏墓志》云："府君去开运三年正月内归于私地，享年七十有四。……夫人去长兴四年十月内归于大夜，享年七十有一。"（《山右冢墓遗文》卷下）此《志》下段亦有"去开（元）九年"之语。其字当作"往昔"解。游击将军、明威将军及忠武将军，皆系武散阶，其品级为从五品下阶、从四品下阶及正四品上阶。诸卫左郎将为实职，其品级为正五品上（皆见《新唐书·百官志》）。杜佑《通典》云：龙朔二年制，诸王子嫡者封郡王，任职从四品下叙；其众子封郡公，从五品上叙（卷三一）。慕容曦光虽为王子嫡者，其任职仍为五品而非四品，当由于蕃篱之王，与唐室皇族亲王不同，封爵虽高而职事较卑。《旧唐书·职官志》云：贞观令，以职事较散阶高者为守，职事卑者为行，仍各带散位，其欠一阶依旧为兼（卷四二，又见杜佑《通典》卷一九）。曦光授游击将军时，其官衔为"守"诸卫左郎将，及转明威将军后，改称"行"诸卫左郎将，即由此故也。《旧唐书·职官志》及杜佑《通典》，皆谓隋代之左右屯卫，龙朔间改为左右威卫；光宅元年改为左右豹韬卫，神龙元年复旧（《旧唐书》云复为威卫），则曦光初任职之左豹韬卫与其后之左屯卫，实为同一卫府；若据《旧唐书·职官志》则此时屯卫似应称威卫，不当称屯卫。然查《旧唐书·中宗本纪》云：神龙元年二月甲寅，复国号依旧为唐……台阁官名，并依永淳已前故事，又云睿宗景云二年八月庚午，改左右屯卫为左右威卫（卷七）。知神龙元年至景云二年八月之间，其名称为屯卫而非威卫，以其为时仅七年，故《旧唐书·职官志》略之，以为神龙中由左右豹韬卫即径复名为威卫，其说实误。《旧唐书·中宗本纪》，景龙二年七月癸巳条，张仁亶之官衔为左屯卫大将军，慕容明墓志中神龙二年授左屯卫朔府左郎将，景云二年三月授左屯卫将军，亦皆作屯卫，足以订正《旧唐书·职官志》等之阙误。至于景云二年以后，直至唐末则皆作威卫（如《旧唐书·哀帝本纪》天祐三年二月壬子以卢彦威为左威卫上将军，时距唐亡仅二年）；屯卫之名，不复见矣。《志》又云：开元二年封五原郡开国公。按唐制，封爵凡九等：一曰王，食邑万户，正一品；二曰嗣王郡王，食邑五千户，从一品；三曰国公，食邑三千户，从一品；四曰开国郡公，食邑二千户，正二品（见《新唐书》卷四六）。曦光童年时已号观乐王及燕王，此时反封等级较卑之开国郡公，当由于此郡公乃唐室所赐之爵，而童年时之封王，乃本蕃所号也。云麾将军亦为武散阶，品级为从三品上阶，此时上溯长安四年（704 年）曦光入侍宿卫，已逾十年，故得转阶封爵，以酬其劳也。

《志》称"去开九年，六州叛，复领所部兵马，摧破凶胡"，按"去开九年"即"去开元九年"之省文。"去"字之解释，已见上文。"六州胡叛"，两《唐书》及《通鉴》皆有记载。先是，高宗调露元年，于灵夏南境，以降突厥置鲁州、丽州、含州、依州、契州、塞州，以唐人为刺史，谓之六胡州。长安四年，并为匡郭长二州；神龙三年，置兰池都督府，分六州为县（见新旧《唐书·地理志》宥州条）。至是"胡叛"攻陷六州。《册府元龟》卷九八六及九九二，两《唐书》本纪及王晙、郭知运、张说各传，《通鉴》卷二一二，皆有记载。兹录《旧唐书》卷八原文于下（依《百衲廿四史》本），并加校注于括弧中：

开元九年四月庚寅［按陈垣《二十史朔闰表》，是月十四日为庚寅。《册府元龟》云：九年四月兰池州叛胡康待宾等据长泉县，攻陷六胡州。又云："五月壬申兰池州叛胡显首伪称叶护康待宾伪称叶护安慕容以叛，勑曰"云云（卷九八六）。此盖出自《唐实录》。司马光《通鉴考异》云："《实录》曰：四月庚寅康待宾叛，命王晙讨平之，斩于都市。五月丁巳既诛康待宾，下诏云云。壬寅叛胡康待宾伪称叶护安慕容以叛。"是年五月无壬寅日，当为壬申之误；又安慕容为人名，与康待宾皆伪称叶护，《通鉴》所引《实录》原文使人易误认安慕容为康待宾所伪称之官号。五月壬申为下诏悬赏擒斩康待宾之日，并非始事之日期，原文字句殊欠明晰，易引误会。《通鉴考异》亦以为当从《旧唐书》本纪作四月庚寅为是］，兰池州逆胡显首伪称叶护康待宾安慕容，为（疑为"伪"字之讹）多览杀大将军何黑奴，伪将军石神奴康铁头得蒙贡泉县［按《册府元龟》卷九八六作"康铁头等据长泉县"，当依之校改。唐时无贡泉县。据两《唐书·地理志》宥州条，开元二十六年以故兰池州之长泉县置归仁县，即其地也。《旧唐书·张说传》、《新唐书·王晙传》亦皆云"康待宾据长泉县叛"。多览杀将军为回纥

449

官名，《旧唐书·武宗纪》，会昌二年五月，回纥大将嗢没斯与多览将军将吏二千六百人请降（卷一八上），仅称多览，无杀字，岑仲勉云：杀一作设，为突厥官名，乃别部领兵者，见两《唐书·突厥传》，多览即多览葛，九姓之一部]。攻陷六胡州［六胡州之名，已见前。《旧唐书·王晙传》述其起因云："兰池胡苦于赋役，诱降虏余烬，攻夏州反叛"]。王晙发陇右诸军及河东九姓讨之［据《新唐书·王晙传》，及《郭知运传》，晙是时适以兵部尚书为朔方军大总管；郭知运时为陇右节度使羽林将军，诏令二人相知讨之。又据《新唐书·张说传》，张说是时检校并州长史兼天兵军大使，亦相闻经略。按王晙所统率者多为番兵，以河东九姓为主；郭知运所统率者为陇右兵。《张说之集·都督郭君碑》谓郭知运"统陇右之骑，济河曲之师"（卷一七），《册府元龟》引五月壬申诏书云："朕今发陇右诸军马骑掩其南，征河东九姓马骑袭其北，三城士卒截其后，六郡骁骑击其前。"（卷九八六）今据《曦光墓志》，知吐谷浑慕容氏之众，亦隶属王之部下。此外可考者，尚有朔方道防御讨击大使王毛仲，见《通鉴》及两唐书《王毛仲传》；朔方节度副大使论弓仁，见《张说之集·论弓仁碑》；左威卫将军兼胜州都督东受降城大使臧怀亮，见《文苑英华》李邕撰《臧公神道碑》（臧后亦拜朔方军副大使）；灵州康植，见《新唐书·康日知传》；皆参预征讨康待宾之役者也。所谓"河东九姓"者，即居于河曲之铁勒九姓（包括九姓回鹘）部落（参考羽田亨论九姓回鹘之文，见《东洋学报》第九本）。贞观间突厥颉利可汗败亡，回纥等内附，置羁縻府州（新旧《唐书·回纥传》）。此铁勒九姓部落，即寄居灵州界内（《新唐书·地理志》分列各部落之名，《旧唐书·地理志》则总称之曰九姓）。开元四年正月命朔方军大总管薛讷等伐突厥默啜可汗，即令其与九姓部落计会共伐之（制诏见《唐大诏令集》卷一三〇），是年默啜即为铁勒九姓中拔曳固所杀（见两

《唐书·突厥传》及《旧唐书》本纪）。盖开元盛时，即已感觉有借兵之必要。此次平康待宾之役，不过承袭开元四年伐突厥之策略而已]。

七月己酉，王晙破兰池州叛胡，杀三万五千骑［按《旧唐书·张说传》云："时叛胡与党项连结攻银城连谷，以据仓粮，说统马步万人出合河关，……追至骆驼堰，胡乃西遁入铁建山，余党溃散。"（参阅《新唐书·张说传》）至于康待宾本人，则为王晙部下所执，故《新唐书》本纪云：王晙执康待宾（卷五）。生擒待宾者疑即灵州康植。《册府元龟》引五月壬申诏书有"其番汉军将以下，战士以上，若生擒及斩获康待宾等一人，自身授五品；先是五品以上，授三品"之语。《新唐书·康日知传》云："日知，灵州人，祖植，当开元时缚康待宾，平六胡州，玄宗召见，擢武卫大将军，封天山县男。"（卷一四八）按武卫大将军为正三品武职官，开国县男为从五品封爵；康植盖以生擒康待宾而受赏；《本纪》归功于王晙，以其为主帅也。至于就缚之月日，己酉为七月初四日。但《册府元龟》云："九年五月，既诛康待宾，下诏云云"（卷九八六），与此歧异。盖系根据《唐实录》。司马光《通鉴考异》云："《实录》曰：'五月丁巳，既诛康待宾，下诏云云，……七月己酉（岑仲勉谓，《四部丛刊》影印宋刊本《考异》作己酉；元刊本胡注《通鉴》引《考异》误刊作癸酉），王晙擒康待宾至京师，腰斩之。'前后重复，交错相违，今从旧纪。"今按丁巳为五月十一日，然《册府元龟》所载五月二十六日壬申之诏书，尚悬赏以擒斩康待宾等（卷九八六）。六月二十三日己亥下诏招抚北州，虽述及"官军才及，一鼓而溃"，尚未提及康待宾被诛事。两《唐书》本纪皆作七月己酉，《通鉴》从之是也。岑仲勉谓"五月丁巳乃七月丁巳之误，即将诛康待宾前所下之诏书，史官误七月为五月，故错编于此也"。又按唐崔令钦《教坊记》云："两院人……貌稍胡者，即云康太宾阿妹。"（《古今说海》本）"太"和"待"二字音近，当即指康待宾，以其为当时极著名之"胡人"也]。

辛酉，讨诸酋长，斩康待宾［按辛酉为七月十六日，《通鉴》从之。又《通鉴考异》引《实录》作七月癸酉，较《旧唐书》所载者晚十二日，不知孰误。《旧唐书》"讨"字疑误。《通鉴》云："集四夷酋长，腰斩康待宾于西市。"岑仲勉告以罗士琳等所著《旧唐书校勘记》卷四已校出此处之"讨"字当为"集"字之误]。

以上为开元九年"六州胡叛"之经过。《志》述此事后，又云："至其年二月十四日加授左威卫翊府中郎将。"若年月不误，则在此役以前；若年月有误，则当由于此役立功酬赏。然由正五品上阶晋级为正四品下阶，所赏亦轻，故下文有"功高赏轻"之语。此当由于"群胡再叛"，王晙贬官，遂受影响也。

"六州胡再叛"事，起事于开元九年八月，平定于十年九月。今钩稽群书，略为排比，述其事于下：

先是玄宗诏陇右节度使郭知运与王晙相知讨康待宾，"晙奏朔方军自有余力，其郭知运请还本军。未报，而知运兵至，与晙颇不相协。晙所招抚者，知运纵兵击之。贼以为晙所卖，相率叛走"（《旧唐书》及《新唐书》《王晙传》）。"康待宾余党庆州方渠降胡康愿子自立为可汗，谋掠牧马，西涉河出塞"（《旧唐书》及《新唐书》《张说传》）。"九年八月，兰池州胡康愿子寇边"（《新唐书·玄宗本纪》）。"上以晙不能遂定群胡，丙午（按长历为初二日）贬晙为梓州刺史"（《通鉴》卷二一二。胡三省注云："王晙贬官，未必离任也；如娄师德以素罗汗山之败贬，亦此类也"）。开元十年"四月己亥，张说持节朔方军节度大使。闰五月壬申，张说巡边"（《新唐书·玄宗本纪》）。"九月，张说擒康愿子于木盘山，诏移河曲六州残胡五万余口于许、汝、唐、邓、仙、豫等州，始空河南朔方千里之地"（《旧唐书·玄宗本纪》）。同书《张说传》云："进兵讨擒之，并获其家属于木盘山，送都斩之，其党悉平。获男女三千余人。"又参阅《新唐书·玄宗本纪》及《张说传》。）

据《志》则曦光亦参预是役，"立功授左威卫将军；以功高赏轻，寻加冠军大将军，行左金吾卫将军"。按诸卫将军为从三品武职官，冠军大将军为正三品上阶武散阶（《新唐书·百官志》），其职事较散阶为卑，故称"行"，上文谓曦光以明威将军行左屯卫翊府左郎将，亦此类也。《志》称十一年五月二十八日，加金紫光禄大夫行光禄卿。按金紫光禄大夫为文散阶正三品，光禄寺卿为文职官从三品，其散阶较职事为高，故亦称"行"。此《志》开端署衔，有"光禄卿员外置同正员"一语。按唐制内外官有定员，光禄寺卿员额仅一员，然各官可有员外。杜佑《通典》云："员外官其初但云员外。至永徽六年，以蒋孝璋为尚药奉御员外特置仍同正员。自是员外官复有同正员者。其加'同正员'者，唯不给职田耳，其禄俸赐与正官同。单言员外者，则俸禄减正官之半。"（卷一九）曦光其时当仍统兵于朔方，惟身带京职而已。《旧唐书·王晙传》又云："开元十一年追录破胡之功，加金紫光禄大夫，仍充朔方节度大使。"（卷九三）曦光隶属于王晙部下，其加冠军大将军及金紫光禄大夫，当亦由于追录"破胡之功"；其为时当与晙事相去不远也。"六州胡叛"乃当时一大事。慕容曦光躬预其役，曾立战功。惟以位在偏裨，史书失载，其名字遂湮没无闻。今此《志》出土，足以补史之阙，殊可贵也。

《志》又云：开元十八年勅充朔方军节度副使，薨后赠持节凉州都督。按《唐会要》朔方节度使条云："开元元年十月六日勅，朔方行军大总管，宜准诸道例，改为朔方节度使。十五年除王晙，带关内支度屯田等使。"（卷七八）但《新唐书·方镇表》及《通鉴》，皆以为开元九年置。查《册府元龟》、《旧唐书》及《通鉴》三书中关于朔方诸条，其系年于开元元年至九年者，皆称朔方军大总管，无称朔方军节度使者（见《二十五史补编》本吴延燮《唐方镇年表》卷一朔方条）。《册府元龟》所录之开元九年征讨康待宾诸诏，亦称王晙为朔方军大总管，郭知运则称陇右节度使（卷九八六及卷九九二）。自当以开元九年设置之说为是，盖即平定康待宾乱后之一新设施也。开元中凡八节度使（见《通典》卷三二），朔方为当时重镇之一，其节度使多为钜藩将相。开元十五年唐宗室信安王祎为朔方节度使。二十四年牛仙客"代信安王祎为朔方行军大总管"（《新唐书·牛仙客传》。又《本纪》称牛仙客为朔方军节度副大使）。"冬十月仙客为工部尚书同中书门下三品，领朔方节度如故"（见《通鉴》）。至二十八年一月"牛仙客停遥兼朔方河东节度使"（《旧唐书》本纪。《通鉴》作二十九年）。节度使之制，据《通典》云："分天下州县，制为诸道，每道置使，理于所部。其边方有寇戎之地，则加以旌节，谓之节度使。自景云二年四月，始以贺拔廷嗣为凉州都督充河西节度使。其后诸道，因同此号，得以军事专杀。行则建节府，树六纛。外任之重莫比焉。……有副使一人（副贰使），行军司马一人（申习法令）……"（卷三二）（关于节度使之沿革，可参阅岑仲勉《续贞石证史》越州参军李堂造像龛专条，见《史语所集刊》第十五本）。牛仙客以宰执遥领节度使；曦光为副贰居灵州本箭（灵州为朔方节度使理所，见《新唐书·地理志》及《元和郡县志》卷四灵州条），与长史等躬理诸务，以总其事。惜其以英年早逝，否则天宝之时，必有以自见也。凉州为中都督府，其都督为正三品（《新唐书·地理志》及《百官志》）。《通典》云：都督多遥领其任，亦多为赠官，长史居府，以总其事（卷三二）。如郭知运立功西陲，卒后赠凉州都督，薛仁贵卒后赠幽州都督（见《新唐书》列传），其例甚多，盖为当时武将之饰终荣典也。

《志》末标明作记年月，另行书写，上空十格，半截而起。铭文更在其后，亦提行起，上空一格。先举撰铭人名，后接铭辞，以"词曰"二字发端。铭辞首行，蝉联直下，惟上空三格；其后四行，皆顶格书写，此种格式，乃属变例。铭辞四言，共二十六句。前十八句用先韵，自"呜呼昊穹"句以后，改用纸韵。王芑孙云："唐碑一人为叙一人为铭者甚多"（《碑版文广例》卷七，参阅叶昌炽《语石》卷六，"两人合撰一碑"条），此《志》前半之记事，不知与铭文是否同出一人之手。慕容承福之名，不见于史传。将作大匠为从三品文职官，银青光禄大夫为从三品文散阶（见《通典》及两《唐书》）。职阶相埒，故不须另加"行"、"守"等字。将作大匠员额仅一人（殿本《新唐书》误刊作二人，然宋本未误，见商务影印百衲本），开元二十五年诏毁东都明堂时将作大匠尚为康詟素（见《新唐书》卷一三《礼乐志》，《旧唐书》卷二二《礼仪志》），此志铭撰于二十六年，承福之就任此职，当即在开元二十五六年间，盖即代康为将作大匠者也。铭辞典雅，或非有人捉刀，则慕容承福当为一受汉化极深的吐谷浑人。

《志》盖正面及《志》石四边，其图像花纹皆极佳。叶昌炽《语石》论志盖花纹云："梁开平四年《穆君宏志》盖，真书九字，方围居中，四面各列石像三人，共十二人。峨冠方袍，执笏拱立，如今墓上翁仲象。四角各有云气。"所谓十二象，疑即代表十二辰。又云："《唐雷询志》盖，四围刻十二辰，自北面正中起，夜半子，鸡鸣丑……每三字之前，各画十二辰象，如子鼠丑牛之类，直格以界之。四隅又分刻花纹，极为工致。"又论《志》石四边纹云："志石正面四边，亦间有雕镂花纹，略与盖同。……中和二年《王府君志》每面三象，只露半体，皆峨冠执笏，间以水浪纹花纹。"（皆见卷四）其所述图像，皆与此志相类似。惜乎历来著录墓志之书，多仅采志文，罕及图纹。故比较研究之材料，甚为缺乏。近年国内对于三代青铜器之研究，已渐放弃专重铭文之成见，逐渐注意各器之花纹。今后碑版之学，亦应扩充范围，兼及花纹。传世碑碣之四周及碑额，墓志志盖及志石四边，其雕镂花纹，常极精致。若能勤加搜罗，不仅可以窥见艺术之风尚及其造诣，且亦可以作为断代之标准，实为此学之一新途径也。

三　年表

新获之金城县主及慕容曦光二志，既已详加考释矣。先是，武威慕容氏唐代茔墓曾陆续出土四石，皆移存武威文庙。其中弘化公主及慕容明二志，闻村人云系民国初年出土。陈万里于1925年途径武威时曾抄录其文，发表于《西行日记》中（页169～171）。其后杜光简（《跋慕少堂先生所赠唐人墓志二种》，见1940年12月《责善半月刊》第1卷第19期），罗振玉（《石交录》页17～19，1941年刊），张维（《陇右金石录》卷二页5及页22，1943年印行），亦皆曾根据拓片，著录全文。慕容忠及慕容宣彻二志则系1927年武威大地震后出土，知者较少；忠《志》曾著录于《责善半月刊》（杜光简《乌地也拔勤豆可汗墓志考释》，见《责善半月刊》第2卷第13期）及《陇右金石录》（卷二页7），《宣彻志》则仅一见于《陇右金石录》（卷二及页14）。兹综合六志，并参证史籍，作成年表如下（此四志之全文，见本篇附录）。（补注：解放后又有《慕容宣昌志》出土，见本篇篇末补记。有关之史料，已分别补入各年份下。）

贞观十三年（638年）　十二月己丑，吐谷浑河源郡王诺曷钵来逆女（《旧唐书》卷三《本纪》，参阅《通鉴》卷一九五）。[按诺曷钵，《公主志》作诺贺钵，《忠志》作诺遏钵，《宣彻志》作诺褐拔，（补：《宣昌志》作那何拔）与《册府元龟》及两《唐书》不同，盖由于音释歧异也。此事年月明刻补片善堂清刊本《册府元龟》卷九九九误作十二年，明崇祯初印本及史语所藏明钞本未误。]

贞观十四年（639年）　二月庚辰，淮阳王道明送弘化公主归于吐谷浑（《旧唐书》本纪，参两唐书《吐谷浑传》）。此事《册府元龟》记载较详："十四年吐谷浑乌也拔勤豆可汗诺曷钵，入朝请婚。先是帝即位初，吐谷浑王伏允为子尊王求婚。帝责其亲迎以羁縻之，尊王称疾不朝，有诏停婚。至是遂以弘化公主妻诺曷钵，资送甚厚。"（卷九七八）［按勤豆可汗，两·唐书《吐谷浑传》皆作勒豆，《公主志》及《忠志》则俱作勤豆，与《册府元龟》此卷相合（但《册府》卷九六四亦作勒豆）。今按两·唐书《突厥传》之特勒，清末和林出土唐碑作特勤，且有回鹘文碑阴作 Tegin（义为首领）为证，知《唐书》作特勒实误（张星烺《中西交通史料汇编》第五册，页 229。岑仲勉云，特勤之义为可汗子弟，见两·唐书《突厥传》，张说非也）。此处疑亦当依《志》作勤豆。公主许婚在十三年，出嫁在十四年，新旧《唐书》、《册府元龟》、《唐会要》及《通鉴》，皆无异辞，惟《公主志》独云："贞观十七年降吐谷浑"，罗振玉疑志文或有误，而杜光简偏信贞石，以为其他诸说皆不可信也。慕寿祺亦以墓志作十七年，足证史册作十四年之非也（《唐弘化公主墓志跋》，见《责善半月刊》第 2 卷第 14 期）。今按上述各史书，皆系根据当时《实录》，年月不应有误。志文出于后人，追记五六十年前之事，未暇深考，自易致误。前节考释《金城县主志》时，已论及轻信碑志之非，杜、慕二氏之误，即由此也。《公主志》称其为唐太宗之女。《新唐书·宗室列传》云：淮阳王道明送弘化公主于吐谷浑，坐漏言主非帝女，夺爵（卷七八）。唐室和蕃，常取宗室女为公主，伪言帝女。诸蕃亦知之，如突厥默棘连为请婚事谓唐使者曰："且公主亦非帝女，我不敢有所择；但屡请不得，为诸国笑。"（《新唐书》卷二一五下）《新唐书·吐谷浑传》及《唐会要》卷六皆云弘化公主为宗室女。《志》文盖尚沿袭遣嫁时之伪言而未改也。弘化，《宣彻志》作光化；其志作于景龙三年。考中宗时曾以太子弘祔太庙，号义宗，故避讳而改。张维《陇右金石录》以为避章怀太子讳。按章怀太子名贤，乃弘之弟；张氏之说，当由于一时失考。］

贞观十五年（641 年）　诺曷钵所部丞相王专权，阴谋作难。将征兵诈言祭山神，因欲袭击公主，劫诺曷钵，奔于吐蕃，期有日矣。诺曷钵知而大惧，率轻骑走鄯善城。其威信王以兵迎之，鄯州刺史杜凤举与威信王合军击丞相王，破之，杀其兄弟三人。遣使言状。太宗命民部尚书唐俭持节抚慰之（《旧唐书·吐谷浑传》）。［按《新唐书·吐谷浑传》及《通鉴》，丞相王作其相宣王，鄯州刺史杜凤举作果毅校尉席君买。《通鉴》系斩宣王事于四月丁巳，《考异》云"从《唐实录》"。又按弘化公主第五子万，后亦封宣王，见《公主志》。］

贞观十六年至二十一年（642～647 年）　吐谷浑每年皆曾遣使朝贡一次（《册府元龟》卷九七〇）。

贞观二十二年（648 年）　正月及十二月，吐谷浑皆曾朝贡一次（《册府元龟》卷九七〇）。

是年，慕容忠生（《忠志》）。张维云："考忠即诺曷钵之子；以铭文证之，盖即西平（弘化）公主所生。"（《陇右金石录》卷二页 8）

贞观二十三年（649 年）　六月，高宗嗣位。以诺曷钵娶公主，拜驸马都尉，赐物四十段（《旧唐书·吐谷浑传》）。

八月，慕容诺曷钵献马牛（《册府元龟》卷九七〇）。

高宗永徽三年（652 年）　正月，遣使朝贡（《册府元龟》卷九七〇，又《唐会要》卷九四）。

八月，遣使献名马（《册府元龟》卷九七〇）。（《新唐书·吐谷浑传》云："高宗立……又献名马。帝问马种性。使者曰：国之最良者。帝曰：良马人所爱。诏还其马。"《传》系此事于弘化公主表请入朝之前，疑即此次事）。

八月，吐谷浑弘化长公主表请入朝，遣左骁卫将军鲜于济往迎之。十一月（《旧唐书》本纪、《通鉴》皆作十一月庚寅，是月无庚寅，疑误）弘化长公主来朝（《册府元龟》卷九七九，参《新唐书·吐谷浑传》）。

帝以宗室女金城县主妻其长子苏度摸末，拜左领军卫大将军（《新唐书·吐谷浑传》）。［按《县主志》谓是年四月出嫁，疑误，当依《新唐书》作十一月来朝以后事。是年似仅许婚，并未出嫁；此四月或指麟德元年四月出嫁，说见下。苏度摸末即慕容忠，又拜左领军卫大将军一事，当在是年之后，皆见上节考释。］

永徽四年（653 年） 七月，吐谷浑献名马（《册府元龟》卷九七〇）。

永徽五年（654 年） 九月，吐谷浑遣使贡献（《册府元龟》卷九七〇）。

龙朔三年（663 年） 六月，吐蕃攻吐谷浑。诏凉州都督郑仁泰为青海道行军大总管，率将军独孤卿云等屯凉、鄯；左武侯（应依《苏传》及《册封》作左武卫）大将军苏定方为安集大使为诸将节度，以定其事（《新唐书·吐蕃传》及《本纪》，又参《册府元龟》卷九七〇及《通鉴》）。先是，吐谷浑与吐蕃相攻，上书相屈直，并来请师。天子两不许。既而吐谷浑大臣素知贵奔吐蕃，言其情。吐蕃出兵捣虚，破其众黄河上。诺曷钵不支，与公主引数千帐走凉州。吐蕃遂有其地。诺曷钵请内徙。……吐谷浑自晋永嘉时有国，至龙朔三年吐蕃取其地，凡三百五十年（《新唐书·吐谷浑传》）。［《旧唐书·吐谷浑传》误置苏定方为安集大使事于咸亨元年败绩之后。沈炳震云："按《苏定方传》，定方卒于乾封二年，不当在咸亨后，当从《新唐书》在前。"（《新旧唐书合钞》卷二五八）今按《册府元龟》卷一〇〇〇亦同《旧唐书》之误，但卷九七〇，则系苏定方受命事于龙朔三年六月戊申，其说是也。］

麟德元年（664 年） 是年金城县主年二十二［据《县主志》中卒年推算。《志》又云："永徽三年四月出降，春秋二十有二"，疑为麟德元年四月之误。《志》作永徽三年，乃误将许嫁之年作为出嫁之年。永徽三年县主年仅十岁，不得云春秋二十有二。详见前节考释。］

麟德二年（665 年） 正月丁卯，吐蕃遣使来朝，请与吐谷浑复修和好，并请赤水地以为牧野。帝不许（《册府元龟》卷九九九，《通鉴》卷二〇一，又参《新唐书·吐蕃传》）。

是年，慕容忠年十八，授左威卫将军（《忠志》）。［按改左右屯卫为左右威卫系龙朔二年事，见杜佑《通典》及《旧唐书·职官志》。］

乾封元年（666 年） 五月，更封河源王诺曷钵为青海国王（《册府元龟》卷九六四，参《新唐书·吐谷浑传》）。

总章二年（669）九月丁丑朔，诏徙吐谷浑就凉州南山。群臣议难之。议久不决，竟不果徙（《通鉴》及《册府元龟》卷九九一，又参《新唐书·吐蕃传》及《吐谷浑传》）。元王慕容若妻李氏生（《李氏志》）。

咸亨元年（690 年） 四月辛亥，高宗遣右威卫大将军薛仁贵等总兵五万讨吐蕃［按两《唐书·吐蕃传》皆作"师凡十余万"］，且纳诺曷钵于故庭。六月戊子王师败于大非川，举吐谷浑地皆陷。诺曷钵与亲信数十帐才免（《新唐书·吐谷浑传》，参《旧唐书·吐谷浑传》，两《唐书》本纪及《吐蕃传》，《通鉴》，及《册府元龟》卷六七〇、卷九八六）。

是年改左右戎卫为左右领军卫（《新唐书·百官志》）。［按苏度摸末（即慕容忠）拜左领军卫大将军（见《新唐书·吐谷浑传》），当系是年或以后事。］

咸亨三年（672 年） 二月庚午，吐谷浑徙治鄯水南。诺曷钵以吐蕃威势不抗，而鄯州地狭，又徙灵州。帝为置安乐州，即拜刺史，欲其安且乐云（《新唐书·吐谷浑传》，参《通鉴》及《旧唐书·吐谷浑传》）。［按《新唐书》卷三七《地理志》"威州"条云，以灵州之故鸣沙县地置安乐州。］

上元二年（675 年） 正月辛未，吐蕃遣大臣论吐浑弥来请和，且求与吐谷浑修好。帝不听（《通鉴》及《新唐书·吐蕃传》，参《旧唐书》本纪）。

仪凤二年（677 年） 十二月，下勅讨吐蕃。勅略曰："蕞尔吐蕃，僻居僻裔。吐浑是其邻国，是乃夺其土宇。往者暂遣偏裨，欲复浑王故地。义存拯救，事匪称兵。辄肆昏迷，僭相掩袭。既无备预，颇丧师徒。"（《册府元龟》卷九九一）［按此指咸亨元年败绩事。］

永隆元年（680 年） 七月廿七日，慕容明生于灵州之南衙（《明志》）。

［补］**开耀元年（681 年）** 慕容宣昌生。宣昌名煞鬼，乃慕容忠之子（《宣昌志》）。

武后光宅元年（684 年） 改左右威卫曰左右豹韬卫（《新唐书·百官志》）。［按《慕容忠志》所云加镇国大将军左豹韬卫大将军一事，当系是年或以后之事。］

是年慕容明五岁，以本蕃号代乐王（《明志》）。［补］宣昌封政乐王，疑亦是年事。《志》仅称"年未一纪，封为政乐王"（《宣昌志》）。

［补］**垂拱二年（686 年）** 唐宗室女李氏嫁于元王慕容若，时年二十二岁（《李氏志》）。

垂拱四年（688 年） 诺曷钵卒（［补］《宜昌志》谓其卒后赠洮国王），子忠嗣（《旧唐书·吐谷浑传》，参《新唐书·吐谷浑传》）。忠袭青海国王乌地也拔勤豆可汗（《忠志》）。

载初元年（690 年） 七月八日，慕容曦光生于灵州之南衙（《光志》）。

约是岁前后，弘化公主赐姓曰武，改封西平大长公主（《公主志》）。［按《志》于此事未系年月。考《通鉴》云：是年八月，武后大杀唐宗室及亲党，惟千金长公主以巧媚得全，自请为太后女，仍改姓武氏。太后爱之，更号延安大长公主。疑弘化公主改号赐姓，亦为是年左右之事。又按是年九月始废皇帝为皇嗣，太后自加尊号曰圣神皇帝。九月以前太后仅称制，睿宗尚在位，弘化公主为帝姑，故依朝制，自应称大长公主。杜光简云：弘化公主与高宗为同辈，不应称大长公主，而

当称长公主（《责善半月刊》第1卷第19期），其说实误。］

长寿元年（692年）　曦光三岁，以本蕃嫡孙号观乐王（《光志》）。

长寿三年（694年）　二月，西平大长公主（按即弘化公主）还蕃。公主者太宗族妹，贞观中吐谷浑。［按《册府元龟》原文作吐蕃盖涉上文还蕃一语致误］遣使请婚，至是来朝，设归宁之礼焉（《册府元龟》卷九七九）。［按武后改封弘化为西平，史传失载。《唐实录》此条又误以吐谷浑为吐蕃。故宋初王钦若等依《实录》收入此条于《册府元龟》时，即曾加校语云："按《唐书》太宗贞观十五年文成公主出降吐蕃弄赞，至高宗永隆元年（按明刊本《册府元龟》永隆误作来降，史语所藏明钞本未误），公主卒。《实录》所载西平大长公主，检和亲事迹未获。"今幸此志出土，知西平即弘化公主，遂得以解决此千年未破之谜。又按《旧唐书·德宗本纪》，兴元元年八月己酉西平长公主薨（卷一二），其时上距贞观末年已百三十五年。乃代宗之女，系另一人。］［又按本篇写就后，曾求正于岑仲勉先生。岑先生以其大作《唐史余瀋》稿本见示。其中有西平大长公主一条，于未见《公主志》之前，即疑《册府元龟》之西平大长公主即弘化公主。补注：岑书已于1960年由中华书局出版，此条见卷一，页49。］

圣历元年（698年）　五月二日，弘化公主薨于灵州东衙之私第，春秋七十六（《公主志》）。同日，慕容忠薨于灵州城南浑牙之私第，年五十一（《忠志》）。［按张维《陇右金石录》卷二（页8）云："母子同日而死，此事之未必有，殊可疑也。"杜光简《慕容忠墓志考释》亦云："忠与其母同年同月同日死，又同年同月同日而葬。后者固不足怪，前者殊云巧矣。"然亦不能谓其事之必不能有也。］

忠卒，子宣赵嗣。［《旧唐书·吐谷浑传》，但《新唐书·吐谷浑传》作宣超。弘化公主之次子为左武卫大将军梁汉王闼卢摸末，高宗时曾与公主同来京请婚，帝以宗室女金明县主妻之（《新唐书·吐谷浑传》)，此时当已先死。据《公主志》，公主薨时，第五子右鹰扬卫大将军宣王万等仍在世。《公主志》系成均进士吴兴姚訔所撰。]

圣历二年（699年） 三月十八日，弘化公主葬于凉州南阳晖谷冶城之山冈（《公主志》)。同日，其子忠归葬于凉州城南之山冈（《忠志》)。

是岁，曦光十岁，以本蕃嫡子号燕王（《光志》)。曦光盖宣赵之嫡子也。

圣历三年（700年） 三月，以吐谷浑青海国王慕容宣超（一作宣赵）为右豹韬卫员外大将军，仍袭父乌地也拔勒豆可汗（《册府元龟》卷九六四)。[按是年五月始改元久视，此诏颁于三月，故仍称圣历。《新唐书·吐谷浑传》作宣超，《旧唐书》作宣赵；赵、超二字，形音皆近似，用以译胡名，或可互通，惟勒豆可汗似当依志石及《册府元龟》卷九七八作勤豆；说已见前贞观十四年条。]

是年或翌年，吐谷浑余部诣凉、甘、肃、瓜、沙等州降。宰相张锡与右武卫大将军唐休璟议徙其人于秦、陇、丰、灵间，令不得叛去。凉州都督郭元振以为当甘、肃、瓜、沙降者，即其所置之。岁遣镇遏使者与宣超兄弟抚护之，无令相侵夺。诏可（《新唐书·吐谷浑传》)。[按此事《新唐书》系之于圣历三年宣超拜命之后，未明叙年月。张锡系是年闰七月拜相，次年三月即罢。虽景云时曾再相，但郭元振于神龙中即由凉州都督迁安西大都护（见《新唐书·郭元振传》)。知当为是年或翌年春之事也。]

长安四年（704年） 十月廿九日，曦光年十四，授游击将军，守左豹韬卫翊府左郎将（《光志》)。[按是年曦光十五岁；志文疑有误字。见前节考释。]

中宗神龙二年（706年） 春正月，吐谷浑遣使来朝（《册府元龟》卷九七〇)。[补] 宣昌亦随使来朝，染病卒于京师。权殡三辅，迁奉凉州，于是年九月十五日葬于凉州神鸟县天梯山野城里阳晖谷之原（《宣昌志》)。

四月五日，慕容明授左屯卫翊府左郎将，员外置同正员（《明志》）。[按《旧唐书·中宗本纪》云：神龙二年四月，大置员外官，自京诸司及诸州佐，凡二千余人（卷七）。慕容明盖亦在其列也。]

七月廿六日，慕容曦光转明威将军行左屯卫翊府左郎将（《光志》）。

景龙三年（709年） 四月十一日，慕容宣彻迁葬于凉州神鸟县（《宣彻志》）。[按此志之盖题"大唐故辅国王慕容志"，志文前题"河东阴山郡安乐王慕容神威"；志称其为慕容忠之子，讳宣彻，拜左领军大将军。张维《陇右金石录》以为宣彻即宣赵，两《唐书·吐谷浑传》所载宣赵官衔，与志文不同，或系后有封移而史文省略；其以宣彻为宣赵，当为史误（卷二页15）。按宣赵或作宣超，见上文圣历三年条。若宣彻即为其人，则志中历举诸官，不应漏去其所袭封之青海国王一衔。《新唐书·吐谷浑传》述郭元振之议，有"与宣超兄弟抚护之"一语（见上文圣历三年条），则宣超原有昆弟，且掌兵权；宣彻当即其兄弟辈也。]

约是岁左右，慕容宣赵（一作宣超）死，子曦皓（一作希皓）嗣（见新旧《唐书·吐谷浑传》及《册府元龟》卷九六七）。

睿宗景云元年（710年） 九月廿五日，曦光转忠武将军行右卫翊二府左郎将（《光志》）。[补]五月五日，元王慕容若妻李氏卒，年四十二（《李氏志》）。

景云二年（711年） 三月三十日，慕容明摄左屯卫将军借紫金鱼袋，仍充押浑副使（《明志》）。[杜光简跋语云：据《新唐书·地理志》，关内道有吐谷浑羁縻州二：曰宁朔州，曰浑州，志中所谓押浑副使，即押吐谷浑或浑州之副使也（《责善半月刊》第1卷第19期）。今按《新唐书·方镇表》，开元二十年朔方节度使增押诸蕃部落使，大中六年陇右秦成两州经略领押蕃落副使，贞元十一年剑南西川节度增领统押近界诸蕃及西山八国云南安抚使。所押者皆为诸蕃部落而非州名，则押浑副使自当指吐谷浑部落，并非浑州。]

玄宗开元元年（713 年） 十二月廿一日，慕容明转上柱国（《明志》）。

开元二年（714 年） 三月十六日，曦光封五原郡开国公（《光志》）。

八月十一日，曦光加云麾将军（《光志》）。

开元三年（715 年） 八月，吐谷浑大首领刺史慕容道奴降，诏授左威卫将军，员外置，兼刺史，封云中郡开国公（《册府元龟》卷九六四，又卷九七四）。[按此当为其别部。]

开元六年（718 年） 正月十七日，金城县主薨于部落，年七十六（《县主志》）。[补] 十二月廿六日，元王慕容若妻李氏葬于武威喇嘛湾（《李氏志》）。

开元七年（719 年） 八月十七日，金城县主葬于凉州南阳晖谷北岗（《县主志》）。

开元九年（721 年） 二月十四日，曦光加授左威卫翊府中郎将（《光志》）。[按志文置此事于平"六州胡叛"之后，若非序次颠倒，则必月日有误。]

四月，六州叛，曦光领所部兵马，"摧破凶胡"（《光志》）。[按此即康待宾之乱，已详上节考释中。]

开元十年（722 年） 正月十一日，慕容明授右监门卫中郎将，员外置同正员（《明志》）。

是年"胡贼再叛"，曦光立功，授左威卫将军；以功高赏轻，寻加冠军大将军，行右金吾卫将军（《光志》）。[按此即康愿子之乱，是年九月平定。详见上节考释中。]

开元十一年（723 年） 五月廿五日，王晙持节朔方军节度大使（《新唐书》本纪）。廿八日，曦光加金紫光禄大夫行光禄卿，员外置同正员（《光志》）。

九月壬申，吐谷浑别部师众诣沙州降，河西节度使张敬忠抚纳之。先是，吐谷浑别部畏吐蕃之彊，附之者数年，至来来降（《通鉴》，参《册府元龟》卷九七七）。

开元十八年（730 年） 曦光充朔方军节度副使（《光志》）。是时朔方节度使为唐宗室信安郡王祎（吴延燮《唐方镇年表》）。

开元廿四年（736 年） 牛仙客代信安郡王祎为朔方节度使。冬入相，遥领节度如故（《新唐书·牛仙客传》及《通鉴》）。

开元廿六年（738 年） 七月廿三日，曦光薨于本衙，年四十九。闰八月五日赠持节凉州都督，归葬凉州先茔（《光志》）。

十一月十三日，慕容明薨于本衙，年五十九。归葬于凉州先茔（《明志》）。〔按志文题衔，除上文已述及者外，尚有忠武将军，检校阉甄府都督。杜光简跋语云：志中之阉甄府，当是羁縻州府之类。惟两唐书《地理志》中皆无此府名。盖羁縻州经制不一，《地理志》所录者本不完全也（《责善半月刊》第 1 卷第 19 期）。〕

十二月七日，慕容明之墓功就（《明志》）。

十二月九日，曦光之叔将作大匠承福作曦光之志铭（《光志》）。

约是年左右，曦皓卒，子兆嗣（两唐书《吐谷浑传》）。〔若曦光与曦皓为一人之异名，则慕容兆之袭封，即在是年。惟上节考释中已论及二人恐为兄弟，并非一人。〕

肃宗至德（756～757 年）后 安乐州没吐蕃（《新唐书·地理志》威州条）。吐蕃复取安乐州，吐谷浑残部徙朔方河东，语谬为退浑（《新唐书·吐谷浑传》，参阅《旧唐书·吐谷浑传》）。

德宗贞元十四年（798 年） 十一月（《旧唐书》作十二月），以朔方灵州同节度副使左金吾衙大将军同正，兼详太常（明崇祯刻本避明光宗讳，改刊作尝）卿慕容复袭长乐府都督、青海国王、乌地野拔勤豆可汗。未几卒，其封嗣遂绝（《册府元龟》卷九六五、卷九六七。参两唐书《吐谷浑传》）。

贞观十三年以后吐谷浑慕容氏之事迹，略如上表。贞元中封嗣既绝，年表即以此为断限。其后吐谷浑残部之各小首领，史籍中尚可考见数人，如唐末吐谷浑有首领赫连铎、拓拔思恭；五代后唐有白承福、念公山、薛粪堆，各有部落（《册府元龟》卷九六七）。白承福曾赐姓名李绍鲁（《续通志》卷六三七），庄宗同光三年（925 年）敕吐谷浑、宁朔奉化两府都知兵马使检校司徒李绍鲁，可授光禄大夫检校太保竭忠建策兴复功臣；其麾下宁朔府都督赫连公德，敕授光禄大夫检校右仆射赐忠义正卫功臣（《册府元龟》卷九七六）。然《册府元龟》云：后唐庄宗时，吐谷浑微弱，聚居蔚州界，皆授中国官爵。又云：后汉高祖初，屡诛吐浑酋长，其种遂衰（卷九五六）。以其势力衰微，又不能确定其为慕容诺曷钵之后裔，故不赘述。

1948 年 1 月 25 日初稿

附录　武威文庙所藏之慕容氏先茔 出土墓志（据拓本抄录）

（一）大周故西平公主慕志（志盖）。（志文 25 行，行 24 字）

大周故弘化大长公主李氏赐姓曰武改封西平大长公主墓
志铭并序　　成均进士云骑尉吴兴姚訾撰
公主陇西成纪庄也即大唐太宗文武𨽥皇帝之女也家声祖
德造𠕋垄而运阴阳履翼握𨽥礼神祇而悬⊘匜　　　大长
公主诞灵帝女秀奇质于莲波託体王姬湛清仪於桂魄公宫
禀训沐胎教之宸猷妠幄承规挺琁闱之睿敏以贞观十七秊
出降于青海蚕王勤豆可汗慕容诺贺钵其庄也帝文命之灵
苗斟寻氏之洪胤同⊘礕之入侍献款归诚类去病之辞家怀
忠奋节　　　我大周以曾沙纫垄练石张𠕋万物于是惟新
三光以之再朗　　　主乃赐同𨽥族改号西平光宠盛於鳌

467

妫徽猷高于乙妹岂谓巽风清急驰盡驷之晨光阅水分流徙
藏舟之夜壑以曛历元秊五匦三〇寝疾薨於灵州东衙之私
第春秋七十有六既而延平水竭惜龙剑之孤飞秦氏楼倾随
凤箫而长往以曛历二秊三匦十八〇葬於凉州南阳晖谷冶
城之山岗礼也吾王亦先时启殡主乃别建陵垣异周公合葬
之仪非诗庄同穴之咏嗣第五子右鹰扬卫大将军宣王万等
痛深栾棘顒宅坵而斯安情切蓼莪憨陟屺而无逮抚幽埏而
掩泗更益充穷奉遗泽而增哀弥深眷恋以为德音无沫思彚
笔而垂荣兰桂有芬资纪言而方远庶乎千秋万岁无懃节女
之陵九原三壤不谢贞姬之墓其铭曰

瑶水诞德至山挺神帝女爰降王姬下姻燕筐含玉门牓题银
珈珩棣鳥轩佩庄鳞 其一　　与善乖验竟欺遐寿返魄无征神

香徒有婆彩潜翳电光非久脸碎芙蓉茹悽杨柳 其二

牛岗阗壤马巤开坟儗柏含雾苍松起云立言彚笔纪德垂熏
顒承荣于不朽庶传芳于未闻 其三

（二）大周故青海王墓志铭（志盖）。志文 23 行，行 24 字。

周故镇军大将军左豹韬卫大将军青海盉王乌銮也拔勤
豆可汗墓志铭并序
王讳忠阴山庄也自云雷降雹开大盉之王基〇匦成文握中
原之帝业丞启阗马率众西迁銮据伏龙称孤南面祖特丽度
许符别可汗父诺遏钵青海盉王驸马都尉乌銮也拔勤豆可
汗并军盉爪牙乾坤柱石忠勤克著异姓封王宠渥弥隆和亲
尚主王玗承显烈特禀英奇至若兰台芸阁之微言丘山泉海
豹略龙韬之秘策长短从横莫不披卷而究五车运筹而决千

里逸才不假休德⊘新接物尽君子之心事亲备文王之道秊

十八稽左威卫将军戚承银牓弱岁求郎宠溢金貂童秊入侍

后加镇军大将军行左豹韬卫大将军袭青海盎王乌垒也拔

勤豆可汗象贤开盎策固誓河拜将登坛任隆分阃坐金方而

作镇出玉塞而临军朝廷无西顾之忧猃狁罢南郊之祭将军

有勇期胜气于千秊壮士云亡惜寒风之一去粤暨历元秊五

匜三⊘薨於灵州城南浑牙之私第春秋五十有一栋梁折矣

远近凄然以暨历二秊三匜十八⊘归葬於凉州城南之山岗

礼也孤子等痛昊不之莫诉恐高岸之行迁冀披文而颂德刊

翠石于黄泉其铭曰　寿丘茂绪黎邑雄藩龙兴北盛马鬸西

奔代传龟纽邠降鱼轩积庆隆矣生贤在焉^{其一}自家形盎资孝

为忠爰辞柳塞入卫兰宫青海纂业西隅毕通玄郊坐镇北漠

恒空^{其二}夷夏以安搢绅之望树善无忒辅仁何旷营罢真军○

亡上将义深悼往　　　恩隆治葬^{其三}青乌剋圯辒駕言迴墳

崇马鬸垒据龙堆云愁垄树匜钓泉台式刊翠琬永播清埃^{其四}

（三）慕容宣彻墓志（志盖篆书"大唐故辅国王慕容志"，志文 19
行，行 20 字，正书）

河东阴山郡安乐王慕容神威迁奉墓志并序

若夫劳喜休悲孰免归天之魄浮形幻影谁蠲瘗地

之魂真金玉之可销况英奇之能久降年不永遽逝

东流寂寂山丘慌慌垅路祖驸马都尉青海国王乌

地可汗讳诺褐拔武苞七德业冠三冬开颖不羁神

谋独断溢从风烛早迁奉毕祖婆唐姑光化公主陇

西李氏孕彩椒房含辉兰闱人洛川而迴雪遨巫岭
以行云不为修短悬天芳姿淹彩早定安厝又迁奉
毕父忠德比贞監诞侔惟岳落落耸长与之幹汪汪
澄叔度之陂追远慎终早迁奉毕左领军大将军慕
容讳宣彻擢秀清流风尘不杂光五侯之封传万石
之荣夙奉忠贞承芳　　帝戚朝参鸾驾夕卫丹
墀不为甍起两楹梁摧淹及以景龙三年四月十一
日奉於凉州神鸟县界吉辰择兆丧礼具仪鸣呼哀
哉式为铭曰

朝露旋晞夜台何酷九泉幽壤埋兹盛德不朽飞声
昭章望族讵勒燕岑流芳圣牍古之遗爱方斯令则
何以铭勳树兹镌勒

景龙三年岁次己酉四月丁亥朔十一日丁酉

（四）大唐故代乐王上柱国慕容明墓志之铭（志盖）。志文 19 行行
23 字。

押浑副使忠武将军右监门卫中郎将员外置同正员检
校阁甄府都督摄左威卫将军借紫金鱼袋代乐王上
柱国慕容明墓志铭

王讳明字坦昌黎鲜卑人也粤以唐永隆元年岁次庚辰 七
月廿七日生於灵州之南衙年五岁以本蕃号代乐王至圕
祚再兴神龙二年四月五日

制云沙朔雄姿穹庐贵种远暨声教式被恩荣可左屯 卫 翊
府左郎将员外置同正员至景云二年三月卅日
勅摄左屯卫将军借紫金鱼袋仍充押浑副使至开元元圍
十二月廿一日

制云凤柱驰声兽贲标袟赤墀近侍紫极分晖既覃 邦 惠 宜

峻戎章可上柱国至开元十年正月十一日

制云夙申诚款久职戎旆勤效既深授兹戎宠可右监门 卫

中郎将员外置同正员餘如故以

大唐开元廿六年十一月十三日薨於本衙春秋五十 有 九

归 葬 於 州　　先茔志性敦质淳和孝友能简能 易 勿 □

勿 親 宗族推嘘是称名行呜呼哀哉以铭记

　　　　大唐开元廿六年岁次戊寅十二 月

　　　　　　甲子朔七日庚午功就

补记　慕容宣昌墓志铭

此石于解放后出土于武威城南天梯山，承甘肃文管会惠寄拓片。原石高约 58 厘米，广约 57 厘米半。志文 25 行，行 25 字，正书。志盖中央为"大唐故政乐王墓志铭"九字，分三行书，篆文；周围作团花及云纹。志文如下：

大唐故政乐王慕容君墓志铭并序

王讳煞鬼字宣昌阴山人也曾祖融吐浑可汗随尚东化公主拜

驸马都尉祖肫何拔　制封河源郡王尚大长公主薨赠洮国王

父成王忠尚金城县主青海国王可汗并简在　帝心袭嗣王位

钦明异域藻镜殊方谅藩屏之任隆寔边维之寄重庶谐捌表光

赞万邦忠贞沐奉国　之恩孝悌烈家声之誉爱婚　帝子媛以

王孙金柯奕叶於宗盟琼萼舒花於戚里王子维城作固盘石开

基五潢分派於尧年九族流芳於舜日等山河自作镇同嵩峤而

铭祈寔谓冠盖明时领岫当代顾年未一纪封为政乐王属

圣道昌期　明王驭历　皇图启箓表　唐化而中兴　紫极君

临廓乾坤而重洽　恩制司袱泽及万方　九重怀抃跃之欢百

姓喜讴谣之颂惟王夙承　帝戚朝贺申诚表谢　阙庭恩加赏

锡内崇奉宸外授君储企望保录余季不意俄婴瘵瘵忽焉倾逝

奄弃所天权殡於京三辅春秋廿有六别　勅雍州迁奉凉府粤

以神龙二季九月十五日葬於凉州神鸟县天梯山野城里阳晖

谷之原礼也王禀质温恭素怀贞操绥强以礼抚弱以仁敬谓清

慎覃流风神肃物岂期英声未振盛德长捐令誉灭闻奄归泉壤

慌慌孤垅同逝水而无追冥冥夜台与丘山而永固乃为铭曰

派流青海族茂　皇亲婚连　帝戚媛结王孙夙承　圣造垂裕

后昆 其一 二仪交泰两曜齐明君候养德王子挺生沐兹　圣泽镜

彼提衡怀青拖紫而人莫争 其二 爰濯草缨素籍家声簪裾代袭轩

冕烈名维城靡固梦疾两楹魂归蒿塝质瘗松局 其三 盛德无衣雄

风靡扇琼萼霜凋金柯露泫代有谢兮千秋人无由兮百战 其四 地

久川长自古何常天高路远人而何方生涯未极死独奚伤空游

魂而无托终名灭而靡彰 其五

再补记　慕容若妻李氏志与慕容威志

（一）慕容若妻李氏墓志铭

该志石 1958 年出土于武威喇嘛湾，同时出土有木雕武士俑 2 件，1962 年运至武威文化馆收藏。志石高、宽各为 30 厘米，志文 12 行，每行 12 字。志盖中央篆书"大唐故夫人李氏墓志"九字。志文如下（参见《文物》1965 年第 9 期第 62～63 页）：

大唐陇西郡夫人李氏墓志铭

夫人讳深陇西成纪人也祖正

明任灵原两州都督永康郡开

国公父志贞朝议大夫延州司

马夫人幼称女范兼修妇仪年

廿二出适元王慕容若乃居贵

能降处尊劳谦忽及崦嵫既夜

兼葭夙秋以景云元年五月五

日奄从风烛春秋卅有三今乃

吉晨迁措坟茔故勒斯铭呜呼

哀矣

开元六年岁次戊午十二月庚申朔廿六日乙酉

（二）慕容威墓志铭

该志石 1974 年出土于宁夏回族自治区同心县韦州公社，同时出土有白瓷盒 2 件。志石现收藏在宁夏博物馆。志石高 81 厘米、宽 87 厘米。志文 33 行，每行 31 字至 33 字，也有的为 30 字或 34 字。承蒙宁夏博物馆惠赠拓本，谨此感谢（编者按：此志见《考古与文物》1983 年第 2 期第 32～33 页）。志文如下：

大唐故左领军卫大将军慕容□□府君志铭并序

原州都督府功曹参军赵恒撰

君讳威字神感其先昌黎人也即前燕高祖武宣皇帝廆 之后君

以瓛才德生奕世」济美盛德不坠荣勋惟贤曾祖钵尚太宗文武圣皇

帝女弘化公主拜驸马都尉」封河源郡王食邑二千户寻进封青海国

王食邑一万户特赐实封三百户赠洮国□」王食邑一万户姻连戚里
宠赐桐珪燕翼 贻 於子孙衣冠盛於门阀祖忠特袭封青海」国王拜右
武卫大将军封成王降金城县主即陇西郡王之长女也承家赫奕继」
业高曾时秀有闻国华诞宝父宣彻封辅国王圣历初拜左领军卫大将军
匡赞□□」社稷翌载圣明著定业之功当建侯之会夫人博陵崔氏特
承　　恩制封博陵郡」太夫人家传典则天赐荣号庆流胤嗣义阐闺
庭君学该人伦性禀岐嶷孝友内行□」忠外节文可以纬俗武足以经
邦以材略闻　天特承　　恩奖解褐拜左武卫郎将」勇高制胜气逸
清边举必合权智无遗策迁左领军卫大将军仍充长乐州游奕副使」
将 统戎旅辑宁沙塞弋人务於东作虏马詟于南向由是息奸□□静以
怀仁委书」输琛霭其从化虞衡得顺时之利网罟无□令之采君以艺
超卫霍识拟孙吴矛」载森然俎豆斯在风姿耿介有难犯之色礼乐闲
和□好贤誉弱冠慕奇术壮年」益书剑虽友于间奇卓立杰心不外物
学常　师器宇苞借筹之能功名得寨旗之」捷顷岁天子嘉之朝廷闻
之士林仰之兄弟爱之君子以为得贤继絷君克似其」光□方将侍丹
禁趋　紫宸出青琐乘朱轮是同萧曹之位岂居绛灌之列於戏」昊天
不借哲人其萎以至德元年正月五日婴疾春秋六十有二终于长乐州私
馆」人封氏封平阳郡夫人武周魏王承嗣之孙太仆寺卿燕国公延寿
之女学冠曹室文」推谢庭孀幼成居冰雪其操勤念斋洁自捐形生专
心真如不息昼夜俄而遭疾」享年乾元元年七月十日终于私第长子
全袭左领军卫大将军次子亿拜信王」囡季子造种幼未仕唯而不□识
礼知节哀集蓼莪恸深龟兆蹭曹参之绝浆类」高柴之血存没永隔悲
缌帐虚悬孤弱相依尽为鸰原所育金谓孝感　天地义」通神明爰征古
礼是托茔域即以乾元元年十月庚子朔十日己酉同窆于州南之原礼」
也灵车告行晓挽将发天惨陇雾风悲松月邑人以之罢市过客由其膊骖
仆素钦仁」贤作掾邻昵仰遗爱直书斯文用传不朽以志贞石词曰

赐姓命氏茂德其」昌以封以袭为侯为王庆承宝系姻美银潢朝列旧德邦家宠光间出仁贤才兼」文武艰危著节　　社稷匡　　主凛凛冠军英英幕府　　轩墀入卫戎马宣」抚夙承荣奖初拜虎贲赫奕人望声名后昆时称壮勇　　天降殊恩茅土□□」光华一门火岂传薪人从逝水送终祔葬奠酌裈祀扰扰行彻哀哀胤子埋志石」于泉途颂德音之不己」乾元元年十月　　十日记

跋语： 李氏墓志铭称，李氏卒于景云元年（710 年），时年四十三岁。如是，李氏则生于总章元年（668 年）。如果其夫妇的年龄相差不大，那么，元王慕容若则是袭封青海国王的成王忠之弟，与宣王万为兄弟辈分。

慕容威墓志铭非常重要，不仅志文是长达 900 余字的长文，而且提供了迄今鲜为人知的重要史料。遗憾的是，有个别地方残缺，可以看到刻写时的错字和漏字。慕容威是慕容宣彻之子，宣彻的墓志早已在武威出土（见本文附录三）。慕容威墓志出土于宁夏的同心县，大体可以认为其地当吐谷浑部族迁居灵州以后新设置的安乐州的州南。但是，安乐州之名在墓志中写作长乐州，何对何错尚未可知。宣彻墓志称"迁奉墓志"，因此，最初葬于灵州，后来迁葬到武威南山的祖茔。慕容威之母是博陵的崔氏，其妻为魏王武承嗣的孙女。李氏墓志中自称为陇西李氏，可知吐谷浑的王族曾连绵不断地娶汉族的显贵家族之女。夫人封氏的"封"字，一定是由于后文中有"封平阳郡夫人"而弄错，应当改为"武"字。武承嗣在《旧唐书》卷一八三中有传。武氏之父燕国公延寿的名字在武承嗣传中不见。该传中能够见到的诸子的名字有延基、延义、延秀、延祚，唯独没有延寿，其原因不明。墓志中，"享年"后面的年数漏写，并且空格中也没有。墓志中所见除此之外的空格，或者是在开头，或者是留下空格没有填写，但从前后文可以推知。

1979 年 8 月 26 日跋

西安唐墓中出土的几件三彩陶俑[*]

　　这里所发表的，是 1957 年陕西西安市西郊南何村发现的唐开元十一年（723 年）鲜于庭诲墓中出土的几件精美的三彩陶俑①。

　　苏东坡曾说过："君子之于学，百工之于艺，自三代历汉，至唐而备矣；故诗至于杜子美，文至于韩退之，书至于颜鲁公，画至于吴道子，古今之变，天下之能事毕矣。"② 这些人中除韩愈之外，都是盛唐时代的人物。开元天宝时期，不仅是唐代的盛世，也是中国古代文学艺术史中最灿烂的时代。

　　从前的文艺史家只注重名家的诗歌、书法和绘画，没有注意到民间无名艺人的创作。能够知道欣赏唐代陶俑的优美，感觉到"唐代的三彩泥人泥马多么美！"这还是晚清以后才有的事情。清末建筑铁路通过洛阳一带，许多古墓被挖开，陶俑大批出土，便引起了人们的注意。收藏家和古董商鼓励盗掘，因之洛阳一带盗掘成风；同一墓出土的器物，

　　＊　本文原载《文物精华》第 1 册，1959；又见作者《考古学论文集》，科学出版社，1961。
　　①　马得志、张正龄：《西安郊区三个唐墓的发掘简报》，《考古通讯》1958 年第 1 期，第 47～52 页。
　　②　苏轼：《东坡题跋》卷 5，第 2～3 页（《津逮秘书》本）。

476

常常分散各处。许多陶俑来历不明，还加上伪造的赝货，这样便给学术研究带来了巨大的损失。

1944 年我在甘肃敦煌发掘唐墓时，亲手将陶俑从泥土中剥取出来，弄清楚了器物群的互相关系和陶俑在墓中的位置，心中非常痛快。当时我们企盼着有一个日子，在唐代文化中心的两京——长安和洛阳，也能用同样的科学方法来发掘唐墓。解放以后，这个日子果然到来了。在西安所发掘的唐墓中，出土了许多精美的三彩陶俑①。这次鲜于庭海墓中所出的，有些似乎更为精美。我们以为值得提选出来特别加以介绍。

唐代的三彩陶俑的制作法，和不加彩的陶俑一样，都是模制的；但胎质较为洁白，稍带黄色或灰色。泥质太多的陶土，釉子便不能与之密合，容易脱落。三彩俑的人头部分，多不加釉，仅涂以白粉；唇上加朱红，眼瞳、眉毛、髭须、发髻和巾帽，都加黑墨。足部如为靴子，也多不加釉，涂以黑墨，表示黑皮靴。其余部分，都加上彩釉。所谓"三彩"并不限于三种色彩。除了白色（一般微带黄色）之外，三彩釉有浅黄、赭黄、浅绿、天蓝，偶亦有茄紫色的。唐三彩的釉质主要成分是矽酸铅（lead silicate），和铅玻璃相同。呈色剂是各种不同金属的氧化物，例如浅黄为铁或锑，赭黄为铁，绿色为铜，蓝色为铜或钴，紫色为锰②。当时的陶瓷技术已经达到相当的水平，对于选泥、配釉、造形和烧窑，都已掌握到纯熟的程度。在这技术水平上，当时的雕塑艺术家大显身手，创造出了许多精品。

"载乐队驼俑"（驼通高 58.4 厘米，舞俑高 25.1 厘米）（图版 1）自然是一件杰作，不但题材新鲜，前所未曾见过；便在造型艺术方面，也是非常成功。再加上鲜明润泽的三彩釉，使之更为动人。骆驼本是一种笨大呆滞的动物，但唐人雕塑驼俑，常有轻健之感，并不显得臃肿。

---

① 《五省出土重要文物展览图录》，文物出版社，1958，第 7～8 页，图版 72～图版 75、图版 90～图版 92。

② W. B. Honey, *Ceramic Art of China*, p. 19（1945，伦敦）。

我们这件俑，骆驼是站立在长方形的底座板上，四肢强劲有力，头部高扬。全身白釉，颈部上下和前腿上端生长毛处涂黄釉。尾部也是黄釉（已中断）。脸上加绘黑色线条，眼瞳点黑，眼角加上朱色。背有双峰，可见是中亚细亚的巴克特利亚（大夏）种的双峰驼，不是阿拉伯种的单峰驼。背上垫一椭圆形的毯子。这毯子周缘蓝色，毯身刻划菱形图案，上涂绿、白、黄三色釉。毯上以木架成平台，并铺一条长毯向两侧下垂。这条长毯周缘的垂丝作绿色，毯身周围有一道绘有一系列白点的黄带，毯身是平行的五色条纹——白、蓝、浅绿、浅黄、赭黄。

最有意思的驼背平台上的一队舞乐俑。四个乐俑分坐两侧，中间一个舞俑。这可能仍是写实的。精壮的骆驼可以负重达千磅，普通的可负重达 500～1000 磅[1]。五个普通人的体重，合起来不会达到千磅的。所奏的乐当为胡乐，因为五个俑中有三个便是深目高鼻多须的胡人。所用的乐器，虽仅保留琵琶一件，但是可以推测其余三件也是胡乐系统的。隋唐时的龟兹乐和源出于它的西凉乐，都是"以琵琶为众乐之准，而主要的佐以鼓及觱栗"[2]。左侧前面的乐俑是胡人，身穿翻领的蓝色长衣，领作黄色。左手托琵琶，右手握拳，似原来执有拨子。琵琶体部作鸭梨形，颈部蓝色，已中断，原来可能是曲颈。琵琶体部的边缘作黄色，中间白色有横贯的蓝色条纹，近下端处有结弦用的横板，涂以黄釉，并以赭黄勾出四道弦丝，可知这是波斯式的四弦曲颈琵琶，不是印度式的五弦直颈琵琶[3]。唐时称前者为"琵琶"，后者为"五弦"或"五弦琵琶"，都用拨弹，不用手挡。白居易的《琵琶行》："曲终收拨当心画，四弦一声如裂帛"（《白氏长庆集》卷一二），便是指此。左侧后方的乐俑，貌不类胡，身穿圆领绿衣，双手举于颈间作吹奏状，当是

① R. J. Forbes, *Studies in Ancient Technology*, Vol. Ⅱ, p. 188（1955，莱顿）。
② 冯汉骥：《前蜀王建墓内石刻伎乐考》，《四川大学学报》（社会科学版）1957 年第 1 期，第 7 页。
③ 岸边成雄：《琵琶の渊源》，《考古学杂志》1936 年第 26 卷第 10 期，第 19～34 页。

吹觱篥。这是胡乐中主要乐器之一，形制略似今日的唢呐，但没有下部的喇叭头。成都王建墓中有两个乐伎奏演这种乐器①，这里或可依之复原。

右侧前面的乐俑，貌不类胡，穿圆领浅黄色长衣（这俑满面挂绿色釉，是由于舞俑右臂涂釉过多以致下淋所致）。右侧后面的一个是穿赭黄色翻领长衣的胡人。这二俑双手都放在胸前作拍击状，但是所用的乐器已失。在唐代胡乐中，鼓是占很重要的地位，尤其是以两杖并击的羯鼓，唐玄宗以为是八音的领袖。王建墓中的乐伎，击鼓的达8人之多，所击的鼓计7种，其中和鼓、毛员鼓二种是拍鼓②。我们这二俑都是双手伸掌作拍击状，所击的当是拍鼓一类。

在四个乐俑中间站立着的舞俑，也是胡人。身穿圆领的绿色长衣，为了舞跳得方便，将前襟下半撩起束于腰带中。右手向前屈举，左臂后伸，左手藏在长袖中。五个舞乐俑都戴软巾，但只这个舞俑在脑后塑雕出打结下垂的两条后脚。这舞俑面部向前，正在应着音乐起舞。乐俑也都注神于演奏乐器。千余年前的舞乐，今日重现于我们的眼前。演员们似乎正在那里聚精会神地表演，以图吸引我们观众的注意。他们也许正在等待我们的喝彩呢！

另一件驼俑"载人卧驼俑"（驼通高37.7厘米，通骑俑高39.4厘米）（图版2，1）。驼是卧驼，四腿平卧，头部上扬。驼身作赭黄色。颈部上下、前腿上端和双峰的长毛，涂以白釉，尾部也是白釉。背上垫有一椭圆形的毯子，双峰由毯中两个圆洞内向外露出。毯的边缘有蓝釉一道，中间刻划有菱形方格，上涂白、黄、绿三色的釉。骑在驼背上的男俑，高鼻深目，但没有髭须。所戴的帽子是中亚细亚的塞种人（The Saka）的尖顶帽。帽涂红色，色已多剥落。窄袖的胡服是圆领的，白地

---

① 冯汉骥：《前蜀王建墓内石刻伎乐考》，第15页。

② 冯汉骥：《前蜀王建墓内石刻伎乐考》，第19~22页。

间以不规则的浅绿色短条的纹缕，长靴黄釉。这件骑驼俑虽没有前面的那件载乐驼俑那样精彩，但仍不失为佳作。骑者似乎是刚坐上去，举手牵缰叫卧驼起立。骆驼的表情，似乎挣扎欲起，姿态很是生动。

"女俑"两件（图版3，1），靓妆袨服，曲眉丰颊。当时宫廷和贵族的妇女，都是以丰肌为美。盛唐时的女俑虽然丰腴，但是仍有一种秀气，所谓"丰肌秀骨"。我们这两件女俑，可以为证。中唐以后的唐俑，才显得有点过肥，有点臃肿，变成了所谓"胖娃娃"了。

我们这两件女俑，都有梯形的方座，前宽后狭。两件都是天足穿着尖鞋，鞋尖上卷作钩形。头发总束为髻鬟，先向两鬓和脑后外垂，末端再束为一小髻，盘在额顶上，稍向前垂。其中左侧的一件女俑（通高44.5厘米），两手举在胸前作捧物状，但所捧的东西已缺失。头部稍偏，似乎在伺候主人的颜色。左肩搭一白色带蓝条的长巾，绕过右肩，然后再由左肩向背后下垂至膝部。身穿窄袖浅黄色襦衫；下着带有白色小花的绿裙，当是织花的罗锦。长裙下垂至地，绿色鲜艳，使人想起"记得绿罗裙，处处怜芳草"的诗句（牛希济《生查子》词）。右侧的一件女俑（通高45.3厘米）双手拱举于胸前，但都藏在袖内。身穿窄袖绿色襦衫，圆领袒胸。下穿黄裙，长垂至地。《新唐书》说：天宝初杨贵妃常以假发为首饰，好服黄裙，时人为之语曰："义髻抛河里，黄裙逐水流"[1]。好服黄裙当时恐不限于杨贵妃一人。这俑上身又披着一敞领的蓝色外套（短大衣），由两臂外侧垂下。身微向左侧立，面向右斜视。姿容丰腴，态度闲雅。

两件"男俑"都是侍俑（均高46厘米左右），（图版3，2）服饰也相同，但姿态有异。二件都头戴软巾，脑后垂下巾脚。身穿圆领窄袖浓绿色长衣，腰间系带，足穿黑色长筒靴。其中右侧那件俑的藏在巾内的是圆髻，身微向右侧，双手拱举于胸前，双目向前注视，作肃敬的姿

---

① 《新唐书》卷三四，《五行志》（开明《二十五史》本），第3713页。

态。靴尖涂有绿釉。另一俑的巾内发髻成扇形，因之使软巾顶部也成为扇形横列而稍向前倾。俑身微向左侧，两手相交于腹下。头部微俯，两眼稍闭下视，似乎是在倾耳听候主人的使唤。

最后，我们要提出那件"三彩陶马俑"（通头高 54.6 厘米）（图版 2，2）。盛唐时代，对于骏马特别爱好。唐玄宗喜好大马，御厩畜至 40 万匹①。同时择西域大宛等地献来的良马和中原骏马，颁令画师摹写②。当时出了好几位专以画马出名的画师，如杜甫《丹青引》一诗中所赞美的曹霸和霸的入室弟子韩幹。盛唐的马俑，就雕塑艺术而言，也同样地显得特别优越，我们这一匹便是一个很好的例子。

我们这匹马俑是站于一方座板之上，板的中央镂空，马身全白。就形体而言，尤其是与汉代马俑比较，这些唐马显得头小颈长，并且骨肉停匀，似乎是表示大宛等处中亚品种的良马。鬃上剪留"三花"。郭若虚说："唐开元天宝之间，承平日久，世尚轻肥，三花饰马。……三花者剪鬃为三辫。"白乐天诗云："凤笺书五色，马鬃剪三花。"③ 昭陵石刻的六骏也是"三花"的④。有人以为这是受当时突厥的风尚的影响，但是洛阳金村附近出土的西汉初年空心砖上所印的马便已是鬃上剪花的⑤。宋人楼钥有再题韩幹所绘的十二匹马题名"行看子"画卷一诗，说："圉人贵介多雍容，三花剪鬃自官样。"⑥ 可见"三花"饰马是当时宫廷和贵族间流行的风尚，是所谓"官样"。

马鞍上披有浓绿色绒毯制的障泥，绒面雕刻成氄氄披离状，还加有同样绿色的穗子（流苏）。李白的《白鼻騧诗》有"绿地障泥锦"之

---

① 张彦远：《历代名画记》卷9，第 16 页（《学津讨原》本）。
② 朱景玄：《唐朝名画录》，第 21 页（《美术丛书》2 集，5 辑）。
③ 郭若虚：《图画见闻志》卷 5，第 9～10 页（《津逮秘书》本）。
④ 原田淑人：《昭陵の六骏石像に就いへ》（《东亚古文化研究》，1944 年第 3 版，第 395～397 页。
⑤ O. Maenchen - Helfen, Crenated Mane and Scabbard Slide, *Central Asiatic Journal*, Vol. Ⅲ, No. 2, 1957, pp. 85 - 138.
⑥ 楼钥：《攻媿集》卷四，第 2 页（《四部丛刊》本）。

句，当时障泥或许特别喜用绿色。马头上辔饰俱全，嘴角两侧各有绿色镳一个，露出黄色的衔勒末端。这黄色当是代表黄金制的。杜甫《哀江南》诗说"白马嚼啮黄金勒"，可以做我们这一匹白马的写照。马头的笼套是绿色革带，上饰黄色的八瓣花朵，两耳下和鼻上的革带系有杏叶形的垂饰。额上矗立一个黄色穗形饰物。胸前和股后也都络以绿色的革带。胸前的带（鞅）饰有悬于花朵形金饰下的黄色小铃（金铃）和中央带黄点的蓝色流苏。股后的带（鞦）两侧饰有杏叶形垂饰各五枚。革带交结于尻上。交结处也有杏叶形垂饰四枚。王勃《春思赋》中所说的"杏叶装金辔"[①]，便是指这种杏叶形的垂饰。这马的头部微向左侧，避免呆板的对称，姿态生动，轮廓线条很是流利活泼，表现出一匹英气勃勃的骏马。

上面所述的，虽限于我们所提选的七件标本，但已可看出盛唐时代三彩陶的艺术造诣。这是雕塑艺术和陶瓷技术相配合所产生的结晶。三彩的釉色，更大大地增强了雕塑的表现力。就雕塑艺术而论，不管是骆驼载乐俑那样的群像，或者是孤立的单像，都是创作得非常成功。当时的民间雕塑艺术家，充分利用了人物的活动、手势、面部表情，甚至于人物的服饰和细部，使我们看到那贯穿到外部动作中的内心思想和感情，甚至于像骆驼和马这样的动物，也被雕塑成为有思想和有感情的动物。这些无名的艺术家，通过了人物和动物的情感来表达艺术家自己的创造构思。这种造型方法，当然可以创造出非常优美的有生气的形象。这是艺术上的成功，怪不得它们今日仍为劳动人民大众所喜爱。

---

① 王勃：《王子安集》卷一（《四部丛刊》本）。

图版 1　西安西郊 1 号唐墓出土的骆驼载乐俑

1. 西安西郊 1 号唐墓出土的卧驼俑

2. 西安西郊 1 号唐墓出土的三彩陶马

图版 2　西安西郊 1 号唐墓出土的三彩陶俑

1. 9 号女俑的正面，10 号女俑的左侧面

2. 5 号男侍俑，4 号男侍俑的正面

图版 3　西安西郊 1 号唐墓出土的陶俑

长沙东郊杨家山南宋墓墓主考*

　　《考古》1961 年第 3 期发表了湖南长沙杨家山 1960 年所发掘的一座南宋墓。这座墓葬的发掘简报说："墓主人名趯，字彦恭，因志残，不知其姓。墓主人曾任过朝议大夫，直秘阁，祥符县开国男，广州兼广南东路经略安抚等官。"（第 159 页）

　　今按这墓主人当是王趯。他是当时统治阶级中一个相当知名的人士。《宋史》中曾几次提到他，但没有替他立专传。清代的史学家陆心源编撰《宋史翼》，才替他补立专传。现将文献记载上一些有关于他的史料辑录出来，并和墓中所出的墓志残石上有关文字互相印证，互相补充（墓志录文将见《考古》1961 年第 5 期）。

　　据墓志，知道他是祥符人，生卒年份是公元 1104～1170 年。《宋史翼》为他立的专传，开端便说："王趯字彦恭，□□人，李光门人也。"（陆氏十万卷楼刊本，卷一二，四页）这是根据宋人王明清《挥麈三录》内"李泰发寓书秦相"条中"门人王彦恭趯"一语改写而成

---

　　* 本文原载《考古》1961 年第 4 期，署名"作铭"。

的①。墓志虽以开端处残缺失去姓氏，但仍留有"世本太原"一句。"太原"是王姓的郡望，也可证明他是姓王，毫无疑问。

志文说他以他的哥哥朝议大夫王越致仕，他荫补将仕郎，在兵马大元帅府中工作。查《宋史》，高宗于靖康元年（1126 年）十二月开大元帅府于相州，次年五月即位于南京。志文又说："光尧即位，以潜邸特恩，改承务郎。""光尧"是宋高宗禅位给光宗而成为太上皇之后的尊号。墓主人这样便登入仕途，这时他的年龄是 23～24 岁。《宋史翼》说他于绍兴元年（1131 年）充广西军略干办公事。十五年（1145 年）知雷州。《宋史翼》的专传中所记的事迹，主要的是下面三件事：①知雷州时的政绩；②因为与秦桧的政敌赵鼎和李光交通被罢官，下狱被拷，除名送辰州编管②；③秦桧死后才复官，历举他在 1155～1161 年间历任的各官职③。这三者以第②条为重要。

关于他以交通赵鼎、李光遭责停官下狱一事，《宋史·高宗本纪》也有记载，说他于绍兴二十年八月甲辰，以雷州守臣坐交通赵鼎、李光，停官。二十四年七月癸丑，坐交通李光下大理狱。十二月丁亥，除名，辰州编管。二十五年十二月丙申，复官（卷三〇至卷三一）。毕沅《续资治通鉴》于绍兴二十四年十二月丁亥条（卷一三〇），也详载这件事（1957 年古籍出版社标点本，第四册，第 3449 页）。当时反对秦桧主和的爱国人士如赵鼎等，被谪贬远郡编置，"门人故吏，皆不敢通

---

① 李泰发即李光，这一条见《丛书集成初编》（影印《津逮秘书》本，卷三，第 833 页）。陆氏原书作王明清《玉照新志》，当由记忆之误。

② 关于王氏和赵鼎交通事，《宋史翼》误据王象之《舆地纪胜》卷一一八所引的《中兴遗史》，系于绍兴二十年。按赵氏已于绍兴十七年死亡。这是由于绍兴二十年王氏以交通李光事被发觉停官，连带牵涉及几年以前交通赵鼎的旧事，因此致误。

③ 关于他这一段履历，《宋史翼》是根据李心传《建炎以来系年要录》（卷一五八、卷一六一、卷一六七、卷一七〇、卷一七四、卷一八五、卷一九五等）。李书断限于绍兴三十二年（1662 年），所以陆书所述也以绍兴三十一年为止。其中绍兴二十五年一条，《系年要录》列举王趯和刘岑二人，主管台州崇道观是刘岑未复官前的祠禄官，和王氏无关。《宋史翼》误归之于王氏。

问"（《宋史》卷三六○《赵鼎传》）。他是李光门人，（李光在《宋史》中也有专传，见卷三六三），悍然不顾秦桧的威权和陷害，和李光、赵鼎等交通，在当时也算是一个有气节的人。

志文所说的"累官右朝议大夫、直秘阁、祥符县开国男、知广州兼广南东路经略安抚。到官未几，以疾奉祠归长沙所寓"，当是指1162年以后他的最后的官阶、封爵和最后的任职①，所以和《宋史翼》所举的1155～1161年间的官职不同。这篇志文是他的儿子所撰写的，仅述姓名、籍贯、世系、历任官职、生卒年月和家属，但完全没有提及他生平重要的事迹。如果不参考文献记载，我们便无从知道了。所以现在辑录有关史料，以便更清楚地了解他的生平和他在当时的社会地位和社会关系。这对于了解这座墓葬的发现的意义，也是有所帮助的。

---

① 据《宋史》右朝议大夫是官职中的文阶（卷一六九），直秘阁这时已是虚职，所谓"贴职"，"以为恩数"（卷一六二），开国男是封爵中最低一级（卷一六二），都是虚衔，仅经略安抚使是实职。志文说他"累官……"是指他在仕途中累积到最后的官职和实职。简报中解释作"墓中人曾任过朝议大夫……等官"，严格言之，是不正确的。据《宋史》，经略安抚使是"以直秘阁以上充"（卷一六七）。

《宋叶德安圹志》跋[*]

有宋南 阳叶公圹志 （篆书横列）

公姓叶讳德安字仁甫曾大父谦 居

京汴从南渡抵东嘉遂家於城之 北

大父致远父恂俱隐德不仕公生 於

隆兴甲申九月十二日於淳祐壬子

十一月二十六日卒於正寝享年九

十公姿性温醇志趣澹泊待亲戚里

闲 无於气其庞眉皓首寿几伏生仁

静之 验也娶龚氏先公卒二男长茂

林蚤逝 次茂清娶苏氏二女长先亡

次适进士 金时举男孙叔宝国学待

补进士次 男孙敬宗宝祐丙辰腊月

---

* 本文作于 1946 年，据温州市博物馆提供件编入。

甲申日男茂 清忍死奉枢葬于德政

乡仁王山之 原谨泣血记岁月藏诸

圹云忝眷免解国学 进士陈纪填讳

有宋南（上阙篆书横列）

公姓叶，讳德安，字仁甫。曾大父谦，居京汴，从南渡抵东嘉，遂家于城之北。大父致远、父恂俱隐德不仕。公生于隆兴甲申九月十二日，於淳祐壬子十一月二十六日卒于正寝，享年九十。公姿性温醇，志趣澹泊，待亲戚里闬无于气。其庞眉皓首，寿几伏生，仁静之验也。娶龚氏，先公卒。二男：长茂林蚤逝，次茂清娶苏氏；二女：长先亡，次适进士金时举；男孙叔宝，国学待补进士，次男孙敬宗。宝祐丙辰腊月甲申日男茂清，忍死奉枢葬于德政乡仁王山之原。谨泣血记岁月藏诸圹云。忝眷免解国学进士陈纪填讳

右叶德安圹志，民国廿五年出土于永嘉城南德政乡双屿村之仁王山，旧藏余妻诸父李耀卿先生家中。李氏为村中大家，抗日之役，日军于甲申冬进驻仁王山，掠其家，毁其庐。丙戌春，余返里后凭吊废墟，

获得此石于瓦砾中，已残缺一角，可移置家中，并手拓数份，以贻同
好，所缺诸字据未损前之录本补之，其篆额当为"有宋南阳叶公圹志"
八字。余旋以原石移赠籀园图书馆，并以手拓本一份遗之。特书其后，
以补邑志金石之阙。夏鼐谨跋。

《永乐大典》引《元河南志》
古代洛阳图跋[*]

　　自从解放以来，我们在洛阳地区做了不少的考古工作。不仅发掘了大量的古墓，还对于古代城址做了调查和发掘。工作的结果，有些已陆续在《考古学报》、《考古通讯》和"考古学专刊"中加以发表。本期又发表陈公柔同志的一篇报告。我们为了将考古资料和文献互相印证，很希望能看到一些古代洛阳图。赵万里先生藏有一册由《永乐大典》卷九五六一《元河南志》中抄摹出来的古代洛阳图，共计14幅。现在征得赵先生同意，将它们制版印出来，附在这里，以供大家参考。

　　这个抄本的图仅14幅，《永乐大典》卷九五六一的《元河南志》的图，据说除了这14幅之外还有《河南府总图》、《大祀殿图》、《河南府路廨宇图》、《河南郡邑山川图》、《嵩岳之图》和河南府管辖的各县图。这抄本中14图的标题和次序，和《永乐大典》原书并不完全符合。原书现藏日本的东洋文库。但是图的内容，我们曾取平岗武夫《唐代の长安と洛阳》所影印的四幅和这抄本的第10、11、12和14图相勘对，除了这抄本于第10、11、12图添上宫、殿、门等的名称之外，

　　* 本文原载《考古学报》1959年第2期，署名"作铭"。

可以说是完全相同的。阮元于道光二十年摹刻的由《永乐大典》中钞出的古代洛阳图5幅（缪荃孙转摹于《藕香零拾》本《元河南志》中），便是这抄本的第2、3、5、6、13图，取以对勘，除了阮元将《曹魏都城图》误标为"《西晋京城》"以及摹钞时有误字和缺漏之外，也是完全相同的。可见这抄本的14图，确是出于《永乐大典》卷九五六一的《元河南志》。

这抄本每幅图的后面，都另有一页图说。这些图说是《永乐大典》原书所没有的。第7图的图说，有"顾祖禹《方舆纪要》直以为魏文韬造"一句，可见是清人所写撰的，大概就是叫人临摹这些图的人所撰写的。因为这些图说可供阅图时参考，所以仍将它们排印出来附在后面。图说和图中文字有误夺处，便加注编者按语作为订误，都放在图说中。

这抄本相传是徐松（星伯）的抄本。抄本的末尾有"道光甲申庄璟绘并校"一行。道光甲申是道光四年（1824年）。据缪荃孙的《徐星伯先生事辑》（《艺风堂文集》卷一），徐松（1781～1848）于嘉庆十五年（1810年）成《唐两京城坊考》五卷，是时他正在北京文颖馆纂辑《全唐文》。后来遣戍新疆。放回北京后为内阁中书，道光四年刻《新疆赋》成。徐松于嘉庆十五年所撰的《唐两京城坊考·序》中也说自己于《永乐大典》中得《河南志图》，亟为摹钞。阮元于《汉晋洛阳宫城图》的跋语中也说："余于嘉庆十五六年间在京师文颖馆总阅《全唐文》时，《永乐大典》多移在馆。有馆中供事钞得《东汉东都城图》一纸……《金墉城图》一纸，余阅而喜之，亦不能究其从何处钞出，遂令照钞数纸。"所谓"馆中供事"，也许便是指徐松。缪荃孙所看到的徐松抄本《元河南志》，便是用《全唐文》格子，但是仅有志文而缺图。说这册庄璟绘本是徐松的，自然是可能的，虽然就钞本的本身而言，这点并没有确证。不过，这一点是肯定的：徐松在嘉庆十五年时，已摹钞有《永乐大典》的《河南志图》。这道光四年的绘本，不知道是从徐松的嘉庆年间钞本重摹的呢？还是直接从《永乐大典》原书中摹出呢？如果这绘本是徐松的，那么，各篇图说可能便是徐松写撰的。

《唐两京城坊考》附有 4 幅古代洛阳图：《外郭城图》、《东都苑图》、《宫城皇城图》和《上阳宫图》。据徐松的序文，这 4 幅图似乎便是他所摹钞的《永乐大典》本《河南志图》。但是以平冈武夫影印的《永乐大典》原书的图相对勘，差异很大。原书这 4 幅图中仅有图形，并无只字；《城坊考》的图不但添注上城门、宫殿、街坊等的名称，并且《外郭城图》的街坊布局（尤其是洛水北的和洛水南的西南角的各坊）大部分几乎完全不同，又添上好几条河渠，改变东城、宫城和皇城的形状，删去城门和宫殿的符号（我们这抄本第 14 图和平冈所印的却是完全相同）。《城坊考》的《东都苑图》，不但删去城门和宫殿的符号，增添上城门全部和几座宫名，并且整个城垣的形状由扁阔改变成狭长，还改变东北角的城形，补进"周王城"〔我们这抄本中第 11 图以及以下的两图（12、13 图）和平冈的图相同，仅增添城门和宫殿的名称〕。《宫城皇城图》和《上阳宫图》二者，也都删去宫殿和城门的符号，增添门名和宫名，改变了图中各城的形状。显然的，《城坊考》中这四幅图都不是《永乐大典》本《河南志图》的临摹本，而是参考原图大加改动后另行绘制的图。改动图形和添进名称的工作，几乎可以肯定是徐松做的。他的根据是《永乐大典》本《元河南志》的志文；但是也包括徐松在《城坊考》中所作的补正，例如《宫城皇城图》的官署名，于右卫率府的西面补上右监门卫，左监门卫改为左监门率卫。至于删去宫殿和城门等象形的符号，当由于刻书时为了省工而删去的，也许是收入《连筠宧丛书》时所做的。徐松对于这四幅图虽做了这样大的改动，但是在序文中只字未提。前人没有取《永乐大典》本原图加以对勘，所以有人误认为《城坊考》的这四幅便是《永乐大典》本原图的摹本。

此外，还有一问题，便是这抄本的第 10、11 和 12 图中较平冈武夫所影印的原图，增多了城门、宫殿等建筑物的名称。这些名称大致是完全根据《永乐大典》本《元河南志》的志文，并没有像《城坊考》那样加以补正。前段所举的两个例子，在这抄本的第 10 图中，都仍袭志文的阙误而未改。这些名称和《城坊考》各图中所填的名称，大部分相同，当由于都是根据《元河南志》的志文。但也有小部分不同，例如这抄本第 10 图的乾元殿，《城坊考》的图作含元殿，多了阊阖门、登春阁等，而缺少观象台、东宫等；第 11 图多了射堂、连璧殿、望春宫而缺少周王城、郏鄏陌、上阳宫、西上阳宫、谷水、孝水和瀍水；第 12 图缺少瀍水。这大概由于同出一源而取舍有所不同。如果这抄本是徐松的，那么，这抄本的这 3 幅（10～12 图）可能是初稿，而《城坊考》中所印的图是后来加以修订另行绘制的。至于这抄本是否是徐松的，现下仍难完全确定。

最后，我们感谢赵万里先生惠允我们将他所藏的这抄本印出来。又郑振铎先生于生前对于这抄本的刊印，很是热心赞助，曾特地由赵先生处取来这抄本交给《考古学报》编辑部，以便制版刊印。现在这抄本印出来时，郑先生的墓将有宿草了，搁笔不禁泫然。

附记：本刊 1958 年第 3 期第 92 页的《唐大安宫图》，系邵友诚同志所藏的抄本，承蒙邵同志交本刊发表。原图尾末有跋语二行："予购得江阴缪氏所藏《连筠宦丛书》。此纸夹在《唐两京城坊考》内，度是缪氏从《大典》景绘者。灵缣断简，亦足珍也。壬戌瑞彭记。"瑞彭即淳安邵次公（1888～1937），壬戌即 1922 年。这图从前未曾发表过。查《唐两京城坊考》卷一，"三苑"的《西内苑》一节内大安宫下，原注有"穆案：《永乐大典》载《大安宫图》，与《唐书》、《长安志》皆不合。其图南面三门，中曰应天门……应天门之内，左右各有井一……大安殿之后曰宜明门，又北曰政和门，门内为仁政殿。……殿左右、门内外，各写大木一章，岂即所谓山村景胜耶？穆于道光二十三年八月从

《大典》摹出，附识于此"。这里所指的便是这图。穆即为杨尚文编刊
《连筠宦丛书》的张穆。他是徐松的友人，《唐两京城坊考》便是经过
他的校补后收入《连筠宦丛书》的。缪氏的图不知是由《永乐大典》
直接摹出，或者由别人的摹本摹出来？摹写时将仁政殿误写作仁政门，
当依张穆案语加以改正。我们印刊这图时未加说明，现在加以补充。

《陇右金石录》补证[*]

陇右金石，向无专书。临洮张鸿汀（维）先生，以十余年之精力，成《陇右金石录》一书，凡十卷，又校补一卷（1943 年版）。搜罗广博，为研究西北金石者所不可不备之书也。甲申年（1944 年）余随向觉明（达）先生赴陇右考古，虽以发掘工作为主，而对于碑碣吉金，亦加留意焉。当时读张氏原书后，草成补正一篇，共若干条，曾录出就正于向先生及张先生。西北归来后，此稿闭置箧中，几忘之矣。顷者友人阎述祖（文儒）同志为向先生编纪念论文集，索稿于余。乃取出稍加改动，以付之。相隔三十余年，张、向二先生今皆已归道山。追忆昔游，不胜感慨。聊缀数语，以此文纪念向觉明先生。

（一）汉尚方镜

临洮东二十里铺出土，今存。

> 尚方作镜真大好，上有仙人不知老，渴饮玉泉饥餐枣，徘徊名

---

[*] 本文原载《向达先生纪念论文集》，新疆人民出版社，1986。

山采芝草，浮游天下遨四海，寿如金石之天保兮。

按此镜花纹颇佳，铭文亦尚清晰。现藏临洮城内东街陈君处。余曾亲往东二十里铺调查。东峪沟水由村侧流过，沟岸土壁，被河水冲刷崩倾，露出汉墓数座，皆作长方形，以砖砌成。地人犹能指点此镜出土之处。据云尚有陶器数件一同出土，但均已散佚无存。

（二）寿昌县印（原录卷一第二十八叶）

按敦煌之寿昌县，据《太平寰宇记》："本汉龙勒县，后魏正光三年改为寿昌县，取县界寿昌泽为名。"《晋书·地理志·敦煌郡》下有龙勒县及阳关县，但无寿昌县，知其时并未改名。《元和郡县志》谓寿昌县本汉龙勒县，周武帝省入鸣沙县，大业十一年于城内置龙勒府，武德二年改置寿昌，因县南寿昌泽为名也。其所述似为第二次改名。此县印既称寿昌，则最早亦不能早于北魏，亦可能为唐时物。原录系之于晋代，实属失考。

（三）晋泰始十一年乐生碑

出土于敦煌，今藏中央研究院历史语言研究所。

按此碑系余与阎文儒同志于甲申年（1944年）在敦煌大方盘城侧颓墙下掘得。泰始为晋武帝年号，但十一年已改元咸宁，此碑仍称泰始，当由于边地辽远，良久始知也。董作宾先生曾赐函见告，谓汪曰桢《长术辑要》及陈垣《中西回史日历》皆以是年二月丁亥朔，十八日甲辰，而此碑作十七日甲辰，相差一日，不知由于边郡造历偶误，抑或所用历法不同，当再考之。又汉碑多于年月下书干支及"造"，如孔宙碑书"延熙七年□月戊□造"。西狭颂书"建宁一年六月十三日壬申造"，三老赵宽碑" 年 月 日造"。此碑亦然。盖犹因袭汉碑旧例，不仅书法尚存汉隶余意也。乐生当为建立此碑者之姓名。敦煌千佛洞供养人有晋昌郡太守乐庭瓌，向觉明先生见告，《北史》有敦煌镇将乐洛生，此皆乐姓而居敦煌者也。此碑获于废屋颓墙下，其作用当与今日之奠基石碑相类似。晋武帝灭蜀篡魏之后，对于西陲，似曾加以整顿，此碑即为其一证。宋赵明诚著《金石录》，已谓西晋石刻见于今者绝少（护羌校尉彭祈碑跋），《陇右金石录》所著录之晋代金石文字，凡12种，其中寿昌县印一种系属误入，其余11种，皆已久佚。不图于西陲荒漠中获得此石，殊为可喜也。

（四）前秦乐傅碑（卷一第二十八叶）

按原录按语以为此碑有符秦建元二年年号，"是时凉尚未亡，乐傅何得碑题符秦年号，是可疑也"。所论甚是。道光时徐松著《西域水道记》，谓彼土耆士赵吉云，乾隆癸卯岁（四十八年）岩畔沙中掘得断碑，有文云："秦建元二年沙门乐傅立"，旋为沙所没。蒋超伯生长于清末，足迹似未抵敦煌，其所著《南楯楛语》，述及此事，当系抄袭徐氏《水道记》。但徐氏亦仅得之传闻，并未亲睹，余颇疑此碑即武周李怀让碑之误传。李碑谓厥初秦建元二年有沙门乐傅造窟一龛。唐人追述前事，自可用符秦纪年。若乐傅当年，恐不能如此也。颇疑乾隆时士人所见者即是李碑。至于以造龛误会为立碑，或由于读碑者之疏忽，或由于传语者之误会，皆属可能。

（五）康阿达墓志铭（卷二第四叶）

按原录跋语云："文中萨保、处逝、琼银等字，俱似可疑。而拓本如是，莫可详也。"按碑文中"凉州萨保"，乃是官名。《隋书·百官志》云："雍州萨保，视从七品。诸州胡二百户以氏，视正九品。"《唐书·宰相世系表》云："武威李氏，本安氏……周隋间，居凉州武威为萨保。"法人伯希和及日人藤田丰八，对于"萨保"一词，皆有考释。宋敏求《长安志》卷十胡祆祠注云："西域胡祆神也；祠中有萨宝府官。"按萨宝即萨保。康阿达为西域康国人，碑文云"伤兹英哲，往投琼银"之"琼银"，疑有祆教中死者所居冥府之译音。

（六）周柱国李氏修佛龛碑（卷二第八叶，又校补第六叶）

按原录跋语谓："西陲石刻录所云此碑二十八行，行四十八字，末八行祖父及子孙题名，分三层正书，俱与拓本不合。语后所云年月，则新旧拓本，均已无存矣。"按原书引录《西陲石刻录》文句，误于"阳面二十八行"下，脱落"行五十字，阴面三十行"九字。《石刻录》所云"行四十八字"等语，乃指碑阴而言，自然与张先生所得仅拓阳面之旧拓本不合。《石刻录》并未误。至于《语石》所云年月及本书校补所增入之文，皆在此碑之阴面。又跋语称此碑未断拓本为百余年前拓本，其所推定年代亦嫌过早。按陈万里《西行日记》谓"此碑于民国十年时为居留白俄折断为二"。余近在兰州购得此碑未断拓本，亦仅有阳面；取以校张先生之旧拓本，第二十五行尚多出"不羁之节，荆山虹玉不能比"十一字，"崇阛骊珠"一语，上二字未泐；然亦当为清末或民国初年之拓本。惟《西陲石刻录》所根据之拓本，似属较早，不但兼有碑阴，且阳面碑文之字数亦较多。又跋语谓"永兴郡，西魏所置，至隋废入敦煌。而此刻与张碑职名俱有永兴，或者暂时置废，故不见于史志也"。此盖误以居职者为唐时人；按之《西陲石刻录》所录全文，其人乃李怀让之曾祖名穆者，仕北周为检校永兴、酒泉二郡大中正，原在隋代废永兴郡之前也。

（七）索允钟（卷二第二十三叶）

按原跋云："沙州未曾置有都督，钟云沙州都督，于史无考，不知其何时也。"考之《新唐书·地理志·沙州》条下，明言有都督府。巴黎所藏敦煌唐写本地志，其标题即为"沙州都督府图经卷三"（见罗振玉《群书叙录》卷下），惟其废置年月未详耳。

（八）尊胜陀罗尼经石幢（卷二第四十叶）

按原跋因碑文有戊戌年、壬寅年及崇信军等字，遂推论云："崇信设军始于贞元，其后有二戊戌，一宪宗元和十三年，一僖宗乾符五年；二壬寅，一穆宗长庆二年，一僖宗中和二年，未知何时所立，今姑列于元和，以俟续考。"按碑文言戊戌岁正月乙酉朔，考之《资治通鉴》元和十三年正月乙酉朔，乾符五年正月丁酉朔，则此碑之戊戌岁为元和十三年无疑。碑文又记壬寅岁□月戊子朔，考长庆二年九月戊子朔，则碑文月字上所泐者当为"九"字。长庆二年距元和十三年，仅相隔四年；若中和二年则上距元和十三年凡64年。出资刻石者，其年月相隔不宜过久。此壬寅岁自当以长庆二年为是。

（九）苦峪城断碑（卷二第六十三叶）

按原录跋云："此碑今存。余于甲申冬（1944年）往苦峪城考察，曾询之地人，皆云此碑久佚。宣统《甘肃通志》所云，系转录乾隆《肃州志》中语，并非其时此碑尚存也。《肃州志》谓此碑首尾残缺，文义不能连贯。就仅存者考之，大略为大中时张义潮归唐授爵，大兴屯垦，水利疏通。有荷锸如云，万亿京坻，称功颂德之语。"向觉明先生疑其即张守珪瓜州修堰碑。考《新唐书·张守珪传》，开元时张守珪为瓜州刺史，败吐蕃，修复堰坊，耕者如归。州人神之，刻石纪事。此苦峪断碑既已残缺，则兴水利者之姓名，或仅存"张"字。读碑者遂推想其为大中时之张义潮欤。

（十）万佛峡造相（卷二第六十三叶）

按原跋云："万佛峡题名有张义潮。"又云"敦煌西千佛洞今存五洞，亦有造相，其年代无可考。"余在万佛峡曾亲历诸洞，并无张义潮题记。陈万里、向觉明二先生在万佛峡抄录题记，亦未发现张氏题名。

原录所云，当为臆测之辞，并非新有发现也。又敦煌西千佛洞现存之洞数，张大千氏曾加编号，共十一洞，不仅五洞而已。至于时代，就其壁画作风观之，大半属于西魏及隋代。但亦有唐宋作风壁画，当为唐宋重修之洞。第六洞有武后如意年号，其时代更为确定。

（十一）敦煌武周时残碑

在敦煌，今存。

　　□扬（第一行）□□（二行）念亦（三行）圜政（四行）增利度（五行）潜达（六行），戒惠□惠（七行）。

按此碑与吴僧统残碑石，今皆在敦煌北台武庙。据向觉明先生云，民国31年冬由文庙移来。陈万里于民国14年来敦，在文庙中见及此二石，谓其原系千佛洞石刻，民初由山移来（见《西行日记》）。此残石有武后所颁之新字，为武周时物无疑。但不知其与李怀让碑亦有关系否？

（十二）毛氏墓志残石

在武威民教馆，今存。

　　□其开天立族□
　　□后晋末陵移□
　　□之未斯之谓□
　　□父午相
　　□之世子火运□

按此石现藏民教馆，据云乃毛祐儿子之墓志，在毛祐墓附近另一墓中发现。毛祐为初唐时人，见毛祐墓志（原书卷二第三叶），则此残石亦当初唐时物（毛祐墓志，祐字干相，或即午相之误）。

（十三）金城县主墓志

此石 1945 年武威喇嘛湾出土。

（十四）慕容曦光墓志

此石亦 1945 年武威喇嘛湾出土。

按以上二石，皆余与阎文儒同志在武威发掘所得。前者志文 16 行，行 16 字。金城县主为唐宗室会稽郡王道恩之女，吐谷浑青海国王慕容忠之妻，开元七年葬。后者志文共 23 行，行 25 字。曦光为青海国王慕容忠及金城县主之嫡长孙，曾封燕王，开元二十六年七月卒，闰八月归葬凉州。志文全文及考释，见余所撰之《武威唐代吐谷浑慕容氏墓志》（见《历史语言研究所集刊》第二十本）。

（十五）后唐阴善雄墓志铭

在敦煌，今佚。

按此墓志原石尚未出土。但有唐人写本，见《敦煌遗书》第一集。阴氏卒于清泰四年，葬于州东南莫高里之原。

（十六）后晋罗盈达墓志铭

在敦煌，今佚。

按原石尚未出土。莫高窟所藏写本有其全文，见《敦煌遗书》第一集。罗氏卒于天福八年，葬于莫高里杨开河北原。

（十七）沙州如来窟摩崖（卷三第三叶）

按原跋云：蒋超伯《南楣语》称有乾德八年曹元忠刻摩崖，或即元忠檐记之误，或别有摩崖，今已湮没，未敢臆断。鼐按此当为元忠檐记之误无疑。既称其在窟颠，决难为沙湮没。年来在敦煌工作者甚多，未闻有见及摩崖残痕者。且莫高窟之山石皆为砾岩，决不能刻摩崖大字。原跋又云，陈万里《西行日记》别载有篝记三处，一为太平兴国五年曹延禄，一为阎员清，一为开宝九年曹延禄，此三纪今俱不存。鼐按此三檐记中，前二者在张氏编号二百十四洞，后者在二百二十四洞，今俱存无恙。惟开宝九年者系延恭，而非延禄，陈氏原书未误。陈氏在敦煌调查时，过于匆忙，故未免有忽疏处，其所录题记多标伯氏所编洞号，独此三纪，标以中国官厅编号，且有与标伯氏编号者复出，盖因于匆忙中未曾对勘更正。读其所记，似乎此别载之三檐记，乃另见于别洞者。《陇右金石录》之误，当由于此故也。

（十八）宋天禧三年陶器

出土地未详，今藏武威民众教育馆。

　　天禧三年三月廿四日众社等廿六人重发誓愿，于此地上建塔子一所，不得别人妄生搅扰。有若如此之徒，愿生生莫逢好事者。

按此陶器系灰陶，其上墨书 11 行，共 50 字。乃驻河西之军阀马步青令士兵盗掘所得以赠武威民教馆者。其出土地点，或谓在张掖黑水国，或谓在敦煌，未能确定。

（十九）宋天禧三年塔记

在敦煌，今存。

按此塔记共 333 字，乃刻于一高约尺许之塔上。吕钟《敦煌新县志稿》云：此塔乃民国 30 年冬青海马团长由千佛洞掘出；塔即藏于马团长处。所谓马团长即马步青也。

（二十）大德加封孔子制碑（卷五第六十九叶）

按原录自序谓自元以前，凡遗文可见者，尽录其全，但关于此碑，仅引宣统《甘肃通志》，谓"上镌大德九年诏制，下镌至正二年立石，后有跋语，亦漫漶不可辨"。而未采录碑文，当由于误信《甘肃通志》之语。余曾亲访原碑，其上为大德诏书，字皆完好。下段为跋语，阙其下截，但尚存三百余字，大致清晰可辨。此碑诏书，与临洮光文庙之大成圣号碑（原书卷五第五十三叶）完全相同，惟末行年月作"大德十一年七月十九日立石"；《甘肃通志》作大德九年，实误。考《元史·祭祀志》，此诏书为元武宗所颁。查大德十一年正月成宗崩，武宗即位，翌年改元至大。若大德九年则武宗尚未即位，安得有此诏书？原碑未误。惟据《元史·祭祀志》，至大元年七月始诏加号，与临洮文庙加号碑所述之年载相同，较此碑所记者晚一年，不知孰误。

（二十一）元至正兰州城隍感应碑

在兰州城隍庙，今存。

按此碑之立于至正二十五年，赵文撰，耿仲明立石，谓神即汉臣纪信，至正乙巳，曾佑助兰州脱离兵灾。碑额正书"兰州城隍感应之碑"8字。碑高18公寸，宽8公寸。碑文24行，行44字。此碑光绪《皋兰县志》失载。《陇右金石录》卷五第九十叶有《纪信祠记》，注云"在兰州城隍庙，今佚"，故仅引《广舆记》云："兰州城隍庙即纪信祠，元耿仲明有记"。盖未睹原碑，遂误以为已佚也。

（二十二）元至正莫高窟造相记（卷五第七十叶）

按原跋谓"居庸延庆州有至正五年石刻佛经，蒙古、辉和尔、女真、梵、汉五种字，此碑合西夏文为六种"。考居庸石刻，亦为六种文字，盖原跋漏列藏文一种也。女真文为西夏文之误，二者字体相近，故前人有误西夏字为女真文者。辉和尔即畏吾儿，今通行之蒙古文即采用宋元时畏吾儿字母及字体者也。另有一种为八思巴蒙古字。莫高窟六种文字与居庸关相同。原录列举之文字类别，实有微误。又原碑横列第一行为梵文，第二行为藏文。《新通志稿》谓一为西藏字，一为女真字，实为错误。原书引录亦未加以厘正。

（二十三）元皇庆寺碑记（卷五第七十三叶）

按原跋谓："元末兵乱，瓜沙沦没，石室闶扃，其时盖即在元明之间，或即守朗奢蓝合楠及其徒众所为。"此说颇新颖。但藏经石室闶扃之时代，在于宋初西夏兵乱之际，今日已成定论。其证据有三：（1）石室所藏写本中题记有年号者，自西凉建初六年至宋太宗至道元年，五六百年间，愈后者愈多，但至道以后，竟无片纸。（2）石室中所出文字，除汉文外，尚有梵文、于阗文、龟兹文、西藏文、粟特文及突厥文。但统治其地达二百年之西夏人，其文字竟无只字发现（惟未经封闭之石洞积沙中时或发现西夏文残片。此反足证藏经洞封闭之较早）。（3）石室闶扃后其门洞以砖封闭，外绘壁画，以灭其迹。其壁画为宋代作风，与元画大异其趣。故若以扃闭时代为元末，则以上诸点皆不可解矣。

（二十四）酒泉东门蒙古文碑（卷五第九十叶）

按原跋谓此分置门洞左右各一之方柱，或为筑城纪事之石，抑以他地碣石移作门柱。倘使习蒙古文者，就石辨证必可得其究竟也。鼐按此二石柱，余过酒泉时曾细察之，用知实以一碑裂为二方柱。原来为碑边之一边缘，较为平整；后来折断之一边缘，呈锯齿形。故知其为他处移来之碣石，并非筑城纪事之石。据谙习蒙古文之马宁邦先生云：曾就石审视，碑文以蒙古文字母拼成，故字字皆能念读，但不能寻绎其意义，以其所标注者并非蒙古语也。考蒙古字母系由畏吾儿字母而来。此当为畏吾儿文。酒泉文殊山之泰定重修文殊寺碑（卷五第五十七叶），其碑阴文字，据马宁邦先生云，亦为此种文字。原录以为皆系蒙古文，微误。

（二十五）石刻番经残卷（卷五第九十一叶）

按原跋谓"出于临泽南山，似为岩石裂片，刻有番字经百余字，时代不可考，姑附于元末"。考此种藏文碑，南山番地颇多。1944 年 7 月甘肃水利林木公司酒泉工作站原素欣主任，在南山内黑河上游土名野流河之处，采集得三方，旋赠与国立中央博物院筹备处（按即今南京博物院之前身）。石皆为薄片之灰色页岩，上刻藏文。原主任曾询诸识藏文者，据云时代甚晚近，大约为清代物。系之元末，似嫌过早。

（二十六）明兰州城隍庙颂德感恩碑（卷六第十五叶）

按原跋云："此碑正德十年所立，高五尺，宽三尺，彭泽撰文，苗銮书丹。县志所载祷雨告文，今存四百六十三字，即此碑也。"但兰州城隍庙有二彭泽碑，皆正德十年所立。一为颂德感恩碑，高 21 公寸，宽 7.5 公寸，方昇书丹，段伯英篆额，碑文共 835 字，乃歌颂当时宗藩及大吏赈济灾民之恩德者；碑阴有督委赈济官耆姓名。一为祷雨告文，乃一横匾，现嵌于墙上。高仅 7 公寸，宽达 11 公寸。前半为彭泽祷雨告文，苗霖书丹，计 354 字。后半为跋语，为苗霖所撰书（苗霖二字已损，仅隐约可辨）。叙述是时连年旱灾，及祈祷之后，果获甘霖。全文共 460 字。县志所载，乃是后碑，但谓其高 5 尺，宽 3 尺，已属微误。而原录又将二碑混为一谈，更误。

（二十七）清修国师塔铭（卷六第三十二叶）

按原跋谓此碑景泰二年□巴坚参立石，书撰人名俱泐。余细察原碑，知立石者即后来封为礼部尚书太子宾客兼国子祭酒毗陵胡□。当为胡濙。据《明史》及胡应麟《明书》，胡濙系武进人，正统景泰间为礼部尚书，曾任太子宾客兼祭酒。毗陵即武进之旧名。至于书丹及篆额之人，一为中宪大夫太常少卿□□黄□，一为右柱国太保成国公□□，后者疑即谕祭大悟法王碑阴之成国公朱辅。

（二十八）安积寺敕碑（卷六第三十三叶，又校补第十四叶）

按原录跋谓此碑刻正统元年敕，成化十三年立碑，述寺储藏经全部敕补损佚，以成完帙。余细察原碑，正统敕乃护寺敕谕（全文见原录校补）。成化碑文已多残泐；碑中大意，亦仅及重修殿宇事。二者皆未言补经之事。惟其旁另有一碑，为康熙三十八年安积寺补修藏经记。原录云云，当由于混二碑为一。

（二十九）褒祭大敏法王等三碑（卷六第三十叶，又校补第十五叶）

按原书前录微误，校补已加厘正，但仍将碑阴共载。查谕祭大悟法王碑阴刻有太监卢融、太监冯俊等，及成国公朱辅等祭文三篇，末题"洮湄七十迂叟雍諿篆"。諿即郡人御史雍焯之祖也。恩褒大敏法王碑阴有题名，又有寺界四至，谓东至城墙，南至古城，西至仓墙，北至城墙。可以考见其寺院规模之大。寺南之古城，今已无痕迹，不知为何时之城，尚待再考。

（三十）金塔关庙钟（卷九第七十九叶）

按原跋谓"明时因寺名堡，其后堡著而寺废"。实则金塔寺并未废，今日香火尚盛。民国32年春余随向觉明先生前往金塔调查。寺在县城南五里，寺后有塔，院中有清初碑碣三座（雍正十年，乾隆七年，乾隆四十六年）。余等往游时，适为四月初八日，庙会颇为热闹。此明万历铁钟，则在县城内关岳庙。

（三十一）明彭泽祷雨告文

在兰州城隍庙，今存。

按明代碑碣，以时代较近，数量甚众；且常遭忽视，难获拓本，故原书漏载颇多。兹就曾亲身目击者，撮录要略，以补原书之缺。此碑大略，已见前第二十六条中，兹不再赘。

（三十二）赵元帅墓碑

在临洮临康乡二衙坪，今存。

按其地为赵土司之祖茔，一碑上刻故曾祖考洮州路军民元帅赵□〔曾〕祖妣赵氏夫人之墓。后题洪武十年，当为立石年月，其人盖仕于元代。此碑之旁，尚有三碑，皆已仆地。据云其中一碑有"洪武十一年"等字。

（三十三）宝塔寺永乐敕谕碑

原在临洮宝塔寺，后移置五瘟殿，今存。

按原录卷六第三十二叶清修国师塔铭跋语云，宝塔寺有永乐敕谕石刻，今已无存。余此次考古临洮，袁荆山先生见告云，五瘟殿有一古碑，乃偕往审视，始发现其即宝塔寺永乐敕谕碑，不知何时移来。正面分为二列，上列刻永乐十三年敕谕（全文见《狄道州续志》卷五），下列为成化十二年敕谕，其下半已残缺。碑阴原刻文字已遭磨去，改刊民国十七年县知事德政碑，殊可惋惜。正德十二年宝塔寺报恩流传碑（见原书校补第十六叶）述及永乐乙未及成化丙申二次颁赐护寺敕谕，禁止骚扰，即指此碑所刻之二谕也。

（三十四）何指挥墓碑

在临洮临康乡双寺子，今存。

按此碑上端刻大明二字，下刻南城兵马指挥使何□□。宜人赵氏苏氏□□。末题"洪熙元年春三月十有二日"。当为立石之年月。其旁又有一墓碑，年月已泐。上刻大元赠□□奉大夫追□□郡公曾祖□□。似亦为明初所立之石，其人则曾仕于元朝者也。

（三十五）明天顺兰州城隍感应记

在兰州城隍庙，今存。

按此碑宽 8 公寸，高 6.5 公寸，现嵌于壁上，乃天顺七年所立。末题"兰州儒学训导金台"，下泐数字，当为撰书者之姓名。碑文叙述兰州城隍灵应事迹。

（三十六）西天佛子碑记

在临洮台子寺，今存。

按此碑为成化十三年所立，撰书人名俱泐。额篆"西天佛子碑记"6 字。碑文前题重修续增清修国师西天佛子碑记。文中叙述国师事迹，与景泰二年国师塔铭大体相同，当为重修僧塔时所立。

（三十七）嘉靖宸翰碑

在临洮文庙，今存。

按此碑共五石，皆嵌于墙中，不在碑林内，故未见于著录。承王熙之先生见告，始获见之。其中四石，为嘉靖御书程子视听言动四箴，有嘉靖六年丁亥季冬越三日注。其余一石，刻宰辅张璁奏疏，文多残泐，大意似为奏请颁发御书四箴于天下。按嘉靖御书四箴碑及敬一亭碑，海内颇多，甘肃省内，永昌、成县、环县、山丹四县文庙皆有之，原录俱已收入，惟临洮之碑失载。《张文忠公全集文稿》卷一，有张璁奉敕撰敬一亭碑文可参阅。

（三十八）明嘉靖甘州城隍庙碑

在张掖，今存。

天地神明忠孝廉节

按此碑在张掖城隍庙，嘉靖十二年陈棐题。

（三十九）明甘泉碑

在张掖甘泉寺，今存。

有本如是

按此碑4字，为嘉靖三十七年陈棐所题，嵌于甘泉洞口门额上。旁题小字"嘉靖戊午年巡抚都御史鄢陵文岗陈棐书"。

（四十）杨府君三官神祠记

在武威城内三官祠，今存。

按此碑系胡松年撰文，马玄牝书丹，碑文17行，行30字，万历九年立。

（四十一）张万纪墓表及神道碑

在临洮东峪沟，今存。

按张忠谏墓前有一碑仆地，疑即原录卷六所收入之谕祭碑（第四十八叶）。此外尚有5碑，其中4碑竖立于墓前，一为万历十七年所立之张万纪墓表，碑阴为行状；一为吴时来所撰墓志（？），碑阴为万历十六年胡执礼等祭文；一为陆谊所题张公之墓，碑阴为董尧封等祭文；

一为张问仁所题张孺人杨氏之墓，碑阴为行状。此外尚有一神道碑，乃万历十七年吴时来所题，在东五铺村侧路南。不仅谕记一碑也。

（四十二）明万历铁钟

在永昌，今存。

按此钟在永昌西约20华里之水磨关一小庙中，上镌万历二十九年铸。

（四十三）明兴隆山大圣佛母殿铁钟

在榆中兴隆山药王庙，今存。

按此钟上镌"皇图巩固，帝道发昌，法轮佛日，增辉常转"16字，系万历三十五年所铸，前题大明国陕西临洮府金县。

（四十四）明天启新修城隍庙门坊碑

在张掖城隍庙，今存。

按此碑为天启二年郭之玮撰，在城隍庙头门内，碑额题"新修甘肃镇城隍庙门坊碑记"。

（四十五）明天启白塔山小庙檐记

在兰州白塔山，今存。

大明天启六年岁在丙寅伍月初捌日功德主肃府承奉正史泽典宝刘忠典服姜西张举等督工官冯国春乡耆匡汝砺赵凤杨登时米永福李善德匡汝善等重建

按此种檐记，在山腰小庙中，小庙凡十，当年似皆有檐记。现仅有七庙尚保存之。各纪大致相同，皆题天启六年，惟月日及人名，稍有不同。亦为增加"专祈国祚绵长，边疆宁谧，吉祥如意"等祷语者，兹录其一示例。承奉正、典宝及典服，皆明代王府属官。

（四十六）明崇祯城隍庙碑

在张掖城隍庙，今存。

　　　天地鬼神纲纪法度

按此碑无撰书人姓名，碑阴刻崇祯四年立。

（四十七）明崇祯王金斗等碑三种

在永昌水磨关，今存。

按永昌水磨关村旁立有三碑，上刻姓名，为明代邑人按察副使王金斗、进士王金谷及承节郎王□□（疑为"法执"二字，以字已漫漶，仅隐约可辨）。职衔姓名之下，尚存"之神"二字，其下残泐，或为三人之神道碑。碑阴刻崇祯年间立。按王金斗名心学，永昌卫人，宣统《甘肃通志》卷六五有传。

《辉县发掘报告》（节录）[*]

琉璃阁区发掘小结

自从琉璃阁区的发掘工作结束以后，我们便从事于草写报告，赶着付印。在编印的过程中，全国各地的考古工作蓬勃地展开了。许多的新发现，供给我们以非常丰富的比较材料；因之，使我们对于琉璃阁发掘工作收获的意义看得更为清楚了。

这里的殷商时代居住遗址，与早期墓葬时代相接近，但是显然和晚期墓葬分别属于两个时期的。同样是陶豆，灰坑所出的，圈足（豆柄）较粗大，有大型十字形镂孔，晚期墓葬中所出的大多数没有镂孔，陶胎较厚，有的器唇和盘壁齐平，有的圈足较细。同样是陶鬲，灰坑和早期墓葬所出的，腹壁薄，绳纹细，体高足长，口唇外卷，晚期墓葬中所出的鬲腹，壁较厚，绳纹较粗，有的是附加堆纹以模仿铜器，有的体矮足

---

[*] 本书系作者主编，科学出版社 1956 年出版。现将他亲自撰写的章节收入文集，图版和插图稍作变动。

短。此外，灰坑中所出的陶器多圜底器，如圜底罐之类。晚期墓葬中所出的多圈足器，如陶簋、罐子。灰坑和早期墓有大口尊，晚期墓中完全未见。依照 1953 年郑州发掘的结果①，我们知道前者是属于郑州的殷商文化早期的，后者是属于中期或晚期的。琉璃阁的殷代灰坑所出的卜骨的形制，也和郑州早期的相同，用兽骨而不用龟甲，钻灼而不凿。骨笄和两种陶锤，也是郑州早期和中期的形制。石器的种类和数量较多，也是郑州早期殷商文化层的特征。我们最初以为琉璃阁殷代灰坑，所代表的文化，可能比安阳小屯为早，但也许由于地区的关系。现在我们可以说它是相当于郑州的殷商早期，确较安阳为早。

就琉璃阁的墓葬而论，在前面"殷代墓葬"一节的末尾，已经说起可以分为二期。陶器方面，虽然没有郑州中期作为特征的那种颈部有同心圆的方唇陶鬲，但是所出大口尊和体长足高的陶鬲等是和郑州早期和中期相似的，更多的陶器，如体矮足短的陶鬲、圈足罐、陶簋等，是和郑州晚期相同。铜器方面，琉璃阁北区和中区所出的那些有裆铜鼎，平底的斝和爵，形制较特殊，质薄器轻，花纹都很粗笨，有些仅有弦纹。显然地，它们和安阳小屯所出的一般铜器，大不相同；但是和郑州殷商中期的（在郑州有些属于早期的），却是基本上相同②。郑州殷商中期文化层中所出的铜范，有些便是铸造这种类型的铜器的。至于琉璃阁南区的墓葬，因为盗掘过甚，没有发现完整的铜制容器，但是清理残墓所得的碎片，显然是和安阳小屯以及郑州殷商晚期的墓葬中所得的相同，质较厚重，花纹也较细致。年代的问题，可算是大体解决了。

---

① 《郑州市殷商遗址地层关系介绍》，《文物参考资料》1954 年第 12 期，第 86～95 页。邹衡：《试论郑州新发现的殷商文化遗址》（北京大学历史系研究所毕业论文），稿本，1955（补注：见《考古学报》1956 年第 3 期）。

② 1955 年郑州白家庄发掘到两座殷墓，随葬品有相当于辉县琉璃阁北区和中区的殷墓所出的铜制礼器。这两座墓打破了郑州殷代早期的文化层，而被压于中期文化层的下面。它们的年代，应该是郑州殷代早期之末，或在中期之初。见《郑州市白家庄商代墓葬发掘简报》，《文物参考资料》1955 年第 10 期，第 24～42 页。

关于 116 号墓，我们当时因为它是被殷墓 117 号所压住，所以说它的年代应当稍早，可能是殷代早期或殷代以前的。最近 1955 年在郑州二里岗发现一个 5 米深的灰坑，内有大小孩骨架与猪架多具相互堆积，不规则，伴出的有殷代陶片及卜骨等①。我们这座 116 号墓，是利用一个带脚窝的长方形窖穴，那是殷代典型的形式。坑的深度和埋葬人骨、猪骨的情形，和郑州的也相似。篮纹陶片在郑州龙山文化层中最多，但殷商早期和中期都仍有发现，到晚期才绝迹。现在我们可以说，这座 116 号墓是属于殷代早期的，大概和附近的灰坑属于同一时期。

琉璃阁殷代灰坑所出的陶制锤头和压锤，我们当时认为后者是制造陶器的工具，前者用途不明。最近 1955 年郑州人民公园附近发现了殷代制陶作坊和烧窑，也有这种锤头和压锤，和陶坯残片、废品、印模等一起出土②。它们的用途，可以确定无疑了。这灰坑的附近，可能有制陶的作坊。坑中发现的骨匕和骨刀，也可能和制陶业有关。

琉璃阁战国墓葬虽仅发掘 27 座，但仍可根据它们的陶器的形制，分为早晚两期，定出相对的年代。1954 年秋，我们在洛阳西郊发掘 200 多座战国墓葬，有些墓是有铜器的，差不多每墓都出些陶器。经过了整理研究，可以大致确定它们的绝对年代。琉璃阁早期战国墓有罍、Ⅰ式鼎或鬲、Ⅰ式Ⅱ式的豆。洛阳西郊也是如此，虽然所出的罍和鬲的形式和辉县的不同，又没有Ⅰ式豆。洛阳这种墓的时代是春秋末到战国早期，即公元前 5 世纪末至 4 世纪中叶。琉璃阁晚期的没有鬲和罍，洛阳也是如此。壶代替了罍，Ⅱ式Ⅲ式鼎代替了Ⅰ式鼎，豆为Ⅲ式的。洛阳也是如此。时代是战国中期，即约公元前 4 世纪中叶至前 3 世纪初。有些器形在洛阳是开始于战国中期而延续到晚期，如盘、匜、无盖平底盘的细柄豆（Ⅴ式豆）等，琉璃阁的墓中也有发现，当属于战国中晚两

---

① 《八个月来的郑州文物工作概况》，《文物参考资料》1955 年第 9 期，第 57 页。
② 《郑州发现的商代制陶遗迹》，《文物参考资料》1955 年第 9 期，第 64 ~ 66 页。

期的过渡阶段。花纹由彩绘改为暗花，墓壁开始设有龛子，也都可算是属于这过渡阶段的。辉县和洛阳的战国陶器，虽也有些是不相同的，但是基本上是可以互相比较的①至于琉璃阁的 131 号车马坑，填土中有细把豆残片出土；并且就地区而论，它是在黄家坟附近的所谓"第 4 区"的中部，可能是属于战国中期的前段，大约是公元前 4 世纪中叶或稍后。

琉璃阁的汉墓的年代，曾推定是相当于汉武帝元狩五年铸行五铢钱以后（公元前 118 年），到王莽时代或稍后即公元第 1 世纪初。1952～1953 年洛阳烧沟发掘 260 余座汉墓，可以证明我们上面的结论大致不错。不过，如果以洛阳烧沟的材料作为标准，那么，琉璃阁汉墓的下限是东汉初期，不是王莽时代。王莽钱的出土，只能证明它不能早过王莽时代。洛阳烧沟东汉晚年墓中的随葬钱，有全部是"货泉"或"半两"的。另一方面，我们也应考虑到辉县和洛阳相距 150 公里余。两处的器物形制，有些必不相同。例如辉县常见的枭瓶便是洛阳汉墓中所未见的。纵使是相同或相似类型的器物，在两处的开始出现的时间，也可能早晚不同，而有若干年的相差。在现下的阶段，我们还不能做十分细密的时代断定。

琉璃阁战国车马坑

（一） 发掘的经过

这车马坑的编号为 131 号，是 1950 年秋间发掘的。它原来是附属于一座贵族墓的。主墓在这坑的西面。据当地人说，那座主墓于 1938

---

① 《1954 年秋季洛阳西郊发掘简报》，《考古通讯》1955 年第 5 期，第 30 页；正式报告在写作中，文中有关各点是写作报告人之一的林寿晋同志口述的（补注：正式报告为《洛阳中州路（西工段）》，科学出版社，1956）。

年阴历正月间被盗掘过。所出的铜器很多，光是编钟一项，便达 24 件之多，可算是琉璃阁战国墓葬群中顶阔气的一座。这座车马坑，盗掘的人当时也已探出来，并且挖了 4 个盗洞下去。他们探清楚这是一座面积颇大的车马坑，便放弃不做了。他们不喜欢盗挖这类车马坑，因为面积颇大，而出土品仅为不值钱的小件的车马饰，所以这座坑得侥幸保留下来。

主持发掘这车马坑的是夏鼐，初期王伯洪协助工作；后来徐智铭加入，襄助测绘全坑平面图及各车细部详图。1950 年 11 月 27 日开始发掘，将坑的四周范围找寻清楚，知道南北宽约 8 米，东西长约 21 米。坑的东北角和南壁中段，都被近代的墓葬压住。我们为尊重墓主的后人的感情，便将这些近代墓的周围划出来，不加发掘。后来因为跨在南壁中端那座近代墓正压住两辆车子，才和墓主的家人协商，替他迁葬。至于东北角的那一座，仍始终保留住未动。

11 月 27 日开工后，发掘了二十来天，因为工人不多，仅掘到离地面约 3 米深，出土的分量约 500 立方米。我们于离地面 1.8 米的地方，发现殷代残戈 1 件（131：55），知道当年掘坑时曾破坏过殷代墓葬。在这一季工作期中，后来我们在车马坑北陆续发现 4 座殷代墓葬（墓号 148、155、157、158），1951 年秋又在这附近发现了 20 多座殷墓，知道这里原来是殷代墓葬区。

在车马坑的范围以内，我们后来又陆续发现了汉墓 4 座（第 137、153、154、156 号），唐墓 1 座（144 号）。其中第 137 和 144 两墓较浅，离地面深度不到 3 米；其他三座较深，离地面 4.4 或 4.6 米，换言之，深度是和车马坑的底部相等或稍深，所以这 3 座墓扰乱了几辆车子和几匹马骨。这些汉墓的建筑法是掏洞的：在竖井下端的壁上挖好墓门，由墓门掏横洞进去，做成墓室和耳洞。因之，有几辆车子靠近坑底的底部被破坏了，但高处的结构，如车辕、衡轭和车篷之类，却仍能保留下来，不过有些因为汉墓后来洞室顶部的塌陷而被移动了位置而已。

12 月 17 日，发掘到离地面 3 米左右，填土中开始显露出车器的零件。最初露出的是车前横衡末端的骨制饰管和铜连环。其后 3 天，陆续出土些骨管和铜饰零件。这些铜制的车饰，都是属于第 1 号车子上面的，大部分是横衡和轭上的饰物。其余的车子始终没有发现过铜饰。这许多车子在坑中排列放置的方法，是把后一辆的辕木前段压在前一辆的车轼上，因之辕木的前端上翘，离坑底部最高，所以发掘过程中，辕木前端和横衡露出最早（图版 1，1~2；图版 2，1）。这些部分的木质已经朽腐，我们在工作开端时因为经验不够，未能辨别出来；后来才能将这些化成泥土的木痕和周围的填土，加以区分。关于辕衡轭等的形状、大小和结构等，逐渐研究清楚。

12 月 2 日，西部露出 10 号和 11 号两辆车箱两侧的朱漆阑干（輢），我们知道已达到车箱的部分，须要更加细腻的工作；当即减少起土的工人，并特别注意土中的一切现象。涂有朱漆的部分如车輢和轼前的阑干，是很容易认别出来；但是没有涂漆的部分如车座、轴、轮等，都仅留木痕，只好依靠认别土色和土质的不同了。25 日，墓坑西壁下的二层台开始显露。27 日，东半埋马的部分，也开始露出马骨。前几天所显露的席痕，这天全部清理出来，知道是车篷的残余。全坑都将近底部，便将工人减为 10 名，坑中从事清理的都是熟练工人，逐渐剥出各车的结构。28 日发现土隔梁，是用以分隔马圈和车场的。这几天同时清理那两座打破车马坑的汉墓和唐墓（即第 153 号和 144 号墓）。30 日，设法试探车马坑东北角的界限，知道东侧的马圈还再向北延展。因为上面压有近代墓葬，这伸出来的部分，只得让他保留，未加掘开。

1951 年 1 月 4 日，开始下雪，天气转冷。后来又下了几场雪，工作渐困难。8 日至 16 日，清理靠近南壁的 2 辆车子（16 号和 17 号），因为上面压有近代墓，经协商解决后，现在才能掘开。15 日起，泥土都已冻成岩石一样坚硬，清理更不易进行，只好用木炭盆生火，将那些要剥出的部分，先行烤热，然后才能用小刀或三角小铲来剥剔。工作进行得很缓慢。同时，我们仔细研究各车的结构，量出各部分的尺寸，绘测草图。19 日至 21 日，将第 10、12 和 18 号车子的车箱底部清出，以求了解底部的结构。同时又清理了那 2 座破坏车马坑的汉墓（第 154 和 156 号）。22 日才全部工作完毕。我们取下了第 5 号小车的右轮（131：57），席篷一片（131：56），以及铜制和骨制的零件。其余的车子结构，我们未加移动，仍留原坑中。后来将车马坑中挖出来的土，仍翻回坑中。这些花了两个月工夫才揭露出来的车子，于是仍埋在 4 米厚的填土之下了。

（二） 车马坑的形制（图版 1，1~2）

这座车马坑作长方形，坑口南北宽 7.8 米，东西长 21 米。方向是 100 度。这里的地形，东高西低，坑口东壁较西壁高出 0.3~0.5 米。坑底的大小是南北宽 7.7 米，东西长 20.9 米，深度 4.4 米。坑中间近底处有一道南北向的生土隔梁，将这坑分隔成两部分：西面是车场，东室是马圈。这土梁宽 0.46 米，高约 1.1 米。隔梁中段当有一缺口，以沟通这两部分；因为被汉墓所破坏，这缺口的原来长度已无法确定。车场的四壁有宽 0.51~0.55 米的二层台，高出坑底约 0.3 米。东边紧靠着土隔梁的二层台（这边宽仅 0.4 米），也留一长达 2.2 米的缺口。

东侧的马圈中没有发现二层台。马圈由东至西长 2.8 米，南北的长度因北边还未到边壁，所以未能确定。我们最初以为它是和车场的南北长度是一样的。后来才发现马圈还要向北伸出，因为我们曾用探铲试探，东北角现代墓地的底下还压有马骨。这车马坑如果有墓道，我们猜想它一定便在这马圈的北端。原来打算等待将近收工时再试探，后来因为天寒土冻无法掘土，所以这点还没有弄清楚。马坑中的马匹，一部分仍被压在底下未掘开，一部分被汉墓所破坏，所以不能确知它们的数目。南边保存较好的部分，约 6 平方米的范围内，至少有 4 匹马骨。马首都朝向东壁（图版 2，2）。观察马骨排列的情况，似乎是杀害后才填土加以掩埋的。1935 年春，作者在安阳西北岗东区发掘殷陵中一座马坑，发现马匹都拥挤在一个角落，有几匹伸首举足爬在坑壁上似乎要向上逃命，那是活埋无疑。又 1953 年春季发掘的安阳大司空村殷墓，有一车二马，马匹放在轭下，摆得很整齐，那是杀害后又加以整齐排列，和我们这里的，也是不相同的。

　　车场较马圈为大，连二层台在内，南北宽 7.8 米，东西长 17.6 米。在这约 137 平方米的面积内，放置着 19 辆木构的车子。这些车子排列得很是整齐，分做两列：北列 11 辆，南列 8 辆。各车都朝向东方。后面一辆的前辕，便压在前面一辆的车箱上。各列最东的一辆（即第 1 及第 12 号），辕木便搁置在上面所曾述及的那道分隔两室的生土隔墙上面，伸出墙东。各车的辕木前伸斜上，骤看颇有点像一排架着炮的炮车（图版 1，1 ~ 2；图版 2，1）。北列最东一辆车子（即第 1 号）有铜饰，是 19 辆中唯一有铜饰的车子，当是举葬时在车子行列中走在最前面的一辆。设有鸾（銮）铃，似即周礼春官冢人所提及的送葬的“鸾车”。第 2 号至第 17 号的车箱都是宽而短的，但是第 18 号和第 19 号却是狭而长的。这第 19 号便是最末的一辆，它的附近有车篷的遗留，当便是属于它的。这一车在举葬时当是走在车子行列的末尾，但是放入车坑时，因为两行列中间所留的空隙很狭，南半一系列的车子，次序当颠倒过来，将后面的先放进去。这最末的一辆，也许是运灵柩的“丧辆车”。《释名·释丧制》说：“舆棺之车曰辆，其盖曰柳，亦曰鳖甲，似鳖甲然也。”我们这一辆的车箱，长宽为 1.9×1.2 米。如果棺木像固围村第 1 号墓所出的那样大小（长宽 2.3×1.1 米），或长沙五里牌第 406 号战国墓的木棺那样大小（长宽 2.1×0.9 米），是可以容纳得下去的，仅后端稍露于外而已。第 2 号至第 17 号这 16 辆车子，除掉第 5 号是特小的车子以外，其余 15 辆可以依照他们车箱的大小区分为三类：大号车的车箱宽 1.4 米；中号 1.25 ~ 1.3 米；小号 1.1 米。但是各车的双轮间的距离（即车轨宽度），除特小的第 5 号车是 1.4 米外，其余 18 辆不管他们车箱的大小，都是 1.9 米左右。这些大小不同的车子的排列，如果以 3 辆为 1 组，其中第 2~4 辆和第 6~8 辆这两组，都是前面小号，中间大号，后面中号车。第 9~11 辆一组都是小号车，第 12~17 辆这两组都是大号车。至于最后的两辆，即第 18~19 辆，车箱狭长，和其余的各车不同。这是坑中 19 辆车子排列的情形。

（三）车子的结构

这一座车马坑中，可采集的车饰并不多，因为仅第 1 辆有铜制车饰。但是各车的木构部分保存较好，并且工作时也曾特别加以注意，所以对于车子的结构，大致已能弄得清楚，可以复原制成模型。当发掘时，坑中各车的编号是由东而西，北列为第 1 号至第 11 号，南列为第 12 号至第 19 号。关于车子各部分的名称，现在绘出一幅草图（图 1）

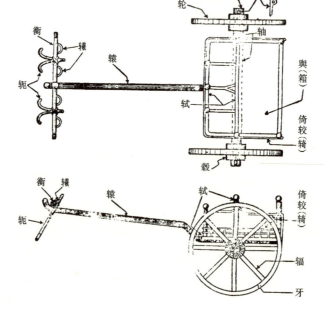

图 1 车子各部分名称图

来表示。车制的古代名称，有些是意义还不能确定，所以尽量少用。将来拟另撰一文，利用考古发掘的新材料，加以讨论。

现在先将保存较佳的车子，选出 5 辆作为代表。这 5 辆依其车箱（舆）宽度不同，可以代表四种类型。除了特小的一型仅有一辆，结构还无法复原外，其余三型都已复原做成小模型。复原时大体便依照这带代表性的第 1 号、第 6 号和第 16 号车，再参考同类型的其他车子来做成的（图版 3，1~4）。现在将这 5 辆车子的 18 种尺寸测出，列成一表（表 1）。

表 1　车子各部分尺寸表

单位：厘米

车号	车型	轮径	牙高	牙厚	毂长	毂径	辐数	辐宽	轨宽	舆广
1	中型	140	8	5.5	38	22	26	2	190	130
5	特小	95	6.5	4.8	16 +	16	26	1.8	140	95
6	小型	105	7.5	(6.5)	?	18	26	1.5 ~ 2	185	120
16	大型	130	(7)	(8)	(24)	17	26 + 4	(1.5)	182	140
17	大型	140	(7)	(8)	(24)	20	26 + 4	(1.5)	180	150?

车号	舆长	轼高	轓高	辕长	辕径	轴长	轴径	衡长	衡径	軏长
1	104	26	36	170 +	8	242?	10 ~ 12	170	3	50
5	93	22 +	27 +	120 +	4	178	7	140	3	15 +
6	98	30	42	205	8	242	14?	140?	3	60
16	105	40?	40	210	10	236 +	9 ~ 12	140	4	54
17	110?	(30)	(40)	215	10	242	14	150	3	48

说明：辐数都是 26 根，但是大型车有夹辅一对，看起来好像增多 4 根，所以注明"+4"。轼高指车箱前面直柱上端向后转曲处，不是指轼后部横贯车箱的横木的高度。轓高是车箱两侧最高处的横木的高度。辕径以辕的中段为准，近车箱处常稍粗。軏长是由軏的上端至两脚的尖端的距离。各栏数字有加号的，是遭破坏后的现存长度。有疑问号的，是痕迹不清楚。有括弧的，原车未量，依同型的他车的相同部分补入。

第 1 号车（图版 2，4~6），即北列最东的一辆，也是这坑中唯一带有铜饰的一辆（复原如图 2）。毂的两端，都有一个由两片所合成的铜箍，便是《说文》中所谓辖。毂露出轮外部分为 16，露出轮里部分为9厘米。这车和其余的车一样，都没有发现辕的痕迹。车箱的前方有高9的阑干，横条3根，直柱连两侧13根，都是直径仅1。紧靠阑干后面有径粗约2.2的直柱5根，至高26处曲折向后。转折处有小圆球为饰。斜向后伸约46，和一横贯车箱的轵木相连接。正中一根将近和横梁相结处歧分为二枝。这伏轵的横梁直径4.5，两端和车箱两侧的车轖相连接横梁的后面似乎有一半圆形的木板，平放着向后伸延。轖的下半

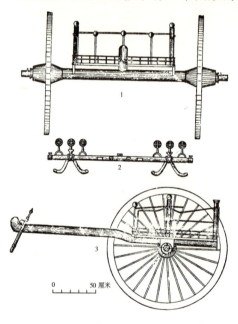

图2　战国车马坑第1号车子复原图

段也有阑干。阑干的直柱连两端11根，横条3根是接续轵前阑干的三列横条。车轖阑干后面有较粗的直柱3根，其中前端的一直柱便是前轵外侧的立柱，高26。后面2柱高36，相距57，在高21处有一横梁相连接。这3柱的中间一根的上端和轵木横梁末端相接。北侧车轖最后一柱的上端有一铜管131：49（图版2，5～6；图2；图3，9）管孔向上。这一侧相近中间立柱的上端另有一突出的小柱，现存部分高出轖屏之上约15。原物已朽，仅留空隙。

发掘时曾以石膏灌注，然后剥开周围的填土，似为木柱或木柄，外周用皮条斜缠，有朱砂痕（131：58）。车箱后面中间留出约30的空隙，当是乘车者升降的地方。空隙的两旁为遮阑，宽38，高26；遮阑的下半段为长方格的阑干，上半段有一斜置以连接对角的木条。这两扇车后的遮阑似乎是可以活动的（图4，3）。第3号车子后面结构也和这相类似（图版4，2，3b）。1号车的辕阁置在生土隔墙上，前端伸出墙东。辕木由车箱底部外出约80处，稍向下折曲；至170处与衡木相交。衡木的南

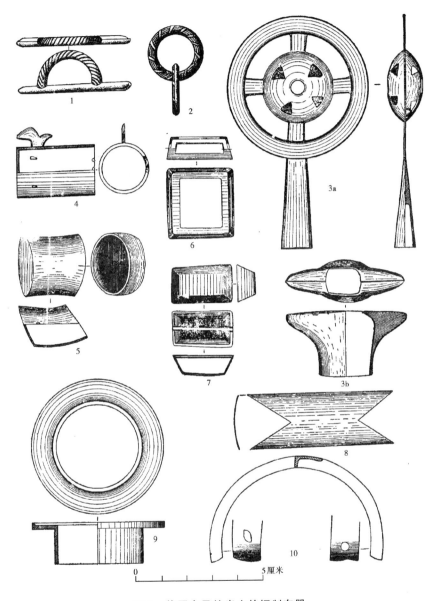

图 3　战国车马坑出土的铜制车器

1. 半圆形铜圈（131：6）　2. 铜连环（131：5）　3a. 铜銮（131：7a）　3b. 轪管铜銮的座子（131：7b）　4. 衡端铜饰（131：15）　5. 軏端铜饰（131：43）　6. 正方形铜钮（131：19）　7. 长方形铜钮（131：21）　8. 缠线板形的铜衡饰（131：16）　9. 轿屏后柱上铜管（131：49）　10. 铜軨（131：50c 的一段）

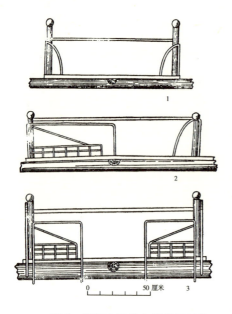

图 4　战国车子的车箱背面结构

1. 大型的车子（第 11 号车）　　2. 大型的车子
（第 7 号车）　　3. 大型的车子（第 3 号车）
（图中各车最高处的横条是伏轼的横梁；最
低处的是轴木，皆不在车的背面，而在车箱的
中央部分）。

半段恰在汉墓 153 号的耳洞的上面，耳洞顶部塌陷时，衡木和所附着的铜饰，其一部分便随之下坠。南边的木辀被毁，辀末的铜管也丧失。衡木北半段似仍保留原来位置，所以可以据之加以复原。两辀相距 120，辀的上端有一带铜座的铜銮。在辀的两旁距离 15 处各有一无座的铜銮，似乎是置于木轭上面的，图中是依这假设来复原的。辀的两脚辀距銮铃铜座为 50，距衡木 40。衡木原来当有铜饰 17 件（现缺 3 件），即衡木末端 2 件，辀的两脚辀末 4 件，辀上端銮铃连座 2 件，羽上銮铃 4 件，缠线板形衡饰 2 件，长方形纽扣 2 件，正方形纽扣 1 件。器物号见下节铜制车饰各条，形状见图 3，3～8。它们的排列法，依北半段各件出土情况，当如复原图（图 2，2）。其中 3 件铜钮在衡木上如何镶嵌，还不很清楚。正方形的 1 件，发现时方孔向上。长方形的 2 件，洞孔或向前，或向上。因最后一件位置曾因坠下而移动，原来似乎也是向前方的。这 3 件的用途也不清楚，大概是串缠皮索的。此外尚有铜饰 4 件（131：3～6），位置在车轼的上面约 10 处。其中两件铜连环互相距离约 15，两件半圆形铜圈分别放在两件连环的外侧而稍东，各距邻近的连环约 22。这 4 件的用途也不能确定，当和车上的绳络有关。

第 5 号特别矮小，类似于汉晋以后宫中小儿游戏所用的驾羊的小车

（图版5，1～2）。车座离地面仅4.7，轨宽也较他车狭得多。辕长现存已达横衡处，前端所缺失当不多，仅达他车的辕长的一半。辕木由车座底部外出斜上20处，即稍下折作弓形，再前又平直前伸。轴长也仅及他车的3/4。轴端出毂外18，车毂露出轮外边5，露出轮里边的长度不清楚。这车的木构较细，受填土压力后变化较大，所以不易复原。车箱结构较简单。周围没有方格阑干。车轼前方似由5根直柱组成，轼后部的横梁似有两重。车侧的辆屏仅有立柱和柱上端的横木。车箱后身没有遮阑。车衡已中断，仅留两端骨管。两轭也仅存一勾曲的末端（軥）。

第6号是小型车（图版5，3）。毂轴的分界不清楚。车箱前方和两侧的阑干，车轼，以及辆屏等的结构，都和第1号车相同。仅轼前立柱向后转弯处没有圆球为饰。伏轼的中央柱末端是否分叉，因恰被第7号车的辕木所遮盖，未能确定。车后身没有阑干，仅在靠近两侧处各置一弧形的立柱，斜上支持两侧转角处的直柱，和第11号车相类似（图4，1）。南侧转角处直柱上端有一小圆盘。车前辕木的曲折处离车箱35；再前又颇平直，压在第4号及第5号的车箱上。横衡已中断，南半保存较佳，所以可以复原（第5号和第6号两车的辕木前端相邻近，这两件中断的衡木又是互相挨近，所以他们的隶属关系，很难确定，也许两者须互易一下，这保存较佳的衡軥属于第5号）。衡的两端各有一骨管，距衡端15处各有一轭。轭系木制，作圆径10的半圆形，宽2，外周绕以弧形的骨片一长条，外侧距衡末端15。木轭2件，各在距衡末端37处和衡木相交，轭上端突出衡上约20，饰以骨管，轭的两末外卷成曲钩（軥）。

第16号车是大型车（图版6，5～6；图版7，1～3；图5，1～3）。车轮除掉26根辐条之外，另有夹辅一对。这是两条笔直的木条，互相平行，夹住车毂。辐条宽1.5，辅条较粗，为1.8～2.0，它们的作用是增加辐的支持力量。王振铎同志说，两辅末端所夹的轮牙，可能便是两根半圆形牙木的相接处，辅的作用，可以保护轮牙上这两处的弱点，加以巩固。在插入轮牙的地方，夹辅是和辐条在同一平面上的，看起来颇像有 30 辐。辐条在插入车毂的地方，都在夹辅的后面凑聚一起。这些辐条每根都向毂斜放，全体成一中凹的碟盆状（图 5，1~2）。这是合于力学原理的较为进步的安置辐条法，否则便要将轮牙加宽。我们猜想坑中那些没有夹辅的车轮，可能也采用这种安置辐条法；不过他们辐条安置的倾斜度，也许没有这些带夹辅的那样大。毂露出轮外 10，轴端又出毂外 24。毂露出轮里部分的长度不清楚。姑且依照第 12 号车毂复原。车箱四周的结构和第 1 号车相类似。因车箱较宽，前方阑干的竖直木条连两侧在内为 15 根，较多 2 根。轵前直柱将近转折处有一横木联系各直柱。这横木至两旁转角处的直柱时，折向车箱两侧，又成为轷屏

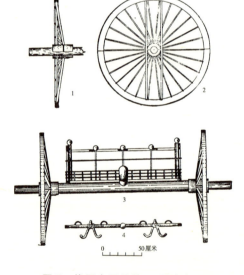

图 5　战国车马坑第 16 号车复原图

1. 车轮结构　2. 车轮正面　3. 车子的前视
4. 衡轭的结构

中腰的横木。北侧轷屏中间的立柱后面另有一小圆棒，稍向后斜置，现高出屏上端约 30。发掘时灌以石膏，然后剥去周围的泥土，似乎是一根木棒，外面绕有皮条。这木棒和第 1 号南边轷屏侧上的，实相类似。这车的辕木较粗，笔直向前，离车箱 180 处，即和横衡相交处，才稍向上卷曲。衡轭的结构和第 6 号车相似（图 5，4）。衡木的中央稍鼓起成一直径 7 的小圆球。衡木压在辕木的上面。两轭距衡木两端各 30，各轭的中心点离其所隶属的轭木为 15。轭

的上端有八棱小骨管，突出衡外 15 厘米。

第 17 号也是大型车，它的结构和第 16 号大体相同（图版 7，3~

4）。车箱宽度150，是依两侧辐屏上端横木的距离测定的，但侧屏可能因受压向两侧外倾，原来宽度或仍为140。辕木由车箱底部外出155处稍向下折，在和衡木相交处又向上卷曲。两轨的上端没有另加骨管。车箱上面北半有一长方形淤土，长125，阔90，厚40。我们曾加掘开，并无所得。

这5辆作为代表的车子以外，坑中其余各车，可以综合起来，描述如下（第2号至第4号车，见图版4；第14号至第16号，见图版6）：各车的轮径是130～142。我们所量的，都是横的直径，因为车轮受压后多变成扁圆形，罕能保存正圆形的原状，竖直的轮径所受的影响更大。轮牙的宽度（即竖直高度），是5.5～7。至于牙厚，因为大多数只剥出车轮的外边，所以仅有极少数能加测定，是6.5～8。车毂的长度，仅第12号比较清楚，是24，露出轮外者10，露出轮里者8。第13号的毂露出轮外部分也是10，露出轮里边的部分未曾剥开。毂径靠近轮辐处一般为12～20。辐条的数目，可以确定的各轮，都是26根。辐条宽度1.57～1.7。有夹辅的，辅条稍阔，为1.8～2。轨宽是180～200，仅第19号车为220。所根据的是轮牙的外线，不是轮辐相交处。车轮可能以受压而稍倾斜，因之量测所得的轨宽的差异幅度，较原有的为稍大。

车箱的宽度，像上面所说过的，依车型而异可分三型。车箱的长度较为一致，都在100～115之间，仅最后两车是狭而长，长度为140和190。各车的车箱作长方形，但前方的两转角作弧形，没有棱角。伏轼后部的横梁，约宽2.5～3，但第3号宽6～7，较大一倍。

各车的辕木，由车箱底部外出约长200左右，辕径7～12。辕木的形状，就保存较佳的几辆来观察，似分两种：一种曲辕，由车箱底部外出时，稍向上斜，至相当长度后又下折，向水平方向前伸。折转处多在约全长1/10的地方。也有在1/2处或更前，才向下折，疑原为直辕，受压后折断变形。另一种为直辕，由车箱底部外出，直至与衡相交处，都是笔直向前。这种直辕嵌入车箱底部的部分，便已后低前高，所以由车底外出后，也显得稍微向上斜伸。据我们的观察，便是第一种曲辕，它们的曲度也是不够的。各车将辕木前段拦置在前面一辆的伏轼上时，它自己的车箱底部，便显得前高后低。保存较佳的辕木，它们的末端又向上卷曲。衡木便搁在辕木的上面。这辕端上卷的作用，是马匹向前拉时，可以阻挡住缚在上面的衡木，使不易脱节。

各车的轴径是 7～12，和辕径相近。因为轮外的毂轴分界处常不清楚，两轮以内的轴木多未剥出，所以轴径并不大正确。第 1 号车的毂端铜𫐐所用以容纳轴木的孔径，两端大小不同，可以推知轴木一定中间较粗，两端变细。轴长为 230～270。就中痕迹较清楚的第 12 号及第 13 号，轴端出毂外为 30。发掘时，工人曾以受指示找轴头，在第 13 号车轴南端，做出一长 10，径 6 的轴头，第 11 号和第 15 号两车的车南端，也是如此，误做成一长 4，径 4 的轴头（有几幅照片曾加摄入）。我们后来发现这是错误的，即加改正。

上面已经说过的，除掉第 18、19 号以外，其余各车可依舆广分为三型：大型的车子还有第 3、7、12～15 号 6 辆。它们舆广都是 140，轼前方的阑干连两边都是 15 根，横条是 3 列或 4 列，（图版 6，1～2），车轮除 26 根之外，都有夹辅一对（图版 6，5）。车子的后身，除第 7 号仅左半有遮屏之外，其余都是两边各有阑干的遮屏（图版 6，3；图 4，2～3）。中型车有第 4 号和第 8 号两辆，舆广 125～130，前面阑干的柱数不清楚。车轮都没有夹辅。车后身或仅一边有遮屏（如第 4 号，见图版 4，3c、4），或虽两边皆具，而宽狭不同，不相对称（如第 8 号）。小型车有第 2、9～11 号等 4 辆，舆广都是 110，轼前阑干直柱连两边都是 13 根，横条仅 3 列（第 11 号车，见图版 5，5）。车轮除第 2 号有夹辅为例外，其余都没有夹辅。车后身或仅有一遮屏（第 2 号），或没有遮屏，仅有弧形斜支柱（第 10～11 号，见图 4，1）。

关于车箱底部的结构，我们为了尽量避免破坏车箱上部如轼、轿等的结构，所以只有几辆清理到底部，作为代表。

第 10 号和第 12 号这两辆的车箱，似乎都以木板或皮革为底，但是痕迹不显。四周都有宽 4.5 的粗木条为框。中央为辕木，纵贯车底。第 10 号的辕木由于嵌入车底框木的深度不同，便显得前高后低。辕木的右侧有一条与之相平行的木条，宽度为 3。左侧似也当有一根，但不显明。轴木横贯于辕木的底下，它的安放的位置稍偏向于前方，即距前边 30，距后边 60。至于第 12 号，为大型车。和辕木相平行的木条共 4 根，左右各 2 根，宽度为 3，另有一根横木条，结连这 4 根。轴木位于辕木的下面，横贯车箱而稍偏于前方，即距前边 40，距后边 64（图版 5，4、6）。

第 18 号和第 19 号的车箱底部，除了四周的框木和中间纵横的粗木条之外，另有密排着的细条的痕迹，或为皮革带的残存（图版 8，1~2）。第 18 号的两侧框木的宽度为 9，前后框边为 3。与辕木相平行的两根木条宽度为 2。这车底部的"皮革带"都与轴木平行。轴木安放位置稍偏于前，距前边 65，距后边 75，所以在轴前的"皮革带"计 25 条。在轴后的计 35 条。第 19 号车底前半为车篷所遮盖，后半又为盗坑破坏了一半。我们所观察到的，舆后边框木宽 9，侧面框木宽 4.5。这车的"皮革带"和辕木相平行，和第 18 号车的相垂直者不同。条宽 0.8~1，共 68 条。车轴也稍偏于前。在轴的后方，有与之相平的木条 2 根，宽度皆约 6。

其余各车的底部，都没有掘开。依据它们车箱的形式，底部当和第 10 号及第 12 号相似。

关于车盖的问题，我们没有发现过车盖弓或弓冒的痕迹，只发现一件车篷，是属于第 19 号车的（图版 8，3~4）。这车篷宽 150，长 240。第 19 号车箱宽长为 120×190。车篷当然要比车箱底部稍大。这件车篷两侧可以各外出 15，前后披可以各外出 25（也许前披较后披外出更多，譬如说 35 比 15，或 30 比 20）。车篷和车箱的尺寸颇相符合。整个车篷有点像建筑物上四阿式的屋顶，也有点像今日露营用的帐篷。顶上有一根长约 150，粗约 6 的横梁。两扇梯形的席子向左右披下，两扇三角形的席子遮住两端。另以宽 1.5 的细木条做支架，纵横绑成近似方格形或梯形的格子，将席子用骨扣缚住在这细木条的支架上。骨扣作椭圆形，中有两孔，孔径 0.3（图 6）。席子似是由芦苇编成，芦条的宽度是 0.5。

以上已将这次所发现的各车的结构，大体上都已加以描述。根据上面的描述，再参考照片和测定的草图，便可以着手复原的工作。做复原工作时，自然还有一些问题须要解决。例如：各项木条凑合时的接榫法和绑缚法，绑缚时所用绳索的质料，都已无痕迹可寻。又车箱底下的结构，例如用以接合舆和轴的镤辕构造（伏兔），也是不能确定的。我们做模型时，只好依据现今木匠的经验，设法加以暂时的解决。后来于 1951 年冬间，我们在长沙伍家岭 203 号西汉古墓中，发现了涂漆的木车模型。今后如再试制战国车子模型，这几个问题可以根据西汉车制来解决，因为二者时代相接，制法当也相去不远。

还有一个问题可以稍加讨论：这批战国车是不是实用的东西呢？或是"备而不用"的明器呢？和这答案有关的，有两种现象值得注意。第一，这些车子的木构太纤细，似乎不能负担起载重的任务。我们利用原来所量得的尺寸，曾照原大试制一辆。试制成后，我们便感到它的各部分太纤细。不过，我们应该考虑到木材在未腐朽成泥以前一定先因干燥而萎缩；并且各种不同的木材的收缩率不会相同的。我们还没有法子十分正确地恢复各部分未腐朽前原来的尺寸。但是，我们可以断定原来各木条的大小一定较现在所存留的痕迹为粗。因之，就这点而言，它们仍可能是实用的车子。第二点是这批车子中有些辕木是直木，虽嵌入舆底时前后深浅不同，因之辕木向前稍微上斜，但斜度是不够的。所以驾上马时，舆底前高后低。就这些车辕和衡轭的结构而言，这些车子都应该用曲辕的。现在这里有些车子用直辕来代替，或许由于直径粗大的曲辕比较难得，制作费力。随葬的明器，自然可以用直辕来代替。但是，当时实用的车子，可能也有些因陋就简地使用直辕的。

（四）铜制和骨制的车饰

这次发掘车马坑的重要贡献，是车子结构的研究，这在上节已经详加叙述。至于车饰零件，这坑中所发现的并不多，也不精美。现在列举于下，并且略加说明。其中铜制车饰 10 种，都是在第 1 号车子上面或附近处发现的。在图 3 中，每种都有一件作为代表。位置可以确定的几件，也在复原图中表示清楚（图 2）。器物名称或件数的后面括弧中数字，是器物号；器物号前应有的墓葬号"HLM131"，都已经省略去，单位都是厘米。

（1）半圆形铜圈共 2 件（3、6）。弧形的圈上铸有绞索纹，圈孔的半径为 1.4。下面的直弦两端伸出圆周的外边，共长 6.8，似乎原来嵌在木条上。圈中可以穿过绳索。两件都发现于第 1 辆的軏的附近。它们也可能是第 2 辆车子的衡上的軏。

（2）铜连环由两个铜环相联贯为 1 件，共出 3 件。环圈上都有文饰。其中 2 件（4、5）是在伏軏附近的高处发现的。相联贯的两环，都是大小几乎相等，外径为 3～3.2。另外件（60）是探铲带上来的，两环大小相差很大，外径为 3.7 和 2.6。这些似乎是"游环"一类的东西。

（3）铜銮共出 6 件（7、13、14、22、40、41）。上半作轮，有辐状条四根，凑合于中央一个含有弹丸的扁球体。轮的外径为 8.2。下半为柄，断面作长方形。中空。全长 13.2。宋人金石书曾有著录，误以为"汉舞铙"（吕大临《考古图》卷一○，《宣和博古图录》卷二七）。清代阮元才订正宋人的错误，确定它们是车器。他引郑氏注戴记，"鸾在衡，和在軾"，以为这些是冒在车前軾立柱上的铜和（见《揅经室集》卷 5，《铜和考》）。我们这次发现的 6 件中有 2 件带有铜座（7、14），是安置于木軛的上端。軛被绑缚在衡上的时候，这些带铜座的便会超出衡木的上面，好像插在衡木上一样。其余 4 件没有铜座的，在每轭的两侧各有 1 件。这 4 件的柄上，在离底部约 2.5 处，都有容钉的细孔，可能是装在轵上或直接装于衡木上，而以前一可能性为较大。可见这 6 件都在衡上，不在轵上，应该叫作銮（或鸾）。

（4）衡端铜饰（15）。原来当有 2 件，现仅发现 1 件，另一件为汉墓所破坏。器形如有底的圆管，长 4.6，径 2.9。管上站立一鸟形饰。离底端约 0.9 处，有容钉的细孔 3 个。

（5）軥端铜饰应有 4 件，现仅出两件（20、43），都属左侧的一轭。右侧的两件已为汉墓所破坏。轭的两脚近末端时向外诘曲如钩。许慎《说文》："镤、轭下曲者"（卷 14）。这些加于镤端的铜饰也作蜷曲的管状，高 3.1。横剖面作椭圆形，径长 3.5 和 2.3。离底端 0.8 处，有两个小孔，可以安钉子。

（6）正方形铜钮（19）。发现时这件是在衡木的正中央部分。器形下部较大，每边长 3.9，无底，上端每边长 3.6，有正方形孔。四面都有一长方孔。

（7）长方形铜钮共 2 件（17、21）。位置在前一件的两侧，可能嵌在衡木上。下部较大，长宽为 3.6×2.1；中间有一宽 0.4 的横梁。上边和四侧都没有洞孔。由于横梁的位置和形状，这些铜钮当为穿皮索用的。

（8）覆瓦状铜衡饰共 2 件（16、42）。这两件是以铜片制成，正面状如长方形的缠线板，较短的两边有凹入的缺齿。体作覆瓦状，中间稍隆起，可贴合于圆柱形的衡木上。长宽为 8.5×3.1。

（9）轛柱上的铜管（49）。这铜管发现于左侧车轛后边木柱的上端。管高 2.5，孔径为 4.7，无底。管的上端边缘向外扩延，外缘直径为 7.8。这铜管似乎是为着插放游旆或武器等用的。

（10）铜䡅（50）。这一组铜䡅共 4 件。许慎《说文》"䡅、毂端锴也"（卷一四）。车毂的两端大小不同，而以近车箱的一端为较大。这组铜䡅中近车箱的两件也是较大，外径 12.5，孔径为 11。近车轵的两

件较小，外径 11，孔径 10。铜辖所留的洞孔是贯穿轴木用的。因为轴
木由内向外穿过车毂，是逐渐缩小的，所以铜辖的孔径也有大小的不
同。每件都由两段拼合而成。每段有细孔 2 ~ 3 个，以便安钉以固着于
毂上。

（11）衡木骨饰（图 6，1 ~ 4）。这些骨管是套在衡木的两端。这车
坑中各辆，除第 1 号为铜饰外，其余都可能有这种骨饰 2 件，原来总数
可能达到 36 件。这次仅发现 20 件，当有所漏失。器物编号为 1、8 ~
12、18、23、25、29、35、36、39、44、45、47a ~ b、48a ~ b、51c。这
些骨管是截取兽类腿骨的中间一段制成的，中空，两端洞开。外表光
滑，用火灼成花纹。可以看得清楚的有云雷纹和 S 形纹。骨管的大小不
一致，尤以长度的相差最大。例如第 5 号小车上的一对（48），长仅

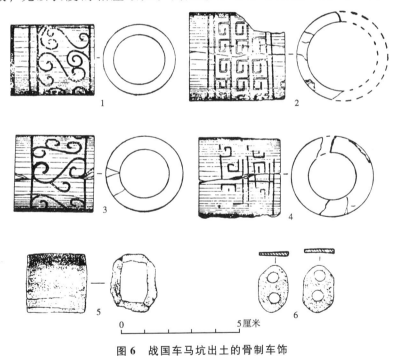

图 6　战国车马坑出土的骨制车饰

1 ~ 4. 有花纹的骨管（131：2、18、48、11）　5. 八棱骨管［131：51（3）］

6. 车篷上的骨饰（131：46）

3.1，但是第2号车上的一对（1），长达4.8。一般的长度是3.5～4.1，直径2.8～3.2，孔径1.8～2.2。

（12）轭首骨管（图6，5）。这些骨管是套在轭首上，仅发现5件（2，48c，24，51a～b），分别隶属于第2、第5、第14和第16号车子上的。每车有轭1对，所以至少原来应有8件。但是有些车子的轭首是原来便没有骨管的。它们的形状，可分两种：其中一种和前项衡末骨饰，完全相同，横剖面也作圆形。另一种是八棱管（24，51a～b），稍小，长仅2.2～2.4，横剖面作不规则的八角形，最宽处为2.4。孔作长方形，宽高为1.1×1.8。

（13）车篷上的骨扣（图6，6）。这些骨扣作椭圆形，厚度为0.1～0.2，大小不等，长1.8～2.5，宽1～1.5。中间有双孔。孔径0.3。除了和车篷断片一起采取了一些以外，我们另外采取两粒作为标本（46）。

（14）軏上骨饰（59）。衡上的半圆圈形的軏是木制的，外缘的中央有骨饰一条，宽0.3，厚0.1，沿着軏的轮廓作半圆弧形。

（15）骨棒（38）。这是一条小骨棒，横剖面作圆形，径1.5。一端平坦，另一端已断失，现残存4.5。这件发现于第12号车箱上近左侧车辀处，用途不明。

（16）蚌片共5件（30～33，37）。这些是在车子附近发现的。有3件保存不佳。其中保存较佳的两件（30～31），略作椭圆形或水滴形，长9.7～10.9，宽4.3～4.7。5件都没有纹饰，也没有洞眼，用途不明。

此外，我们还截取了朱漆的辀上木条数根（53），粗立柱一小段（61），车篷一片（56），第5号右轮子1件（57）。又用石膏翻制车篷模型1小块（54），第1号左辀旁的柱形物模型一块（58）。又于填土中发现殷代铜戈残片1件（55），和战国时细把陶豆残片1件（52）。至于编号26～28和34，是有几辆车子的朱漆车辀初露出时所给的编号，并没有采取回来作为标本。

固围村区发掘小结

关于固围村三座大墓和两个中号墓的发掘情况，和古物内含，已叙述如上。我们看一下这些墓的发掘，究竟收获些什么？增加了哪些新知识？我们感到有下列十点是可以提出的[①]。

（1）墓室结构。这三座大墓的墓室结构都比较复杂，现在可以复原它们的结构的大致形式；并且大概地知道了它们的建造的过程和方法。这三座大墓在墓口部分，南墓道都宽于墓室。这样于墓室前展开宏阔的局面，实是从前所未发现过的。

（2）积砂制度。我们在豫北一带发掘的先秦墓葬，已及数百座，比较讲究的，都是用夯土封筑的。战国晚期才有积石积炭制。像这三座大墓这样地大量使用细砂封墓，还是第一次发现。

（3）夯土技术。以板范土，捣之使坚，即所谓板筑术，是中国建筑术上一种传统方法。但它是逐渐进展的。琉璃阁南岗的殷遗址夯土层甚薄，夯窝甚浅，0.8 米的深度，有夯土 15 层。殷墟中所见夯土，夯窝较大，每层厚 0.1 ~ 0.12 米。燕下都的夯土，每板厚至 0.18 米，长至 1.8 米。这里的三个大墓又出现了厚大光平的夯土，他们把土捣坚后，还能加工使表面光平，每层厚度可达 0.2 米，长度可达二三十米，如今日筑麦场、修马路然。这样大规模运用的坚土技术，标志着建筑术的一种进步。

（4）庙堂制度。殷墓墓顶相传是"积余壤其上"，"墓而不坟"的。虽然传说周墓有坟，而年代久远，风雨冲刷，亦多不存在。这里三个大墓都在墓室正顶，圈起方形的石基，摆上规则的石础，用长大的筒瓦、板瓦，建造起规模巍峨的庙堂，以前也还未曾遇到过，这应是后世享堂

---

① 参阅郭宝钧《辉县发掘中的历史参考资料》，《新建设》1954 年第 3 期，第 39 ~ 47 页。

的前身。

（5）侧穴制度。战国出铜器的小型墓葬中，有在椁顶侧壁，掏一小龛，放陶器数件的习惯，然不多见，且龛甚浅小。像第 1 号墓的东壁，掏一深穴，埋藏用品。第 5 号墓西壁和第 6 号墓的东壁，都有穴一个，并且除了埋葬用品之外，都有人骨一架，也是发掘中所见的新事项。

（6）埋玉制度。古人对于亲祖之死，以"慎终追远"为孝，追远就要年年致祭，但祭品如何处理，以前从未设想过。现因第 1 号墓的墓室上口东南隅的两个埋玉坑的发现，我们才知道，他们如以玉致祭，也是掘土埋藏的。且型小只可容物（不能埋人），浅厝而不深入（6 米深度比之 17.4 米深度仍算浅厝），跨于墓而不远于墓（在墓的角隅），据此可说明古人的埋玉制度。

（7）梓匠技巧。这里大棺钉纳于棺壁的方法，就第 1 号墓保存较完好的来研究，是用梯形套榫楔入的，棺钉端亦内大于外，愈提愈紧，愈拔愈固，具见匠心。其他棺椁的结构，竹箧的编制，小铜器钉环纽构等种类之繁多而复杂，均显示着此时梓匠技巧的进步。

（8）漆器盛行。以前发掘虽曾遇到红色漆皮，都是片段的，且漆层甚薄，无复色。这里第 1 号墓漆棺上的髹漆，厚若铜钱，表朱里黑，外绘黄紫相间多彩的纹饰，灿烂鲜丽，启人美感。第 2 号墓从前被盗掘时，也曾出过同样的漆棺和大漆鉴。这指明了髹漆工艺已达到了高度的发展。

（9）金工精进。先秦为铜器时代，一般好尚，都在铜器，器大量多而纹美，但纹饰除了偶尔镶嵌绿松石之外均限于铜的本质，是单色的。战国末年突有狩猎纹壶鉴器类出现，嵌镶异色金属，摹拟图案的多彩，技巧进了一步，但狩猎图案，仍觉粗疏。更后有刻纹一种，纹细如发，如下文赵固村所出的战国鉴，精工又进了一步。最后又发明了精细的金银错，如第 1 号墓所出的车马饰，蟠龙画凤，黄白相宜，足以代表

538

当时金银手工艺的高度成就。第 2 号墓出一件带环的小铺首，第 3 号墓出两件器物柄饰，也都是错金银的。至于第 5 号墓的嵌玉鎏金的带钩，富丽精美，更是代表当时金工的杰作。

（10）划时代的铁质生产工具的发现。这 5 个墓所出铁器，除了铜镞铁茎 86 件之外，还有 93 件铁器，其中铲、锄、犁、镢、斧、削等，是穿掘圹穴的工具，也正是耕耨刈获的农具。它们是劳动人民的生产工具，生产力依着它们的出现与普遍使用始提高。这就标识了，也确定了一个新时代——铁器时代的诞生。在我们研究中国社会制度发展史时，添得一个明确的实证，应当推荐为这一次发掘的主要收获。

总之，根据墓中遗物自身的说明，这时经济状况，已相当繁荣，工艺发展方向，已有更加分化的趋势。传统中的兼含实用和美观的铜器，美的方面，转化为金银错而更趋精美；用的方面，转化为铁工具而更趋坚利。大件器物多缩小为模型，不以原大实物殉葬。这种趋势是和珍惜实用物有关的，同时也表示思考能力的发展，知道用模型来象征实用物。

关于年代问题，我们可以从几个方面来考虑这问题。

（1）我们应该将墓外遗存（包括盗坑）和墓内遗存分别看待。例如铁茎的箭镞，墓内只第 2 号墓有 4 件是否出于墓内盗坑未能确定之外，其余 82 件，其中第 2 号墓的 3 件，确定是出于石子路面上和盗坑上层，第 1 号墓的第 79 号都出于后来看守者的住穴中。铜茎的镞 54 件，都出于墓内或墓内盗掘坑中，其中第 1 号墓中二层台所出的 20 件，还排列整齐未经扰乱。又如货币，墓内所出的是魏国通行的梁正币（第 1 号墓室及壁穴共 18 枚，第 2 号墓夯土层内 1 枚），三角纹布币 3 枚，垣字圜钱 1 枚（以上二者出第 1 号墓）。但是小半两钱只在第 2 号墓北墓道表土层中出过 1 枚。这说明墓上遗存的年代，要较墓内的为晚。这当由于墓葬掩埋以后，长期有看守坟墓的人留住在墓上或附近。

（2）三个墓圹及其地上建筑的营造次序——从墓圹的夯土墙来看，

第 2 号墓的西墙筑在第 1 号墓东墙之上，而第 3 号墓的西墙又筑在第 2 号墓的东墙之上。这说明第 1 号墓最先，第 2 号墓次之，第 3 号墓又在其后。若从三者地上建筑遗迹来看，第 1 号墓的石板路修筑在前，而第 2 号墓和第 3 号墓上的卵石子路则好像同时。至于第 5 号和第 6 号墓，似乎是第 1 号墓的附葬，当在第 1 号墓之后。

（3）从墓内遗存的时代性来看——一方面是缺乏可以确实肯定属于汉代的成分；第 1 号墓盗坑中所出铜锅（底部有烟炱痕，就形状而论，当名为名鋗或洗）和洛阳汉墓大陶瓮中所出的很相似，但前文已说明过，这铜锅决不像这大墓的随葬品，系当时造墓工人遗留，或后代盗墓时混入。又第 2 号墓北墓道表层土的小半两钱，也当视为后世的东西。另方面是差不多全部都可以说是属于汉前的成分。例如，第 2 号墓小骨器上漆书的字体和残铜器腹片上的垂叶纹骨贝，第 1 号和第 2 号墓中所出的货币，第 6 号所出的小铜鼎等。就一般器物而论，这 5 座墓中所出的黑皮"暗花"的陶器，它们的器形如壶、鼎、豆等，都接近于一般的战国晚期铜器的形式，而和确定为汉代的器物的形制，显然是有所区别的。

因为我们对于这一地带从战国晚年到西汉初年的考古材料和知识还很贫乏，所以我们还不能十分精确地断定这几座墓葬的绝对年代。我们暂时定它们属于战国晚年，即公元前第 3 世纪。这年代的误差大概不会超过几十年（年代问题，可参阅琉璃阁区发掘小结和结束语）。

我们知道固围村这三座大墓，曾于 1929 ~ 1930 年遭受大规模的盗掘。据说中央的一座，曾经从顶上揭开，由地面下掘大方坑深达 14 米，东西两壁都到原来墓壁，然后打探井再下掘 3 米余。墓中有积沙，南侧有一道大石块叠成的墙。北侧也发现有大石块，可能也有一道石墙。墓室正中有粗大的木材，和带铜铺首的涂漆木材[①]。无疑的，这是我们所

---

① O. Karlbeck, Notes on a Hui Hsien Tomb 5, *Røhsska Konstsljødmuseet*, Yearbook 1952.

发掘的第 2 号墓。这三座墓中，也以这座盗掘得最惨。盗卖到外国去的漆棺残件和铜铺首，便是这墓出土的[①]。盗卖到日本去的夹纻大鉴，1930 年，由北京古董商售出，据云是固围村大墓出土[②]，我们在当地听说也是这座墓的南部出土的。至于传闻辉县出土的铜鼎、黄金饰物和贝形漆器[③]，后二者可能是固围村大墓出土。贝形漆器疑为被火熏黑的骨贝，我们在第 2 号墓中发现大批骨贝，有些便是熏黑了的。至于那件铜鼎，大概是琉璃阁墓地出土的。第 1 号和第 3 号大墓，近代也曾经盗掘，虽不是"大揭顶"的盗掘，但盗洞累累，破坏也很惨酷；并且这 3 座大墓，在古代都曾被盗，从中心部分大揭顶盗挖下去的。现在居然还有这样许多的重要发现，很可以自慰了。但是一想到如果这些墓葬在我们发掘以前未曾盗掘，更将有何等丰富和重要的收获，便不禁嗒焉若丧了。

此外，我们要附带地说一下，传闻为辉县出土的战国时代的明器陶俑[④]，我们在固围村的发掘中，连一块小碎片都没有遇到过。虽然我们在这 5 座墓中都曾发现过黑色光亮的陶制容器，有些还磨有暗花；但没有镜子、带钩等陶制明器，也没有用朱红绘画纤细花纹的。琉璃阁的战国墓地中，第 140 号墓虽曾发现过俑残片 2 件，但陶质很松软，似仅略加火烧，并且形状很小；和传闻辉县出土的那些陶俑不同。除此之外，琉璃阁墓地也没有黑陶涂朱的明器和泥俑的痕迹。

---

① 瑞典博物馆所藏的，见 O. Karlbeck, Notes on the Archaeology of China, BMFEA, No. 2, Stockholm , 1930；东京国立博物馆所藏的，见帝室博物馆《周汉遗宝》，图版七，1952（《考古学杂志》第 38 卷第 3 号，1952 年曾加翻印）。

② 梅原末治、水野清一：《河南辉县出土の夹纻大鉴に就こ》，《国华》第 42 编第 7 册（总 500 号），1932。

③ 梅原末治、《战国式铜器の研究》，1936 年，第 69～70 页，图版一二四。

④ 水野清一：《辉县秦式瓦俑》，《考古学杂志》第 34 卷第 3 号，1944；梅原末治：《战国时代の明器陶俑》，《东洋史研究》新 1 卷第 2 号，1944；又《传辉县出土の古明器、泥象》。《座右宝》第 15 号，1948；关野雄：《黑陶と黑陶明器にっぃこ》，《三彩》第 56 号，1951。

结束语

根据以上六编的叙述，我们可以把辉县发掘的收获，写出简单的总结如下：

（甲）殷代居住遗址 在琉璃阁和褚丘，都曾发现。我们不仅在安阳以外找到殷代的遗址，并且所找到的，是要比安阳小屯的遗存为更早的，而和后来在郑州所发现的殷商早期文化相当。在灰坑中，我们发掘到许多石器（矩形带孔石刀、小屯式石镰、斧、铲、镞、环、纺轮和一件打制的刮削器）和骨器（三棱镞、圆头笄、针、锥、刀、匕）。当时石器和骨器似仍盛行。铜器仅发现一件箭镞。陶器有粗短大口尊、圆柱足的鼎、卷唇高足鬲、粗圈足带孔豆等。圜底器较多，绳纹很普通。又有陶埙、陶纺轮、两种制陶用的压锤。卜骨都较原始，钻灼而不凿。又发现有鹿角和兽骨，而以猪骨为最多。

（乙）殷代墓葬 虽仅在琉璃阁发现，但可分为二期：

（1）早期殷墓 这些都是小型墓，葬式仰身较俯身为稍多。埋狗架的腰坑也有发现，但不普遍。随葬物有和上述灰坑中出土物相似的，如陶器中的卷唇高足鬲、大口尊、粗圈足豆、圆足鼎，以及骨器中的镞和锥。但也有不见于灰坑中的骨器，如平底的爵和斝、短粗的觚、饕餮纹簋等。铜器方面，武器有素戈、短脊或长脊的镞，礼器有空足有裆的鼎（鬲）、平底爵和斝、短粗觚等，花纹都较为粗陋。石、玉器有镞、戈、有孔石斧、钺、玦和柄形饰（"琴拨"）。骨器有一种长条形的，似为小屯出土的花骨的祖型。又有贝和蛤壳。这些墓的时代和后来郑州发现的殷商早期和中期文化相类似。

（2）晚期殷墓 集中于琉璃阁南区。除小型墓外，也有中型或大型的。腰坑较普遍，且有以人殉葬的。随葬物如刻纹白陶和雕花骨，都和安阳出土的相同。陶器有短足矮鬲、小口罐、高圈足簋、器唇和盘壁

齐平的豆等。铜器方面，武器有铜刀、雕戈、钩、钺。后二者是安阳所
未见的[①]。铜镞除了早期的形式继续使用之外，又有附血槽和镂空长锋
的两种。铜制礼器以盗掘过惨，仅有残片。玉器有戈、镞、有孔斧和许
多玉饰。显然的，这一期的物质文化，已较前大为进步。阶级分化的增
剧，也可以由墓葬大小的悬绝看得出来。就器物的形制而言，大致相当
于郑州殷商晚期文化；和安阳小屯一般出土物，也大致相同。这一区晚
期殷墓群，闻系抗日战争时期中所发现，盗掘所得玉器和铜器很多。抗
日战争时期中北京古董市场上所出现的"安阳物"，有许多当是这里出
土的。

（丙）战国墓葬　我们在辉县的发掘中，遇到的以战国墓为最多。
在琉璃阁、褚丘、固围村、赵固4处，都有遇到，而后2处更以战国墓
为主。发掘的收获也以这方面为最大。尤其是建筑遗存、车马坑、美术
工艺器和铁制生产工具，更有很重要的贡献。

（1）建筑遗存　固围村的3座大墓，规模宏伟。墓深有达17.4米
者。3座墓的椁室结构，互有不同；但都是在椁室四周和顶上，积沙直
至离地面约8米处，然后再夯土50余层，直抵地面。地面上更有享堂
建筑，四周有石基、柱础和板瓦的遗存。想象当年必定是很巍峨堂皇
的。其他各墓，都是竖井式土坑，但有些当时可能有木椁。琉璃阁140
号墓有积炭。固围村1、5和6号墓，琉璃阁242和243号墓，都有壁
龛。

（2）铁制生产工具　固围村5座墓中出铁制工具90余件，种类有
犁、锄、铲、镰、斧、凿、削等。琉璃阁出铁斧1件。褚丘出铁带钩1
件。孙廷烈教授曾用金相学鉴定法，检验固围村所出的铁器中几件，说
是用"原始炼冶法"（即固体还原法）炼冶的，常有气眼夹杂物，显微

[①]　1953年在安阳大司空村第74号墓扰土中发现铜钺1件，形状和我们在辉县所得的稍异，
见马得志等《1953年安阳大司空村发掘报告》，1955年《考古学报》第9册，第50页，
图版一四：3。

组织不均匀。成型加工是在氧化气氛下加热进行的。对于脱碳层出现的危害性，尚不够认识；对于质地均匀的必要和它的获得，也还不了解。可见技术还不高。但是，有些铁器已部分使用模具以成型。模具的使用是在相当发展基础上获得的①。这可以表示战国晚年冶铁技术的水平。

（3）车制和马饰　琉璃阁的车马坑，内藏木车 19 辆，根据朽木所留的遗痕，经精细剔剥，加以测绘，形制大体可以复原。固围村 1 号南墓道有存车木室，发现精美的车饰。此外琉璃阁、赵固和褚丘的墓群，都曾出过车马器，常是放置辖𫐄一对和衔镳一对（或再加上一副盖弓冒），作为象征。镳系骨制，从前有人误以为悬挂甲胄的骨钩②，又有人误以为弓弭③。这次发现它们有些仍套在铜衔的侧环中，是骨镳毫无疑问。

（4）其他工艺品　最普通的是陶器、铜器和玉器。陶器有以粗线条彩绘朱、白、黄各色花纹的，有在光黑的表皮上磨暗花的。器形早期是鬲（或鼎）、罍、豆。中期不见鬲、罍，而壶则开始出现以代罍；鼎和豆也稍改变形式。无盖平底细柄豆、盘和匜，开始于中期而盛行于晚期。晚期并且有鸟柱盘、平底碗等。琉璃阁 140 号墓有陶俑残件 2 件。铜器除了上述车马器外，还有礼器类的鼎、敦、壶、鉴、椭圆杯等。兵器类的戈、剑、矛、斧、镞和戈矛分体的戟。礼器花纹繁缛，是典型的战国式的。服饰器中，铜带钩开始出现于战国中期，素铜镜曾见于晚期的赵固 1 号墓。固围村出土有梁正币、三角纹币和垣字圜钱。铜或陶制的礼器如豆、壶、鉴等常是成对的；但鼎常是奇数，或 5，或 7，或 9，大小递降，称为列鼎。赵固 1 号墓铜鼎中还保存有祭肉，其他各墓的陶鼎或铜鼎中常有鸡骨和鱼骨残留。玉器有璧、瑗、环、璜、珑（龙

---

① 孙廷烈教授的鉴定书，将在 1956 年的《考古学报》上发表（编者按：见《考古学报》1956 年第 2 期）。

② W. C. White, *Tombs of Old Lo - Yang*（1934），第 96 页，图版 LXIV，No. 159。

③ 梅原末治：《战国式铜器の研究》，第 12 页，图版二八之 3。梅原否认这些是骨镳。水野清一在同年（1935 年）《东方学报》（京都）所发表的关于鹿角制衔枝"镳"的两篇文中（第 6 册第 146～155 页，第 7 册第 383～385 页）虽曾认出，但证据不够充分。

佩）、珩、成组的缀玉和玉具剑上的玉饰，花纹都很优美。固围村的埋玉坑中又曾出玉册和玉圭，褚丘2号墓曾出玉琮。琉璃珠在固围村和赵固都有发现，后者还出过1件陶制仿琉璃珠。真贝和骨贝都有出土。漆器从前在固围村2号墓曾出夹纻大鉴和漆棺；我们这次在固围村1号墓中仍掘到带铜铺首的漆棺残块。棺椁和木车的结构，显示木匠的技巧，尤以固围村1号墓漆棺嵌合铜铺首，用斜面互轭法，更显巧妙。赵固1号墓又出有铅座和朱色绘纹的鹿角。

（5）美术品　值得特别一提的美术工艺品，有固围村所出的错金马头形轪饰、嵌玉虺龙纹鎏金带钩、蟠虺纹大玉璜和赵固出土的刻纹燕乐射猎铜鉴。最后一件是以一大建筑为中心，左右配列乐舞和其他图像，是现存的中国最早的建筑物图[1]。此外如赵固1号墓出土的铜鼎、铜壶、错金铜带钩和马头形轪饰，固围村1号墓带铜铺首的漆棺、埋玉坑的玉器和玻璃珠、错金银的车饰、侏儒为足的陶鉴，2号墓的错金银小铺首和鹦鹉形玉饰，3号墓的压花金叶和镂花银片，褚丘9号墓的错银铁带钩，也是值得一提的。最后，各墓所出的彩绘或压暗纹的陶器，雕刻花纹的玉器和铜器，也有些是精美的美术品。

战国墓葬的分期，根据辉县的材料，可分为三期：就大体而言，琉璃阁墓地是早期和中期，褚丘是中期至晚期，固围村和赵固是晚期。葬式早期以仰身直肢为主，屈肢葬仅有一例。中期和晚期则绝大多数为屈肢葬。

（丁）**汉代墓葬**　汉墓虽非我们发掘的主要目标，但也有一些收获。

（1）汉武帝至王莽时或稍后　琉璃阁区的汉墓，主要的是洞室墓，

---

[1]　A. Salmony, *Antler and Tongue* (1954)，图18~20，所发表的刻纹铜匜，刻工的手法和图纹，和我们这刻纹铜鉴，几乎完全相同，似出一人之手。这种刻纹铜器是极罕见的。据云是湖南长沙出土的，现藏西雅图美术博物院。但是我们在长沙没有掘到过这类战国刻纹铜器。按匜、鉴二者常成一组，一起出土。赵固这墓中陶制匜、鉴便是如此，他处也是如此，但有以盘代替鉴者。这墓中在发现这刻纹铜鉴附近有一近代盗洞，是1930年石河村盗墓者来挖成的，但即为赵固村民所发觉而制止，加以驱逐。所以这墓遂不遭大破坏。这刻纹铜匜疑即为该墓当时出土物，原和我们的铜鉴成为一组者。

有用小砖铺地砌墙，但还没有以砖券顶。时代可分早晚两期，形制和随葬品稍有不同。褚丘的汉墓相当于琉璃阁的早期，但因为土质含砂易塌，所以没有洞室墓，都是竖穴墓；墓室或以小砖或石板作椁室，或为土坑，虽当时可能有木椁。琉璃阁区多夫妇合葬。褚丘区都是单人葬，当由于土质关系，竖穴不像洞室，不便两次埋入。随葬物中陶制容器以瓮、瓶、壶和枭瓶为最普通，早晚两期的形制不同。枭瓶从前有人误以为三代器[①]，这是错误的，早期又有鼎、盒、瓿和釜。陶耳杯至早晚期过渡阶段才出现，晚期较多。陶制明器，谷仓很普遍，也是早晚两期形制不同。陶灶和奁在早期已有出现，晚期更多。井亭晚期才有，陶屋和猪圈更晚，到王莽时或稍后才出现。金属器物，铜镜和带钩较普通。货币早期有半两和五铢，晚期有五铢和王莽钱。此外随葬物尚有铜洗、铜印、鎏金铜泡、铁剑、铁刀、铁悬钩、玛瑙耳坠和一些漆器残片。

（2）东汉晚年的大皇塚　墓在百泉区，系砖券多室的大墓，地面上有高达6~7米的大土堆，所覆盖的地面长宽约60×100米。随葬物以曾经盗掘，仅有残余，但仍有些收获。北耳室放置釉陶的瓮、壶（锺）、仓和炭炉等。西耳室放置陶制明器如猪圈、鸡、犬、猪和羊。中室放置仿漆的黑外朱里陶制耳杯、案、奁和盘，并且有鎏金的作为明器的车马饰（轊、辖、盖弓冒、当卢、衔镳和游环），和小兵器（小铁剑、小型的铜制的卜字形戟、三棱镞和弩机）。此外有五铢钱和铜镜残片。陶器中有1件陶罐（罍），形式和洛阳汉墓出土的朱书初平年号的那件相似，可根据它以大略断定这墓的年代。出土物中以陶制动物为特出，姿态生动，栩栩若生，远胜于一般汉墓所出的同类物，实为塑造艺术中的杰作。

---

　①　罗振玉：《古明器图录》，1916，卷二，三代枭尊。郑德坤：《中国明器图谱》，1935，第11页。亦从之。

1. 车马坑全图（由南向北）

2. 车马坑全图（由东向西）

图版 1　辉县琉璃阁战国车马坑全图

1. 车坑近摄（由北向南）

2. 马坑近摄（由南向北）

3. 车马坑工作情况

4. 第1号车全图（南侧面）

5. 第1号车（北侧面）

6. 第1号原车（后面）

图版 2　辉县战国车马坑的近摄和第 1 号车的详图

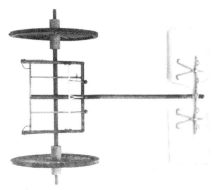

1. 大型车子模型（俯视）　　　　　　2. 小型车子模型（俯视）

3. 大型车子模型（侧视）　　　　　　4. 小型车子模型（侧视）

图版 3　辉县战国车子的复原模型

1. 第 2 号车（北侧面）　　　　　　　2. 第 3 号车（后面）

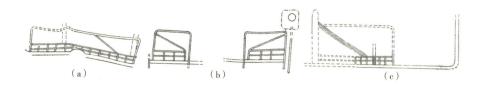

（a）　　　　　　（b）　　　　　　　　（c）

3. 第 2~4 号车细部的草图

4. 第 4 号车（后面）　　　　　　　　5. 第 4 号车（侧面）

图版 4　辉县第 2~4 号战国车子的详图

1. 第 4~6 号车（由北向南的俯视）

2. 第 5 号车（由前向后的俯视）

3. 第 6 号车（前面和南侧面）

4. 第 10 号车的底部

5. 第 11 号车（前面和南侧面）

6. 第 11 号车的底部

图版 5　辉县第 4~6 号及第 10、11 号战国车子

1. 第 14 号车（前面及北侧面）

2. 第 14 号车（前面及车轼）

3. 第 15 号车的后栏

4. 第 15 号车（俯视）

5. 第 15 号车的前面的衡轭（由前向后）

6. 第 15、16 号车（由后向前）

图版 6　辉县第 14～16 号战国车子

1. 第 16 号车

2. 第 16 号车前面的衡轭（由前向后）

3. 第 16 号和 17 号车（俯视）

4. 第 17 号车前面的衡轭（由后向前）

图版 7　辉县第 16、17 号战国车子

1. 第 18 号车子底部

2. 第 19 号车子底部

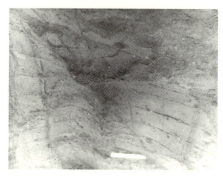

3. 战国车车篷（由东向西）

4. 战国车车篷（由南向北）

图版 8　辉县战国车车篷和第 18、19 号车子底部

《长沙发掘报告》（节录）*

结束语

这次长沙发掘工作，虽然包括四个墓地，但各墓地的年代，基本上都是属于战国到西汉的，所以可以并在一起作综合的整理。因为这一批材料是经过较仔细的工作所获得的，它提供了我们以作系统研究的巩固的基础。同时，有些个别的重要发现，也值得特别一提。

（一）先秦时代

我们这次在长沙所获得的最早的人类活动的遗物，是一些新石器时代的石器和陶片。这是长沙地区第一次发现新石器时代遗物。可惜仅在战国墓的填土中找到。直到1955年7月，才在长沙烟墩冲发现了新石器时代遗址，证实了我们的预期①。长沙的新石器文化和东南沿海浙

* 本书系作者主编，科学出版社 1957 年出版。现将其亲自撰写的"结束语"及"长沙 203 号墓出土的木车模型"、"长沙 203 号墓出土的木船模型"二节收入文集，图版和插图稍作变动。
① 湖南文管会：《长沙烟墩冲新石器时代遗址调查简报》，《考古通讯》1956 年第 5 期，第 12～15 页。

江、福建、广东各省以及江西省所发现的，是属于同一文化系统的。

新石器时代以后，我们在长沙所遇到的便是铁器时代的战国墓，共73座。在长沙这卑湿的红壤地区，恐是要到铁器时代才充分开发的。这73座中较早的7座，有陶鬲、钵（即盆）、罍形罐、小平底陶壶（Ⅰ式）等随葬，但已有铁锸同出。河南辉县琉璃阁的战国墓群中，出陶鬲和罍形罐的也是属于较早一期的①。

长沙战国墓中陶器，普通是以鼎、敦、壶为一组，与辉县以鼎、豆、壶为一组的，稍为不同。陶豆也有出土，但是比较少见；并且是上述三件一组之外另加一件豆，并不是代替陶敦的。长沙的陶鬲和鼎，足部都特别高。到了战国晚期，长沙在楚国统治下经济获得发展，繁盛富庶。表现在墓葬方面的是墓底较宽大，随葬品的质美量多。陶器中鼎、敦、壶常有两三套，另外加上盘、勺、釜式杯等，陶盒也开始出现了。

战国墓葬的形制虽可分为长方形窄坑、带墓道长方坑和长方形宽坑等三式，但是这种分类在断定年代上意义并不大。这次所掘到的早期墓虽限于长方形窄坑，但是后期即是三式同时流行。墓室的宽窄和墓道的有无，只是依造墓者的经济能力或癖好而定，在这时期中并没有年代先后的关系。这可以由随葬物的类型看出来，往往是同一类型的器物，三类墓中都有出土。

就墓的形制而言，小型墓常有壁龛以盛放随葬物。大型墓中常在木椁四周填以白膏泥，起了防腐的作用，保存下一些木器和漆器。在406号墓中，发现了保存很好的木椁和漆棺，可以确定它们的套榫结构，使我们知道当时木匠技术的高度发展的水平。

随葬品除陶器外，铜容器较少，仅有少量的鼎、敦、壶和勺，形状和陶制的相类似，花纹是战国式的。车马器很少，有铜䡇、盖弓帽、游环等，都是出于307号车坑和333号墓中。铜兵器较多，箭镞之外，铜

---

① 中国科学院考古研究所：《辉县发掘报告》，第44页（1956）。

剑竟达 22 柄之多，其次是矛（6 柄）、戈（4 柄）。戈矛的涂漆的柄有时也仍保存，柄的下端有铜镈和镦。剑、矛、戈三者常同出于一墓中，有时更加上铜镞。战国时楚人好武，使人想起楚辞中的"带长剑兮挟秦弓，首身离兮心不惩"（《九歌》中《国殇》）。铜镞有些是附有铁铤的。湖南文管会后来曾掘得铁剑、戟、匕首、刀、矛和镞①。但是铁制兵器这时仍是比较铜兵器为少。我们又曾掘得铁锛和铁环。湖南文管会曾掘得铁铲、锄、钁、夯锤等②。但是和河南辉县战国墓的情况一样③，这些铁制生产工具，似乎不是随葬品，而是当时筑墓工人所遗弃的。

铜制的随葬物，我们发现的还有铃、铎、带钩、镜、铺首、印章、蚁鼻钱、铜饰、砝码和天平盘。带钩中有一件仍安在皮带上，可以知道当时带钩的用法。铜镜除了素镜之外，其余都是羽状纹或涡纹细地，主纹是山字形、连弧、蟠螭或菱纹，并且都是弦纽的。铅制物有椭圆形或圆形的铅饼和包在陶片外面的铅皮，大概都是作为冥钱用的。

木、竹、漆、皮革、织物，都是出于棺椁保存较完整的墓中，尤其是 406 号墓中。其中值得特别一提的有带字的竹简，花纹精美的漆盾，带字的木俑，镂空的雕花板，织纹的绸片和丝带。

璧有玉璧和石璧，后者大多是滑石制的。花纹有卷云纹、谷纹和圆圈纹，都是两面有花纹的。普通是直径 6～8 厘米。此外还有半月形石饰和玛瑙环各一件，"蜻蜓眼"纹的玻璃珠 2 件。这类叠嵌圈眼的玻璃珠，在河南辉县固围村的战国墓中也有发现④。从前在洛阳等地方也有出土⑤。

---

① 湖南文管会：《长沙衡阳出土战国时代的铁器》，《考古通讯》1956 年第 1 期，第 78～79 页。

② 湖南文管会：《长沙衡阳出土战国时代的铁器》，《考古通讯》1956 年第 1 期，第 77～78 页；又吴铭生《长沙市郊战国墓与汉墓出土情况简介》，《文物参考资料》1956 年第 4 期，第 21 页。

③ 《辉县发掘报告》，第 82、91、103 页，1956。

④ 《辉县发掘报告》，第 82 页，图版五四，10。

⑤ C. G. Seligman and H. C. Beck, Far eastern glass, BMFEA, No. 10（1938）.

（二）西汉前期

从战国到西汉前期，长沙地区似乎并未经过大扰乱，社会生活仍是顺利地继续发展。我们这次整理所得的材料，可以把从战国一直到西汉的墓排成一个互相连续的系列，中间并没有间隔着一段空白的时代。除了因政治上改朝换代而发生的币制变更以外，其余如墓制及随葬物的变化，都是逐渐的。我们是用泥半两钱作为这时期墓葬的断代的出发点。有些在过渡时代而没有泥钱随葬的墓，有时很难决定到底应归入哪一期。又在这时期的墓中，我们这一次并没有发现武器，与战国墓的武器众多，恰成一对比。这或者由于中央集权制下的郡县或小王国，是和战国时与中原各国争霸的独立国情况很不相同。

西汉前期的墓，我们共发掘27座。墓制普通是长方形宽坑（其中有5座有墓道），与战国大型的相似。墓道下端距墓底的高度没有超过1.4米的，较战国墓的稍低。填有白膏泥的墓很少，仅341号墓填有青灰泥，所以除这一墓中棺椁有残存以外，其余的墓，棺椁都没有保存。

随葬品在陶器方面，战国时代成组的鼎、敦、壶，这时起了变化：陶盒代替了敦，而另添增了陶钫，4件成为一组。陶盒这时大量出现，而敦很少见。陶鼎矮足者较盛行，高足者罕见。陶壶多是细颈胆形腹，无盖，或有盖而盖上无纽。罐有广肩小底高身的和圆腹矮身的两种，肩部和腹部常划有波浪纹。陶勺仍是战国式的，又有镟、甑、熏炉和镳壶。这时墓中又开始出现了少量的硬陶罐，硬度很高，叩之发声近瓷片，常带有细方格纹。

泥制半两钱曾在15座墓中出土。钱形小，近于汉半两。其中6墓与泥郢版同出，2墓与泥金饼同出。泥郢版没有单独出现，也没有与泥金饼同出。这是可注意的现象。大概金饼便是代替郢版作为黄金货币的。郢版是继续被使用的楚国原来流行的黄金货币，但是在长沙墓中，据我所知道的，泥郢版都是和泥半两钱同出的①。金饼是西汉中叶才开始被采用的。

这期的铜镜形式，仍与战国晚期的相似，质薄而带弦纽。花纹除素镜以外，也有与上文所说过的战国镜相同的，如羽状地山字镜和涡纹地蟠螭镜。又有没有主纹的纯羽状细地镜和涡纹地龙凤镜。后者带有"相思愿毋绝"铭文，所以也称为"相思镜"。此外又有粗涡纹地四乳四龙镜，时代或稍晚，但仍是与泥半两同出的。

璧在这时期仍盛行，计有11墓中各出一件，都同在死者头部附近。大多数是滑石制的，也有2件是玻璃制的，玻璃璧的出现是值得特别注意的。玻璃串珠或许有可能由外面输入，玻璃璧一定是中国自行制造的。石璧的直径都是在15厘米以上，较战国时代的为大。大多数仅一面刻有花纹，另一面平素；战国璧几乎都两面有纹。花纹图案，除了继承战国时代的卷云纹、谷纹和圆圈纹以外，这时开始盛行于双圈纹上加菱形格，连谷纹（涡纹）的也有加上菱形格的。双圈或在菱形格内，或在菱形斜线相交处。滑石制品又有素镜一面。但是在这时期中仍还没有滑石制的容器。

（三）西汉后期

西汉后期是以五铢钱出现作为分界线的。据《汉书·武帝纪》，铸五铢钱在元狩五年（公元前118年）。长沙地区在西汉前期和这期之间，并没有大扰乱来分隔开。这在我们所发掘的墓葬中也可以看出来，墓制和随葬物都是逐渐变化的。有些墓葬例如342号，虽因为有泥半两归入前期，但它的随葬品如硬陶罐、Ⅲ式矮足鼎等，使人怀疑是否放入后期更为恰当。下限是到新莽时代。我们没有掘到王莽的货币，但是像217号墓的铜钵的花纹是和湖南文管会所收藏的有王莽天凤年号的铜壶的花纹，属于同一时期。

---

① 吴铭生：《长沙西汉墓内发现郢疛、郢称》，《考古通讯》1956年第6期，第64～65页。

　　虽然由西汉前期到后期是逐渐变化的，但就整个时期而论，二者的歧异处，其显著程度并不下于战国与西汉前期二者间的差别。西汉后期的长沙墓中随葬物，样式多而富丽。这与它处同时期的汉墓相同，是汉武帝一代的经济繁荣和对外的文化交流频繁的反映。加之，长沙自武帝的兄弟定王发受封后，一直是这王国的都城，至新莽时始绝。我们所掘的 401 号刘骄墓，可能便是属长沙王亲族的。这些王府宗亲和官吏的墓，出土物特别丰富，可以表现当时物质文化的高度水平。

　　西汉后期墓共 38 座，大型的都有墓道，并且作阶梯式，与前此多作斜坡式者不同。墓道下端距墓底很近，最高的仅 20 厘米，较西汉前期墓更低。这是由于这时在椁室前端设门和墓道交通，而不是像从前由墓顶上下。这些木椁墓大型的如 203 号和 401 号，在主室前面另有放置随葬品的 2 个前室。327 号墓有排水沟，结构比较特别。

　　随葬物在陶器方面，这时期硬陶盛行。这些硬陶常施有薄釉，器形以罐和壶二者为主。前者常有细方格纹或叶脉纹，肩部常刻有文字，有的用木盖封口，并且有封泥。后者的花纹，除弦纹以外，也偶有细方格纹或波浪纹，肩部常附有两耳。至于软陶的随葬物，有普通灰陶和银衣压纹灰陶二种，后一种多出于 203 号大型墓中。软陶的器形，除了西汉前期已流行的矮足鼎、盒、壶、罐等之外，还有碗、盆、釜、甑、长方炉、镳壶（盉）和博山炉。陶钫很多，其中有系银衣压纹灰陶的。陶制的模型，这时开始在墓中出现，有灶、仓、井、屋和猪。较特别的一件陶器是 339 号墓中出土的红陶"五联罐"，由 5 个扁圆罐连合在一起。广州西汉墓也有四联罐和五联罐出土①。

　　泥制的冥币，有泥五铢和泥金饼。我们也发现了铜五铢、铅圆饼和真金的圆饼。黄金的圆饼我们发现两件，重量是 244.1 克和 254.1 克，

---

　　① 《广州市清理古墓简报》，《文物参考资料》1957 年第 1 期，第 71 页图一。又 1956 年第 6 期，第 81 页（五联罐）。

合今日市称约半斤。吴大澂根据秦权和秦半两，以为秦斤约合湘平七两二钱。刘复根据新莽嘉量推算，以为新莽时一斤约合今 226.6666 克[①]。我们所得的金饼，当是西汉的一斤。黄金不像铜铁之类易于生锈破损，实是推证西汉权衡的重要材料。

铜容器在这时期有鼎、盒、壶、钫、鐎壶、长方暖炉和博山炉，都是和陶制的形状相类似。此外还有盆、釜、钵（刻有花纹）、鉴（有一件带"黄龙元年"铭文）、奁、烹炉和镫。镫有豆式镫、带柄的行镫和结构复杂的复合镫。后者有盖以两弯管与器身相连，周以屏蔽。《西清古鉴》中著录过相同的一器，定名为"周素锭"[②]。实是西汉后期物。至于武器方面，这时期有刀和剑，但已都是铁制的而不是铜制的了。

铜镜共出 16 件，和战国晚期及西汉前期的大异。质地比较厚，钮部除一件四乳四草叶纹镜仍是弦钮之外，其余都是半球状的，或连峰式的（后者限于星云纹的）。镜的花纹也是与以前的大不相同。这时已取消了所谓"地纹"。主要的花纹是四乳四草叶纹、星云纹、四乳动物纹、七乳四神、规矩纹和连弧纹。最后两种都有铭文带，连弧纹的有"清明"、"清白"或"日光"铭，规矩纹有"圣人作镜"铭文。

印章有无钮的铜印和龟钮的银印。后者系"刘骄"二字，当是长沙王的亲族。卫宏《汉官旧仪》中说："丞相列侯将军金印紫绂绶，中二千石二千石银印青緺绶，皆龟钮。"（武英殿聚珍版丛书本，卷上）其人当官至二千石或中二千石。

璧仍盛行，共出 29 件，其中 21 件为滑石的，此外玉的和玻璃的各 2 件。滑石璧都是仅单面有花纹。花纹的图案，除了西汉前期已有的菱形格缀圆圈纹以外，这时还有在璧的边缘（或兼在孔的周围）留出一周宽带，而以菱形格缀圆圈纹限于较狭的范围中。这些宽带另填花纹，

---

① 吴大澂：《权衡度量实验考》，1915 年罗氏刊本，第 70～74 页；刘复：《新嘉量之校量及其推算》，《辅仁学志》第 1 卷第 1 期（1928），第 7 页。

② 《西清古鉴》卷三〇，第 27 页。

例如弦纹、圆圈纹、锯齿纹或锯齿纹外另加流云纹曲线一周。玉璧两面都有花纹，以菱形格内含谷纹为主。玻璃璧或平素无纹，或两面都有凸起的细六角形纹。滑石制的容器这时期开始出现，有鼎、壶、扁壶和炉。

玉石的佩饰，这时期也盛行，有小环和串珠等。原料是玉髓、玛瑙、鸡血石、松绿石、水晶和琥珀等。玉器还有剑饰、蝉形琀、耳瑱等。玻璃器除了璧以外，还有杯子的碎片（蓝色半透明），和仿水晶或绿玉的串珠。《汉书·地理志》说，粤地合浦徐闻一带的人，自武帝以来入海市明珠璧流离奇石异物。长沙近粤地，这时期玻璃和奇石的串珠的增多，或与这有关。琥珀饰物在广州市东郊的东汉墓①、广西贵县的西汉墓②中，也都曾有发现。琥珀的产地，仅有寥寥数处。据《后汉书·西南夷传》和《后汉书·西域传》，当时的永昌郡哀牢夷和海外大秦国都出琥珀③。今日缅甸北部仍有出产。欧洲的主要产地是波罗的海沿岸，罗马帝国便曾从该地输入。此外，西西里岛和罗马尼亚也有出产。长沙和两广的汉墓中琥珀的来源，还不能确定。不知是由哀牢夷经陆路来的呢？还是由远处经海道输入的呢？还是不只一个来源？各处的琥珀，其成分互有不同。将来也许可由化学分析来鉴定它的来源。

木漆器多已枯朽，仅在 203 号和 401 号两墓中获得了一些保存较佳的标本。漆器有彩绘的耳杯、盘、盒、方函和案。花纹有全部用线条极细的浅色（浅黄或暗绿）绘成的，是战国漆器上所未见的。此外在 211 号墓中发现金箔贴花的漆盒。盒虽枯朽，但这些金箔的花纹（包括动物和人物），极为生动。木制品中，木俑有用长条木片制成的扁平俑，为战国时代所未见。立体俑的形象，也与战国墓所出的不同。带文字的封泥匣和木札，也是值得一提的。

---

① 见《文物参考资料》1955 年第 6 期，第 63 页。
② 见《考古通讯》1957 年第 2 期，第 58 页。
③ 参阅章鸿钊《石雅》，第 58~63 页（1927）；《洛氏中国伊兰卷金石译证》，第 78~83 页（1925）。

交通工具，有铜制或铅制的车马器模型，如害、当卢、兽弓帽等。此外还在 203 号墓中发现了可以大致复原的木车和木船的模型，这是很难得的收获。

在这次发掘以前，长沙出土的古物多被归属于战国楚器。现在我们知道这些所谓"战国楚器"中，不但有西汉前期的东西，并且也有西汉后期的东西。

（四）东汉墓葬

经过了王莽时代的变乱，长沙王国也取消了。到了东汉时代，我们这次所发掘的地区，似乎已不是主要的墓葬区了。我们仅只掘到 7 座东汉墓，占所掘的两汉墓数的十分之一弱。

这 7 座墓都是小砖墓，与以前的土坑墓不同。墓室结构可分为长方形单室的、前后二室的（有带耳室的）和平行双室的三种。

随葬物方面，这 7 座墓都曾经盗掘过，有 2 座已被盗得空无所有。其余 5 座也残留得不多。陶器方面有盆、碗、碟、釜、瓮、灯等实用品和灶、井、屋、猪圈等模型。印纹硬陶和西汉后期的相似，有带细方格纹的壶和罐，此外还有一件外带细方格纹而内有波浪纹的硬陶盆，时代似乎稍晚。又有釉陶的罐、壶和镳壶。这些釉陶的陶质坚细，釉水均匀，釉色黄绿（或淡黄）或紫褐，几乎类似早期的瓷器。

此外，随葬品还有一面素镜、一件鸡血石佩管和一件蓝玻璃佩管。据湖南文管会后来的发掘，长沙这类东汉砖墓中随葬物，陶器方面常见的还有矮足鼎、博山炉、仓、缸、鸡、狗；铜器有盘、碗、筷子、环首刀、规矩镜、日光镜、长宜子孙镜、四神镜以及玛瑙珠、五铢钱、铁刀等①。我们这次所掘的仅只很少几座已被盗过的东汉墓，只好在战国和

① 吴铭生：《长沙市郊战国墓和汉墓出土情况简介》，《文物参考资料》1956 年第 4 期，第 22 页。

西汉墓的后面附带说几句作为尾声罢了。

至于唐宋的墓葬，我们这次也发掘过 15 座，主要的是唐末宋初的，打算将来另行发表。

长沙 203 号墓出土的木车模型

汉代的葬俗，常用"偶车"放在墓中随葬。"偶车"一名，见《汉书》卷 76《韩延寿传》。颜师古解释说："偶谓土木为之。"这次长沙第 203 号汉墓出了这种作为随葬明器的木车模型，共计 4 辆。北前室的西半放置 1 辆（第 1 号），南前室放置 3 辆，分别放于东部、中部和西部（第 2 ~ 4 号）。另有没有发现轮子的车舆形模型 1 件，放在南前室西部的北侧，也将在这里附带描述。各车出土时，它们的组成部分已经分散，并且有些已断折凌乱或朽腐残缺；同时又有木船零件和木偶残片混在一起，造成十分淆乱的现象。我们在发掘过程中，将各小件都逐件编号，并绘出器物分布的详图。车器零件的编号达 117 件之多（发掘记录是宋伯胤同志负责的；下面提及的各件器物名称后括弧中数字便是原来的田野号）。拿回室内后，我们仔细加以整理研究，找出头绪来，加以复原；并曾仿做了两件模型。现在先叙述各车出土的情况，然后再说明如何做复原工作。

（一）出土时情况 （图 1）

为了更清楚地显示各车出土的情况，在插图中我们仅绘出车子的零件，而省略去木船零件、木俑和木马等。有些车子零件的号数，例如同一性质的零件（车盖弓），或同一零件的各部分（如车箱的座部），也有加以省略，以避免混淆。

第 1 号车的两轮（97、158）出土时已倒下平卧着。两条辕木（149 + 153、203）向东伸延。这车轮东面的一边，有马头和马蹄的残

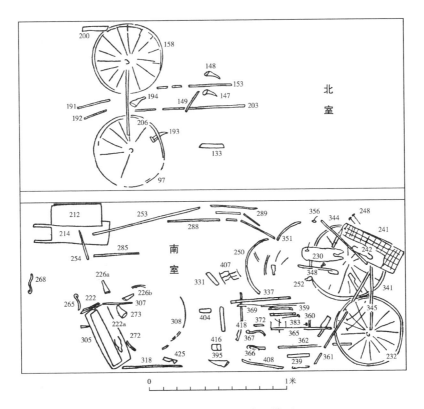

图 1　第 203 号墓车器出土情形

件（147 ～ 148 等）。车衡一件
（192），如果不是后来标签和 149 误
行互易，那么它的位置似已移动过。
轭未见。轴木一件（206），连接两
轮。车箱未见。轮下保存有苇席一
小片（430）（图 2；图版 1，2），或
为车篷残遗。又有木板 2 件（133、
200），似乎是竖立在车篷前面的两
侧面（图 3）。若然，这车当是车箱
狭长而上面有篷的大车。这一辆车

图 2　编席残片（CSM203：430）

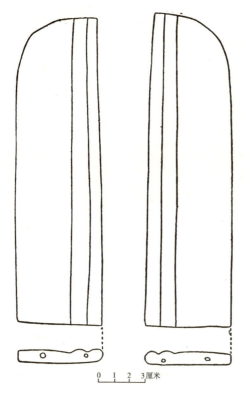

0 1 2 3厘米

图3 第1号车箱附近发现的木板

子因为保存不佳，不能作进一步的复原。

第2号车是汉代辂车的形式。它的两轮（232、341）靠近南室的东壁。两轮间有车轴（345）。这轴木和北侧车轮上压有结构颇复杂的车箱（241）。车箱的座部原由7根木条组成，现缺失2根。车箱中有坐俑一件（242）。车箱的前轼和两侧都有阑干和小遮板（343、352、374、376等）。辕木一条向西南伸延（361），另一条（288）向西伸延，断为四段，不和前者平行，似曾移动位置。西边有车衡（408）靠近南壁，衡北有轭，已拆散开为两部分（366、367），附近有木马残件（230、239

等）。车箱的上面有盖柄一件（344），已向西北倒卧。附近有盖弓多件（248、354、355、356、371等，可能为14件）。但未见盖斗。

第3号车在南室的中部，它是和第2号属于一个类型，都是辂车，结构大致相同。初揭露时一轮还直立着，后来南壁高处墙土崩塌下一块，将它们打坏了（250＋252）。另一轮也受到破坏（毂形物346号如非盖斗，可能为这轮的毂）。两轮的残牙，仅能凑成大半个轮。车轴也断折了（348＋351），散乱在车轮250的东边。车箱底部7件虽已折散，仍可拼合起来（337、338、259、360等）（图版1，3），车箱的前轼和两侧边，也都有阑干（383、407）和小遮板（381、382、385、416等）。辕木2根向东伸延（362＋411、365＋368）。靠近北壁中部的车衡

（289），或许属于这车。车轭未见。车箱附近和前轼上面有盖弓多件（372a～g等，可能是 14 件），盖柄 1 件（369），盖斗未见。

第 4 号车的结构，和上述二辆轺车，颇有差异，尤其是车箱部分全部用木板，没有阑干和交革。车上也没有盖。初揭露时，一轮直立紧靠南壁（318），另一轮已倒下平卧（308）。车轮和上述各车的相同，轮牙虽遭击断，仍可凑成两轮。轮子虽曾漆髤，但车子其余部分，都没有上漆。车轴和辕木因为没有上漆，而这一区域内车和船的小零件又特别多，以致发掘时没有将它们认辨清楚。两件伏兔（418、425）原来当是缚在车轴和车箱之间的，位置已经移动。车箱由 5 块木板和 2 件直角三角形的木条（222a～g、305）组成的，各件间互相接合处的钉孔仍保存完好，可以依之复原。车箱内发现 1 件站立着的木俑（272）。没有上漆的车衡（307）和轭（265、268）都是在车箱的北边或西北边发现的。附近有木制马头和马蹄的残件（226、273 等）。

在南室西端靠近北壁的地方，有车舆的模型一件，由 3 片木板组成（212、214），其中一片是座板，2 片是左右两侧的遮板。座板后面有突出的两条木杆形的把手。座板前端留有一遮板（轼？）的痕迹，但没有发现原物。根据座板上所留钉孔，底面前部恰巧可以钉上两条有钉孔的木杆（253、285 后者已断折，但可复原）。这两条木杆，向前伸展。另有轴形木条一（254），有钉孔恰可钉于座板上。轴形木条两端缩为细条，各有钉孔，似乎是安轮后施辖的，但没有发现车轮。或由车轮的木质柔，如不上漆易朽。这车没有上漆（图版 2，1、2）。这车发现时似乎因为室内从前大量进水时翻转过来了，底面朝上，轴形木条和两条木杆都在底板的上面。这件不能全部复原，但大致形状可以看得出来。

（二）轺车的复原（图版 3；图 4、图 5）

第 2 号和第 3 号车都是汉代所谓轺车，结构大致相同。因为它们保存的情况都不完整，我们做复原工作时，须要将二者互相补充。现在依照第 2 号车来做复原，但有些地方也曾参考第 3 号车结构。经过整理研究的结果，除了盖柄斗以外，其余部分已可全部依照原来样子复原。关于车子各部分的名称和位置，可参考《辉县发掘报告》。车制的古代名称，有些是意义还不能确定，所以尽量少用。

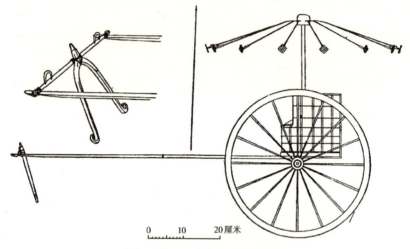

图 4　第 2 号车复原图（侧视）

（左上角为车子最前端的情况）

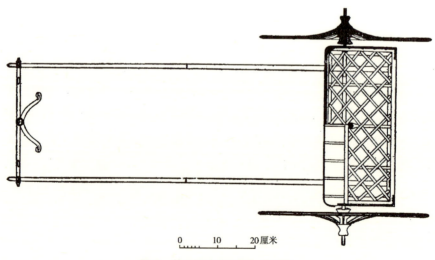

图 5　第 2 号车复原图（俯视）

先从车轮说起（图版3，图4、图5）。每车两轮。以232号标本为例，轮高51，牙广2.2厘米。牙的厚度，内边和外缘不同，内厚0.6，外厚0.3厘米。内边转角处有棱，外缘转角成弧形无棱。牙上容轴的孔作圆形，直径0.4，相邻的各孔相距约9.2厘米（图7，2，轮牙剖面图）。因为表面涂漆，所以未能断定这轮牙是由若干段凑成的。根据汉画像石的制轮图，每轮是由二节或三节的牙凑成的（见傅惜华编《汉代画像全集初编》，图版一〇八，嘉祥县刘村洪福院画像石）。根据我们车箱底四边（軫）的结合法来推测，这轮牙各节的结合法大概也是上下相错的偏榫。

车毂以第3号车上的252号标本为例，计长约7.6，容辐处最大，直径是4.4，毂内端直径4.2，外端更小，仅2.2厘米。这些车毂的侧面轮廓线，很与当时的壶相似，大端为壶底（图6）。郑众注周礼考工记说："毂空壶中也。"毂中容轴木的孔，大端处孔径1厘米，小端处为黑漆所遮盖，孔径似稍小。轴的末端（軎）和毂被漆结合为一，没有另加金属的辖

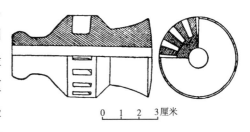

图6 第3号车的毂

（发现后，初误以轴末为毂的一部分，后来细察保存较佳的标本如158号，知道它实是轴的末端，全部被漆所遮盖，不留孔隙）。容辐条处在毂的两端的中间，而稍接近于大端（即邻近车箱的内端）。毂上容辐的孔作长方形，长和宽为0.9×0.4，比邻的两孔相距0.5厘米。

毂距轮牙21.2厘米，中间安置辐条，每轮16根。因为辐条本身稍弯曲，安置上后，辐条的两端并不正相对，而是近毂的一端较近牙的一端外出2.5厘米（两端都以辐条外面一边的为测点）。江永《周礼疑义举要》卷六："緪、非别有一物也，只是轮偏箅之名。……谓之轮箅何也？轮牙稍偏于外，而辐股向内隆起也。"（丛书集成本，第63～64

页）便是指此。这种安置辐条法，在辉县发现的战国时代车子有的便已如此（见《辉县发掘报告》中，插图六一，第 48 页）。辐条每根的形状（图 7，1、3），近牙处的剖面作圆形，直径 0.5 厘米。至距毂约 10 厘米处，剖面逐渐变为椭圆形，厚度缩至 0.3，宽度增至 1 厘米，并且逐渐弯曲。每根的轮廓线，是和人的大腿很相似，所以考工记把较丰润的近毂的一段叫作股，把细长而圆的近轮牙的一段叫作骹（骹即股下近人足者）。辐条入牙内后，直径减为 0.4，深入 1.8，近末端逐渐削尖作圆锥状。入毂内的一段深 1.2，作长方形，厚 0.25，宽 0.9 厘米。

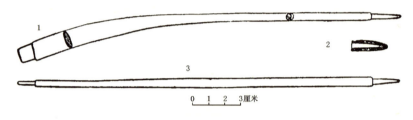

图 7　第 3 号车的辐条

其次说舆（图版 1，3；图 4、图 5、图 8、图 9）。它的底部由 4 根木条凑成外匡，前后长 20.1，左右长 46.5 厘米（第 3 号车箱为 20.8×46.4）。前面两角隅作弧形；后面两角隅原来作直角，但有一缺口以容纳倚较最后一根直柱。这些轸木厚 1.2，宽 2.1 厘米。每根近两端处都将厚度削去一半，一边为槽，一边为榫，做成上下相错的偏榫，互相接纳。这第 2 号车的轸木，前后两根压在左右两根的上面（第 3 号车的轸木结构不同，左右两根压在前后两根的上面）。为着巩固起见，中间又加上三根平行的木条。这些木条长 17.6，阔 0.8，厚 0.4，两端接榫处的厚度削薄为 0.15 厘米，是削去底面的。前后两轸木也都有凹槽各三处，以容纳这些支撑的木条两端削薄的一节。第 2 号车箱仅保存三根中右侧的一根，但第 3 号中三根俱全。中间的一根在离前端约 1/3 处宽度增加至 1.8 厘米，刻一个锅底形的陷穴，以容纳车盖伞的柄木。穴径

1.5，深 0.3 厘米。为着安置前轼和倚较的支柱，前辁有柱孔 9，两侧木各 5，后辁角隅除有缺口以外又有一孔。孔径上端 0.35~0.4，下端仅约 0.25 厘米，有些并不透穿，可见这些细柱是由上端插入的。各辁木在离外缘约 1 厘米处，都向下凹陷 0.15 厘米，是为了放置车藉（茵）之用。这些凹处另有一系列孔眼（孔径 0.5 厘米），分布于四边辁木上，是用以钉住交错成方格网的革条。孔眼的数目，共 26 孔（四角各 1、前 7、后 8、左 3、右 4）（第 3 号车的大致相类似，但孔眼的数目和位置不同），因为是缠好革条然后上漆，所以革条虽朽，我们仍可依各木条上所留的漆痕来复原革网的原状。《说文》："辒，车藉交错也。"李善注七发和颜师古注急就章，都引作"车藉交革也"，当即指此。这是用以上托车褥，可以减轻车子行走时的震动，舒适远胜于木板作底的车箱。后辁木距两端各 3.6 厘米左右的中间一段，多一道向下凹陷的槽。它的后边沿缘转角作弧形，无棱，所以便于乘车者的上下。前后两辁各有小孔 2 对，是用以束缚住两根辕木的。孔径上端 0.4，下端 0.3 厘米。上面两孔间有绳线痕，底面平素无漆，可见也是绑缚好后才上漆的。两侧辁木各有小孔 2 对（第 3 号车仅各有 1 对。这多余的 1 对当于误钻了孔的位置，后加改正）。这小孔是用以束缚带有伏兔的横轴。侧辁底面这两孔间有凹槽，槽宽 1.2，深 0.2 厘米，是用以容纳伏兔上部的。槽内无漆。如以轴木的中线为准，置轴处距车箱座部前边 6.2，后边 13.9 厘米，即约为 1/3 和 2/3 的比例。根据残余痕迹，是先安上辕木，然后安置带伏兔的轴木。

车箱的三面都有纵横相贯的阑干（图 4、图 5、图 8、图 9）。这些阑干和窗棂相似，所以古人叫它做辒或轮。就位置而言，前面的叫作轼（拟以"横轼"专指最高的可凭凭的一条横木，车箱前部总称轼或前轼），两侧的叫作辁或倚较。前轼的阑干，直者 9 根，横者 5 根。距底座的高度是 0.3、3、5.5、8.5 和 9.4 厘米。两辁各有直者 6 根，横者 7 根。直立者较粗，径约 0.4 厘米，横者除最高处一根稍粗之外，径 0.15

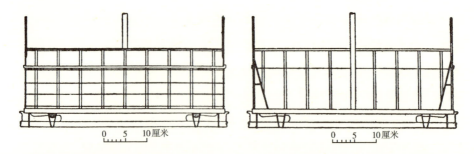

图 8　第 2 号车子的车箱（前面）　　　图 9　第 2 号车子的车箱（后面）

厘米。车前面的最高的一根横木作长方形，高厚为 0.4×0.2 厘米，高出车箱座部为 9.4 厘米。从这根横木起，有 9 根互相平行的木条向后斜上安放，都交于横轵上，插入横轵中。这些平行的木条直径 0.3，长 6.5 厘米（露出部分的长度）。横轵长约 45 厘米（已断折，并有缺失）。剖面略作圆角的长方形，阔厚为 1.1×0.5 厘米。横轵高出车箱底座 12.5，距前轸外缘 6.3 厘米。它的两端稍向下垂，连接束缚于两辀的第 2 根竖柱上。

两侧辀的阑干，最高的一根横条已毁，粗细未详（现依车前面第 5 根即最高一根横木来复原）。直柱第 1 根（序数由前向后计算）中腰弯曲，但弯曲处的一段已毁；这毁去处以上的部分，直径为 0.25，其下的部分为 0.4 厘米。如果不是由两根粗细的木杆结合，则当为一根木杆而上部缩细。我们的复原是依照后一假定。直柱第 2 根（支持横轵者）、第 5 根稍粗，直径是 0.5 厘米。第 6 根（最后一根）剖面作长方形，宽厚为 0.3×0.5 厘米。这根向前方的一边有细孔一排，可以容纳各横条末端的插入。它的向车箱内的一边也有细孔 2，是和舆后的结构有关，下面再叙述说明。两侧辀的横条 7 根中，低部的 4 根距离车箱底座的高度和车前的相同（发现时保存较完整的 3 根即为车前的横条的延伸）。更高处的 3 根，距底的高度为 12、16 和 20（？）厘米。最高一横木已段，只能依照遮板的高度得到约数。

依据现留的痕迹，车箱后边的两侧都有直角三角形的遮阑。这遮阑是由一根木条斜依于车侧倚较的最后一根直柱，并将两端插入后轸上和这较柱上的细孔中。这三角形高 10.3，阔 2.5，在离底部约 5.6 厘米，另有一横置木条，和底部平行，外端插入较柱的细孔，内端连接于斜放的木条上。这横置的短木条和斜放的木条，仅由较柱上和后轸上的细孔推知。原物形状细节，如剖面作圆形或方形之类，无法确定（复原时暂依照较柱形状作方柱）。

这些车箱四面阑干的纵横相连接的方法，有些是使用榫头卯眼法，例如上述的各直柱上端榫头插入底板上的卯眼中。各直柱可能上端也是从榫头插入最高的一根横木中。此外一般的横条和直柱是用绳索绑缚在一起，横条都在直柱的外边。绑绳的方法，保存较佳的如示意图（图 10）。绳索的打结处可能是在背后面。因为它们外表都曾涂漆，绳索的结头的痕迹不显，结法难以确定。

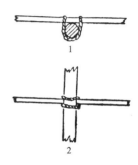

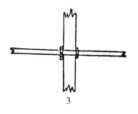

图 10　第 2 号车箱
栏杆横条直
柱的缚绑法

1. 下视　2. 后面
3. 前面（原大）

这些阑干的背后，都有平素不涂漆的遮板，厚约 0.2 厘米。车箱后面两侧各有一个高 10.3 阔 2.4 厘米的直角三角形的遮板。两侧的辖屏各有高 19.8 厘米的长方形遮板 5 片，每片贴嵌在相邻的 2 直柱之间。各直柱间的距离不同，所以各板的宽度也随之不同。从前向后计数的第 1 板和第 2 板，各在靠近第 2 根直柱的一边，在离车箱底座 12.5 厘米高处有缺口，以容纳横轼的两端。第 1 板的上半节前边缩进，以适应第 1 根竖柱的形状。车箱前面有竖直的长方形遮板 8 片，高约 8.9，宽度为 4.3～4.8 厘米不等。前面两角隅的遮板是外弧内平的木片（即横剖面为弓形）。横轼的前面斜放遮板 10 片，长度都是 7.3 厘米左右。其中两侧边的遮板宽约 1.9，前面外边一角改成弧形，以适应这角隅处的轮廓；中间 8 片都呈长方形，宽度为 4.5 ~ 5 厘米。这 10 件木片在后边离末端约 0.5 厘米处，稍凹进成槽，以便贴附于横轼的底面。遮板都是没有上漆的。在第 3 号车的一条阑干细条上（标本号 407）发现粘留有残绢，知道阑干后面原来是蔽以细绢。遮板在细绢的背后，所以没有上漆的必要。

车箱底下横置轴木，以伏兔相接合于舆底两侧的轸木。以 345 号标本为轴木的例子，剖面作圆形，直径 1.2，长度现存 48 厘米，乃是中间一段，它的两端于伏兔的外端处断去。我们可以说，现存的部分是大约相当于两轮间的轴长度。原来完整的轴长要加上两毂的长度（7.6 × 2）和露出的轴末的长度（依 158 号作为 3.2 × 2），即原长约为 69.6 厘米。轴上为伏兔，长 10.1，接轸木处高 1.8，厚 1.1 厘米。底部稍凹入，以便接合圆形轴木的上部。伏兔也叫作屐。阮元说："谓之伏兔者，以伏于轴上似之也，又谓之屐，象屐之形。"（《车制图解》）现在发现实物（图 11），知道汉代车子的伏兔是像一只偃伏着的兔子，也像古代的漆屐。阮元说："伏兔作半规形以衔轴，下更有二长足少鍥其轴而夹钩之。"（《车制图解》）这是近代的形式，所以并不像兔，也不像屐。伏兔的上方有 2 处宽 1.4 厘米地方没有漆，但是和侧轸木及辕木的相接合处，都有绳索扎缚着。就整根轴木而论，缚扎左右两辕的绳子相距 33 厘米，轴上连接左右两侧轸木的绳子相距 46 厘米，相当于

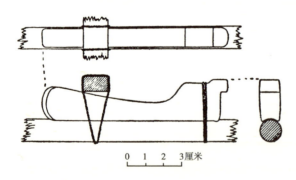

0 1 2 3厘米

图 11　第 2 号车的伏兔

两侧轸木上用以绑轴子的细孔的距离。

辕木是置于车箱底座和带有伏兔的轴木之间。依照前后两轸木上所留的痕迹，两辕相隔的距离，在当后轸处为32，当前轸处为33.1厘米（第3号车为30.5和31.1厘米），知道这一对辕木是向前方稍为展开。因辕木长而细，出土时已断折，且有残缺。仅288号标本可全部复原，长106厘米。由后端起，开始的19厘米（按依轸木上细孔，应为20厘米）在车座下，剖面扁平，宽1.4，厚0.5厘米。上面挨接车箱处没有上漆。底面在距后端1和18厘米（按轸木上细孔，应为19）两处各有绳索一道，是用以扎缚辕木于前后两轸上的。距后端12.8厘米处开始在底面有一凹槽，长1.2，深0.25厘米，也有绳索残留，是用以缚绑辕木于带有伏兔的横轴的。出了车箱底部以后，辕木的剖面改变为半圆形，隆起的弧面向下，宽1.4，厚1.2厘米。至距后端58.5厘米处，又有绳一道，周绕辕木杆，似乎由于辕木过长，须由二段拼合，这便是接连处。由这里再向前，辕身渐缩小（在距后端73处宽厚为 1.2×1，98处为 0.9×0.6，103处为 0.8×0.5 厘米），到了前端的末梢，宽厚为 0.6×0.4 厘米。距这末梢2.4至3.6厘米处的一段底面稍凹进，有绳索3道，是用以缚扎衡木的地方。衡木安放在辕木的上面（图4）。

衡木以标本408号为例，长约37，中间一段直径为0.8，近两端处直径0.7，两末端缩小为0.5厘米，以插入铅筒管中。这对铅管长1.1，直径1，孔径0.5厘米。衡上又有铅制的軶二件，略作半圆形的圈子，是用以贯辔索用的。每件的两肢相距1.9，弧高1.8，剖面作圆形，径0.2厘米。两肢的末端作尖钉形，分别钉入距衡末端6和7.8处，穴深0.4厘米。衡的中央一段有绳2道，相距2厘米，是用以缚軛的。绑缚后軛是接合在衡木后面的下方。軛是倾斜放置着，以便軛驾于马颈上（图4，上左角）。

軛系用二木拼合（标本号336和367），全高20.5，空处高15.9，全宽 17.3，空处宽 12.2；顶部剖面略作圆形，高 4.6，宽 1.1～1.5，厚 0.5～1.2。距顶端 0.5 处有一凹槽，且有绳索痕，是用以接合于衡木上。两股剖面稍作马蹄形，即外边弧形而内侧平直，厚 0.8～1.2，宽 0.7～1.5 厘米。两股下端卷曲，有绳索痕。这绳索原来当通过马颈下连接轭的两股下端（图版 2，3，右侧）。

这车是有车盖的（图 4）。盖柄是一条木杆。标本 344 号长 47.1，径 1.2，上端有长 2.7 的一段无漆，且直径缩小为 1 厘米，原来当为插入柄斗中的。距顶端约 1.8 厘米处有细钉孔，是用以固定柄斗于柄上的。盖弓木制，每弓的外端安上铅制弓帽（冒）。在第 2 号和第 3 号车的附近，共得弓帽 28 枚。如果没有遗漏，每一车盖应有 14 根弓，现便依照这数目来复原（如果有遗漏的话，也不会太多，或许达到 16 根，即与车轮的辐条数目相同）。每一弓的木质部分全长 33.2，插入柄斗的爪长 1.8，入铅制弓帽中的爪长 1.4 厘米。爪部作圆柱形，径约 0.3，向末端处逐渐变细。弓身在近柄斗处的一段剖面作长方形，宽厚为 0.5 ×0.3，至距入柄斗的爪端 8.5～9.5 处，剖面变成三角形，向外的一面平直，内面凸起。宽和厚都是 0.4。盖弓在这里向下弯折。木质盖弓露于外的长达 30，近斗柄处平直者约占 1/3，宇曲垂下者约占 2/3。弯度因原物出土时已稍起变化，可能不是原来的弯度。出土时各弓的弯度为 30～35 度不等，现在复原时，姑且以 32 度为标准。盖弓帽为铅制，容爪的穴长 1.5，径 0.25。帽身长 3.2，径 0.4。离爪入帽处约 1.3～1.6 的地方，有一距状突起，是作为缚击盖衣用的。这些距形突起长 0.8，底部直径 0.3，和帽茎成 45 度的斜角。帽的头面，长和宽都是 1.7，厚约 0.1 厘米，且有四出花瓣饰（或柿蒂纹）。至于柄斗，我们没有找到。最初曾怀疑这许多车毂中是否有柄斗混入。但就保存较完善的几个车毂观察，周围一列的洞孔都是长方形，是容纳辐爪而不是容纳盖弓爪的。现在做一圆形的柄斗以便盖弓插入，原形不可知。346 号毂形物可能是盖斗。

就上面所叙述的和所复原的车图，可以看出这是汉代辂车。现在附一块画像砖上的辂车图作为插图，以资比较（图12）。我们这次所复原的，除了柄斗以外，都是有实物根据的。汉代画像石或画像砖上的辂车都是曲辕的。这次出土的车子，却是直辕。不知道这是由于作为明器的模型不须要制作过于困难的曲辕呢？或是由于汉代车制原是有直辕的一种呢？

图12　汉代画像砖上的辂车

（三）第4号车的复原（图版4；图13至图15）

这辆车子大概便是古代所谓"栈车"。《诗·小雅·何草不黄》："有栈之车，行彼周道。"毛氏传："栈车，役车也。"郑珍说："诗所谓有栈之车者，止以柴木为箱，安得有重较乎？"（《轮舆私笺》，卷二，第14页，同治七年莫氏刊本）。上面叙述出土情形时已经说过，这车子和第2及第3号辂车的差异处：第一，车箱用几块木板钉成，没有阑干式的倚较和交革的底座；第二，没有车盖；第三，除轮子外，全部都没

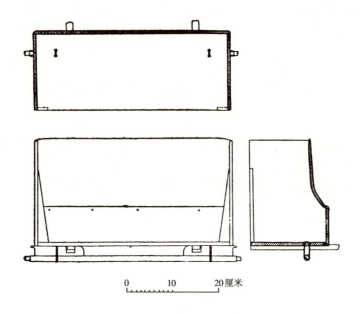

0   10   20厘米

图 13　第 4 号车的车箱

有上漆。我们不仅没有于其附近发现木制盖弓或金属的弓帽，并且车箱上也没有安放盖柄下端的痕迹。《后汉书·舆服志》：轻车"不巾不盖"。但是我们这第 4 号颇笨重，不像是轻车，可能是属于"栈车"一类。

轮保存得不佳，残件与第 2 号的相似，所以便依照它来复原。

车箱的结构（图 13），底座是一块整板（222A），左右长 42，前后长 17.4，厚 0.8 厘米。底板上有直径 0.4 的透孔 2 对，是用以绑缚带伏兔的横轴的。左侧的一对距左面边缘都是 3.7，距前面边缘 2.7 和 4.0；右侧的一对距右缘都是 4.3，距前缘 3.0 和 4.4 厘米。左右边都有钉孔 3 个，前面边上 2 个，以钉住这 3 面的竖板。前轼由 2 块木板构成，高处的一块板（222 D）左右长 42.0，高 17.2（但因中间在约 11.5 处弯卷，实高 16.2），厚 0.8 厘米；右边有钉孔 2 个，左边有钉孔 3 个，以接合于左右两侧轵屏。下边有钉孔 5，以接合于前轼底部的一板。这低部的轼板（305），长43.6，高9.5，厚0.6厘米。距下面边缘0.4处有透孔2（距右边缘为21.7和41.4），以接合于底座。距左右边缘约0.3有透孔各1，以接合于左右侧轼屏。距上边沿缘0.5～0.6处有透孔一排5个（距右边3、12.4、22.9、35.4、40.8），以接合于上述的高处的轼板。

左右两侧的轼屏（222B，222C），也是各由一个整板制成。以右侧的（222C）为例，宽17.7，高23.8，厚0.6。靠轼的前边自离底9.9起向内凹进，所以上边的宽度仅13.5。距下边0.6处有透孔一排3个（距后边缘1.7、7.9、14.7），以接合于车箱底座。前边低处有钉孔穴一，以接合于前轼低部一板。距前面边缘0.5～0.6有透孔2，以接合于前轼上部一板。距后面边缘0.5处也有透孔一（距底边14.9），以接合车箱后阑。车箱的后阑，在左右两侧各有三角形板1（222E、222F）。以右侧的一板（222F）为例，宽2.3，高19.4，厚0.7厘米，外边有钉孔1个，以接合于右侧轼屏。

车箱底下应横置轴木，原物未发现，现依第2号复原。轴和车座之间有伏兔二枚（418、425），形状和第2号的相似而稍简陋。伏兔长11.3，上部又向外突出1.3，全长为12.6，高2.4，宽1.2厘米。上边有一宽1.9，深1.1厘米的凹槽以容辕木。下边中央稍凹，以便紧按于横轴上面（图14）。

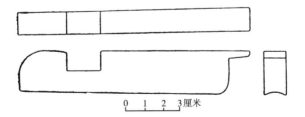

0　1　2　3厘米

图14　第4号车的伏兔（CSM203：425）

辕木未找到，依照伏兔上所留的凹槽，辕木在车箱底下的部分应作长方形，宽1.9，厚1.1厘米。其余依第2号的辕木复原。前面的衡和軶，和第2号车的稍不同（图15）。衡木（307）全长34.0，直径中央部分0.7，两端缩为0.9。两末端有小铅管为饰。距末端1.9处上面有凹槽以便缚绳。容辕的孔穴距末端4.5和6.5（另一端为5.0和7.0，稍异）。辕为铅制，已毁，仅知每件的两股相距为1.0。缚軶的地方没有遗留显明痕迹，但当在中央部分。车軶以二件拼成（265、268），全高19.4，空处高14.6，顶部高4.8，全宽15.0，空处宽10.6。顶部自尖端至距尖端0.9处为圆锥形，锥底直径0.5。从这里以下突然扩大，并且剖面呈椭圆形，厚径0.9～1.3，宽径0.8～1.5。两股的剖面作为蹄铁形，内边平直，外边作弧形；厚度自上而下由1.3缩小为0.7，宽度也从1.0缩为0.8。两股末端各作圆圈形，和第2号车軶作卷钩形者不同。这圆圈外径1.5，孔径0.8。圈孔的旁边有一个直径0.2厘米的不透穿的钉孔穴。軶的顶部有凹槽以便紧按于横衡上，这槽在上述的钉孔的反面，并不在同一面上。

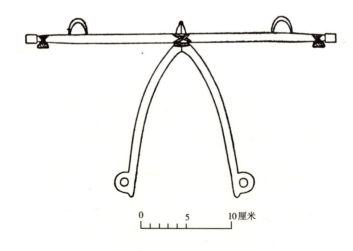

0   5   10厘米

图15　第4号车的衡和軶

　　图版 4 的复原图中，车箱、伏兔和轭都是原物，横衡是依原物仿制的。车轮、轴木、辕和辕都是依第 2 号车的相当的部分仿制，原来的可能稍有出入，尤其是辕木的形状。伏兔的安装的位置，它的突出部分和车座两侧边的距离，也是暂时假定的，可能与原来的也稍有出入。

　　（四）第5号车的复原（图版2；图 16、图 17）

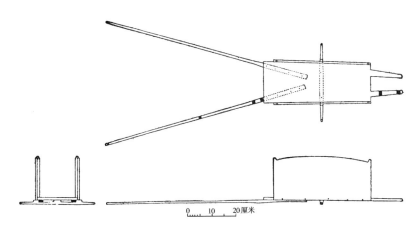

图 16　第 5 号车子的轴、辕和车箱

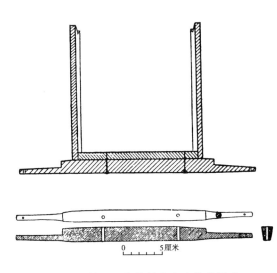

图 17　第 5 号车的轴木和它的装置法

这辆车子虽于出土时在它的两旁没有发现车轮，辕木的安装法也很特殊，但可能仍是车子。这大概是大车的一种，可以载重坐人。大车和兵车或乘车的不同处，由车箱的形状便可看出来。《周礼·春官·巾车》疏："按冬官乘车田车横广、前后短，大车柏车羊车皆方。"（《十三经注疏》本）实则大车不是正方，而是横狭、前后长。因为要多载东西，不仅前后长，而且后面还突出两条木条，以便可以在这上面也放东西。

因为未发现车轮、衡木和軶等，所以只能作部分的复原。车箱由三个整板构成，其中底座是一块长方形的板（214），长44.5，又后边突出13.6，全长58.1；前宽14.6，后宽16.7，厚1.0厘米。突出的两条，长13.6，后宽2.0，前宽1.1厘米。座板中部横列2透孔，前部有孔2行，每行4透孔。这些孔是接合横轴和双辕之用。左右两侧边有钉孔各5个，以接合左右辀屏。前面似也有一竖板（轼），在座板距前边4.1厘米处有一道痕迹。

两侧辀屏（222A、212B），每件长40.3，最高处17.6，厚0.7厘米。底边和前后两边都是平直的。上边中央稍高，向两边低降，至两端又有突起。距底边有孔一排5个，以接合于座板（图16）。

轴木（254）是一根木条，没有另加伏兔（图17）。长32，高1.7，下宽1.0，上宽1.4，中段19.1厘米，大部分在车箱底下，剖面略作方形。两端由上面下削，剖面变为圆形，直径0.5～0.8，末端最小。距末端0.7厘米处有透孔1，似为安轮后置辖之用。中部有透孔2个，用以接合于座板上。

辕木二杆（253、285），其中一条完整（253），另一条断为二节，仍可连接起来。以完整的一根为例，长85.9，在车座下的一段剖面作长方形，后端宽厚为1.6×0.5，前端1.4×1.0厘米。距后端19.6处剖面改为圆形，并逐渐缩小，直径由1.1缩至0.6厘米。剖面成长方形的部分有透孔4，和座板上的一列透孔相适应，用以接合辕木于座板上的。这两根辕木安放的位置，是逐渐展开，出车箱底座处二者相距仅12.1，但在前端末梢处二者相距达48.9厘米。在辕木上我们没有发现安装衡木的留痕。

在辉县琉璃阁战国车马坑 19 辆中，我们发现最末后的二辆是"大车"型的车子。车箱横面狭而前后长（《辉县发掘报告》，第 47 和 51 页）。这次在这里西汉墓中，这 5 辆车子中也有一辆大车。但是这辆大车的辕木安置很是特殊，前面似乎没有安置横衡的。我们猜想也许是辇车的一种，前面不用衡和轭而仅用一条长绳索，连接两辕，而用一横列的若干人来挽拉。在《辉县发掘报告》中，我们常疑心最后的那辆"大车"式的车子是运灵柩的"丧辀车"（第 47 页）。这里的第 5 号车是否也是这一种车的模型呢？

长沙 203 号墓出土的木船模型

汉代墓中随葬的明器，有陶制和木制的"偶车"，也有陶制和木制的船的模型。后者在书籍上虽然没有说到，但在考古发掘中发现了它们的实物。在广州的汉墓中，曾发现陶船和木船模型各一；在长沙 203 号汉墓中也发现了一个木船模型。这种随葬用的船的模型，都发现在南方，在北方的坟墓中迄今未有所见。这不是偶然的事。所谓南船北车，在随葬的明器上也显示了这种情形。

长沙 203 号汉墓的木船模型放置在前室南部的西端。船上零件众多，出土时已经分散，且多与木车的零件等物相混杂，情形很乱。有不少的零件已经残破，推测有些零件已因枯朽而缺失。这使得我们的复原工作相当困难。我们虽然把出土时各个零件加以编号，把它们的位置用绘图的方法记录下来，但由于墓室中充满积水和膏泥，木片浮动，位置不能完全保持原来的情况。因此，这图只能供参考，不能当作绝对的依据（图 18）。

木船的各部分零件，都有钉眼，推测当初是用竹或木的钉子互相钉合的。这些钉眼，给复原工作以一定的便利。凡是能局部复原的，钉眼都能相合。但是，大部分的钉眼却不能彼此吻合。这说明了船的零件已有缺失，无法作全部的复原。这里，我们把船的各部分分别叙述，并按

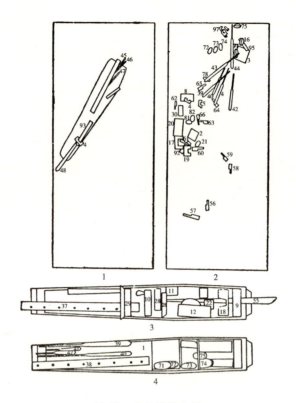

图 18　木船零件位置

1、2：203 号墓前室南部西端，木船模型出土情况（1. 上面的一层
2. 下面的一层）比例：1：40　3、4：出土时经过整理后各零件的
位置（3. 上面的一层 4. 下面的一层）比例：1：20

1/8 的比例将原物制图发表。能够拼合的，就加以拼合；不能拼合的，
只是如实地将材料公布。

　　船上零件的编号，由于原编号太多，太杂，所以加以改编，从第 1
号起到第 97 号止，出土位置图上的编号，也是如此。

　　这船的船身系用一块整木雕凿而成，形状细长，头部较狭，尾部稍
宽，中部最广，船底横断面成圆弧形（1）。在船头和船尾，各接一块
长方形的平板（2、3）。船身包括首尾的二块平板，全长 154，上部自
外侧度量最宽 20，底部自内侧度量最宽 10.1 厘米（图 19）。在船身两侧

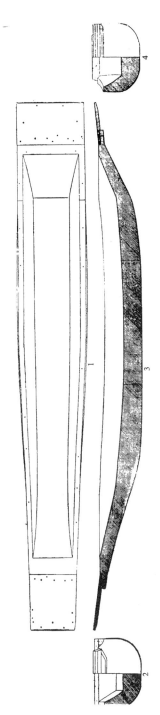

图 19　木船船身

1. 船身俯视图
2. 船身正视图
3. 船身侧视图
4. 船身背视图

的沿边和首尾的平板上，都有钉眼。

根据现有的零件，知道船上至少有三个舱房，每个舱房都能够各自复原。

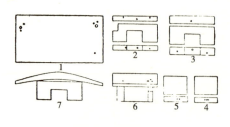

图 20　木船第一舱房

1. 舱房的顶盖（8）
2、3. 舱房后壁及前壁（5、4）
4、5. 舱房右壁及左壁（7、6）
6、7. 舱房复原后侧视及正视图

第一个舱房较小，系五块木片拼成。四块是四壁，其中前后两块各有长方形的凹缺，算是有门（4、5）；两侧的两块没有这种凹缺，也没有孔，表示两壁没有设置窗户（6、7）。上面的一块，俯视作长方形，侧视呈弧形，乃是房盖（8）。拼合后，舱房横宽 10.1，纵长 7.9，通盖高 6.0 厘米（图 20）。它的位置，似应在船的前部。

第二个舱房较大，亦系由五块木片拼成。作为房壁的四块木片，仅后面的一块有长方形的凹缺（9），其余三块没有凹缺，也没有孔（10～12），所以这个舱房仅有一个门而无窗。上面作为房盖的一块木片，俯视作正方形，但有四个坡面，在对角线上另加四根细长的木条，便是房脊（13）。拼合后，舱房呈正方形，长宽各 16.3，通盖高 10.6 厘米（图 21）。这个舱房的位置，根据出土时的情形看来，确系在船的后部。

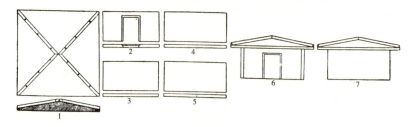

图 21　木船第二个舱房

1. 舱房房盖及其剖面（13）　2. 后壁（9）　3. 前壁（10）　4、5. 左右壁（11、12）　6、7. 舱房复原后的后面及侧面

附属于第二个舱房的，有一个三面的遮栏，系用三块木头拼成（14～16）。拼成后，遮栏长 31.2，宽 20，高 3.8 厘米（图 22）。遮栏在舱房的周围，它的位置亦在船的后部；栏的后壁正中有一个小凹缺，即是用以架柁的。

第三个舱房最大。作为四壁的四块木片，前后两块各有一个凹缺，即是舱房的两个门（17、18）；左右二块无凹缺，亦无孔，是亦无窗（19、20）。房盖系由三块木片拼成（21～23），它有三个坡面，并附加三根细长的木条，作为房脊。房盖上有较小的圆孔 14 个，平均分配在两侧，每侧 7 个，位置对称；右侧沿边又有较大的圆孔三个。这 14 个较小的圆孔和三个较大的圆孔，不知是作何用的。房盖左侧又有一个正方形的孔，长宽各 3.6 厘米。推测这个舱房之上另加小屋，即是所谓"爵室"，这正方形的孔就是通往"爵室"

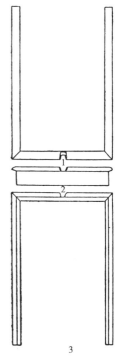

图 22　木船第二个舱房

1. 遮栏的俯视（14、15、16）
2. 遮栏的背视
3. 遮栏的底视

的也未可知。舱房拼合后，长 20.8，宽 14.3，通盖高 13.7 厘米。它的位置，根据出土时的情形，可以断定是在船的中部（图 23）。

第三个舱房下托一块平板，长 41.8，宽 19.8 厘米（24）。这平板应该是复在船身上的，可以称为复板，它的左侧有一个方孔，长 4.4，宽 3.6 厘米，位置恰与房盖上的方孔相应，大概是由此通往船身的底部去的。这复板的两端有遮栏，各由三块木片拼成（25～30）。前部遮栏纵长 8.7，横宽 21.2，高 4.7 厘米；后部遮栏纵长 16.6，横宽 22.4，高 6.0 厘米（图 23）。

铺在船身之上、舱房之下的复板，除之上述第三个舱房的那一块以

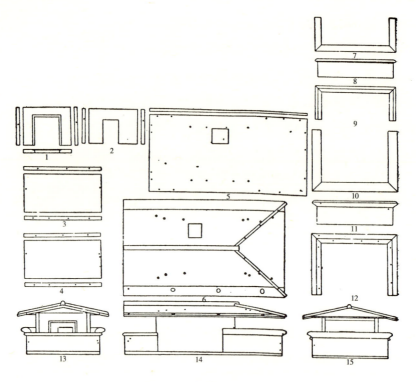

图23 木船第三个舱房

1、2. 前壁及后壁（17、18）　　　　3、4. 左、右壁（19、20）
5. 底板（24）　　　　　　　　　　　　6. 顶盖（21、22、23）
7、8、9. 前部遮栏（25、26、27）　　10、11、12. 后部遮栏（28、29、30）
13、14、15. 复原后的正视、侧视和背视图

　　外，应该还有更多的。否则，第一个和第二个舱房就没有办法可以安置了。但是，我们不能明确地找到这些应有的木板。有几块平板，也许就是复板：一块是整个的，长36.2，宽15.9厘米（31）；一块是由三小块拼成的，拼合后长60.3，宽31.1厘米，它的一角有缺（32～34）；另有两块长条状的，大小相等，长各59.8，宽各6.0厘米（35、36），也可能是复板（图24）。不过，这些复板的位置如何，它们如何与舱房和船身发生关系，不能搞清楚。

　　有两块木片可以确断是船的两舷（37、38）。它们的形状、大小完全相同，长 69.4，宽 7.1 厘米，上边平直，下边孤曲。由于它们各有 8 个径约 0.8 厘米的圆孔，恰与十六支櫂的数目相结合，知道是为运櫂而设的（图 25）。根据出土时的位置，这二块舷板应在船的前部。

我们发现了十六支櫂（39～54）。它们的大小、形状都一致：柄部长约 27.2，它的断面是圆的；叶部长约 25.6，两边对称，中间起脊，櫂全长约 52.8 厘米（图 26）。毫无疑问，这十六支櫂是与上述二块舷板上的十六个圆孔有关的。但是，在当初，櫂柄是不是穿入舷板的圆孔中，这却不能断定。因为，在出土时，没有一个櫂是穿在圆孔中的。

一支柁的船的尾部被发现（55）。它全长 100.2，柄部长 55.2，叶部长 45.0 厘米。柄的断面呈圆形；叶作刀形，背厚刃薄。这柁是架置在船尾第二个舱房外的遮栏后壁的凹缺中的，已如前述（图 26）。

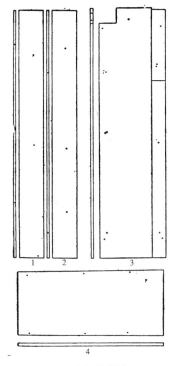

图 24　木船的零件

1、2. 第 35、36 号木板
3. 第 32、33、34 号木板
4. 第 31 号木板

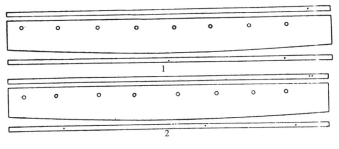

图 25　木船的零件

1、2. 船的两侧舷板（37、38）

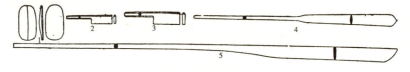

图 26　木船的零件

1. 椭圆形木片正视侧视及背视图（71）　　2、3. 刀形木片（56、57）

4. 櫂（39）　　5. 柁（55）

值得注意的是船内和船外附近发现了 15 个刀形的木片（56～70）。它们的形状相同，大小则有差。大的 5 个，长约 14.6；小的 10 个，长约 12.0 厘米。由于在它们的宽端各有一个钉眼，知道它们是竖立放置的。我们怀疑它们也许短缺了一个，原来共有 16 个也未可知。如果是16 个，那就与櫂的数目相等。就形状看来，它们的设置也可能是与櫂的运使有关的（图 26）。

在船内和船外附近还发现了 20 个形状、大小相同的椭圆形的木片（71～90）。它们长约 9.0，宽约 4.8 厘米；正面隆起，中间较厚，边缘较薄，反面平齐，有一个钉眼（图 26）。这些椭圆形木片与船有关，这是可以肯定的。但是，它们代表什么，用途如何，则不能究明。

前面曾说到第三个舱房上面可能附有"爵室"。我们发现了一块长12.8，宽 7.4 厘米的长方形木片，两边各拼以一块三角形的木片（91）。如果把它加在第三个舱房盖上的正方形孔的上面。很像是一个一面坡斜的小屋。另有一块长 12.6，宽 5.8 厘米的木片，可能就是小屋的前壁（92）；它有一个凹缺，好像是代表门窗（图 27）。但是，由于没有钉眼，我们不能作出肯定。

有三块长条状的木板，不能推测它们的用途。其中的两块，大小相同，长 41.5，宽 3.9 厘米，平面和侧面都有许多钉眼（93、94）。另一块长 26.5，宽 3.5 厘米，平面和一个侧面有钉眼，平面上接近两端处又各有一条浅槽和圆穴（95）。一块长 7.6，宽 4.4 厘米的木片，两边有些弧曲，一面凹下去一块，中间有一个钉眼，也不知道它的用途（96）。虽然如此，我们也把它们绘图发表（图28）。

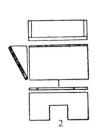

图 27　木船零件

1. 爵室的顶盖及
左右二壁（91）
2. 爵室的前壁（92）

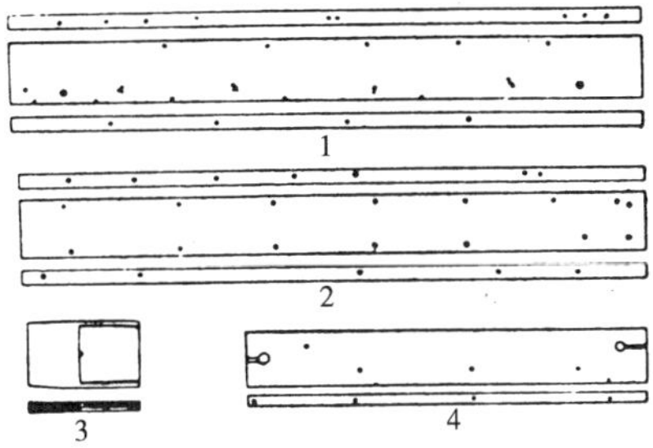

图 28　木船零件

1、2. 第93、94 号木板　3. 第96 号木板
4. 第95 号木板

最费解的是一块透雕的木板，发现在船的附近（97）。这木板长 26.6，宽 13.8 厘米，两边约略对称，但透雕的花纹则欠规则。它究竟是不是船上的零件，是不能肯定的。但是，类似这种木板，曾见于广州汉墓中的木船模型上，所以也可能是船上的一种装置（图29）。

图 29　木船零件

1. 透雕木板正视图（97）
2. 透雕木板侧视图

如上所述，我们所能做的复原工作是不很完全的。我们仅仅局部地复原了一个船身和三个舱房。舱房的位置虽然也相对地知道，但仍然欠精确。至于这三个舱房如何与船身发生关系，则缺乏根据。两块舷板和十六支櫂，位置在船的前部，这是可以肯定的。但是，櫂与舷板圆孔的关系，特别是舷板如何装置在船身上，则不能究明。柁的位置与它的架置情况是比较明确的，但架柁的那个属于第二个舱房的遮栏如何与船身相接合，这仍然没有把握。因为，所有这些船的

构成部分的钉眼，是很少能与船身上钉眼相吻合的。所以如此，主要是由于船上的有些零件已经因枯朽而缺失了的缘故。

但是，为了显示船的大致的轮廓，我们还是试着把它复原了，以表示各部分的大概位置（图版5）。这个照片上所见是很不完全的。有许多不知用途的零件没有包括进去。不能接合的地方，也想象地把它接合了。无法安置的两块舷板，姑且也把它按接上去。我们这样做，是为了使大家对这个船的模型有一个约略的概念。

长沙203号汉墓的时代，是属于西汉晚期的。广州发现木船和陶船模型的两个汉墓则属于东汉。每一个船的形制当然有差异，时代和地点不同，这种差异也许会更大些。但是，把长沙的这一船的模型和广州的两个船的模型相比较，还是很有益处的。关于广州汉墓的陶船模型，可参阅1955年第4期《文物参考资料》。

1. 车轮（CSM203：158）

2. 编席残片（CSM203：430）

3. 第 3 号车的车箱

图版 1　长沙 203 号墓出土的车轮、车箱和编席

1. 第 5 号车的轴辕和车箱模型（右侧）

2. 第 5 号车的轴辕和车箱模型（左侧）

3. 车轭模型（左：265、268 一副，属第 4 号车；右：366、367 一副，属第 2 号车）

图版 2　长沙 203 号墓出土的轴辕、车箱和车轭模型

1. 右侧，加绢制盖衣

2. 左侧，未加绢制盖衣

图版 3　长沙 203 号墓出土的第 2 号车模型（轺车，仿制）

1. 左侧

2. 右侧

图版 4　长沙 203 号墓出土的第 4 号车模型（车箱、辕、轭系原物，余为仿制）

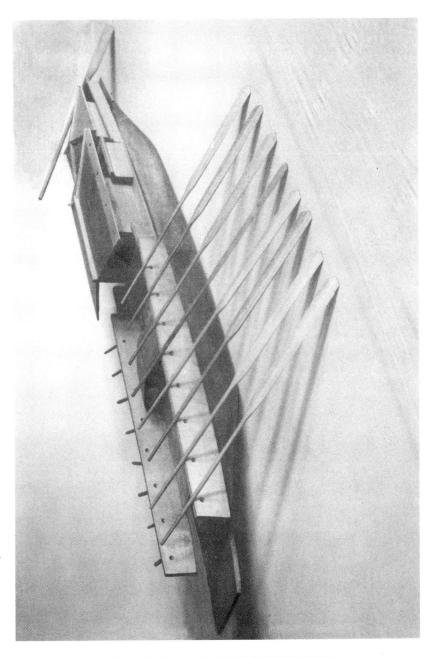

图版 5　长沙 203 号墓出土的木船模型（复原）